정치적 감정

정치적 감정

정의를 위해 왜 사랑이 중요한가

마사 누스바움 지음
Martha C. Nussbaum

박용준 옮김

Political Emotions
Why Love Matters for Justice

글항아리

테런스 무어를 기억하며
1953~2004

"고통과 광기와 어리석음의 나날들—
오직 사랑만이 행복과 기쁨을 가져다주리니"

—볼프강 아마데우스 모차르트 작곡
로렌초 다 폰테 작사
『피가로의 결혼』(1786) 중에서

한 국 어 판 서 문

『정치적 감정』이 한국어판으로 출간되어 진심으로 기쁩니다. 제 책들에 대한 한국 독자와 출판인들의 관심에 깊은 감사를 드립니다. 나아가 여러분의 반응이 무척 궁금합니다.

한국어판 서문을 쓰기 위해 처음 펜을 들었을 때, 책 속에도 언급했던 미국과 인도의 공공 예술 및 건축물의 사례처럼 사회적 기여를 하는 한국 예술을 찾아 설명하는 것이 어떨까 생각했습니다. 하지만 공적 감정의 토대를 구축하기 위한 그 어떤 훌륭한 논의도 사회적 맥락, 특히 예술적 감수성을 포괄하는 개별 국가의 특정한 역사에 민감할 수밖에 없다는 제 주장을 떠올렸습니다. 이에 비춰볼 때, 그러한 주제를 논하기에는 제 자신이 한국 고유의 예술과 건축, 정치와 역사에 극히 무지하다고 판단했습니다. 이와 관련된 이야기는 오히려 독자 여러분이 스스로 역사적 기억과 상상력을 발휘하여 발전시켜나가기를 기대해봅니다.

이 책에서 저는 사회적 불행을 초래하는 두 가지 극단적 입장에 대해 지적했습니다. 하나는 훌륭한 정치적 원칙들을 뒷받침하는 애국심 및 여타 감정들의 함양을 전혀 고려하지 않는 태도이고, 다른 하나는 불화나 비판을 전혀 허용하지 않는 독재적이고 강제적인 방식으로 감정을 함양하는 방식입니다. 현명한 정책이란 이 두 극단 사이에서 균형을 이루는 것이라고 할 수 있습니다. 첫 번째 입장은 민주주의의 본질적인 토대와 힘을 무력화하는 태도이고, 두 번째 입장은 민주주의의 본질을 강탈하는 것이나 다름없습니다. 품격 있는 민주적 정치 문화라는 목표는 당대의 정치 문화에 적극적으로 참여하고, 비판적으로 사고하며, 변화와 개혁의 방식에 대해 토론하는 시민들이 있어야 도달 가능합니다. 동시에 이들은 최선의 이상적인 사회를 구현할 때까지 지속적으로 이에 매진할 수 있는, 국가에 대한 근본적인 사랑을 가진 시민들이어야 합니다. 물론 이러한 균형에 도달하는 것은 매우 어려운 일일 것입니다. 그럼에도 불구하고 저는 이 책에서 바로 이 균형에 이르는 올바른 방식을 탐구하고자 했습니다.

이와 관련된 역사적인 논의를 다루면서 저는 장자크 루소와 오귀스트 콩트가 유의미한 반대 의견의 여지를 남겨두지 않고 지나치게 독단적인 방식으로 감정의 동질성homogeneity을 추구했다는 점을 비판적으로 검토했습니다. 반면 존 스튜어트 밀과 라빈드라나트 타고르는 조국에 대한 깊은 사랑을 기르는 풍부한 감정 교육의 중요성을 주장하면서도 비판 정신과 자유를 지지함으로써 앞서 언급한 균형을 잘 맞춘 사례로 분석했습니다.

이론적으로 저는 현명한 국가라면 지고한 이상을 향한 열망을 굳건하게 유지하면서 동시에 비판의 목소리를 수호하는 정치적 집단을 보호해야 한다고 생각합니다. 예를 들어 이는 사법적 독립성이라든지 반체제 인사들에 대한 언론의 자유를 보장해주는 것을 포함합니다. 그리고 현명한 국가는 바로 이 지점에서 한발 더 나아가, 젊은이들로 하여금 비판 정신 자체를 사랑하도록 가르치고, 양심적인 반대의 목소리에 공감할 수 있게 가르쳐야 한다고도 생각합니다. 그러한 예로 저는 반대자의 고독한 길을 탁월하게 묘사한 타고르의 「혼자서 걸어가라Ekla Chalo Re」를 떠올렸습니다. 이 노래는 인도 독립 운동을 촉발하는 데 중요한 역할을 했습니다. 또한 인종차별이 극심한 미국 사회에서 정의와 법의 지배를 수호하는 영웅적 이야기를 담은 하퍼 리의 『앵무새 죽이기』가 교과서로 채택되면서 어떻게 시민적 토론의 중요한 구심점 역할을 했는지 살펴보았습니다. 좀더 최근의 사례로는 제2차 세계대전을 전후로 하여 미국이 어떻게 일본인을 대했는지에 대해 중요한 조사를 실시했던 스미스소니언 연구소의 전시를 다루었습니다. 이 탁월한 전시에 대해 지지자들과 입장을 같이하면서, 저는 진실성을 갖고 과거사를 대하려는 의지와 국가적 이상에 도달하지 못한 사실에 대해 비판적 정신을 갖는 태도가 굳건한 민주주의의 숭고한 이상을 구현하는 데 있어 본질적 요소라는 점을 지적했습니다.

한국은 몇 년 전 국정 교과서를 만들려는 시도를 했고, 당시 대통령은 "올바른 역사 교과서를 통해 우리 아이들에게 대한민국의 자부심과 정통성을 심어줄 수 있기를 바란다"고 강조한 바 있습니다. 이것은 사실 제가 지지하는 입장이기도 합니다. 하지만 이러한 목적이 동질성을 강제하거나 비판 정신을 무비판적 찬양으로 대체하는 방식으로 흘러간다면 숭고한 민주적 이상은 약화될 것이 명백합니다. 제가 보기에 이것은 루소나 콩트가 범했던 선의에 기반한 오류와 같은 형태의 과오입니다. 타고르나 밀, 간디 등은 모두 이를 비판했지요. 조국에 대한 사랑의 감정은 진실성과 비판의 자유라고 하는 서로 양립 가능한 개념을 필요로 합니다. 제 논의가 한국에서 좀더 많은 이에게 당대에 무엇이 위협받고 있고 또 진정 중요한 것인지를 이해하는 데 도움이 되기를 희망합니다.

마사 누스바움

차 례

- 1장 -

자유주의 역사의 문제

Political Emotions

Why Love Matters for Justice

보라, 육체와 영혼의—이 대지를,
첨탑이 늘어선 나의 맨해튼, 반짝이며 빠르게 흐르는 물결, 그리고 선박들,
다채롭고 풍요로운 대지, 태양이 비추는 남부와 북부,
오하이오 해안과 번쩍이는 미주리강,
그리고 풀과 옥수수로 뒤덮인 끝없이 펼쳐진 대초원까지.

보라, 이토록 고고하고 당당한 지고의 찬란한 태양을,
이제 막 느껴지는 산들바람과 함께 보랏빛이 감도는 자줏빛 아침,
부드러이 생겨난 한없이 온화한 햇살,
만물을 물들이는 기적, 충만한 오후,
달콤하게 찾아오는 저녁, 정답게 맞아주는 밤과 별들,
나의 도시들 위에서 모든 것을 비추고, 인간과 대지를 감싼다.
_월트 휘트먼, 「앞뜰에 마지막 라일락이 피었을 때」 중에서

나의 금빛 벵골,
나는 그대를 사랑하노라
영원한 조국의 하늘과 바람
내 마음 마치 피리 되어
노래하게 하는구나
_라빈드라나트 타고르, 「나의 금빛 벵골」

모든 사회는 감정으로 가득 차 있다. 자유민주주의 사회도 예외가 아
니다. 비교적 안정된 민주주의 사회라 하더라도 분노, 두려움, 공감, 혐
오, 시기심, 죄책감, 비애, 다양한 형태의 사랑 등 많은 감정을 일상적

으로 마주하게 된다. 이러한 감정의 경험들 중 대부분은 정치적 원칙이나 공적인 문화와 거의 관련이 없다. 하지만 이들 가운데 몇몇은 국가 자체 혹은 국가의 목적, 공공 기관, 사회적 지형도, 지도자들, 공적 공간을 공유하는 동료 시민 등을 대상으로 삼는다. 앞서 인용한 두 편의 시구에서처럼 한 국가의 지리적 특징에 대한 감정 표출은 흔히 포괄성, 평등, 고통의 완화, 노예 제도의 종식 등과 같은 주요한 사회적 가치에 감정을 투여하는 방법 중 하나다. 휘트먼의 시 구절은 에이브러햄 링컨 대통령의 죽음을 애도하는 시의 일부다. 여기에는 자신의 국가가 처한 현 상황에 대해 화자가 느끼는 깊은 비애와 조국에 대한 열렬한 사랑 및 자부심이 결합된 감정이 나타나 있다. 또한 「나의 금빛 벵골」은 타고르의 폭넓은 휴머니즘, 이른바 모든 계급(카스트)과 종교를 이어줄 포괄적 '인간 종교'를 향한 열망이 표현되어 있다. 가난한 나라_{방글라데시를 말한다}의 국가國歌로 불리게 된 이 시는 조국의 아름다움에 대한 긍지와 사랑을 나타내면서도, (뒤에 이어지는 구절에서) 미완으로 남은 과업에 대한 아쉬움을 드러내고 있다.

이러한 공적 감정은 대개 강렬하여 국가의 진보에 있어 거대한 변화들을 만들어내기도 한다. 국가가 정해놓은 목적을 추구하는 데 새로운 활력과 깊이를 제공하는가 하면, 차별, 위계, 무시, 둔감함 등을 강화함으로써 본래의 궤도를 이탈하게 만들기도 한다.

사람들은 종종 파시스트 국가나 과격한 사회만이 극도로 감정적이며, 그러한 사회만이 감정을 함양할 필요가 있다고 생각한다. 하지만 이 같은 믿음은 잘못된 것일 뿐 아니라 위험하기까지 하다. 왜냐하면 모든 사회는 모름지기 오랜 시간에 걸쳐 정치 문화의 안정성을 고려해야 하고, 위기의 순간에 자신의 소중한 가치들을 보호해야 하기 때문이다. 나아가 모든 사회는 상실에 대한 연민, 불의에 대한 분노, 그리고 시기와 혐오를 제어하는 폭넓은 공감에 대해 생각해야만 한다. 감정의 영역을 반자유주의적 힘에 양도하는 것은 사람들의 마음에 가닿는 데는 큰 이점을 발휘하겠지만, 사람들로 하여금 자유주의적 가치를 미온적이고 지루한 것으로 여기게 만드는 위험을 내포한다. 에이브러햄 링컨, 마틴 루서 킹, 마하트마 간디, 자와할랄 네루 등이 자유주의 사회에서 그토록 위대한 정치 지도자가 될 수 있었던 것은 사람들의 마음을 움직이고, 자신들 앞에 놓인 공동의 과업에 대해 사람들의 강렬한 감정을 불러일으킬 필요가 있음을 잘 알았기 때문이다. 모든 정치적 원칙은 그것이 좋은 것이든 나쁜 것이든 오랜 세월에 걸친 안정성을 보장받기 위해 감정적 기반을 필요로 한다. 그리고 모든 품위 있는 사회는 공감과 사랑의 정서를 적절히 함양함으로써 사회적 분열과 계층의 분리로부터 사회를 보호해야 하는 것이다.

모두를 위한 정의와 평등한 기회를 열망하는 자유주의 사회에서는 감정의 정치적 함양을 위해 두 가지 과제가 요구된다. 하나는 많은 노력과 희생을 요하는 유의미한 기획에 대해 사람들의 강력한 헌신을 촉구하고 또 이를 유지하는 것이다. 여기에는 사회적 재분배, 배제되고 소외되었던 이들의 완전한 참여, 환경 보호, 해외 원조, 국가 안보 등이 포함된다. 대부분의 사람은 편협한 공감 능력을 갖고 있다. 그들은 쉽게 자아도취적 기획에 갇히며, 자신의 협소한 굴레 바깥에 존재하는 이들의 요구는 금세 잊어버리는 경향이 있다. 그렇지만 국가적 차원의 목표를 향한 감정들은 흔히 사람들로 하여금 좀더 거시적으로 사유하게 만들고, 좀더 넓은 공동선에 참여하도록 만드는 데 큰 도움이 된다.

공적 감정을 함양하기 위해 필요한 또 다른 과제는 나약한 자신을 보호하고자 타인을 폄하하고 무시하려는 욕망을 억제하는 것이다. 이러한 경향은 모든 사회 안에, 궁극적으로는 우리 모두 안에 도사리고 있다. (칸트는 이러한 경향을 '근본악'이라고 불렀다. 물론 이에 대한 해석에서는 나와 차이를 보인다.) 혐오나 시기, 타인에게 수치심을 주려는 욕망 등은 모든 사회에, 좀더 정확히 말하면 모든 인간의 삶 속에 존재한다. 그렇기 때문에 이를 적절히 제어하지 않는다면, 커다란 피해가 발생한다. 특히 이런 것이 입법과정이나 사회 형성 과정에서 하나의 지표로 작동한다면 그 피해는 더 커진다. (예를 들어 다른 집단에 대해 느끼는 혐오의 감정이 그들을 차별하는 정당한 이유로 활용되는 것을 생각해볼 수 있다.) 설령 사회가 이런 함정에 빠지는 것을 모면했다 하더라도 타인을 동등하고 존엄한 존재로 볼 수 있는 능력을 함양하는 교육을 통해 사회 안에 도사리고 있는 이 같은 경향에 적극적으로 대항하는 것이 요구된다. 아마 이런 노력이야말로 가장 어려우면서도 숭고한 인간의 성취라 할 수 있을 것이다. 그리고 이러한 교육의 가장 핵심적인 부분은 한 국가와 국민을 고유의 방식으로 표상하는 공적인 정치 문화에 의해서만 실현될 수 있다. 정치 문화는 국민을 포용할 수도 있고 배제할 수도 있으며, 위계를 공고히 할 수도 있고 완전히 뒤엎을 수도 있다. 마치 (미국은 언제나 인종 간의 평등을 위해 부단히 애써왔다는 기막힌 허구를 담고 있는) 링컨의 게티즈버그 연설이 사람들의 마음을 흔들어놓은 것처럼 말이다.

역사 속 위대한 민주적 지도자들은 적절한 감정의 함양이 얼마나 중요한지 잘 알고 있었다. (또한 사회의 목표를 달성하는 데 방해가 되는 감정을 통제하는 것의 중요성도 이해하고 있었다.) 하지만 자유주의 정치철학은 대체로 이 주제에 대해 거의 관심을 기울이지 않았다. 존 로크는 종교적 관용을 주장하면서도 당시 영국에 팽배해 있던 다른 종교들 사이의 적대감을 인정했다. 로크는 사람들이 '자비, 박애, 관용'의 태도를 취해야 한다고 주장하면서, 교회가 자신의 구성원들에게 "그릇된 정통파까지도 껴안는 모든 인간에 대한 평화와 선의의 의무"[1]를 가르쳐야 한다고 주장했다. 그러나 로크는 불관용의 심리학적 기원에 대해서는 그 어떤 탐구도 시도하지 않았다. 결국 그는 악행들의 본질과 이들 사이의 충돌에 대해서는 거의 아무것도 제시하지 못했다. 또한 심리적 태도를 형성하기 위한 그 어떤 공적 과정에 대해서도 제안하지 않았다. 선한 태도의 함양은 개개인과 교회에 내맡겨두었던 것이다. 교회야말로 악행이 곪을 대로 곪은 곳이라고 본다면, 로크의 연구는 허약하고 불확실한 입장에 기반한 것이라고 할 수 있다. 그렇지만 로크의 관점에 따르면, 자유주의 국가란 사유재산과 개인의 정치적 재화들이 타인의 위협을 받을 때, 이에 대한 권리를 보호해주는 것으로 그 역할이 한정되어야 한다. 결국 정치적 관용을 평등한 자연권으로 간주하는 로크의 논의에서 볼 때 이것은 한발 늦은 개입에 불과하다.

　품위 있는 사회의 심리적 기반에 대한 로크의 침묵은 서구 자유주의 정치철학 전통에서 이어져 내려오는 공통된 특징이다. 분명 이는 부분적으로 자유주의 정치철학자들이 특정한 감정의 함양을 규정하는 것을 언론의 자유 및 다른 가치에 대한 제약으로 받아들였기 때문이다. (이러한 제한은 자유와 자율이라는 자유주의의 가치와 결코 양립할 수 없는 지점에 있다.) 이것은 임마누엘 칸트의 관점과 정확히 일치한다. 칸트는 로크보다 인간의 심리에 대해 더 깊이 탐구했다. 칸트는 『이성의 한계 안에서의 종교』[2]에서 사회 내에서의 악행은 사회적 조건이 만든 단순한 가공품이 아니라, 타인을 이용하려는 경향성—타인을 그 자체

목적으로 대하지 않고 수단으로 대하는 태도—을 내포한 인간의 보편적 본성에 그 뿌리를 두고 있다고 주장했다. 칸트는 이러한 경향성을 '근본악'이라고 정의했다. 이런 악한 경향성은 사람들로 하여금 사회 속에서 타자와 함께 있는 자신을 발견하자마자 서로 시기하고 경쟁하도록 부추긴다. 그렇기에 칸트는 개인들이 각기 가진 선한 경향성—타인을 선하게 대하는 태도—을 강화하는 집단에 참여할 윤리적 의무를 가지고 있다고 여겼으며, 그럼으로써 악한 경향성을 물리칠 가능성이 높아진다고 생각했다. 칸트가 보기에 올바른 형태의 교회는 사회적 도덕성을 지탱하는 구조라 할 수 있고, 그렇기 때문에 모든 인간은 교회에 가입할 윤리적 의무를 지닌다고까지 주장했다. 그럼에도 불구하고 칸트는 자유주의 국가 그 자체는 근본악과의 전쟁에 있어 극도로 제한된 역할만 수행해야 한다고 결론 내린다. 로크와 마찬가지로 칸트는 국가의 첫째 임무란 모든 시민의 권리를 법적으로 보호하는 것이라고 생각한 듯하다. 국가의 안정성과 효율성을 보장하기 위한 심리적 조치를 취하고자 할 때, 국가는 언론의 자유와 결사의 자유라는 고유의 책무에 손발이 묶여 있다는 것을 발견하게 된다. 기껏해야 정부는 칸트가 선호했던 (인간의 평등을 가르치고 도덕률에 대한 복종을 주장하는) '인간 종교'에 대한 연구를 진행하는 학자들에게 재정 보조금 따위를 제공할 뿐이다.

칸트는 자신의 근본악에 대한 관점의 주된 원천이기도 한 앞선 세대의 위대한 철학자 장자크 루소를 계승하면서도 그와 대결하고자 했다.[3] 루소는 『사회계약론』[4]에서 훌륭한 사회란 자신의 안정성을 유지하고, 국가 안보와 같은 사회적 희생을 수반하는 일들을 촉구하기 위해 '시민 종교'를 필요로 한다고 주장한다. 여기서 시민 종교란 '사회적 감정'으로 구성된 것을 의미한다. (이것 없이 인간은 선량한 시민도 충실한 국민도 될 수 없다.) 국가는 이러한 공적 교리—애국적 신념과 감정으로 강화된 일종의 도덕화된 이신론Deism—를 바탕으로 사회적 의례와 의식을 만들어내고, 이는 동료 시민 및 국가 전체에 대한 의무와 긴밀한 관련을 맺는 시민적 우애의 강력한 연대를 불러일으킨다. 루소는 이러한 '시민 종교'가 자신이 그리고자 했던 사회의 안정성과 이타적 도덕성의 문제를 모두 해결해줄 것이라고 믿었다. 하지만 루소의 이러한 목표는 스스로 주장했듯이 언론의 자유와 종교의 자유를 제거하는 강압적 방식으로만 도달할 수 있는 것이다. 국가는 타인에게 해로운 행위뿐만 아니라, 규범(국교)을 따르지 않는 신념과 발언에 대해서도 추방, 심지어 사형이라는 수단을 써서 처벌해야만 하는 것이다. 그렇지만 칸트에게 있어서 이러한 대가는 지나친 것이었다. 칸트는 어떠한 품위 있는 국가도 자율성의 핵심 영역을 훼손하는 강압적 수단을 행사해서는 안 된다고 생각했기 때문이다. 그런데 칸트는 (루소와 마찬가지로) '시민 종교'가 강제적으로 부과될 때에만 효력을 지닐 수 있다는 신념 자체에 의문을 던질 생각은 하지 않았다.

바로 이러한 지점에 이 책의 주된 문제의식이 놓여 있다. 즉, '어떻게 하면 품위 있는 사회가 루소의 방식처럼 반자유주의적이거나 독재적이지 않으면서도 로크나 칸트가 시도했던 것보다 더 많은 안정성과 동력을 가질 수 있는가?' 하는 의문이다. 이러한 문제의식에 덧붙여, 내가 주장하는 품위 있는 사회라는 개념이 '정치적 자유주의'의 한 형태라는 점을 고려한다면 문제는 더 까다로워진다. 여기서 말하는 정치적 자유주의란 정치적 원칙들이 종교적인 것이든 세속적인 것이든 삶의 목적과 의미에 대한 포괄적인 교리 위에 세워진 것이어서는 안 되며, 개인에 대한 평등한 존중이 특정 종교 혹은 포괄적인 윤리적 입장에 대한 정부의 승인을 신중하게 조절하도록 만드는 것이어야 한다는 개념이다.[5] 이러한 자유주의적 관점은 독재적 강제성을 조심해야 할 뿐만 아니라, 지나치게 강경한 승인 혹은 내집단과 외집단을 형성하면서 사회적 약자를 양산하는 잘못된 형태의 용인을 주의해야 한다. 내 관점에서 볼 때, 감정들은 단순한 충동에 불과한 것이 아니다. 그것은 가치 평가적 내용을 포함하는 판단을 아우른다. 그렇기에 감정을 구성하는 내용물이 다른 것들과 대립하는 특정한 포괄적 교리의 부산물이 아님을 밝히는 게 중요한 과제가 될 것이다.

이에 대한 내 해결책은 감정이 어떤 야심 있으면서도 불완전한 사회 안에서 정치 문화의 기본 원리들을 지탱할 수 있는 방법을 상상하는 것이다. 이 사회는 곧 롤스가 '중첩적 합의overlapping consensus'[6]라고 부른 모든 시민의 공통된 삶의 영역으로 그려볼 수 있으며, 이는 그 시민들이 평등한 존중이라는 기본 규범을 지지해야만 실현 가능하다. 그렇게 되면 정부가 특정 종파의 종교적 휴일에 대한 강한 선호의 감정을 불러일으키는 것은 다분히 종파적인 비난을 살 수 있지만, 마틴 루서 킹의 탄생을 기념하는 일은 결코 비난의 감정을 사지 않을 것이다. 왜냐하면 이 기념일은 미국이라는 나라가 오랫동안 수호하고자 했던 인종 평등의 원칙을 확인시켜주는 것이자, 앞으로 추구해야 할 바를 다시금 상기시켜주어 사람들의 깊은 내면에 자리하게 할 것이기 때문이다. 이러한 방식으로 정치적 개념의 핵심을 형성하는 '역량capabilities' 개념을 가로지르면서 고찰하는 것이 나의 주된 문제의식이 될 것이다. 다시 말해, 어떻게 공적 감정의 문화가 그러한 모든 규범에 대한 귀속을 강화시킬 수 있을 것인가? 부정적인 측면을 생각해보자면, 배척 및 유사한 형태의 위계는 인간 존엄에 대한 평등한 존중이라는 공통의 원리를 뒤집는 것이기 때문에, 품위 있는 사회는 동료 시민 집단에 대한 혐오의 감정 형성을 합당하게 저지할 수 있어야 한다. 좀더 일반적으로 보자면 사회는 인간의 기본적인 정치적 권리를 침해하는 행위에 대해 혐오와 분노를 가르친다. 사람들로 하여금 훌륭한 정치적 원칙들을 신뢰하라고 요구하는 것이 부당한 일이 되어서는 안 되는 것처럼, 그에 대한 애정을 갖도록 요구하는 것도 부당한 일일 수 없다. 또한 잠정적으로 합의된 정의의 개념을 가진 모든 사회는 이 관념이 옳다고 생각하도록 가르친다. 반인종차별주의에 대해서는 공립학교들에서 인종차별주의와 같이 평등한 발언 기회를 주지 않는다. 종교나 포괄적 교리에 대해 자유주의 국가가 준수하는—또는 꼭 지켜야만 하는—신중한 중립성이 그 자체의 근본적인 정의 개념(모든 시민에 대한 동등한 존중, 근본 권리의 중요성, 다양한 형태의 차별과 위계로 드러나는 악행 등)까지 뻗어나가지는 않는다. 그렇기에 자유주의 국가는 서로 다른 삶의 목적과 의미를 가진 시민들이 공유하는 정치적 공간(근본적인 원리와 헌법적 이상들로 구성된 공간)에 서로 참여하고 또 합의할 것을 요구한다고 볼 수 있다. 하지만 그러한 원칙들이 효과를 발휘하려면, 국가 역시 그런 이상들에 대한 헌신과 사랑을 북돋워주어야 마땅하다.

만일 이러한 헌신이 진보적 자유와 양립 가능하다면, 지극히 비판적인 정치 문화로 하여금 언론의 자유와 결사의 자유를 옹호하도록 만드는 것이 결정적이다. 원칙 그 자체와 그것이 촉발하는 감정들은 지속적으로 면밀히 조사돼야 하며 비판적으로 검토돼야 한다. 그리고 반대 의견의 목소리들은 진정 진보적이고 책임 있는 시민 개념을 유지하는 데 중요한 역할을 할 것이다. 전복과 웃음을 위한 여지도 늘 남아 있어야 한다. 사람들의 다양한 요구에 맞춘 거창한 허식으로 가득 찬 애국적 감정에 대한 풍자는 그것을 견실하게 유지하는 최고의 방법들 중 하나라고 할 수 있기 때문이다. 그 길 위에는 분명 긴장감도 맴돌 것이다. 소중한 이상을 조롱하는 온갖 방법이 시민들의 평등한 가치를 존중하는 것은 아니기 때문이다. (마틴 루서 킹에 대한 인종주의자들의 농담을 상상해보라.) 하지만 체제 전복적인 것과 반대 의견을 위한 공간은 사회적 질서 및 안정성과 더불어 최대한 광범위하게 남아 있어야 하며, 그런 공간의 마련은 계속해서 중요한 문제가 될 것이다.

이런 몇몇 걱정을 손쉽게 해결할 수 있는 한 가지 방법은 예술가들이 핵심적인 정치적 가치에 대해 내놓는 여러 시각을 허용할 만한 충분한 공간을 국가가 마련해주는 것이다. 휘트먼과 타고르는 소비에트 정부하에 고용된 정치적 엘리트의 시종들보다 훨씬 더 소중한 자유 시인이라고 할 수 있다. 물론 정부는 종종 여타의 결과물을 배제하고 더 선호하는 특정한 예술적 창조물을 선택하곤 하며 그렇게 해야 하기도 한다. 한 예로, 맹목적인 애국심을 드러낸 다른 예술작품들을 제치고 선택된 마야 린Maya Lin의 베트남 참전 용사 추모비를 떠올릴 수 있다. 구불구불 적힌 참전 용사의 이름들로 가득 찬 추모비의 검은 벽은 목숨을 잃은 수많은 개개 무명인의 삶이 갖는 귀중한 가치를 떠올리게 한다. 또는 공모에 참여한 여타 예술작품들을 제치고 선택돼 시카고의 밀레니엄 파크에 놓인 프랭크 게리, 아니시 카푸어, 하우메 플렌사의 작품도 이에 해당된다. 다시 살펴보겠지만, 대공황 기간에 프랭클린 루스벨트 대통령은 예술가들을 고용해 그들에게 커다란 자유를 주었다. 하지만 동시에 미국 국민 앞에 놓인 가난이라는 현실을 적

나라하게 보여주는 이미지들은 엄격하게 선별하기도 했다. 예술적 자유와 선별 사이의 긴장은 실재한다. 그럼에도 불구하고 이를 잘 풀어나가는 훌륭한 방법 또한 존재한다고 할 수 있다.

　자유주의 사상가 중 일부는 품위 있는 대중 정치 문화를 뒷받침하는 감정의 문제를 완전히 무시하지는 않았다. 존 스튜어트 밀(1806~1873)에게 감정의 함양은 매우 중요한 주제였다. 그래서 밀은 현존하는 종교적 교리의 대체물로서 사회에서 가르칠 수 있고 개인적 희생과 포괄적 이타주의를 포함한 정책들의 기초를 마련해줄 수 있는 '인간 종교[인류교]religion of humanity'를 떠올린 것이다.[7] 이와 유사하게 인도 시인이자 교육자이며 철학자인 라빈드라나트 타고르(1861~1941)는 세상에 거주하는 모든 시민의 삶의 조건을 향상시키는 데 중요한 토대가 되는 '사람의 종교religion of man'를 상상했다. 이들은 모두 사회 안에서 공유된 교육 시스템과 예술작품 속에 구현될 수 있는 교리와 관습으로서의 '종교'에 대한 자신만의 생각을 가졌던 것이다. 타고르는 삶의 많은 부분을 자신의 철학을 구현한 학교와 대학을 만드는 데 쏟아부었다. 심지어 오늘날까지 대중의 감정에 영향을 미치고 있는 약 2000곡의 노래를 만드는 데 공을 들였다. (그는 두 나라[인도와 방글라데시]의 애국가가 된 노래를 작사한 유일한 작곡가이자 시인이다.) 밀과 타고르가 가진 사유의 유사성이 놀라운 것은 아니다. 두 사람 다 프랑스 철학자 오귀스트 콩트(1798~1857)로부터 커다란 영향을 받았기 때문이다. 시민적 제의와 인간 감정을 담은 상징들을 포함한 콩트의 '인간 종교'는 19세기와 20세기 초에 큰 영향력을 끼쳤다. 밀과 타고르는 콩트의 개념적 논의가 강압적이고 규칙에 얽매였다고 지적하면서 자유와 개인성이 갖는 중요성을 고집했다.

정치적 감정이라는 주제는 20세기의 가장 위대한 정치철학서인 존 롤스의 『정의론』(1971)[8]에서 탁월하게 다루어졌다. 롤스가 말하는 질서 정연한 사회는 최소 수혜자의 상황을 개선시키는 것일 때에만 부와 수입의 불균형이 허용되므로 시민들에게 많은 것을 요구한다. 물론 롤스가 최우선의 원칙으로 내세우는 평등한 자유에 대한 수호를 모든 인간이 똑같이 가치 있게 여기는 것은 아니다. 비록 롤스가 기존의 배제의 역사로부터 남겨진 나쁜 계층적 구분이 사라지고 완전히 새롭게 시작되는 사회를 상상했기 때문이라 할지라도, 롤스는 여전히 인간 존재에게 너무 많은 것을 요구하고 있다. 그렇기에 롤스는 사회적 안정성을 공고히 하면서 오랜 시간에 걸쳐 사회 내의 구조를 뒷받침하는 시민들을 어떻게 양성해야 할지에 골몰할 필요가 있음을 깨달았다. 나아가 이 사회적 안정성은 "정당한 이유들"[9]을 토대로 확보된 것이어야 했다. 다시 말해, 마지못해 하는 수용이나 습관적인 행태가 아니라 사회의 원칙과 구조에 대한 진정한 사회적 승인에 의한 것이어야 한다. 사실상 공정한 사회가 안정적일 수 있다는 것을 보여주는 일은 이에 대한 정당화에 있어서 반드시 필요한 부분이기에 감정에 관한 질문은 정의의 원칙들을 정당화하는 논의들과 통합적으로 다루어져야 한다.

롤스는 가족 안에서 최초로 생겨나는 감정이 궁극적으로 어떻게 공정한 사회의 원칙들을 향한 감정으로 발전될 수 있는지를 묻는다. 이렇듯 시대에 앞서 제시된 롤스의 강력하고도 통찰력 있는 감정에 대한 논의들은 내가 시도하는 방식과 유사한 형태로 감정에 대한 정교한 분석을 제공한다. 특히 감정이 인지적 평가를 내포한다는 점이 더욱 그렇다.[10] 롤스는 이 주제에 대한 자신의 논의 전체를 다시 다루기 위해 『정의론』에서는 괄호에 묶어 다음을 기약했다. 다른 자료들과 함께 이 주제는 자신만의 고유한 (칸트주의적인) 윤리적 교리와 매우 밀접한 관련을 갖는다고 생각했기 때문이다. 『정치적 자유주의』를 보면 롤스는 더 이상 이 논의에 대한 상세한 설명을 하지 않으려는 것처럼 보인다. 하지만 롤스는 "합당한 도덕심리학"[11]에 대한 자신의 논의를 위해 어느 정도 여지를 남겨놓겠다고 주장한다. 사실 나의 이 책은 롤스가 남긴 이 공간을 메우는 것을 목표로 한다. 롤스가 제시한 품위 있는 사회라는 개념의 기저에 깔린 정신은 나와 맥락을 같이한다. 물론 세부적인 철학적 논의에서는 입장을 달리한다. 내 주된 관심사는 완벽하게 구현된 질서 정연한 사회에 대한 것이라기보다는 정의를 향해 나아가는 사회다. 이러한 차이는 나의 규범적인 평가를 정교하게 직조하는 데 있어 중요한 역할을 한다. 왜냐하면 나는 질서 정연한 사회가 이미 해결한 것으로 여긴 배제와 낙인이라는 주제들과 씨름해야만 하기 때문이다. 그럼에도 불구하고 나는 타인을 배제하거나 낙인찍는 경향이 인간 본성 자체에 존재한다고 생각하며, 역사적 결함이 만들어낸 인공물이 아니라고 주장하고자 한다. 롤스는 이 문제에 대해 어떠한 입장도 표명하지 않았다. 다만 자신의 논의가 이러한 유의 비관적인 심리학을 비롯해 좀더 낙관적인 설명들과도 양립 가능하다고 말했을 뿐이다. 어떤 경우에서도 분명 롤스와 나의 기획은 명백히 구별되겠지만 밀접히 연관을 맺고 있다고 하겠다. 롤스가 최소한 천사들의 세계가 아닌 인간들의 사회에 대해서 논하고 있고, 인간 존재란 자연적으로 공동선을 추구하진 않는다는 점을 정확히 알고 있었기 때문이다. 그러므로 비록 질서 정연한 사회 안에서 배제와 위계 문제가 어느 정도 극복되었다 하더라도, 그러한 문제를 양산한 경향성을 여전히 자기 안에 지니고 있는 인간 존재에 의해 극복된 것일 뿐이다. 심지어 이 지점에서도 사회적 안정성은 복잡한 인간 심리에 대한 이해를 위해 씨름해야 하는 것이다.

롤스의 논의는 인간의 감정들 및 그것의 힘에 대한 명확한 이해에 바탕을 두고 있다. 게다가 그러한 감정들이 사회의 원칙과 구조를 뒷받침하게 하는 것은 충분히 합당한 요구라고 주장한다. 이것은 그저 유용한 삶의 양식으로서가 아니라 정의라는 기본적 관념에 대한 열렬한 지지를 내포하는 방식으로 감정이 필요하다는 의미다. 일시적인 타협을 고수하는 방식으로 뭉쳐진 사회는 도구적으로는 유용하게 보일지 몰라도 오랫동안 안정성을 유지하기는 힘들 것이다. 그렇기 때문에 롤스가 상상하는 감정들이 구체적인 개별적 상황들보다는 원칙들을 향하고 있다는 점은 그리 놀라운 일이 아니다. 만약 사회가 합당한 이성적 원칙들로 안정적일 수 있다면 기본적인 원칙들은 어떻게든 열정에 포용되는 것이어야만 한다.

하지만 롤스가 제시한 도덕 감정들은 그저 추상적인 원칙들을 포괄하는 형태로서—이것이 롤스가 진정 도덕 감정에 부과한 역할이라면—명백히 이성적인 것이 아니라고 생각하는 것은 타당하다. 롤스는 자신의 도식적 설명 속에서 상징, 기억, 시, 내러티브, 음악 등과 같은 감정에 대한 간접적인 호소가 공정한 제도에 대한 열망과 관련하여 근본적인 동기 부여를 해주는 역할을 한다고 말하지 않는다—설령 이러한 것이 우리 마음으로 하여금 원칙들을 지향하게끔 이끌고 때론 원칙 자체에 내포되어 있다고 하더라도 말이다. 나는 롤스가 감정에 대한 간접적 호소의 방식들을 수용해야 하며, 궁극적으로는 이러한 것이 롤스 스스로가 마음에 품고 있던 원칙들과 전적으로 양립 가능하다는 것을 보여주고자 한다. 실제 사람들은 추상적으로 제시된 공정한 원칙들을 향한 열망에 의해 움직이고 행동한다. 하지만 인간의 마음이란 변덕스럽고 또 배타적이어서 자신만의 경험세계나 성향에 깊이 뿌리내린 특정한 지각, 기억, 상징의 집합과 관련된 원칙들에 대해서만 강한 애착을 느끼기 쉽다. 그렇기에 이러한 성향은 길을 잃고 잘못된 길로 우리를 이끌기도 한다. 그릇된 근거들 위에서(예를 들어 특정한 역사적 전통이나 언어적 정통성의 우월함을 확신하고자 하는 태도) 사회적 안정성을 정립하는 경우가 그렇다. 하지만 기억의 원천들이 정치적 이상과 견고하게 결합된다면 그런 문제는 극복될 수 있고, 사회적 상징 역시 껍데기만 있는 추상적 관념이 결코 가질 수 없는 동기 부여의 능력을 지니게 될지도 모른다. 롤스가 말한 질서 정연한 사회 안에서도 이러한 주장은 타당할 수 있다. 왜냐하면 그러한 사회에 속한 시민들 역시 제한된 상상력을 가진 인간 존재일 뿐이기 때문이다. 정의를 열망하는 불완전한 사회 속에서는 개별적인 내러티브와 상징이 더욱더 강력한 힘을 갖게 될 것이다.

이러한 관점을 설명하는 또 다른 방식은 바로 모든 주요한 감정이 '행복론적eudaimonistic'이라는 논의다. 여기서 행복론적이라는 개념의 의미는 사람들이 자신만의 관점에서 세계를 이해하고, 나아가 자신만의 관점의 진화를 통해 가치 있는 삶에 대한 개념을 발전시켜나간다는 뜻이다.[12] 우리는 완전히 낯선 사람들보다는 우리가 걱정하는 사람들을 위해 슬퍼한다. 우리는 화성에 일어난 지진 때문이 아니라 우리 자신과 우리를 염려하는 사람들을 위협하는 피해를 두려워한다. 행복론은 이기주의가 아니다. 왜냐하면 우리는 타인이 고유의 본래적 가치를 지닌 존재라고 믿기 때문이다. 그래도 어쨌든 우리 내면의 깊은 감정을 뒤흔드는 것은 내가 머릿속에 그리는 소중한 삶의 영역 안에 있는 존재들이다. 나는 이를 '관심의 원circle of concern'이라고 부른다. 그러므로 멀리 떨어져 있는 사람과 추상적 원칙들이 우리 감정을 붙잡고자 한다면, 이 감정들은 우리 관심의 원 안에 자리 잡아야 한다. 그래야 그것들이 '우리' 삶 속에서 '우리' 행복을 구성하는 요소로서 중요한 사람 혹은 사건으로 여겨질 것이기 때문이다. 이러한 변화를 만들기 위해서 시와 상징은 필수적이다.

이 장 서두에 인용한 두 작품을 보라. 휘트먼은 링컨의 관이 자신이 사랑했던 조국을 횡단한다고 상상했다. 그는 이제 고인이 되어버린 대통령에게 무엇을 해주어야 하는지, 또 "내가 사랑하는 그의 장례식을 꾸미기 위해/ 어떤 그림을 벽에 걸어야 하는지" 묻는다. 그에 대한 대답은 미국의 아름다움을 포착하는 글을 쓰는 것이다. 여기에 인용한 시구는 그러한 글 가운데 하나다. 맨해튼의 아름다움을 묘사하고, 그런 뒤 맨해튼에서부터 뻗어나가는 미국의 다른 지역들의 아름다움—자연의 아름다움과 함께 인간 활동의 아름다움까지—을 그리고 있다. 자연의 아름다움에 대한 이미지들은 항상 죽음을 피할 수 없는 운명이나 시간의 흐름을 피하지 못하는 소멸과 연관되어 우리 가슴을 미어지게 만든다. 이 작품 속에서는 링컨의 죽음을 애도하는 휘트먼의 상상적 제의가 우리 가슴을 미어지게 만든다. 물론 그것은 태양 아래 모든 인간이 평등하고 자유로운 미국을 꿈꾸었던 링컨이 수호하고자 했던 모든 것을 내포하고 있다. 이러한 사유는 도무지 참을 수 없는 사랑과 애도의 형상화를 통해 나타난다. ("아아, 참으로 평온하고 도도한 가장 완벽한 태양이여"라는 구절은 영미 시 중에서 가장 고통스러운 시구라고 생각된다. 심지어 이 구절은 읽을 때마다 눈물이 날 정도다. 태양의 장엄함, 불멸성, 광채는 작고 어두운 상자 안에 꼼짝도 못한 채 갇힌 링컨의 이미지와 병치된다.)

휘트먼이 창조하고자 했던 것은 미국 최고의 이상을 실현하는 미완의 과업에 새로운 헌신을 표하는 공적인 애도 의식이었다. 즉 자유와 평등이라는 뼈에 살을 붙이는 '민중시'를 떠올렸던 것이다. 이를 통해 독자는 평등과 정의를 위한 힘겨운 투쟁을 상징하는 특정한 사람들("우리 곁을 떠난 위대하고 맑은 영혼의 소유자들")을 떠올리게 된다. 그리고 시는 도덕성을 상징하는 인물들을 이미 우리 사회 안에서 사랑받고 있는 다양한 인물과 즉각적으로 연결 지어 생각할 수 있게 한다. 시는 정의를 향한 고단한 추구를 격려하고 또 지속할 수 있게 만드는 감정들을 촉발한다. (이들 감정 안에는 뼈와 살의 관계처럼 실제로 정의에 대한 관념이 내포되어 있다.) 다소 신비롭다고 할 수 있는 상상적 이미지들 없이 도덕성, 갈망, 상실, 강렬한 아름다움 등에 대한 사유를 불러일으키는 것—우리 내면의 깊은 곳을 뒤흔드는 것—은 쉽지 않다. 독자들은 휘트먼의 시에 동조하고 개입함으로써 아직 존재하지는 않지만 언젠가 현실이 될지도 모를 그러한 조국을 향해 온 마음을 던지게 되는 것이다.

앞서 인용한 타고르의 시는(물론 번역된 글로만 읽어야 한다는 사실이 안타깝지만)[13] 애초에 방글라데시라는 국가를 염두에 두고 쓰인 것은 아니지만, 그 속에 담긴 생각의 상당 부분은 암묵적으로 정치적 맥락을 내포하고 있다. 훗날 인도의 국가가 된 그의 시 「자나 가나 마나Jana Gana Mana」(모든 국민의 마음)는 타고르 본인이 주장했듯 당시 영국의 군주가 인도를 방문했을 때 그에 대한 영광을 거둬들이려는 욕망으로 쓰였다. 대영제국의 영광을 칭송하기 위한 행사에 초대된 타고르는 모든 인도인이 대영제국이 아닌 그보다 더 높은 숭고한 권력, 즉 도덕률에 따르는 것일 뿐이라는 주장을 하기 위해 이 시를 썼던 것이다. 그런 의미에서 이 시는 그가 말한 '사람의 종교'라는 개념과 긴밀한 연관 속에 있는 지극히 칸트적인 글이라 할 수 있다. 「나의 금빛 벵골」 (1906)도 다소 간접적이긴 하지만 여전히 정치적인 글이다. 휘트먼의 서정시가 갖는 시적 전략과 매우 비슷한 타고르의 이 시는 지극히 황홀하고 관능적인 벵골의 자연적 아름다움을 표현하고 있다. 여기서 화자는 그의 조국을 매혹적이면서도 전율이 일어날 정도로 자신을 유혹하는 연인으로 묘사한다. 이 노래는 (비슈누파 힌두교도와 수피파 이슬람교도를 결합한)[14] 방랑 가수 공동체의 일원인 바울Baul 바울은 방글라데시의 농촌지역과 인도의 서벵골 지역에 거주하는 음유시인을 지칭하며, 타고르의 작품에 많은 영향을 미친 것으로 알려져 있다의 노래에 영감을 받아 쓰였다. 바울의 노래는 종교에 대한 황홀경과 감정적 시선, 육체적 사랑에 대한 시적 찬미, 인습에서 벗어난 성적인 관습 등으로 잘 알려져 있다. 4장에서 자세히 다루겠지만, 타고르는 '사람의 종교' 개념의 중심에 바울을 두고 있다. 「나의 금빛 벵골」이라는 노래는 바울의 음악과 정신이 결합되어 나타나 있으며, 가사 자체는 벵골 사람들을 대표하는 화자의 이미지를 강하게 드러낸다. 여기서 화자는 섹슈얼리티를 공격적인 것이 아닌 즐겁고 유쾌한 것으로 여기며, 이 섹슈얼리티는 인도의 많은 고전적 시각예술 작품에 드러나는 크리슈나의 형상과 자야데바Jayadeva의 위대한 서정시 「기타고빈다Gitagovinda」(12세기)를 재현하고 있다. (타고르는 대표적인 벵골인의 양성적인 면을 그림으로써 자신이 평생 열정을 바쳤던 여성의 사회·정치적 권리 신장에 대한 메시지를 던진다. 이에 대한 상세한 논의는 4장에서 다루었다.) 타고르는 영국의 제국주의와 그것을 흉내만 내는 인도의 공격적 민족주의에 대한 항거의 한 형태로 이러한 섹슈얼리티를 떠올렸던 것이다.

이 모든 것의 핵심은 무엇인가? 이 시는 1906년 영국이 벵골을 행정적으로 둘로 분리하고자 결정한 직후에 쓰였다. 이때의 분리는 훗날 벌어질 인도의 서벵골주 및 방글라데시 국가(이전의 동부 파키스탄)의 분리와 대략적으로 일치하는데, 이로써 소속된 국민을 무력화하고, 평소 영국의 '분할 통치' 정책을 드러내며, 궁극적으로는 힌두교도와 이슬람교도를 갈라놓는 것을 목표로 한다. 타고르는 자신의 독자들로 하여금 지리적인 이유나 종교적인 반감 때문에 서로 갈라서지 말고, 벵골의 아름다움을 상상하며, 그 땅을 사랑하고, 슬픔에 함께 비통함을 느끼기를 호소한다. 그는 분명 독자들 마음속에 있는 제국에 대한 저항 정신에 불을 붙였다. 하지만 이것은 자애로우면서도 평화를 추구하는 민족주의이지, 유럽의 전통적인 (타고르 자신의 분석에 따라) 폭력적 민족주의나 (평생에 걸쳐 끊임없이 비판했던) 힌두교가 최고라는 식의 민족주의가 아니다.[15] 타고르가 혼합주의적 바울 전통을 사용했던 것은 종교적 친교와 포용을 강조하기 위해서였다. 이 노래의 목표는 사랑, 포용, 공정, 그리고 인간의 자기 함양 등이 담긴 새로운 인도의 민족주의를 추구할 수 있는 정신을 배양하는 것이었다.

타고르가 「나의 금빛 벵골」과 함께 어울리도록 쓴 몇몇 다른 음악 또한 감각적이면서 느린 템포에 차분한 느낌의 성적인 댄스 음악이다. 몇몇 훌륭한 버전은 유튜브에서 찾아볼 수 있는데, 이 음악들은 예외 없이 조국 땅의 아름다운 이미지와 남녀가 함께 매혹적으로 춤추는 이미지를 잘 결합시켜놓았다. (그곳의 국민이 얼마나 이 노래를 잘 이해하고 있는지를 알 수 있게 해준다.) 비록 타고르가 노벨상을 수상한 시인이자 세계적인 수준의 작곡가이며 안무가라는 점에서 다각적인 사회적 기여를 한 것은 맞지만, 타고르와 휘트먼은 일종의 사촌 격으로 볼 수 있다.

　한 나라의 애국가인 「나의 금빛 벵골」과 같은 노래를 만든다는 것은 어떤 의미인가? 오늘날 방글라데시는 문화적으로 통합되어 있던 벵골과 '동파키스탄', 그리고 파키스탄과 인도를 각기 갈라놓은 제국주의의 역사를 통탄한다. 하지만 동시에 방글라데시는 다원주의적 민주주의 국가인 신생 벵골의 독립을 환영한다. 이 노래는 모든 국민으로 하여금 이 땅과 국민의 운명에 대한 동정 어린 사랑과 관심을 몸으로 느끼고 목소리 내어 드러내기를, 그러면서 동시에 온화함, 즐거움, 경이로움 등을 마음속에 간직하기를 요구한다.

　뿌리 깊은 벵골의 형상을 그려내는 타고르의 시는 휘트먼의 시처럼 문화적인 특색을 드러낸다. 두 시인 모두를 위대하게 만드는 것은 바로 이러한 개별성이다. 마치 마음속 에스페란토와 같이 모든 국가의 공통 화폐와 같은 역할을 하는 예술이나 음악, 수사학 등을 통해 강력한 동기 유발이 가능하리라고 예상하는 것은 이치에 맞지 않는다. 어떤 시인도 이런 시도는 할 수 없다고 보는 게 현명할 것이다. 최소한 인도 문화, 특히 벵골 문화에 다년간 심취하지 않고는 타고르의 노래들로부터 어떤 미국인도 감동을 받지 않을 것이다. 심지어 여러 해가 지난 후에도 바울의 전통과 음악은 여전히 이상하고 가까이하기 힘든 것일 수 있다. 휘트먼의 시는 상대적으로 조금 더 와닿을 뿐이지만, 여전히 시에 담긴 기억과 이미지들은 미국인을 사로잡으면서 이 땅의 너비와 소리에 깊게 물들게 할 것이다. 그러면서 동시에 남북전쟁을 국가의 중대한 사건으로 기억하게 만들 것이다. 두 시인 모두 정치적 감정이 탄탄하게 구축되려면 그것이 문제시되고 있는 국가의 역사와 지리에 관한 탐구에 기대야만 한다는 것을 보여준다. 마틴 루서 킹은 간디로부터 많은 것을 배우고 차용했지만, 동시에 그것이 미국인들에게 감동을 주려면 총체적인 문화적 탈바꿈 작업을 거쳐야만 한다는 것도 정확히 이해하고 있었다.

하지만 휘트먼과 타고르는 모두 문화적인 측면에서 볼 때 매우 급진적이다. 우리로 하여금 사회적 관계들(종교, 카스트, 젠더의 위계들)에 대한 기존의 사고방식을 버리도록 요구하고 있기 때문이다. 그들은 문화와 역사의 깊은 뿌리를 바탕으로 기민하게 독자들을 사로잡는다. 사실 휘트먼이나 타고르같이 급진적인 작가들이 이렇게 널리 사랑받고 인정받는다는 것은 놀라운 일이다. 또한 이들은 자신의 문화가 최고의 자리에 오를 수 있도록 최대한 노력을 기울이며 이전에 해왔던 것보다 늘 더 많은 시도를 했다. 그리하여 특정한 전통에 뿌리내린 정치적 사랑의 감정 역시 많은 이의 열망을 불러일으킬 수 있고, 심지어 급진적인 것이 되기도 한다. 휘트먼은 이렇게 썼다. "나는 남자와 여자들, 민족들을 쏘아붙이는 자이니, 울부짖으며, 자리를 박차고 일어나 그대들의 삶을 위해 싸우라!"[16]

두 시인은 모두 유한성과 죽음 앞에서 인간이 느끼는 불안의 깊은 연원에 가닿는 작품들을 선보임으로써 자신이 속한 사회가 직면한 문제들에 대해 사랑의 정신으로 맞서기를 주장한다. 바로 이것이 궁극적으로 이 책의 주요 논점이 될 것이다. 어떤 매체와 기관을 통해 어떤 종류와 형태의 사랑이 전파되는지에 대한 질문은 오랜 시간이 걸리는—궁극적으로는 끝나지 않는—탐구가 될 것이다. 이 탐구는 상호 연관된 감정들, 즉 동정, 비애, 두려움, 분노, 희망, 그리고 혐오와 수치심의 억제 등으로 확장될 것이며, 인간만의 특이성으로부터 환희의 감정을 취하는 일종의 희극의 정신에까지 뻗어나갈 것이다. 상호 연관된 감정이라 하더라도 사랑의 몇몇 형태는 각기 다른 상황과 문제에 따라 달리 논의될 것이다. 링컨의 게티즈버그 연설은 다소 엄숙한 상황에 적합할 수 있으며, 타고르의 노래는 링컨의 수사가 전달하는 무언가를 결여하고 있을 수도 있다. 어찌됐든 게티즈버그 연설의 중심은 사랑의 감정이다. 품위 있는 사회를 지탱하는 모든 핵심 감정은 사랑 안에 그 뿌리를 내리고 있거나, 사랑의 또 다른 형태—우리 의지의 통제 바깥에 있는 것들에 대한 강렬한 애착의 감정—를 취한다. 내가 제시한 예들은 그 자체로 이미 내가 논증하려는 바를 드러내고 있다. 즉 롤스가 그렸던 원칙 의존적인 감정들은 그것이 사랑에 의해 보완되거나 생기를 얻지 못한다면 지나치게 고요한 것으로 남거나, 그저 마음의 표면에 남아 그가 마음속으로 그렸던 일들을 해내지 못할 것이다. 다시 말해 변덕스럽고, 위험이 따르며, 때로는 에로틱한 (희극적이든 비극적이든 다양한 형태의) 관계에 연루되지 않고는 삶의 의미에 도달하지 못하기 때문이다. 나는 사랑이란 인간에 대한 존중에 생명력을 불어넣는 것이라 생각한다. 그저 빛 좋은 허울로서가 아니라 그 이상의 것을 의미한다. 롤스가 말한 질서 정연한 사회에도 사랑이 필요하다면—나는 그렇다고 생각한다—사랑은 정의를 갈망하는 불완전한 현실사회에서는 그 어느 때보다도 더 급박하게 필요하다.

오늘날은 이런 주제로 글을 쓰기에 적절한 시기다. 왜냐하면 지난 수 세기 동안 특정한 감정들에 관하여 인지심리학자들이 광범위한 연구물을 생산해냈고, 영장류 동물학자, 인류학자, 신경과학자, 정신분석가 등의 작업이 보완적으로 이루어졌기 때문이다. 이와 같은 연구는 규범적인 철학의 내용을 다루는 우리 기획에 매우 유용한 경험적 데

이터를 제공한다. 물론 그러한 경험적 자료가 규범적 질문들에 대한 해답을 제시하진 않는다. 하지만 무엇이 가능하고 불가능한지, 폭넓은 인간의 경향성 중 무엇이 도움이 되거나 해가 되는지를 말해준다. 즉 우리가 어떤 자료를 가지고 탐구해야 하는지 또 그러한 '탐구'가 얼마나 성공할 가능성이 있는지 등을 이해하는 데 도움을 줄 것이다.

규범적인 정치 기획을 정당화하는 방법 중 하나는 그것이 어느 정도의 안정성을 담보하고 있는지 보여주는 것이다. 안정성에 대한 우리의 질문에 의거하여 볼 때 감정은 분명 흥미를 일으키는 대상이다. 그렇다면 여기서 우리는 어떤 형태의 공적 감정이 (사회적 자원으로부터 큰 제약을 받지 않는다는 전제하에) 그 자체로 안정적일 수 있는지 질문할 필요가 있다. 내가 보기에 우리는 결코 도달할 수 없는 완벽한 세계를 향해 절대주의적 분노를 드러내기보다는 유머, 유연함, 환희 등을 통해 이 세계 속에 던져진 부조리하면서도 추악한 인간 존재의 운명을 정확히 파악하는 데 도움이 된다면 무엇이든 간에 조사하고 수용해야 한다. 정치적 어려움의 주된 원인은 인간 삶의 큰 부분을 지배하는 무력함을 극복하려는 인간의 보편적인 소망에 있다고 할 수 있다. 말하자면 '한낱 인간 존재'에 불과한 우리의 혼란스러움을 넘어서려는 바람 말이다. 다양한 형태의 공적 감정은 우리가 상처받지 않을 것이라는 환상을 심어주지만, 그러한 감정들은 사실 치명적이다. 혐오와 수치의 감정을 금하면서 인간을 사랑받는 존재로 만들 방법을 찾을 수만 있다면 내가 머릿속에 그리는 기획은 성공할 것이다.

마찬가지로 공적 감정에 대한 질문을 규범적인 목표들에 한정 짓지 않는다면 어떤 기획도 성공하지 못할 것이다. 나는 도덕적으로 '중립적'이지 않으면서, 분명한 도덕적 내용을 갖는—명시적으로는 인간에 대한 동등한 존중, 표현·결사·양심의 자유, 근본적인 사회적·경제적 권리 부여 등을 포함하는—자유주의의 형태를 그려가고자 한다. 이러한 사회적 가치들은 공적 감정이 형성되는 방법과 관련하여 더욱 명확하게 선을 그어줄 것이다. 내가 상상하는 사회는 로크적/칸트적 국가의 가치들 속에서 루소가 제기한 문제들과 씨름하는 것이라 할 수 있다. 혹자는 '시민 종교'라는 아이디어가 이러한 제약들 내에서는 실현될 수 없으며, 그 자체로 매력적인 동시에 적극적인 형태로는 성취될 수 없을 거라고 생각할지도 모른다. 그렇지만 이러한 반론에 대해서는 시간을 두고 좀더 지켜보자.

내 기획의 초점은 시민사회의 비공식적인 기구들에 있지 않고 사회 안에서의 정치적 문화에 놓여 있다. 물론 이는 시민사회가 시민들의 감정을 형성하는 데 충분한 역할을 하지 못한다는 것이 아니나, 이 지점은 여기서 내 주된 탐구에 해당되지 않는다. 오히려 정치적인 것에 대한 관념을 포괄적인 방식으로 이해하고자 한다. 즉, 인간 삶의 기회 전반에 영향을 미치면서, (롤스가 말한 '기본 구조'라는 개념에 부합하는) 삶의 전반적인 과정을 좌지우지하는 모든 제도와 기구를 포함하는 것이다. 결국 정치적인 것이라는 관념에는 가족이라는 범주도 포함된다. 비록 가족에 대한 정부의 태도는 앞서 언급한 언론 및 결사의 자유에 대한 사회적 승인에 의해 제한되겠지만 말이다. 정치 문화와 관련된 광범위한 영역 안에서 정치적 수사, 공적인 행사와 제의, 노래와 시, 상징물, 예술과 건축물, 공원과 기념물의 디자인 등을 종합적으로 살펴보고자 한다. 또한 공공 교육을 통한 감정의 형성에 대해서도 다루고자 한다. 최종적으로는 특정한 형태의 감정적 경험이 가져다주는 통찰을 구현한 사회적 제도를 만들 수 있기를 기대하며, 이러한 기획의 의도를 직접적으로 드러내지 않고도 그것의 중요성을 입증할 수 있기를 바란다.

분석의 기본 단위는 국가가 될 것이다.[17] 국가는 평등한 존중이라는 기반 위에서 모두를 위한 삶의 조건을 구성하는 데 중심적인 역할을 하기 때문이다. 동시에 국가는 사람들의 목소리에 대해 광범위한 책임을 지고, 스스로의 선택에 법적 의미를 부과하고자 하는 이들의 욕망을 표현하는 가장 큰 단위에 해당된다. 전 지구적인 관심사들 또한 중요한 화두가 될 것이다. 우리는 하나의 공적 문화가 다른 국가나 사람들에게 어떤 정서를 북돋우는지 살펴보면서 이를 논하고자 한다. 하지만 나는 타인에 대한 관심을 가로막는 가장 고질적인 장애물로 개인적이고 지역적인 기획들에 몰두하는 이기주의적 경향이 지배하는 이 세계에서 주세페 마치니를 비롯한 19세기 민족주의자들과 같이, 국가란 전 지구적 관심의 영향력을 행사하기 위한 필수적인 '버팀목'이라는 의견을 견지하고자 한다. 국가에 초점을 맞추는 또 다른 이유는 정치적 감정을 형성하기 위한 그 어떤 훌륭한 제안이라 하더라도 그것은 역사적 특수성 아래에서 다루어져야 하기 때문이다.

휘트먼과 타고르를 짝지어 설명한 것처럼 내 기획은 극명하게 다른 두 국가인 미국과 인도에 초점을 맞춰 진행될 것이다. 이 두 나라는 민족적 동질성의 차원이 아닌 정치적 이상의 측면에서 제각기 다른 방식으로 성공적인 자유민주주의를 이룬 국가다. 두 나라 모두 커다란 불평등이 존재하며, 그렇기에 더 큰 범위의 전 지구적 관심뿐만 아니라 사회적 재분배를 향한 기획이 요구된다. 또한 이 두 나라 다 종교, 인종, 카스트, 젠더 등에 있어 사회적으로 깊이 구분되어 있다. 따라서 이 두 나라는 이러한 구분이 유해한 사회적 위계나 폭력적 사태로 변

질되는 내부의 힘을 억제할 필요가 있다고 할 수 있다.[18]

감정에 대한 분석을 다루었던 『감정의 격동Upheavals of Thought』[19]에서 나는 감정들은 필연적으로 인지적 판단을 내포하며, 사물에 대해 가치 판단에 근거한 지각 혹은 사고의 형태를 띤다는 입장을 옹호했다. 앞으로 살펴보겠지만, 동정심과 혐오 같은 감정을 연구하는 인지심리학자들의 작업은 나의 주된 분석 대상이자 나와 유사한 입장을 표명한다고 할 수 있다. 그리고 감정에 대해 사회적 규범이 갖는 역할을 연구하는 인류학자들의 작업 역시 내 작업을 뒷받침해주는 중요한 논의가 될 것이다.

1부에서는 세 개 장에 걸쳐 정치적 감정에 관한 문제들을 소개한다.

프랑스 혁명의 시대에는 사회적 통일과 '박애fraternity'의 가치에 대한 강렬한 의문이 제기되었다. 만약 절대 군주제와 왕가의 권위에 대한 복종이 미래의 평등주의적 사회의 응집원이 되지 못한다면 그다음은 어떻게 될 것인가? 당시 루소와 같은 철학자들 그리고 요한 고트프리트 헤르더와 같은 독일의 사상가들은 새로운 애국주의가 취해야 할 형태에 대해 활발하게 논의했다. 2장에서 나는 그들의 제안을 검토하면서 끝을 맺을 테지만 논의의 출발은 아주 다른 맥락에서 시작하고자 한다. 바로 모차르트와 로렌초 다 폰테가 쓴 『피가로의 결혼』(1786)이다. 일반적으로 프랑스 혁명의 핵심 역할을 했던 선구자 중 한 사람으로 여겨지는 보마르셰가 만든 같은 이름의 연극에 기반을 둔 이 오페라는 정서의 구축에 초점을 맞추고 봉건주의에서 민주주의로의 전환을 그리고 있다. 보마르셰는 아주 단순한 방식으로 구질서의 문제는 제도적인 것에서 기인한다고 제안한다. 이로써 우리는 봉건적 권력

을 퇴위시키면서 정치 제도의 변화를 통해 새로운 평등사회를 시작할
수 있게 되었다. 나는 (통찰력을 담고 있는 대본뿐만 아니라 이를 넘어서는
음악적 표현이 담긴) 이 오페라를 새로운 형태의 공적 문화에 대한 논의
의 지평을 연 형성적formative 철학 텍스트로 간주해야 한다고 생각한
다. 물론 이것이 갖는 비전은 보마르셰의 비전과는 매우 다르다. 인간
의 정서나 여성의 역할에 초점을 두고 있는 오페라 작품들은 주로 정
치적인 것이기보다는 가정사를 다루는 것으로 이해되어왔다. 하지만
나는 이것이 정치적일 뿐만 아니라 아주 정확한 지적을 하고 있다고
본다. 왜냐하면 새로운 질서는 마음속의 혁명적 변화 없이는 안정성을
획득할 수 없는데, 이는 남성과 여성의 젠더 역할에 대한 새로운 규범
을 채택하는 것을 포함하며 남성 중심의 앙시앵레짐이 갖는 규범을 정
확하게 깨부수는 새로운 시민 개념까지 흡수하고 있기 때문이다. 비록
내가 이 오페라에서 취하고자 하는 생각이 어떤 의미에서는 몇 광년
앞선 것으로 보인다 해도, 사실상 내 생각은 이러한 부패의 시기에 이
미 그 기운이 감돌고 있었던 것이라 할 수 있다. 즉 오페라가 갖고 있
는 정치적 비전은 '순화된 애국주의'에 대해 1790년대에 헤르더가 가
졌던 생각과 매우 닮아 있다. 뒤에서 보게 되겠지만, 이것은 존 스튜어
트 밀과 라빈드라나트 타고르에 의해 발전된 자유주의의 선조 격이라
할 수 있다. 여기서는 정치적 원칙들이 개인의 표현, 놀이, 광기 등을
위한 공간을 보호한다. 내가 오페라를 철학적 텍스트로 다루고자 하
는 점은 중요하다. (이는 루소, 헤르더, 그리고 이후의 밀과 타고르의 논의를
아우르는 것이다.) 물론 나는 현대 민주주의가 오페라를 올바른 형태의
공적 감정을 낳는 도구로 사용해야 한다고 제안하려는 것은 아니다.
오페라를 사랑하는 사람들은 그런 제안에 수긍할지 모르지만, 그 고

유의 가치를 광범위한 영역에까지 적용하기에 오페라는 오늘날 충분히 포괄적이지 않다. (이는 철학자들의 글에도 똑같이 적용되는 사실이다.)

19세기까지 정치적 감정에 대한 논의는 계속되어왔지만, 이제 이 논의는 본질적으로 전 지구적 성격을 갖는다. 그 중심에는 이타주의를 촉발하고 정치적 원칙을 추구하는 데 필요한 안정성을 제공하는 '인간 종교'라는 아이디어의 제안자 오귀스트 콩트가 있다. 콩트의 아이디어는 실제로 세계 곳곳에 커다란 영향을 끼쳤다. 유럽 안에서 그는 자신의 친구이자 공동 연구자이기도 한 밀의 사유에 많은 영향을 끼쳤는데, 밀은 한 권의 책을 콩트를 연구하는 데 바쳤고 '인간 종교'의 개념을 직조하는 데 중요한 공헌을 했다. 콩트는 또한 인도의 지식인들에게도 매우 중요한 인물이었다. 특히 타고르의 '사람의 종교' 개념을 탄생시킨 주요한 원천이었다. 이 책 3장과 4장은 이처럼 풍부한 역사적 사례와 생각들을 다룬다. 나는 감정의 공적인 함양에 관한 문제들은 (반대 의견에 대한 철저한 보호에 기반하여) 강력한 비판의 목소리를 내는 공적인 문화 속에서 면밀히 검토되어야 한다고 주장한 타고르와 밀의 생각에 동의한다. 비록 이 둘 모두—특히 밀은—오늘날에는 인정받지 못하는 불완전한 심리학에 뿌리를 두고서 인간의 진보에 대한 순진한 신념을 갖고 있었다. 그럼에도 불구하고 이들의 주장은 아주 소중한 자료로 남아 있다.

오늘날의 문제를 살피기 전에 우리는 우리가 어디를 향하고 있는지 먼저 그려볼 필요가 있다. 우리가 지속할 수 있고 또 열망해도 좋을 만한 품위 있는 사회의 규범적인 모습을 말이다. 이 책의 2부는 이러한 윤곽을 그리는 다섯 번째 장으로 시작한다. 이 설명은 내가 제시하는 '역량' 이론의 접근법이 옹호하는 가치들과 많은 부분 유사하다. 또한 밀의 규범적 제안, 롤스의 이론, 루스벨트 대통령의 뉴딜 정책, 유럽의 사회민주주의, 인도의 헌법이 갖는 포부 등과도 맥락을 같이한다. 머릿속에 떠올릴 수 있는 또 다른 부분적인 목표는 미국의 공적 문화에 관한 것이다. 이 지점에서 나는 이러한 규범들이 최소한의 정의로운 사회를 그리기 위한 최선의 방법이라고 주장하는 것은 아니다. 대신 일련의 매우 일반적인 규범들을 보인 뒤 질문을 던지는 방법을 택하고자 한다. 즉, 우리가 대개 이러한 형태의 (모두에 대한 평등한 존중을 구현하고, 자유와 물질적 토대 모두를 보장하는) 정치적 원칙과 제도를 성취하고 지켜나가고자 할 때, 그러한 원칙과 제도를 뒷받침하는 감정들을 함양하기 위해서는 무엇을 해야 하는가 하는 점이다.

여기서 나는 '정치적 자유주의political liberalism'라는 아이디어를 제시하고자 한다. 이는 감정의 공적인 함양에 부가적인 제약을 강제하면서, 콩트나 밀이 말했던 반종교적 인본주의로부터 공식적인 작별을 요구하는 것이다. 또한 나는 공적 감정 형성은 동기를 부여하는 문제와 제도를 형성하는 문제라는 두 가지 측면을 갖는다는 점을 지적하고자 한다. 이 둘은 동시에 이루어져야 하는 지점이기 때문이다. 다시말해, 정부는 정치적 수사나 노래, 상징, 공교육의 내용과 방법론 등을 통해 시민들의 심리에 직접적인 영향을 미칠 수 있으며, 소중한 감정유형에 대한 통찰을 제시하는 제도를 마련할 수도 있다. 예를 들어 공정한 세금 제도는 시민들에게 적법한 균형과 적절하고 공평한 동정심이라는 통찰을 보여주는 것이라 할 수 있다. 이 책은 동기를 부여하는 측면에 초점을 맞춰서 논의를 진행하겠지만, 이것이 항상 제도적인 부분과의 연계 속에 있다는 점을 잊지 말아야 한다.

이어지는 논의에서 우리가 사용할 수 있는 자료로 어떤 것이 있고 우리 길을 가로막는 심리적 문제들은 무엇인지 계속해서 살펴보고자 한다. 우리의 동물적 본성으로부터 논의를 시작하는 것이 이해를 도와줄 것이다. 6장에서는 인간의 지능과 삶의 형태에 가장 가까운 침팬지, 보노보, 코끼리, 개와 같은 동물의 감정적 능력과 경향에 대해 우리가 현재 알고 있는 지식에 준하여 여러 면모를 살펴보고자 한다. 인간세계는 이러한 생명체들이 결여하고 있는 어떤 능력을 갖고 있긴 하지만, 동시에 그들의 세계에는 전혀 존재하지 않는 문제와 결함을 노출하고 있다. 동정심에 대한 고찰과 함께 이러한 차이에 주목하다 보면 우리는 유아기의 인간이 갖는 어떤 무력감으로 거슬러 올라가게 될 것이다. 그리고 이것은 성장 이후에 경험하게 되는 어려움의 뿌리이면서 몇몇 소중한 자원의 씨앗을 제공하기도 할 것이다. 7장에서는 그러한 감정의 초창기 뿌리를 살펴보고자 한다. 타인에 대해 관심을 갖는 능력의 발달 및 이것이 놀이적 상상력을 발휘하는 능력과 어떤 관계를 맺는지 검토할 것이다. 이 두 가지 능력은 서로에게 자양분을 주기 때문에 품위 있는 사회는 이러한 능력을 꽃피울 수 있는 많은 방법을 제공하는 사회라 할 수 있다.

3부에서는 미국과 인도에 계속 초점을 맞추어 지금의 현실과 최근의 역사들을 살펴보고자 한다. 8장에서는 조국에 대한 사랑, 즉 애국심이라는 감정의 문제를 다룬다. 많은 위험에도 불구하고 나는 품위 있는 공공 문화는 지속 가능한 형태의 애국심의 함양 없이는 결코 존속할 수도 번영할 수도 없다고 생각한다. 이를 위해 에이브러햄 링컨, 마틴 루서 킹, 마하트마 간디, 자와할랄 네루의 정치적 수사에 담긴 조국에 대한 사랑과 가치관 등을 살펴볼 것이다. 물론 휘트먼과 타고르도 포함된다. 나는 헤르더가 당시 목격한 공격적이고 호전적인 애국심에 대한 위험을 지적했던 것과 같이 이러한 논의를 바탕으로 좀더 인간적이고 미래 지향적인 애국심에 대한 논의를 펼치고자 한다. 이를 위해 애국심을 구성하는 다양한 형태의 사랑의 감정을 탐색할 것이다.

9장은 다시 동정심이라는 감정으로 되돌아간다. 왜냐하면 이는 이타적인 행동과 평등주의적 제도를 촉발하고 지속시키는 데 매우 결정적인 감정이기 때문이다. 또한 이와 관련된 비극적 관찰자 의식tragic spectatorship이라는 아이디어에도 중요한 부분이기 때문이다. 인간은 자라면서 삶의 여러 곤경에 대해 비극적이거나 희극적인 관찰자가 되는 것을 배워야 한다. 여기서 비극적인 관점은 인간의 상처받기 쉬운 연약함에 대한 이해를 제공하며, 희극적인 관점(혹은 특정한 형태의 희극적 관점)은 인간 존재의 불평등함을 증오보다는 유연함과 자비를 통해 껴안는다. (자아에 대한 증오는 너무 자주 상처받기 쉬운 타인들에게 투사되기에 자아에 대한 태도는 대중 심리의 핵심적인 요소다. 하지만 이것은 접근하기 쉽지 않고 포착하는 것 또한 어렵다.) 고대 그리스 비극 그리고 희극 시인들의 탁월한 시선으로부터 시작해서 현대의 거대한 민주주의가 어떠한 유비적인 시도를 할 수 있을지 묻고자 한다.

10장은 동정심을 전제한 시민의식에 대해 특수한 문제를 야기하는 세 가지 감정, 즉 두려움, 시기심, 수치심을 살펴본다. 이 감정들을 각각 분석하면서 늘 부정적인 역할로 규정되었던 것으로부터 건설적인 기여의 가능성을 따로 분리해내고자 한다. 그러고 나서 이러한 문제들을 해결할 수 있는 현대사회 내에서의 몇 가지 전략 및 그 문제점들을 검토하고자 한다. 11장은 이러한 논의를 마무리 짓는 결론이다.

『피가로의 결혼』 마지막 부분을 보면 백작 부인은 동정을 구하는 요청에 "좋아요"라고 답하며 새로운 체제를 위한 분위기를 조성한다. "저는 훨씬 더 다정해요. 그리고 제 대답은 '좋아요'예요." 자기 자신을 포함한 인간 존재의 허약함에 대해 보이는 동정적이고 너그러운 태도는 내가 말하는 공적 문화에서 핵심이 되는 부분이자, 이는 희극의 정신과 긴밀한 관계를 갖는다. 백작 부인의 너그러운 "좋아요"에 담긴 사랑의 형태는 엄격한 규범이 갖는 우선성에 대한 이해와 사랑을 표현하려는 의지로서 일종의 유연함을 담지하고 있다. 이는 우리 인간으로 하여금 불완전한 것들을 증오하기보다는 있는 그대로 포용하는 방식으로 추구할 만한 목표를 향해 나아가기를 요구한다. 그녀의 "좋아요"는 이 책의 중심에 놓인 정치적 사랑의 유형을 이해하는 핵심 열쇠다.

이 책은 길고 두껍기 때문에 몇몇 중요한 문제의식을 미리 언급함으로써 오독을 방지하고 주요 논의가 누락되지 않도록 하는 것이 필요하다고 생각한다.

1. 정치적 감정에 대한 설명은 규범적인 맥락을 전제한다. 군주정이나 파시스트 그리고 자유주의에 이르기까지 모든 정치적 개념은 공공 문화 속에 감정을 위한 공간을 마련해두고 각각의 원칙이 갖는 안정성을 뒷받침하고 있다. 하지만 개별 전략들은 각각의 특정한 목표에 의존한다. 5장에서 상세히 기술하겠지만, 이 책의 논의는 일련의 정치적 원칙들을 명시적으로 제시한다. 이는 뉴딜의 목적, 존 스튜어트 밀과 존 롤스의 정치적 개념들, 많은 유럽 사회민주주의의 지향점과 더불어 (이보다 더 일반적인 것이긴 하지만) 내가 다른 책에서 주장했던 바와 유사한 맥

락을 갖는다. 이러한 것은 오늘날 미국의 정치 문화가 지향하는 목표들과도 상당 부분 겹친다. 나는 여기서 이러한 규범적 논의를 설명 대상으로 삼고 있지만 이를 주장하는 것은 아니다. 내가 물으려는 것은 그러한 원리들이 감정을 통해 어떻게 안정성을 확보할 수 있는가 하는 점이다. 다양한 정치적 규범을 포용하는 사람들 또한—비록 그들 스스로가 선호하는 규범들을 지지하기 위해 그것이 어떻게 변화해야 하는지 충분히 상상할 수 있어야겠지만—이러한 설명에서 많은 것을 배울 수 있을 것이다.

2. '정치적 자유주의'를 수용함으로써 논의의 기틀을 마련한다. 5장에서 상세한 논의가 이뤄지겠지만, 규범적 이상은 특정한 종교적 또는 세속적 (롤스의 개념을 빌려) '포괄적 교리comprehensive doctrine'를 정립하지 않는 일련의 원리들이며, 이것은 최소한 잠정적으로 시민들에 의해 수용된 포괄적 교리들 중에서 (서로 평등한 시민으로서 상대를 존중할 준비가 되어 있는 것을 전제로 한) 시민의 '중첩적 합의'를 통해 선정된 목적이 된다.[20] 이러한 정치적 자유주의의 입장을 택함으로써 내 논의는 루소가 말한 '시민 종교'와는 차이를 가지며, 오귀스트 콩트와 존 스튜어트 밀이 주장한 '인간 종교'와도 결별하게 된다. 이들은 모두 시민적 감정을 현존하는 종교의 대체물로 설명했으며, 이러한 감정은 사회가 폄하하거나 무시해야 한다고 생각했던 것이다.

3. 감정들: 포괄적인 것과 구체적인 것
나는 동정심, 두려움, 시기심, 수치심과 같은 감정이 어떻게 특정한 규범적 개념의 맥락 속에서 작동하는지 설명할 것이나. 이러한 일반적인 감정들은 군주정, 파시즘, 자유주의 체제 등 다양한 정치 문화의 유형 속에서도 작동한다. 이러한 의미에서 감정들은 마치 다용도 공구 키트와 같다. (혐오의 감정은 예외라 할 수 있다. 나는 '투사적 혐오projective disgust'는 자유주의 사회 안에서 아무런 쓸모가 없지만, 낭비와 부패에 대한 '일차적 혐오'는 여전히 유용하다고 생각한다.) 하지만 인간 종 차원에서 내가 상상하는 자유주의 사회는 고유한 감정들의 집합을 활용한다. 자유주의적 관점이든 비자유주의적 관점이든 동기 부여를 위해 수치심을 활용하지만 각자의 수치심은 분명 다른 것이다. 자유주의 사회는 사람들에게 과도한 탐욕과 이기심에 대해 부끄러움을 느낄 것을 요구하지만, 자신의 피부색이나 신체적 결함에 대해서는 얼굴을 붉힐 것을 요구하지 않는다.

감정들은 또한 각기 다른 의미에서 일반적이면서도 개별적인 것이다. 예를 들어 남북전쟁에서 목숨을 잃은 병사들에 대한 개별적인 동정심은 좀더 넓은 의미를 가진 국가적 원리에 대한 동정적인 포용의 감정을 이끌어내기도 한다. (나의 이러한 기획은 롤스의 논의를 대체하기보다는 그를 보완하려는 목적을 가진다.)

4. 이상과 현실

내가 던지는 질문은 어떻게 하면 정치적 원칙과 제도들을 안정적으로 만들 수 있을지에 대한 것이다. 이 질문을 개선하고 또 완성하기 위해서는 지속적인 작업이 요구될 텐데 나의 논의는 근본적으로 좋은 제도란 존재하며 또 분명 실현될 수 있으리라는 점을 전제한다. 우리는 여전히 현실사회와 실재하는 사람들을 다루고 있으므로 이미 달성된 정의보다는 이상적인 정의를 향한 간절한 열망에 초점을 두는 것이다. 역사적 사례는 이상이 아닌 현실을 다루는 것이며, 아직 현실화 되지 않은 규범적인 비전을 실현하고자 노력하는 사람들을 대상으로 한다. (이러한 관점은 심지어 오랫동안 존재해왔던 것들을 옹호한 링컨에게도 적용된다. 왜냐하면 그는 미국을 재건하며 이를 자신이 묘사했던 모습 그대로의 국가로 다시 그려냈기 때문이다.) 혹자는 내가 그리는 사회의 도래를 가로막는 비감정적인 요소들(예를 들면 경제적인 요인들)이 있지나 않을지 물을 수도 있다. 나는 내가 그리는 사회가 가능할 뿐만 아니라 많은 면에서 이미 실재한다고 믿는다. 그리고 그러한 사회와 흡사한 형태가 언젠가 또 어디에선가 존재했다고 믿는다. 따라서 그런 의문은 여기에 제시된 논의로부터 벗어나 있다고 여겨지며 나는 그러한 장애물은 없다고 믿는다.

1부

역사

Political Emotions
Why Love Matters for Justice

2장

평등과 사랑: 루소, 헤르더, 모차르트

Political Emotions
Why Love Matters for Justice

난 지금도 그 이탈리아 여자들이 뭐라고 노래했는지 모른다. 사실은 알고 싶지도 않다.
말하지 않은 채로 있는 게 나은 것도 있다. 난 그것이 말로 표현할 수 없는
가슴 아프도록 아름다운 이야기였다고 생각하고 싶다.
…… 그리고 아주 짧은 순간 쇼생크 감옥의 모든 사람은 자유를 느꼈다.

_『피가로의 결혼』 3막에 나오는 「산들바람의 노래Canzonetta sull'aria」를 들으며
주인공 레드(모건 프리먼 분)의 대사, 영화 「쇼생크 탈출」 중에서

나의 위대한 평화의 여인은 단 하나의 이름을 갖고 있다.
그녀는 보편적 정의, 인간다움, 적극적 이성이라 불린다. …… 그녀의 역할은,
그녀의 이름과 본성과 부합하게, 평화의 기질을 심어주는 것이다.

_요한 고트프리트 헤르더, 『인간 진보에 관한 편지(1793~1797)』 중에서

1. "행복은 그런 방식으로"

앙시앵레짐은 크고 권위적인 목소리로 "안 돼, 안 돼, 안 돼, 안 돼, 안 돼, 안 돼"라고 말하면서 노래한다. 모차르트의 『피가로의 결혼』이 끝나기 바로 전, 아직 지위가 매우 안정적이었던 백작은 자신 앞에 무릎 꿇고 자비와 연민을 바라는 다른 등장인물들의 요청을 거부한다. 그리고 대법관인 알마비바에게는 모욕당한 명예에 대한 복수가 매우 중요하다. ("이것이 내 마음을 위로하고 기쁘게 하는 유일한 것이다.")[1] 자신 앞에 초라하게 무릎 꿇고 애원하는 이들에게 친절을 베푸는 것은 일반

적인 인간의 미덕이라기보다는 고상한 특권이다. 그는 친절을 베풀 수도, 거둬들일 수도 있다. 만약 그가 너그러운 관대함보다 약간의 명예를 내세우면서 후자를 택하더라도 누구도 그에게 틀렸다고 말할 수 없을 것이다. 그것은 바로 앙시앵레짐이 신분, 수치심, 왕의 특권이라는 도덕성으로 힘을 얻으면서 작동하는 방식이다.

그러나 갑자기 백작 부인은 수산나로 스스로를 가장했던 모습을 벗고 자신을 드러낸다. 그러면서 동시에 실수와 위선으로 남편을 가두었던 술책도 드러낸다. (그는 초야권droit du seigneur[영주의 권리]을 끝장내는 행위를 뽐내면서 줄곧 그것을 즐길 계획을 하고 있었다.) 그곳에 참석한 모든 사람은 다음에 일어날 일을 알 수 없다며 나지막이 외친다. "오 하늘이시여, 내가 알 수 있는 게 뭐란 말인가! 환장하겠군! 모두 환각이야! 무엇을 믿어야 할지 알 수 없도다!" 현악기들이 빠른 변조로 바뀌면서 연주되는데 이는 거대한 불안과 불확실성을 표현한다. 돌이켜보면 이것은 두 정치 체제의 전환이 불러일으키는 불확실성이라 할 것이다.

그리고 이제 백작은 백작 부인 앞에 무릎을 꿇고 결코 들어본 적 없는 서정적인 레가토의 조용하고 온화한 형태로 이 혼돈 속에서 다시 부드러운 목소리를 되찾아 노래한다. "미안하오, 백작 부인, 미안하오, 미안하오." 그러고는 긴 침묵이 뒤따른다.[2]

백작 부인은 이 침묵을 깨고 부드럽게 노래 부른다. "저는 훨씬 더 다정해요. 그리고 제 대답은 '좋아요'예요più docile io sono, e dico di sì."[3] 음악의 각 마디는 마치 무릎 꿇고 있는 남편을 어루만지듯 부드럽게 곡선을 그리며 음이 높아졌다 다시 낮아진다. 그러고는 조용하고 엄숙한 어조로 여러 명이 한데 어울려 백작 부인의 대사를 반복한다. "아, 우리 모두는 그런 방식으로 행복해할 것이네tutti contenti saremo così." 이 구절의 합창 버전은 합창의 단순함이 주는 엄숙함을 연상시킨다. (이것은 가톨릭 음악세계에서 갑작스러운 위계질서의 상실을 나타낸다.)[4] 그러고 나서 뭔가 수저하는 듯한 막간의 휴식이 뒤따른다.

이후 한 무리의 합창단이 나와 어지러울 정도의 소리를 갑작스럽게 폭발적으로 분출한다.[5] "오늘의 고통, 광란, 어리석음. 사랑만이 행복과 기쁨으로 이를 끝낼 수 있지." 사랑은 중심 등장인물들의 개인적 행복의 열쇠일 뿐만 아니라, 전체 공동체 구성원들의 행복을 위한 열쇠이기도 하다. 그들은 이렇게 노래한다. "축하하러 모두 뛰쳐나가보세 corriam tutti a festeggiar."

『피가로의 결혼』은 앙시앵레짐이 박애와 평등이라는 새로운 질서로 대체되는 것을 그리고 있기에 자유주의 역사에 있어 핵심이 되는 텍스트다. 하지만 대개 피가로의 이야기에 집중하는 사람들은 보마르셰의 희극에 주목하면서 모차르트와 다 폰테의 오페라는 간과했다. 그럼에도 모차르트와 다 폰테의 오페라는 자유민주주의의 미래와 관련하여 사상가들이 보마르셰의 희극보다도 훨씬 더 깊이 살펴봐야 하는 철학적 텍스트다. 보마르셰의 희극과 달리 이 오페라는 분명 박애라는 주제를 다룬 18세기의 위대한 철학적 저작들, 특히 루소와 헤르더의 저서들과 견줄 만하다. 희극이 멋진 대사들에 집중했다면, 오페라는 박애를 형성하는 감정의 함양에 중심을 두고 있기 때문이다. 물론 이 오페라를 루소나 헤르더의 철학적 논변과의 연계 속에서 탐구한다면, 그저 오페라의 대사를 이해하는 것으로는 불충분할 터이다. 왜냐하면 핵심적인 통찰은 다 폰테의 위트 있지만 때론 피상적인 대사가 아니라 음악 그 자체에서 훨씬 더 정확하게 얻을 수 있기 때문이다.

정치적 감정 정의를 위해 왜 사랑이 중요한가

모차르트의 『피가로의 결혼』(1786)에 대한 일반적인 이해는 그것이 책임을 회피하는 길을 택했다는 분석이다. 보마르셰의 1778년 작품은 앙시앵레짐과 위계질서를 맹렬히 비난했고, 그렇기에 그 안에 담긴 본질적인 내용과 주장은 정치적인 것이다. 그런데 이 작품을 모차르트와 그의 오페라 대본 작가 로렌초 다 폰테가 수용하는 과정에서 봉건적 계급 제도를 맹렬히 비난하는 피가로의 긴 5막 독백 부분을 없애고 여성들의 사적인 욕망을 과도하게 다루면서 작품을 무채색의 사랑 이야기로 만들어버렸다는 것이다. 보마르셰의 연극은 프랑스 혁명의 중요한 전거를 마련하는 것으로 간주되어 여러 해 동안 공연이 금지됐으며, 1784년에 이르러 공연이 허용됨으로써 프랑스에서 큰 인기를 얻었지만 여전히 논란의 대상이었다.[6] 이와 반대로 모차르트와 다 폰테는 (스토리상으로 이미 그러하지만) 논란에서 벗어나는 길을 택했다. 비교적 급진적이었던 요제프 2세도 왕위에 있는 동안 보마르셰의 작품이 극장에서 상연되는 것을 금지했다. 하지만 다 폰테는 황제를 설득하여 허용 가능한 범위 안에서 연극을 토대로 오페라를 만들 수 있었다.[7] 흔히 전해져 내려오는 이야기에 따르면,[8] 다 폰테와 모차르트는 멋진 사랑의 드라마를 만들어냈음에도 불구하고 원본이 갖는 급진주의적 신념을 내팽개치고 말았다.

그럼에도 불구하고 나는 이 오페라가 원래의 연극만큼이나, 아니 그보다 훨씬 더 급진적이고 정치적이라고 주장하고 싶다. 왜냐하면 이 오페라는 자유, 평등, 박애와 같은 공공 문화의 필수적인 토대가 되는 인간 정서들을 탐색했기 때문이다. 이러한 정서의 구축은 오페라 대본에서보다 모차르트의 음악을 통해 훨씬 더 명확하게 이루어졌다. 그렇기에 더욱 깊이 있는 논의를 위해 음악적인 요소들을 상세히 다룰 필요가 있다.[9] 모차르트는 (사실상) 정치적 문화가 사랑의 영역에서 새로운 인간적 태도의 형성을 필요로 한다는 점에서 루소와 입장을 같이한다.[10] 하지만 새로운 태도와 관련하여 루소가 제안한 특정한 형태에는 반대한다. 루소는 시민적 동질성, 연대, 명예에 근거한 애국심, 국가를 위해 기꺼이 목숨을 바치고자 하는 의지 등을 강조하지만, 모차르트는 좀더 온화하고, 호혜적이면서, 여성적인―백작 부인이 늘 사용했던 말을 빌리자면, '더 다정한'―새로운 공적 사랑의 형태를 구현했다. 이는 루소적인 용맹이라기보다는 호전적인 행태에 대한 루소적인 공포심에 더 가깝다고 하겠다. 그 과정에서 모차르트는 루소적인 동질성도 피한다. 그러면서 새로운 박애는 장난기, 광란, 유머, 개별성(이것들은 오페라에서 여성들의 세계와 연관된 것이다)이 자유롭게 뛰놀 수 있는 공간을 보호해야 한다고 강조한다. 바로 이러한 입장이 19세기의 존 스튜어트 밀, 20세기 초의 라빈드라나트 타고르에 의해 부활한 정치적 감정에 대한 비전의 길을 열어준 것이다.[11]

2. 앙시앵레짐과 남성의 목소리

일반적으로 받아들여지는 관점에서 보자면, 보마르셰는 계급 제도와 (백작으로 의인화된) 종속에 기반한 앙시앵레짐, 그리고 (피가로로 의인화된) 평등과 자유에 기초한 새로운 민주적 정치 사이의 대립을 극화한다. 보마르셰 연극의 핵심은 백작의 세습적 특권을 맹렬히 비난하는 피가로의 독백이 담긴 5막이다. 그런데 모차르트는 이런 정치적인 부분을 누락시키면서 오페라에서 정치색을 없앴고, 백작과 피가로 간의 갈등을 단순히 한 여성을 두고 벌어지는 사적인 갈등 구도로 바꿔버렸다.

이러한 관점에는 암묵적인 전제가 깔려 있다. 정치 사상가들과 마찬가지로 우리의 흥미를 끄는 부분이 바로 백작과 피가로의 대립이라는 점이다. 모차르트가 여기서 정치적 갈등에 중심을 두지 않았기 때문에 그의 버전은 전혀 정치적으로 느껴지지 않고 그저 가정사 수준으로 느껴지는 것이다. 하지만 (백작이 명백히 구시대를 상징한다고 해서) 피가로가 새로운 시민 정신을 상징한다고 추정할 필요는 없다.

우리가 열린 마음으로 이를 본다면, 피가로와 백작이 음악적으로나 내용적으로 매우 유사하다는 점을 금세 알아차릴 것이다. 그들은 혼자 있을 때 무엇을 노래할까? 아마도 구겨진 명예에 대한 격분이나 복수에 대한 갈망, 혹은 지배의 즐거움 등을 노래할 것이다. 이 두 사람을 이끄는 힘은 사실 서로 다르지 않고 오히려 굉장히 유사하다. (실제로 두 사람의 역할은 원칙적으로 한 명의 가수가 양쪽 역할을 각각 하는 방식으로 설정되어 있고, 음악적 언어도 매우 유사하여 혼동하기 쉽다.)[12] 피가로의 첫 번째 아리아인 「그대가 춤추길 원한다면Se vuol ballare」에서는 백작이 수산나와 잠잘 계획을 짜고 있다는 것을 알아차리는 부분이 나온다. 하지만 우리가 피가로의 아리아 내용만 본다면, 기존에 수산나와 같은 인물이 존재한 적이 있다는 사실조차 알지 못할 것이다. 그의 생각은 온통 백작과의 경쟁에 대한 것이며, 그가 고집스레 사용하는 부정어들("그렇지 않아, 그렇지 않아non sarà, non sarà")은 오페라의 끝부분에 이르러 백작이 보이는 고압적인 부정을 예상케 한다. (3막에 나오는 백작의 아리아도 마찬가지다.) 피가로에게 열정을 불어넣어주는 것은 무엇인가? 아마도 자신의 댄스 학교에서 백작에게 춤을 가르쳐주

면서 일종의 현물로 갚으려는 생각일 것이다.[13]

　　마찬가지로 2막 후반부에서 백작은 자신의 영원한 소유물인 수산나를—백작의 눈에 피가로는 물건에 불과한 "천한 것un vile oggetto"이다—피가로가 소유한 모습ei posseder dovrà을 상상한다.[14] 이러한 생각은 그를 고통스럽게 한다. 이것은 수산나에 대한 그의 사랑이 특별하고 강렬한 욕망으로 가득 차 있어서가 아니라, 한낱 '물건'에 불과한 존재가 자신보다 우위에 있다는 생각을 견딜 수 없기 때문이다. 이런 경쟁심에 기인한 상실감으로 인해 그는 피가로와 같이 "아니"라고 말하는 것이다. "오, 아니, 당신이 이런 평화로운 행복을 누리게 하고 싶지 않아. 철면피 같으니.[15] 당신은 나에게 고통을 주기 위해 태어난 것이 아니라, 아마 내 불행을 비웃기 위해서 태어났을 거야." 피가로는 아마 백작이 말을 건네는 이인칭의 상대—수산나가 아니라—일 것이다. 피가로처럼 그는 다른 사람이 자신을 비웃고, 명예를 실추시키며, 수치심을 초래한다는 생각으로 가득 차 있다. 고통에 대한 되갚음으로 그는 (피가로처럼) "아니"라고 답하고, (피가로처럼) 자신의 가락에 맞춰 춤을 추는 순종적인 적군의 이미지로 대체할 것을 제안한다. 이것은 마르첼리나와 강제로 결혼하게 되어 영원히 수산나와 헤어진 피가로의 이미지와 겹쳐진다. 이제 백작은 비로소 상황을 즐길 수 있게 된다. "이제 복수들의 희망만이 내 마음을 위로하고, 나를 기쁘게 하노라."[16] 피가로의 「그대가 춤추길 원한다면」은 보마르셰의 텍스트에 기반을 두었지만, 백작의 아리아는 다 폰테가 완전히 새롭게 완성한 작품이다. 왜냐하면 보마르셰는 굴욕감이나 분노 등의 정서를 확장시킨 아리아가 아니라, 레치타티보오페라에서 낭독하듯이 노래하는 부분의 구성만을 제공하고 있기 때문이다.

백작의 아리아는 텍스트상으로뿐만 아니라 음악적으로도 피가로 의 아리아의 사촌 격이다. "하인이 행복해하는 것을 봐야만 하는가 felice un servo mio"라는 대사로부터 "오, 아니, 평화롭게 놔둘 수 없도 다ah non lasciarti in pace"로 이어지면서 터져나오는 주체할 수 없는 분 노가 백작의 음악에 가득하다. 그리고 음악은 조롱하는 듯한 아이러 니를 통해 ("천한 것"이라는 구절과 함께 이어지면서) 분노의 감정을 보완 한다. 오페라 대사를 통해서도 우리는 두 사람의 친연성을 알 수 있다. 하지만 음악은 훨씬 더 나아가 그들의 리듬과 강세의 유사성을 강조 하는데, 이는 서로를 헐뜯는 경멸에서부터 격렬한 분노에까지 이르는 태도를 보여준다.[17] 여기서는 어떤 감정이 부재할까? 사랑, 경이, 환희, 심지어 비애와 갈망도 부재한다.

보마르셰의 작품에 대한 전통적인 정치적 독해에 따르면, 피가로는 5막에 이르러 계급 질서로부터 벗어난 새로운 형태의 시민의식의 사 도가 된다. 하지만 모차르트의 피가로는 그러한 진전을 보이지 않는다. 마이클 스타인버그가 정확하게 지적했듯이, 오페라 전체에 걸쳐 (최소 한 4막 후반부까지) 음악적으로 피가로는 백작의 음조에 맞춰 춤을 춘 다. "그는 자신만의 음악적 언어를 찾지 못했다. 그래서 그의 정치적이 고 감정적인 어휘들은 불행히도 백작의 것을 그대로 모방한 복제에 불 과하다."[18] 1막 끝부분에 나오는 「더는 날지 못하리Non più andrai」를 보면 그는 "군사 행진과 관련된 구절을 활용하면서, 케루비노를 자기 부대에 복무하게 만들고자 백작이 행사했던 권위를 재연한다."[19] 또한 4막 시작 부분을 보면, 그는 부정한 행위를 한 수산나를 잡기 위해 기 다리며 "눈을 뜨시오"라고 모든 남자에게 외치면서, 여자들이란 굴욕 을 주는 매개일 뿐이라는 태도를 취하며 다시금 무시당한 자신의 명예를 노래한다. 이를 보더라도 그가 말을 건네는 대상은 여성이 아니라—특정한 여성은 더더욱 아니다—남자들이라는 것을 알 수 있다.

아마도 이것은 보마르셰가 묘사했던 피가로와 백작의 대립 구도를 모차르트가 이해하지 못했음을 의미할 것이다. 그렇더라도 성급히 판단하지는 말자. 대신 모차르트는 보마르셰가 보지 못한 어떤 것을 봤을 수도 있다. 즉 앙시앵레짐은 남자들에게 계급, 신분, 수치심 등에 완전히 사로잡히도록 만들면서, 사회적 조직에서 지위가 높든 낮든 이러한 것에 몰두하는 남자들을 만든 것이다. 누군가에게는 빼앗기고 싶지 않은 어떤 것이, 다른 누군가에게는 즐기고 싶은 어떤 것이다. 어느 쪽이든 그들의 강박을 고려한다면, 호혜적인 (심지어는 사랑이 넘치는) 세계로의 진입은 불가능할 수도 있다.

모차르트가 남성의 지위에 따른 도덕성을 세밀하고 철저하게 검토하는 방식을 의도적으로 택했다는 것은 플롯과 무관한 두 남자 인물의 입에서 나오는 말들을 보면 분명해진다. 달리 주장하는 사람도 있겠지만, 피가로와 백작의 정서는 심각한 정치적 사유로 읽혀서는 안 될지 모른다. 어쨌든 플롯은 서로를 이런 방식으로 경쟁하게끔 만든다. 그렇다 하더라도 우리는 다 폰테가 원본에서는 그다지 명확하지 않았던 이러한 평행 구도를 구축했고, 모차르트가 인상적인 음악적 표현을 통해 두 남성의 구도를 훨씬 더 분명하게 끌고 갔다는 것을 알 수 있다. 그럼에도 불구하고 모차르트와 다 폰테가 그저 보마르셰가 제시한 플롯을 확장시킨 것일 뿐이라고 생각할 수도 있다. 하지만 이는 바르톨로와 바실리오를 다루는 장면에는 적용되지 않는다. 물론 이야기 전개에서 이들의 역할이 큰 것은 아니다. 바르톨로는 1막에서, 바실리오는 4막에서 각각 아리아를 부르는데(비록 공연에서는 대부분 삭제되지만), 이는 남자다움의 도덕성에 대해 설명하는 데 결정적인 자료가 된다. 그렇지만 이 두 아리아 모두 보마르셰의 텍스트에 근거한 것은 결코 아니다.

바르톨로는 감정적으로 피가로와 백작의 가까운 사촌지간이다. 그의 음성은 저음이기 때문에 확연히 구별된다. 그럼에도 그는 똑같은 구개음을 사용해 노래하는데, 피가로의 「그대가 춤추길 원한다면」을 통해 이미 잘 알려진 냉소의 한 형태로 다소 누그러진 분노가 표출되는 것을 알 수 있다. 텍스트상에서 그의 역할은 피가로와 백작 두 사람이 예시하는 것들에 대한 일반적인 이론을 제공하는 것으로 보인다. "복수, 오 복수! 이것은 현명한 자들이 마땅히 누려야 할 즐거움. 치욕과 분노를 잊는다는 건 비참한 일이지. 완전히 천박한 거야."[20] 이런 식으로 인생은 남성들 사이에서 신분을 향한 경쟁과 수치스러운 일을 피하기 위한 노력으로 완전히 잠식되어 있다. 그렇기에 이에 대한 현명한 대처 방법은 그 게임을 최대한 끝까지 밀고 나가는 것이다. 이러한 태도는 분노와 치욕으로 하여금 사랑과 염원을 잠식하도록 할 뿐만 아니라(바르톨로는 피가로와 백작처럼 로시나에 대해 아무런 생각도 갖고 있지 않다. 그는 피가로의 획책 때문에 그녀를 백작에게 빼앗긴다), 어떤 종류의 자비나 화해도 불가능하게 만든다. 바로 이런 태도로 인해 오페라 끝부분으로 가면 백작이 "아니"라는 말을 여섯 번이나 연속해서 하는 것이다.

바르톨로는 우리에게 시민의식에 적합한 다른 무언가를 보여준다. 왜냐하면 그는 법과 이성에 관심이 많기 때문이다. 그는 법이란 남성적인 복수의 도구이고, 법을 아는 자는 법을 모르는 자보다 앞선다는 태도를 갖고 있는데, 법을 알면 적의 나약함이나 맹점을 찾아 그를 패배시킬 수 있다고 생각하기 때문이다. 이 지점에서 아리아는 조소를 품은 명랑함과 함께 빨라지고 유쾌해지면서 법률의 군계일학이 부르는 패터 송patter song 오페라에서 익살미를 내기 위해 단조로운 가사와 리듬으로 빨리 불러젖히는 노래이 된다. "만약 내가 법 조항을 싸그리 훑어봐야 한다면, 만약 내가 법령을 죄다 읽어야 한다면, 나는 거기서 애매모호한 표현이나, 동의어나, 장애물을 찾을 것이다. 세비야에 있는 모든 사람이 바르톨로를 알게 될 것이다. 악당 피가로는 반드시 패배할 것이다!"[21] (여기서 또다시 음악은 모욕적 행동을 강요하는 듯 법적 영리함의 교활한 기쁨을 표현하면서 텍스트를 넘어 흐른다.) 아리아는 (약간은 조롱하는 듯한 "이 교활한 피가로il birbo Figaro"라는 표현과 함께) 음악이 시작될 때처럼 견고하고 용맹하게 끝을 맺는다. 바르톨로는 자신이 모든 사람에게 알려질 것이라고 말한다. "모든 세비야 사람이 바르톨로를 알게 될 것이다." 이는 바르톨로 자신이 복수를 위한 책략에 완전히 둘러싸여 있는 정체성의 실체를 우리에게 보여준다. 비록 이 문제적 복수를 통해 로시나가 결코 자신에게 돌아오지 않을 것이라는 사실에도 불구하고 이런 생각을 통해 그가 느끼는 기쁨은 완전무결하다. 로시나는 전혀 그의 마음속에 있지 않은 것이다.

4막 오프닝에서 다른 조연 인물이 대사를 하게 되는데, 이것은 바르톨로의 도덕성을 완전히 뒤바꿔놓았고 궁극적으로는 이를 강화하게 된다. 음악 교사인 바실리오는 바르톨로보다는 덜 강력한 인물이다. 그는 앞선 작품 『세비야의 이발사The Barber of Seville』에서 소문이나 비방이 적을 물리치고자 하는 누군가에게 줄 수 있는 비참한 굴욕감에 대해 열심히 떠들어대던 인물이다. 다 폰테는 그를 독기를 품은 동시에 나약한 인간으로 그린다. (그는 피가로와 동등한 기반 위에서 겨룰 만한 영리함을 갖고 있지 못하며, 귀족들과 동등한 지반 위에서 경쟁할 만한 능력을 결여한 인간이다.) 4막에 나오는 그의 아리아는 이렇게 나약한 위치에 있는 남자들에게 충고를 들려준다.[22] 그는 청중에게 거물들과 경쟁하는 일은 항상 위험하다고 말하면서 이야기를 시작한다. (그들은 거의 항상 승리를 거머쥐기 때문이다.) 그렇다면, 어떻게 해야 할까? 그의 젊은 시절의 이야기가 길잡이가 되어준다. 그는 충동적이었다. 그리고 이성에 귀를 기울이지 않았다. 하지만 프루던스 아가씨가 그의 앞에 모습을 드러냈고, 그에게 나귀 가죽을 건네주었다. 그는 그녀가 왜 그것을 건넸는지 몰랐다. 그러나 잠시 후, 폭우가 내리기 시작했고 그는 나귀 가죽으로 자기 몸을 덮어 비를 피했다. 폭풍우가 가라앉고 그가 위를 올려다보니 끔찍한 야수 한 마리가 앞에서 주둥이로 자신을 건드리고 있었다. 그는 이런 끔찍한 죽음의 상황에서 스스로를 방어해본 적이 없었다. 그런데 나귀 가죽에서 나는 역겨운 냄새가 야수를 위협하여 도망가게 만든 것이다. "결국 운명은 나에게 수치심, 위험, 불명예를 가르쳐주었고, 죽음은 나귀 가죽 덕분에 피할 수 있었다."[23]

이 아리아는 모욕을 준 사람을 끈덕지게 괴롭히기 위해서 우리의 이성과 법을 사용하라고 말하는 바르톨로의 충고와는 정반대의 충고를 제시한다. 하지만 그 차이가 경미한 것은 사실이다. 두 남자는 모두 세계를 명예와 신분을 위한 제로섬 게임으로 여긴다. 유일한 차이점은 바실리오는 누군가가 반드시 패자가 되어야 한다는 사실을 알고 있고, 피해자들에게 피해 대책과 관련한 충고를 주고 싶어한다는 점이다. 만약 당신이 냄새 나는 미천한 존재로 인식된다면, 바로 그러한 더러운 정체성을 활용하여 더 심한 격분으로부터 스스로를 보호하라는 것이다. 바르톨로의 아리아처럼 조소하는 듯한 고음의 테너로 부르는 이 아리아는 피가로와 백작의 반대편에 서서 그들을 보완해주는 역할을 한다. 즉 세계의 실제 모습이 어떠한지에 대한 관점을 보여주는 것이다. 만일 아리아에서 여성의 모습이 조금이라도 나타난다면, 그것은 어린 시절 바실리오가 '열기'와 '광기'에 젖어 고백하는 대상으로 등장할 뿐이다. 이러한 그릇된 방향은 푸르던스 아가씨의 제안에 의해 금세 교정된다. 앙시앵레짐은 자신들의 열기에 무제한의 자유를 허용하는 낮은 계층의 사람들을 좋아하지 않는 것이다.

3. 여성들: 박애, 평등, 자유

오페라 속의 여성들은 처음부터 남자들의 오페라와는 완전히 다른 음악적·텍스트적 세계에 사는 것으로 그려진다. 우선 거기엔 우정이 있다. 수산나와 백작 부인은 서로를 라이벌로 봤는지도 모른다. 어쨌든 백작은 수산나를 유혹하려 했으니 말이다. 하지만 이는 현실로 이루어지지 않는다. 그리고 그들은 자신들이 공통된 목적을 갖고 있다는 것을 안다. 즉 피가로와 백작 두 사람이 복수나 질투보다는 애정과 기쁨을 중시하면서 사랑 넘치는 충실한 남편이 되는 결과를 기대하는 것이다. (백작은 겉으로 보기에 아내에 대한 사랑이 부족한 듯하면서도, 피가로와 같이 질투심에 사로잡혀 있다.) 이 두 남자처럼 수산나와 백작 부인은 그들을 사랑하는 남자들조차 분간하기 어려울 정도로 공통된 음악적 어법을 사용한다. (흥미롭게도 피가로는 최소한 수산나의 목소리를 듣고 "내가 사랑하는 목소리"라며 그녀를 알아본다.)

그러나 남자들과는 다르게 여성들은 자신들의 공통점을 싸움이 아닌 협력을 위해―특히 백작의 위선이 드러나면서 끝나는 가면무도회에서―활용한다. 우리는 그녀들의 협동 작업에 주목하면서 동시에 남자들 사이에는 결코 협업이나 호혜적 관계가 존재하지 않는다는 것도 알 수 있다. 게다가 여성의 협동심은 각자가 속한 계급적 차이에도 불구하고 위계질서를 뛰어넘는 것이자, 진정한 우정 속에서 서로 도움을 주고받는 것으로 나타난다. (예를 들어 수산나는 백작에게 재회의 편지를 쓰는 것이 자신이라는 사실을 알고 놀라서 묻는다. 추정컨대 그녀는 교육을 잘 받은 것 같지는 않다. "하지만 부인…… 꼭 써야 하나요?" 이에 대해 백작 부인은 그녀 자신의 품위는 아랑곳 하지 않고 말한다. "쓰세요. 결과는 제가 책임지겠어요.") 그들의 호혜적 관계를 이해할 수 있는 하나의 방법은 그들이 주고받는 농담의 본질을 들여다보는 것이다. 왜냐하면 거기에는 조롱하는 듯한 비하도 없고, 헐뜯는 악의도 없으며, 오직 상호 간의 연대와 자신들의 계획에 대한 동등한 애정이 있을 뿐이기 때문이다.

이 모든 것이 오페라의 대본에 담겨 있긴 하지만, 음악은 그들의 호혜적이고 평등한 관계를 훨씬 더 깊이 끌고 간다.[24] 백작 부인은 편지를 받아쓰도록 시키고, 수산나는 그것을 적어 내려간다. 편지를 써 내려가면서 그녀들은 서로 조심스럽게 대화를 이끌어간다. 생각을 교환하고, 서로의 음높이, 리듬, 심지어 음색에 대해서도 아주 잘 인식하면서 서로의 음악에서 영감을 얻는다. 그들은 대화를 통해 구절들을 주고받기 시작한다. 듀엣이 계속되면서 서로 순서를 바꿔가며 부르기도 하고, 결국엔 아주 잘 짜인 하모니를 이루면서 상호 간의 호혜성은 더 가까워지고 더 복잡하게 뒤섞인다. 그들의 음악적 협력은 일종의 친밀한 조율과정을 나타낸다. 즉 상호 간의 존중을 나타내면서, 존경보다도 더 깊은 호혜적 애착을 표현하는 것이다. 그들은 상대의 말을 함부로 자르지도 않지만, 각자 자신만의 뚜렷한 무언가를 제안하고, 또 서로에 의해 확인받으면서 앞으로 나아가는 것이다.[25]

이 듀엣 곡은 스티븐 킹의 『쇼생크 탈출』을 기반으로 만든 영화에 삽입되어 미국 대중문화에서 큰 명성을 얻었다. 감옥의 사서가 된 범인(팀 로빈스 분)이 옥내 확성 장치를 통해 죄수 전체에게 음악을 들려줄 방법을 알아낸 후 이 듀엣 곡이 끝날 때까지 감옥의 그 어떤 권력도 방해하지 못하게 문을 걸어 잠근다. 쇼생크 감옥의 죄수들은 분명 클래식 음악의 팬은 아니었겠지만 이 음악에서 무언가를 듣는다. 그들은 하던 일을 멈추고, 희망의 약속에 얼어붙은 듯 가만히 서 있다. 이 사건을 회상하며 주인공 레드(모건 프리먼 분)는 그 순간을 이렇게 묘사한다.

난 지금도 그 이탈리아 여자들이 뭐라고 노래했는지 모른다. 사실은 알고 싶지도 않다. 말하지 않은 채로 있는 게 나은 것도 있다. 난 그것이 말로 표현할 수 없고 가슴 아프도록 아름다운 이야기였다고 생각하고 싶다. (…) 그리고 아주 짧은 순간 쇼생크 감옥의 모든 사람은 자유를 느꼈다.

죄수들은 그 듀엣 곡에서 무엇을 들었을까? 그들은 말한다. 자유를 들었다고. 하지만 왜? 그리고 어떻게? 우선 그들은 아름답게 어우러져 흘러나오는 목소리들 속에 계급이 존재하지 않음을, 그리고 독재적 권력보다는 감수성에 기반한 협력의 소리를 들었던 것이다. 쇼생크 감옥 안에서 이것은 이미 자유다. 하지만 이 목소리가 비루한 감옥의 운동장 너머로 뻗어나갔을 때, 나는 그 속에 뭔가 더 깊은 소리가 있었을 것이라고 생각한다. 일종의 내적 자유 같은 것, 즉 다른 사람의 통제로부터 벗어나고자 애쓰거나, 혹은 서로를 통제 안에 두려는 노력과는 완전히 다른 방식으로 위계질서에 대해 전혀 신경 쓰지 않는 그러한 영혼의 자유 말이다. 그런데 주인공이 만약 백작이 부른 「내가 한숨 짓는 동안Vedrò mentr'io sospiro」이나 바르톨로의 「복수하리라La vendetta」를 틀었다고 상상해보자. 이 곡에서 두 명의 힘 있는 남자는 자신만의 방식으로 자유에 대한 생각을 표현한다. 이 자유는 지배당하는 수치심으로부터 벗어나 지배하는 권력이 선사하는 자유다. 하지만 쇼생크의 죄수들은 그런 식의 자유에 의해서는 결코 감동받지 않았으리라는 점을 우리는 안다. 그것은 오히려 그들이 매일 경험하는 것이기 때문이다. 이 듀엣 곡이 말하는 자유는 당신을 모욕한 사람에게 그 모욕을 되갚아주는 기회를 갖는 그런 자유, 즉 앙갚음의 자유를 말하는 것이 아니다. 그것은 늘 우리가 인간에게 있어 뭔가 불안해하고 아직 아무것도 정해지지 않은 그러한 모습 너머로 우리를 이끌어가는 그런 자유다.[26] 스스로 평등을 가짐으로써 행복해지는 자유이며, 누가 자신보다 위에 있거나 아래에 있는지에 대해 신경 쓰지 않아도 되는 자유다. 이것은 우리 마음을 쇼생크 감옥으로부터 최대한 멀리 떨어져 있게 하는 자유이며, 그러한 위계 제도가 거울처럼 투영된 미국 사회로부터 멀리 떨어지게 만드는 자유다.

　다시 말해서 이 음악은 민주적 호혜성을 발명해냈다. 그 영화의 오점이 무엇이든—많은 부분이 다소 감성적이었다—이 순간은 모차르트의 정치학에 대한 정확한 통찰, 나아가 좀더 넓은 의미에서 평등의 정치학에 대한 정확한 이해를 담고 있다. 이러한 형태의 박애와 자유를 갖지 않고는 올바른 형태의 자유를 가질 수 없기 때문이다. 박애를 결여한 자유를 겨냥한다는 것은 보마르셰의 피가로가 그랬듯이 위계 질서를 그저 다른 무언가로 대체하는 게 아니라, 그 자체를 완전히 전복하는 것을 의미한다. 만약 이 세계에 새로운 체제가 있다면, 즉 이 세계에 평등한 존중의 정치학과 같은 무언가가 존재하기라도 한다면, 이는 앞서 말한 두 여성과 같이 노래를 부르는 데서 시작해야 할 것이며, 이것은 곧 우리가 근본적으로 완전히 다른 유형의 사람이 된다는 것을 뜻한다.[27]

조금 다른 방식으로 표현하자면, 『피가로의 결혼』에 담긴 남자들의 세계는 그 자체로 감옥이며, 모두가 계급에 대한 불안으로 점철된 삶을 살아가는 곳이다. 그렇기에 이 듀엣 곡으로부터 죄수들이 듣는 것은 그러한 긴장이 사라진 세계에 대한 약속, 나아가 진정한 행복을 추구할 자유를 누릴 수 있는 세계에 대한 희망과 같다.[28] 새로운 체제는 이 세상 어느 나라에서도 아직까지 결코 실현된 적이 없는 그러한 세계라 할 수 있다.[29]

4. 남자를 가르치기

앞선 3절의 첫머리에서는 '여성들'을 언급했고, 2절의 첫머리에서는 '남성의 목소리'를 살펴보았다. 그리고 여기서 말하는 남자 목소리—남성성 그 자체가 아니라—는 수치심의 '천박함'에 맞서 오페라가 펼치는 끝없이 지난한 싸움과 관련 있다. 하지만 오페라에는 남성의 목소리로 노래하지 않는 남자가 있다. 여자 메조소프라노가 연기하는 십대 소년 케루비노가 바로 그다. 곧 살펴보겠지만, 이 역할은 매우 중요

하며 케루비노를 교육하는 일은 오페라가 새로운 평등주의적 시민의
식을 구현하는 데 있어 결정적인 부분이라 할 수 있다.

　케루비노는 오페라 전체에서 반복되는 농담처럼 대개 피상적으로
다뤄지는데, 이것은 정확히 보마르셰가 그를 다루는 방식과 일치한다.
사춘기 시절의 케루비노가 여성과 성에 집착하는 모습은 실로 플롯의
상당 부분을 차지하며, 주변의 소유욕 강한 남자들 틈에서 나타나지
말아야 할 순간에 반복해서 나타난다. 작품 대부분에서 그는 정념이
없고, 오직 육체적 욕망만을 가진 사람으로 다뤄진다. 하지만 그의 말
과 행동을 조금 더 주의 깊게 살펴볼 필요가 있다.

　결정적으로 케루비노는 분명 남성적이다. 그는 키가 크며(수산나는
그에게 보닛을 씌워줄 수 있도록 무릎을 꿇으라고 청해야만 했다), 잘생겼고
(피가로와 백작 모두 그를 질투했다), 성적으로도 (십대 여자 친구인 바바리
나에게) 적극적이다. 실제로 오페라가 진행되는 동안 누구와도 성관계
를 가질 수 있는 유일한 남자다.[30] 한편 그가 여자 목소리로 노래한다
는 사실은 우리로 하여금 오페라의 모든 남성의 목소리와 달리 그 목
소리가 표현하는 정서의 차이에 주의를 기울이게 만든다. 그렇다면 케
루비노는 무엇을 말하고 있는가?

　그는 사랑에 대해 말한다. 그는 오페라 안에서 이 감정에 대해 아
주 약간이나마 관심을 보이는 유일한 남자다. 숨을 헐떡이며 불러야
하는 「나는 몰라요Non so più」는 분명 사춘기의 열병처럼 앓게 되는
혼돈을 드러낼 뿐만 아니라 난잡한 특성을 표현한다. "모든 여자는 내
얼굴을 붉히게 만들지. 모든 여자는 내 심장을 뛰게 한다네." 나아가
그는 자신의 성적 집착에 대해 밝힐 때조차 사랑에 대해 이렇게 말한
다. "깨어 있을 때 사랑을 말한다네, 꿈을 꾸면서도 사랑을 말한다네,

나는 이 사랑을 물에, 그림자에, 산에, 꽃들에, 잔디에, 샘물에, 메아리에, 공기에, 바람에 말한다네."[31] 오페라의 다른 남자들의 세계가 성을 수단으로 보고 소유물에 대한 지배력을 행사하는 것으로 생각하는 것과 달리, 여기서 케루비노는 아주 낭만적이고 시적인 개념을 추구하는 것을 볼 수 있다. 숨을 헐떡이긴 하지만 부드러운 음악 표현은 다른 성인 남자들의 경직된 억양과는 완전히 다르다.[32] 사실상 이것은 보마르셰로부터 영감을 얻었다고 하는 텍스트의 특성과는 거리가 멀다. 오히려 여기서 우리가 알 수 있는 것은 케루비노의 감수성이 단순히 원기 왕성함을 드러내기보다는 낭만적이고 시적이라는 점이다.[33]

이제 이야기가 백작 부인의 방으로 이어지면 케루비노와 다른 남자들 사이의 차이점은 훨씬 더 분명해진다. 그는 백작 부인에게 푹 빠져서 그녀에게 선물을 만들어주기로 결심한다. 어떤 종류의 선물을 할까? 자연스럽게 그의 머릿속에 떠오른 것은 시를 한 편 써서 그것을 음악으로 만들고 자신의 노래를 부르는 것이다. 그래서 케루비노는 오페라 안에서 기타 반주에 맞춰 솔로 노래를 부르는 유일한 주연 인물이 된다. 그의 솔로곡은 곧 그의 마음을 드러내는 노래다.[34] 케루비노는 감성과 음악성이 풍부한 세계에서 성장해 자연스럽게 자신의 열정에 음악적 형상을 가미한 것이다.[35]

그 열정의 내용을 보자면, (「그대는 아시나요 사랑의 괴로움을Voi che sapete」이라는 아름다운 아리아의 경우) 다른 모든 남자 배우의 아리아와는 확연한 차이점을 나타낸다.[36] 케루비노는 그저 사랑의 감정과 아름다운 상대 여성에 대해 노래한다. 그는 다른 남자들에 대해서는 아무런 말도 하지 않으며, 명예, 수치심, 경쟁심과 같은 모든 문제로부터는 전혀 영향을 받지 않는 것처럼 보인다. 더구나 그는 항상 무언가를 열심히 알고자 애쓰며 여성들로부터도 배우려고 한다. "사랑이 어떤 것인지 알고 있는 그대, 여성들이여 사랑이 내 안에 있는지 없는지 말해주오." 다른 모든 남자는 배우려 하기보다는 가르치기를 원한다. 그들이 애써 심으려는 교훈은 경쟁에서 우위를 점하는 술책에 불과하며, 그들은 또 그것을 다른 남자들에게 가르치고 싶어한다. (피가로는 무용 학교의 최고 지도자가 되어 백작이 자신의 선율에 맞춰 춤추는 모습을 상상한다. 바르톨로는 "모든 세비야 사람"에게 자신이 피가로를 물리칠 수 있다는 것을 보이고자 애쓰며, 백작은 피가로에게 자신의 '대의'는 피가로가 생각하는 '승리'가 아니라 오히려 지는 것에 있다는 사실을 애써 보여주려 한다.) 게다가 케루비노는 여느 남자들과는 달리 절대적으로 상처받기 쉬운데 자신의 허약함—신체적인 것이라기보다는 감정적인 허약함—을 감추는 어떠한 시도도 하지 않는다. "나는 내 영혼이 활활 타오르는 것을 느끼지만, 그것은 단번에 얼음장처럼 차갑게 변해요." 그는 스스로를 평화 속에 두지 못하게 만드는 강렬한 열망에 대해 설명한다. 그리고 아주 놀랍게도 자아 바깥 어딘가에 자신이 추구하는 것을 위치시킨다. "나는 내 바깥에 있는 좋음을 찾고 있어요ricerco un bene fuori di me." 이 말을 듣는 순간 우리는 오페라의 다른 어떤 남자 배우도 자기 바깥에 있는 선을 추구하지 않는다는 것을 깨닫는다. 그들은 모두 경쟁에서 승리하거나 치욕으로부터 자신을 보호하려는 생각에 사로잡힌 이들이다. 반면 케루비노의 사랑에는 대상의 순수한 아름다움을 향한 강렬한 경이가 들어 있다. 이 경이는 호기심을 불러일으키며, 이는 호기심을 기계적인 것이 아닌 위대한 것으로 만든다.

아리아의 음악은 우리에게 이 모든 것을 대사 없이 알려준다. 한 젊은이의 섬세함과 연약함 그리고 순수한 친절 등에 대해 말의 차원을 넘어 우리에게 전달해준다. 케루비노가 무슨 말을 하는지 전혀 모르는 사람들도 이 아리아에서 (수산나와 백작 부인의 듀엣 곡에서처럼) 감정적인 진실함을 발견하는 것은 우연이 아니다.[37] 바로 이러한 지점 어딘가에서 모차르트의 음악은 다 폰테의 텍스트를 능가한다.

케루비노는 어떻게 이런 식으로 감정의 진정한 호혜성에 이를 수 있었을까? 그는 여자들의 손에서 양육되었고, 남자들의 세계에 관한 한 이방인이었다. 실제로 케루비노는 군 복무를 해야 할지도 모른다는 사실에 완전히 겁에 질려서 혼란스러워하는 모습을 보인다. 1막 마지막 부분에서 피가로가 그에게 군대로 떠나게 될 때의 일에 대해 예상해보라고 말할 때(「더는 날지 못하리」), 케루비노에게 던진 피가로의 농담은 그가 감성, 음악, 부드러움, 연약함 등의 여성의 세계에서 살아왔다는 것에 대한 지적이다. 그는 갑자기 뻣뻣한 목collo dritto에 거친 얼굴muso franco을 하고, 긴 수염gran mustacchi에 "엄청난 자존심molto onor"을 지닌 술 취한 남자들(그들은 술의 신 바쿠스에게 맹세한다)의 세계에 들어가야 하는 것이다. 이제 2막에서 우리는 이 젊은이가 남자들의 세계로 들어가기 위해 그동안 자신이 배운 수많은 것을 얼마나 잊어버리는지 보게 된다. 특히 사랑스럽고 감각적인 음악 그 자체를 잊게 된다. 케루비노가 노래를 끝낼 때, 백작 부인은 말한다. "얼마나 아름다운 목소리인가." 이는 사람들의 관심을 끌면서, 이 노래야말로 진정한 노래임을 다시금 환기시켜준다. 하지만 피가로는 케루비노에게 명예로운 남자의 세계는 아름다운 음악에 대해서는 아무것도 알지 못한다고 이미 말해주었다. 그 세계에서 유일한 음악이란 "트럼펫 혹은 포탄이나 대포, 높고 낮은 총탄 소리들의 콘체르토가 당신의 귀를 울리는 것이다".[38] 지루할 정도로 사방에서 울리는 군악 리듬의 이 아리아 자체는 슬프게도 고상함과 우아함을 담은 케루비노의 음악과 대조를 이루는 것만 같다.

케루비노는 지고한 아름다움을 담아 노래를 부르면서 스스로 박애, 평등, 여성성을 담은 자유를 훌륭하게 재현한다. 수많은 이유로 그가 사랑받을 만한 존재라는 사실을 확인하기 전에 마지막으로 그에게 하나의 일이 더 남아 있다. 즉, 그가 여성의 옷을 입어야 한다는 것이다. 작품의 플롯상으로는 여장을 해야 하는데, 모차르트는 이 순간을 더욱 깊은 감성의 마음과 연결 짓는다.

수산나의 부드러운 아리아 「이리 와 무릎 꿇고 앉아보렴Venite, inginocchiatevi」은 오페라의 중심이 되는 곡이다. 케루비노가 처음으로 여장을 완벽하게 했을 때 뭔가 심오한 일이 시작되는데, 수산나가 그때 그를 바라보며 부르는 노래다. "만약 여자들이 그와 사랑에 빠진다면, 틀림없이 그럴 만한 충분한 이유가 있겠죠se l'amano le femmine, han certo il lor perchè."[39] 이 음악은 오페라 전체에서 가장 감각적이고 부드러운 곡이라 할 수 있다. 수산나는 케루비노에게 한 바퀴 돌아보라고 말하면서 그의 셔츠 깃과 손 모양을 바로잡아주고, 그에게 여자처럼 걷는 법을 보여준다. 그리고 젊은 남자의 짓궂은 눈길과 품격 있는 태도를 어떻게 여자처럼 위장할 수 있는지 알려준다. "이 장난스러운 눈빛을 보세요. 이 얼마나 귀여운 모습이에요!che furba guardatura, che vezzo, che figura!" 모차르트는 이 아리아를 우리가 눈을 뗄 수 없게 유혹적인 것이자 매우 유희적으로 만든다. 그러면서 부드러움에 젖어드는 순간에 모차르트는 우리에게 여기 앙시앵레짐에 대한 전복의 씨앗이 결정적으로 심어져 있다는 것을 은밀히 노출한다.

우선 이 아리아는 무릎 꿇는 것을 중요시한다. 오페라에는 무릎 꿇는 장면이 많은데, 무릎을 꿇는 것은 대부분의 장면에서 (마지막 부분에 이르기까지) 봉건 계급의 상징이다. 한쪽은 기뻐하고 다른 한쪽은 복종하는 자세인 것이다. 그러나 여성의 민주적인 세계에서 무릎을 꿇는다는 것은 그저 무릎 꿇는 것 그 이상도 이하도 아니다. 드레스 재봉사가 보닛이나 옷깃을 수선할 때도 무릎을 꿇지 않는가. 무릎을 꿇는다는 것은 아무런 상징도 갖지 않는다. 그것은 필요에 의한 행동일 뿐이다. 그러니 위계는 그저 창밖의 별 볼일 없는 무관한 일에 지나지 않는다. 음악 그 자체는 바로 이러한 생각을 표현한다. 명예를 요구하며 열변을 토하는 악센트보다는, 익살스럽게 뛰노는, 새가 지저귀는 듯한 소리가 바이올린에서 마치 숨죽여 내뱉는 웃음소리처럼 작게 흘러나온다. 이것은 어떤 위계도 배제하지 않는 것일 뿐만 아니라, 그 전체를 좋은 방향으로 전복시키는 것이기도 하다.[40] 아주 조금씩 여성의 의상이 몸에 맞아가고, 여성의 걸음걸이도 자연스러워진다. 마지막으로 가면서 마침내 수산나가 만들어낸 결과를 경이로움과 놀라움으로 바라보게 된다. "이 작은 악마를 찬미mirate('경탄')하라, 그는 얼마나 아름다운지. 이 장난스러운 눈빛che furba guardatura, 이 매력, 이 매혹. 만약 여자들이 그와 사랑에 빠진다면, 틀림없이 그럴 만한 충분한 이유가 있으리라." 케루비노는 매혹적인데, 그가 다른 남자들처럼 여성을 조종하거나 게임의 노리개로 이용하는 것을 좋아하지 않으면서도 남자다우며 여성 자체를 사랑하기 때문이다. 거기에는 지배 대신 매력과 우아함이 있다. 치욕을 숨기거나 당한 모욕에 복수를 하려는 음모가 아니라, 농담과 대화를 좋아하는 여성들에 대한 "장난스러운 눈빛"이 있다.[41]

이 모든 것이 (어느 정도는) 오페라 대본 안에 있다. 하지만 우리는 같은 텍스트에 대해 아이러니, 회의감, 비탄 등 (수산나가 분명 느꼈을 법한)의 감정을 표현하는 음악적 설정도 떠올려볼 수 있다. 여기서 음악은 이러한 감정 대신 (유희적인 현들의 움직임과 함께) 부드러운 감각과 웃음을 표현한다. 이 두 가지는 서로 잘 어우러지면서 이것이 여성들의 세계가 갖는 핵심적인 부분임을 말해준다. 우리는 서곡에서 우리가 놓쳤을지도 모르는 중요한 특징을 되돌아보게 된다. 숨죽여 흘러나오는 웃음과도 같은 바이올린 연주가 바로 그것이다. 이것은 전복적인 연주야말로 오페라 전체에서 중요한 테마라는 것을 나타낸다.

이런 방식의 아리아 읽기는 듀엣 곡 「빨리 문을 열어요 Aprite, presto, aprite」를 통해 더 확실해진다. 이는 수산나와 케루비노가 함께 의심받을 만한 은신처들로부터 벗어나 케루비노를 안전한 곳으로 숨겨주기 위한 음모를 꾸미면서 부르는 곡이다. 두 사람은 극도로 호흡이 가쁜 목소리와 매우 보기 드문 조율로 노래한다. 이 곡은 3막에서 수산나와 백작 부인이 부르게 될 좀더 완성된 듀엣 곡의 전조 곡 역할을 한다. 케루비노는 사실상 이제 여성이 되었다는 것을 보여준다. 즉 음모의 공모자이자, 박애와 평등의 목소리이며, 궁극적으로는 마치 우리가 몰랐던 양 신분의 속박으로부터 내면적으로 자유로워진 사람이 된다.

케루비노를 보면 피가로의 표면적 급진주의가 실제로는 얼마나 급진적이지 않은지 새삼 깨닫게 된다. 앙시앵레짐으로부터 여성에 대한 소유권을 행사하는 태도를 물려받은 것뿐만이 아니다. 그것은 훨씬 더 광범위하게 펼쳐져 있다. 피가로는 백작과 같은 시선, 즉 명예를 갈망하고, 수치를 피하는 방식으로 세상을 바라볼 뿐이다. 그는 호혜라는 것을 이해하지 못하며, 유머를 결코 이해하지 못한다. (그가 생각하는 농담은 천박한 비하에 불과하다.)[42] 만일 새로운 세계에 이러한 시민들이 있다면, 박애와 평등에 대한 사회적 실천은 분명 문제에 봉착할 것이다. 마치 남자의 자아를 보호하는 거대한 성벽과 같은, 옛 질서를 대신하기 위한 새로운 체제가 서둘러 만들어질 것이다. 하지만 그런 곳에서 과연 웃고 노래하고픈 시민들이 있기나 할까?

18세기 포르노그래피를 흥미롭게 재구성한 린 헌트는 신체의 상호 교환 가능성이란 민주적 평등에 대한 혁명적 요구와 긴밀한 연관을 맺는다고 주장한다.[43] 법이론가 리오 바르색은 모차르트의 오페라에 의해 창조된 새로운 주체성은 성적 자유라는 쾌락주의적 관념에 해당된다고 주장한다.[44] 이러한 생각은 분명 18세기에 주목할 만한 것이었다. 당시 사람들(남자들을 의미한다)은 자신들이 살고 있는 새로운 세계를 이해하기 위해 부단히 애썼기 때문이다.

하지만 내 생각이 옳다면, 모차르트는 세상을 조금 다르게, 그리고 더욱 급진적인 시각에서 봤던 것 같다. 오페라가 말해주듯이, 상호 교환 가능한 물리적 단위로서의 신체를 대상화하는 것 자체가 사실상 앙시앵레짐의 한 단면이라 할 수 있다. 이는 결국 일부 계층의 사람들, 특히 "천한 것"에 불과한 여성들을 포함한 이들에게 해당되는 것이었는데, 이들은 언제든 마음만 먹으면 개인적인 성적 만족을 위한 대상으로 이용될 수 있었기 때문이다. 신체를 상호 교환 가능한 것으로 보는 것은 사실상 앙시앵레짐이 그토록 원했던 바—남성의 주도권과 상처 입지 않는 힘—에 도달하는 교묘한 통로다. 진정 앙시앵레짐에 반대되는 것은 상호 교환 가능한 기계로서의 신체를 민주화하는 것이 아니라, 사랑이다. 여기서 사랑이란 케루비노가 이해한 바와 같이 자기 바깥에서 좋음을 발견하는 것이다. 그들에게 이것은 분명 두려운 생각이다. 그럼에도 불구하고 이는 (보마르셰가 아닌) 모차르트가 요구하는 유형의 시민이 되기 위해 피가로가 반드시 배워야 하는 생각이다. 여전히 방어적인 상태에서 부르는 4막의 아리아 전에 나오는 레치타티보에서처럼, 피가로는 열망과 고통을 인정함으로써 이를 배운다. "오, 수산나, 당신이 나에게 얼마나 고통을 주었는지 아는가"라고 말하는 피가로는 케루비노처럼 자기 바깥에서 좋음을 찾아야 하는 것이다.

여기서 말하려는 바는 민주적 호혜성을 위해서는 사랑이 필요하다는 점이다. 왜 그럴까? 서로 간의 존중만으로 충분하지 않을까? 계급과 신분에 얽매이지 않는 방식으로 사랑이 재창조될 수 없다면, 존중은 결코 안정적일 수 없다. 그러한 비판의 칼날을 거치지 않은 사적인 집착은 공적인 평등 문화를 위협한다. 좀더 깊이 들여다보자면, 공적인 문화는 인간의 마음 깊숙이 자리하여—열정과 유머를 포함하여—강력한 정서를 건드리는 무언가에 의해 길러지고 또 지속될 필요가 있다. 이러한 것이 없다면 공적인 문화는 공동선을 향해 어떤 식으로든 자기희생을 감수하려는 사람들에게 동기를 부여하는 힘을 잃은 채, 결국 얄팍하고 무기력한 상태로 전락할 것이다.

5. 케루비노, 루소, 헤르더

이제 모차르트가 시도했던 바를 충분히 이해했으니, 모차르트와 동시대의 철학자인 장자크 루소와 요한 고트프리트 헤르더의 통찰, 그리고 오페라가 표방하는 새로운 시대의 시민성을 비교하면서 좀더 정확하게 파악해보자. 루소와 헤르더 두 사람은 모두 새로운 정치 문화란 새로운 정서로 지탱될 필요가 있다는 모차르트의 관점을 공유하고 있다. 또한 이 같은 정서들은 존중이라는 안정된 정서와 우정에 기반을 둔 시민성을 포함하여, 이를 유지하고 강화하는 사랑과 더 가까운 그 어떤 것을 국가와 도덕적 대의를 위해 포함해야 한다는 점도 공유한다. 하지만 이들의 유사성은 이 지점뿐이다.

「시민 종교」라는 제목을 붙인 『사회계약론』의 마지막 부분에서 루소는 평등주의적 제도를 안정적으로 만들면서 세월이 흘러가도 사람들을 결속시키기 위해서는 강렬한 애국심의 정서에 대한 열렬한 사랑의 감정이 필요하다는 것을 분명히 밝히고 있다.[45] 그가 관찰한바, 인류 역사의 초기에는 사람들에게 "왕은 없고 오직 신만이 있었다". 그리고 지도자들은 실로 신과 같은 존재라고 믿어질 필요가 있었다. 이교도와 봉건 제도는 바로 그러한 허구에 의해 유지되었다. "그렇기 때문에 사람들이 상황은 나아지리라는 희망을 붙들고 동료 남성을 주인으로 받아들일 결심을 하기 위해서는 어느 정도 오랜 기간의 감정과 생각의 변화가 필요했던 것이다." 이 새로운 정서들은 종교적 정서들을 대체할 만한 강렬한 감정이어야만 했다. 그렇지 않다면 새로운 정치 질서를 구축하는 일에 성공하지 못할 것이기 때문이다.

기독교는 인류에 대한 형제애를 가르쳤던 터라 처음에는 마치 '시민 종교'인 것처럼 보였다. 하지만 정치적 질서의 관점에서 자세히 살펴보면 기독교는 많은 치명적인 결함을 안고 있다. 첫째, 사람들에게 정치적인 것보다는 내세의 영적인 구원에 대한 희망을 가르친다. 그리하여 "기독교는 법에 다른 어떤 힘을 가하지 않고 이를 스스로 파생시킨 힘과 함께 남겨둔다". 둘째, 개개인에게 스스로의 마음을 살펴보도록 촉구하면서 생각을 내면으로 향하게 만든다. 마지막으로 비폭력, 심지어 순교를 가르쳐서 그들을 노예로 만든다. "기독교 정신은 독재에 매우 호의적이어서 독재가 항상 이용하도록 만든다." 루소는 기독교 독재자들이 로마 제국을 멸망시켰다고 주장했다. "십자가가 독수리를 내쫓았을 때, 모든 로마인의 용맹은 사라졌다."

우리에게 필요한 시민 종교는 "그것 없이는 좋은 시민 또는 충실한 주체가 되는 것이 불가능한 사회성의 정서를 심어주어야 한다". 이러한 정서는 사회계약과 법의 신성함을 포함하는 어떤 유사 종교와 같은 교리에 기초한다. 하지만 그러한 정서 자체란 어떤 것인가? 그것은 국가와 법에 대한 강렬한 사랑을 포함한다. 또한 만장일치와 동질성에 근거를 둔 형제애를 포함한다. '시민 종교'에 반대하는 사람은 "비사회적 존재로서 법과 정의를 진정으로 사랑할 수 없기 때문에" 추방당할 수도 있다. 그러므로 시민적 사랑은 정치 질서에 대한 적극적인 비판의식, 그리고 개인이 느끼는 집단으로부터의 분리감과 양립할 수 없다. 진실성에 대한 시험은 만장일치가 조건이다.[46] 무엇보다 시민들이 만장일치를 이루어야 하는 한 가지가 있다면 그것은 국가를 위해 기꺼이 죽을 수도 있는 결의다—말하자면 전쟁 계획을 비판하지 않으며, 시민의 몸통과도 같은 군주들의 결정에 따르는 것이다. 시민적 사랑의 정서는 개별성과 합리성의 지속에 대한 강렬한 헌신의 감정을 갖는다. 넓게 볼 때 우리는 이 지점에서 인간 대 인간의 차원이 실종되었다고 말할 수 있을지 모른다. 왜냐하면 집단에 대한 결속으로 용인된 정서는 (관심과 존경의 감정조차) 개인을 향한 그 어떤 감정에도 이끌리거나 의존하지 않기 때문이다.[47]

그렇기에 봉건적 질서에 대해 강한 증오를 품었음에도 불구하고,

감정의 측면을 사유하는 데 있어 루소는 그것을 뛰어넘는 생각은 하지 못했다는 사실에 주목해야 한다. 봉건적 사랑과 같이 시민적 사랑도 순종적이며 계층적이다. (설령 그것이 개인이 아닌 '일반의지'라고 하더라도, 이는 개인에게 강력한 계층적 관계를 부과하는 지배력을 갖는다.) 모차르트의 여성들에게서 볼 수 있는 다양한 호혜성을 여기서는 찾아볼 수 없다―호혜성이란 사람들이 그 속에서 누리고 스스로 독립적으로 존재할 수 있는 자유 공간, 이야기, 혹은 농담에 기반한 것이다. 『에밀』 4권에서 루소는 봉건제의 불평등에 근거한 감정을 평등주의적 연민의 정서로 대체하기 위한 시도를 했지만, 시민 종교에 대한 그의 생각에서 그 실험은 실현되지 못한 채로 남겨졌다고 할 수 있다. 왜냐하면 시민 종교는 앙시앵레짐을 지탱해온 남성적 용기, 확신, 명예와 같은 사유에 의존함으로써 이른바 지극히 온순한 기독교와 대치하려고 했기 때문이다. 이제 시민이 갖는 수치심, 분노, 확신의 목표는 국가로 향했기에 일반의지의 구현에 있어 변화가 생긴 것이다. 하지만 감정들 자체는 국가가 세계의 위계들 속에서 스스로를 세우고자 한다는 점에서 크게 달라지지 않았다. 다시 말해 "수치심과 모욕감을 잊는 것은 비천하고 천한 신분에 속하는 것"이라는 오래된 주장이 지금의 새로운 세계에서도 여전히 유효한 것이다.

이와 달리 모차르트는 시민적 사랑의 내용을 완전히 바꿀 것을 제안한다. 더 이상 사랑이 계층이나 신분과 같은 개념에 어떤 식으로든 머물러서는 안 된다는 것이다. 대신 그것은 미래 지향적이어야 한다. 케루비노와 같이 "내 바깥에 있는 좋음을 찾아 나서야 하는 것"이다.

게다가 진정 평등주의적 제도들을 유지하기 위해서 이러한 미래 지향적 사랑은 비판의 목소리에 열려 있어야 한다. 즉 개개인은 궁극적으로 다른 사람과 똑같을 수 없는 독특한 마음을 가지고 있다는 사실을 인정해야 한다. (여기서 우리는 '시민적 사랑'을 이야기하고 있지만, 다양한 특성을 공유하면서도 차이를 갖는 복잡 다양한 사랑의 형태들이 얽혀 있다는 사실은 이러한 사랑이 많은 사람을 연결하듯 새로운 개념 정립에 있어 매우 중요하다.) 루소의 동질성보다는 모차르트적 체제가 실질적인 동질성을 추구하면서도 이를 펼칠 수 있는 공간을 마련해주고, 동시에 개별적 특이성을 수용한다고 할 수 있다. 이야기와 농담과 같은 여성의 세계를 선호한다는 것은 궁극적으로 전통과 복종에 대한 전복과정에 있어 필요한 하나의 칸트적 계몽의 (특히 밀의 형식에 가까운) 지표다. 즉 이는 침범할 수 없는 자유의 공간, 소위 에로틱하면서도 소중한 즐거운 차이성을 갖는 개인의 정신에 대한 사유다. 여성의 세계라는 것은 그런 "장난스러운 눈빛"으로 케루비노를 사랑할 만한 남자로 만드는 것이다. (그렇기에 여성들이 그를 사랑하는 것은 "틀림없이 그럴 만한 충분한 이유가 있기 때문이다".) 그들은 케루비노의 진취적 사랑이 전복적 능력과 내부적으로 깊이 얽혀 있다는 점을 정확히 알고 있다. 그러므로 시민적 사랑 또한 낮은 곳을 향한다. 현실세계에서 사람들이 갖는 이질성과 일상의 혼잡함을 깨닫고, 이를 즐겁게 받아들이며 건강한 열망을 갖는 것이다.

그렇다면 과연 시민적 사랑을 그 자체로 어떻게 표현할 수 있을까? 우리는 루소의 사랑을 엄숙한 공적 제례, 찬가, 군대 소집을 위한 드럼 소리 등과 비교할 수 있다. 이와 대조적으로 모차르트의 사랑은 다양한 형태의 예술과 음악을 통해 표현되는데, 특히 이는 (「더는 날지 못하리」와 같이) 군대 소집을 조롱하는 희극을 포함하여 전쟁을 찬양하는 막사 안의 불쾌한 현실을 꼬집는다. "판당고fandango 18세기 상류 귀족 사이에 유행했던 스페인 남부 안달루시아 지방의 무곡 및 춤 대신 진흙탕il fango을 걸어가는 행진곡을!"

이 지점에서 우리는 모차르트가 18세기와 긴밀하게 맺는 관계를 알 수 있다.[48] 요한 고트프리트 헤르더는 『인간 진보에 관한 편지 (1793~1797)』에서 굉장히 유사한 개념을 전개한다. 그는 세상이 평화로운 곳이 되려면 사람들에게 반드시 심어야 할 것으로 수정된 애국주의를 제시하는데, 만일 애국심이 '조국fatherland', 즉 아버지 나라라 불리는 실체를 향한 태도라고 한다면 아이에게 아버지와의 관계에서 소중한 것이 무엇인지 떠올리는 게 좋다고 지적한다.[49] 그에 따르면 우리 모두는 평화로운 어린 시절에 대해 강렬한 열망과 사랑 그리고 추억을 갖고 있기에, 이 질문을 진지하게 던진다면 우리는 이 사랑이 진정한 힘에 대한 열망과 더불어 평화에 대한 열망도 포함하기를 원하게 된다는 것이다. 무엇보다 그런 평화의 시절에 우리를 기쁘게 했던 것은 '유년기의 놀이들'이었다. 그렇기에 새로운 형태의 애국심은 분명 즐거운 것이어야 한다. 공격 충동이나 복수를 담고 있어서는 안 된다. "아버지 나라 대 아버지 나라가 피의 전투를 벌인다는 것은 인류의 사전에서 볼 때 최악의 야만이기 때문이다."

이후 헤르더는 남성 입장에서의 중대한 젠더 변형을 요구하면서 남성적인 것보다는 여성적인 것으로서 살아 있는 새로운 민주주의 정신에 대한 구상을 분명히 밝힌다. 이 주제로 되돌아간 그는 미국 원주민 이로쿼이족의 관습에서 배운 바를 투영하는데, 즉 거기서는 '여성들'이 잠재적으로 전투를 벌이는 역할을 맡고 그 외의 모든 사람은 '그녀'의 말에 귀를 기울인다.[50]

따라서 그녀 주변의 **남자들**이 격투를 벌이게 되면, 전쟁은 지극히 위협적인 것으로 변하기에 **여성들**은 필히 그들을 제지할 권력을 가져야 한다. "남자들이여, 이런 식으로 격투를 벌여가면서 장황하게 싸우다니 도대체 무슨 짓인가? 당신들이 그만두지 않으면 아내와 자녀들이 죽을 수밖에 없다는 것을 명심하라. 정녕 이 지구상에서 책임지고 전멸되고 싶은 것인가?" 이에 **남자들**은 **여성들**의 말에 귀를 기울이고 그 말에 복종한다.

선택된 국가(구성원)를 여성의 치마와 여성의 보석으로 치장함으로써 "지금부터 그들은 더 이상 무기를 들지 않아야 한다"는 것을 드러낸다. 헤르더는 이후 이로쿼이족 구성원들이 서로를 '자매-어린이' 혹은 '동료 여자 소꿉친구'로 칭하는 것에 주목한다.[51]

자, 이제 유럽을 보자. 헤르더는 일찍이 봉건제가 어느 정도 이 '여성'의 역할을 하면서 사람들을 평화롭게 만들었다는 점을 발견한다. 하지만 우리는 봉건제를 거부했기 때문에, 모두에게 어떻게든 여성의 옷을 입혀야 한다. 사실상 이것은 모든 시민에게 '평화의 기질'을 주입하는 것을 뜻한다. 그가 말하는 (보편 정의, 인간다움, 능동적 이성과 동일시되는) '위대한 평화의 여성'은 미래의 시민이 가져야 할 일곱 가지 (감정적) '기질'을 만들어낼 것이다. 첫째, '전쟁에 대한 공포'다. 자기 방어의 차원이 아니라면 어떤 전쟁이든 사실상 끝없는 고통과 심각한 도덕적 퇴보를 야기하는 비열하고 정신 나간 짓임을 시민들은 알아야 한다. 둘째, 우리는 '전쟁 영웅에 대한 존경을 삼가야 한다'는 점을 배워야 한다. 시민들이 더 이상 통상적인 폭력배에게 경외감을 갖지 않듯이, 이러한 신화적 '영웅들'에게도 경외감을 갖지 않을 때까지 "마리

우스, 술라, 아틸라, 칭기즈칸, 티무르의 주위를 감싸고 있는 허위의 광채를 날려버리기 위해 그들은 하나가 되어야 한다". 헤르더는 어떤 식으로 광채를 "날려버릴 수 있는지"에 대해서는 정확히 말하지 않지만, 코미디가 유용한 방법이 되는 것은 분명하다. 셋째, 평화의 여성은 '그릇된 국가 운영의 공포'에 대해 말해줄 것이다. 호전적인 영웅의 정체를 밝히는 것만으로는 충분하지 않다. 자기 자신의 이익을 극대화하기 위해 전쟁을 자극하는 정치적 권위에 대해 불복종과 경멸의 태도를 보일 수 있도록 가르쳐야 한다. 이를 위해 우리는 적극적인 비판적 시민의식을 가르쳐야 할 것이다. 즉 "보편적 목소리의 힘은 단순한 국가적 지위와 그 상징적 가치를 넘어, 매혹적인 허영과 같은 속임수나 애초부터 각인된 편견까지도 극복하여 승리할 수 있어야 한다". 물론 이런 비판 정신은 진정 좋은 것에 대한 찬미, 염원과 결합된 형태로 가르쳐야 할 것이다.

넷째, 평화는 애국심을 길러줄 것이다. 여기서 말하는 애국심이란 '찌꺼기가 걸러진' 형태의 사랑이어야 한다. 다른 나라와의 경쟁에 있어서, 나아가 다른 나라와의 전쟁에 대해서까지 한 국가가 사랑받을 만한 것인지 자격을 따져 물을 필요성이 완전히 걸러진 것을 뜻한다. "모든 국가는 다른 사람의 시선에 의해서도 아니고, 후대의 입소문에 의해서도 아니고, 오로지 본질적으로, 국가 그 자체로, 위대하고, 아름답고, 고상하고, 풍요롭고, 질서 정연하고, 능동적이고, 행복한 것이라는 점을 느낄 수 있어야 한다." 다섯째, 이와 긴밀히 관련된 기질로서 '다른 국가에 대한 정의감'을 가져야 한다. 여섯째, 무역 거래에 있어 공정한 원칙을 지키려는 기질이 요구된다. 이는 더 부유한 국가의 탐욕스러운 이익 때문에 가난한 나라가 희생되어서는 안 된다는 확신과 결단력, 수로 독점을 금지하는 것을 포함한다. 마지막으로, 시민들은 유익한 활동에 기뻐할 줄 알아야 한다. "인디언 여성의 손에 들려 있는 옥수수 줄기는 칼에 맞서는 무기와 같다." 헤르더는 이 모든 것이 "결국 누구도 피해갈 수 없는 이성의 언어를 갖춘 위대한 평화의 여신"이 세운 원칙들이라고 결론 내린다.

헤르더와 모차르트는 서로 조화를 이룬다. 둘은 모두 시민적 사랑이 진정한 행복을 만들어내기 위해서는 남성이 한발 앞선 문화를 여성화할 필요가 있다는 점을 알고 있다. 백작 부인이야말로 헤르더가 말하는 위대한 이성을 갖춘 평화의 여신이라고 할 수 있을지도 모른다. 그녀의 상냥함과 무시당한 자존심에 대해 집중하기를 거절하는 행동은 '우리 모두'가 행복해질 수 있는 하나의 길을 보여준다. 백작 부인의 학생인 케루비노는 전쟁에 대한 공포, 그릇된 국가 운영에 대한 두려움, 세상을 전쟁터로 만들려는 남자들의 온갖 술수를 향한 전복적 시도에 대한 사랑으로부터 배움을 얻는다. 헤르더는 모차르트보다 부정적인 면을 더 강조한다. 즉 품위 있는 사회는 적절한 사랑뿐 아니라 적절한 두려움과 심지어 공포까지 가르쳐야 한다는 것이다. 그리고 그는 새로운 접근을 위해 응당 비판적 이성이 결정적 역할을 한다는 사실을 강조한다. 이러한 맥락에서 헤르더는 세계 평화를 위해 비판적인 공적 문화라는 계몽의 가치를 중요시 여겼던 칸트의 주장과 비슷한 맥락에 놓여 있다. 본질적으로 헤르더와 모차르트는 똑같은 생각을 공유한다. 결코 채울 수 없는 명예라는 탐욕에 미쳐 날뛰는 방식이 아니라, 오히려 성인 남자들에게 긴 치마를 입히고 일상을 합리적으로 생각하도록 유도한다. 오페라의 마지막에 이르러 우리가 얻는 것은 루소에게 끔찍한 충격을 줄 만한 광란, 어리석음, 농담, 고유한 개인성의 세계다―이것은 평화의 세계와 불가분의 관계에 놓여 있다. 외부의 위험이 항상 도사리고 있기에 이 새로운 기질만으로는 평화를 이루는 데 충분하지 않을 수도 있지만, 그럼에도 불구하고 이것은 필수적이라 할 것이다.

6. 일상을 초월하기?

그렇다면 오페라의 끝에는 어떤 일이 일어나는가? 최소한 일시적으로 남성의 세계는 용서를 구하면서 여성의 세계 앞에 굴복한다. 그러고 나서 잠깐의 멈춤이 있다. 스타인버그는 이를 멋지게 묘사했다. "모차르트부터 말러까지, 휴식이 주어지고, 음악은 잠시 정지되며, 침묵이 흐르는 순간은 일인칭의 목소리가 스스로를 살피는 순간을 드러내는 장치다. 생각을 위해 음악이 잠시 멈추는 것이다."[52] 침묵 속에서 백작 부인은 "좋아요"라고 말하기 전에 무엇을 생각했을까?

만일 그녀가 어떤 생각을 갖고 있었다면―그녀는 분명 많은 생각을 갖고 있었을 것이다―그녀는 되뇌었을 것이다. "도대체 새로운 사랑의 약속이란 무엇을 의미할까? 우리의 농담이 성공적이었고 또 그가 공개적으로 수치심을 느꼈다고 해서 몇 년간 나쁘게 행동해온 이 남자가 진정 새 사람이 될까?" 여느 민감한 여성들처럼 그녀는 스스로 "결코 아닐 것이다"라고 답한다. 그리고 또다시 생각한다. "그렇다면 내가 그의 거만함, 지위에 대한 강박, 불안에서 기인하는 부정적 의식을 있는 그대로 받아들일 수 있을까? 나는 안정적으로 보장된 호혜적 사랑이 아니라 그것에 대한 희망 혹은 약속, 그리고 그것이 간헐적으로 현실화되는 정도에 만족하며 살아가야 할까?"

잠깐의 휴식 이후 그녀는 기운 떨어진 목소리로 답한다. "나는 더 나아졌으니, '좋아요'라고 말하자." 그녀는 남녀 사이의 사랑이 때론 현실적이고, 불안정하며, 더없이 행복한 것과는 거리가 멀다는 것, 그리고 설령 남자들이 여성에게 무언가 배울 수 있다 하더라도 사람은 결코 자신이 갈망하는 것에서 완전함을 얻을 수 없다는 사실을 받아들이면서, 삶 전반에 걸친 불완전성에 대해 답한다. 그리고 스타인버그는 피가로가 극히 부드러운 새 음악의 대사를 어떻게 수산나로부터 배우는지를 멋지게 보여준다.[53] 그럼에도 불구하고 우리는 문화와 교육이 인간사회의 발전에 가한 억압을 알기에 이러한 목적을 안정적으로 달성할 수 있으리라는 이성적 기대를 하지는 않는다. 사실 다른 남자들이 명예나 지위를 향한 욕구를 버리고 케루비노처럼 노래를 부르기보다는 케루비노가 자기 주변의 남성세계에 굴복하는 것이 더 쉬워 보인다. 심지어 최고의 문화 속에서도 수치심에 대한 모욕이나 나르시시스트적 욕망의 통제는 아주 깊게 뿌리박힌 인간의 욕망이다. 이러한 것은 쉽게 떨쳐지지 않으며, 그 어떤 연인이라 할지라도 자신들이 원하는 바를 모두 이룰 수 있는 세상을 낳는다. (그런 세상에 대한 이미지 자체가 실제 다른 개인의 현실을 정확하게 인식하지 못하게 만드는 나르시시스트적 환상이 아닐까?)

그래서 그녀가 "좋아요"라고 말할 때, 그녀는 변덕스럽고 불완전한 세상 속 사랑에 대해 (심지어 신뢰에까지) 동의하는 것이다. 이는 피가로가 「더는 날지 못하리」에서 언급했던 전쟁터에서의 그 어떤 위업보다 더 많은 용기를 필요로 하는 확신이라 할 수 있다.

그녀가 여기서 동의하는 것은 앞서 언급한 앙상블이 동의하는 것과도 같다. 새로운 공적 세계는 그런 방식의 행복을 내포하는 세상이다. 이것이 의미하는 바는 존재하는 모든 사람이 다음과 같은 세계에 대하여 "좋아요"라고 말하는 것이다. 이 세계는 완전함에 대한 동경의 시선을 갖지 않으며, 호혜, 존경, 조율을 구하고 목표로 삼는다. 또한 이 세계에서는 사람들이 스스로 자유, 박애, 평등에 헌신하고 그러한 초월적인 이념이 현실세계와는 달리 완전히 새로운 세계에 존재하는 것이 아니라 오히려 사랑과 광란의 사건들 속에서 얻어질 수 있다는 점을 이해한다. 완전함을 바란다면 이 새로운 체제는 실패할 것이다. 현실적인 여성과 남성 그리고 그들이 이룰 수 있는 것에 기반을 두어야 성공할 수 있다. 하지만 반짝이는 시선을 벗고 (그리하여 적절한 시기에 환상을 벗고 냉소적인 시선으로) 박애라는 희망을 유지하기 위해서는 사랑의 가능성에 대해 편견 없는 전적인 신뢰감과 같은 것이 (최소한 때때로 또 얼마간) 요구된다. 그리고 무엇보다 있는 그대로의 세상에 대한 유머 감각 같은 것도 요구된다.[54]

이러한 신뢰, 수용, 화해와 같은 개념들은 텍스트가 아니라 음악 안에 담겨 있다.[55] 해설가들이 오랫동안 공감한 바와 같이, 우리가 그 대본을 통해 이따금 드러난 다 폰테의 냉소주의를 차용해서 본다면 모차르트의 감성은 이 오페라 대본 작가의 감수성보다 적어도 더 예민하며 혹은 그와 불화한다고까지 볼 수 있다.[56] 그렇다고 해서 모차르트의 음악이 도달 불가능한 천국에 있는 것은 아니다. 그것은 우리가 살고 있는 세계 속에 있으며, 그것을 부르는 사람의 몸 안에 있다. 그것은 자체의 호흡을 가다듬으면서 세계를 다시금 구축한다고 할 수 있다.

『음악적 재현: 의미, 존재론 그리고 감정The Musical Representation:

Meaning, Ontology, and Emotion』에서 찰스 누스바움은 음악을 듣는 경험이 창조하는 가상의 공간과 또 그것이 불러일으키는 정신적 재현에 관해 탁월한 철학적 설명을 제시한다. 책의 끝부분에 그는 전반적인 논의에 있어 다소 불충분했던 내용과 관련해 하나의 장을 덧붙이는데, 거기서 그는 우리가 (서양 음색의) 음악을 받아들이는 주요한 관심은 종교적 경험과 유사한 통합과 초월에 대한 욕망, 다시 말해 지극히 우발적인 것에 대한 공포에서 파생된다고 주장한다. 이 부분에는 칸트, 헤겔, 쇼펜하우어, 니체, 사르트르를 포함한 철학자들의 놀라운 자료가 제시되어 있다. 이들은 모두 여러 측면에서 누스바움의 논점과 맥락을 같이하는 논의를 제공한다. 또한 그 안에는 누스바움이 분석한 종교적/음악적 유사 경험이 실재하며, 특정한 음악에 생명을 불어넣는다는 사실에 대해 확신을 주는 신비로운 경험에 관한 자료들이 들어 있다.

하지만 왜 우리는 다른 형태가 아닌 음악이 인간 삶에 특별한 좋음을 제공한다고 전제하는가? 누스바움에게도 이 지점은 무척 미묘하여 그도 정확히 밝히고 있진 않다.[57] 하지만 그는 음악이 갖는 이러한 기능에 대해 최소한 이러한 좋음의 형태가 최고 우위를 점할 수 있으며 또 논의의 중심에 놓여야 한다고 제안한다. 음악은 철학과 마찬가지로 여느 관점들과는 달리 세상을 바라보는 데 논쟁적인 입장을 전제하는 듯 보인다. 이 지점에서는 스타인버그가 제시한 "이성에 귀를 기울인다"는 비유가 개별 경험에 관한 누스바움의 사유보다 더 적절해 보인다. (사실 종교 그 자체는 다양한 형태의 경험을 포함한다. 여기에는 신비스러운 초월의 표현뿐만 아니라 세속적 정의를 향한 투쟁도 포함되며, 지구상의 존재가 갖는 불완전함에 대한 포용도 속한다.)[58]

나는 모차르트의 오페라를 그것이 다양한 종류의 행복에 대한 관점을 제공해준다는 의미에서 읽자고 제안했다. 여기서 말하는 행복은 희극적이고, 개별적이며, 불확실한 것이자 초월에 대한 거창한 주장을 경계한다. 실제로 음악 자체는 그러한 종류의 가면에 대해 소리 없는 미소 짓는다. (이는 「이리 와 무릎 꿇고 앉아보렴」과 서곡에서 숨 죽이듯 작지만 곧 터져나올 듯한 웃음과 같다.)[59] 찰스 누스바움이 보기에 실체적 신체와 시선에 의존하는 오페라는 불순하게 혼합된 예술의 형태로서 자신이 주장하는 음악적 매개에 해당되지 않는다. (신체로부터 초월해 있고 비가시적인 음악의 특징을 말하는 그의 논의에 따르면 이는 물론 타당하다.) 찰스 누스바움이 말하는 공간과 시간의 제약을 갖지 않는 음악 예술의 개념 안에서는 심지어 인간의 목소리 자체도 기이한 존재성을 갖는다. 모든 악기는 어떤 식으로든 인간의 신체를 드러내며, 여러 악기 사이에서 인간의 목소리는 신체의 한 부분이자, 이는 언제나 신체의 잠재성뿐만 아니라 노쇠함도 함께 드러낸다.[60]

초월을 추구하는 사랑이 있듯, 반대로 그러한 염원을 미성숙한 것이자 환멸로 이끄는 길이라고 말하는 사랑도 있다. 이처럼 음악에도 두 종류가 있다. 베토벤이 찰스 누스바움의 책 표지에 등장하고[61] 중요한 음악적 사례로 언급되는 점은 우연이 아니다. 하지만 베토벤식의 계몽을 통해 구현된 초월에 대한 갈망은 냉소주의와 사촌 격이다. 베토벤의 9번 교향곡과 「운명」에 구현된 이상적인 정치적 조화가 실제로는 존재하지 않는다는 것을 깨닫고 나면, 사람들은 현실세계에 대해 침울한 표정을 짓게 될 것이다.[62]

하지만 만일 모차르트식의 계몽정치학을 따른다면, 사람들은 있는 그대로의 세상이 유지되기 위해서는 상당한 노력이 요구된다는 사실을 깨달을 것이며, 그러한 노력이 모두 이루어지기 위한 염원을 멈추지 않을 것이다. 또한 남성들의 목소리로 가득 찬 세계는 여성의 목소리가 담긴 세계로 변모할 것이며, 그곳에는 박애, 평등, 자유에 대한 헌신이 존재할 것이다. 우리는 젊은이들이 포탄과 대포 소리의 협주곡보다 음악을 사랑하도록 가르치는 일을 멈추지 않아야 할 것이다. 동시에 현실세계의 사람들을 있는 그대로 포용할 것이며―남자들까지도!―그들의 어리석음까지도 (누구 하나 다를 바 없이) 그 자체로 사랑하는 것을 멈추지 않아야 할 것이다.[63] 음악 안의 정지된 순간이 전달해주는바, 이는 도달 가능한 민주적인 정치적 사랑의 개념으로 향하는 희망적인 혹은 유일한 길이라 할 수 있다.

3장

인간 종교 1:
오귀스트 콩트, 존 스튜어트 밀

Political Emotions
Why Love Matters for Justice

나는 영혼이 곧 육체라 말한 바 있다.
또 육체가 곧 영혼이라 말한 바 있다. ……
동정심 없이 얼마간의 거리를 걷는 사람은 누구든 수의를 입고
자신의 장례식장으로 걸어가는 것이다. ……
남자든 여자든 누구에게든 나는 말한다.
당신의 영혼을 백만의 우주 앞에 냉철하고 담담하게 하라고.
_월트 휘트먼, 「나 자신의 노래」

1. 자유 시민 종교를 향해: 루소와 헤르더를 넘어서

프랑스 혁명의 여파로 지방 자치 공화정이 유럽 전역에 나타나기 시작
하자(비록 타락한 면도 많았지만), 새로운 형태의 박애를 찾으려는 노력
은 거의 강박적인 모습을 띠게 되었다. 앙시앵레짐 아래서 시민들의 감
정은 『피가로의 결혼』이 탁월하게 묘사한 것과 지극히 유사한 방향을
갖게 된 것이다. 즉 소수를 위한 명예, 타인에 대한 경멸만이 존재했고
진정한 의미에서의 호혜성은 어디서도 찾아볼 수 없었다. 그리고 이런
고루한 감정의 문화는 분명 지방 자치 공화정을 지탱할 수 없었다. 그
렇다면 이를 대신할 만한 것은 무엇이었을까?

　18세기 말 유럽인들은 두 가지 뚜렷한—어떤 면에서는 극명히 대

립되는—새로운 시민적 감정 문화의 유형을 남겼다. 하나는 루소가 말한 것이고, 다른 하나는 헤르더가 주장한 것이다. 두 사상가는 한 국가를 통합하면서도 안정적으로 만드는 '시민 종교'를 구축하려는 야심찬 기획을 제시했다. 이들은 모두 경쟁, 이기주의, 계급에 대한 사랑 등이 공화주의적 지방 자치에 주요한 장애물임을 알고 있었다. 하지만 둘의 의견은 분명 차이점을 갖는다. 루소는 시민적 질서와 안정을 위해 정서의 동질성이 필수라는 확신을 갖고, 이에 반대하는 사람과 방관자들을 처단하면서 '시민 종교'를 법적 의무로 만들고자 했다.[1] 그러는 과정에서 루소의 해결책은 칸트를 비롯한 자유주의 사상가들의 반대에 부딪혔다. (요한 고틀리프 피히테는 루소의 주장에서 한 걸음 더 나아가, 아이들을 어린 시절부터 가족에게서 떼어내 시민으로서 갖춰야 하는 가치들을 심어주기 위한 국립 기숙학교로 보내자고 제안했다.)[2] 이와 반대로 헤르더는 (모차르트와 같이) 여성적 정치의 이미지를 제안하면서 그러한 특징들이야말로 진정 중요한 것이라고 강조한다. 그는 새로운 체제는 기존의 남성 중심 문화로부터 완전히 결별해야 한다고 생각했기 때문이다. 놀이, 유머, 동질성 등을 강조하면서도 새로운 문화가 강압적으로 시행되어서는 안 되며, 반대 의견이나 다양한 인간적 시도를 위한 공간도 조심스럽게 열어두어야 한다. 하지만 헤르더는 새로운 분위기가 대중의 수사나 지도자의 태도에 의해 형성되어야 한다는 사실을 넘어서는 사회적 실행에 대해서는 거의 언급하지 않는다.[3]

19세기의 정치적 사유는 곧 시민적 감정에 대한 물음에 사로잡혀 있었다. 시간이 흐르면서 새로운 '시민 종교'는 하나의 적이 아닌 두 개의 적을 갖는다는 사실이 드러났다. 하나는 앙시앵레짐이라고 하는 명예에 기반을 둔 감정 문화이고, 다른 하나는 탐욕과 이기주의라는 새로운 자본주의 문화다. 이기적인 소유욕이 증대하고 공동선에 대한 관심은 힘을 잃어가는 상황을 지켜보면서 각계각층의 사상가들은 '시민 종교'를 그리고자 했다. 이는 지역 공동체를 넘어서 공감을 확대하고 가난에 대한 문제 해결과 재분배를 포함하는 정치적 이상을 지속적으로 뒷받침하기 위한 것이었다. 이와 함께 이기주의와 나르시시즘을 자신들의 주된 논의 대상으로 인식하게 되었다. 이탈리아 혁명가이자 철학자인 주세페 마치니(1805~1872)는 새로운 감정 문화의 목표는 인간의 평등한 존엄성, 평등한 정치적·시민적 자유, 평등한 권리에 대한 민주적 의식을 위한 토대가 되어야 한다고 주장했다.

> 우리는 신의 자녀들이 하느님 앞에서는 평등하고 인간들 앞에서는 불평등하기를 바랄 수는 없다. 우리는 우리 불멸의 영혼이 지구상에서 인간 행동의 선과 악의 근원이 되고, 신이 보는 눈 아래서 선행 혹은 악행을 범하게 만드는 자유라는 선물을 포기하기를 바랄 수는 없다. 우리는 하늘 위로 치켜든 머리가 모든 피조물 앞에 놓인 먼지 구덩이 속으로 엎어 넘어지기를 바랄 수는 없다. 천국을 열망하는 영혼을 권리에 대한 무지, 권력에 대한 무지, 고귀한 기원에 대한 무지로 썩힐 수는 없다. 우리는 형제처럼 서로를 사랑하기보다는 분열되고, 적대적이며, 이기적이고, 질투에 사로잡힌 도시 중의 도시, 국가 중의 국가가 되는 것을 용인할 수는 없다.[4]

그렇다면 어떻게 이 새로운 박애의 정서가 작동할 수 있을까? 마치니의 주장처럼, 유럽에서 민주주의를 구성하는 것은 법적 문제가 아닌 마음과 영혼의 문제에서 그 뿌리를 찾을 수 있다. 그렇기에 필수적 정서는 교육 개혁을 통해 형성되어야 하는 것이다. (여기에 덧붙여 마치니는 콩트의 제안을 언급하면서, 이러한 개혁이 범유럽적인 '철학적·종교적 연합'을 구성할 수 있다면 훨씬 더 효율적으로 이뤄질 것이라고 말한다.)[5] 박애의 정서는 처음부터 국가적 수준에서 형성되어야 한다. 국가의 매개 없이 모든 인간 존재에 대한 세계 시민적 공감—"모두를 향한 형제애, 모두를 향한 사랑"[6]—이란 당시에 비현실적인 목표였고, 사람들은 이기주의적 사회나 지역 공동체에 깊이 충성하고 있었다. 동등한 인간 존엄을 수호하기 위해 전념하는 민주 국가는 자아와 인류 전체를 이어주는 필수적인 중재자다. 우리는 국가가 동기 부여의 힘을 가진 강렬한 감정의 목표가 될 수 있다는 점을 이미 알고 있다. 보편적 사랑에 관심을 갖는 사람들은 올바른 형태의 애국심을 구축함으로써 진정한 전 지구적 박애를 위한 토대를 만들고 싶어할 것이다. 마치니는 애국심을 세계시민주의적 이상에 도달할 수 있게 만드는 사다리이자 보편적 정서를 좌지우지하는 지렛대에 비유한다. 모든 국가에서 완벽히 평등하게 인간의 권리를 보장하는 것이 우리의 목표가 되어야 할 것이다. 그리고 자유롭고 평등한 사람들로 구성된 전 세계적인 기구를 형성하는 데 주의를 기울인다면—이 지점에서 마치니는 칸트와 입장을 같이한다—우리의 목표는 반드시 효과적으로 달성할 수 있을 것이다. 이러한 기구는 민주적으로 구성되고, 애국심에 의해 고취되며, "모두의 이익을 위한 개인의 발전"[7]이라는 격언에 따라 움직일 것이다. 그렇다면 국가적 정서란 보편적 형제애로 나아가는 도구일 뿐만 아니라 전 지구적 조직의 지속을 위한 원칙이라 할 수 있다.

이러한 생각은 당시 국가 단위의 민주주의 운동이 전 세계적으로 일어나면서 엄청난 영향력을 갖게 된다. 마치니의 의견이 옳다는 데 많은 이가 동의했다. 즉, 품위 있고 안정적인 민주주의를 건설하는 과제는 나르시시즘과 맞서 싸우면서 공감의 영역을 확장하는 데 달려 있다는 것이다. 그리고 이러한 새로운 공적 감정의 문화는 민주주의를 유지하고 전 지구적 정의와 평화를 향한 민주 국가들의 열망에 도움을 주는 것이어야 한다는 주장에도 많은 이가 동의했다. 이런 주장 가운데 지금까지 가장 영향력을 지니는 것은 바로 오귀스트 콩트의 논의다. 저명한 철학자이자 사회과학자인—사실상 사회과학이라는 개념의 창시자라고 불릴 만한—콩트는 오늘날 믿기 어려울 만큼 전 세계적인 영향력을 발휘했던 인물이지만, 그의 아이디어는 대부분 간과되어 왔다. 아마 마르크스만이 훗날 광범위하고도 깊은 영향을 받았다고 할 수 있겠다. 당시 다른 나라의 지식인들도 인간의 진보를 위해 이기주의와 탐욕에 맞서는 인본주의 형태의 '시민 종교'가 필요하다는 데 동의했다. 그래서 공감과 사랑의 감정을 통해 국가의 진보를 이끌어줄 '인간 종교'와 같은 새로운 '영적인 힘'에 대한 요구가 줄을 이었다.

비록 콩트는 오늘날의 정규 철학 과정을 이수하진 않았지만 일생 동안 당대의 가장 선구자적 사상가로 인정받았다. 존 스튜어트 밀은 콩트를 데카르트나 라이프니츠와 같은 수준의 인물로 평가했고,[8] 당시 엄청난 학문적 명성을 얻었으며 전 세계에 실질적인 영향력을 미쳤다. 콩트의 실증주의는 영국에서 존 스튜어트 밀과 조지 엘리엇과 같은 동조자를 얻었고, 브라질에서는 초기 공화주의 운동이 '질서와 진보'라는 콩트의 모토를 받아들여 국가의 표어로 사용하기도 했으며, 아이를 안고 있는 여성이라는 콩트의 이미지를 새로운 국기로 삼기도 했다. 나아가 인도에서 콩트의 사유는 특히 벵골 지역에서 그 영향력이 지대했는데, 문학역사가인 자소다라 바치는 이것이 당시 "계급 주체성과 엘리트의 상식 개념에 완전히 동화되었다"고 기술했다.[9] 콩트를 비롯한 그의 유럽 추종자들은 식민 지배에 대해 적대적인 것으로 알려져 있었기 때문에, (비록 콩트가 '백색 인종'의 우월함을 믿었고, 세계의 실증주의 문화에서 유럽 국가들 특히 프랑스가 최우선에 서서 주요한 역할을 해야 한다고 믿고 있었음에도 불구하고) 그의 사유를 수용하는 것은 순응이라기보다는 전복적인 행위로 여겨졌다.[10] 그리고 타고르의 서재에도 콩트의 주요 저작들이 놓여 있었으며, 타고르는 평생에 걸쳐 그것들에 대해 사유했다. 특히 자신의 소설 『안과 밖』(1915)과 후기 철학서인 『사람의 종교』(1930)를 보면 아주 깊이 있는 비평이 담겨 있음을 알 수 있다.

콩트의 이론을 살펴보는 것은 우리의 탐구에 있어 매우 소중한 작업이 될 것이다. 왜냐하면 콩트가 남긴 상세한 논의들은 사랑과 공감에 기반한 공적 문화의 필요성을 주장하는 내 기획에 정확한 답을 제시해주는 부분이기 때문이다. 이러한 공적 문화는 공정한 사회라는 목표를 뒷받침해줄 뿐만 아니라 정의의 발현을 위한 안정성을 보장해주기도 한다. 또한 콩트는 『피가로의 결혼』에 나오는 훌륭한 비전을 따르면서 이를 발전시켜나간다. 즉, 사회의 심장부에 '여성적인' 정신을 위치시키는 젠더정치학으로의 개혁을 주장한 것이다. 동시에 그는 인류의 진보에 있어 핵심적인 요소로서 상상력과 예술에 커다란 가치를 부여한다. 이러한 전략적 요소를 바탕에 둔 콩트의 논의는 모차르트와 헤르더의 주장을 뒷받침하면서 우리가 추구하는 생각에 빛을 던져주는 역할을 한다.

하지만 콩트의 기획은 함정과 편견, 심지어 부조리로 가득 차 있으므로, 비판적 시선으로 접근해야 한다. 다행히 콩트의 열렬한 지지자인 밀과 타고르는 우리에게 훌륭한 안내자 역할을 할 것이고, 콩트의 논의에서 구미가 당기지 않는 부분은 피하면서 탁월한 통찰이 드러난 부분은 취할 수 있는 방법을 제시해줄 것이다.

2. 콩트의 인간 종교

우리는 콩트를 유럽 철학의 새로운 에피쿠로스라고 불러도 좋을 것이다. 고대 그리스 사상가들처럼 콩트는 우주가 신에 의해 움직이는 것이 아니라는 사실을 표방했다. 오히려 자연법칙에 대한 정확한 이해가 인류로 하여금 종교에 의존하는 시대를 넘어서게 해주리라고 생각했다. 그렇기에 콩트가 주장한 실증주의—지각 경험에 근거한 세속적 법칙에 따라 자연을 설명하는 사유 방식—는 종교를 대체할 만한 철학적 근거를 지닌 입장이었다. 이는 자연뿐만 아니라 사회적 삶에 대한 새로운 접근을 가능하게 해주는 것이었다. 더 이상 우리는 신앙심이나 죄와 같은 종교적 언어로 서로의 관계를 설명할 필요가 없어졌다. 대신 경험적 연구를 통해 인간의 사회적 상호 작용의 법칙을 이해하려고 노력해야 한다. 콩트가 인간의 사상사에 끼친 가장 지대한 공헌은 아마도 경험적 사회과학의 창시자라는 점일 것이다.[11]

그렇다고 콩트가 물리적 상호 작용의 언어를 선호하고 윤리적 규범 언어를 없애려는 유물론적 환원주의자는 아니었다. 더욱이 규범적인 윤리적 논의를 간과하는 입장인 20세기의 '논리 실증주의'의 관점을 지닌 것도 아니었다. 에피쿠로스와 같이 콩트는 실제로 사회가 어떻게 작동하는지를 이해하는 것과 사회가 어떻게 변해야 하고 또 어떤 변화가 진정한 인간의 행복을 가져다주는지에 대한 문제를 추론하는 것은 별개의 일이라고 생각했던 듯하다. 그는 세상이 작동하는 방식에 대한 정확한 이해에 기반할 때에만 도덕성이 과학적일 수 있다는 생각을 갖고 있었다. 또한 공감과 사랑의 발현을 포함한 인간의 행위는 법과 유사한 방식으로 이해될 수 있다고 믿었다. 하지만 사회 진보에 대한 콩트의 다른 여러 규범적 설명과 마찬가지로 좁은 의미의 공감보다는 확장된 형태의 공감을 선호하는 입장은 자신의 규범적 논의에 근거한 것이다. 즉 우리는 대부분의 사람이 통상적으로 갖는 가족이나 친척에 대한 좁은 의미의 공감보다 좀더 넓은 공감을 갖는 것이 더 진보적이며 성숙한 것이라고 인식하게끔 되어 있다는 것이다. 이러한 설명의 근거 중 하나는 행동 발달 분석을 통해 이루어진다. 즉 우리는 아주 좁은 공감 능력을 가진 어린이로 시작한다. 그러고 나서 친척이라는 좀더 큰 단위의 집단을 향한 공감의 확장이 더 성숙된 행동이라는 것을 깨닫고, 나아가 친구, 배우자, 타인 등과 같이 "전적으로 자발적인 특징을 갖는 관계"에 공감을 확장함으로써 더 성숙하면서도 본질적으로 인간적인 행동이 있다는 사실을 인식하게 되는 것이다. 물론 콩트에게 가족의 사랑, 그중에서도 특히 배우자의 사랑은 개인적 성숙의 요람으로서 중추적인 역할을 하지만, 인간 성숙의 궤적 자체는 명확하다. 즉 공감은 인간이라는 종 전체에 이르기까지 과거, 현재, 미래에 걸쳐 외부로 확장된다는 것이다. 우리가 보편적 종의 구성원으로서 이러한 사실이 곧 인간에게 도덕적 근본을 형성한다는 사실을 인정하지 않고 거부하는 행동은 지극히 유아적이며 심지어 짐승과도 같은 것이라고 콩트는 지적한다. 그리고 콩트는 우리 인간이 자기 잇속만 챙기는 도덕적 논의를 나쁜 것으로 이해한다고 믿었다. 우리는 사회적 재화를 어떻게 분배할 것인지에 대한 질문에 맞닥뜨릴 때, 좀더 공정한 시스템이 필요하며 나아가 이를 만들고 유지하는 동력을 길러야만 한다는 결론을 부인할 수 없다는 것이다.

이 지점에서 콩트의 논의는 다소 빈약하다. 하지만 칸트의 심도 있는 논의를 수용함으로써 이를 보완할 수 있을 것이다. 즉 도덕 원칙이 모든 인간 주체에 대해 갖는 보편화 가능성이야말로 도덕적 적합성의 필요조건이라는 설명 말이다. (그리고 칸트는 자신의 이런 주장이 당시 널리 공유되고 있는 건강한 도덕적 이해에 근거한 것이라고 주장한다.) 콩트는 칸트 식의 주장을 반복해서 취하는데, 한 사람의 도덕적 의무에 대한 특정한 결론은 오직 스스로를 특별하다고 여기는 태도에 의해 피할 수 있고, 이 점이 분명해진다면 사람들은 이런 식의 자기 잇속만 챙기는 행동을 거부할 수 있을 만큼의 자기 비판적 태도를 갖게 될 것이라는 주장이다.

하지만[12] 칸트와 달리 콩트는 인간성의 상당 부분은 (사람들에게 타인을 향한 공감을 훈련시킴으로써) 감정을 통해 증진시키는 것이 최선의 방법이라고 믿었다. 이러한 훈련이 성공적으로 이뤄지기 위해서는 두 가지가 필요하다. 하나는 질서이고, 다른 하나는 종교와 유사한 것이다. 질서는 (자본가 계급의 도움을 받아서) 경제를 운용하고 신체적 안전과 복리를 제공하는 정부에 의해 확보되는 것이다. 하지만 정부는 도덕적 목표를 설정하지 않는다. 그래서 사회의 궁극적인 도덕적 목적을 위해 우리는 영적인 힘에 다시금 주목해야 하는 것이다.

콩트가 말한 정부는 의견을 표현하는 데 법적인 처벌이나 제약이 없다는 의미에서 언론과 양심의 자유를 수호한다. 그렇다고 해도 콩트가 개인들이 각기 자신의 종교를 가지고 생각을 표현할 수 있는 도덕적 권리를 존중한다는 것을 의미하진 않는다. 이와 관련하여 그는 도덕적 영역에서 옳고 그름에 대한 해답을 찾는 것이 결코 쉽지 않다는 입장을 취한다. 아마 실증주의 철학이 갖는 입장을 이해할 수 있는 고도로 훈련된 몇몇 사람만이 이를 파악할 수 있을 것이다. 그렇기에 콩트가 말한 사회는 개인이 자기표현이나 반대 의견을 드러내는 일은 못 하게 막을 것이고, "도덕적 통제"와 만장일치 개념은 부추기게 될 것이다.

그렇다면 누가 이러한 통제력을 행사해야 할까? 콩트는 소수의 전문 철학자 집단에게 새로운 영적인 힘을 위임해야 한다고 주장한다. 실증주의 훈련을 받고 느긋하게 철학적 논의에만 몰두해도 아무런 문제가 없는 이들이야말로 종교는 이제 과거이며 인간의 사유는 오직 인류를 위한 것이어야 한다는 실증주의적 결론을 가장 잘 이해하고 전파할 집단이라고 믿었기 때문이다. 그렇게 되면 이들은 의회를 형성하고, 사회는 이들 손에 국가의 영적인 건설을 맡길 것이다. 콩트는 철학자들이 국가 공무원이 되기를 원하지 않는다. 교회와 국가의 분리라는 프랑스의 전통에 따라, 그는 정부에 참여하는 것은 부패하게 될 것이며, 진정한 영성은 시장의 영향으로부터 보호되어야 한다고 주장한다. 따라서 철학자들은 국가가 운영하는 연구소의 종신 교수와 같은 존재들이라 할 수 있다. 국가는 평생에 걸쳐 그들의 비용을 부담하며, 이것 외에는 그들에 대해 어떠한 영향력도 가져서는 안 된다. (밀이 보기에 이 시스템 전체는 결코 신뢰할 수 없는 것이었는데, 왜냐하면 정부 관료들은 지극히 경멸스러운 방식으로 묘사되어 콩트가 왜 그들이 영적인 권위를 가질 수 있고 또 이를 지지할 수 있다고 생각했는지 도무지 알 수 없을 정도이기 때문이다.)

비록 콩트가 이들을 철학자라고 부르긴 했지만 그들의 사회적 기능을 진정 철학적인 것으로 생각하지는 않았다. 말하자면 소크라테스와 같이 끈질긴 자기반성과 비판을 요구하는 형태는 아니라고 할 수 있다. 이 철학자들은 콩트 자신이 행했던 일들, 즉 과거에 대한 비판적 탐구나 문제들에 맞서서 과감한 해결책을 내놓는 실천 등을 해내지는 않을 것이다. 콩트는 자신의 공헌으로 말미암아 사실상 철학이 마감되었다고 생각했다. '철학자들'은 그저 자신이 만들어놓은 아이디어를 연구하고, 내면화하며, 실천하는 데 시간을 보낸다는 것이다. 콩트는 이것이 철학자의 제한된 역할이라는 사실을 언급할 필요조차 없다고 여겼고, 철학적 이견이 통제나 만장일치에 포섭되어버렸다고 걱정할 필요도 없다고 생각했던 것이다. 그는 스스로 자신에게 주어진 임무를 잘 수행했기 때문에 더 이상 언급할 것이 없으며, 이성을 가진 사람들은 이에 순순히 따를 것이라고 추정했다. (물론 콩트가 스스로 공헌한 바를 이렇게 최종적인 것으로 여겼던 유일한 철학자는 아니다. 고대의 에피쿠로스나 현대의 공리주의자 제러미 벤담—밀은 해당되지 않음—등도 스스로 규범적인 문제에 대해 완결된 해답을 제시했다고 생각한 것으로 보인다.)

콩트가 추구했던 것은 비판적으로 논쟁하고, 반대 의견을 따져 물으며, 새로운 이론을 발견하는 등 우리가 (칸트나 밀과 같이) 생각하는 철학적 학문이 아니었다. 대신 로마 가톨릭교회와 성직자들의 지배적인 사회적 영향력을 대체할 만한 무언가를 향해 있었다. 콩트의 아이디어에 따른 새로운 영적인 방향 제시는 도덕적 삶의 지극히 세세한 부분에 이르기까지 평범한 사람들을 위한 총체적인 사유와 실천의 지도를 제시하는 것이었다. 어떻게 그들이 실제 가톨릭교회와 그 영향력을 대체할 수 있는지와 같은 질문에 대해서 콩트는 흘끗 지나칠 뿐이었다. 실증주의는 뉴턴의 역학이 아리스토텔레스의 이론을 축출한 것과 같은 방식으로 자신의 길을 개척해나가고자 했다. 즉, 자신들이 현실세계에 대해 월등히 뛰어난 설명적 힘을 지니고 있다는 것이다. 설령 사람들이 실증주의의 세부적 부분들까지 이해하지는 못하더라도 "대의를 향한 성과 없는 연구"보다는 "법률에 대한 견고한 학문적 탐구"를 선호하고, 나아가 "자의적인 의지에 대한 복종"보다는 "증명할 수 있는 필연성에 대한 복종"을 선호하는 식으로 실증주의의 우월한 이점을 알게 될 것이라고 보았다.

새로운 종교의 일반적인 목적은 보편적 형제애의 정신을 함양함으로써 공감의 역량을 확장하는 것이라 할 수 있다. 소유라는 사적인 권리를 생각하기보다, 마음을 다해 공동선을 추구하는 것을 배우고 모두를 껴안는 인본주의적 사랑의 정신을 갖게 되는 것을 의미한다. 이러한 사랑의 함양에 있어 핵심이 되는 것은 바로 상상력이다. 즉 우리는 타인의 운명 속에서 나 자신의 운명도 볼 수 있어야 하며, 그것이 곧 내 운명의 이면이라고 생각할 수 있어야 한다. 또한 인간이 이루어낸 성취의 이상적인 모습들을 머릿속으로 그리면서, 인간 존재 전체의 역사와 앞으로의 미래까지도 내 관심 대상으로 인식할 수 있어야 한다. 결국 콩트는 사람들이 행복이나 번영의 개념을 이해하는 방식을 바꾸고 싶었던 것이다. 이는 결코 자아 중심적인 탐구로 한정되어서는 안 되며, 과거, 현재, 미래에 이르는 인류 전체의 운명을 포함하는 것이어야 한다.

상상력이라는 능력은 (철학자들로부터 어머니들에게 전수된 조기 교육의 과정을 통해) 아주 이른 시기부터 가족 안에서 계발된다고 할 수 있다. 그렇지만 상상력은 예술이라는 매개를 통해 강화되고 다듬어져야 한다. 콩트는 자신이 생각한 이상 속에서 시, 음악, 시각 예술이 핵심적인 역할을 해야 한다고 강조한다. 그는 예술에 큰 관심을 기울였는데, 왜냐하면 예술이 필수적 형태의 감정들을 형성하고 상황에 적합한 감정을 촉발하는 데 있어 절대적으로 중요하다고 여겼기 때문이다. 하지만 그는 예술가 자체를 신뢰하지는 않았다. 콩트의 눈에 비친 예술가들은 자기 잇속만 챙기는 존재이자 신뢰하기 어려운 이들이었기 때문이다. "자신을 에워싼 생각과 느낌을 성찰하는 데 뛰어난 예술가들의 능력은 정신적·도덕적 다재다능함에서 비롯되는바, 이들은 우리의 길잡이가 되기에는 전적으로 부적합하다." 그렇기에 그들은 철학자들의 주의 깊은 시선 안에서 다루어져야 한다고 생각했다. "예술가들의 진정한 소명은 보조적인 역할로서 영적인 힘을 보완하는 데 있다." 철학자들의 의회가 지시하는 방향 안에서 그들은 새로운 실증주의적 종교의 탄생을 돕는 것이다.

콩트의 이런 야심찬 목표는 어떻게 달성될 수 있을까? 그러한 종교를 창조하는 데 어떤 노력이 필요할까? 콩트가 생각한 대로 이를 위해서는 교육 제도가 필요하다. 하지만 이는 동시에 조직된 숭배의 양식을 취한다. "하나의 제의, (…) 종교적 정서를 함양하고 지속시켜주는 체계적인 의례가 필요하다." 여기서의 제의에는 일상을 유지해주는 의식과 계절의 변화를 축하하는 축제가 포함된다. 그리고 무엇보다 숭배의 대상이 요구된다. 콩트는 로마 가톨릭교도의 숭배가 갖는 효과적인 동기 부여의 역할을 유비적으로 상상하면서 이 모든 것을 제시한다. 그런데 밀이 언급했듯이 "여기서 우리는 이 주제와 관련해 터무니없는 면을 발견하게 된다".

신앙의 대상은 인류 그 자체라 할 수 있다. 하지만 신성을 머릿속에 그릴 수 있으면서 언어로 표현하려면 하나의 이름을 가져야 하는데, 이를 위대한 존재Le Grand Etre라고 부른다. 이 신성의 고향인 지구는 이제 "위대한 숭배의 대상Le Grand Fétiche"이라 불린다. 콩트는 감정을 형성하는 제의의 힘을 잘 이해했으며, 지극히 상세한 설명을 통해 다양한 제례 의식을 제시했다. 물론 교회 역년은 그리스도의 일생에서 일어난 사건들을 중심으로 구성돼 있다. 새로운 실증주의의 해는 인간 삶의 순환 주기 속에서 일어나는 사건들, 즉 출생, 성장, 결혼, 부모 되기, 늙어감, 죽음, 나아가 인류 역사의 여러 단계 등을 중심으로 축제를 조직할 것이다. 이러한 제의 가운데 어떤 것은 질서에 대한 사랑을 불러일으키는 "정적인" 것으로 이루어졌고, 또 다른 것은 진보를 향한 욕망을 자극하는 "동적인" 것으로 이루어졌다. 이와 더불어 축하 의식은 사회의 번영에 기여하는 다양한 계층의 사람들에게 초점을 맞춰 구성했다. 이 모든 것을 합치면 84개 정도의 축제가 구성되는데, 이로써 일주일에 하나 이상의 제의가 있게 된다. 이러한 축제를 멋지게 디자인하는 것은 예술의 몫이고, 여기에는 적절한 시, 음악, 시각적 재현 예술 등이 포함된다. 그런데 콩트는 이토록 많은 제의의 내용을 직접 지시하고 이 축하 의식의 은유적 구조까지도 스스로 규정함으로써 예술가들에게는 매우 제한된 역할만 허용했다.

가톨릭 숭배는 큰 동기 부여의 힘을 끌어낸다. 성자들의 집단은 물론이고, 그들의 삶과 고난의 스토리로부터 야기된 감정도 그러한 힘에 일조한다. 성자에게 기도를 드리는 것은 멀리 떨어진 추상적 존재가 아닌 눈앞에 보이는 실제 인간에게 종교적 감정을 표하는 것이기 때문에, 숭배자로 하여금 종교의 진리에 좀더 가까이 다가가게 해준다. 콩트는 이러한 가톨릭 양식으로부터 과거의 숭고한 인간 존재의 삶이라는 유비를 정확히 찾아낸다. 가톨릭 신도들이 각자 자신만의 도덕적 성향에 따라 어느 성자에게 기도를 드릴 것인지 얼마쯤 자유롭게 선택할 수 있듯이, 실증주의 신도들 역시 자신만의 기도를 (개인적 기도에 충분한 시간을 할애할 수 있는 한) 자유롭게 만드는 것이다. 콩트는 하루 두 시간을 기도에 배정했다. "기도는 세 부분으로 나누어 진행한다. 일어날 때, 일과 중에, 그리고 밤에 침대에서." 심지어 그는 기도의 자세도 제시한다. 아침 기도에서는 무릎을 꿇고, 밤 기도에서는 신도의 꿈에도 기도의 힘이 미칠 수 있도록 수면 자세를 취하도록 했다. 이 지점에서 우리는 밀의 논의로 옮겨가보자. 아래 글은 밀의 다른 논의에서는 보기 힘든 희극의 정신이 드러나는 부분이다.

이런 식의 짧은 요약으로는 콩트의 처방이 갖는 치밀함을 알 수 없고, 규제에 대한 콩트의 광적인 집착을—유럽 사람들 중에서는 프랑스인이 제일 심하고, 그러한 프랑스인들 중에서는 콩트가 최고 위치에 있다— 알지 못한다. 바로 이러한 것이 전체 주제에 있어 부인할 수 없을 만큼 터무니없는 부분이다. 개인의 감정이 갖는 깊이가 충분하지 않은 경우 자신만의 소중했던 기억이나 지고한 이상을 떠올리라는 콩트의 제안에는 이상한 부분이 전혀 없다. 하지만 모든 사람이 하루에 세 번씩 두 시간 동안 기도하는 일에 참여하는 것에는 말로 표현할 수 없을 만큼 우스꽝스러운 무언가가 있다. 그것은 내 감정이 그렇게 하도록 요구한 것이 아니라, 그러한 감정이 일어나게 만들고자 사전에 미리 꾀한 것이기 때문이다. 그것이 어떤 형태가 되었든 이토록 터무니없는 제안은 콩트에게는 철저히 낯선 현상이다. 그의 저작 어디에도 그가 이것을 위트나 유머로 제시했다고 추론할 만한 부분은 없다. (…) 그리고 그의 저서를 보면 정말이지 단 한 번도 웃어본 적이 없는 사람이 쓴 것 같은 부분이 더러 있다.

이어서 밀이 언급하는 예들은 아주 재미있다. 콩트는 스스로에게 십자가를 그리는 가톨릭의 제스처를 대체하기 위해 신체 내의 "주요 장기들principaux organes"에 손으로 십자가를 그리는 제스처를 제안한다. 이는 인간이 살아가면서 지켜나가야 하는 생물학적 원칙들에 대한 숭배를 보여준다는 것이다. 이에 대해 밀은 "이것은 아마 위대한 존재에 대한 숭배를 표현하는 매우 적절한 방식일지도 모른다"고 결론 내린다. "하지만 이것이 세속적인 독자들에게 끼칠 영향에 대해 인지할 수 있는 사람이라면 누구나 실증적 종교의 보급이 훨씬 더 진전된 단계에 이를 때까지 이러한 제안을 보류하는 것이 좀더 합당한 처사였다고 생각했는지도 모른다."

하지만 우리는 밀과 함께 실컷 웃고 난 다음, 한발 물러서서 질문을 던질 필요가 있다. 왜 콩트의 이러한 제안은 우스꽝스러운가? 우리는 과연 이에 대해 비웃을 권리가 있는가? 분명 밀은 특정 감정을 자극하거나 유발할 목적으로 제의적 행위를 수행한다는 것은 언제나 부조리할 뿐 아니라 진정성이 결여돼 있다는 결론을 서둘러 내린 셈이다. 밀은 낭만주의의 영향을 강하게 받았기 때문에, 이런 식으로 제의적인 행위를 한다는 것은 피상적이고 심지어 위선적인 행위에 지나지 않는다고 생각할 수밖에 없었다. 하지만 종교의 역사는 우리에게 제의적 의례가 감정을 불러일으키는 아주 강력한 장치라는 점을 보여준다. 대개 인간은 습관의 존재이고, 같은 행동의 반복은 특정한 이미지나 생각의 반향을 증대시키기 때문이다. 또한 제의는 참여자들 사이에 표현과 기억의 공통분모를 형성함으로써 공동의 기반을 제공하기도 한다. 반복적 의례를 배제하고 진정성을 강조하는 종파들은 주로 오래지 않아 집회를 다시 열고 신앙심을 굳건히 하기 위해 제의로 되돌아가곤 했다. 개혁파 유대교는 자율이라는 관념에 매료되어 얼마간 제의를 피했지만, 신도들 스스로가 제의를 요구했고 현재는 다소 수정된 형태로 전통적인 시, 음악, 의식 등을 복원했다. 일종의 실증주의적 후기 기독교를 표방하며 탄생한 윤리 문화 협회Ethical Culture Society는 비록 신앙심의 지속을 보장하기 위한 충분한 계획이나 응집력은 없었지만, 재빨리 다른 종교로부터 제의적 요소를 취했다. 영국의 인본주의 사회 그룹Humanist Society도 세속적인 형태로 전통적인 제의를 재현하고자 다소 궁색하고 호소력이 없긴 했지만 마찬가지로 유사한 시도를 했다.[13]

콩트는 공동의 제의와 신앙심의 습관을 강화하는 의식을 주장하기 위한 강력한 근거를 마련하고자 했다. 또한 콩트는 철학자들이 그 자신에게 적합한 제의를 만들게 하지 않고 시와 음악의 도움을 받아 이를 시행하려는 현명한 선택을 했다. 나아가 이러한 제의들이 스스로 함양하고자 하는 감정들을 길러줄 수 있기 때문에, 반드시 특정한 제의에 참여해야 한다는 주장에는 어떤 반대할 만한 것도 없어 보였다. 도덕적으로 성숙한 인간이 된다는 것은 감정에 있어서나 행동에 있어서나 올바른 습관을 기르는 것과 같기 때문이다. 감정은 자발적으로 표출되지 않는 이상 가치가 없다는 낭만주의적 사유는 거부해야 한다. 우리가 올바르게 행동하는 법을 배울 수 있는 것과 같이, 우리는 올바르게 느끼는 법 또한 배울 수 있기 때문이다.

그렇다면 왜 콩트의 생각은 터무니없는 것처럼 보일까? 첫 번째 이

정치적 감정 정의를 위해 왜 사랑이 중요한가

유는 그것이 피상적이기 때문이다. 습관으로부터 그 효력을 얻는 것은 그것이 무엇이든 간에 처음 선보일 때 우스꽝스럽거나 이상해 보인다. 게다가 새로운 종교에 궁극적으로 큰 힘을 실어줄 수 있는 음악이나 시와 같은 배경이 없다면 더욱 그러하다. 익숙하지 않은 종교 제의에 참여하게 되면 사람들은 전형적으로 이질감을 느끼고 당황하며, 일종의 부조리함마저 느낀다. 그저 익숙하지 않은 것에 대한 불편한 반응으로, 그 순간 한켠에서 웃음이 나온다. 하지만 이는 분명 모든 과정에 있어 통제와 동질성에 집착하는 이들로부터 비롯되며, 그들의 목적이 갖는 모순으로부터 터져나온다. 콩트는 이성과 인간성의 이름으로 합리적인 논쟁과 개별적인 창의성을 위한 공간을 막아버리고 사람들을 순종적인 로봇으로 대했다고 할 수 있다. 실증주의적 종교도 이러한 문제를 지니고 있다. 가톨릭 종교 또한 부분적으로는 그러하다. 하지만 이러한 결점은 대개 익숙하고 전통적인 것보다는 새로운 것들에서 좀더 쉽게 발견되는 법이다.[14] 우리가 어떤 종교든 모든 것을 아우르고자 하는 신앙의 체계를 갖고 있다는 것에 대해 비웃는 것이 적절하다고 보든 아니든, 우리는 분명 각 개인의 차이를 존중하는 사회에는 의심이 있어야 한다는 밀(그리고 모차르트)의 주장에 동의할 것이다. 밀에게 그러한 강제적인 순응은—설령 그것이 수치심을 통해서나 여타의 사회적 제재에 의해 강제된다고 하더라도—사회적 진보를 향한 희망을 파괴하는 것이다. 왜냐하면 진보는 각 개인의 활동을 위한 공간을 필요로 하기 때문이다.

우리는 또한 콩트가 실제 예술가들에게 기회를 거의 확보해주지 않았다는 것을 알 수 있다. 기독교적 신앙심이 콩트가 그리는 종교에 비해 더욱 풍성하고 강력하게 여겨지는 것은 기독교적 전통 안에서 예술가들이 특유의 방식으로 상상력을 발휘할 수 있었기 때문이다. 그러면서 그들은 깊은 감동을 주었고, 매우 다양한 형태의 음악, 시, 시각 예술 등을 생산해낼 수 있었다. 우리는 콩트가 요한 제바스티안 바흐, 엘 그레코, 제러드 홉킨스 등이 명백히 기독교적 경건함을 지녔음에도 불구하고 이들과 관계를 맺는 데 다소 껄끄러웠을 것이라고 추측할 수 있다. 왜냐하면 이들은 자신만의 무언가를 발견하고자 노력했으며, 개별적 진실성을 바탕으로 자신의 상상력을 발휘했기 때문이다. 이 셋은 모두 전문 철학자 집단으로부터 나온 질서를 철저히 경멸했다. 그렇다면 우리를 웃게 만드는 것은 그저 단순한 통제가 아님을 알 수 있다. 동일성과 결부된 통제, 게다가 그 어떤 것도 새롭게 배우거나 발견될 만한 것이 남아 있지 않다는 오만과 결합된 통제가 우리를 쓴웃음 짓게 만드는 것이다.

실증주의가 우리의 웃음을 사는 또 다른 지점은 세상의 많은 전통문화에 대해 갖는 완전히 무관심한 태도다. 로마 가톨릭교도처럼, 실증주의는 전 세계적인 종교로 여겨졌다—하지만 그것은 지극히 프랑스적이었다. 콩트는 종교가 각각의 전통적인 문화 요소를 어느 정도로 존중하고 통합해야 하는지에 대해 질문을 던지지 않았다. 반면 이는 로마 가톨릭교가 빈틈없이 잘 일궈온 지점이다.

문화와 개인에 대한 무시는 콩트의 전적인 유머 감각 부족에서 나타난다. 이에 대한 밀의 비판은 타당하며, 콩트의 유머 없음humorless-ness은 중요한 부분이다. 왜냐하면 이것은 사람을 특이하고 독특한 개체로서 정해진 틀로부터 벗어날 수 있는 존재로 대하기보다는, 명령에 따라 움직이는 교환 가능한 기계처럼 다루는 콩트의 경향을 드러내기 때문이다. 유머는 상황적 맥락을 반영하며 문화도 담고 있다. 또한 친밀함이 있어야 가능하며 상호 간에 공유된 배경 지식도 요구한다. 그렇기에 문화적 차이나 개성을 소중하게 여기지 않는 이가 유머를 갖거나 이를 소중히 여기기란 불가능하다.[15] 유머는 대개 경이로움을 내포하고 있으며, 그 기저에는 반항과 전복에 대한 사랑이 깔려 있다. 콩트는 스스로를 온전하고 완벽한 존재로 생각하는 반면 삶이 주는 놀라운 일들에 대해서는 생각하지 않기에, 그가 미소를 짓기란 어려운 일이다.

여기서 우리는 반복해서 강조할 필요가 있는 문제에 맞닥뜨린다. 우선 모든 형태의 획일성에 대해 밀이 가졌던 경멸적인 태도를 살펴보자. 서로가 공유하는 예술작품을 포함한 공동의 교육과정(밀은 심지어 모든 사람이 워즈워스를 읽어야 한다고 주장했다)과 공동의 제례 의식은 새로운 '시민 종교'가 작동하기 위해 핵심적인 것으로 보인다. 그리고 관습의 적절한 활용 또한 시민적 덕의 함양을 목표로 삼는 기획들에 있어 필수적인 부분이라 할 수 있다. 한편, 이러한 기획 자체는 사람들을 존중하는 방식으로 작동하기 위해 문화와 역사의 다양성을 존중해야 한다. 국가를 위한 비전도 다른 국가들의 방안에 대한 재발명 없이는 적용하기 어렵다. 그리고 어떤 방안이 아무리 효과적이라 해도, 개인의 차이를 존중하지 않고 자기표현과 즉흥성을 위한 공간을 마련하지 않는다면 그것은 규범적인 의미에서 결코 만족스러울 수 없다. '광산의 카나리아'유독 가스에 대한 조기 경보기 역할을 하는 카나리아를 빗대어 심각한 위험을 미리 경고해주는 존재를 의미라는 속담처럼, 유머 감각이 치명적인 형태의 동질성과 통제로부터 우리를 멀리 떨어뜨려놓을 것이라는 밀의 주장은 충분히 타당하다고 할 수 있다.

지금까지 우리는 콩트의 논의 가운데 모차르트와 헤르더의 입장에 가까운 면모들은 살펴보지 않았는데, 바로 젠더정치학이다. 모차르트와 헤르더처럼 콩트는 확장된 형태의 공감을 여성성의 영향과 관련지어 설명한다. 하지만 이들과 달리—자신의 추종자인 밀과 타고르와도 다르게—콩트는 이러한 영향관계가 단순히 문화적인 것이 아니라, 근본적으로 자연적인 것이라고 믿는 듯 보인다. 콩트는 여성이야말로 공감의 종교에 있어 지도자가 되기에 적합하다고 주장한다. 왜냐하면 여성들은 본래적으로 감정의 지배를 받고, 본성상 공감 능력이 뛰어나며, 어느 정도 합리적이기까지 하기 때문이다. 그는 모든 시민이 같은 방식으로 (합리적 추론과 함께) 공감과 호혜성을 배워야 한다는 생각을 선호하지 않는다. 대신 그는 가족이라는 영역을 수호하고자 한다. 그곳에서는 여성적 원리가 출생부터 사춘기까지 모든 조기 교육을 장악하면서 최상으로 작동할 수 있기 때문이다. 당연히 모든 어머니가 자신만의 도구를 갖고 있지는 않다. 그렇기에 콩트는 가정 교육에서 따라야 하는 교육과정을 매우 상세하게 제시한다. 실제로 콩트는 자신이 예술가들을 신뢰하지 않듯 어머니들을 신뢰하지 않는다. 그들은 실증주의 기획 안에서 기능적인 역할을 하는 사람들이며, 콩트는 그들의 통찰력이 그 어떤 새로운 공헌을 하리라고 기대하지 않는다. 게다가 여성들은 존경을 받지만—숭배받아야 마땅하다—시민으로서의 어떠한 권리도 갖고 있지 않으며, 철학을 배울 기회조차 없이 철저하게 집안에 갇혀 한정된 삶을 살아간다. 왜냐하면 부분적으로는 그들의 본성이 사실상 실천적 지혜에 적합하지 않기 때문이며, 또한 그들은 철학자와 같이 정치적 투쟁의 얼룩으로부터 순수하게 남아 있는 것이 낫기 때문이다.

그러므로 젠더와 관련해 콩트는 궁극적으로 모차르트와는 정반대

길을 제시한다고 볼 수 있다. 콩트는 모두를 위한 새로운 형태의 시민 의식을 구축하기 위해 여성에게 정치적 권리를 부여하거나 여성의 세계가 갖는 통찰력—유머 감각과 전복의 정신을 포함하여—을 이끌어내기보다는, 젠더와 영역의 전통적인 분리를 더 공고히 만들어버렸다. 그의 주장은 "양성 간의 지위에 대한 평등은 그들의 본성에 반대되는 것이며, 이러한 추세는 어떤 시대에서도 드러난 적이 없다"는 언명에서 정확히 드러난다.

전 지구적 정의의 추구는 어떠한가? 콩트가 말하는 종교는 비록 국가적 차원에서 조직된 채로 남았지만, 엄밀히 말해 국제적인 것이다. 국제적인 영역에서 콩트는 주저하지 않고 자신이 만든 철학자 의회에 유사 정부의 역할을 부여한다. 유엔과 같이 이 의회는 단일한 유럽 통화의 도입을 포함해 전 지구적 정책에 대한 논의를 주재할 수 있다. 콩트는 핵심적인 철학/정치 연합이 파리에서 만나 회의를 여는 모습을 상상했다. "8명의 프랑스인, 7명의 영국인, 6명의 독일인, 5명의 이탈리아인, 4명의 스페인 사람이 모인다. 이 정도면 각국의 인구 구분을 충분히 대표할 수 있을 것이다." 콩트의 시스템은 "명확한 법률에 의거하여, 점차 다른 백인종뿐만 아니라 궁극적으로는 인류의 다른 두 위대한 인종에까지 확장될 것이다". 유럽의 식민 국가들이 우선권을 갖는다. "두 개의 아메리카 대륙에서 각 4명, 인도에서 2명, 인도양의 네덜란드와 스페인의 속령에 2명을 배당한다." 하지만 콩트는 백인종이 "다른 두 인종보다 모든 분파에서 훨씬 더 우월하다"고 주장하며, 일신교가 다신교보다 인간의 발전에 있어 우월한 단계를 나타낸다는 주장을 펼친다. 마지막으로 포함되는 "흑인종"에서, 콩트는 "사악한 노예의 멍에를 떨쳐낼 힘을 가졌던" 아이티와 "유럽의 영향에 아직 종속된 적이 없는" 중앙아프리카에 우선권을 준다. 왜냐하면 유럽인들에 의해 멸시 당한 경험은 노예였던 사람들에게 실증주의의 교훈을 얻는 데 걸림돌 로 작동한다고 여겼기 때문이다. 말하자면 콩트의 인종주의는 지배의 영향력에 대한 강력한 비난에 의해 다소 완화된 형태를 갖는다.

콩트의 논의가 지니는 이러한 역겨운 부분은 역설적으로 우리에 게 유익함을 준다. 만약 국가적 정서가 사실상 인간에 대한 보편적 사 랑을 구현하는 '지렛대'라고 한다면, 쇼비니즘이나 인종주의 없이 어떻 게 국가적 정서를 갖도록 만들 수 있을까? 한 가지는 분명하다. 우리 는 국가라는 정체성을 인종이나 민족에 기반하여 형성하는 것을 피해 야 한다는 것이다. 나아가 국가 정체성의 요소에 반인종주의를 포함시 키는 것이 더 나을지도 모른다. 하지만 이러한 것은 실제로 구현되기 보다는 멸시받기 십상이다. 그리고 우리의 생각을 비판하는 사람들은 우리가 감정의 위력으로 하여금 실제로 권력을 갖게 할 때, 우리가 그 처럼 수치스러운 인간의 행동을 고무하는 데 적극적으로 나서지는 않 는지 의문을 던질 것이며, 이는 타당하다. 뒤에서 보겠지만, 타고르 역 시 이와 유사한 걱정을 한 바 있다.

콩트는 매우 중요한 생각을 여러 가지로 제시했지만, 그의 논의가 갖는 명백한 결함이 오히려 우리에게 유용한 경고를 던져준다고 할 수 있다. 밀과 타고르는 콩트의 기획에서 가장 의미 있는 논의를 취하면 서도, 이러한 경고를 자세히 따져 묻고자 했으며 동시에 그것들에 세 심한 주의를 기울이고자 했던 것이다.

3. 밀의 비판과 대안

존 스튜어트 밀은 콩트를 격렬히 비판하기도 했지만 깊이 찬미한 사람이기도 하다. 그는 자연과 역사에 대한 실증주의적 설명뿐만 아니라, 연민을 확장하기 위한 사회적 교육에 관한 전반적인 제안에 찬사를 표한다. 『공리주의』(1861)에서 자신의 가장 큰 철학적 물음에 직면했을 때(개인적인 자기 이익으로부터 공동의 이득으로 사람들을 어떻게 움직일 것인가), 그는 콩트에게 그 문제를 해결해줄 것을 호소한다. 그러나 연이은 저작에서, 그는 사회가 어떻게 연민을 길러낼 것인가 하는 그의 생각이 콩트의 것과는 완전히 다르다는 점을 분명히 밝힌다.

벤담의 공리주의는 모든 사람이 자신의 최대한의 행복을 추구하는 경향이 있다는 심리적 원칙에 기초한다. 밀은 질적인 차이와 활동이 갖는 본질적인 가치에 여지를 만들어주면서—그 자신의 개념이 벤담의 것보다 훨씬 더 다양하지만—기본적으로 이 원칙을 받아들인다. 그러나 벤담의 공리주의의 규범적·윤리적 목표는 총체적 또는 평균적인 유용성의 극대화다. 만약 우리가 사람들로 하여금 자유롭게 그들 자신의 유용성을 극대화하도록 내버려둔다면 이 목표는 자동적으로 도달될 수 있다고 혹자는 제안할지 모른다. 하지만 그러한 것은 고전적 공리주의 철학자들의 신념이 아니었다. 그들은 규제 없는 자본주의 사회에서 사람들로 하여금 자유롭게 자기 이익을 추구하도록 내버려두던, 그들 당대의 상황은 결코 좋은 것이 아니라고 생각했다. 급진적 개혁가들은 특권의식이 우리로 하여금 다른 사람들, 즉 커다란 비중을 차지하는 타인(가난한 자, 여성, 일반 동물들)의 고통에 무관심하게 만든다는 점을 이해했다. 그런 타인들은 설령 그 수가 많다 하더라도 대부분 무력하므로 특히 정치적 평등이 부족할 경우, 그들 자신의 행복을 효과적으로 추구할 수 없을지도 모른다. 그래서 공리주의 철학자들은 효용의 총합 또는 평균적인 유용성을 극대화하는 것이 가능하려면 그 이전에 상당한 정치적·사회적 개혁이 이루어져야 한다고 믿었다. 밀에게 있어서 개혁은 상당한 부와 수입의 재분배(재산권의 재정의와 함께), 여성들의 투표권 확대, 동물 학대를 반대하는 규정 합법화 등을 포함한다. 그러나 공리주의자가 인간 존재 안에서 이러한 일이 확장되게 하려면 어떤 힘들에 의존해야 할까?

밀은 어떤 도덕적 원칙 이면에 있는 정서가 궁극적인 힘이며, 도덕적 정서는 타고난 게 아니라 획득되는 것이라 믿는다.[16] "일단 보편적 행복이 윤리적 표준으로 인정될 때", 원칙상 사람들은 보편적인 행복과 그들 자신의 행복을 동일시하는 것을 배우게 된다. 그런데 밀이 볼 때, 당대의 상황은 개인적인 행복과 보편적인 행복 간에 커다란 만이 하나 놓여 있는 듯해서, 후자를 위하는 자들은 전자의 희생을 감수해야 할 것 같다고 지적한다.

> 세상이 매우 불완전한 상태에 있어 어느 누구든 자신의 행복을 절대적으로 희생하고서야 타인의 행복을 위해 가장 잘 봉사할 수 있는 경우에만 한정되는 것이지만, 세상이 그런 불완전한 상태에 있는 한, 기꺼이 그러한 희생을 한다는 것이 인간에게서 발견할 수 있는 최고의 미덕이라는 점을 나는 완전히 인정하는 바이다.

그러나 결국 그 둘 사이의 간극은 메워질 필요가 있다. 어떻게? 밀은 도덕적 정서들의 명시적인 진보과정을 고찰한다. 그러면서 이러한 도덕적 진보를 통해 우리 사회가 개개인의 행복을 고려하고, 그것을 기초로 조직되었다는 것을 사람들이 이해할 수 있게 호소하는 것이 주요한 길이라고 믿었다. 주인과 하인의 관계를 제외하고, "인간 존재들의 사회는 모든 사람의 이익을 찾는 것 외의 다른 기반 위에 서는 것은 불가능하다. 평등한 조건들이 유지되는 사회란 모든 사람의 이익이 동등하게 고려될 수 있다는 점을 이해할 때에만 존재할 수 있다." 그러나 밀은 그러한 진술이 여성이나 가난한 사람들을 평등하지 않은 것으로 생각하는 데 길들여져 있고 다른 목표를 고려하기보다 스스로의 개인적 행복을 훨씬 더 중요한 것으로 여기는 사람들에게 아무런 효과도 없다는 점을 인정한다. 그렇다면 우리가 사회를 안정적으로 향상시키기를 원한다면, 연민을 확장해나가는 한 방법으로 우리에게 어떤 실천이 요구될까?

밀이 주장하는 바에 따르면, 우리에게 우선 요구되는 것은 이미 일반적이고 강력한 힘을 가지고 있는 가장 기본적인 동료의식(한 집단의 구성원으로서 자기 자신에 대한 의식)을 끌어내는 것이다. 이것은 어느 정도 제도 개혁을 통해 성취될 수 있다. "인류의 많은 부분에서 여전히 그들의 행복은 사실상 무시되고 있기 때문에, 개인과 계급 간에 법적인 특권의 불평등을 조절함으로써" 정치적 향상이 적절한 도덕적 정서의 발전을 도울 수 있기 때문이다. 그러나 정서들은 좀더 직접적으로 언급되어야 한다.

밀이 콩트로 되돌아가는 부분은 바로 이 지점이다. 다음 단락은 상세하게 설명할 가치가 있다.

인간 정신이 향상되는 상태에서, 그 영향력들은 끊임없이 증진되며, 개개인으로부터 나머지 다른 사람들과의 일체감을 만들어낼 가능성이 있다. 만약 그 일체감이 완벽한 상태라면, 사람들은 다른 사람들이 포함되지 않은 이익이라면 그 자신에게 아무리 유익한 조건이라 할지라도 결코 생각이나 욕망을 갖지 않게 된다. 만약 지금 우리가 이러한 일체감을 종교처럼 가르칠 수 있고, 교육이나 제도 그리고 의견 등의 힘을 한때 종교가 가졌던 것처럼―과업에 의해서든 그것의 실천에 의해서든―유아기 때부터 모든 사람을 성장시키는 방향으로 유도한다면, 나는 이러한 개념을 깨닫는 사람은 누구든 행복 도덕률의 궁극적 승인에 대해 의혹을 갖지 않을 것이라 생각한다. 현실화가 어렵다는 것을 아는 윤리적 학생들에게 나는 (…) 콩트의 두 가지 중요한 저작 중 두 번째를 추천한다. (…) 나는 그 논문에서 제시한 정치와 도덕 시스템에 매우 강한 반대를 표했다. 하지만 나는 이것이 인류의 봉사에 관해, 심지어 초자연적인 힘과 종교의 사회적 효율성을 나타내는 신의 섭리에 대한 믿음으로부터 도움을 받지 않고도 베풂이 가능하다는 것을 풍부하게 보여주고 있다고 생각한다. 그동안 종교가 행사했던 것 중 가장 커다란 지배력의 방식으로 인간 삶을 지탱하고, 모든 생각, 느낌, 행동에 색을 입혔던 일도 하나의 유형이나 맛보기에 불과할지 모른다. 그리고 그것의 위험은 그것이 불충분한 데 있는 것이 아니라, 인간의 자유와 개성을 지나치게 방해할 만큼 과도한 데 있을 수 있다.

여기서 우리는 비록 밀이 콩트의 종교에 강하게 반대하긴 했지만, 콩트가 세속적 종교의 한 형태로 보편적 공감 능력의 함양이 가능하다는 일종의 실용성을 보여주었음을 밀이 믿고 있었다는 사실을 알 수 있다.

그의 사후에 출판된 에세이인 「종교의 효용The Utility of Religion」[17]에서 밀은 이 주제로 돌아가 그것을 더 발전시킨다. 이 에세이의 목적은 비록 우리가 종교의 인식론적 근거를 의심하긴 하나, 종교는 그 유용성으로 인해 유지되어야 한다는 주장을 상세히 밝히는 데 있다. 밀은 먼저 종교가 야기한다고 그 자신이 믿는 많은 사회적 해악을 나열한 후 그가 가정한 장점들로 관심을 돌린다. 가장 두드러지는 것으로는 세 가지가 있다. 첫째, 종교는 우리가 일상에서 접하는 것들보다 더 아름다운 아이디어와 사유들을 제시하고, 우리에게 우리 자신 바깥에 있는 목표를 제공하면서 연민을 넓혀나간다는 것이다. "종교의 본질은 모든 이기적인 욕망의 대상보다 마땅히 최고 위치에 있는, 가장 뛰어난 것으로 인식되는 이상적 대상을 향한 강력하고 신실한 감정과 욕망의 방향성이다." 둘째, 종교는 경험으로 우리가 이해할 수 없는 그리하여 상상력을 자극하는 삶의 신비를 말한다. 마지막으로 종교는 우리에게 인간의 삶이 고통으로 가득 차 있는 한, 우리가 항상 갈급해하는 어떤 위안을 가져다준다.

밀은 이제 이러한 종교의 훌륭한 기능이—콩트식으로—인류 전체의 삶과 우리의 감정이 동일해지고, 인류 발전에 대한 희망이 우리의 희망이 되는 '인간 종교'에 의해 증진될 수 있다고 주장한다. 민족주의는 우리에게 사람들이 좁은 개인의 관심사를 넘어설 수 있다는 것을 보여주며, 그리하여 '더 큰 나라와 세계에 대한 사랑이 고양된 감정원으로 또 의무감의 원칙과 유사한 힘으로 형성될 수도 있다'는 생각이 불가능하지 않다는 것을 알려준다. 이러한 종교를 따르면서 우리는 점차 '전체를 위한 선에 대해 더 크고 현명한 시각'을 가질 수 있게 될 것이다.

밀은 이 새로운 종교가 네 가지 면에서 유신론자의 종교보다 낫다고 주장한다. (1)더 좋은 대상을 갖는다(그 목표가 자기 자신의 불멸을 이루고자 하는 것이 아니라, 다른 사람들을 이롭게 하는 것이므로). (2)그러한 이유로 이기적인 것보다는 사심이 없는 객관적인 동기를 키워준다. (3) 그것은 지옥에서 죄 지은 자들이 벌을 받는 것과 같은 도덕적 반대급부들을 포함하지 않는다. 마지막으로 (4)사람들에게 허위의, 심지어 부조리한 것들을 믿게 함으로써 자신의 지적인 능력을 뒤틀거나 왜곡하도록 요구하지 않는다.

일부 사려 깊은 빅토리아 시대 사람들은 사후세계에 대한 믿음은 우리가 자연적으로 갖게 되는 이기심을 이타주의로 연결 짓는 데 필수적인 것으로 결론 내렸다. 다름 아닌 바로 밀의 공리주의 계승자인 헨리 시지윅은 '실용적인 이성의 이원론'이란 사후세계에 대한 희망 없이는 극복될 수 없다고 주장했다. (그 결과 그는 영적 세계와의 교감에 관한 연구에 삶의 많은 부분을 헌신했다.)[18] 밀은 이 비관론적 아이디어에 의구심을 갖는다. 예를 들어 불교와 같은 일부 종교는 개인의 불멸을 약속하지 않고도 광범위한 이타주의를 요구한다. 이를 보면 밀이 주장했듯, 우리는 좀더 행복하고 발전된 인간 존재의 상태에서는 사후세계에 대한 약속이 불필요할 수 있다고 생각하게 된다. 결코 행복한 적이 없었기 때문에 사람들은 불멸을 원한다. 하지만 만약 이생에서 행복하고 현재보다 좀더 오래 산다면, 사람들은 기꺼이 그들의 종말을 받아들일 것이고 그들을 따르는 사람들의 삶 속에서 계속 스스로 살아가는 것을 보게 될 것이다.

밀이 의심을 드러내는 한 부분은 우리가 사랑하는 자들 중 죽은 사람과의 재결합을 바라는 점에 관해서다. "실로 그 상실감은 부인할 수도 얕볼 수도 없는 것이다. 많은 사례에서 그것은 비교나 평가의 한계를 넘어서며, 항상 살아 있는 것으로 유지되기도 한다. 좀더 예민한 감각으로 보면, 증명해 보일 방법이 없지만 우리의 지식이나 경험으로는 반박할 길이 거의 없는 일종의 내세에 대한 상상적 희망 같은 것이다." 이렇게 가슴 아픈 단락은 자연스레 그의 아내에 대한 사랑을 언급한 부분으로 읽히는데—해리엇 테일러 밀은 1858년 폐결핵(밀 자신은 이전에 이 병에서 회복했다)으로 사망했다—심지어 지극한 회의론자나 자연주의 사상가들조차 전통적인 종교의 약속들로부터 여전히 상처받기 쉽다는 점을 떠올리게 한다. 인간 종교는 이런 위험한 문제를 비껴나간다. 콩트는 개인적 사랑을 자신의 계획 속에 정립시키고자 했다. 즉 그는 우리에게 개인의 기도를 통해 과거의 이상형인 죽은 연인 클로틸드와 이야기를 한다고 말한다. 그러나 사람들은 그런 형식적이고 제도적인 양식이 실제로 밀이 확인했던 공허감을 채울 수 있는지에 대해 의심할지도 모른다. 그러므로 인간 종교가 (내가 옹호하게 될) 그것에 대한 대중적인 보완물이기보다 현존하는 종교를 완벽하게 대신할 수 있고 또 대신해야만 한다는 그러한 생각은 약간의 의구심을 갖고 살펴봐야 할 것이다.

그러나 콩트에 대한 밀의 비판은 다른 문제에 초점이 맞춰져 있다. 그는 정부에 대한 콩트의 설명을 둘러싸고—그의 관점은 지나치게 제한적인데—많은 부분 반대 의견을 내비친다. 정부는 질서를 유지하는 것만이 아니라, 밀의 관점에서 볼 때, 참정권의 급진적인 변화 그리고 실질적인 재분배를 필요로 하는 인간 평등의 조건들을 충족시키기 위해 계획되어야 한다—그는 최초로 국회의원으로서 여성 참정권 법안을 제시한 사람이다.

더욱이 비록 이것이 콩트에 관한 밀의 책에서는 논의되지 않지만, 거의 같은 시점에 출간된 밀의 책 『여성의 종속The Subjection of Woman』은 콩트가 의존하고 있는 일종의 자연주의적 젠더 구분에 대한 비판으로 구성되어 있다. 밀의 관점에서 우리는 여성의 본성과 능력이 기본적으로 남성의 것과는 다르다고 할 충분한 증거를 갖지 못하며, 우리가 아는 모든 훌륭한 논의는 그들에게 평등한 정치적·경제적 권리를 부여하는 것을 지지한다. 실로 감정의 영역을 여성에게 넘기는 생각은 『여성의 종속』이 의구심을 갖고 보는 것 중 하나다. 왜냐하면 여성들의 성향은 불평등한 조건 속에서 형성되어왔기 때문이며, 만약 그들이 동등한 권리를 갖게 된다고 해도 하나의 성은 '이성적'이어야 하고, 다른 성은 '감정적'이어야 한다고 생각할 이유는 없기 때문이다. 밀은 콩트가 아니라 모차르트의 의견에 동의한다. 즉, 여성은 불멸의 본성에 의해서가 아니라 문화에 의해 형성되었으며, 사회가 그들을 극심하게 다루었다는 것이다.

밀은 콩트의 책을 비판하면서 무엇보다 콩트가 규정과 통제에 열광했다는 점에 집중한다. 비록 콩트의 시민 종교가 말하는 규범이 (루소가 바랐듯) 강압적으로 국가에 의해 시행되지는 않을 것이라 하더라도, 국가 규모의 시행이 밀의 유일한 걱정거리인 것은 아니었다. 생애에 걸쳐 밀은 개인의 자유와 그것으로 인한 사회적 진보에 대한 폭정의 숨 막힐 듯한 영향력에 대해 우려를 표했다. 콩트는 사람들이 윤리적 측면에서 이단의 의견을 표현할 도덕적 원리를 갖고 있지 않다고 주장하고, 또한 이와 비슷하게 사람들의 종교적 믿음이 동일하며 이들이 중앙 집중화된 정신적 권위로부터 간접적으로 믿음을 전수받을 때 사회가 가장 잘 작동된다고 여긴다. 밀은 이런 콩트의 주장에 대해 격렬한 반대 의견을 개진한다. 『자유론』(1839)에서 이미 밀은 건강한 사회의 모습을 완전히 다른 그림으로 그려두었다. 밀에 의하면, 반대 의견을 표하는 자유는 우리가 어떤 생각이 맞는지 불확실할 때뿐만 아니라, 우리가 옳은 생각을 가졌다고 생각할 때조차 소중하다. 아무리 최상의 생각이라 해도 비판적인 논의 대상이 되지 않을 때 그 경계를 잃어버릴 수도 있다. 게다가 밀은 받아들여지고 있는 생각에 도전하는 일이나 스스로를 위한 생각을 하는 것이 인간 존재로서 좀더 완전해지는 길이라 믿는다. 그러므로 유순함이나 권위에 대한 복종은 "그들이 가장 숭고한 능력을 마음껏 행하면서 진보해나가는 모든 단계에서 분명 인류에게 더 불쾌한 일이 될 것이다". 콩트의 처방에 대한 밀의 비웃음에는 인간의 이질성 그리고 자유에 대한 그의 사랑이 반영되어 있다고 할 수 있다.

밀 자신은 그의 지적 교리를 콩트가 다루었던 방식, 즉 반대되는 논의에 면역된 것으로 다루지 않았다. 그가 평생에 걸쳐 벤담주의에 비판적으로 맞섰던 것은 어떤 입장도 절대적으로 신뢰하지 않고 최상의 이성적인 것을 찾으려는 그의 정신을 보여준다. 『공리주의』에서 또한 그는 반反공리주의 논의를 찾는 일에 대단한 관심을 기울이고 있었음을 보여준다.

밀은 우리가 프로젝트를 진행하는 과정 내내 우리를 진퇴양난에 빠지게 만든다. 그는 여느 사람과 다를 수 있는 자유, 논박할 수 있는 자유는 건강한 사회를 위해 필수적이라고 믿는다. 그러나 그가 선호하는 형태의 사회적 제도(여성과 가난한 자들을 위한 더 큰 사회적 평등)는 품성에 영향을 미치는 종교와 같은 광범위한 연민을 키워나가지 않고는 유지될 수 없다. 그렇다면 그는 과도한 통제 없이 연민이 생겨나게 하는 방법으로 어떤 제안을 할까?

그 대답의 일부는 사회적 기능의 재분배에 있다. 세인트앤드루스 대학의 교구 목사로 취임하는 연설에서 밀은 도덕적 품성과 인격 형성은 대개 가정의 문제이지 공교육의 시스템 안에서 해결할 문제는 아니라고 분명히 밝힌다.[19] 하지만 간단히 언급된 그의 입장은 좀더 복잡하고 미묘한 문제를 내포한다. 즉 콩트식으로 반대 의견을 억제하지 않고도 공교육이 제공할 수 있는 것이 많다는 얘기다.

초등 교육과 관련하여 밀은 자유를 옹호하는 다른 사상가들(예를 들어 윌리엄 고드윈)과 의견이 갈려 상이한 길을 걷는다. 의무 교육은 개인적 자유의 보호와 완전히 양립 가능하다는 것이다.[20] 권력을 쥐고서 다른 사람들에게 행할 때 자신이 원하는 대로 행해서는 안 되기 때문이다.[21] 마치 '아내에게 군림하는 독재적 남편들'이 법의 제재를 받아야 하듯이, 자녀에게 지나치게 군림하는 부모들에게도 일정한 제약이 있어야만 한다. 그러나 "[그것은] 잘못 적용된 자유 개념이 국가적 의무 성취에 실제로 장애가 되는 어린이의 경우에서 그렇다". 밀은 어린이의 정신적 발달을 무시하거나 남용하는 것은 어린이의 신체를 무시하고 남용하는 것에 견줄 만한 "도덕적 범죄"라고 논한다. 그러므로 마땅히 법을 통한 보편적 교육이 필요하다. 밀은 할 수만 있다면 부모들이 이러한 교육에 대해 돈을 지불하는 쪽을 선호한다. 반면 좀더 가난한 어린이들이 교육을 받는 데에는 돈을 더 적게 지불하도록 한다.

그러나 이 지점에서 밀이 갖는 콩트와의 동일성 망령이 고개를 든다. 국가로부터 교육이 필요하다고 말하는 것이 이러한 교육이 국가에 의해 조정되어야만 한다는 것을 뜻하지는 않는다. 밀은 국가로부터 통제되는 교육은 한정적·편파적인 정치적 관점과 이데올로기들을 부과하는 것으로 나아갈 수 있다고 본다.[22] "일반적인 국가 교육은 사람을 서로 똑같이 만들기 위해 억지로 짜 맞추는 것에 불과하다. 그렇게 만들어진 것은 정부의 지배적인 힘을 만족시키는 것이다. (…) 이는 정신에 대해 폭정을 휘두르는 것이다." 그러므로 그는 만일 국가가 조정하는 교육이 존재한다면 "여러 경쟁적인 실험을 거친 것들 중 하나"가 되어야 한다는 결론을 내린다.

대신 밀이 주장하기를, 의무 교육은 어린 시절부터 시작해 공공의 시험들을 통해 부과되어야만 한다. 첫째, 기본적인 읽기와 쓰기 기술을 테스트하고, 이후 지식의 습득과 유지를 테스트한다. 결국 시험을 통해 철학적 논의의 숙달과 같은 매우 세련된 기량들을 테스트할 것이다. "여러 의견에 대한 부적절한 영향력"을 막기 위해, 시험을 마련하는 데 있어 생각의 진실과 거짓을 상정하지 않도록 주의를 기울여야 할 것이며, 그 안에 어디든지 "종교, 정치, 또는 이견이 제기된 주제들"이 포함되어야 한다. 그리하여 철학 시험은 학생들에게 로크와 칸트 같은 논법들을 숙달하도록 요구할 것이며, 아이들이 어느 철학자를 좋아하든 간에 종교 시험은 어떤 신념을 진술하는 것보다는 역사적인 것과 유사한 게 될 터이다.

밀의 생각은 순진하며 경험적 연구에 기반을 두지 않은 것이었다. 그는 교육 기관들이 국가의 자금 지원하에 있는 것보다 공공 시험 제도를 운영하는 것이 강압적 획일화가 될 위험이 적다고 생각한 듯하다. 하지만 이는 그런 기관들이 심지어 국가의 자금을 지원받는다 하더라도, 학술적 자유와 교원 통제를 위한 탄탄한 규범들을 세울 수 없다고 추정하는 것이다. 또한 그는 부유한 부모들이 자식을 위해 가정교사를 붙여주고, 가난한 아이들은 국가 보조금을 갖고 어느 학교든 형편에 맞게 다녀야 하며 자신의 양육 배경을 전혀 바꿀 수 없는 상태, 즉 자산의 차등에 따라 제공되는 교육 시스템에 포함된 많은 문제는 생각하지 못했다. 모두에게 교육을 무료로 제공함으로써 평등함에 대한 정치적 가치가 표현된다는 생각을 하지 못한 것이다. 더욱이 모든 아이가 매우 특별한 경우를 제외하고 국가에서 승인받은 학교(공립이든 사립이든)에 다니도록 요구함으로써 평등이 제공된다는 생각도 하지 못했다. 심지어 경쟁에 대한 생각에 있어서도 그 당시 입시 학교가 유행처럼 퍼져 있었고 이에 대한 철저한 검토가 요구됐지만, 밀은 경험적 정보가 부족하여 아무것도 제시하지 못했다.

미국의 아동낙오방지법이 보여준 바와 같이 시험은 끔찍한 강압적 문제의 근원이 될 수 있다. 테스트가 이런 식의 가장 단순한 형태가 될 필요는 없다. 하지만 공립 학교는 지역적 수준에서 운영되면서 시험을 단순화하고 통일하는 추세가 강했다. 좀더 높은 수준의 테스트를 위해 밀은 몇몇 매력적인 아이디어를 가지고 있었지만, 국가 규모의 체제에 대한 연구의 부재로 그것들은 그다지 쓸모가 있진 않았다. 전반적으로 밀은 가장 큰 위험이 특별한 기금원에 있다고 추정하기보다는 개인적으로나 공적으로 기금이 마련된 기관 모두의 자유를 보호하는 구조들(학문의 자유, 지역 통제, 교원 자치)에 관해 좀더 생각했어야 했다.

세인트앤드루스 대학 총장 연설(1867)에서 밀이 제시했던 대학 교육에 관한 한 숙고하는 일은 훨씬 더 가치가 있다. 밀이 전문화된 영국 시스템과는 대조적으로 광범위한 교양을 강조하는 점을 들어 스코틀랜드의 고등 교육 시스템을 칭찬한 것 때문에 그 강의는 당대에 큰 흥미를 불러일으켰다. 그가 교양 교육에 대해 언급한 부분은 실제로 그 시스템에 관한 한 여전히 강력한 근거를 제공하고 있기에, 더 고차원적인 교육이란 기술적이고 전문적인 것이라고 보는 생각과는 대조를 이루며 여러 세기에 걸쳐 울림을 갖는다.

정부에 부과된 동질성 문제가 이 강연에서 거론되지 않는 점은 놀랍다. 이 시기 세인트앤드루스는 당연히 공립 대학이었다. 대학의 구성이 국회를 통과한 법안과 왕립 위원회에 종속되어 있었다. 재정은 정부에서 일부를 제공하고, 땅에서 나는 수입, 유산, 기부금 등도 섞여 있었다.[23] (밀이 연설하던 그 시대에는 대학의 재정이 위태로운 상태에 처해 있었다.) 밀이 예의를 이유로 공공 교육에 대한 언급을 피했다는 것은 믿기 어려워 보인다. 만약 그것이 교육의 질과 자율을 타협시키는 것이라고 생각했다면, 분명 그가 명예 총장이 되는 데 동의하지 않았을 것이기 때문이다. 그는 대학 수준에서는 교수단의 통제가 전통적으로 명백한 것이었기에 내용에 대한 정부의 독재는 별 문제가 아니라고 생각했던 것으로 보인다.

밀은 전문 교육이 좋긴 하나, 그것은 학부 교육이 아닌 전문 학교의 일이라면서 연설을 시작한다. 대학의 목표는 "노련한 법률가나 의사 또는 엔지니어를 만드는 것이 아니라, 능력 있고 교양을 갖춘 인간 존재를 양성하는 데 있다. (…) 그 영역은 교육이 개괄적이기보다는 개별적 삶의 목표에 맞춘 부문으로 나뉘기 전까지다." 그런 교육은 정보를 갖춘 책임감 있는 시민성을 길러내기 위해 필수적이다.

> 정부와 시민사회 문제는 인간 정신으로 접근 가능한 모든 주제 가운데 가장 복잡하며, 그 무리에 대한 맹목적인 추종자가 아니라 사상가로서 그 문제를 다루는 사람은 도덕적, 물질적으로 삶을 끌어가는 전반에 대한 지식을 가져야 할 뿐만 아니라, 삶의 경험과 어떤 지식이나 과학의

분야에서도 해낼 수 없는 지점에 이르러야 하고, 건전한 생각의 원리 규칙 속에서 행동하고 훈육되는 이해력을 필요로 한다.

따라서 밀은 그것들이 모든 문제에 대해 의문을 던지고, 즉 "어떠한 어려움도 결코 외면하지 않으며, 엄격하고 철저한 검토 없이 어떠한 오류나 모순 또는 사고의 혼돈을 허용하지 않고, 눈에 띄지 않게 슬쩍 넘어가지도 않으면서, 우리 자신뿐만 아니라 다른 사람들로부터 어떠한 교리도 받아들이지 않는" 능력을 배양한다는 근거로 논리학 공부와 플라톤의 대화편 연구를 하라고 권한다. 반대를 제기하는 문화는 콩트적 통제가 없어야 할 뿐만 아니라 자신만의 주장을 갖고 다른 사람들에게 저항하는 능력을 의도적으로 배양할 것을 요구한다. 그리고 이는 교양 교육의 다른 여러 요소에 의해 고양된다. 역사, 비교법학, 정치학, 경제학 등의 연구가 젊은 시민들의 주장에 본질적 내용을 제공한다. 밀의 주장대로 대학 안에서 규범적인 문제들에 대해 단 하나의 관점으로 사람들을 가르치는 일은 부적절하다. 하지만 그들에게 그들의 판단에 정보를 제공해줄 사실과 논거를 제공하는 것은 적합한 일이다.

콩트라면 윤리학과 정치학은 완결되었고, 젊은이들에게 수학이나 과학에서 올바른 교리를 가르치는 방식으로 옳은 의견을 그저 들려주는 게 더 낫다는 주장을 폈을지도 모른다. 하지만 밀은 우리가 봐왔듯 그런 결론에는 다다르지 않았을 것이다. 그가 윤리학이 최종적인 올바른 의견에 도달했다고 생각했더라도 말이다. 물론 그는 그렇게 생각하지도 않았다. 콩트에 관한 자신의 책에서 그는 우리가 규범적으로 윤리적·정치적 이슈에는 최종적 교리를 가지고 있지 않다고 강력하게 주장하면서 자신의 주장을 다시 한번 강조한다. "정치학은 한 권의 교과서나 주인의 가르침으로 배울 수 없다. 우리가 그 주제에 대해 배워야 하는 것은 우리 스스로 자신의 스승이 되는 것이다. 이는 우리가 따라야 할 주인을 갖지 않는다는 것이다. 개개인은 혼자 힘으로 탐구해야 하고, 독립적으로 판단해야 한다." 우리는 틀림없이 "시민의 의무와 직접적인 관련을 맺고 있는" 사실들을 공부할 수 있고 굳건한 논거를 가지고 그에 대해 어떻게 주장을 펼치는지를 배울 수 있다. 그리고 우리는 각각의 이론에 찬성하거나 반대하는 주장들을 이해하면서, 핵심적인 윤리적 결론들에 대해 그들이 의견 일치로부터 어느 정도 간격이 벌어져 있는지를 지켜보면서, 여러 다른 철학 이론을 공부할 수 있다. 우리는 종교의 역사와 다른 종교적 개념들을 독단적이지 않은 방식으로 공부할 수 있다. 이 모든 기능은 대학 교과과정에 매우 적합하다. 그리고 이 모든 것은 공적인 삶의 행동을 향상시킬 것이다. 더욱이 전반적인 대학의 분위기는 삶에 재산보다 더 중요한 것이 있다는 생각처럼 어떤 특정한 윤리적 가치들을 구현할 수 있고 또 그렇게 할 수 있어야만 한다. 그러나 이러한 것을 넘어 대학이 통제를 하려는 방향을 택할 수는 없을 것이다. 무엇보다 그 교과과정은 권위로부터 독립적인, 정보를 얻고 추론하는 데 능하면서 스스로를 대변할 수 있는 시민들을 만들어낼 것이다.

그렇다면 연민은 어떻게 되는가? 밀은 이들 중 많은 부분은 가족의 몫이어야 한다고 말했다. 또한 사회 제도는 어느 누구도 주목할 가치가 없는 존재가 되지 않도록, 사람들을 서로 좀더 가까이 있게 함으로써 발전을 도울 수 있어야 한다고 말했다. 짐작건대 만약 그가 초등학교 교육에 마음을 기울였다면, 그는 연민(공감)을 배양하는 일이 대학보다는 그곳에 훨씬 더 적절하다고 생각했을지도 모른다.

그러나 우리는 밀에게서 적절한 감정을 길러낸다는 것이 원칙상 대학의 교과과정에서 만들 수 있는 더 세련된 면을 지닌다는 점을 안다. 『자서전』에서 잘 알려진 대로 그는 그 자신이 우울로부터 회복하고 전반적인 사회적 공감을 되살리는 데 시를 읽은 경험, 특히 워즈워스의 시를 읽은 것이 도움이 되었다고 기록하고 있다. 비록 그가 거기서 발견했던 특정한 감정들에 대해 언급하지는 않지만, 독자의 경험에 중심이 되는 계급과 가난이라는 이슈와 연관된 활발한 사회적 공감을 포함해 워즈워스로부터 공감을 키워간 것은 분명하다. 무엇보다 워즈워스는 밀에게 자연의 아름다움에 대한 경이로움에서 자라나는 일종의 인류에 대한 사랑을 보여주었다. 비록 밀은 사랑에 대해 많이 쓰거나 혹은 잘 쓰지는 않았지만, 해리엇 테일러에 대한 그의 깊은 사랑이 인생 전반에 걸쳐 그 정신을 지속시켰고, 워즈워스의 시에 몰입한 직후 경이로움과 기쁨의 감정을 강렬히 느끼면서 이 사랑을 발견했다.

세인트앤드루스 강연에서 밀이 심미적 교육이라는 주제, 즉 예술작품을 보는 경험을 통해 그 과정에서 감정을 형성하고 또 개선시켜나가는 문제에 상당한 관심을 보인 것은 놀라운 일이 아니다. 밀은 청교도주의와 상업적 정신성이 바람직하지 않은 방식으로 결합되었기 때문에, 유럽 대륙(또는 영국의 초기)과는 대조적으로 영국의 빅토리아 시대에 교육의 이러한 면이 몹시 소홀히 여겨졌다고 언급한다. 영국 사람들은(추정컨대 스코틀랜드인은 제외하고) 다른 사람들에게 연민을 갖도록 배우지 않고, 엄격하고 도덕적인 규칙들을 배우는데, 이로써 엄격함과 신뢰감을 주긴 하나 너그럽지 못하게 된다. 게다가 그들은 그 자체를 사랑하기보다는 미덕에 대해 순수하게 도구적인 태도를 갖게 된다.

그래서 밀은 심지어 대학 수준에서도 젊은이들이 "실제로 잘못되거나 혹은 실제적으로 비열한 것 외에도 고상한 목표와 노력이 부재한 것에 대해서 비난뿐 아니라 멸시를 느끼도록" 가르치는 게 가치 있다고 주장한다. 이것은 음악과 시각 예술로 변화를 불러일으키고, 역사나 소설 속의 위인들과 공감을 키움으로써 할 수 있을 것이다.

밀은 단테의 『신곡』부터 워즈워스와 셸리의 시에 이르기까지 그리고 헨델의 오라토리오와 고딕풍의 성당 건축을 포함해 그가 좋아했던 많은 본보기를 제공해준다. 그는 특별한 어떤 학업과정을 처방하지는 않지만, 이러한 작품들에 대한 공부가 대학 교과과정에 적절하다는 것을 명확히 밝힌다. 어떤 한정된 빛나는 도덕적 이상을 나타낼 수 있는 작품들을 선택하는 한, 이 교과과정은 이전에 기술했던 바와 같이 가치 중립적인 것은 아닌 듯 보인다. 그 작품들을 여전히 여러 다른 관점과 반대의 목소리에 열린 관점에서 가르칠 수 있다는 점은 분명하다. 비판적 태도에 대한 개방성의 의무가 교과과정에 침투해 있다. 그럼에도 불구하고 밀은 (제대로 된 가정 교육으로 순조롭게 출발했다는 가정하에) 마음을 열고 개선해나가는 데 있어 이 작품들에 의존한다.

그의 총장 연설은 고등 교육의 가장 위대한 문서 중 하나다. 어떻게 대학이 전반적인 연민을 키워가는 일에 기여할 수 있는지를 논의하는 데 출발점 역할을 한다. 그러나 전반적으로 콩트에 대해 밀이 던지는 구조적 대안은 비록 매력적이긴 하나 그 힘이 약하다. 사회가 공적인 영역, 즉 축제, 의식, 지도자 연설의 수사, 공공건물이나 건축물, 대중의 노래나 시의 선택 등과 같은 영역에서 감정을 형성하고자 하는 여러 방식, 그리고 초기의 교육적 실천에서 그의 생각을 도입하는 데 대한 정보가 부족하다. 이러한 주제에 대한 접근은 세인트앤드루스 강연이 제시하는 방향에 따라 이루어져야 할 것이다. 이는 이러한 내용에 대한 노출이—강압적이지 않은 방식으로—최소한 훌륭한 초기 가정 교육을 받은 사람들에게 감정의 형성에 영향을 줄 수 있는 방식들을 살펴보는 것을 의미한다.

콩트의 생각은 이를 부당하게 경멸했던 (영국 동인도 회사의 지나치게 충실한 일꾼이었던) 밀에 의해 금세 격렬한 비판을 받았으나, 밀에게서 여전히 불투명하고 모호했던 개념들은 이후에 가서 위대한 교육가와 예술가가 실체적 핵심을 부여하며 보완되었다.

- 4장 -

인간 종교 2: 라빈드라나트 타고르

Political Emotions
Why Love Matters for Justice

진화의 어느 모퉁이에서 인간은 네발의 피조물로 남아 있기를 거부했고,
그는 바로 그 자세를 스스로 취했으며,
이것이 인간의 영원한 불복종의 몸짓으로 이어졌다.
_라빈드라나트 타고르, 『예술가 인간』(1932)

1. 벵골의 콩트

콩트의 사유는 20세기 전환기 벵골에서 주요한 지식인들 사이에 널리
알려져 있었고, 인도 국가의 미래를 향한 국민의 염원을 정의 내리는
데 도움을 주었다. 특히 두 명의 선구자적 사상가/예술가는 콩트의 사
유를 적용하는 데 전통적인 정치 문화와는 완전히 다른 그림을 그려
냈는데, 그중 한 명인 작가 반킴찬드라 차터지(1838~1894, 대개 반킴으
로 알려짐)는 벵골에서 조직된 실증주의 집단과 밀접한 관계를 맺고 있
었다.[1] 그는 역사에 대한 실증주의적 개념에 근거해 인도 사회의 발전
에 관한 많은 작품을 썼다. 그의 영향력은 소설 『아난드의 사원Anan-
damath』(1882)에 근거한다. 이 작품은 콩트의 사상을 극적으로 묘사한
다. 소설이 호소력을 발휘하는 중심축에는 신격화되고 숭배되던 모국
이 위협받는 이미지가 자리한다. 이는 반킴이 실증주의 종교의 영향을

받았다는 것을 보여주는 방식이라 할 수 있다. 위협받는 여신[모국]은 사제들의 정치 외적인 질서, 즉 콩트적 의미의 '영적인 힘'에 의해 보호받는다. 「반데 마타람Bande Mataram」(모국에 경례를)은 사제들을 결집하는 계기가 되었는데, 이 노래는 여신으로 섬기는 조국에 대한 절대적 복종 위에서 폭력적 저항의 복음을 가르쳐준다.

어머니, 나는 그대에게 머리 숙입니다!
휘몰아치는 물줄기와 함께 풍요로우며,
반짝이는 과수원과 함께 생기 넘치며,
환희의 바람과 함께 시원하며,
굽이치는 어둠의 들판, 권세의 어머니,
자유로운 어머니.

달빛 꿈들의 영광이
나뭇가지와 장대한 냇물 위로 흐르네,
만개한 나무로 뒤덮인,
어머니, 평온을 주는 이.
온화하고 부드럽게 미소 짓네!
어머니, 나는 그대의 발에 입을 맞추네,
상냥하고 은은하게 말하는 이여!
어머니, 나는 그대에게 고개를 숙입니다.
그 어느 누가 그대의 땅에서 그대가 나약하다 했나요,
7000만의 두 배나 되는 사람들 손에 칼들이 번쩍이고
7000만의 목소리가 그대의 무서운 이름을

포효하듯 외치는 소리가 해안가로 이어져 들려오는 때에……

그대는 지혜이며, 그대는 법이며,
그대는 우리의 심장이며, 우리의 영혼이자 호흡이며,
그대는 신성한 사랑이자, 죽음을 정복하는
우리 마음속의 경외.

차터지는 복잡한 사상가이며, 사람들은 그의 의도와 태도에 대해 끊임없이 논쟁을 제기한다. 하지만 그가 사제들과 그들의 노래에 공명했다는 사실은 부인하기 어렵다. 오늘날까지 그 안에 담긴 감정이 나르는 메시지가 인도 전역에서 울려 퍼지고 있다. 「반데 마타람」이 '국민 애창곡'이 되면서, 인도인민당은 이를 타고르가 쓴 공식 국가인 「자나 가나 마나」"그대는 민중의 마음을 다스리는 자"라는 뜻를 대체하는 곡으로 채택하기도 했다. 어쨌든 그의 소설은 많은 이에게 복종, 순응, 강렬한(잠재적으로는 폭력적인) 민족주의 감정이라는 의제를—가슴 깊이 헌신하는 여성의 모습과 함께—신봉하는 것으로 읽힌다.

2. 타고르: 『가정과 세계』의 비극

『아난드의 사원』은 1905년 벵골 분할령 실시에 따라 일어났던 스와데시 운동에 영감을 준 작품이다. 이 운동은 영국 상품을 거부하고 오직 인도의 물건만 사자는 운동이다. 선구자적 교육자이자 작곡가, 안무가, 화가, 철학자, 그리고 1913년 노벨문학상 수상자인 라빈드라나트 타고르는 최초에 이 운동의 열렬한 지지자였다. 이 시기에 타고르는 이미 시인이자 단편 작가, 극작가로서 이름이 알려졌고, 1905년에는 샨티니케톤에 개척적인 학교를 설립했다. 타고르는 차터지의 민족주의적 생각이 호소력을 지닌다는 점을 발견하고, 심지어 그의 시 「반데 마타람」을 투쟁 운동 곡으로 쓰기 위해 음악으로 만들었다. 하지만 운동은 점점 더 격렬해졌고, (대개 경제적인 이유로) 참여를 거부했던 지역 사람들을 공포로 몰아넣는 과정에서 타고르는 환멸을 느꼈다. 1916년 그의 소설 『가정과 세계Ghare Baire』를 보면 이러한 반감이 드러나 있음을 알 수 있다.[2] 비록 이 소설은 (1984년 타고르의 제자였던 사티야지트 레이에 의해 영화로 만들어질 만큼) 널리 인기를 얻었고, 당시 윌리엄 버틀러 예이츠를 비롯한 타고르의 많은 친구로부터 칭찬을 받았지만, 급진적인 사상가들로부터 비난을 받기도 했다. 마르크스주의 비평가인 게오르크 루카치는 이 소설을 "중상모략의 팸플릿"이자 "프티부르주아의 조잡한 이야기"라며 묵살했다.[3] 실제로 이 소설은 반급진적인 의제를 추구한다. 즉 타고르가 『아난드의 사원』과 연결 지어 이해한 '시민 종교'의 혁명적인 민족주의적 형태를 비난하면서, 자유와 비판이라는 자유주의적 계몽을 선호한다. 물론 자유주의가 감정의 측면에서 문제가 될 수 있다는 점을 인정하지 않은 것은 아니다.

이 소설은 세 명의 주인공이 번갈아 등장하며 이야기가 전개된다. 혁명적인 스와데시 지도자인 산디프는 차터지/콩트의 세속적 '사제직'에 대한 생각을 구현하고 있다. 이 사제직은 인도의 독립 운동을 이끄는 일로 여성을 여신의 위치에 두고, 독립 운동의 책임을 지고 있는 이들의 숭배를 받도록 만든다. 산디프의 슬로건이 「반데 마타람」이다. 니킬(이름의 의미는 '자유')은 계몽 정신을 몸소 보여주는 진보적인 영주다.[4] 그는 자신의 아내 비말라가 최상의 교육을 받을 수 있도록 영국인 여자 가정 교사를 고용하고, 그녀가 독립적인 사람으로 살기를 권하는 식으로 기존 관습을 거부한다. 그리고 니킬은 결혼이 복종보다는 선택에 기반을 둔 것이기를 원하므로, 자신의 아내가 여성들의 영역을 벗어나 다른 남자들을 만나는 일을 부추기는 급진적인 행동까지 취한다. 비말라가 일인칭 화자로서 회고적으로 이야기를 서술하기 때문에 우리는 처음부터 비극이 뒤따라 벌어지리라는 것을 안다.

소설이 시작되면서부터 산디프와 니킬은 애국심에서 상상력과 감정이 지니는 역할에 대해 입장을 달리한다. 산디프는 "애국적인 일에는 상상력에 호소하기 위한 여지가 있다"고 주장하는 반면, 니킬은 "최면을 거는 듯한 애국주의를 말하는 것이 두렵고 부끄럽다"는 생각을 견지한다. 이에 대해 산디프가 말하길, 그것은 최면이 아니라 진실이라고 답한다. 즉 진정 "인류를 숭배"하는 행위인 것이다. 니킬은 이 새로운 종교에 대해 세 가지 반대 의견을 제시한다. 첫째, 인류에 대한 숭배는—이 경우에 해당되는 것으로 보이는—자국을 신격화하고 다른 나라를 구덩이에 빠뜨리는 분열적 민족주의로 이어져서는 안 된다. (앞서 살펴보았듯 이는 헤르더의 주요 관심사이기도 하다.) 둘째, 최면적 자극은 어떤 것이라도 한 국가의 실제적 진실과 현 상황에 대한 정확한 이해를 지연시킬 수 있다. "우리가 진실로부터 영향받지 않고 특정한 최면적 자극에 의해 움직이는 한, 우리는 자치 능력을 결여하게 될 것임을 깨달아야 한다." 셋째, 산디프가 불어넣은 일종의 무비판적 사랑과 같은 형태는 분노나 증오를 포함하는 폭력적인 감정의 소용돌이가 휘몰아치도록 방치하게 둔다. (민족주의 운동이 번져서 무구한 영국인 가정교사에게 가혹한 폭력을 행사하게 되고, 값싼 외국 물건 없이는 생존하기 힘든 가난한 이슬람교 무역상들에게도 경제적·물리적 폭력을 가하게 되는 것이다.) "나는 기꺼이 내 조국을 위해 봉사할 마음 자세를 갖추고 있다. 하지만 권리에 대한 나의 존중은 내 조국에 대한 것보다 훨씬 더 크다. 내 조국을 신으로 숭배한다는 것은 조국에 대한 저주를 자초하는 것과 같다."

비말라는 어떤가? 그녀는 독립적인 선택을 한 경험이 없는 상태에서 갑작스러운 타인의 등장을 맞이함으로써, 산디프가 그녀를 '여왕벌'로 칭송하자 이에 완전히 매료된다. 그러고는 재빨리 남편을 배반하고 그를 선택하게 된다.

"나는 세세한 구분은 신경 쓰지 않아요." 나는 침묵을 깨며 말했다. "당신에 대해 내가 느끼는 바를 모두 말할게요. 나는 그저 인간일 뿐이에요. 나는 갈망해요. 나는 나의 조국에게 좋은 것들을 가질 거예요. 만약 어쩔 수 없이 해야만 한다면, 나는 그것들을 빼앗아 가로채거나 슬쩍 훔칠 거예요. 저는 분노도 갖고 있어요. 내 조국의 이름으로 분노를 표현할 거예요. 만약 필요하다면 조국이 겪은 모욕을 복수하기 위해 서슴지 않고 공격할 거예요. 나는 조국에 매료되기를 욕망해요. 조국은 나를 육체적 형상으로 매혹해야만 하고, 내 마음에 마법을 걸 수 있는 가시적 상징을 갖고 있어야 해요. 나는 내 조국을 하나의 인간으로 상정할 것이며, 그녀를 어머니, 여신, 두르가힌두교 신화에서 강력한 여전사로 숭배되는 전쟁의 여신라고 부를 거예요. 나는 그를 위해 이 대지를 희생의 제물로 붉게 물들일 것입니다. 나는 신이 아닌, 인간이에요."

산디프 바부는 팔을 들어올린 채 두 발로 껑충 뛰어올라 "만세!" 하고 외쳤다. 그러고는 자세를 바로 하고 "반데 마타람"이라고 소리쳤다.

고통의 그늘이 남편의 얼굴에 스친다. 그는 나에게 점잖은 목소리로 말했다. "나도 신은 아니오. 나는 인간이오. 그러니 나는 내 조국의 이미지에 과장되게 주입된 그 악마를 감히 허락할 수 없소. 결코, 절대로!"

비말라는 인간성에 대한 인정을 좀더 파괴적인 본능을 지지하는 의미로 받아들인다. 니킬은 도덕적 이상에 대한 인간의 추구에 있어, 인간성에 대한 인정을 그러한 본능을 지속적으로 억제한다는 뜻으로 받아들인다. 산디프는 "도덕적 이상은 그저 능력 없이 갈망하기만 하는 가난하고 무기력한 피조물들 위해 남겨두자"며 조롱한다.

그리고 결국 아내의 한탄 앞에서 니킬은 「반데 마타람」의 정신을 온 마음으로 받아들이지 못하게 된다".

『가정과 세계』의 비극은 산디프가 단기적으로나마 옳았다는 데 기인한다. 니킬의 도덕적 이상은 좀더 많은 사람에게로 퍼져나가지 못했다. 산디프의 종교적 열정은 힌두교도가 이슬람교도에 맞서 싸우게 만듦으로써 공동체를 파괴한다. 그의 종교는 비말라를 유혹함으로써 가족 또한 파괴한다. 그녀는 남편의 위대한 능력과 통찰력을 뒤늦게 깨달을 뿐이다. 하지만 그는 이미 종교적 폭동을 진압하고자 결심하고 죽음을 향해 가고 말았다. 소설은 그의 생사가 명확하게 드러나지 않은 채 끝나지만, 비말라가 미망인이 되었다는 것은 화자의 회고에 의해 분명하게 드러난다.

우리는 니킬이 옳고 비말라가 어리석었다고 단언할 수 없다. 니킬은 이상할 정도로 수동적이며 무성애적이다. 그는 쉽게 승낙하는 성향을 지녔지만, 사랑에 대해서는 그렇지 않으며, 자기 자신도 이 점을 알고 있다. 그는 스스로 "표현력이 부족하다"면서 이렇게 말한다. "내 삶은 말할 수 없는 심연을 가질 뿐, 투덜거리며 서두르는 일은 없다. 나는 오직 받아들일 뿐 전달하거나 퍼뜨리지 않는다." 산디프나 비말라와는 달리 니킬은 유머 감각도 없다. 소설은 니킬의 도덕적 가치들, 즉 가난한 자들에 대한 연민, 여성에 대한 계몽된 시각, 이슬람교도에 대한 존중 등을 호소력 짙게 그린다. 하지만 동시에 삶에 대한 니킬의 접근 방식이 자신만의 가치를 확장하고 지속하기에는 불충분하다는 것을 보여준다.

따라서 콩트의 생각은 (타고르에 따르면) 어느 정도 옳다. 즉 국가적 이상은 강렬한 감정을 필요로 하며, 이것을 실현하려면 상징과 상상력이 요구된다. 여기서 강렬한 감정이란—콩트 자신에게도 그러하듯이—영적인 엘리트의 권위에 대한 순종적 복종의 정치학과 관련 있다. 산디프라는 인물에게서 이러한 형태의 권위는 극도로 위험한 듯 보인다. 하지만 동시에 이것은 냉혹한 형태의 휴머니즘을 쉽게 물리칠 수 있는 것으로 보인다.

이러한 비극이 필요한가? 정치적 사랑은 늘 필연적으로 비합리적 복종과 연결되어야만 하는가? 심지어 당파주의와 증오로 이어져야만 하는가? 높은 도덕적 이상은 지루하고도 밋밋한 것이어야만 하는가? 비판적 공평성은 고루한 것이어야 하는가?

소설은 우리에게 그 속에서 그려지는 이러한 문제들에 대한 출구를 전혀 보여주지 않는다. 다만 소설의 비극적 결말은 타고르의 향후 작업과 사유에 있어 중대한 의제를 설정해주었다. 한 사람의 사상가, 교육자, 시인, 음악가, 안무가로서 타고르는 스스로 제기했던 도전적 물음에 답하는 작업에 착수하는데, 이것은 밀의 '인간 종교'에 상응하는 콩트의 종교에 대한 시적이고 비판적인 대안을 제시하는 것이자,

그 속에 담긴 통찰을 좀더 깊이 있게 발전시켜나가는 것이다.[5]

타고르의 작업은 2000곡이 넘는 노래에 대한 작곡으로 이어지고, 그중 두 곡은 인도와 방글라데시의 국가가 된다. 또한 여기에는 전 세계적으로 유명한, 예술에 기반한 민주 시민 교육의 본보기가 되는 학교와 대학의 건립도 포함된다. (학교는 1905년에 설립된 후 점차 눈부신 성과를 이뤄냈고, 이후 1928년에 대학이 건립되었다.) 그리고 말년에 1930년 옥스퍼드에서 행한 히버트 강연Hibbert Lecture에 기반하여 쓴 『사람의 종교』에서 그는 콩트에 대한 이론적 반론을 제기한다. 이 책에서는 또한 여러 깊이 있는 논의가 전개되는데, 특히—미래의 휴머니즘 안에서—비판 정신을 함양하는 데 있어 음악과 시가 갖는 역할과 학교 교육의 방법에 대한 광범위한 고찰이 담겨 있다.[6]

3. 타고르의 사람의 종교

타고르의 논의는 처음부터 우리에게 콩트의 입장으로부터 완전한 결별을 기대하게 만드는 용어들로 짜여 있다. 그는 인간 존재에게 고유한 것은 바로 예술적 창조라는 능력에 있다고 주장한다. 이 능력은 있는 그대로의 것 외에 무언가 다른 것을 상상할 수 있는 능력이자, 아름다운 이상을 향해 나아가는 능력을 의미한다. 타고르는 이것을 "인간이 갖는 잉여 부분"으로 칭하는데, 여느 동물과는 달리 인간은 신체적 욕구를 넘어서서 상징과 상상의 세계를 살아감을 뜻한다. 그리고 이러한 세계는 "생물학적 동물의 필요를 월등히 초과하는 잉여"를 제공한다.

지금까지의 논의에 대해서는 콩트도 아마 동의할지 모른다. 하지만 타고르의 예술적 자유에 관한 설명은 처음부터 개인의 자기표현과 개인적 사랑의 측면에서 구성된다. 타고르에게 인간이 되는 결정적인 순간은 한 개인이 다른 인간 존재를 사랑한다는 것을 발견하는 데 있다. "나는 내가 썼던 시에서 이렇게 말한 적이 있다. 한 아이가 엄마의 자궁에서 떨어져 나올 때 엄마를 진정한 관계 속에서 바라볼 수 있게 된다. 진정한 관계의 진리는 곧 자유 속에 있다." 단순히 생물학적인 존재로부터 온전한 인간 존재로 거듭나는 것은 경이로움과 호기심으로 충만한, 개인적 인식과 감정의 강렬한 관계라는 측면에서 비롯된다. 창조의 중요성은 모든 전통과 집단적 규범을 폐기하고 심오한 자신의 비전을 추구하는 개인의 자유로부터 결코 분리될 수 없다. 이와 유사하게 「예술가 인간」에서 타고르는 인간의 직립 보행을 '불복종'의 제스처로 읽는데, 이것은 과거로부터 내려오는 규범에 묶여 있기보다는 새로운 규범을 창조해내는 자유를 의미한다. 타고르의 논의에서 반反콩트적 입장은 책 후반부에서 온전히 그 모습을 드러내지만, 애초부터 그의 입장은 명백했다. 우리는 타고르가 손에 쥐고 있는 '질서와 진보'에 질서는 덜 들어 있으며 열정적 사랑은 더 가득 차 있으리라는 기대를 할 수 있다.

여러 측면에서 타고르는 콩트의 전통 안에 머무른다. 그는 인간 종을 하나의 전체로 볼 수 있는—과거와 미래 양쪽으로 뻗어나가면서—능력에 큰 비중을 둔다. 독자로 하여금 인간 존재를 위한 이상적인 미래를 상상하도록 권고하면서, 이를 자신이 말하는 종교로 간주한다. "종교는 영속적 존재로서의 인간 본성에 내재한 특징들을 표현하고 배양하고자 하는 시도와 그것들에 대한 믿음을 갖기 위한 노력으로 구성된다." 개인적인 탐욕과 제한된 공감의 위험성에 대한 타고르의 우려는 콩트의 생각과 맥락을 같이한다. 탐욕은 "내 안에 있는 또 다른 분리된 자아의 환각으로 인간의 마음을 돌려놓는다". 그리고 "탐욕이 목표로 삼는 물질을 얻으면, 그것은 끝을 모르고 질주한다. 이는 마치 미치광이가 지평선을 쫓는 것과 같다". 타고르는 대개 이러한 수제를 과학 기술의 새로운 진보에 초점을 맞춰 논의를 발전시켜나간다. 그에게 과학이란 인간의 공감 능력에 위협을 가하는 것으로 여겨진다. "인간은 물건이라는 괴물에 기생하는 능력을 빠르게 발전시켜나가면서, 자신만의 우리를 만든다. 그리고 이 우리가 사방으로 자신을 가두도록 내버려둔다." 사실상 왜 우리가 새로운 종교를 필요로 하는지에 대한 타고르의 설명은 전반적으로 콩트의 것과 같다. 즉 우리는 자기 중심주의와 탐욕으로 향하는 강한 경향성을 지니고 있으며, 그러한 이유로 반대의 길을 택했을 때 얻을 수 있는 소중한 목표들을 깨닫지 못한다.

콩트와 유사한 또 다른 지점은 공감의 함양에 대한 강조에 있다. 이것은 두 사상가 모두에게 새로운 종교에서 핵심이 되는 부분이다. 타고르가 말하길, 개별적 인간들의 세계는 "우리의 공감과 상상력의 한계에 의해 구획된다. 무감각이라는 희미한 불빛 속에서 우리가 살고 있는 세계의 많은 부분은 방랑적 그림자의 연속과 같이 우리 자신에게 남아 있게 된다". 그리고 상상력을 통해 우리는 "자기 보존의 본능이라는 생물학적 의미에 반기를 들고 개인적 삶을 초월하는 삶을 살아야 한다는 강렬한 인식에 도달하게 된다". 콩트와 같이 타고르는 예술을 통해 공감을 증진시켜야 한다고 주장하는 것이다.

타고르의 책이 갖는 또 다른 콩트적인 특징은 통합된 세계 공동체의 필요성에 대한 강조다. 그 자신의 삶 자체가 세 개의 문화, 즉 힌두교, 이슬람교, 영국 문화의 교차 지점에서 형성되었기에 타고르는 식민주의가 갖는 "강한 이기적 인종주의"를 비판한다. 그러면서 "어느 순간 갑자기 다른 인종들 사이의 벽이 허물어져 내리는 것을 볼 수 있었고, 우리는 서로 얼굴을 마주하고 서 있다는 것을 발견했다"고 결론 내린다.

그럼에도 불구하고 타고르의 휴머니즘은 여러 면에서 콩트의 논의에 대해 비판적 입장을 취한다. 먼저 다원주의적 측면을 살펴보자. 백인과 유럽이라는 헤게모니 대신 우리는 특권의식에 기반한 모든 인종적·종교적 구분에 대해 근본적인 비판의식을 갖고 있다. 부족주의를 거부하고 모두를 위한 존중을 선호하기 때문이다. 타고르가 말하길 "인류의 신the God of humanity이 폐허가 된 부족의 사원 앞문에 당도했다". 그리하여 어느 누구도 제국적 힘이나 인종적 편견을 바탕으로 한 우월성을 주장하지 않을 것이다. 오히려 우리 모두의 미래는 호혜성, 동등한 존중, 공동선을 향한 협동의 노력 등에 바탕하는 것이어야 한다. "나는 그들이 스스로 누군가의 지배자가 되는 근본적인 자격을 으스대며 특정한 인종이나 국가의 우월감을 드러내는 것이 아니라, 서로의 친구가 되는 인간다움의 의무를 요구하는 바이다." 타고르의 이런 대담한 발언은 영국 본토에서 행해졌다. 당시는 인도 독립 투쟁을 둘러싼 고통이 고조되었던 시기이자, 그가 암리차르에서 무고한 시민들을 학살한 레지널드 다이어 장군에 대한 항의의 의미로 자신의 기사 작위를 왕에게 반납한 지 11년이 되는 때였다. 타고르는 영국의 통치가 갖는 인종적·정치적 입장을 거부하기 위해서는 미래의 새로운 휴머니즘이 필요하다는 점을 분명히 밝힌 것이다. 타고르가 세계의 다른 많은 문화와 전통에 대해 존중의 태도를 보인 것은 당연한 일이었다. 그는 영적인 선조를 찾고자 페르시아 종교, 이슬람교 수피파, 영국 낭만주의 시(워즈워스), 나아가 세계사의 여러 다른 줄기까지 방대한 연구를 진행했다.

사실 세계주의의 면모를 밝히는 실명을 듣지 않더라도, 우리는 콩트가 말한 확실성과 질서의 세계와는 다른 세계에서 살고 있다는 것을 알 수 있다. 『사람의 종교』는 낭만주의 시인의 작품이다. 부분적으로는 자서전이며, 어느 정도는 시적 명상이라 할 수 있다. 그 속의 이야기들은 이미지와 결합하여 감동을 주고, 자기 풍자적인 성격도 띤다. 또한 재미와 평온을 주기도 한다. 타고르는 자기 자신을 항상 규칙과 형식을 혐오해 학교 다니는 것을 고통스럽게 여기는 소년으로 그린다. 사실 타고르는 공고한 종교적 전통에 대해 비판적 입장을 취한 가정에서 자랐고 이는 그에게 좋은 토양이 되었다. 그러한 분위기는 그에게 "자유의 기운"을 불어넣었다. "이것은 성서의 확고부동한 권위 혹은 조직화된 숭배의 가르침의 허가 아래 어떤 교리가 지배하는 상황으로부터의 자유를 말한다." 또한 그는 자연에 대한 예민한 감수성을 갖고 있었고, 이른 아침에 홀로 명상에 잠기는 강렬한 환희의 경험을 소중히 여겼다.

거의 매일 어스름한 이른 아침에 나는 침대에서 서둘러 뛰쳐나와 정원에 줄지어 서 있는 흔들리는 종려나무 가지 사이로 분홍빛 새벽 인사를 맞이했다. 한편 잔디에는 이슬방울이 아침 미풍의 가장 이른 떨림을 머금은 채 반짝였다. 하늘은 내밀한 인간적 공생의식을 불러내는 듯했고, 나의 온 마음, 그리고 나의 온몸은 가뭄 속에서도 그토록 평화로운 시간의 침묵과 넘쳐흐르는 불빛에 취하곤 했다.

이 단락의 어조가 담고 있는 서정주의, 고독한 열정, 자연의 아름다움에 대한 경탄 등은 콩트의 조직화된 제의의 세계에서는 상상할 수 없는 부분이다. 그리고 타고르는 모든 전통적 형식에 대한 자신의 회의주의를 분명하게 드러낸다. 개인적 이야기를 이어나가면서(그가 이야기 방식으로 철학적 논의를 풀어간다는 자체도 매우 중요하다) 타고르는 학교가 온갖 암기식 학습과 지루한 반복으로 인해 결국 자신의 마음과 가슴의 심원까지 가닿는 데 실패했다고 말한다. 하지만 이 숨 막히는 무의미한 세계는 느닷없이 찾아온 시로 인해 종식된다. 어느 날 그는 "먼지가 쌓여 희미해지고 빛이 바래 표식을 알아볼 수 없게 됐으며 얼룩지고 틈이 벌어져 있는" 초급 독본을 뚫어지게 보고 있다가 불현듯 운에 맞춘 문장이 머릿속에 스친다. "비가 온다. 나뭇잎이 떨린다." 갑자기 마음은 되살아났고, "나는 의미를 완전히 회복했다". 리듬을 타고 나뭇잎을 따라 흐르는 비의 모습이 그를 황홀하게 만들었고, 다시금 그는 기계가 아닌 인간이 되었다.

이러한 경험이 「비전The Vision」이란 장의 중심 내용을 이룬다. 우리는 타고르의 종교가 시인의 종교임을 금세 알아차릴 수 있다. 이는 시적 창조의 원천이 되는 개별 인간 존재의 능력에 기초해 사회와 문화를 보는 관점을 내포한다. 여기에는 경이로움과 아름다움이라는 열정적 경험, 자연과 개별 인간 존재에 대한 사랑, 한 사람의 지각 경험이 갖는 고립된 파편화로부터 총체적이고 의미 있는 것들을 만들고자 하는 욕망 등이 포함된다. 이러한 시각은 양성적이면서 반도덕적인 감수성을 나타낸다. 그렇기에 어디에서도 고정된 젠더 역할을 발견할 수 없는데, 실제로 타고르는 자신의 모든 예술적 시도에서 에로틱하고 감각적인 페르소나를 강렬하게 구현한 것으로 잘 알려져 있다. 이것은 댄서이자 시인인 스스로의 표현 양식일 뿐만 아니라, 자신의 작품에 출연한 남녀 배우 모두에게 적용되는 부분이다. 콩트의 종교가 갖는 핵심적 요소인 엄격한 젠더 구분은 거부된다. 그러고는 예민한 지각적 감수성과 강렬한 관능적 갈망이라는 완선히 다른 영혼이 다고르의 텍스트 전반에 생기를 불어넣어준다.

또한 타고르의 비전은 콩트의 종교가 갖는 통제와 동질성이라는 또 다른 근본 정신을 거부한다. 타고르는 분명 전통과 제의에 대해 의구심을 품고 있다. 한발 더 나아가 그는 과거로부터 전수되어온 형식들이란 대부분 죽었고 진정성이 없다고까지 말한다. 모든 것을 감안할 때, 아마도 그는 밀이 생각했던 것과 유사하게 과거란 우리 손안에서 죽지 않기 위해 끊임없이 도전받고 검증되어야 한다고 여긴 듯 보인다. 전통에 의문을 제기하는 것 자체를 크게 강조한 타고르의—평생에 걸친 강박에 가까운—행동은 과거에 대한 지나친 숭배가 인도 문화의 커다란 결함 중 하나라는 믿음과 관련 있다. "거기에는 소극적인 정교 신앙과 비합리적인 억압 그리고 죽은 이전 세기의 적폐, 과거를 우상 숭배하는 난쟁이들이 있을 뿐이다." 타고르에게는 모든 진정한 휴머니티는 '불복종'을 나타내는 직립 자세와 같이 깨어 있는 질문과 탐색의 정신에 있다. 사실상 타고르는 이미 사장된 종교적인 제례 관습을 추종했던 콩트의 기획에 유죄 선고를 한 셈이다. 타고르에 따르면 우리에게 필요한 것은 "깊은 열망과 사랑의 느낌"이다. 하지만 "이것은 (마치 연옥의 그림자에서 스스로를 잃어버리는 비극적인) 인간성에 대한 지적인 추종과는 매우 다른 것이다". 이 지점에서 타고르는 밀처럼 워즈워스를 떠올린다. "우리는 찬미, 희망, 사랑으로 살아간다/ 이것들을 탁월하고 현명하게 군건히 하면서/ 우리가 도달하고자 하는 존엄한 존재가 된다.'" 특히 타고르는 독자들이 자신의 사유에 대해 비판 정신을 함양하기를 촉구한다. "나에게 질문하는 자는 내 비전을 불신하고 내 증언을 거부할 전적인 권리를 지닌다. (…) 나는 결코 설교할 권리를 주장하지 않을 것이다." 그렇다면 어떻게 이러한 개인주의 정신이 국가적 종교 정신으로 변모할 수 있을까? 정치적 사랑은 특정한 제의나 형식을 갖춰야 하는 게 아닐까?

타고르의 책에 나오는 이러한 반도덕적이고 개인주의적인 정신에 대한 명확한 증거는 이 책의 핵심적 대상으로서 새로운 종교의 원천이 되는 '벵골의 바울들'에게서 찾을 수 있다. 글 앞부분에서 타고르는 이들을 다음과 같이 소개한다. "이들은 벵골의 대중적인 종파에 속한다. (…) 어떠한 이미지도, 사원도, 조각도, 의식도 없이 그들의 노래는 인간의 신성함을 노래하며, 인간에 대한 강렬한 사랑의 느낌을 표현한다." 이들의 사랑은 분명 관능적인 것으로 이 종파를 반도덕적인 관능의 실천으로 이끈다. 이 바울들을 이해하기 위해 타고르는 독자들에게 자기 책에 담긴 힌두교의 저명한 학자 크시티모한 센이 쓴 논문을 강력히 권한다. 센은 안정적인 교수직을 버리고 타고르가 지은 샹티니케톤의 학교와 대학에 함께했던 인물이기도 하다. 센은 자신의 딸도 함께 데리고 오는데, 그녀는 훗날 타고르의 댄스 학교에서 주연 배우가 되었고, 학교의 미적 소양 교육을 조명하기 위한 글을 많이 썼다[7] (4절을 참조할 것).

센은 글을 시작하면서 '바울'이라는 단어가 '무모한'이라는 의미를 갖는다고 언급한다. 여기서 무모하다 함은 바울들이 종래의 사회적 용례에 대한 순응을 거부했다는 것을 뜻한다. "나는 어떠한 주인의 말에도, 경고에도, 계율이나 관습에도 복종하지 않는다/ (…) 나는 오직 내 안에서 샘솟는 사랑의 환희에 열중할 뿐이다." 이 숭배는 힌두교도와 (수피파) 이슬람교도를 포함한다. 그리고 이것의 핵심적인 목적은 넘쳐 흐르는 사랑의 형태를 취함으로써 이기심으로부터 자유로워지는 것이다. 일부 바울은 떠돌이이며 다른 일부는 정착한 거주민이다. 그들은 다양한 계층과 카스트 출신이다. 하지만 이들은 명백한 계층적 구분을 거부하고, 삶의 단순함을 추구한다. (타고르의 선생님들도 실제로 소박한 공간에 거주했다.) 하지만 바울은 금욕주의자들이 아니다. 그들은 금욕이라는 관념을 거부하고, 휴머니티에 대한 지지를 선호했다. 그들은 모든 엄격한 격식을 거부했는데, 그들이 말하길 "우리는 늘 변화하는 삶의 유희 속에서 기뻐할 뿐이었다. 이는 단순히 말로 표현될 수 없고, 리듬과 선율이라는 형언하기 힘든 매개를 통해 노래로 포착될 수 있을 뿐이다." 그들의 삶은 (외부의 사회적 강요와 내부의 탐욕이라는 강요로부터) 자유, 기쁨, 사랑에 몰두한다.[8]

타고르는 인습에 반하는 바울의 성생활에 대해서는 후기 빅토리아 시대를 사는 자신의 옥스퍼드 친구들에게 언급하지 않는다. 하지만 성적인 측면에서 바울이 관습을 거역한다는 사실은 널리 알려진 바였다.[9] 그들의 입회식에서 새로운 회원은 신체의 모든 체액을 맛보도록 되어 있었다는 것 또한 중요하다. 이들은 그럼으로써 자신의 육체적 자연 상태에 대한 혐오를 극복하기를 요구받았다. 이러한 바울 공동체의 여러 양상은 그 의미가 숨겨져 있거나 비유적으로 기술되어 있다. 하지만 그들은 그 안에서 세속적인 사랑과 에로티시즘을 포용하는 삶의 방식을 추구하며 살았던 것이다.

타고르와 모차르트는 시민의식이란 유희의 정신과 예측 불가능한 개인성을 필요로 한다고 주장한 점에서 생각의 일치를 보였다. 하지만 타고르가 이런 반문화를 사회에 대한 처방의 핵심으로 가져온 진정한 이유는 무엇일까? 어떻게 한 평범한 인도 시민이 (타고르가 제시하는 미래의 공화국에서) 바울이 될 수 있을까? 바울의 서정시는 타고르 자신의 시에서도 중요한 의미를 갖는데, 자신의 텍스트에서 인용한 몇몇 구절은 사랑과 자유라는 그의 생각을 심화시키기 위한 것이다. 그런데 (신생 국가의 정치 문화를 포함한) 조직화된 사회가 바울들을 이끌고 나가야만 한다는 주장은 어떤 의미를 가질까? 내 생각에 이 사회는 그 중심에 일종의 생기 넘치는 환희와 기쁨을 세계 속에서, 자연과 인간 속에서 간직하고 이에 계속 다가갈 수 있어야 한다. 그러면서 물질의 소유라는 죽은 삶의 양식보다는 사랑과 기쁨을 선호하고, 그런 이유로 대부분의 어른이 안락하고 안정된 해답을 찾기보다는 끊임없이 질문을 던지는 삶을 살기를 좋아할 수 있어야 하는 것이다. 타고르의 이러한 처방은 비록 밀에게는 낯선 언어로 기술되어 있지만, 밀의 실험주의와 매우 유사하다고 할 수 있다.

잔 오펜쇼와 찰스 캡웰과 같은 현대 사상가들은 타고르가 바울의 메시지를 실제보다 더 추상적이고 영적인 것으로 전환시킨 방식에 주목했다.[10] 하지만 우리는 은폐의 방식이라기보다는 섬세함과 비유적 설명을 가진 텍스트를 다룰 뿐이다. 이것은 당시 1930년대 옥스퍼드에서 벌어진 일이고, 타고르는 과도한 명료함의 요구로부터 벗어날 수 없다는 것을 알고 있었다. 이처럼 그는 당시 자신의 학교에서 벵골 출신의 부모님들은 오직 베일을 쓴 에로티시즘을 용인하리라는 점도 알고 있었다. 아미타 센의 회고록이 명확히 밝히고 있듯, 이는 명백한 에로티시즘이었다. 즉 여성을 해방시키고 권리를 부여하는 에로티시즘이었다. 게다가 최근에 발행된 밈루 센의 흥미로운 자서전이 증명하고 있듯, 바울 공동체는 항상 충분한 다양성을 담지하고 있었다. 바울의 주연 가수가 보여준 사랑에 감화되어 집을 뛰쳐나와 바울에게 합세한 젊은 중산층 벵골 여성이 목격한 바에 따르면, 남녀 커플들은 일부일처제를 따르고, 오히려 전통적인 성생활을 추구했으며, 많은 바울은 탄트라적인 관습에 전혀 흥미가 없었다고 한다.[11] 그러므로 탈인습적인 의례의 다양성이 회원 자격의 기준이라는 오펜쇼의 주장은 잘못된 것이다.

반면 캡웰은 좀더 타당한 근거에 기반한 주장을 펼친다. 그에 따르면 "타고르가 흥미를 가진 것은 바울의 교리적 측면이 아니라, 그들이 인간적인 상황을 이해하고 그것에 반응하는 자발적인 감정 표현 방식이라 할 수 있다. 그러한 감정은 말로는 결코 온전히 표현될 수 없으며, 그들은 노래를 통해 호소한다".[12] 타고르의 무용극 중 하나인 「팔구니 Phalguni」(봄맞이 축제)는 자신의 학교 학생들을 위해 쓰였는데, 여기서 등장하는 바울 역은—타고르 자신이 춤추고 연기했다—질서와 동질성의 정신을 재현하고 있는 의심 많은 경찰관과 대면하여 이런 대화를 나눈다. "답변을 들으러 왔소. 당신이 노래하는 것이오?" 바울이 답하길, "네! 우리가 노래하지 않는다고 말한다면 그건 틀린 답변일 겁니다. 그리고 우리가 만약 평범한 말들로 노래하고 말한다면, 그것은 분명 불명확할 뿐만 아니라 이해받지도 못할 것입니다."[13]

『가정과 세계』의 비극은 니킬의 자유주의 이상이 열정을 상실함으로써 벌어진 것이다. 그는 스스로를 영감을 주는 지도자나 사랑받을 만한(사랑스럽기도 한) 남편으로 만들어줄 세계와 사람들에 대해 빛나는 환희를 가져본 적이 없었거나, 혹은 잃어버렸다. 그는 지루하고 예상을 벗어나지 않는 인물이었다. 한편 산디프는 항거, 비판, 고독한 담대함과 같은 '무모한' 감각을 결코 갖지 못했고, 최소한 이것을 감내하지 못했다. 타인을 지배할 수 있는 권력을 찾고자 그는 전통, 동질성, 복종 등에 기반한 감정들을 키워나갔다. 타고르가 제안했듯이, 건강한 사회를 위해 요구되는 것은 호혜성과 진정성을 향한 자유주의다. 즉 비판을 허용하는 삶이자, 사랑과 놀이와 광기가 허용되는 삶이다. 이런 관점에서 타고르와 모차르트는 생각의 결을 같이한다.

4. 새로운 종교를 실행하다: 샨티니케톤과 여성의 창조적 자유

아직도 바울의 정신이 어떻게 사회 전체의 정신이 될 수 있는지 의문이 남는다. 이에 대해 타고르는 두 부분으로 대답한다. 교육과 대중음악이 그것이다. 샨티니케톤에서 그는 학교와 대학을 세운다. 대학은 '전-세계'라는 뜻의 비스바바라티Visva-Bharati라고 불렀다. 무타티스무탄디스Mutatis mutandis 대학은 밀이 세인트앤드루스에 내린 처방과 유사한 모습이었다. 그것은 교양 과목, 학제 간 협업 그리고 지속적인 비판 정신을 기반으로 했다. 타고르가 『사람의 종교』에서 중점적으로 강조했던 것은 학교다.[14] 그는 자신이 다녔던 학교에 대한 평생의 불만을 다음과 같이 표현하면서 시작한다. "행복해지기 위해 다른 아이들, 그리고 내가 세상에 가져온 값싼 동력은 삶의 실제적인 거래와의 마찰에 의해, 그리고 단조로울 정도로 기계적인 습관과 존경심이라고 하는 관습적인 코드에 의해 계속해서 너덜너덜해져갔다." 사실상 어린이들은 자연 속에서 사랑과 갈망, 기쁨으로 가득 찬 무모한 바울들로 시작한다. 그들이 갖고 있는 유희에 대한 사랑과 의구심에 찬 정신은 뭉개버릴 게 아니라 강화해야 하는 것이다. 그러나 학교는 무질서한 모든 것을 뭉개버리는 데 반해, 타고르는 "내 안에 비문명화된 것은 섬세하다. 그것은 색깔과 음악 그리고 생동감 있는 삶에 대한 갈증을 지니고 있다"고 전한다. 그가 반박했던 일부 책은 이러한 도덕률에 대한 폐기의 정신을 담지하고 있는 듯하다. 그는 『로빈슨 크루소』를 "지금까지 쓰인 책 중 소년들을 위한 최상의 책"으로 치켜세우면서, 자신의 학교에서는 모험과 사랑의 정신을 깨트리지 않는 교육을 시작한다.

학교의 교육 방식은 소크라테스적이었다. 교사들은 문제를 제기하면서 대답을 이끌어냈다. 학생들은 심지어 하루 일정을 직접 계획하는 일에 착수했다. 수업을 받으면서 예민한 감각으로 자연에 감응할 수 있도록 수업은 주로 자연의 아름다움 근처 가까운 곳에서, 말하자면 주로 야외에서 이루어졌다. 타고르는 과학의 강력한 지지자였고, 헌신적인 합리주의자였다. 그럼에도 불구하고 비세속적인 신비주의자의 전형이었다. 그의 휴머니즘은 반근대가 아니었으며, 논쟁 및 논박 정신과 심오하게 엮여 있었다.[15] 여느 인도의 지식인들과는 다르게, 타고르는 계몽사상을 내치지 않았고, 그 대신 인도와 유럽의 최상의 것들의 융합 지점을 찾고자 했다.[16] 한편 그는 인문학으로부터 자양분을 공급받고 자극받지 않는다면 과학적 모더니티는 공허하고 믿을 수 없는 것임을 이해했다. 무엇보다 타고르는 발전을 위한 핵심적인 매개체로 예술을 신뢰했다. 학생들은 춤도 추고, 노래를 부르며 항상 몸을 움직였다. 타고르 자신이 직접 쓰고, 작곡하고, 안무를 짠 정교한 댄스 드라마는 교과과정의 핵심적인 부분이었다.[17] 아미타 센이 썼듯이, 어쨌든 타고르는 광범위한 능력을 가진 어린이들을 훈련하고 숙달시킬 수 있는 훌룡한 기술적인 댄스 교사가 되는 법을 알고 있었고, 동시에 감정적인 자기표현과 열정적 참여의 방식으로 소통했다.

> 그의 댄스는 감정으로 가득 차 있었다. 하늘에 즐겁게 떠다니는 구름들, 나뭇잎 사이로 가볍게 떨리는 바람, 잔디에 빛나는 햇빛, 대지에 넘쳐나는 달빛, 꽃이 피고 지는 것, 마른 나뭇잎들의 중얼거림―인간의 마음에 있는 기쁨의 맥박, 슬픔의 고통, 이 모든 것이 춤으로 표현되는 동작과 몸짓이었다.[18]

산티니케톤에서 제안한 열정적 휴머니즘 형태는 죽은 전통에 대해 강하게 불복종하며 도전으로 가득 찬 특정한 유형의 시민을 형성했던 것이다. 학교의 다른 모든 것처럼, 댄스 드라마는 비판적 추론 과정과 감정의 혼합으로 구성되었는데, 그렇다고 결코 반이성적인 것은 아니었다. 예를 들어 『사람의 종교』 직후에 쓰인 『카드의 땅Land of Cards(Tasher Desh)』(1933)은 전통에 대한 도전을 만드는 것의 중요성에 강렬하게 집중하며, 특히 여성들이 그 도전들을 이끌어갈 것이라고 제안한다.[19] 소크라테스적 질문과 예술 사이의 연결은 비판적 정신을 매혹적으로 만들기 때문이다.

콩트의 프로젝트는 여성들에게 의존하고 있다. 하지만 그것은 그들에게 권능을 주는 방식이 아니다. 여성들은 어린이에게 연민을 가르치도록 되어 있다. 하지만 그들은 전적으로 가정 안에 머물면서 어떤 창의적인 자유도 부여받지 못했다. 그들은 철학자들이 경계하는 시선 아래에서 사랑과 연민을 나눠주어야만 했다. 철학자들은 개인의 사랑이나 창의성을 견디지 못했을 것이다. 타고르는 이를 비판적으로 재구성하여 논의의 중심에 둔다. 하지만 『사람의 종교』에서 그는 여성들에 대해서는 아무것도 말하지 않는다. 물론 타고르는 사랑과 공감을 정립하는 데 어린아이와 어머니 사이의 매우 개인적인 사랑의 관계를 중점적으로 관찰했고, 나아가 춤과 다른 예술을 통해 여성에게 권한을 부여하는 것이 그의 학교가 갖는 유명한 특징이기는 하다. 하지만 그가 이에 대해 상세히 기술한 것은 분명 아니다. 타고르의 이러한 양상이 갖는 비전을 이해하기 위해 우리는 아미타 센으로 돌아가야 한다. 그 둘은 모두 그러한 여성 권리 신장의 시대를 살았으며, 학생이자 타고르의 많은 댄스 드라마에서의 중심 댄서로서 그녀는 나중에 이를 『모든 일의 기쁨Joy in All Work』에서 상세히 설명했다.

『모든 일의 기쁨』은 제대로 번역하기 어렵다. 왜냐하면 그것은 타고르 학교의 정신을 시적이고 개인적인 문체로 표현했기 때문이다. 영어 번역은 아미타의 손녀 인드라니 센에 의해 신중한 검수를 거쳤고 원본의 시적인 특징을 잘 끌어냈다고 알려져 있다. 이 책에 대해 우리가 충격을 받는 부분 중 첫 번째는 그것이 매우 개인적이고 창의적인 기술이라는 점, 그리고 감정과 대담함으로 가득 차 있으며 여성에 의해 작성되었다는 점이다. 이러한 글이라면 다분히 이교도적이어서 콩트적인 기획에서라면 온전히 수용되지 못했을 수도 있다. 하지만 이는 분명 타고르의 인간 종교 안에서 존재해야 하는 그런 것이다. 그 안에서는 개개의 여성이 개별적 자유를 갖고 개인적인 사랑에 빠진 자신을 발견할 수 있다.

책의 시작 부분을 살펴보자. 그것은 빠르고 열정적으로 움직이는 여성으로 시작한다. 망고꽃 위를 비추는 달빛에 대한 묘사를 최초로 접하게 된다. 그러고는 노래들이 봄바람 위를 떠다닌다. "젊은 아낙네들이 집에 있는 것은 불가능하다. 모두 바깥으로 뛰쳐나간다. 카말라 데비, 라반야 데비, 마노라마 데비, 수노바라 데비, 수케시 데비, 키론바라 데비." 이 이름들의 목록은 중요하다. 콩트에게 있어서 여성들은 개인성을 결여하고 있다. 하지만 타고르의 프로젝트에서는 그들의 개인성이 열쇠다. 젊은 아내들은 조용히 발가락을 세워 걸으며 타고르의 노래 곡조에 맞춘 그의 춤곡을 들으러 간다. 그때 저자의 목소리가 들리기 시작한다. "우리 어머니들로부터 이 이야기를 들었다. 마치 우리가 동화에 귀 기울이는 것처럼. 장님인 바울을 멋지게 연기하는 라빈드라나트 타고르, 엑타라ektara를 연주하고 노래를 해 보이는 그에 대해 들으면서 우리는 황홀했다. '모든 사람이 모든 것을 바친 그에게 우리 모든 것을 바칩시다.'" 우리는 여성에게 권능을 부여하는 전통에서 아미타 센이 자랐다는 것을 알고 있다. 바로 이 어린이들의 동화는 여성의 감정적 자유를 말하는 이야기이며, 그것은 또한 바울식의 규범적 전통이 갖는 중요성을 강조한다. 정상적인 아내들은 바울을 모방하도록 권장된다. 아미타 센이 이제 그녀의 목표를 알리는 것은 바로 이 틀 안에서다. "아시람의 아내와 딸들이 마음속으로 타고르와의 유대감을 통해 느끼는 즐거움, 샨티니케톤의 음악, 댄스, 드라마, 프로그램, 페스티벌을 통해 흘러넘치는 기쁨에 대해 쓰고자 한다."

타고르를 콩트와의 관계에서 숙고하다보면, 아미타 센의 이야기 속 샨티니케톤의 여성들이 갖는 양상 다섯 가지가 도드라진다. 첫째는 동정심에서부터 깊은 슬픔, 그리고 물론 자연과 인간에 대한 한없는 기쁨에 이르기까지 광범위한 정서를 배양하는 것을 끊임없이 강조했다는 점이다. 그 내러티브의 주된 목적은 어떻게 타고르가 시, 음악, 춤을 통해 감정을 배양하는가를 보여주는 데 있으며, 이 글에는 마음을 움직이는 많은 예가 포함되어 있다. 다른 작가들이 보지 못했던 중요한 한 가지 사실은 타고르가 학생들에게 가능성의 영역을 보여주려 할 때, 자신의 신체와 목소리 표현을 사용하는 등 개인적인 시연을 통해 가르쳤다는 점이다. 타고르는 그들에게 명령하지 않았고, 그저 표현의 공간을 그려내 학생들로 하여금 그 안에서 숨 쉴 수 있도록 격려했다. 여기서의 감정들은 매우 개인적인 것이다. 하지만 아미타 센은 간디의 비협력 운동과 시골의 시급한 발전 문제 등의 더 큰 사회적·정치적 맥락을 학생들이 알지 못한 것이 결코 아님을 분명히 했다. 개개인의 내적·감정적 풍경을 배양함으로써 그들은 미래의 국가 안에서 이런 더 큰 시민성의 세계에 다다랐다고 할 수 있다.

둘째, 이 글은 타고르가 전파했던 매우 개인적이고 개별화된(반反콩트적인 수준의) 교육의 본질을 끊임없이 강조한다. 비록 많은 부분에서 학생들은 서로 결속감을 느끼고 있었지만, 개인적 고유함에 대한 감각이 항상 중심에 있었으며, 타고르도 학생들을 위한 시를 쓸 때 어떻게든 그들 각각을 모두 알았던 것 같다. 글에 나오는 많은 이야기 중에 특히 타고르가 아마르티아의 작은 자서전적 글에 프라티치Pratichi 집을 그리면서 "초록 요정의 집"이라고 쓴 사랑스러운 이야기를 볼 때 그렇다.[20] 센이 보여주듯 이러한 개별성은 여성들에게 특히 해방을 준다. 전통적인 사회 안에서 여성들은 늘 탈개성화된 존재였고, 개개인이라기보다는 누군가의 아내 또는 엄마로 간주되었기 때문이다. 그녀는 타고르의 댄스 수업에 대해 "특별한 표현의 자세나 형태는 없었고, 우리는 노래 부르면서 움직임을 통해 단어의 의미들을 표현했다"고 썼다. 소녀들이 붉은색 테두리가 있는 사리sari 한 벌을 이를 갖지 못한 학생을 위해 만들어준 이야기에서 알 수 있듯이, 이런 개성에 대한 감각은 전반적인 공감 능력을 약화시키기보다는 강화시키는 역할을 했다.

세 번째는 콩트와 확연한 거리를 보여주는 특징으로서 타고르가 얼마나 재미있으며 또 편안한 사람이었는지를 보여준다. 타고르는 자신의 소설에서는 종종 유머를 잘 구사했지만, 이론적인 저작들에서는 그러지 못했다. 아미타 센은 『사람의 종교』에서 타고르는 바울을 통해 그 신비로운 헌신뿐 아니라 웃음도 전달하고자 했다는 중요한 사실을 덧붙인다. 서양에서 타고르는 매우 엄숙한 구루의 모습으로 익숙해져 있으며, 전체 인격체의 큰 부분인 밝은 면이 배제됐다. 따라서 특히 타고르를 지지하는 서양의 열광적인 팬들이 연구할 필요가 있는 부분은 바로 이 지점이라 할 수 있다.

네 번째를 나는 전복적이고 에로틱한 창의적 정신이라고 부른다. 그것은 바울 전통의 핵심적인 양상이다. 이 전통은 타고르가 어린 소녀들에게 보여주었던바 특정한 방식으로 길들여진 것을 뜻하면서, 동시에 완전히 길들여지지는 않은 그 무엇이다. 「샵모찬Shapmochan」에 담긴 시학과 안무에 대한 센의 설명을 보자. 여왕은 왕인 해리 팀버스 박사와 춤을 춘다. 그녀가 말하길 팀버스는 벵골어를 몰랐기 때문에, 왕이 드러내야 하는 "깊은 불쾌감과 사랑"을 설명하고, 또 "꿈에 사로잡혀 열정에 넋이 나간 여왕"의 모습을 정확히 묘사하고자 타고르는 리허설 중에 매우 적극적이었다고 한다. 그녀는 1931년 당시의 '보수적인 환경'이 이 전체적인 기획을 위험에 처하게 만들었다고 강조한다. 좋은 가문 출신의 소녀들이 무대에 나타나는 것은 매우 대담한 일이었기 때문이다. 그들은 심지어 노래 가사까지 바꿔야 했다. 원래 왕은 "꽃과 같은 아름다움이여, 나의 가슴에 안기시오"라고 노래를 부르고자 했으나 그들은 그것을 "나의 집으로 와주오, 내 영혼 안에 있는 그대가 나올 수 있도록"으로 바꾸었다. 아미타는 항상 이 일에 대해 말하기를 좋아했다. 그리고 그녀가 그것을 나에게 말할 때, 그녀는 항상 책 안에 없는 말 한마디를 덧붙였다. "우리는 실제로 그것이 무엇을 의미했는지 정확히 알고 있었어."

마지막 다섯 번째로, 이 글 전체는 대담무쌍함과 자유—전형적으로 여성의 삶을 무겁게 짓누르는 구속력을 지닌 수치심의 부재—를 전달한다. 그녀의 결론은 "희망의 램프를 끌 수 없다는 것" 그리고 "우리에게 그는 대담무쌍함의 교훈을 심어주었다"는 것이다.

샨티니케톤은 한 지역의 작은 학교다. 그 학교는 이를 따라 하려는 여러 사람에게 감화를 주면서 인도 전역으로부터 학생들의 관심을 끌었고 또 유명해졌다. (예를 들어 젊은 인디라 네루는—훗날의 인디라 간디—아마 그녀의 생에서 다른 어떤 시기보다 그곳에 있을 때 더 자유롭고 행복할 수 있었던 것 같다.)[21] 하지만 타고르는 폭넓게 그의 이상을 실현하는 데는 성공하지 못했다. 부분적으로는 그가 권한을 위임하기를 꺼렸기 때문이고 또 그의 창의성에 학교가 간접적으로 의존했기 때문이다. 미국에서는 그와 견줄 만한 존 듀이의 실험이 좀더 큰 성공을 거두었다. 왜냐하면 듀이는 스스로 창의적인 예술가가 되는 것보다는 다른 사람들이 자신의 전반적인 생각을 신뢰하게 하는 데 더 주력했기 때문이다. 광범위한 영향력을 지녔던 타고르 학교의 실패는 그러한 형식의 아이디어는 인구가 많은 민주주의에 영감을 불어넣기 어렵다는 것을 보여주었다. 그것은 단지 창조자 스스로를 대체 불가능한 존재로 만들 수 없다는 정도만 보여주었을 뿐이다.

5. 새로운 종교의 시행: 대중음악

타고르의 다른 공헌은 훨씬 더 평탄한 길을 걸었다. 2000곡이 넘는 그의 노래는 바울이나 수피의 시와 광범위한 음악적 전통 및 보컬 퍼포먼스 전통에 기반해 인도에서 라빈드라셍기트Rabindrasangeet(라빈드라나트 노래)로 알려진 예술 형태를 자체적으로 만들어냈다. 이는 인도 벵골 서부와 방글라데시 문화권에서, 몇몇 사례에서는 인도 전역에 걸쳐 문화의 중심적 위치를 차지해오고 있다. 칼파나 바단의 새로운 번역 덕분에 노래 가사를 연구하는 일은 훨씬 더 쉬워졌다.[22] 바단의 버전은 원곡 리듬의 의미를 전달해 이후 녹음을 들을 독자들에게 큰 도움을 주었다. 타고르의 음악에 반응하는 일은 쉽지 않은데, 생경한 음악의 전통 속에서 감정을 읽어내기란 어렵기 때문이다.[23] (이것은 어떤 프로젝트든 지역적 전통과 자료들을 토대로 만들어져야만 한다는 것을 의미한다. 만약 마틴 루서 킹 목사가 라빈드라나트 노래를 시민권 운동에 소개하고자 했다면 어땠을지 상상해보라.) 그의 노래는 끊임없이 대중적 공감을 얻었고 인도의 이상과 그것들을 둘러싼 감정 문화를 규정하는 데 도움을 주었다.

타고르의 노래는 여러 주제와 관련이 있다. 하지만 일부는 분명 정치적이며 실제 그렇게 규정되기도 했다. 이들 중 유명한 것이 「혼자서 걸어가라」인데, 이는 마하트마 간디가 매우 좋아했던 노래다. 그것은 아주 특별한 방식의 저항을 담고 있다. 연대에 대한 찬가가 아니라 혼자서 계속 전진하면서 비판적 정신을 탐색하는 노래다.

어느 누구도 당신의 부름에 답하지 않는다면, 홀로 걸어라.

홀로 걸어라, 홀로 걸어라, 홀로 계속 걸어라.

만약 어느 누구도 어떤 상황을 말하지 않는다면, 오 불행한 영혼의 그
대여,
만약 사람들이 외면한다면, 모두가 계속 두려워한다면—
당신의 마음을 열고,
당신의 마음속에 있는 것을 큰소리로 말하라, 혼자서 큰소리로 말하라.

만약 그들 모두가 되돌아가버린다면, 오 불행한 영혼의 그대여,
만약 깊고 어두운 길을 걸어가야 할 때, 아무도 주의를 기울여주지 않
는다면—
그때 가는 길 위에 있는 가시들,
오 그대는, 피 묻은 발을 한 사람들을 짓밟고, 그대 홀로 터벅터벅 걸어
가는구나.

만약 아무도 불빛을 비춰주지 않는다면, 오 불행한 영혼의 그대여,
어두운 밤 폭풍우가 몰아친다면, 그들은 문의 빗장을 걸고—
그때 화염과 같은 우레 속에서
그대 자신의 갈빗대를 밝히고 계속 홀로 외로이 불타라.²⁴

음악은 결심을 표현한다. 계속 걸어가는 듯한 리듬이 있고 또 이
것이 계속 이어진다. 이는 고독과 노출된 상태를 표현한다. 싱글 보컬
라인에서는 목소리에 강렬한 위기감이 감돈다. 하지만 무엇보다 이것
은 기쁨의 표현이다. 열정과 긍정으로 가득하고, 지극히 행복하며, 기

쁜 노래다. 사람들은 이 노래를 사랑하며, 또 그들의 사랑은 간디의 성공적인 저항 운동과 관련이 매우 깊다. 그가 지팡이를 짚고 천만 걸친 채—또한 그와 만나는 사람들이 자주 보게 되는 그의 어린애 같은 삶의 기쁨과 함께—자신의 길을 계속 걸어갈 때, 그는 이 노래의 정신을 구현한 듯했으며 이러한 예술적 이미지와 살아 있는 본보기의 융합은 커다란 감동을 안겨주었다(그리고 지금도 감동을 주고 있다). 이 같은 고독한 반대의 정신—기쁨과 결합된—은 많은 이에게 삶의 활기를 불어넣어줄 수 있다.

하지만 무엇보다 대중적 정치 문화를 만든 사람으로서 타고르의 영광스러운 성취는 두 나라의 애국가를 지은 데 있었다.[25] 1장에서 이미 「나의 금빛 벵골」을 살펴보았다. 이제 인도의 애국가인 「자나 가나 마나」를 자세히 분석할 차례다. 여기서 타고르는 그가 도덕적·정치적으로 최고라고 믿는, 한편으로는 아름답고 심지어 매혹적이기까지 한 대안을 제시하며 차터지의 「반데 마타람」의 도전에 응답한다. 오늘날까지도 인도인민당은 이에 수긍하지 않아, 「반데 마타람」을 지지하면서 「자나 가나 마나」를 대체하고자 하는 투쟁을 계속하고 있다.

「자나 가나 마나」는 산스크리트화가 짙은 벵골어로 이루어져 있다. 이는 벵골어를 넘어, 인도 안 어디서나 보편적이었던 산스크리트어에서 파생된 언어 중 하나를 말하는 모든 사람이 이해할 수 있는 노래로 만들고자 한 타고르의 선택이었다—그리고 비인도유럽어를 사용하는 이들은 이를 흔쾌히 받아들였다. 원래 이 노래는 1911년 인도국민회의와의 만남에서 시연되었다. 그리고 바로 직후 조지 5세가 인도를 방문했을 때도 불렸다. 왕의 영광을 기리는 또 다른 시인의 노래도 공연되었는데, 타고르의 노래는 그 시에 대해 일종의 반대 입장을 말하

는 것이었다. 이 노래는 유일하고 진정한 지도자는 도덕적 이상향이며
인도는 그 이상을 따라 자유를 향해 나아간다는 생각을 표현했다. 애
국가로 불리는 그 노래의 일부분은 다음과 같다.

> 그대는 모든 국민의 마음을 통치하는 자입니다,
> 인도의 운명을 쥐고 있는 사람.
> 그대의 이름은 펀자브, 신드,
> 구자라트와 마라타,
> 드라비다와 오리사와 벵골의 마음을 불러일으킵니다.
> 그것은 빈디아와 히말라야에 울려 퍼지며,
> 자무나와 갠지스 음악과 섞이고
> 인도양의 파도 소리에 매료됩니다.
> 그들은 당신의 축복과 찬사를 위해 기도합니다.
> 모든 사람의 구원이 당신 손안에서 기다리며,
> 당신은 인도의 운명을 쥐고 있는 사람.
> 승리하라, 승리, 승리, 당신의 승리.

일부 집단이 누락되었다고 생각하지 않도록, 실제로는 네 개의 연
이 더 있지만 그중에서 2연과 5연을 인용한 것이다. (나머지는 삶의 굴
곡을 암시하는 매우 일반적인 것이다.) 다음으로 두 번째는 애국가의 일
부로 간주되는데, 이는 종교적 다양성을 포함하고 있어 매우 중요하다.

> 당신의 부름은 끊임없이 계속되고, 우리는 주의를 기울이죠
> 당신의 우아한 부름을

힌두교도, 불교도, 시크교도, 자이나교도, 배화교도

이슬람교도, 그리고 기독교도,

동양과 서양이 당신의 왕좌 쪽으로 다가오고,

사랑의 화환을 엮는다.

오! 사람들을 한데 모으는 그대여!

인도의 운명을 책임지는 그대에게 승리를!

(…)

밤이 끝나고 동쪽 수평선 언덕 너머로

태양이 떠오르고,

새들이 지저귀고, 부드러운 길조의

미풍이 새로운 삶의 영약을 쏟아내고 있다네.

당신 연민의 후광으로 인도가

잠을 자다 이제 막 깨어나

당신의 발 위에 우리는 머리를 얹는다,

당신에게 승리가 있으라, 최상의 왕이여,

당신에게 승리가 있으라, 인도의 운명을 쥐고 있는 자여.

인도가 삶과 자유를 깨우친다는 생각은 네루의 「운명과의 약속」 연설에 명백히 드러난다. 또한 네루가 그것을 이러한 원문 자료에서 가져온 것이든 아니든 이는 분명 타고르적이다.

이 노래는 불명의 근원을 향해 불렸고, 그 근원은 양심 즉 도덕법 dharma일 수 있으며 또 다른 어떤 도덕적 이상일 수도 있다. 전통적인 종교와 연관된 신에게 복종을 촉구하는 「반데 마타람」과는 달리, 「자나 가나 마나」는 모든 사람의 열정적인 사랑의 결과로 이러한 이상적인 원칙의 승리를 요구한다. 어떤 의미로는 저항과 자유 운동의 노래임이 분명하다. 하지만 좀더 일반적으로 그것은 자연의 아름다움과 도덕적 이상에 의해 더 깊은 곳으로 움직이는, 그리고 그 둘을 융합된 것으로 보는 국가를 향한 부름이다. 게다가 차터지의 힌두 국가와는 다르게, 이 노래에서는 인도의 모든 지역적·종교적 집단을 포함해 하나부터 열까지 복수형을 띤다.[26]

음악적으로 「자나 가나 마나」는 부르기 쉬우며, 한 옥타브 안에서 진행되어 사람들이 진정 즐겁게 부를 수 있다. 그것은 꿈꾸는 듯한 춤보다는 몸을 흔들거리게 하는 춤의 리듬을 가졌으며 그 안에 전쟁의 느낌이라곤 전혀 없다. 사람들은 자연스레 서로 팔을 끌어안거나 손을 잡고, 음악에 맞춰 몸을 흔든다. 영화음악가 A. R. 라만(수피파 이슬람교로 개종한 인물로 이전의 힌두교식 이름은 디립 쿠마르)의 아름다운 버전에서 볼 수 있듯이 자연에 대한 명상과 자연스럽게 어울린다. 라만의 작품은 인도 50주년에 정부 공식 버전으로 발매되었고 유튜브에서도 쉽게 찾아볼 수 있다. 이는 노래의 정신을 멋스럽게 구현하고 있으며, 서로 다른 배경을 가진 각계각층의 사람(개인이든 여러 명이든)이 인도의 가슴 떨리게 아름다운 여러 풍광 안에서 노래하는 모습을 보여준다.[27]

그런데 찬가가 끝나는 부분에 매우 이상한 점이 있다. '모든 사람'과 '그대에게 승리를'이 버금딸림음조로 나오고, 사람들은 으뜸음으로 화음을 이룰 것을 예상하지만 이 기대는 거부당한다. 그것을 듣거나 혹은 부를 때, 나는 항상 아직은 불가능한, 연기된 어떤 완성의 조짐이 있는 미완성 상태로서 듣는다. 그렇다고 이것이 서양 음악 교육 때문에 창조된 경험도 아니다. 나의 동료 디페시 챠크라바티는 초등학교에서 자신이 이 노래를 부를 때, 그와 그의 급우들이 후렴구인 '인도의 운명을 쥐고 있는 사람'으로 되돌아올 때까지—더 적당한 결말처럼 느껴지는 부분에 이를 때까지—계속해서 불렀다고 알려주었다. 선생님이 이를 바로잡아줄 때까지 말이다. 네루는 「운명과의 약속」이라는 연설에서 "우리는 노력하고, 일하고 또 더 열심히 일하며 우리 꿈이 현실이 되도록 해야 합니다"라고 말했다. 즉 국가의 자긍심은 국가 앞에 놓인 미완의 작업을 강조함으로써 가장 적절하게 드러난다는 메시지를 전달한 것인데, 나는 그 미완성의 음악적 마침을 통해 이와 똑같은 아이디어를 듣는 것이 결코 불가능한 일은 아니라고 생각한다. 음악적 기대를 완전히 벗어나는 「자나 가나 마나」는 미래의 작업을 향해 보내는 일종의 제스처다. 챠크라바티가 말하길 이러한 아이디어는 충분한 설득력을 지니며, 계속되는 고통의 상황 속에서—그렇지 않았다 해도 부적절하지는 않았겠지만 그보다 더—적절한 승리의 기도가 된다.

이렇듯 타고르는 마치 「혼자서 걸어가라」가 저항과 비판적 사고를 열정적 헌신의 대상으로 생각하게 만든 것과 같이 그저 다원주의, 조화, 상호 존중뿐만 아니라 대중적이고 심지어 성적인 미완의 작업을 많이 남겼다. 아마도 우리는 콩트의 프로젝트가 케루비노의 영혼 안에서 다시 주조되었다고 말할 수 있을지도 모른다.

6. 콩트의 기획에 대한 평가: 밀과 타고르

콩트의 인간 종교는 진정한 필요에 응답한다. 하지만 많은 것을 욕망하는 상태 그대로 두는 방식이다. 루소와는 달리 콩트는 언론의 자유와 결사의 자유가 갖는 중요성에 민감했다. 그리하여 자신의 제안을 정부의 강요에 의해 집행하려고 하지는 않았다. 실제로 그가 중요한 인간 규범을 추구하면서 그렸던 정부의 역할은 밀이 제안한 바처럼 오히려 지나치게 제한된 것이었다. 그럼에도 불구하고 그의 철학적 교역자가 중세 로마 가톨릭교회의 도덕적/정신적 규범과 권위가 행한 방식으로 개개인의 일상생활을 장악하는 도덕적 올바름의 규범을 표방한 것처럼, 콩트도 모든 것을 아우르는 사회 통제 형태를 그렸던 것이다. 그는 반대나 실험을 위한 공간을 허용하고자 했던 것은 아니며, 또한 평범한 개인들을 신뢰하거나 그들이 독자적으로 어려운 문제를 해결하는 것을 원하지도 않았다.

이런저런 이유에서 밀과 타고르는 콩트의 제안에 반대한다. 하지만 그 이면의 전반적인 아이디어를 거부하는 것은 아니다. 인간 감정이 고귀한 목표를 가진 프로젝트를 지탱하려면, 그들이 보기에 열정적이고 이상적인 어떤 종교와도 같은 것이 요구된다. 그들은 새로운 종교란 사랑의 형태를 구체화해야 한다는 콩트(그리고 모차르트)의 주장에 동의한다. 시민들이 자기 이익을 희생해야 할 때, 그들을 결속시키기 위해서는 단순한 존경심만으로 충분치 않다. 좀더 깊은 마음속의 어떤 것, 좀더 열정적인 것 그리고 인간 발전을 중심에 둔 무언가가 필요하다. 비록 이런 정치적인 사랑이 어떤 것인가에 대해 이들이 서로 다른 생각을 가진다 하더라도, 이들은 모두 단순한 관심과 존경으로는 불충분하다는 점에 동의한다.

하지만 우리가 질식할 것 같은 통제의 분위기와 그것에 생명을 불어넣는 정치적 올바름 모두를 거부한다면 콩트의 프로젝트는 어떤 것이 될 수 있을까? 밀과 타고르는 연민과 상상력의 문화가 완전히 양립 가능하며, 자유로운 저항과 실험의 문화를 강화할 수 있다는 매력적인 주장을 내놓는다. 내 제안도 그들의 생각과 맥락을 함께한다고 볼 수 있다. 그런데 논의를 진행하기에 앞서 따져봐야 할 몇 가지 질문이 있다.

첫째, 우리는 밀과 타고르가 제시한 인간의 악에 대해 정확히 진단해야 할 것이다. 두 사람은 연민의 제한적 실천을 우리의 첫 번째 도덕적 문제로 제시한다—이것은 짐승 무리 같은 온순함과 결합된 형태로, 이는 사람들로 하여금 제한적 연민을 표현하는 전통을 맹목적으로 따르게 한다. 밀은 두려움이나 분노와 같은 부정적인 감정에 대해 거의 말하지 않으며, 혐오, 수치, 집단적 증오에 대해서도 전혀 말하지 않는다. 타고르는 젠더와 카스트를 극복하는 것과 연관하여 인간 신체로부터 극복해야 하는 혐오감이 훌륭한 시민의 또 다른 주요 과제라는 주장을 담고 있다. (그의 소설 『고라Gora』는 이 문제를 더 발전시켜나간다. 이는 7장에서 보게 될 것이다.) 하지만 타고르가 묘사한 바울의 면면을 살펴보지 않고는 혐오감을 극복하는 것과 연민을 넓혀가는 것 사이의 연계는 함축적인 것으로 남게 된다. 우리가 살고 있는 지금 이 시대에 이르기까지 오랜 기간 지속된 인간의 소름 끼치는 야만성에 관한 기록을 돌아보면 우리는 밀의 낙관주의를 받아들일 수 없다. 그리고 우리는 좀더 깊은 이해를 모색해야 할 필요를 느낀다.

하지만 물론 이는 정치적 목적이라는 한정된 관점과 연관될 때만 문제가 되는 것들이다. 이 점에서 밀과 타고르는 둘 다 완전하지 못하며, 정확히 말해 타고르가 밀보다 훨씬 더 불완전하다. 우리는 그들이 찾고 있는 목적의 일반적인 의미는 파악했다. 하지만 그들이 품위 있

는 사회에 대한 비전을 조목조목 밝혀내지 못했다는 사실 때문에 그
들의 진단은 단편적이고 즉흥적인 것으로 보인다. 우리는 정치적 제도,
사람들에 대한 그들의 역할, 정치적 정의의 한계 등에 대해 자세한 설
명을 할 필요가 있다. 분명 밀은 자신의 여러 저서에서 이에 대한 입
장을 내보인다. 그리고 심지어 콩트에 대한 그의 비평은 정부의 광범위
한 재분배 책임에 대한 자신의 주장을 훨씬 분명하게 드러낸다. 하지
만 아직도 감정적인 부분은 그의 기획에서 정부의 일에 대한 어떤 규
정적인 설명과도 명확하게 연결되어 있지 않다. 또한 타고르는 영국으
로부터 인도가 독립하는 문제에 있어 그가 갖는 분명한 관심 너머로
는 제도들에 대한 관심이 부족하다.

　그 둘은 정치적 영역과 그것의 범위를 거의 말하지 않기 때문에,
어디에서 어떻게 그들이 상상한 변형이 일어날지 우리에겐 좀 불분명
할 뿐이다. 두 사람은 교육에 대해 여러 주장을 펼치는데, 특히 새로운
'종교'에 기반한 교육적 개혁을 선호한다. 하지만 타고르는 완전히 자
발적이고 개인적인 개혁을 염두에 두고 있다고 할 수 있고, 밀은 공적/
사적 대안이 공존하고 경쟁하는 상태에서 공공 시험 제도로 제약을
두어야 한다는 생각을 견지한다. 타고르의 두 노래를 보자면 그는 그
것들을 공식적인 공공의 찬가가 아니라—비록 결국에는 그렇게 되고
말았지만—우선 대중문화의 부분으로 제안했다고 볼 수 있다. 그의
저작에서 어떤 중요한 문화를 증진하는 데서 정부와 시민사회가 어떻
게 상호 연관을 맺어야 하는지에 대해 논하는 부분이 없다는 것은—
그의 국가가 아직 존재하지 않았기 때문에—결코 놀랍지 않다. 요약
하자면 타고르도 밀도 어떻게 새로운 종교를 전파할 것인가 또는 왜
그것이 확산될 수 있다고 생각했는가에 대해 명확한 설명을 갖고 있지

않다. 부분적으로 이것은 콩트적 통제와 동질성에 대해 그들이 갖는 의혹이 그들로 하여금 명확한 목표에 대한 공적인 지지를 불신하도록 만들었기 때문이다.

비슷한 이유로 타고르와 밀은 연대감과 개별적 시도 사이의 적절한 균형을 정확히 밝히는 데 어려움을 겪는다. 두 사람 모두 콩트적 통제에 대해서는 반대한다. 그리고 두 사람은 '무모한' 저항의식과 상상력을 위한 자유로운 공간들을 가치 있게 생각한다. 그러나 두 사람 모두 어떤 방식으로든 사람들이 정서적인 연대에 속하는 것을 배워야 한다고 믿는다. 밀의 인간 종교는 모든 사람에게 스스로를 미래의 휴머니티와 동일시할 것을 요구하며, 이러한 공동의 감정적 노력 안에 함께하기를 기대한다. 하지만 어떻게 이런 공통의 과업과 개별적으로 시도하고 저항할 자유 사이에서 미묘한 균형을 맞출 수 있을까? 밀은 우리에게 어떠한 정보도 주지 않는다. 오히려 타고르 쪽이 좀더 많은 정보를 제공한다. 그의 학교에서 타고르는 매일 이 미묘한 균형의 예시를 보였는데, 다른 한편으로 훈련을 하고 어떤 한정된 이상을 전달하면서, 한편으로는 개인성을 풍요롭게 할 수 있는 공간을 만들었다. 그의 춤이 전달하는 말은 안무와 개별화를 결합한 형태다. 그의 대중적 음악 장르의 창조에는 균형을 잡는 행동과 유사한 것이 있다. 노래의 전체적인 방점은 사람들이 때로는 혼자, 때로는 집단으로 노래를 부르는 데 있고, 이때 집단은 틀림없이 정치적 감정을 형성하는 강력한 구동력이 된다. 비록 타고르는 간디에 비해 개인적인 저항과 반대 의견을 좀더 중요하게 여긴 것이 분명하지만, 간디가 「혼자서 걸어가라」를 대중 운동의 매개체로 썼던 것은 기본적으로 이러한 타고르의 정신 안에서다. 그럼에도 현재 남아 있는 녹음에서 타고르와 그의 직계 제자들이 그의 노래를 부르는 방식은 그 노래들을 개인적 감정을 표현하는 퍼포먼스의 매개로 여기게 하며, 오늘날 다양한 배경을 가진 여러 번안자의 목소리 또한 그러하다. 이 패러다임도 여전히 우리에게 많은 도전을 남긴다. 어떻게 우리는 터무니없고 질식할 듯한 억압 없이 사회 구조와 연대를 지켜나갈 수 있을 것인가? 나아가 어떻게 공통의 관심사를 잃지 않으면서도 반대 의견을 길러낼 것인가? 대중적 감정 문화 속에서 예술이 갖는 역할에 대한 어떠한 설명도 이러한 정면의 도전에 직면할 수밖에 없을 것이다.

이와는 다른 방향에서 이 문제에 접근할 수도 있다. 밀은 콩트에게 유머 감각이 부족하다고 비판한다. 모차르트가 이미 우리에게 보여주었듯 이는 사실 심오한 통찰이다. 콩트의 이상주의는 거창하기만 할 뿐 실제 인간 삶의 놀랍고 어려운 부분인 불공평함에 대한 이해가 부족하다. 반면 밀과 타고르는 그 점에 대한 이해를 갖고 있다. 하지만 그들은 자신들의 이상주의와 그것을 통합하는 데 어려움을 겪는다. 가끔 그들이 하는 말은—그들이 이상적 미래의 인간 종에 대해 말할 때, 우리 종 스스로를 향해 숭배와 유사한 태도를 촉구할 때—한 번도 웃어본 적이 없는 사람들의 말 같다. 인간의 나약함에 대한 리얼리즘은 이러한 존경의 태도와 결합하기 어렵다. 아미타 센이 분명히 밝혔듯이, 타고르는 자신의 학교에서는 웃는 법을 알았다. 그는 자기 학생들에게 권한을 부여했고 특유의 개인적 표현을 할 수 있는 공간을 닫아두지 않았다. 또한 타고르의 소설은 유머와 인간의 복잡성에 관한 감각이 풍부하다. 하지만 유머와 높은 이상 간의 적절한 균형의 문제는 여전히 남아 있고, 예술에 기반한 어떤 사회든 이를 곰곰이 생각해봐야 한다.

해결되지 않은 또 다른 문제는 사회 안에서의 종교의 위치다. 밀은 콩트의 프로젝트를 여러 면으로 향상시킨다. 하지만 한 가지 핵심적인 방식에서 그를 무비판적으로 물려받는데, 이는 어떤 시점에서 전통적인 종교는 시들고 그것이 휴머니즘으로 대체되리라고 가정하는 것이다. 비록 그가 콩트의 권위주의적인 영적인 힘과 같은 것에 대해서는 아무것도 기술하지 않지만, 그는 종교의 사회적 유용성에 관한 문제가 결정적으로 전통적 종교에 반대하여 휴머니즘을 지지하면서 해결될 수 있으며, 휴머니티를 향한 그의 희망이 이러한 결론의 광범위한 수용에 달려 있다고 생각한다. 타고르는 이 점에 있어서 덜 분명하지만 자신의 인본주의 종교를 최소한 하나의 강력한 사회적 힘으로 그리고 있다.

하지만 전통적인 종교는 사라지지 않았고, 이제 우리는 자유라는 조건하에서 종교적, 세속적 삶의 교리가 복수성을 유지할 것이라고 생각할 충분한 이유가 있다. 그러한 교리들 중 또 많은 것이 계속하여 충성심을 유도할 것이다. 정치적 감정을 구축하는 기획은 이러한 현실을 무시하고 짓밟거나 아니면 수용해야 한다. 밀의 제안은 사람들의 양심에 대한 신뢰를 결여하고 있다. 그렇기에 동등한 존중에 근거를 둔 사회에서는 받아들여질 수 없다. 타고르는 이보다는 나았지만 다원주의 문제를 분명하게 밝히지 못했고 명확한 접근법도 제공하지 못했다. 동시대의 어떤 정치적 제안이라 할지라도 이 두 가지를 모두 성공적으로 제안할 수 있어야 한다.

마지막으로 밀과 타고르는 자유의 문제와 관련하여 콩트와 결별했기 때문에, 그들에게 자유의 의미가 무엇인지, 개인성에서 그것이 어떻게 실현되는지, 자유와 정치적 사랑이 어떻게 연결되고 실현되는지에 대해 질문할 필요가 있다. 모차르트와 다 폰테는 좋은 법이나 훌륭한 제도들이 존재한다고 해도 그것으로는 충분치 않다고 보았다. 자유는 위계의 지배로 이어지는 내적인 분노와 두려움의 제약을 방출하면서, 또 마치 케루비노가 움츠렸던 총과 대포의 '콘체르토' 같은 것보다는 「그대는 아시나요 사랑의 괴로움을」에 가까운 좀더 에로틱하고 부드러운 사랑의 형태를 창조하고 순화하면서 인간성의 정확한 핵심을 관통해야 한다. 밀은 이를 분명 이해하고 있었고, 시가 건강한 인간성의 핵심이며, '심미적 교육'이 새로운 대학의 핵심 부분이 되어야 한다고 주장했다. 하지만 그는 감정의 문제에는 항상 과묵해서 마음의 내적인 자유가 갖는 영향과 특성에 대해서는 아주 조금 언급했을 뿐이다.

타고르는 좀더 깊이 이야기를 진행했다. 그는 지적이면서 신체적인 자유를, 토론과 춤을, 이른 어린 시절의 사랑을 기반으로 형성된 일련의 사회적 관습을 기술했고, 또 산티니케톤에서 이를 실현했다. 우리가 살고 있는 시대의 정치적 자유와 사랑에 대해 생각하려 할 때, 그 자신의 댄스 드라마인 「리투랑가Rituranga」에서 여행자 역할을 맡은 타고르에 대한 아미타 센의 이야기가 큰 도움이 될 것 같다.

무대에 등장하여 그는 걸어가면서 노래를 불렀다.
나의 족쇄는 망가질 것이네, 망가질 것이네, 작별할 때에/ 나는 자유로워지리, 누가 잠긴 문 뒤에 나를 가둘 수 있으랴!/ 저녁 벨이 울리면 나는 어둠 속을 간다네[이 텍스트는 벵골어로도 인용되어 있다]

족쇄를 망가뜨리는 강력한 손의 움직임은 얼마나 멋진가! 자유로운 여행자는 앞으로 나아간다. 그의 발걸음에서 느껴지는 자유의 기쁨 그리고 그의 명쾌한 목소리에서 들리는 대담무쌍함. 심지어 그가 무대를 떠난 뒤에도 저녁 벨 소리는 관중의 귀에 메아리쳤다.

이 묘사는 1999년 인도 공화국의 시민이 쓴 것이다. 당시 인도는 자유국가가 아니었다. 타고르의 학교에서 아미타 센을 교육하던 시절, 그녀는 그것이 상당 부분 그의 교육이 지향하던 목표였다고 말한다. 타고르는 자기 학생들에게 그들이 결코 잊지 못했던 자유로운 시민성의 패러다임을 제시해주었다. 그 교육 전체가 그랬듯, 자유의 이미지는 열정에 차 있었고, 그 정치적 사랑의 패러다임은 조용하고 명상적인 것이라기보다 에로틱한 것이었다. 학생들은 이 패러다임을 각자의 방식으로, 자신만의 불복종 제스처 속에서 그리고 자신만의 뚜렷한 창조적인 기쁨의 형태로 깨달아갔다. 타고르의 관점에서 볼 때, 변형된 형태의 남성성 개념은 내적으로나 외적으로 억압된 마음속에 놓인 것이었기 때문에, 창조적 변형의 사회에서 핵심적 인물들은 (그들의 생물학적 성이 무엇이든) 여성이었다. 어떤 의미에서 세계는 바울을 『피가로의 결혼』으로부터 분리하는 것처럼 보인다. 그런데 조금 더 깊은 수준에서 보자면 타고르의 비전은 모차르트의 생각과 정확히 들어맞는다. "고통과 광기와 어리석음의 나날들―오직 사랑만이 행복과 기쁨을 가져다주리니!"

2부

목표, 자원, 문제

Political Emotions
Why Love Matters for Justice

1부에 기술된 역사적 논의는 '시민 종교'라는 기획이 자유주의 사회를 살아가는 우리에게 왜 중요한지 보여주었다. 또한 왜 그것이 루소나 콩트의 정신보다는 밀과 타고르의 정신을 통해 구현되어야 하는지도 말해주었다. 모차르트의 케루비노 형상은 우리에게 타인과 관계를 맺음에 있어 우위를 점하거나 위계를 만드는 것이 아니라, 상호 응대하는 대화 속에서 서로를 맞이하고 기뻐하면서 환희와 영감을 주고받는 사랑을 추구하는 매력적인 시민의 이미지를 나타낸다. J. S. 밀의 '인간 종교'에 관한 논의는 확장된 공감을 실험과 비평의 정신과 연관 지으면서 이러한 이미지에 정치적 구조를 제공한다. 밀의 교육적 제안에는 현실사회가 '케루비노적' 부류의 시민을 형성하기 위해 어떤 노력을 해야 하는지가 담겨 있다. 라빈드라나트 타고르가 그린 바울의 이미지 또한 '케루비노적 맥락'이라고 부를 수 있는 유사한 정신을 구현하고 있다. 하지만 타고르는 훨씬 더 상세하게 미래의 시민은 모든 죽은 전통을 내던지고 사랑과 영감에 기반한 실험주의 정신으로 해결책을 제시해야 한다고 주장한다. 그러면서 타고르는 응당 비판의 자유와 대담한 혁신 정신을 강조한다. 밀의 제안에 동의하면서도 교육자, 페미니스트, 대중음악 작곡가로서 그는 조금 더 실천적인 가능성을 발전시켜나간다. 그가 밀과 다른 부분은—현존하는 종교를 폄하하거나 이를 대체할 무엇인가를 찾기보다는 그것들을 존중하고 호혜성의 정치학 안에 포함시키고자 애쓰면서—공적 영역에 대한 현대적 사유에 있어 결정적인 기여를 했다는 점이다. 정치적이고 실천적인 '시민 종교'의 모습이 드디어 등장한 것이다.

동시에 우리는 모차르트와 타고르로부터 그 어떤 호소력 있는 실천적 제안이라 할지라도 한 국가의 역사, 전통, 맥락에 대한 이해에 기반해야 한다는 것을 알게 되었다. 케루비노와 바울은 분명 서로 닮아 있다. 하지만 각각은 장소와 시간에 따라 형성되며, 그러한 적절성에 의거하여 소통 가능한 것이다.

역사적 자료는 오늘날 우리가 어떤 것을 옹호하고 또 실천해야 하는지 생각하는 데 도움을 준다. 하지만 이 자료가 여러 비전을 담고 있다 하더라도 현재 사회에 적용하기 위해서는 많은 보완이 요구된다. 첫 번째로 우리는 하나의 로드맵, 즉 우리가 머릿속에 그리고 있는 사회의 형태가 어떤 방향으로 나아가야 할지에 대한 이해를 해야 한다. 그런 의미에서 이 책은 이미 완성된 사회의 모습이 아니라, 정의를 향해 나아가는 사회를 다룬다. 이러한 작업에 있어 우리는 무엇이 도움이 되고 또 걸림돌이 되는지를 살펴보기 전에 살아 숨 쉬는 형태의 상상 가능한 청사진을 가질 필요가 있다. 다양한 감정은 우리를 여러 방향으로 이끌 것이다. 그리고 앞에 놓인 복잡한 문제들을 헤쳐나가기 위해서는 우리가 꿈꾸는 목적지를 그려보는 것 또한 중대한 과제가 될 것이다.

어떤 역사적 자료가 우리에게 주어졌다 하더라도 좀더 총체적인 심리학적 분석이 요구된다. 앞서 살펴보았듯이, 우리가 가진 자료들은 정의를 추구하는 데 있어 가장 주요한 감정적 장애물로 '제한된 공감 능력'에 초점을 맞추고 있다. 게다가 이 감정에 대한 분석조차 충분치 않다. 그렇기에 우리에게 주어진 과제는 이에 대한 심도 있는 탐구가 될 것이다. 이 감정의 요소는 무엇인지, 그리고 왜 이 감정은 전형적으로 협소하고 불균형적인 것인지 질문을 던져야 한다. 지난 역사 속의 사상가들은 공감과 이타주의가 인간이라는 동물의 유산 중 일부라는 사실을 깨닫지 못했다. 하지만 이제 우리는 그렇다는 것을 안다. 따라서 이러한 유산을 살펴보는 것은 공정하고 동등한 존중에 방해가 되는 것이 무엇인지 그리고 우리는 어떤 강력한 자료에 근거하여 논의를 펼쳐나가야 하는지를 이해하는 데 중요한 작업이라 할 수 있다. 인간 존재에 대한 실험적 연구와 적절히 결합된 동물로서의 인간 존재에 대한 연구는 우리가 단순히 이기적인 존재가 아닌 이타심과 동정적 관심을 가질 수 있는 존재임을 보여줄 것이다. 동시에 정치적 정의라는 우리의 목표를 고려해볼 때 이러한 관심의 많은 부분이 잘못될 수도 있다는 점을 알게 될 것이다.

우리의 자료가 갖는 또 다른 문제들은 이것이 (호혜성과 평등한 관심을 계속해서 가로막는 장애물로서) 인간 본성의 사악한 힘들에 대해 인식하지 못할 뿐 아니라 이를 정확하게 규명하지도 못한다는 것이다. 이에 대해 관심을 가졌던 콩트와 밀은 원죄를 사회의 기초로 여기는 신 중심의 사유를 거부하고, 이른바 인간 본성에 대한 순진한 접근 방식을 택했다. 즉 우리는 오직 선한 충동만을 갖고 있으며, 우리의 유일한 문제는 그것을 어떻게 확장하고 또 고르게 나눌 것인가 하는 점이라는 입장이다. 하지만 삶이란 그렇게 설명되지 않는다. 타고르가 말한 바울들은 인간 존재가 극복해야 하는 것이 무엇인지—우리가 신체와 맺는 관계의 문제, 체액에 대해 혐오감을 느끼는 경향, 이러한 혐오감을 타인(특히 여성)에게 투영하는 특성 등—에 대해 훨씬 더 풍부한 논의를 제시했다. 물론 타고르의 다소 추상적이고 단순한 논의 구조는 혐오와 섹슈얼리티에 대한 이슈들을 여전히 베일 속에 감춰두고 있다. 그렇기에 우리는 끊임없이 사회적 계층을 양산하고 사회를 위협하는 신체에 대한 혐오와 수치심의 뿌리를 탐구하면서 그런 베일을 걷어낼 필요가 있다. 그렇기에 비인간적인 동물적 감정을 연구하는 것은 필수라 할 수 있다. 이것은 우리에게 우리 삶과 다른 이타적 존재의 삶이 갖는 차이를 명확히 알 수 있게 해줄 것이며, 인간 존재만이 갖는 사악한 힘들의 원천을 정확히 찾아낼 수 있게 해줄 것이다.

인간과 동물의 차이점을 연구하는 것은 이중의 역할을 한다고 할 수 있다. 즉 이타주의의 구조, 한계, 가능성에 대한 이해를 돕고 동시에 인간 삶이 갖는 특정한 도덕적 딜레마의 근원을 파악할 수 있게 해줄 것이다. 이를 통해 우리는 널리 알려진 '근본악'(어떤 특정한 사회라도 그에 선행하여 존재하는 악의 경향성)이라는 개념을 이해하게 될 것이며, 이를 극복하기 위한 심리학적 분석의 근거들에 대해서도 알 수 있게 될 것이다. 이러한 분석은 7장에서 좀더 상세하고 풍성한 심리학적 분석을 통해 다루어질 것이다. 도널드 위니콧의 '관심'과 '놀이' 개념은 이타심과 상상력 사이의 관계를 발전시켜가는 데 도움이 될 것이다. 또한 이는 케루비노와 바울이 어떻게 강렬한 심리적 규범에 대응하는지에 대해 상세한 설명을 제공해줄 것이다.

2부의 마지막에는 케루비노의 이미지가 훨씬 복합적이면서도 좀더 현실적인 것으로 그려질 것이다. 케루비노는 우선 자기애와 관대함, 배타적 혐오와 적극적 호혜성을 동시에 지닌 지극히 양가적이고 '너무나 인간적인' 인물로 그려질 것이며, 어린이의 성장 발달에 대한 설득력 있는 논의가 어떻게 하여 이러한 경향성을 강화하면서 다른 성향들은 약화시키는지 보게 될 것이다. 그러면서 5장에 서술된 논의는 케루비노에게 일종의 정치적 고향, 즉 자유와 인간 역량을 고무시키는 자유주의 국가가 갖추어야 할 법률과 제도의 구조를 제공할 것이다.

- 5장 -

우리가 바라는 사회: 평등, 포괄, 분배

Political Emotions

Why Love Matters for Justice

그를 당신의 집으로 초대하지 마시오, 꿈꾸는 자여.
어둠 속에서
혼자서 당신의 길을 걸어가는 이여.
그의 말은 이국땅의 것이오,
그리고 멜로디는 낯설고
한 줄의 류트로 연주한다네.
당신은 그를 위한 자리를 마련할 필요가 없다오.
그는 날이 밝기 전에 떠날 것이오.
자유의 향연에
그의 노래를 청하리
새로이 태어난 빛의 찬가를.
_라빈드라나트 타고르, 『시와 희곡 모음집』[1]

1. 목표 설정하기

모차르트/밀/타고르가 주장했던 기획의 현대적 형태를 살펴보기 전
에 우리는 지금 어떤 방향으로 나아가고 있는지 그려볼 필요가 있다.
각각의 정치적 이상은 특정한 감정들에 의해 지탱된다. 군주정은 왕을
하느님과 유사한 아버지로서 의지하도록 국민을 부추기면서 어린이
같은 의존적 감정을 기르는 데 오랫동안 기대어왔다. 파시스트 국가(독
일 나치들이나 오늘날 인도의 유사 파시스트적 사회 조직인 힌두교 우익 단

체 등)는 연대에 기반한 자부심과 영웅 숭배, 반체제 인사의 고립에 대한 공포, 열등하거나 전복적인 것으로 묘사되는 집단에 대한 증오 등의 감정에 의존하며 또 이러한 감정들을 불러일으키고자 애쓴다. 파시스트들과는 거리가 먼 보수주의자들도 연대의 감정이 갖는 정치적인 가치를 강조한다. 예를 들어 데블린 경은 소수자들이 소중한 자유의 영역을 잃어버릴 위험에 처해 있다 하더라도, 입법가들은 평균적인 사회 구성원들의 혐오와 공분에 따를 것을 주장한다. 데블린은 오래지 않아 벌어졌던 권력의 축에 대한 투쟁을 언급하면서, 그러한 감정들은 사회를 한데 모으고 적을 물리칠 수 있게 만든다고 주장했다.[2]

최소주의 자유지상주의자들조차 자신들만의 특정한 감정 문화를 제안한다. 자유지상주의자들은 스스로 광범위한 공감에 의존할 필요가 없는 점이 자신들의 이상이 갖는 이점이라고 주장한다. 그들은 인간의 소유욕, 홉스가 말했던 공포, 제한된 공감 능력 등에 의거한 경쟁 구도를 밀고 나기기 위해 인간 본성을 그 자체로 이용할 수 있다. 이와 대조적으로 자유주의자들은 스스로 주장하길 문제적이고 불확실한 진보적 기획에 참여하기를 오히려 원한다. 물론 이러한 대조는 눈에 띄는 몇몇 부분을 제외하고는 없다고 할 수 있다. 심지어 자유지상주의자들도 억압과 사기에는 반대한다. 그러므로 그들조차 사회적 안정과 준법적 행동을 양산하기 위해 분노나 공포와 같은 감정을 형성할 필요가 있는 것이다. 그래야만 (홉스적인) '자연 상태'에서나 상상할 수 있는 행동들을 사람들은 하지 않게 된다. 그리고 자유지상주의자들은 안정성이라는 훨씬 더 큰 문제를 자기네 손에 쥐고 있다고 할 수 있다. 시기심, 수치심, 혐오와 같은 자기애적 감정의 고삐를 제어하지 않은 결과 그들은 자신들의 최소 국가마저 불안정하게 만들어버릴 지도 모른다. 경쟁적인 소유욕과 타인 위에 군림하려는 욕망은 이러한 형태의 국가를 뒤집어 무법 상태의 부족 국가로 전락시킬 수 있다. 그렇기에 자유지상주의자들은 이처럼 불안정한 힘들을 다루는 기획을 만들어야 하고 최소한 감정적 설득을 위한 포괄적인 기획이 필요한지 아닌지를 자문해봐야 할 것이다.

더욱이 자유지상주의 국가를 지지하는 이들은 전형적으로 '인간 본성'에 관한 자신들의 논의가 문화와는 철저히 분리된 것으로 가정한다. (이에 대해 그들은 적극적으로 논하지 않는다.) 이러한 가정을 통해 그들은 자유주의자들이 요구하는 것보다 훨씬 간단하고 덜 까다로운 전략만으로도 논의를 이어나갈 수 있다고 주장하는 것이다. 하지만 역사가 말해주듯이, 사람들의 확장된 공감 능력은 그들이 사는 문화에 따라 극명하게 달라진다. 계급과 신분에 따라 타인 위에 군림하려거나, 다른 인종이나 민족을 지배하려는 욕망도 마찬가지다. 우리는 미국의 통합된 문화 속에서 감정이 취하는 형식을 세상의 보편적이고 항구적인 진실로 간주하는 일은 피해야 한다.

그럼에도 불구하고 자유지상주의자들의 도전에는 귀중한 교훈이 담겨 있다. 즉 우리는 인간에 대한 (온전히 이해할 수 있는 것들에 한해서) 심리학적 사실 분석에 주의를 기울여야 한다는 점과 사람들이 규명하지 못했거나 혹은 억압에 못 이겨 내놓은 결과물들에 대해서는 추종하지 말아야 한다는 점이다. 이와 관련해 『피가로의 결혼』은 중요한 길잡이가 될 것이다. 왜냐하면 그것은 실제 세계에서 증오를 낳기 쉬운 비현실적인 기획에 몰두하기보다는 현실세계의 사람들을 있는 그대로 포용해야 한다고 말하기 때문이다.

그렇지만 우리는 단순히 사람들의 등을 긁어주는 정도의 정치 문화를 요구해서는 안 된다. 나아가 지금 살고 있는 현실 상황을 좀더 살 만하고 더욱 정의로운 세계로 만들고자 애써야 한다. 세계는 있는 그대로 아름답지만, 혼돈의 상태이기도 하다. 세상에 존재하는 많은 고통은 지금의 시대를 조금 더 현명하게 활용함으로써 완화시킬 수 있을 것이다. 좀더 나은 무언가를 향한 창의적 접근은 품위와 정의를 위해 투쟁하는 대부분의 사회가 갖는 핵심적 특징이며 그러한 투쟁은 목표를 향한 비전을 필요로 한다. 개인의 삶에서도 마찬가지이지만, 열망과 수용 사이에서 균형을 잡는 것은 정치적 삶에 있어 가장 어렵고 미묘한 과제다. 적절한 타협점을 찾았다 하더라도 정의를 향한 갈망을 없앨 수는 없다. 타고르가 계속해서 강조했듯이, 인간 존재에 대한 현실적인 그림은 일종의 '잉여'를 포함한다. 이 잉여란 인간을 다른 생명체와 구분해주는 거시적인 목표에 대한 창의적인 비전을 의미한다. 타고르가 말하길 "만약 인간이 마음속에 자신만의 이상적 자아와 이상적 환경에 대한 뚜렷한 이미지를 그리지 못한다면, 그것은 인간에 대한 모욕이다. 이러한 이미지의 외적 발현은 인간에게 주어진 임무라고 할 수 있다."[3] 타고르는 만약 한 국가의 정치 문화가 관성에 젖어 안락함을 추구한다면, 그 국민은 스스로 인간이기를 포기한 것이라고 말한다.

모든 국가는 순응하고 안주하려는 경향을 지닌다. 하지만 동시에 '자유의 향연'이라는 우리의 상상력이 갈망하는 목표 또한 갖고 있다. 그렇다면 이 상상의 여행자는 어디를 향해 가고 있는가? 가는 길 위에서 어떤 노래를 부르고 있는가? 우리는 이미 완성된 질서 정연한 사회를 탐구하는 것이 아니라, 롤스의 개념을 빌려 분명한 목표와 가시적 희망을 바탕으로 정의를 향해 나아가는 국가를 탐구하고자 한다. 이러한 목표 중 일부는 이미 헌법상의 권리나 법적 권한의 형태를 부여받은 것이라고 할 수 있고, 또 다른 일부는 (예를 들어 인종주의의 종식과 같은 과제) 헌법적 원리의 정신 속에서 조금 더 확장된 형태의 열망이라고 할 수 있다.

국가의 목표와 핵심적 기조에 대한 그 어떤 충분한 설명도 궁극적으로는 역사와 사회의 맥락에서 벗어날 수 없다. 이와 관련한 주제는 3부에서 자세히 다룰 것이다. 지금부터 우리는 일련의 정치적 이상들이 갖는 핵심적 특징들에 초점을 맞추어 포괄적인 논의를 다룬다. 존 롤스는 후기 저작을 통해, 자신의 정의 개념은 일련의 자유주의적 정치 개념 중 하나라고 강조했다. 물론 분배의 원칙은 기본적인 방향에서는 자유주의와 유사하지만 많은 부분 차이를 지니고 있었다. 이 장의 목표는 그러한 정치적 개념의 전반적인 특징을 살펴보는 것이다. 롤스의 고유한 개념들도 포함될 것이며, 나의 자유주의적 '역량 이론' 접근법 및 여타의 개념들도 포함될 것이다.[4]

나는 다른 저서들에서 이러한 규범들의 특정 형태들을 구체적으로 논한 바 있다. 하지만 여기서는 그렇게 하지 않을 것이다. 이 장에서는 앞으로 다루게 될 논의를 위한 명시적이거나 가설적인 규범적 바탕을 그리고자 한다. 다른 규범적 기준을 가진 사람들은 3부에서 다루어질 예시들에서 옳고 그른 것에 대한 내 분석이 잘못되었다고 말할 수도 있다. 하지만 그러한 사람들이라도 감정에 대한 나의 분석, 그리고 어떻게 공적인 전략이 감정을 형성하고 또 특정한 목표를 실현하거나 저지하는 데 기여할 수 있는지에 대한 분석에는 분명 동의할 수 있을 것이다. 말하자면 대영제국의 열렬한 신봉자는 1857년 델리에서 벌어진 제1차 인도 독립 전쟁 과정에서 있었던 감정의 형성과 발현이 옳은 행위였다고 판단할지 모르나, 나는 그에 동의할 수 없다. 그것은 명백히 잘못된 것이었다. 그럼에도 우리는 공포심이 어떻게 도시 건축물을 통해 형성되고 유지되었는지에 대한 설명에는 동의할 수 있을 것이다. 이와 유사하게 뉴딜 정책이 갖는 다양한 측면에 대해 반대하는 사람들은 루스벨트가 이룩한 것들에 대한 나의 열렬한 지지에는 동의하지 않을 것이다. 그렇지만 여전히 그의 정치적 수사가 어떻게 공포와 시기심을 자극하고 나아가 자신의 목표를 향한 진보를 이루어내는 데 기여했는지를 분석하는 내 설명에는 공감할 수 있을 것이다.

2. 정의로운 사회의 핵심 가치들

우리가 그리는 사회의 첫 번째 특징은 그것이 오직 경제 성장만을 목표로 하지 않는다는 점이다. 이 사회는 1인당 국내총생산GDP의 증가가 삶의 질의 향상을 말해주는 유일한 지표라고 생각하지 않는다. 대신 국민의 의사를 반영하여 건강, 교육, 정치적 권리와 자유, 환경 요인 등 여러 광범위한 목표를 추구한다.[5] 이러한 사회는 '인간 발전human development'을 목표로 삼는다고 말할 수 있다. 이것은 사람들이 풍요롭고 가치 있는 삶을 살아갈 기회를 얻는 것을 의미한다. GDP를 살펴보는 것은 물론 발전에 대한 광범위한 이해를 가능하게 하는 유용한 매개다. 하지만 그것은 기껏해야 매개에 불과하다. 특히 부자와 가난한 자 사이의 불평등이 큰 국가일수록 이는 적절한 매개라고 할 수 없다.

나아가 우리가 그리는 사회는 각각의 개인을 타인의 목표나 결과를 위한 수단이 아닌 '인간 그 자체로서의 목적'이라고 여기는 사회다.

달리 말하면, 이 사회는 좀더 큰 사회적 결과나 높은 평균을 창출하기 위해 특정한 시민 집단을 극단적으로 비참한 삶에 처하도록 내버려두는 것이 옳지 않다고 여기는 곳이다. 또한 남성들만이 당당한 시민이 되고 여성들은 이들을 보완해주는 대상에 불과하다고 취급하는 것도 잘못되었다고 말하는 사회다. 권리와 이익의 분배는 몹시 중요하다. 존 롤스가 지적했듯이 "모든 사람은 전체 사회의 복지라는 명목으로도 유린될 수 없는 정의에 입각한 불가침성inviolability을 갖는다".[6]

그렇다면 각 개인은 어떤 존재로 그려질까? 국가적 삶의 질이라는 개념 안에서 사람들은 그저 만족의 담지자의 모습으로 그려진다. 물론 우리가 사는 사회는 사람들의 만족에 많은 주의를 기울인다. 하지만 동시에 그 외에 선택과 행동을 위한 기회, 상호성과 애착의 관계 등 여러 요소도 고려하는데, 왜냐하면 불공정한 배경과 조건은 대개—경제학에서 말하는 '적응적 선호adaptive preferences'를 형성하면서—사람들의 선호와 만족을 낮게 설정하도록 이끈다는 것을 알고 있기 때문에, 사회가 제 역할을 잘해내는 데 있어 사람들의 선호에 대한 만족감은 신뢰할 만한 지표가 아니라고 생각하기 때문이다.[7]

사회에 대한 개념의 심장부에는 '인간 평등'이라는 생각이 깔려 있다. 모든 인간 존재는 평등한 가치를 지니며, 그 가치는 내재적이고 본질적이라는 것이다. 즉 이것은 (누군가의 아내라거나, 어떤 나라의 속국이라거나 하는 식으로) 다른 사람과의 관계에 의해 좌우되는 것이 아니다. 이러한 가치는 평등한 것이다. 모든 인간 존재는 각자가 지닌 휴머니티에 근거하여 동등한 존중과 배려를 받을 만한 가치를 지닌다. 몇몇 과거의 개념은 이러한 가치들을 인간의 이성적 능력과 같은 특정 능력이나 도덕적 선택을 위한 좀더 고차원적인 능력의 소유 여부에 의존한다고 보지만, 우리가 속한 국가는 그렇지 않다. 왜냐하면 휴머니티란 다양한 형태에 준거한다는 점을 알고 있기 때문이며, 계산 능력이나 도덕적 판단 능력을 일부 혹은 완전히 결여하고 있다는 이유만으로 심각한 인지적 장애를 가진 사람을 인간이냐 비인간이냐 따져 묻는 것은 옳지 않음을 인지하고 있기 때문이다.[8] 아마도 그런 사람들은 앞서 언급한 능력을 다소 결여하고 있다고 말할 수는 있겠지만, 애정과 기쁨을 느끼는 능력이나 아름다움에 대해 인식하고 반응하는 능력은 분명 가지고 있을 것이다. 그리고 그러한 능력이 계산 능력보다 인간에게 있어 덜 가치 있다고 말하는 것은 부당하다. 이러한 경우에 국한하여 볼 때, 부당하지 않다고 말할 수 있는 유일한 부분은 (무뇌증이거나 영구 식물인간 상태가 아닌) 보살핌과 생계 부담의 능력을 가진 부모들의 자녀는 서로 다른 인간 존재들에게 있어 완벽하게 평등한 가치와 권리를 갖고 있다는 점이다.

우리는 이와 유사하면서 가까운 개념을 사용함으로써 이러한 생각을 다시금 파악할 수 있는데, 그중 국제적인 문서나 국가 차원의 헌법에서 중요한 역할을 하는 '동등한 인간 존엄'이라는 개념이 그것이다. 이것은 모든 인간이 평등한 내재적 가치와 동등한 존중의 대상이 되어야 함을 제안하는 올바른 형태의 사유라 할 수 있다—하지만 우리는 존엄이라는 개념을 마치 직관적으로 자명한 듯 사용하고 있다는 점을 인정할 필요가 있다. 지금까지 우리는 생명윤리학의 차원에서 볼 때, 인간 존엄이라는 개념은 자명한 것이 아니라고 다루어왔다. 심도 있는 질문을 제기하기보다는 논의를 종결하기 위한 최종적 개념으로 이것이 빈번하게 사용됨을 볼 수 있다. 인간 존엄이라는 용어는 개념과 원리들의 총체적인 합의이며, 전체로서 정당화될 수 있는 것으로 이해되어야 한다. 존엄은 존중이라는 사유와 밀접히 관계를 맺고 있지만, 그것은 오직 부분에 불과하므로 전체 구조를 파악함으로써 온전한 의미를 확보할 수 있을 것이다.[9]

인간 존재와 관련된 정치적 개념의 핵심은 '투쟁'과 '취약함' 모두를 내포한다는 점이다. 인간 존재는 행운의 흐름을 그저 수동적으로 받아들이는 수혜자들이 아니다. 오히려 목표를 향해 나아가고 적극적인 활동을 추구하는 능동적 존재들이다. 하지만 동시에 행운의 흐름이 인간 삶의 평등에 중대한 침해를 가한다는 점에서 인간 존재는 명백히 수동적인 존재다. 달리 말해 국가들은 인간의 삶 속에서 좋은 것은 행운이나 타인의 개입에 의해서 증가하거나 감소하지 않으며 언제나 완벽하게 지켜진다는 스토아적 입장에 반대한다. 인간이 잘 살기 위해서는 식량, 관심, 보호 등 다양한 종류의 자양분이 필요하다. 또한 종교의 자유나 표현의 자유와 같이 인간 활동의 영역에 대한 보호 또한 절실히 요구된다. 그렇기 때문에 이러한 뒷받침의 노력을 거부한다는 것은 결코 사소한 일이 아니며 오히려 아주 치명적인 것이다. 물론 이러한 권리를 박탈당하더라도 인간 존엄을 유지할 수는 있다. 그것은 양도 불가능한 것이기 때문이다. 그렇지만 적절한 사회적 지지와 관심 없이는 인간 존엄의 가치를 지키는 삶을 사는 것은 불가능하다.

행동 주체와 사회적 지지는 서로 연결되어 있다고 할 수 있다. 왜냐하면 인간 존재에 부여된 사회적 활동과 투쟁의 능력이 우리의 취약함을 뒷받침하기 때문이다.[10]

이 지점에서 미묘한 문제가 발생한다. 한편으로 인간 존재는 스스로 취할 수 없는 많은 것을 서로에게 의지하며 그렇기에 이러한 보호와 지지의 관계 자체가 존엄성을 갖는다. 게다가 시민들은 삶의 많은 부분에 있어 비대칭적 의존성을 바탕으로 관계를 맺고 살아간다. 어린 이들이 특히 그러하다. 또 충분히 오래 삶을 산 노년이나 사고 혹은 질병에 의해 장애를 갖게 된 경우도 마찬가지다. 몇몇 시민은 치명적인 장애를 안고 살아가기도 한다. 우리 사회는 신체적·정신적 장애를 가진 사람들이 갖는 존엄에 대한 동등한 존중을 아주 중요한 것으로 여긴다. 또한 모든 시민이 삶의 많은 부분에 있어 서로에 대한 관심을 갖는 관계를 중요한 것으로 간주한다. 그러므로 이러한 의존성에 연관된 수치심이나 오명을 벗겨내는 일은 사회의 중요한 목표가 될 것이다. 다른 한편으로 행동 주체와 독립성도 지극히 중요하다. 장애를 가진 이들은 다른 사람들에 비해 활동의 선택과 독립성이 중요한 목표가 된다. 이러한 문제들에 있어 균형을 맞추는 일은 섬세한 과정이 필요하며 지속적인 논의와 대화가 요구된다.

지금까지 우리는 인간 존재에 대해 반복해서 말해왔다. 우리의 정치적 개념들 중 일부는 오롯이 인간에 초점을 맞추고 있다. 하지만 내가 말하는 개념은 인간뿐만 아니라 모든 동물이 자신의 보호와 번영을 위한 뒷받침을 받을 권리가 있다고 간주한다. 여타의 자유주의적 개념들은 다양한 방식으로 자연에 대한 관심을 표현하고 그중 몇몇은 내 개념들보다 훨씬 더 광범위하게 적용된다. (예를 들어 어떤 입장은 모든 살아 있는 생명체에 권리를 부여하고 심지어 생태계에까지 이를 확대한다.) 물론 이러한 차이들은 분명 중요한 의미를 지니며, 국가가 권장하거나 통제해야 하는 감정의 목록을 만들어줄 수 있다. 그러나 이것들은 내 기획이 다루고자 하는 바에 해당되지 않는다. 그럼에도 내가 제시하는 많은 예는 자연에 대한 인간의 관심이 어떻게 길러질 수 있는지 보여줄 수는 있을 것이다.

이러한 기획을 통해 내가 머릿속에 그리는 사회는 다양한 염원과 목표를 지닌 국가다. 이러한 맥락 속에서 '국가 주권의 도덕적 특징'¹¹이라는 개념이 성립된다. 이러한 국가적 헌신은 정치적 감정에 있어 상당히 중요하다. 왜냐하면 이와 유사한 많은 정치적 감정은 국민국가에 초점을 맞추어 이것의 보호와 번영을 위한 노력을 포함하기 때문이다. 국가는 염원을 가지며 이러한 염원은 초국가적 영역의 개입을 내포한다. 우리의 국가는 상호 연관된 세계의 구성원이며 많은 문제가 협력 없이는 해결될 수 없다는 점을 인식하고 있다. 우리의 시급한 목표들 중 하나는 바로 세계 평화이며 이 목표를 추구하는 과정 속에 국가들 사이의 협력을 위한 공정한 조건을 찾게 될 것이다. 그러면서도 다른 국가에 대한 헌신을 전쟁과 평화의 문제들로 소진하지는 않을 것이다. 시민들은 다른 나라 국민이 갖는 삶의 기회와 생활수준이 곧 우리의 문제이기도 하다는 점을 이해하게 될 것이다. 이것은 평화와 안정성 때문만이 아니라 그들 또한 중요한 존재이기 때문이다. 좀더 부유한 국가들은 가난한 나라의 국민이 발전과 번영을 이루는 데 어느 정도의 의무를 갖는다. 따라서 희생과 공감은 국가의 경계를 뛰어넘는다. 마치 니가 주장한바 국가는 인간에 대한 보편적 관심의 창조를 위한 지주가 되는 것이다.

국가들의 구성원 모두를 위해, '평등한 정치적·시민적 자유'라는 아이디어는 핵심적이다. 모든 시민은 평등이라는 기반 위에서 투표할 권리, 정치적 공무에 참여할 권리, 표현과 결사의 자유, 종교적 자유, 이동과 여행의 자유, 자유로운 언론 보장 등의 권리를 누린다. 이러한 평등에 대한 권리는 자유의 조건이 모든 사람에게 똑같이 적용된다는 것을 의미한다. 그리하여 중립적으로 보이지만 특정한 종교 단체에 대한 불공정한 압력을 행사하는 법은 의문시되어야 마땅하다. 다수결 원칙은 소수자들의 평등한 권리를 온전히 보호해주는 한에서 시행되어야 한다. 비록 이들의 권리가 빈번하게 '부정적인 것'으로 간주되고 때로 이에 대한 국가의 대책은 부재하는 것으로 여겨지지만, 이들의 권리를 실현하기 위해 감수해야 하는 것이 무엇인지 직시하는 것은 현대 민주주의 국가가 갖는 실수를 바로잡는 계기가 된다.

평등을 향한 이 같은 책무는 '적법한 절차에 따른 자유의 권리'와 '법률에 의한 평등한 보호'에 대한 더욱 넓은 관심으로 확장된다. 이와 같은 책무는 사실상 모든 현대 민주주의 국가에서는 친숙한 것으로, 인종, 젠더, 민족, 종교, 섹슈얼리티에 따라 분류되는 소수자들이나 전통적으로 소외된 집단에게 특히 중요하다. 모든 사회는 노예 제도, 종교적 적대감, 카스트, 여성에 대한 배제와 같은 집단에 대한 예속의 역사 그리고 현실 상황과 씨름한다. 그렇기에 우리 모두는 이러한 규범들의 실행을 방해하는 요소들을 제어하면서 '동등한 존중과 관용'에 이바지하는 감정들을 길러낼 필요가 있다. 그렇기에 모든 사회는 혐오, 수치, 공포 등과 같은 감정을 관리하고 연구해야 하는 이유를 갖는다. 공감을 확장하려는 '인간 종교'의 목표는 중요하다. 하지만 공감의 편협함이 동등한 존중과 포용의 세계로 나아가는 데 유일한 혹은 최악의 장애물인 것은 아니다. 집단적 적대감과 싸우기 위해서는 편견과 증오의 기원에 대한 깊은 탐구가 필요하다.

'폭력과 사기의 예방'은 모든 민주주의 사회의 주요 목표이자 법적 시스템이 발전하기 위한 근본적 요소다. 분노와 공포의 감정은 위협과 피해에 대한 반응에 해당된다. 즉 사회 구성원은 폭력과 사기가 명백한 피해의 형태라는 자유지상주의자들의 의견에 동의한다. 그것을 통제하는 것은 사회의 책임이고 이는 법률을 통해서만 이루어지는 것이 아니라 분노와 공포를 적절히 형성함으로써 제어할 수 있는 것이다. 우리가 속한 사회는 가정 폭력과 성적 학대가 온전한 인간 평등에 도달하는 데 있어 가장 큰 장애물이라는 점을 기억하면서 앞서 언급한 사회적 책무가 가정 안에서도 적용될 수 있도록 노력해야 할 것이다.

우리가 생각하는 국가와 자유지상주의자들의 사촌격인 국가들의 극명한 차이가 여기서 드러난다. 우리가 그리는 사회는 폭력과 사기의 범위를 넘어 정치적·시민적 영역에서뿐만 아니라 '사회·경제적 영역'이라 불리는 삶의 부분들에까지 해당되는 권리를 모든 시민에게 보장한다. 여기에는 건강, 교육, 품위 있는 수준의 복지, 피난처, 주거 등이 포함된다. 다시 말해, 우리가 그리는 국가의 형태들은 본질적 특징에 있어서나 권리 보호의 범위에 있어서나 차이를 보일 것이다. 그리고 이러한 권리를 보장하는 방식 또한 (헌법적 권리에 의해서든 법률의 제정을 통해서든) 차이를 갖는다. 하지만 기본적으로 실현 가능한 '유효한 재분배'라는 공정한 세금 제도를 통해 물질적 불평등의 수준을 낮출 수 있는 방법은 똑같이 모색할 것이다. 그리고 우리는 자유지상주의자들의 국가보다 훨씬 더 많은 재분배를 시행하기 때문에 이러한 제도를 유지하기 위해 요구되는 공감의 확장, 그리고 가난한 자들에 대한 사악한 편견들을 깨부수는 데도 충분한 관심을 쏟아야 할 것이다. 또한 경쟁적인 시기심을 줄이기 위한 노력을 해야 할 것이며, 자신의 운명을 타인의 입장에서 보지 못하게 가로막는 감정적 힘들도 경계해야 할 것이다.

시기심을 억제하려는 과제는 우리 사회가 모든 물질적 기회에 대해 완벽한 평등을 추구하는 것은 아니라는 사실 때문에 더욱 복잡해진다. 우리는 정치적·시민적 권리의 평등—누구도 다른 사람보다 더 많은 투표권이나 더 큰 종교적 자유를 가질 수는 없다—을 주장하지만, 재산과 수입 그리고 기회의 측면에까지 평등을 관철시키고자 하는 것은 아니다. 왜냐하면 우리는 '사회 전체의 수준을 향상시키는 혁신과 노력에 대한 보상을 하고자 일정 수준의 불평등은 남겨두는 선택'을 하기 때문이다. 존 롤스는 이러한 불평등이 최소 수혜자의 소득과 부를 증진하는 것에 한해서 허용될 수 있다고 보았다.[12] 하지만 롤스는 또한 정의에 대한 자유주의적 개념을 갖는 사회 구성원들이 각기 다른 분배의 원칙을 가질 수 있다는 것도 인정했다. 나의 역량 이론 접근법은 (정치적·시민적 영역에서의 완전한 평등을 포함하여) 모두에게 기회를 제공하기 위한 충분한 기반을 형성한다. 하지만 그러면서도 사회의 기틀이 잡힌 후에 이러한 기반 위에서 이루어지는 불평등의 원리들을 위한 여지는 남겨두고 있다. 여러 사회는 최하위층의 사람들을 위한 복지의 기본적인 수준을 유지하고 불평등을 크게 줄여나가지만, 일정 수준의 불평등은 허용하는 방식을 택할 것이다. 이 모든 경우에 있어 사회는 감정이 연관된 부분들에서 섬세한 균형을 맞추는 일에 몰두해야 할 것이다. 경쟁심을 허용하고 심지어는 어느 정도 부추기면서, 모든 사회 구성원의 복지에 대한 사회의 약속을 뒤흔드는 일까지는 벌어지지 않도록 제어해야 하는 것이다.

우리 사회의 사회·경제적 책무 중에서 '교육과 건강'은 핵심적인 요소다. 왜냐하면 적절한 교육을 통해 자신의 능력을 개발하지 못하거나 적절한 건강 관리 제도의 뒷받침을 받지 못한다면, 어떤 사회적 기획에도 참여할 수 없을 것이기 때문이다. 그렇기에 여러 사회는 각자의 방식으로 이러한 책무를 달성하기 위해 노력해야 한다.

교육은 하나의 목표이자 기회다. 사회가 교육에 대한 책임을 다할 때, 경제적 문제의 해결뿐만 아니라 정치적인 목표를 달성하는 데 미래에 대한 안정성을 보장할 수 있다. 그렇게 할 때 교육은 정치적으로 타당한 공감 능력을 형성하는 주요한 사회적 장을 마련할 수 있을 것이며, 증오, 혐오, 수치와 같이 부적절한 감정들은 사라질 것이다.

3. 비평의 문화

우리가 그리는 국가는 소중한 목표들을 지탱하는 정치적 감정을 함양하는 데 몰두한다. 하지만 그들은 활기찬 비판과 논쟁 또한 장려한다. 서슬 퍼런 비평의 문화는 진정 자유주의적 가치의 안정성에 핵심이 된다. 감정의 활발한 함양은 열린 비판의 공간을 보호하려는 노력과 때론 마찰을 일으킬 수 있지만 충분히 공존 가능하다.

한 예시로 미국 내에서의 인종 문제를 생각해보자. 지금까지 미국이라는 국가는 인종 문제를 법률과 제도를 통해서뿐만 아니라, 공적 기념일, 수사, 상징, 예술, 설득력 있는 감정을 통한 광범위한 전략적 접근을 통해 다루어왔다. 그러면서 비판의식 또한 가시적인 수준으로 성장시켰다. 첫째, 공개적으로 인종주의적 원리를 신봉하거나 사회의 법률적·헌법적 권리를 바꾸고자 하는 (인종차별뿐만 아니라 심지어 노예 제도의 재도입까지 시도하는) 사람들조차 자신의 생각을 자유롭게 말할 수 있게 되었고, 스스로의 정당성을 주장할 수 있게 되었다. 여느 국가들과는 달리 특정한 개인을 표적으로 삼아 위협을 가하는 발언이 아닌 이상, (예를 들어 일리노이주 스코키 지역의 신나치주의 시위자들이나 백인 우월주의 비밀결사 단체 큐클럭스클랜KKK의 집회 등) 인종주의적 발언마저 허용한다. 어떤 나라들에서는 이처럼 광범위한 표현의 자유란 자신들의 역사를 고려해볼 때 감당할 만한 범위를 넘어서는 것이라고 판단할지도 모른다. 그래서 독일은 반유대주의 발언을 일삼는 정치적 조직을 불법으로 간주하며, 이것은 그들의 역사를 고려해볼 때 옳은 행동이라 할 수 있다. 하지만 일반적으로 보자면 국가의 저변에 깔린 가치나 목표에 대해 비판적 목소리를 낼 수 있는 광범위한 자유는 반드시 허용되어야 하며, 이는 분명 사회의 중요한 가치에 대한 공적 추구와 양립 가능한 것이다.

사람들이 비판을 제기할 때, 그들은 자신들이 추구하는 목표를 달성하기 위해 헌법을 바꿔야 한다는 측면에서 보면 정치적으로 불리한 입장에 놓인다. 왜냐하면 단적인 예로 그들이 아프리카계 미국인을 하위 계급으로 만들거나 인종차별을 재도입하는 법안을 제기하는 것은 불가능하기 때문이다. 그들은 또한 감정의 측면에서도 불리한 입장에 놓인다. 왜냐하면 미국의 아이들은 학교에서 인종 간의 평등이 지극히 숭고한 정치적 감정이며, 훌륭한 미국인이란 인종주의자가 아니라고 배우기 때문이다. 일례로 이 아이들은 마틴 루서 킹 목사의 연설과 같이 인종 문제에 있어서의 진보와 인종에 대한 존중을 전면적으로 예찬하는 연설들에 고무되었을 것으로 보인다. 그런데 만약 몇몇 사람이 동료 시민들에게 흑인과의 피부 접촉에 대해 혐오감을 느끼도록 종용한다면—인종차별법을 통과시켰던 남부의 수많은 미국인이 한때 느꼈던 것처럼—그들의 계획은 성공하기 어려울 것이다. 하지만 누구도 이러한 시도에 대해 범죄의 혐의를 씌우지는 못할 것이다.

또 다른 광범위한 논의가 필요한 부분은 헌법적 보호의 정확한 의미와 범위다. 대부분의 미국인은 이제 인종 평등이 소중한 사회적 대의라는 데 동의한다. 하지만 소수인종 우대 정책이 과연 좋은 것인지, 또 이 법이 인종 평등이라는 목표에 도달하는 데 허용 가능한 방법인지에 대해서는 아직 합의에 이르지 못했다. 헌법적 가치들은 늘 보편성이라는 기준을 바탕으로 채택되며, 이 보편성 자체가 사회적 논쟁을 위한 공간을 담보해준다. 그렇기 때문에 마틴 루서 킹 목사가 소수인종 우대 정책을 지지했다는 사실을 널리 알리는 게 가능했던 것이다. 좀더 정확히 말해 많은 이가 그의 연설이 주는 감정적 힘에 고무되어 이 정책에 대한 자신들의 지지를 굳건히 했던 것이다. 하지만 킹 목사의 연설을 완전히 다른 방향으로 이해했던 사람도 많았다. 이들은 킹 목사를 예로 들면서 소수인종 우대 정책을 없애는 것을 목표로 삼아 행동했다. 역사적으로 볼 때 한 집단은 옳았지만, 다른 한 집단은 그렇지 않았던 것이다. 하지만 지금까지 계속되고 있는 시민적 논의의 맥락에서 보자면 이것은 상대적으로 사소한 부분이라 할 수 있다. 인종 평등이라는 보편적 목표를 향해 헌신적으로 활동하고 감정적으로도 동조하며, 그러면서 소수인종 우대 정책에는 반대하는 게다가 이러한 반대를 마틴 루서 킹 기념일에 주창하는 미국인도 있을 수 있다. 킹 목사를 둘러싼 공적 감정의 문화는 논쟁의 여지를 차단하지 않았으며, 나아가 이들에게 정치적 불이익을 주지도 않았다.

마지막으로 사람들이 사회의 보편적 목표와 그에 대한 정확한 해석 모두에 동의한다 하더라도 그것을 실현하는 전략에 관한 한 큰 차이를 보일 수 있다. 또한 감정에 대한 공적인 동조는 그러한 논쟁의 공간을 폐쇄하는 것과는 아무런 관련이 없다. 그렇기 때문에 동성결혼을 강력하게 변호했고 이제는 그의 이름을 딴 캘리포니아주의 공휴일도 있는 하비 밀크의 탄생을 진심으로 축하하는 두 사람이 있다고 할 때, 이 둘은 자신의 대의를 달성하기 위해 법적인 수단을 사용할지 말지 선택함에 있어 원리의 차원이 아닌 전략의 차원에서 철저하게 다른 의견을 보일 수도 있다. 이들 중 한 사람은 논란이 되는 도덕적 이슈에 대해 반다수제countermajoritarian에 기초한 법원의 판결은 사회적 반발을 초래할 수 있기 때문에 선출된 입법가들에게 이 문제를 맡기는 편이 낫다고 주장할 수 있다. 다른 한 사람은 선출된 공직자들에 대해 사회 단체가 행사할 수 있는 정치적 압력에 주목하여 이러한 사회적 압력으로부터 어느 정도 면제되어 있는 법원에 호소하는 것은 고도의 논쟁적 문제들을 다루는 데 좀더 현명한 방법이라고 주장할 수도 있다. 다시 말해 서로 간의 감정에 대한 합의가 논쟁의 공간을 가로막지는 않은 것이다.

비판적 사고와 반대의 목소리는 국가의 안정성과 건강함을 위해 참으로 소중한 것이다. 그렇기에 타고르와 간디가 그랬던 것처럼 많은 국가는 감정적 애착을 통해 비판 정신 자체를 함양하기 위해 애쓸 것이다. 어린이들이 과거의 영웅에 대한 이야기를 들을 때, 그들은 담대하고 혁명적인 인물들을 사랑하고 또 닮기를 교육받는다. 이 영웅들은 거대한 악을 직시하고 정의를 위해 자신의 안락을 버리며 위험을 무릅쓴 사람들이다. 또한 아이들은 학교의 연극 수업에서 버밍햄의 흑백 분리 버스 보이콧을 재현하거나, 버스 뒷자리에 앉기를 거부했던 로자 파크스의 역할을 머릿속에 그려보고, 인종 간의 결혼을 유죄 선고를 내린 버지니아주의 판결을 거부했던 밀드레드 지터와 리처드 러빙 부부 등을 연기할 것이다. 뒤 장에서 보게 되겠지만 이러한 공적 예술은 여러 방식으로 반대의 목소리와 관련된 감정을 증진하는 데 도움이 된다.

또한 한 국가는 다른 국가들로부터 배우기도 한다. 간디의 일생을 다룬 리처드 아텐보로 감독의 위대한 영화는 멀리 떨어진 미국 학교들에서 토론이 벌어지도록 자극을 불어넣었다. 물론 이 영화의 유일한 단점은 인도의 현실과 비교해볼 때, 비판적 사고와 이견 제시가 활발하게 오갔던 간디의 운동 '내부에 존재했던' 분위기를 제대로 그리지 못했다는 점이다. 자와할랄 네루는 간디에 대해 깊은 감정적 지지를 보내면서도 거의 모든 중요한 문제를 둘러싸고는 간디와 논쟁을 벌였다.

그렇기 때문에 어느 국가에서든 한 사람의 시민이 된다는 것은 개인의 양심, 다른 의견, 용감한 저항 정신 등과 밀접한 관련이 있다. 젊은이들은 이러한 역할을 했던 인물들을 보면서 성장할 것이다. 그리고 다른 가치들과 마찬가지로 이러한 가치들 또한 자체의 안정성과 재생산을 위해 감정을 필요로 할 것이다.

4. 정치적 자유주의의 도전

밀과 콩트는 전통적인 종교가 그들의 '인간 종교'로 대체될 것이라는 희망을 어느 정도 갖고 있었다. 타고르는 현존하는 종교들에 대해 덜 비판적이었는데, 그들 모두가 화합과 부분적 개혁을 통해 인간 종교의 정신에 함께할 수 있을 것이라고 제안했다. 그가 그렸던 모험적 화합의 시도에 가담하기 위해 여러 종교는 어느 정도 변화를 겪었어야 했는지도 모른다. 그들 모두는 종교적 투쟁과 증오에 대한 어떤 개입도 버려야만 했으며, 그들은 또한 힌두교 내에서의 불가촉천민 계층의 폐지와 같은 일부 개혁을 받아들여야만 했다. 하지만 타고르가 자신의 다른 많은 저술뿐만 아니라 『인간의 종교』에서 그린 그림은 종교적 다양함을 유지하면서 사회 속의 상호 존중과 공유된 원칙들에 대한 긍정으로 나아가는 것이었다. 각각의 종교는 자체적인 종교 의식과 자신의 신을 여전히 숭배할 수 있으며, 아마 통찰을 얻는 하나의 통로로서 자신들이 갖는 우월성을 (루소의 종교적 관용을 거부하면서) 계속 믿을 것이다. 다만 이러한 믿음은 모든 사람의 공통된 권리와 평등한 존중에 의해 만들어진 경계 안에서만 가능하다. 타고르의 학교에는 평등한 존중과 더불어 이러한 다원주의 정신이 퍼져 있다. 학생들은 각각의 종교적 휴일이 분열을 초래하는 종교적 시대의 나쁜 유물이라고 가르침을 받기보다는, 모든 주요 종교에 대해 배웠고 각각의 휴일을 찬양했다. 비록 그들이 불가촉천민을 끌어안는 것은 분명 금지되었고, 무슬림이나 기독교인들을 힌두교에 종속시키는 것은 불가능했지만, 그들은 종교란 악한 사회적 힘이라고 배우지 않았다. 타고르는 새로운 독립 국가에 시민 종교라는 정치적 제안을 할 정도로 오래 살진 못했지만, 네루-간디의 국교 금지 정책, 평등한 시민의 정치적 자유, (종교적 관용이 아닌 정치적) 관용과 공통의 정치적 원칙들을 융성하게 하면서도 종교적 다원주의를 수용하는 정치적 문화 등을 분명 지지했을 것이다.

다원주의에 대한 우리의 접근 방식은 밀이나 콩트의 형태가 아니라 타고르의 접근 방식과 같다. 종교적 다원주의가 자유라는 조건하에서 의미가 퇴색되지 않는다고 여긴다. 시민에 대한 평등한 존중은 각자의 방식대로 삶의 의미를 찾을 여지를 남겨주는 것이라고 믿는다. 그러면서 국가는 충분한 종교적 자유(그리고 자유를 위한 평등한 조건)

를 보장하기 위해 노력할 뿐 아니라, 국교 금지를 위해 헌신한다. 그 어떤 종교적 혹은 세속적으로 포괄적인 교리라 할지라도 그것을 단 하나의 국교로 세운다는 것은 인간을 평등하게 존중하는 방식이 아니다. 설령 그런 교리가 강제로 부과되지 않는다고 해도, 일부 몇몇 시민은 공식적인 정부의 교리와 뜻을 같이하는 진정한 신봉자가 되며, 그렇지 않은 이들은 배제되는 하나의 내집단과 여러 외집단을 만들어내는 선언이다. 밀과 콩트는 그러한 위계적 선언을 선호했다. 그들이 보기에 현존하는 종교는 인간의 진보에 주된 걸림돌이었기 때문이다. 이와 달리 우리가 사는 국가들은 규제가 오직 평등한 존중이라는 원칙에 의해 정당화될 수 있다고 믿는다.

지금의 국가들이 가지고 있는 관점은 찰스 라모어와 존 롤스의 기념비적인 저서들이 남긴 '정치적 자유주의'라고 알려진 교리에 해당된다.[13] 라모어와 롤스는 한 국가의 정치적 원칙이 그것이 종교적이든 세속적이든 삶의 의미와 근본에 대한 어떤 특정한 포괄적 교리의 기반 위에 서지 않는 것이 시민에 대한 평등한 존중을 위해 필요하다고 주장한다. 정치적 원칙들은 응당 (잠재적으로) 모든 합리적 시민 사이의 '중첩적 합의'의 대상이어야 하는 것이다. 여기서 말하는 합리적 시민이란 동료 시민들을 평등하게 존중하며 공정한 협동관계에 충실히 임할 준비가 된 이들을 뜻한다. 궁극적으로 이 원칙들은 모든 시민의 포괄적 교리에 들어맞아야 하는 것이다. 종교적이든 세속적이든 자신들의 포괄적 교리를 유지하면서 동시에 그들이 부분적으로든 혹은 하나의 '모듈'로 지지할 수 있는 것을 뜻한다. 그러한 합의는 현재 존재하지 않을 수도 있다. 하지만 미래를 위해 충분한 가능성을 보장받아야 한다. 또한 우리가 현 상황에서 그러한 합의에 도달하는 지점까지의 타당한 궤도를 그릴 수 있어야만 한다.

그러한 합의는 정치적 원칙들이 두 가지 특성을 갖는다면 가능하다. 첫째, 원리들이 적용되는 영역은 좁아야 한다. 핵심이 되는 정치적 권리 부여와 정치 구조의 문제들은 다루지만, 포괄적 교리로부터 파생되는 모든 주제를 다루려고 해서는 안 된다. 그러면 논란이 되는 형이상학적이고 종교적인 심지어 종교의 분리를 유발하는 윤리적 문제들을 분명 피할 수 있을 것이다. 동시에 정치적 권리 부여 혹은 시민들이 궁극적으로 동의하기를 바라는 시민적 태도에 관한 근본적 문제와 같은 윤리적 주제들에 중점을 둘 수 있게 된다. 둘째, 원리들의 토대는 얕은 것이 좋다. 즉 논쟁을 유발하는 형이상학적, 인식론적, 종교적 주장들에 의해 정당화되어서는 안 된다. 원리들에 대한 정당화는 '자율적인' 것이어야 한다. 지식이든 가치든 어떤 포괄적인 계획에 종속되지 말아야 한다. 인간에 대한 평등한 존중과 인간 존엄의 상호 연관성과 같은 정치적 교리 자체에 핵심이 되는 윤리적 개념들 위에 서야 한다. 정치적 원칙들은 평등한 존중이라는 개념과 같이 한정적인 도덕적 내용을 지닌다. 그리고 이것의 목적은 순전히 절차적인 정치 혹은 도덕적 목표와 이상을 잃어버린 정치의 구축을 피하고자 함이다. 궁극적인 목표는 이러한 도덕적 이상이 시간이 흐르면서 다양한 종교적, 세속적 관점을 지닌 시민들에게 수용되는 것이다. 왜냐하면 시민들은 이를 자신들이 가진 자유와 평등에 대한 충실한 존중의 표현으로 받아들일 것이기 때문이다.

정치적 자유주의는 평등한 존중과 공정함이라는 기본 개념을 수용하는 모든 시민이 이와 똑같이 정치적 원칙들을 손쉽게 수용해야 한다고 요구하는 것이 아니다. 때론 억압이 있을 수 있다. 말하자면 포괄적 교리의 다양한 부분 사이의 충돌에 의한 심각한 내부적인 억압 또한 있을 수 있다. 요구되는 것은 오직 정치적 원칙들이 반드시 다양한 정치적, 세속적 교리를 갖고 있는 모든 시민에게 평등한 존중을 보여야 한다는 것뿐이며, 이로부터 그 어떤 교리도 정립해서는 안 된다.

국교 금지는 단순한 법의 문제가 아니다.[14] 그것은 또한 공적인 의식은 어떤 형태여야 하는지, 공립학교가 무엇을 가르치고 또 요구해야 하는지, 어떤 공적 기금이 이를 후원해야 하는지 등과 같은 문제의식을 함축한다. (미국 헌법에 있어 역사적인 사건들은 바로 이러한 지점을 건드리는 것이다.)[15]

그렇기에 정치적 원칙들은 인간 종교를 포함하거나 그것을 토대로 세워질 수 없다. 그러한 생각은 최소한 콩트적인 의미에서 혹은 밀의 주장에 비추어볼 때, 내용의 측면에서든 토대의 측면에서든 부적절하다. 콩트가 말한 종교는 논란이 될 수 있는 모든 종류의 형이상학적, 종교적 개념들을 포함한다. 거기에는 선형적인 인간의 진보와 숭배의 대상으로서의 인간과 같은 사유가 들어 있다. 콩트식의 종교 의식은 탄생과 죽음 같은 평범한 인간적 사건들을 지극히 고유하며 반종교적인 방식으로 해석한다. 그것의 기반과 관련해서는 실증주의 철학이 입증했듯 유신론에 대한 거부에 의존하고 있으며, 우주의 본질과 그 속에서 인간의 역할에 대해서도 여러 실증주의적 교리에 기대고 있다. 밀의 경우, 스스로 명확하게 밝히고 있듯이, 폭넓은 연민은 가정과 학교에서 가르쳐야 하며 대학 교과과정 속의 미학 교육을 통해 강화되어야 한다는 그의 주장은 그 속에 담긴 내용 혹은 그 자체로 위와 같은 비판에 취약하지 않다. 하지만 밀 자신이 권장하는바, 만일 새로운 포스트 종교 시대에 인간의 연민이 유신론적 종교의 대체물로 내세워진다면 이는 부적절하다. 수많은 검증을 거쳐 살아남은 휴머니즘의 형태는 타고르의 것이라 할 수 있다. 타고르의 휴머니즘은 인간의 평등과 자유를 둘러싼 핵심적 공통 개념들에 충실할 것을 요구한다. 동시에 국가의 정치적 원칙들에 새겨질 수 있는 윤리적 이상을 중시하면서 동시에 다양한 종교적, 세속적 세계관을 추구할 여지를 허용하고 어떤 것도 서로 종속되지 않도록 한다.

타고르의 휴머니즘은 주요 종교들에 대한 엄중한 검토를 요구한다. 다른 한편으로 카스트 제도에 대한 거부는 일부 사람에게는 거슬리는 선택이기도 하다. 하지만 미국의 인종 문제와 인도의 카스트 제도는 매우 유사하다. 미국의 헌법은 지금까지 해석된 바와 같이 아주 강력한 방식으로 인종 간의 평등을 지지한다. 인종 분리 정책을 뒷받침하는 법률과 인종 간의 결혼을 금지하는 법률 등은 평등을 근거로 헌법에 위배된다고 공표되었다. 이와 유사하게 인도 헌법도 불가촉천민의 관행을 금지했다. 두 나라의 사례 모두 기본적인 정치적 원칙들이 당시의 모든 주요 종교에 의해서는 분명 받아들여지지 않았던 도덕적 평등이라는 이상을 포함하고 있었다는 것을 알 수 있다. 하지만 시간이 흐르면서 정치적 원칙들은 규범적 성격을 띠게 되었고, 오늘날 미국에서 어떤 종교 집단도 종교적 이상의 핵심 요소로서 인종적 계층 관계나 인종적 차별을 옹호하지 않는다. (이러한 것들은 언제나 계층적 차별의 형태를 띠었지만 그것이 항상 그런 형태로 드러난 것은 아니다.) 인도에서도 비록 카스트에 의한 차별은 광범위하게 시행되었지만 헌법적 규범이 이에 대해 제재를 가했고, 오늘날에는 보수적 힌두교도들마저 불가촉천민 제도를 옹호하지 않는다. 이것이 '중첩적 합의'가 이루어지는 방식이다. 즉 특정한 관습들이 공적인 영역에서 금지되고, 시간이 흐르면서 다른 논의들로 확장되며 여러 사회적 힘이 가세하면서 사람들은 삶의 전반을 이루는 요소들에 대한 관점을 다시 생각하게 되는 것이다.

그렇다면 그것이 생성하는 정치적 원칙, 사회적 의례, 예술작품 등은 어느 정도의 사회적 논란을 만드는가? 물론 여기에는 여러 이견이 있다. 특히 많은 미국인은 자신들이 준수하는 공적 규범 속에서 발견되는 '정치적 올바름political correctness'에 대해 반감을 갖고 있다. 사실상 오늘날 미국 내에 그 어떤 큰 집단에서든 인종차별을 시행하기란 매우 어려우며, 공적 감정을 구축하는 일은 인종차별주의자에 대한 강한 거부감과 큰 관련이 있다. 분명 정치적 규범과 조화를 이루지 않는 이상을 추구하려는 개인적 선택에 대해 여지가 없다고 말한다면 잘못된 것이다. 분명한 한 가지는 언론과 결사의 자유는 소중한 보호를 받아야 한다는 것이다. 중첩적 합의는 포괄적 관점과 정치적 관점 사이의 긴장관계 속에 있어야 한다. 대부분의 사람은 자신의 신념 체계 중 최소한 그 일부에 대해 긴장감을 갖고 살아가며, 또한 규범이 주는 일관성에 대한 안정감의 범위 안에서 제약을 준수한다.

이런 식으로 계속되는 긴장감을 생각해보면 콩트와 밀이 가졌던 유리한 지점을 떠올리게 된다. 그들은 자신들의 정치적 사유가 사람들의 평등과 자유를 온전히 존중하지는 않았다는 측면에서 윤리적으로 옳지 않았다. 하지만 안정성에 대해 고려한다면, 내가 옹호하는 것들에 비해 그들의 사유가 이점을 가지고 있었다는 것을 알 수 있다. 만일 당신이 긴장과 충돌을 유발하는 모든 교리를 당신의 정치적 이상을 전적으로 뒷받침해주는 교리들로 대체할 수 있고, 또 그러한 시도에 성공한다면, 당신의 정치적 이상은 다양한 종교적, 세속적 입장들을 조심스럽게 다루어야 하는 국가의 이상보다는 훨씬 더 안정적일 것이다. 많은 종교적, 세속적 입장 중 몇몇은 국가의 정치적 원칙을 수용하겠지만 그것들과 긴장관계를 이룰 것이다. 만일 사회 전체와 주요 종교적 교리가 합심하여 같은 방향으로 나아간다면 틀림없이 정치적 규범의 형성에 이로운 일이 될 것이다. 하지만 내 관점은 그러한 이점 없이 평등한 존중을 위해 나아가는 것이다. 그렇게 되면 좀더 많은 긴장 속에서 살아가야만 할 것이다. 사회는 근본적 대변혁을 겪지 않을 것이고, 사람들은 정치적 이상의 신뢰할 만한 주체가 되지도 않을 것이다. 비록 우리는 그들이 평등한 존중을 그저 일상적 양식으로 수용하는 것이 아니라 그것에 대한 열렬한 지지자가 되어주기를 희망하지만, 그들의 마음은 양가적이며, 조각난 충성심으로 살아갈 것이다. 롤스는 비록 질서가 잘 잡힌 안정적인 사회라도 그러한 긴장이 지속될 수 있다고 지적한다. 지금 우리의 사회가 정확히 그러하다. 완전한 사회 정의를 염원하지만, 아직 달성하지 못했기 때문이다. 실천의 현장은 하나의 포괄적인 전체로서의 사회로부터 그 자체로 정치적인 영역으로 이동해가고, 또 다원주의 세계를 자신들의 이상이 지배하도록 만드는 전략들로 전이되어가고 있다.

정치적 영역은 어떻게 정치적 이상을 강화하는가? 정치적 영역과 (롤스가 '배경적 문화background culture'라고 부른) 나머지 사회의 부분을 철저하게 구분하는 '정치적 자유주의'의 관점에서조차 법적인 강압과 비형식적인 설득은 서로 구분된다. 인종 간의 평등과 같은 핵심적인 정치적 가치들은 강압적으로 시행될 수도 있고 또 그래야만 한다. 나아가 이러한 강압적 시행이라는 사실 자체는 시간이 흐르면서 설득의 효과를 지닌다. 불법적 행위는 처벌될 뿐만 아니라 낙인 찍히기 때문이다. 그리고 사람들은 아이들을 법적인 규범에 기꺼이 따르도록 양육하려는 강한 의지를 갖고 있기도 하다. 물론 공직자들은 설득의 방법을 사용하기도 한다—법적인 규범을 지지하도록 권장하면서 동시에 그러한 규범을 안정적으로 만들어주는 일반적인 마음의 습관을 권장하기도 한다. 미국 의회가 마틴 루서 킹 목사의 생일을 (결국 격렬한 반대를 물리치고) 공휴일로 제정했을 때, 나아가 나라 전역의 지도자들이 축하 행렬에 동참했을 때, 그들은 지금의 헌법적 규범을 옹호하기 위해 설득을 활용했던 것이다. 하지만 동시에 그들은 이러한 규범 뒤에 깔린 좀더 일반적인 감정적 태도를 촉구하고 그럼으로써 규범이 더 확고하게 자리 잡을 수 있도록 도와주는 역할을 했다.

그러한 과정에서 정부 공직자들은 정치적 규범들이 하나의 종교적 혹은 세속적 삶의 관점에서부터 비롯된 것이라는 주장을 피해야만 했다. 원칙적으로 인종 분리 정책과 카스트 차별의 철폐는 그 어떤 특정한 종교적 관점으로부터도 독립된 논의에 근거하여야 한다. 종파주의와 의도치 않은 국교 설립의 위험은 특히 감정을 다룰 때 더욱 커진다. 왜냐하면 감정은 기억에 반응하고, 기억은 종교적 제의 혹은 마음의 습관과 종종 긴밀히 연결되어 있기 때문이다.

하지만 커다란 부정의의 상황 속에서 종교적 이미지가 갖는 공명의 힘을 사용하지 않고 변화를 위해 필요한 힘을 이끌어낼 수 있는 방법은 없는 것인지도 모른다. 간디가 형제애와 인간 존엄의 이미지를 얻기 위해 힌두교의 금욕주의 전통에 의존했을 때, 그는 인도가 우선적으로 힌두교도들을 위한 것이라는 입장을 표명하는 위험을 감수한 것이다. 간디는 스스로 이러한 위험을 감수해야만 한다고 믿었다. 이것은 힌두교도들로 하여금 힌두교에게 필요한 급진적인 새로운 관점을 받아들이게 하기 위함이었다. 하지만 그는 자신의 제의적 행사(거의 죽음에 이르게 했던 벵골에서의 단식 끝에 그는 무슬림이었던 마우라나 아자드가 손으로 건넨 음식을 처음으로 받았다)에 무슬림과 기독교인 모두를 포섭하기 위한 모든 수단을 동원해야 하는 의무가 스스로에게 지워져 있다는 것을 알았고, 이것이 그를 이러한 선택으로 이끌었다. 이와 유사하게 마틴 루서 킹 목사도 유대 기독교 전통으로부터 강력한 힘을 발휘한 예언적 상상력을 이끌어냈다. 그가 그러한 언어를 사용하지 않았더라면 그와 같은 감정적 영향력을 달성하기란 어려웠을 것이다. 킹 목사는 종파주의의 위험을 감수했다—하지만 그는 자신이 감수해야 할 위험을 알고 있는 듯했다. 그는 자신이 사람들에게 불러일으키고자 했던 그 이상은 곧 모든 미국인의 이상임을 보여주려는 각고의 노력을 한 것이다.

이처럼 공적 감정은 개별 시민들이 가진 포괄적 교리와 비교해볼 때, 좀더 한정적이고 얕은 것이어야 한다. 종종 급박한 상황에 부딪혔을 때, 그러한 포괄적 교리의 깊이와 울림을 사용할 수는 있으나, 다원주의와 평등한 존중에 대한 실천을 통해 다시금 그러한 움직임에 대해 균형을 잡아주는 것이 낫다. 주제의 제한성이란 슬픔, 두려움, 역겨움을 비롯한 여타 감정들이 작동하는 인간 삶의 많은 분야가 정치적 역량 함양의 핵심이 되지 못한다는 것을 의미한다. 따라서 우리는 정치적 문화가 궁극적으로는 이러한 감정들에 대해 흥미롭고 깊은 어떤 설명을 과연 해줄 수 있을지 의문을 갖게 된다. 하지만 그러한 설명은 가능해야 할 것이고, 될 수 있는 한 종파주의의 문제를 해결하는 편이 낫다고 할 수 있다. 왜냐하면 많은 치명적인 정치적 경향성의 뿌리는 어린 시절이나 가족, 몸의 이미지, 자기 자신과 타인 등을 통해 형성되기 때문이다. 인종적 혐오감과 신체적 오염에 대한 두려움은 법만으로는 말해질 수 없으며, 정치적 영역에서 이러한 혐오를 피하기 위해 법적 명령을 동원하는 것도 충분치 않다. 휘트먼과 타고르는 각각의 사회가 가진 젠더와 카스트의 문제가 우리로 하여금 신체에 대해서, 에로티시즘에 대해서, 한계에 대해서, 도덕성에 대해서 공적으로 생각하고 토론하기를 요구한다고 여긴다. 결국 정치적인 것은 광범위하게 뿌리를 내릴 것이고, 그렇기에 감정의 함양은 가능한 한 종파주의를 피하면서 그것이 문제를 유발하거나 지지를 약속하는 어느 곳이든 뒤쫓아가려는 노력을 해야만 한다.

가끔 우리가 (케루비노와 바울을 따라) 제안하는 관점들은 주요 종교들이 현재 고수하는 관점들과 약간의 긴장관계에 있게 될 것이다. 그러한 경우에 종파주의의 위험은 불가피한 것으로 보인다. 하지만 공적 문화는 하나의 대화다. 그것은 역동적이다—시간이 흘러감에 따라 인종차별과 카스트라는 오명과 함께 우리는 좀더 많은 긴장이 해소되기를 바란다. 한때 인종 분리와 불가촉천민 문제에 도전하는 것은 지극히 종파적인 것으로 여겨졌다. 하지만 오늘날 주요 종교들이 그러한 종파적 시도 없이도 살아남을 수 있고 번창할 수도 있다는 것은 분명해 보인다. 혐오와 신체에 관한 문제들 또한 어느 정도는 완화되었다. 최소한 몸에 대한 수치심은 대부분의 현대사회에서 약해지고 있는 것이 사실이다. 평등한 인간의 가치나 존엄이라는 개념 또한 일부 종교가 취하는 (예를 들면 칼뱅주의) 인간에 대한 이해와 긴장관계에 있지만, 그들의 사유가 객관적으로 종파적이거나 국교주의적인 것으로 보이진 않는다. 오히려 인간의 존엄과 평등한 인간 권리를 주장하는 국가에서 칼뱅주의조차 번창할 수 있을 것 같다. 미국에 있는 대부분의 프로테스탄트 교회들은 더 이상 인간의 미천함이나 무가치함에 대해서만 골몰하지 않으며, 동시에 공적인 영역에서의 인간 존엄을 긍정하는 것을 통해 그러한 긴장 속에서 살아가는 법을 배운다. 혐오와 관련해서도 그러한 가능성의 여지가 있다. 즉 사람들은 혐오가 한 집단을 다른 집단에 종속시키는 법의 그릇된 토대가 된다고 주장할 수도 있지만, 동시에 혐오가 사람들의 개인적 행동의 많은 측면을 이끌어준다고 볼 수도 있다. 이것은 에로티시즘과 신체의 동물적 특성에도 똑같이 적용된다. 왜냐하면 정치적인 목적하에 우리는 인간의 신체화가 인간 존엄의 한 부분이라는 관점을 취하기 때문이다. 단순한 인간 존재에 대한 초월이라는 전통적인 관념은 (타고르의 사유에서 본다면) 부정의를 초월하고 정의를 향해 나아가는 염원을 담고 있다는 정치적 해석이 가능하다. 그 관념들은 최소한 정치적인 맥락에서 볼 때, 신체에 대한 거부나 혐오와의 관련성을 유지할 필요가 없기 때문이다.

공적 감정의 얕음과 관련하여 보자면, 감정의 정치적 문화는 신학적 혹은 형이상학적 전통 위에서 스스로를 정립해서는 안 된다. 하지만 경험적 심리학이나 인간과 동물의 관계를 다루는 영장류학이나 인간의 편견을 연구하는 역사학이나 사회학의 지지를 받지 말아야 할 이유는 없다. 도널드 위니콧은—상상력과 놀이에 관한 그의 연구는 우리 기획에 중요한 토대가 될 것이다—형이상학적 정신분석학자가 아니었다. 그는 임상 의사였고, 경험에 근거한 연구를 제시했다. 그의 사유는 경험적 연구자들의 연구 결과와 일치한다.

5. 제도와 사람들

공적 감정은 훌륭한 정치적 원칙의 안정성과 효율적인 구현을 위한 원천이다. 그렇기에 자연스럽게 사람들로 하여금 특정한 맥락 속에서 특정한 대상(국가 자체, 국가의 목표, 특수한 과제나 문제, 국민)에 대해 특정한 감정을 경험하게 만드는 일이 중요해진다. 하지만 감정들 자체가 안정화를 요구한다. 심지어 (확장된 공감과 같은) 가장 긍정적이고 유익한 감정조차 그것에 대한 관심의 집중이 확장되거나 분산됨에 따라 큰 폭으로 요동칠 수 있다. 애덤 스미스가 정확히 지적했듯이, 사람들은 중국에서 일어난 지진으로 인해 큰 감정적 동요를 느끼지만, 금세 자기 새끼손가락에 있는 고통으로 관심을 전환한다. 오직 감정적 기반에만 뿌리를 두고 야심 차게 시작하는 사회적 재분배의 기획은 분명 실패의 운명에 처하게 될 것이다.

이러한 한계에 대한 이해를 바탕으로 특정한 곤경에 대해 예민한 공감 능력을 가진 사람들은 동료 시민들에게 감정을 불러일으킬 방법을 모색할 뿐만 아니라, 대의를 추구하는 데 있어 안정성을 담보하는 법과 제도를 만들고자 노력할 것이다. 가난한 이들에게 연민을 느낀다고 할 때, 자선 사업을 하나의 방편으로 떠올릴 수 있겠지만, 그러한 마음의 기운을 공정한 세금 제도나 일련의 복지 프로그램을 만드는 데 사용하는 것이 훨씬 훌륭한 일이라 할 것이다. 이런 식으로 감정은 두 가지 층위에서 작동한다. 우선 법과 제도가 합리적이고 타당하다면, 감정은 이를 유지하고 지탱한다. 그러면서 동시에 이러한 법과 제도를 개선하려는 동기를 부여한다. 그러한 개선의 동기가 작용할 때, 우리는 제도 자체가 감정의 통찰을 구현한다고 말할 수 있을 것이다.

이것이 바로 법의 이면에는 분노와 원한의 감정이 있다고 말한 밀의 명제가 의미하는 바이다. 즉 법은 개인적 원한의 경험이 갖는 통찰을 구현하는데, 이는 성찰을 통해 정제된 것이자 모두를 향한 공감에 의해 확장된 형태를 갖는다.[16] 세금과 복지 정책 또한 그렇다. 이러한 제도들은 실제 삶에서의 공감보다는 훨씬 안정적이면서 특별한 형태의 청원으로 기울지 않는 방식으로 공감을 구현한다.

법과 제도가 이미 선한 감정들의 통찰을 구현하고 있는 경우, 그런 감정들의 경험을 더욱 촉진한다. 그렇기에 토크빌은 미국의 제도들이 유럽의 제도들보다 기회와 사회적 지위의 측면에서 사람들을 서로 가까이 있게 만들면서 공감을 꾀한다고 설명한다. 다시 말해 내 옆의 다른 사람이 멀리 떨어져 있지 않고 가까이 있을 때 서로의 처지를 이해하는 것이 더 쉬워진다는 것이다.[17] 이와 마찬가지로 익숙하면서도 삶에 깊숙이 자리 잡고 있는 복지 제도는 경제적 어려움을 겪는 사람들에 대한 공감과 연민을 좀더 쉽게 느끼도록 만들 수 있다. 왜냐하면 그러한 처지에 있는 사람들에 대해 (그들의 게으름을 책망하기보다는) 사회적 부양을 받을 자격이 있다는 원칙을 정립해주기 때문이다. 프랭클린 루스벨트 대통령은 뉴딜 정책에 앞서 훨씬 어려운 감정에 관한 과제들을 해결했다. 이것은 사회 안전망을 가진 튼튼하고 안정적인 사회 민주주의 국가의 지도자들의 과업보다 훨씬 어려운 것이었다. 다른 한편으로, 뉴딜 정책의 계속된 역사가 보여주듯이, 좋은 법과 제도는 사람들의 지속적인 감정적 지지를 요구하며, 사회를 좀먹는 나쁜 감정의 영향으로부터 보호될 필요가 있다.

이 기획의 목적은 이미 충분히 훌륭한 사회로부터 좀더 온전한 사회 정의를 달성한 사회로 나아가는 동시에 정치적 원칙들에 안정성과 역동성을 부여하는 데 있어 감정이 갖는 역할을 규명하는 것이다. 그러면서 우리는 감정적 경험이 종종 제도의 형태로 더욱 견고해질 수 있다는 점을 잊어서는 안 된다. 왜냐하면 많은 경우 그러한 형식적 구조만이 인간의 감정이 쉽게 빠질 수 있는 공허함과 편향성의 문제들을 해결해줄 수 있기 때문이다.

- 6장 -

동정심:
인간과 동물

Political Emotions
Why Love Matters for Justice

나는 방향을 돌려 동물들과 함께 살 수 있을 것 같다.
그들은 무척이나 온순하며 자족적이다.
나는 서서 아주 오랫동안 그들을 바라본다.

그들은 자신들이 처한 환경에 대해 불안해하거나 불평하지 않는다.
그들은 어둠 속에서 깨어 있지도 자신들의 원죄 때문에 울지도 않는다……
어느 누구도 불만족해하지 않으며,
어느 누구도 물건을 소유하려는 광기에 미쳐 있지도 않다.
어느 누구도 서로에게 혹은 수천 년 전에 살았던 동족에게 무릎 꿇지 않는다.
어느 누구도 추앙받지 아니하며 우주 전체에 대해 불행해하지 않는다.

그들은 나와 맺고 있는 관계를 보여주었고 나는 그것을 받아들인다.
그들은 나에게 나 자신의 징표들을 선사한다.
그들은 그 징표들이 그들의 소유물임을 분명히 보여준다.

_월트 휘트먼, 「나 자신의 노래」

1. 심리학과 정의의 문제

우리가 상상 속에 그리는 국가는 정의를 염원하는 국가다. 그러한 국가들은 좋은 정책을 위한 동기를 부여하고, 그것을 안정적으로 만드는 데 있어 감정이 어떤 도움을 줄 수 있는지 파악하고자 애쓴다. 또한 자신들의 노력에서 이탈하는 감정들을 저지하거나 최소한 통제하기를 원한다. 하지만 한 사회가 그런 야심 찬 목표를 추구한다면, 우리가 이제껏 알고 있던 대로 인간 본성에 관한 자료들과 문제에 대한 해결의 실마리를 줄 수 있는 연구를 바탕으로 해야 할 것이다. 우리는 특정한 감정들에 대한 특정한 정책적 방안들을 고민하기 전에 (현재 우리가 알고 있는 내용을 감안하여) 인간 존재 자체에 내재하는 가능성과 위험에 대한 총체적인 고찰을 해야만 한다. 이는 개별적인 사건들에 대해 시간이 흐른 뒤 더욱 복합적으로 살을 붙일 수 있는 하나의 서사에 해당된다.

우리의 국가들은 정치적 자유주의에 굳건한 뿌리를 내리고 있기 때문에, 그들은 정책적 권고 사항을 인간 본성에 대한 그 어떤 지배적인 종교적, 윤리적 관점에도 근거를 두지 않아야 한다는 것에 합의하고 있다. 하지만 그들은 경험주의 심리학, 동물 행동 분석, 인간 발전에 대한 임상적 고찰 등의 결과물을 활용할 수 있다. 또한 그들은 인간의 삶을 조명하기 위해 (비판적 각성을 언급하더라도) 문학적 상상력을 적용하지 말아야 할 이유가 없다는 것을 알고 있다. 왜냐하면 문학작품은 자주 종파적인 성격을 드러내며, 사회의 목표나 목적에 대해 편파적인 종교적 혹은 세속적 관점을 분명히 하기 때문이다.

따라서 다른 동물 존재들에 대한 분석은 좋은 출발점이 될 것이다. 그들은 우리 자신에 대해 많은 것을 말해주기 때문이다.[1]

2. 동물의 애도와 이타주의

2010년 9월 인도 서부 벵골에서 무리를 따라 밀림 한가운데를 지나던 새끼 코끼리 두 마리가 철길을 지나다가 선로에 다리가 끼이고 말았다. 빠른 속도로 열차가 다가왔고 코끼리 무리 중 다섯 마리 암놈이 뒤를 돌아보고는 사고로부터 새끼들을 보호하기 위해 에워쌌다. 결국 일곱 마리 모두 죽고 말았다. (열차 제한 속도는 시속 40킬로미터였지만 당시 열차는 시속 약 70킬로미터로 달리고 있었다.) 그 무리에 남아 있던 다른 코끼리들은 현장을 지켜보던 중 즉사하거나 혹은 죽어가는 코끼리 떼를 지켜보고 있었다.[2]

인간이 아닌 동물들도 서로를 보살피고 죽음을 애도한다. 그들도 동정심과 상실감을 경험한다. 그리고 어떤 강력한 감정적 동기로 유발된 듯 보이는 이타주의적 행동도 감행했다. 동물 행동의 이러한 부분들에 대해 지금까지 많은 연구 결과가 나왔으며, 이를 뒷받침해주는 감정에 대한 충분히 타당한 추론들도 제시할 수 있다. 예를 들어 원숭이나 코끼리 같은 복잡한 사회적 동물의 감정과 행동을 연구함으로써 현재 우리가 갖고 있는 유산에 대해 알 수 있으며, 나아가 우리가 가진 가능성도 파악할 수 있다. 휘트먼이 말했듯이 동물들은 우리 자신의 "징표들"을 우리에게 "선사하며" 우리는 이를 "받아들인다".

인간 존재는 종종 이런 친족관계를 거부하고, 이로부터 비롯되는 탐구 가능성을 부인한다. 우리는 스스로를 '짐승을 넘어서는' 존재로 생각하고 싶어한다. 그리하여 우리는 인간만의 고유한 특징들에 의거하여 우리의 인간됨을 정의 내리려고 한다. (이성? 도덕성? 동정심과 사랑처럼 도덕성에 관계된 감정? 이타적 행동과 희생?) 좀더 '수준 높은' 인간의 특징들에 대해 떠올릴 때, 우리는 인간이 지니는 우월한 특징들에는 이름을 붙이면서 다른 종족들이 지닌 우월한 특징은 생략한다. 즉 공간 지각 능력이나 청각, 후각 등의 예리함은 빼고 계산적인 능력만

높이 산다. 동물 행동 연구의 역사는 시간이 흐르면서 인간이 아닌 동물들이 명백히 갖고 있다고 밝혀진 능력들(예를 들어, 도구 사용 능력이나 언어 학습 능력)을 계속해서 부인함으로써 발전이 가로막혔다.

실제로 다양한 지역과 시대에 걸쳐 많은 이에게 우리 인간이 사실상 동물이라는 생각 자체는 불쾌한 것으로 여겨졌다. 이는 신체의 분비액이나 냄새처럼 친족적 특징을 상기시켜주는 것으로 생각되었다. 우리 조상이 유인원이라는 생각은 사람들로 하여금 그토록 털이 수북하고 냄새나는 동물과 접촉할 생각에 역겨움을 느끼게 만들기 충분했다. 조너선 스위프트의 걸리버는 '야후'라는 동물성의 징표에 대해 극단적인 혐오의 반응을 보인다. 걸리버는 돌아온 후, 아내와 아이들을 보자마자 그들의 물리적 존재 자체를 견디지 못하고, '끔찍한 동물 냄새'에 아주 질색을 표한다. 걸리버는 자신의 아내와 아이들이 자기 신체는 물론 자신의 음식과 음료를 만지는 것도 허락하지 않는다. 여전히 우리 인간 삶의 많은 부분은 이와 유사한 혐오들로 구성되어 있다. 그렇기에 우리는 몸에서 냄새를 씻어내고, 몸과 얼굴의 털을 제거하고, 우리 사지를 옷으로 가리며(걸리버가 자신이 경멸하는 야후와의 친족성을 휴이넘에게 숨기고자 취했던 주된 수법이 이것이다), 생식기 및 배설 활동을 각별히 신경 써서 숨긴다. 이러한 습관들은 당대의 전형적인 영국인들이 가졌던 것이기도 해서, 걸리버는 냄새나고 털이 많은 야후와는 다른 존재로 휴이넘에게 인정받을 수 있었다.

동물성에 대한 혐오라는 이토록 오래된 감정을 우리는 아직까지 완전히 떨쳐버리지 못하고 있다. 존 업다이크의 『달려라, 토끼』에 나오는 영웅 '래빗'은 문제가 생긴 자신의 심혈관을 돼지의 것으로 교체해야 한다는 말을 듣고는 아주 강렬한 혐오감에 사로잡힌다. "당신 생각에 당신은 다른 어떤 존재인 것 같아요, 챔피언?" 의사는 묻는다. 래빗은 아무 말도 하지 않고 생각에 잠긴다. "불멸의 영혼이 살아 숨 쉬는, 신이 만든 종족. 은총의 매개자. 선과 악의 전쟁터. 신의 도제 천사."[3] 특별한 형태의 기독교 문화로부터 배운 것을 바탕으로 그는 답한다. 하지만 그 대답은 인간의 역사에서 어떤 형태로든 어디에서나 존재했던 것이다. 이런 문화의 소중한 측면은 그것이 우리에게 인간 존재의 대체 불가능한 고유성과 존엄에 대해 일깨워준다는 점이다. 이 또한 래빗의 성찰에서 내가 강조하고 싶은 부분이다. 그러나 한편으로 신체의 동물성에 대한 혐오감이라는 또 다른 문제적 지점이 있다. 인간 존재를 "도제 천사"로 그린 형상은 우리로 하여금 유인원과 코끼리를 탐구함으로써 우리 자신을 알 수 있다는 생각 자체를 꺼리게 만든다. 왜냐하면 이러한 형태의 탐구는 인간의 영혼과 삶의 기원에 대한 종교적인 설명, 나아가 도덕성 자체가 갖는 특수한 구속력까지 부정하는 것으로 여겨지기 때문이다.

하지만 여기서 말하는 탐구는 결코 그런 뜻이 아니다. 오히려 인간에 대해 알고자 노력하는 의미에 가깝다. 우리가 공적 영역에서 무지를 가르치면서 사람들의 감수성을 보호한다고 말하는 것은 불합리하다고 볼 수 있다. 게다가 인간과 동물의 분리를 연구하는 뛰어난 이론가들은 영혼에 대한 종파적이거나 환원주의적 입장을 취하지 않는다.[4] 인간 존엄이라는 기본적 도덕성에 주목하는 정치 문화는 이러한 분야의 과학적 연구에 정책적 근거를 둘 수도 있을 것이다. 다만 종교/비종교라는 선을 그어 사람들을 구분하는 문제에 대해 어떤 논의를 할지 결정하는 과정에서 미숙한 추론만 하지 않는다면 말이다.

영장류와 코끼리를 연구하는 과학자들 그리고 유아기 인간에 대한 기초적 탐구를 실행하는 실험가들은 우리에게 반드시 필요한 세 가지 이해를 제공한다. 첫째, 우리에게는 스스로를 다른 동물과 이어주는 공통분모에 대한 인식이 필요하다는 점이다. 그렇게 된다면 우리의 연구를 우리와 직접적인 진화론적 연관을 갖지 않는 종들(예를 들면 코끼리)에 이르기까지 확장해야만 하겠지만, 이것이 곧 휘트먼이 "나 자신에 대한 징표들"이라고 말하면서 수용한 진화론적 유산이라 볼 수 있다. 자연의 다양성에 대한 이해는 그 자체로 우리의 이해를 도와줄 것이다. 다른 동물을 연구한다는 것은 단순히 우리 자신의 역사를 연구하는 차원이 아니다. 그것은 다른 문화를 연구하는 것 자체가 스스로에 대한 이해를 도와주듯이, 지능을 가진 다른 집단이 어떤 세계를 형성하고 살아가는지 조사함으로써 우리 자신을 좀더 명확하게 이해할 수 있도록 해준다. 동물들이 우리에게 주는 "징표들" 중 일부는 우리에게 새로운 기회를 주기도 하고, 한계를 지어주기도 할 것이다. 동물의 사회적 행동에 대한 연구는 그 자체로 가치가 있다. 왜냐하면 그것이 우리 자신의 동물성에 대한 인식을 주기 때문이며, 이를 부인하는 것은 위선이라 할 것이다.

둘째, 인간 행동과 관련하여 심리학이 말해주는 사실과 동물의 행동을 대조함으로써 인간 존재가 어떤 측면에서 진정 얼마나 특별한지 파악할 수 있을 것이다. 이와 더불어 유인원은 갖지 못한 도덕적 행동의 또 다른 기원들도 알 수 있게 될 것이다. 예를 들어 협소하거나 편향된 공감과 같이 '공통분모'가 한계를 드러낼 때, 이러한 장애물을 극복하기 위해 어떤 특별한 자원이 필요한지 질문을 던질 수 있다.

셋째, 앞선 특징과는 달리 동물 존재에 대한 연구는 우리에게 인간 조건이 갖는 고질적인 질병 혹은 변이를 떠올리게 하기도 한다. 이와 관련해 휘트먼은 과도한 죄책감, 집착적 탐욕, 광신 등을 언급한다. 하지만 여기에 몇 가지를 더 추가할 수 있을 것이다. 말하자면 스위프트가 묘사한 혐오감에 찌든 삶의 방식은 정치 공동체의 기반을 위해서는 결코 지속 가능하지 않다는 점이다. 이는 걸리버의 서사적 모티브가 편견과 차별(한 그릇의 음식을 다른 사람과 나누어 먹는 행위에 대한 거부, 불순하다고 여겨지는 여성의 신체 분비물에 대한 혐오 등)의 반복된 역사로 확인시켜준 최악의 상태라 할 수 있다.

테오도어 폰타네의 비극 소설 『에피 브리스트Effi Briest』의 마지막 부분에 나오는 특수한 인간적 기형에 대해 살펴보자. 활발한 16세 소녀 에피는 부모님 때문에 선량하지만 유머 감각은 없는 나이 많은 남자와 결혼한다. 그리고 그는 에피를 북해의 어둡고 누추한 집으로 데려간다. 외로움과 두려움에 쫓기던 그녀는 잠시 마주친 로사리오와의 짧은 외도에 스스로를 밀어넣지만 죄책감으로 인해 이 관계를 끝장낸다. 이후 남편은 베를린에서 좋은 직책을 갖게 되고, 둘은 아이를 낳고 결혼은 행복으로 가득 찬다. 사건으로부터 8년이 지난 뒤, 남편 인스테텐 남작은 오래전 두 사람의 명백한 밀회의 증거인 짤막한 편지를 발견하게 된다. 그는 에피를 용서하려 했지만, 남자의 명예라고 하는 규범에 의해 아내와 절연하고, 그녀의 애인과 결투를 벌이는 상황이 초래된다. 남편은 결국 그녀의 애인을 죽인다. 에피의 부모님은 정조를 버린 딸로 인해 가족이 덮어쓰게 될 사회적 오명에 대한 두려움 때문에, 그녀가 생을 마감할 때까지 딸을 집에 들이기를 거부한다. 심지어 그녀가 죽었을 때도, 그들은 애도조차 할 수 없었다. 다만 충직한 뉴펀들랜드 견 롤로만이 에피의 무덤 옆에 누워 낙담한 채 그녀에 대한 사랑을 끝까지 드러낼 뿐이다. 롤로만이 정조를 잃은 여인이라는 낙인이든 그에 대한 사회적 오명이든 이 따위 것들에 대해서는 아무것도 모르는 존재이기 때문이다. 에피의 아버지는 강아지 롤로가 자신들보다 어떻게든 더 낫다는 사실을 어렴풋하게나마 느끼고, 아내에게 개의 본능이 자신들의 부적절한 판단보다 더 나은 것은 아닌지 묻는다. 부모의 사랑은 기본적으로 선하다. 하지만 부모의 사랑마저 에피를 '부정한' 여성으로 그리면서 '부정한' 여성의 고통을 당연한 것으로 여기는 사회적 인습에 의해 가로막힌 것이다. 그들의 마음은 얼어붙었지만, 롤로의 마음은 그렇지 않았다.

폰타네는 부모의 왜곡된 감정을 그리면서 독자들에게 시작부터 롤로의 기질을 익히게끔 만든다. 이는 탈도덕적이고, 여성의 섹슈얼리티에 관한 사회적 규범에 회의적이며, 인간의 실질적 고통에 관심을 기울이는 특징을 갖는다. 소설의 전체적인 구조는 동물 되기를 학습하는 과정이자, 동물처럼 무조건적 사랑을 하는 법을 배우는 과정이라 할 수 있다. 다만 인간의 이성적 사유와 사회적 비판 능력을 잃지 않으면서 말이다.

폰타네와 같이 우리는 동물과 인간의 동정심에 초점을 맞추어 세 가지 질문에 대한 답을 찾고자 한다. 동물과 인간의 공통된 유산은 무엇인가? 우리에게 특별히 도움을 주는 인간만의 능력은 무엇인가? 다른 동물들과 대조되는 특징이 말해주는 사실들 중에 반드시 피해야 할 함정은 무엇인가?

이러한 물음에 답하기 위해 인간과 동물이 갖는 명백한 유사성이자 공통성인 '동정심의 경험'으로부터 이야기를 시작하는 것이 최상의 방법인 듯하다.[5] 동정심이라는 감정은 맨 처음부터 우리 기획의 근본 바탕이 되는 것이었다. 하지만 우리 논의의 나침반이 되는 밀과 타고르는 이와 관련해 충분한 설명을 하지는 않았다. 그들은 인간과 동물 사이의 차이점에 대해서는 분석하지 않았기 때문에, 동정심의 확장을 위해 필요한 명확한 처방을 내릴 수 없었으며, 그 과정에서 발생하는 장애물에 대해서도 파악하지 못했다고 할 수 있다.

3. 동정심의 기본 구조

몇 가지 정의로 시작해보자. 내가 말하고자 하는 동정심은 다른 생명체나 창조물이 겪는 극심한 고통에 대한 고통스러운 감정을 뜻한다. 일반적으로 오랜 철학적 전통 내에서도 인간 존재의 이러한 감정이 동정심이라는 개념에 포함된다고 여겨진다.[6] 나는 이러한 전통적인 사유에 부분적으로는 동의하면서도 비판적으로 접근하고자 한다. 내 기준에서 볼 때, 동정심에는 세 가지 필수적인 사유가 수반된다.[7] 초기 저작들에서 나는 이러한 사유를 '판단judgments'이라고 불렀는데, 동시에 이 용어가 완벽하게 들어맞는 개념은 아니라는 점을 지적하기도 했다. 왜냐하면 이러한 사유를 반드시 언어적으로 개념화된 것이나 규격화 가능한 것으로 생각할 필요는 없기 때문이다. 대부분의 동물은 자신이 처한 환경 속의 대상들을 좋은 것 혹은 나쁜 것으로 보는데, 이러한 좋고 나쁨의 판단은 감정을 동물에 귀속되는 것으로 설명할 때 쓰는 표현이다.[8] 나는 지금부터 이러한 조건을 인간에게 적용해보고자 한다. 그러면 우리는 동정심이 동물에게 어느 정도까지 확장 가능한지 따져볼 수 있을 것이다. 그 과정에서 나는 언어적으로 개념화 가능한 전제들을 배제한 채, 대부분의 동물과 인간 존재의 감정이 (대상이나 상황에 대한 좋음 혹은 나쁨이라는) 예견이나 조합을 포함한다는 사실을 명확히 하고자 '판단'보다는 '생각'이라고 말하고자 한다.

첫째는 진지함seriousness이라는 생각 방식이다. 다시 말해 우리가 동정심을 경험할 때, 이 감정을 느끼는 사람은 타인의 고통이 결코 사소한 것이 아니라 중대한 것이라고 여긴다. 이런 평가는 감정을 경험하는 외부 관찰자 혹은 평가자의 관점에서 이루어지며 또 이루어져야만 한다. 만일 고통받는 사람이 사실상 심각하지 않은 무언가에 대해 신음하거나 불평한다면 우리는 그들에 대해 동정심을 갖지 않을 것이다. (예를 들어 부자들이 세금 때문에 고통스러워할 때, 만약 그들이 세금을 내는 것이 옳다고 생각한다면 우리는 그들에게 동정심을 느끼지 않을 것이다.) 다른 한편으로 만일 누군가가 진정으로 나쁜 일을 겪고 있지만 그것에 대해 인식하지 못하고 있을 때, (말하자면 고차원적인 정신의 기능을 앗아간 사고가 났을 경우)[9] 설령 당사자가 자신이 처한 상황을 심각한 것으로 여기지 않더라도 우리는 그에게 동정심을 가질 수 있다.

둘째는 무과실nonfault에 대한 생각이다. 우리는 일반적으로 누군가가 스스로 선택한 혹은 자초한 곤경에 대해서는 동정심을 갖지 않는다. 이는 모든 종류의 동정심과 관련해서 개념 성립의 조건이 되지는 않는데, 왜냐하면 동물이든 인간이든 그 어떤 책임의 소지도 묻지 않는 경우들에서 동정심이 나타날 때가 있기 때문이다. 하지만 이것은 성인이 된 인간의 동정심이 갖는 가장 보편적인 형태에 포함되는 개념적 요소다. 말하자면 누군가에게 동정심을 느낄 때는, 최소한 그가 겪는 곤경의 상당 부분은 비난받지 않아야 한다는 관점을 드러내는 것이다. 이런 맥락에서 아리스토텔레스는 비극적 영웅에 대한 동정심을 언급하면서, 패망에 대해 책임지지 않아도 되는 결백한 존재anaitios로서의 영웅을 언급한다.[10] 반면 누군가 스스로 악한 상황을 초래한다고 생각되면, 우리는 그에 대한 감정 형성을 억제한다. 미국인의 동정심에 관한 켄데이스 클라크의 탁월한 사회학적 연구가 이를 말해준다.[11] 많은 미국인은 가난한 사람들이 그들의 게으름과 노력 부족으로 스스로 가난을 초래했다고 믿기 때문에 그들에 대해 동정심을 갖지 않는다는 것이다.[12] 우리가 비난하는 사람들에 대해서도 동정심을 느낀다고 한다면, 그 동정심과 비난은 대상이 처한 상황의 다양한 측면과 양상에 따라 달리 표현된다. 그렇기에 우리는 범죄자가 범행을 저지른 이유가 일종의 사회적 억압의 결과물이라고 생각되면, 범죄자를 비난하면서도 동정심을 느끼기도 하는 것이다.

비난은 잘못에 대한 다양한 범주, 즉 고의적 악행, 직무 태만 등 여러 유형에 상응하여 작동한다. 비난받을 만한 행동의 정도에 따라 동정심은 표출되는 것이다. 곤경에 대한 사람들의 책임은 전반적인 사건 발생의 인과적 요소들에 따라 경중을 달리한다. 대부분 경우에 동정심이 생기긴 하겠지만, 다소 약한 강도로 표현될 것이다. 말하자면 동정심은 당사자가 전적으로 책임질 수 없는 재난의 요소들에 대해 부분적으로 형성되는 것이라 할 수 있다. 사소한 실수가 참혹한 결과를 낳을 수도 있으며, 과실의 크기와는 완전히 불균형적인 고통을 낳기도 하는 것이다.

세 번째는 전통적으로 동정심의 필수 요소라고 여겨지는 유사성 자각similar possibilities이라는 생각이다. 동정심을 가진 사람은 대개 고통받는 타인이 자신과 비슷하다고 여기며, 삶의 가능성 또한 유사하다고 생각한다. 루소가 『에밀』 4권에서 강조한 바와 같이, 이러한 생각은 인위적으로 형성된 사회적 구분에 근거한 동정심의 장벽을 허물 수 있는 중요한 기능을 갖는다. 루소가 말했듯, 대부분의 사람이 갖는 유사한 형태의 취약성은 동정심의 발현에 있어 중요한 통로다. 그렇지만 유사성에 대한 생각 자체는—성인이 갖는 지극히 흔한 동정심의 형태에 있어서도—절대적으로 필요한 개념적 조건이 아니다. 원칙적으로 우리는 타인의 곤경을 내가 경험하게 될 것이라고 생각하지 않고도 그에 대해 동정심을 가질 수 있기 때문이다.[13] 동물의 고통에 대한 우리의 동정심이 좋은 예다. 우리는 정말 여러 측면에서 동물과 유사하다. 그렇다고 해서 그들이 고통을 겪는다는 사실이 잘못된 것이라 여기고, 그들에 대해 동정심을 갖기 위해서 유사성에 대해 생각할 필요는 없다. 다만 지금 우리 논의의 목적을 달성하는 데 유사성에 대한 자각은 우리 자신이 갖는 동물적 본성을 부인하지 않도록 예방함에 있어 아주 중요하다. 따라서 유사성에 대한 자각이 없다면 그것은 매우 심각한 위험의 징조라고 할 수 있다.

마지막으로 전통적인 사유와 관련해서 반드시 언급되어야 하지만 그렇지 않은 것이 하나 더 있다. 바로 행복주의적 사고eudaimonistic thought다. 이것은 동정심을 느끼는 주체가 고통받는 한 사람 혹은 여럿을 자기 삶의 중요한 부분으로 두고자 하는 판단 혹은 사고라고 할 수 있다. 즉 '그들은 나에게 중요하다. 그들은 나의 가장 중요한 목표와 기획 안에 포함된 사람들이다'라고 말하는 것이다. 1장에서 밝혔듯이, 인간의 주요한 감정들은 언제나 행복주의적 관점을 갖는다. 다시 말해, 행위 주체의 중요한 목표와 기획에 몰두한다는 의미에서도 그렇고, 비인간적 이익이 아닌 삶의 목적을 향한 관점에서 세상을 본다는 점에서도 그렇다.[14] 그렇기에 우리는 나만의 행복과 다양한 목표를 이루는 데 중요한 무언가가 피해를 입는 것을 두려워하며, 삶의 여정에서 중요한 의미를 부여했던 누군가를 잃으면 슬퍼하는 것이다.

행복주의는 이기주의가 아니다. 나는 감정이 늘 사람이나 사건을 행위 주체의 단순한 만족이나 행복을 위한 수단으로 여긴다고 주장하는 것이 아니다. 오히려 나는 이에 대해 강경한 반대의 입장을 갖고 있다.[15] 우리 안에 강렬한 감정을 불러일으키는 것은 암시적으로든 명시적으로든 우리가 삶에서 중요하다고 생각한 것, 즉 삶의 번영이라는 개념에 투과했던 것들이다. 그렇다고 중요도와 관련된 생각이 늘 동정심의 표현보다 앞서는 것은 아니다. 다른 사람의 곤경에 대한 강렬한 묘사는 동정심을 촉발하고, 순간적으로 그 사람을 사건의 중심으로 이끈다. 그렇기에 사람들이 지진이나 그에 비견할 만한 재난 소식을 들으면 전혀 모르는 이들의 고통에도 귀를 기울이게 되고, 철저한 타인이었던 이들이 자기 삶에서 얼마쯤의 시간 동안 진정 중요한 존재가 되는 것이다. 동정심에 대한 대니얼 뱃슨의 중요한 실험은 이러한 사실을 확인시켜준다. 실험자들은 모르는 한 학생의 어려운 처지에 대해 상상력을 갖고 귀를 기울이도록 지시를 받는다. 그러고 난 후, 학생들은 동정심을 느끼게 되고, 이러한 동정심은 타인을 도와주려는 행동(도움을 주는 행위가 용이하다는 조건하에)과 상호 연관성을 갖는다.[16] (그 이야기를 무시하도록 지시를 받거나 재난 소식의 계량적인 정보만 생각하도록 지시를 받은 학생들은 이와 같은 감정을 경험하지 못했다.) 이렇듯 관심을 갖는 행위는 최소한 일시적으로나마 도덕적 각성을 가능케 한다고 할 수 있다.

하지만 애덤 스미스가 중국에서 일어난 지진을 예로 들어 이미 지적했듯이, 멀리 떨어진 나라의 사람들에 대한 지속적인 관심을 담보하는 굳건한 토대가 없다면, 사람들은 금세 자신에게 직접적인 영향을 주는 문제들로 관심의 방향을 돌리게 된다.[17] 그러므로 동정심을 정치적으로 활용하고자 한다면 동정심을 확장할 수 있는 좀더 안정적인 관심의 토대를 마련해야 할 것이다. 하지만 행복주의가 우리에게 말해주듯이, 이러한 과제를 성공적으로 달성하기 위해서는 우리의 현재 관심사와 '우리' 그리고 '우리 모두의 것'으로 인식되는 광범위한 관심의 영역 사이에 다리를 놓아주는 것이 필요하다.

그렇다면 감정이입empathy이란 무엇인가?[18] 그것은 타인의 관점에서 타인이 처한 상황을 상상할 수 있는 능력으로 정의할 수 있을 것이다. 이는 단순히 타인의 상황을 그저 아는 수준(예를 들어 과거의 사건들로부터 추론하여 관점의 전환 없이 얻을 수 있는 지식)에 그치는 것이 아니다. 혹은 다른 사람의 입장이라면 어떻게 느낄지 생각해보는 것과도 (물론 상황의 차이를 구별하는 것도 쉽지 않지만) 완전히 다르다.[19] 감정이입은 단순히 감정의 전염이 아니다. 왜냐하면 이것은 '나와 다른 타인'의 곤경 속으로 들어가야만 하기 때문이며, 결과적으로 감정이입은 어떤 형태든 나와 타인 사이의 구별에 대한 인식과 함께 상상적 전이를 필요로 하기 때문이다.[20]

감정이입만으로는 동정심을 만들어내기에 충분치 않다. 사디스트는 다른 사람의 상황에 대해 충분히 감정을 이입할 수 있지만, 상대를 괴롭히는 데 이를 사용한다.[21] 변호사들은 자신의 의뢰인을 위해 증인을 혼란스럽게 만들고 실수를 유도하면서 감정이입을 이용할 수 있다. 배우도 진심 어린 동정심의 감정 없이 자신이 맡은 작중인물의 캐릭터에 감정을 이입할 수 있다. (예를 들어 배우가 의도적으로 동정심을 거절하는 역할을 맡아서 감정이입을 한다고 해보자. 그는 상대 역할이 자신에게 모든 고통을 초래했다고 진실로 믿거나, 고통스러운 상황에 대해 분노할 자격도 없는 사람이 화를 낸다고 진심으로 생각하고 감정을 이입하여 연기할 수도 있다.)

그럼에도 불구하고 동정심이 감정이입의 결과물인 것은 부인할 수 없다. 뱃슨의 실험이 보여주듯이, 다른 요소들이 계속해서 생겨나는 상황 속에서도 슬픈 이야기를 통해 동정심을 이끌어내는 사람과 그렇지 못한 사람들을 구분하는 핵심적인 변수가 생생한 상상력의 경험인 것은 분명하다.[22] 원칙적으로 우리는 경험에 대해 충분히 상상할 수 없거나, 심지어 전혀 상상조차 할 수 없는 개체의 고통에 대해서도 동정심을 가질 수 있다. 물론 우리에게는 그들이 분명 고통 속에 있으며, 그들이 겪는 고통은 진정 잘못된 것이라는 생각을 스스로 납득할 수 있는 방식이 필요하다. 그럼에도 우리는 닭이나 돼지가 어떻게 고통을 느끼는지 깊이 상상해보지 않더라도 온갖 동물이 식료품 공장에서 고통받고 있다고 확신할 수 있다. 그렇기 때문에 동정심을 위해 감정이입이 필수적인 것은 아니다. 하지만 지극히 유용한 것은 사실이다. 고통을 평가하는 인간의 능력이 불완전하다는 점을 고려해볼 때, 우리는 다른 존재의 곤경을 상상하기 위해 최선을 다해야 한다. 그래야만 우리가 상상한 것들에 대해 조금 알 수 있게 될 것이기 때문이다.

우리는 감정이입이 그 자체로 도덕적 의미를 내포한다는 점을 수용해야 한다. 말하자면 내 경험의 중심에 타인에 대한 인정을 두는 것이기 때문이다. 감정이입을 강제로 주입하려는 사람도 아주 나쁘지만, 타인에 대한 인정을 전적으로 하지 못하는 사람은 훨씬 더 나쁘다고 할 수 있다.[23]

4. 인간과 동물의 동정심

이제 인간과 동물의 동정심 사이의 연속성과 불연속성에 대해 생각해 볼 단계다. 첫 번째로 언급할 부분은 우리가 아는 한 어떤 동물도 과실 혹은 무과실에 대한 강력한 개념적 근거를 갖고 있지 않다는 점이다. 그렇기 때문에 동물의 동정심은 잠재적으로 과실을 근거로 한 인간이 동정심을 주기를 거부하는 고통받는 동물이나 인간을 포함할 것이다. 동물도 고통을 느끼며, 그것도 아주 예민하게 느낀다. 하지만 동물은 '이 사람은 동정심의 대상이 아니다. 왜냐하면 그녀는 고통을 자초했기 때문이다'라는 식의 사고를 하지 않는다. 이러한 차이가 『에피 브리스트』에 나타나 있다. 이런 부분은 도덕적으로 문제가 되는 사례들에서 더 잘 나타난다. 예를 들면, 누군가가 횡령을 이유로 해고를 당했을 때, 설령 고용주의 젠더나 인종차별이 해고의 이유로 작용했다하더라도 우리는 그에 대해 동정심을 아예 (혹은 별로) 느끼지 않을 것이다.

모든 인간의 동정심이 과실의 문제를 갖는 것은 아니다. 누가 비난받고 책임져야 하는지를 묻지 않고 오직 고통에만 집중하는 형태의 동정심도 있다. 이는 강아지 롤로가 느꼈던 것과 매우 유사하다.[24] 어린이들도 종종 그런 동정심을 가진다. 루소는 『에밀』에서 소년의 감정에 대해 이렇게 지적한다. "이것이 그들의 과실이었는지 아닌지는 지금 중요하지 않다. 과실이 무엇인지 알기나 할까? 그의 지식이 갖고 있는 질서를 절대 침해해서는 안 된다."[25] (후에 에밀은 과실이 무엇인지 배운다. 이것은 그의 사회적 성숙에 있어 매우 중요하다. 왜냐하면 동정심은 정의감에 의해 조절되어야 하기 때문이다.)[26] 루소는 인간의 발달에 있어 과실에 대한 인식을 너무 늦은 단계에 배치한다. 하지만 과실에 대한 생각은 심지어 아주 어린 유아에게서도 발견된다. 과실이라는 개념이 명확하게 뿌리 내리고 난 뒤에 인간은 좀더 명확한 형태의 동정심을 가질 수 있게 된다. 하지만 에피의 부모가 그러했듯이, 과실에 대한 판단은 이렇게 명증한 동정심의 반응을 가로막기도 한다.

이 분야에 관한 좀더 깊은 연구를 살펴보면 몇몇 동물은 기본적으로 과실에 대한 사유를 갖고 있는 것으로 나타난다. 일부 종에서 나타나는 것처럼 그들은 규칙에 대한 준수 혹은 이탈 행위에 대한 인식을 갖고 있으며, 이로부터 일부 생명체는 규칙을 위반함으로써 스스로를 곤경에 빠뜨린다는 생각을 형성하게 된다.[27] 하지만 그들은 다른 목표와 비교하여 특정한 목표를 우위에 두고 추구할 수도 있다는 생각을 갖고 있지 못하기에, 적합한 선택과 그렇지 못한 선택을 구별하는 판단까지는 나아가지 못하는 것이다. 그러한 개념을 갖지 못한 만큼 스스로 비극을 초래한다는 데까지는 생각이 발달되지 못하고 초보적 형태로 남아 있다고 할 수 있다.

인간과 동물 사이의 비교는 이러한 지점을 넘어 진지함, 유사성 자각, 그리고 내가 행복주의적 사유라고 부른 것에 중점을 두고 진행되어야 할 것이다. 프란스 드 발은 광범위한 동물 실험을 통해 동정심이라는 감정의 계층적 분류를 제시했다. 동정심의 가장 단순하고 기본적인 형태(혹은 동정심의 영역에 포함되는 행동이라고 부를 수 있는 것)는 전염이다. (사실 실제 행동에서는 구분하기 쉽지 않지만, 여기서 우리는 행동의 전염과 감정의 전염을 구분해야 한다. 전자는 모방 행동이라고 할 수 있고, 후자는 좀더 내면적이며 사고 중심적인 전염으로 행동의 전염을 통해 만들어지는 것이다. 물론 다른 방식으로 만들어지는 경우도 있다.)[28] 이보다 조금 더 정교한 형태로는 관점 수용perspective taking이 있다. 그리고 이와 함께 작동하는 것으로 다른 생명체의 고통에 관심을 보이는 위로consolation가 있다. 드 발이 목표 지향적 도움targeted helping이라고 부른 행동 또한 있다. 이것은 다른 생명체의 관점에서 그가 겪고 있는 곤경의 특징적인 부분에 대해 반응하는 도움 행동이다. 관점 수용은 정도의 차이를 두고 나타나는데, 이는 자아와 타자 사이의 확실한 구분에 근거하지 않은 비교적 초보적인 형태를 띨 수도 있다. (예를 들어 대부분의 원숭이가 이 정도 수준에 머문다. 아마 강아지도 여기에 포함될 수 있을 것이다. 왜냐하면 개들은 충분한 동정심을 보이긴 했지만, 거울 실험에는 실패했기 때문이다.) 두 번째 단계는 해당 생명체가 자아라는 개념을 정립하고 타자와 구별할 수 있게 되며, 따라서 거울 실험도 통과할 수 있는 경우에 좀 더 정교해진다. 인간과 더불어 침팬지, 보노보, 일부 코끼리, 돌고래는 이 정도 단계까지 나아간다. 물론 나의 지극히 개인적인 취향에 따라 코끼리에 대해 주로 살펴보겠지만, 여기서 발견되는 것은 침팬지, 보노보와 함께 인간과 가까운 생물학적 친족관계에 있는 생명체들에게도 적용할 수 있을 것이다. 나아가 우리는 인간의 진화적 유산뿐만 아니라 다른 생명체와의 공통점도 살펴보게 될 것이다. 물론 복잡성의 수준은 정도의 차이를 보인다. 일부 생명체는 이러한 관계적 태도를 자신의 종 내부의 다른 개체들에게만 드러내 보이고, 또 일부는 종이 다르다 해도 함께 생활했던 종들에게까지 이러한 태도를 보이기도 한다. 혹은 자신과 다른 종이면서 떨어져 지내는 동물이나 사람들에게 이러한 태도를 보이는 생명체도 있는 것 같다.

드 발은 겹겹이 연속해서 쌓인 러시아 인형의 이미지를 예로 든다. 가장 안쪽의 작은 인형은 전염이고, 바깥의 큰 인형은 복잡한 동정심에 해당된다. 그리고 이것은 내부의 모습을 투사하고 있다. 하지만 이 이미지는 어떤 면에서는 오해의 소지가 있다. 왜냐하면 이것은 '바깥' 단계가 '안쪽' 단계에 대해 새로운 내용들(과실에 대한 판단 등)을 첨가하면서 비동형적non-isomorphic 형태를 취한다는 사실을 포함하지 않는다. 또한 '바깥' 단계가 실질적으로 '안쪽' 단계를 변형하는 방식도 포함하지 않는다. 말하자면 이는 브리스트의 과실에 대한 판단이 그들의 감정적 전염을 가로막은 것이라든지, 아니면 좀더 긍정적인 사례로 인간의 공정함과 공평함에 대한 판단이 남의 것을 무단으로 취한 '비열한' 인간이나 존재에 대한 연민을 가로막은 형태 등이다. 끝으로 좀더 단순하고 원시적인 경험들이 성숙한 인간의 감정을 지속시키고 변형시키는 방식 또한 포함하지 않는다. 프루스트의 소설에서, 성인이 된 마르셀의 사랑하는 여인에 대한 연민은—성인이 되어서도 가다듬어지지 않은 채로 품성을 이룬—안락을 향한 어린아이의 원초적인 갈망의 모습으로 (방해받고) 채색된다.

이러한 문제들을 염두에 두고 동물의 동정심/공감의 세 가지 경우를 살펴보자. 이는 인간에게도 발생할 수 있는 여러 층위의 반응들을 잘 보여준다.

사례 A. 2006년 6월 맥길 대학교[29] 연구진은 몇 마리의 쥐에게 고통을 일으키는 주사를 놓았다. 쥐들은 비명을 지르면서 몸부림쳤다. (주사는 묽은 아세트산 용액으로 장기간 유해한 것은 아니었다.) 그 우리 안에는 주사를 놓지 않은 쥐들도 있었다. 실험은 여러 변이와 복잡성을 드러냈지만, 결과적으로 말하자면, 이전부터 함께 지냈던 쥐들과 짝을 이루어 지내는 경우, 고통받지 않은 쥐들이 불편한 감정의 행동을 보였다. 그리고 고통받지 않은 쥐들이 고통받은 쥐들과 기존에 함께 살지 않았던 경우, 그들은 고통스러운 감정을 나타내지 않았다. 이를 바탕으로 실험자는 쥐의 삶이 사회적 복잡성을 갖는다고 결론 내린다. 즉 특정한 쥐들 사이의 친밀감이 감정이입을 불러일으키는 감정적 전염의 형태를 유발한다는 것이다.

사례 B. 아프리카 암보셀리 국립공원에서 암컷 코끼리 한 마리가 밀렵꾼의 총에 맞았다. 신시아 모스는 이 무리에 속한 다른 코끼리들이 보인 반응에 대해 이렇게 기술한다. 세 마리의 코끼리가 보인 대표적인 반응은 이러했다.

테레시아와 트리스타는 바둥거리며 무릎을 꿇고 암컷을 들어올리려고 애썼다. 그들은 암컷의 허리와 머리 아래에 엄니를 밀어넣었다. 어느 순간, 그들은 암컷을 들어올려 앉히는 데 성공했다. 하지만 암컷의 몸은 다시 털썩하며 쓰러졌다. 암컷의 가족은 그를 일으키기 위해 발로 차고 엄니로 감싸는 등 온갖 방법을 동원했다. 심지어 탈룰라는 황급히 뛰어가서 잔뜩 모아온 잔디를 암컷의 입에다가 쑤셔넣으려고 했다.

이렇게 한 후 코끼리들은 암컷의 시신 위에 흙을 뿌리고, 사체를 완전히 덮어주고 난 후에 그의 곁을 떠났다.[30]

사례 C. 조지 피처와 에드 콘은 프린스턴에 있는 자신들의 집에서 텔레비전을 보고 있었다. 텔레비전에는 날 때부터 심장병을 앓고 있는 영국의 한 소년에 대한 다큐멘터리가 방영 중이었다. 여러 의료 조치를 거듭

하다가 결국 그 소년은 죽었다. 바닥에 앉아 있던 피처는 자신의 눈에 눈물이 가득 차 있다는 것을 느꼈다. 그때 갑자기 피처가 기르던 강아지 두 마리(루파와 레무스)가 그에게 달려와 그를 거의 밀치다시피 몸을 부비고 구슬프게 흐느끼는 소리를 내면서 그의 눈과 볼을 핥아주었다.[31]

첫 번째 사례에서 우리는 감정의 전염이라고 부를 수 있는 것을 본다. 즉 최소한 행동 유형의 측면에서 볼 때, 고통을 느끼는 다른 사람의 행동에 대해 고통을 느낀다는 것이다. 우리는 이 쥐들이 아마 주관적인 불편함을 느꼈을 것이고, 행동의 전염뿐만 아니라 감정의 전염도 있었을 것이라고 간주할 수 있다. 하지만 이 쥐들이 상상력에 바탕을 둔 복합적인 감정이입의 행위를 했다고 생각할 이유는 없다. 또한 진지한 사유나 유사성 자각 등 고차원적인 사유를 쥐들이 한다고 여길 이유도 없다. (그러므로 우리는 드 발이 "관점 수용" "위로" "목표 지향적 도움" 등으로 일컬은 반응들은 볼 수 없다.)

쥐들의 반응은 다른 쥐들이 처한 고통스러운 상황에 대한 인지적 판단을 포함하고 있다고 여겨지지 않는다. 그렇기에 설령 이것이 단순한 모방 행동이 아니라 주관적 느낌을 포함한다 하더라도 나는 이러한 반응을 진정한 감정으로 부르고 싶지는 않다. 이 실험은 분명 흥미롭다. 동정심을 선취하고 있던 이들이 타인의 곤경에 직면하여 나타낸 자연스러운 반응을 보여주기 때문이다. (루소는 이러한 자연스러운 반응에 대해 많은 분석을 제시했는데, 고통을 목도하는 것은 행복한 모습을 보는 것보다 여러 측면에서 훨씬 더 강력하다는 것을 발견한다. 따라서 우리의 이러한 약점이 타인과의 관계를 맺는 근거가 된다.) 분명 가장 흥미로운 지점은 쥐들이 서로 모르는 사이가 아니라 알고 지낸 쥐들의 곤경에 대해 반응을 보였다는 사실이다. 이것은 놀라울 정도의 인지적 복잡성을 생각하게 하며, 내가 말하는 행복주의적 판단의 시초라고 할 무언가를 말해준다. 정확히 말하자면 쥐들이 '이들은 나와 친한 친구들이다. 그들의 운명은 나에게 소중하며, 모르는 이들의 운명은 그렇지 않다'는 식의 생각을 한 것은 아니다. 하지만 그들은 지극히 보편적인 인간의 사고를 구성하는 토대와 똑같은 반응을 보인다. (게다가 인간의 사고는 그 자체로 충분히 형성되지 않은 채로 행동에 영향을 미치기도 하므로, 이런 점에서 보면 쥐와 인간이 엄청난 차이를 보이는 것은 아니다.) 이 쥐들은 최소한 아주 초보적인 차원에서 특정 집단을 다른 집단과 구별하는 개인적인 세계관을 갖고 있다고 말할 수 있다.

두 번째와 세 번째 사례는 서로 조건이 다르지만 유사한 경우다. 두 사례 모두에서 우리는 다른 개체가 처한 곤경의 심각함에 대한 인식을 발견할 수 있다. 코끼리들은 분명 자기 친구에게 뭔가 중대한 일이 있어났다는 것을 알고 있다. 특히 암컷의 쓰러진 자세를 심각한 문제의 표지로 인식한다. 쓰러진 코끼리를 들어올리는 과정에서 드러나는 과격한 행동은 이 문제가 해결되지 않을 것이라는 점진적 인식을 보여준다. 우리는 비록 미미한 형태라 할지라도 관점 수용, 위로, 목표 지향적 도움이 코끼리들에게 나타난다고 말할 수 있을 것이다.

피처의 개는 자기 주인을 잘 알고 있다. 코끼리와 같이 그의 개들도 역시 뭔가 특별한 일, 심각해 보이는 일이 주인에게 일어나고 있다는 것을 인식했다. 진지한 사고는 다른 존재에 의해 드러난 실제 고통에 대한 반응으로 일어난다는 점을 주목하자. 다시 말해 '이 사람은 고통스러워하면서 신음하고 있어. 하지만 문제가 정말 심각한 것은 아니야'와 같은 인간이 할 수 있는 생각의 가능성은 없다. 그렇기에 만약 피처가 돈이 많은 부자인데, 과도한 세금 납부 때문에 괴로워서 눈물을 흘린다고 해도 루파와 레무스는 똑같은 행동을 했을지도 모른다. 이와 반대로 피처가 실제로 아주 심각한 상태에 있지만, 이를 정확히 인식하지 못해 고통이 가시적으로 드러나지 않는다면, 개들은 그에게 동정심을 갖지 않을 것이다. 개들의 행동은 최소한 초보적인 형태의 관점 수용 능력을 갖고 있는 것으로 보인다. 또한 위로와 목표 지향적 도움 행동도 분명 드러낸다고 할 수 있다. 왜냐하면 개들이 보이는 애정 행동은 가시적으로 드러나는 피처의 조건 변화에 따라 다르게 형성되기 때문이다.

이 경우 몇 가지 측면에서 코끼리 사례와 차이를 보인다. 첫째, 개들의 행동은 더 개인화되어 있고, 덜 집단적이다. 그들은 특정한 인간에 주의를 기울이며, 집단이라는 용어에 어울릴 만한 행위에 귀속되지 않는다. 둘째, 그들의 행동은 코끼리의 관점 수용 능력만큼 정교한 형태를 갖고 있지 않다. 왜냐하면 개들은 거울 실험에서 실패했기 때문이다. 셋째, 개들의 행동은 종의 차이를 뛰어넘는다. 이것은 개들이 공생적 종이라는 사실을 보여준다. 진화의 역사에 따라 개들은 인간 행동에 대해 아주 높은 수준의 주의 집중력을 갖게 되었으며, 특정한 인간 존재들이 늘 자신의 관심 영역 안에 자리 잡고 있다. 코끼리는 가끔씩 인간과 결속한다. 생태학자 조이스 풀이 출산 휴가를 마치고 케냐에 있는 연구소로 돌아와 코끼리들에게 갓난아기를 데리고 갔을 때, 코끼리들은 그들이 새끼 코끼리의 탄생을 축하할 때 전형적으로 하는 울부짖음과 배변 행위로 그녀를 맞이했다.[32] 하지만 코끼리의 이러한 행동은 그들이 자신들의 생존에 중요한 역할을 하는 그룹 바깥의 한 개인으로서가 아니라 자신들 집단 내부의 명예로운 구성원으로서 풀을 대한다는 것을 보여준다.

피처와 개의 이야기로 다시 돌아가면, 다큐멘터리에 등장하는 소년에 대해 피처가 느낀 동정심과 개들이 피처에게 보인 동정심에는 미묘한 차이가 있다. 전자는 무과실 사고에 의해 매개되어 있지만, 후자는 그렇지 않다. 피처는 그 소년이 아이들은 (누구라도) 자신의 질병에 대해 책임을 져야 한다고 생각하는 크리스천 사이언스1866년 메리 베이커 에디에 의해 창시된 기독교의 한 종파. 질병이란 그릇된 주관적 상태에 지나지 않으므로, 기도와 신앙을 통해 치유할 수 있다고 주장했다 교도인 엄마의 손에서 아주 엄격하게 길러진 사실에 주목했다. 이러한 생각을 거부하는 한 명의 성숙한 인간으로서 피처는 화면 속 소년이 환경의 피해자라고 여겼다. 다큐멘터리 이야기에 대한 피처의 강렬한 반응은 질병에 수반되는 비난 때문에 동정심으로부터 단절되어버린 소년의 처지에 스스로를 대입시켜 생각했기 때문일 것이다. 부분적으로 피처는 자신의 어린 시절에 대한 동정심을 갖고 있을 것이며, 자신이 경험한 애정의 결핍도 떠올렸을 것이다. 피처의 책에 담긴 주제는 폰타네의 것과 유사하다. 즉 개들은 인간이라면 갖기 어려울 만한 무조건적인 형태의 사랑을—과실에 대한 책임 따위의 문제를 전혀 제기하지 않고—줄 수 있는 능력을 갖고 있다는 것이다. 이러한 의미에서 과실에 대한 잘못된 판단은 그것이 가진 동정심을 파괴할 수 있는 힘과 함께 그의 총체적인 분석에 있어 아주 중요한 의미를 갖는다.

그러면서 피처는 과실에 대한 판단이 곧 인간이 갖는 결함이라고 말한다. 동물은 이것을 갖고 있지 않기 때문에 우리보다 도덕적으로 더 낫다고 주장한다. 우리는 그의 주장에 전적으로 동의해서는 안 될 것이다. 과실에 대한 판단을 할 수 없는 개들의 무능은 잔인한 행동에도 불구하고 그들이 충성스러움을 유지하도록 이끈다고 할 수 있다. 여성들 또한 과실을 판단하지 못하는 유사한 경험을 자주 하게 되는데, 자신을 학대하는 상대에 대한 판단을 정확히 하지 못하게 됨으로써 매우 심각한 피해를 겪는다. 일반적으로 하위에 종속된 집단에게 분노와 비난의 이유를 인식하는 것은 자신들의 평등한 존엄을 보장하는 데 있어 아주 중요한 부분이다. 하지만 피처가 말한 과실로부터 자유로운 무조건적 사랑이라는 교리를 전적으로 따를 필요는 없다 해도, 우리가 때론 성급하게 잘못된 사회적 규범에 기초하여 그릇된 과실 책임을 묻기도 한다는 것도 알 수 있다. 마치 피처의 엄마가 아들에게 병에 대한 죗값을 물었던 것처럼 말이다. 이러한 맥락에서 동물을 사례로 우리 행동을 살펴보는 것은 현명한 선택이라 할 수 있다.

이제 행복주의적 사유를 살펴보자. 우리는 진지함과 관련하여 두 번째와 세 번째 동물 사례에 어떤 합리적인 유비가 있다는 것을 알 수 있다. 코끼리들은 암컷 코끼리의 안녕을 중요한 것으로 여겼고, 코끼리들의 행동은 이것이 얼마나 중요했는지를 보여준다. 이와 유사하게 앞서 언급한 열차 선로에 갇힌 코끼리들의 예를 보면, 그들은 자신들의 행복을 위해 새끼 코끼리들이 얼마나 중요한지 정확히 인식하고 있다는 것을 보여준다. 그렇기에 목숨을 앗아가버린 치명적인 위험까지도 받아들일 준비를 했던 것이다. 행복주의적 공동체는 친족 혹은 가까운 집단에 관심을 두는 한정된 성격을 갖는다. (종종 다른 집단에게까지 확장되는 것처럼 보인다. 예를 들어 코끼리들은 다른 코끼리들의 뼈를 보면 일종의 제의적 행동을 취한다.) 개들은 흔히 그렇듯이 커다란 중요성을 좁은 둘레 안의 인간 존재들에게 부여한다. 오직 피처의 슬픔에 반응할 뿐, 같은 갯과 동물이든 인간이든 낯선 존재의 고통에는 절대 반응하지 않는다.

코끼리가 자아 개념을 형성할 수 있다는 최근에 발표된 실험 결과를 고려해본다면(거울 실험을 통과했다),[33] 우리는 코끼리가 행복주의적 판단과 같은 것을 형성하는 능력이 두 마리 개보다 더 정교하다고 결론 내릴 수 있다. 다른 존재와 자아를 구별할 수 있는 능력을 바탕으로—적어도 자아라는 개념을 정립하지 못하는 다른 동물들보다는 훨씬 더 큰 가능성으로—코끼리들은 뚜렷한 일련의 목표와 목적을 가진 자아라는 개념을 정립할 수 있다.

앞서 제시한 두 동물의 사례는 행복주의적 사유를 담고 있다고 할 수 있다. 하지만 이러한 사유가 훨씬 큰 유연성을 담보하고 있다고 가정할 이유는 없다. 코끼리는 자신의 무리 속에서 다른 무엇보다 코끼리를 보살피며, 이따금씩 다른 종의 동물들에게도 관심을 갖는다. 그리고 이러한 관심은 앞서 언급한 생태학자 풀과 그녀의 아기의 경우처럼 오랜 시간의 경험을 거치면서 같은 집단 구성원이 되었다고 여기는 인간에게까지 확장된다. 개들은 평균적으로 훨씬 더 쉽게 공생적 관계에 놓인다. 사실상 개들은 다른 개들에게 특별한 관심을 보인다기보다는 어떤 생명체든 간에 자신과 함께 살거나 알고 지내온 존재들에게 관심을 보인다. 인간이나 개 심지어 고양이나 말도 관심 영역 안에 포함된다. 하지만 둘 중 어떤 경우든 동물들의 관심 영역이 논증이나 교육에 따라 형성되는 것은 아니다. 우리는 코끼리들에게 아프리카 코끼리들의 생존에 관심을 가지라고 가르칠 수는 없다. 또는 포식 동물들에게 그들이 죽이는 동물 종에 대해 동정심을 가지라고 가르칠 수는 없다. 혹은 개들에게 장기간에 걸친 관계 형성의 과정 없이 특정한 사람이나 개에게 애착을 갖기를 기대할 수는 없는 노릇이다. 피처가 분명히 밝혔듯이, 실제로 루파와 레무스는 다른 모든 사람에 대해 (다른 모든 동물에 대해서도 마찬가지로) 굉장한 경계 행동을 보였다. 인간에게는 분명 이보다는 훨씬 더 많은 유연성이 있을 것이다. (최소한 우리는 그러기를 바란다.) 사람들은 자신들이 먹기 위해 죽이는 동물들에게 가하는 고통에 대해 관심을 갖도록 배울 수 있으며, 한 번도 만난 적 없는 사람들의 고통에 대해 관심을 갖도록 바뀔 수 있다.

유사성 자각은 어떤가? 인간은 꽤 어릴 적부터 모든 인간의 삶에는 육체적 노쇠함, 질병, 고통, 상처, 죽음 등의 취약함이 어떤 형태로든 존재한다는 것을 알게 된다. 루소는 이러한 학습의 불가피성이 위계와 지배에 대한 투쟁에 있어 도덕성의 위대한 장점이라고 믿었다. 왜냐하면 특권층이 스스로를 평범한 사람들보다 우위에 있다고 믿을 때마다, 이 취약한 자기기만 전략이 순식간에 삶 자체에 의해 드러나기 때문이다. 그래서 삶은 인간 평등이라는 교훈을 끊임없이 우리에게 일러주는 것이다.

> 인간 존재들은 자연의 왕도 군주도 신하도 부자도 아니다. 모든 인간은 헐벗고 가난하게 태어났다. 모든 인간은 삶의 갖가지 고통, 슬픔, 질병, 결핍 등에 구속된다. 결국 모든 인간은 죽을 운명에 처해 있다. 이것이야말로 진정 인간 존재에게 속한 것이다. 이것은 그 어떤 인간 존재도 피할 수 없는 것이다.[34]

그렇다면 앞서 말한 두 번째와 세 번째 사례 속 동물들은 어떻게 그런 생각을 품을 수 있었으며, 또 어떤 형태로 그런 생각을 품게 될까?

코끼리들은 죽음을 비롯한 불행한 일들에 대한 관념을 갖는 것으로 보이며, 일생에서 벌어지는 일반적인 사건들로 받아들이는 것 같다. 죽음에 대한 코끼리들의 표준적인 (거의 의식화된) 반응은 최소한 자신들의 삶에 속하는 동물 종에 대한 인식과 자신들의 삶에 방해가 되는 사건들(혹은 반대로 새끼 코끼리가 태어나는 경우처럼 삶을 풍족하게 해주는 사건들)에 대한 초보적인 개념을 갖고 있다는 것을 말해준다. 코끼리가 자아에 대한 개념을 형성할 수 있다는 사실은 코끼리 종에 대한 개념을 정립하는 데 도움이 된다. 왜냐하면 한 개체가 자신을 다른 존재들과 독립된 단위 개체로 인식하지 않은 채 스스로가 한 집단의 구성원이라고 인식하는 것은 거의 불가능하기 때문이다. 이러한 생각을 개들도 하는지는 분명하지 않다. 물론 개들이 배고픔과 고통의 경험을 기억할 순 있겠지만(학대와 고문의 트라우마를 갖게 된 루파는 막대기를 보면 항상 벌벌 떤다), 그렇다고 하여 그런 나쁜 일이 미래에 다시 발생할 가능성을 인식하고 있는지 여부는 불분명한 것 같다.

5. 동물 이해하기: 공통된 도덕성의 뿌리

정의를 위해 투쟁하는 국가의 관점으로 보면, 인간의 동정심이라는 동물적 유산은 희망적이다. 하지만 분명한 단점을 지닌다. 범위가 좁고, 비교적 엄격하며, 이방인들에게 전형적으로 적대적이고, 상상력을 통해 멀리 있는 것과 연결될 수 없다. 더욱이 동물의 동정심은 과실과 비과실 간의 차이에 대한 인식이 없으며, 위험을 감수할 가치가 있는 것에 대한 진지한 평가도 갖고 있지 않다. 게다가 동물들은 목표에 등급을 매기거나 (또는 성찰적인 방식으로) 질서를 부여하는 것 같지도 않다. 그렇기에 좀더 가치 있는 목표를 위해 욕망의 만족을 억제하지도 못한다. 물론 앞서 언급했던 코끼리의 이타적 행동은 동물적 행동에 단순한 욕망의 만족을 넘어서는 관대함이 있다는 점을 보여준다. 이는 드 발의 연구에 나오는 위험을 무릅쓰는 원숭이의 이타적인 행동에서도 발견된다.

유아기에 대한 연구를 보면 인간 존재가 매우 이른 시기부터 사회적 배움에 선행하여 이러한 행동 양식에 도달할 능력을 이미 갖추고 있음을 알 수 있다. 많은 동물처럼 아기들은 모방적 성향과 연계된 감정의 전염을 보인다.[35] 하지만 그들은 재빨리 관점 수용과 감정이입의 단계로 발전한다. 매우 어린 나이에 이미 '생각을 읽는 존재'로 변모하는 것이다.[36] 그러고는 재빨리 자신의 고통과 다른 사람의 고통을 구분하는 것을 배운다. 아기들은 다른 소음보다 녹음된 다른 아기들의 울음소리에 반응하며, 녹음된 다른 아기들의 울음소리보다 녹음된 자기 자신의 울음소리에 더욱 민감하게 반응한다.[37] 그러므로 아기들은 이미 동정심의 감정을 경험하고 있다고 말할 수 있다. 10개월쯤 되면 아기들은 자발적인 도움과 위로의 행동을 수행할 수 있다. 2세가 되면 아기들은 다른 사람에게 해를 끼치고 난 후 죄책감을 드러내 보인다. (이러한 행동은 또래의 남자아이들보다 여자아이들에게서 더욱 두드러지게 나타난다.)[38]

마지막으로 폴 블룸이 실험을 통해 발견한 흥미로운 사실은 과실에 대한 관념(이에 근거한 감정의 조절까지 포함)이 12개월에 이르면 확고하게 형성된다는 것이다. 블룸의 실험은 아기들에게 인형을 가지고 도움을 주는 행동과 못된 행동을 각각 보여주는 것이다. 아기들은 후자보다는 전자를 압도적으로 더 좋아한다.[39] 또한 아기들은 아무런 행동을 하지 않은 중립적인 인형보다 도움을 주는 조력자 인형을 더 선호하고, 못된 행동을 한 인형보다는 중립적인 인형을 더 선호한다. 이에 블룸은 네 가지 더욱 복잡한 시나리오를 보여준다. (1) '조력자'가 다른 인형들로부터 보상을 받는 경우, (2) '조력자'가 다른 인형들로부터 처벌을 받는 경우, (3) (다른 인형에게 해로운 행동을 한) '못된 애'가 다른 인형들로부터 보상을 받는 경우, (4) '못된 애'가 다른 인형들로부터 처벌을 받는 경우로 나누어 실험한다. 아기들은 물론 '못된' 행동보다 도움을 주는 '선한' 행동을 한 인형에 대해 일반적인 선호를 보였다. 그런데 이 연구는 다른 인형이 나쁜 행동을 처벌할 때 아이들이 '못된'(이기적인) 인형을 좋아했다는 것도 밝혀냈다. 따라서 아기들은 감정의 전염과 더불어 감정이입과 동정심을 갖고 있을 뿐만 아니라, 동정심을 증진 혹은 배제하는 과실에 대한 인식을 갖고 있다는 것을 알 수 있다. 이 모든 것은 결국 사회성 형성 이전에 인간이 이미 갖추고 있는 능력을 의미하며, 이는 우리의 중요한 자산이다.

동물들에게서는 결코 찾을 수 없는 또 다른 결정적인 자산은 공평함이라는 인간의 능력이다. 또한 편향성은 윤리적으로 문제가 있다는 우리의 인식도 이에 해당된다. (블룸은 이것을 "성숙한 도덕성의 핵심"이라고 불렀다.) 하지만 이러한 인간의 문화가 아기들의 행동에 나타나지는 않는다. 아기들은 인간이 아닌 동물들처럼 자신의 종에 대한 편향성을 갖고 있다. 아기들은 친숙하지 않은 인종들보다는 친숙한 인종의 얼굴 형태를 더 선호한다. 또한 아기들은 자신과 다른 언어를 말하는 사람보다 같은 언어를 말하는 사람을 더 선호한다.[40] 이로부터 폴 블룸은 이렇게 결론짓는다. "우리가 진정 경이롭게 여기는 도덕성의 측면은 일반적인 것이든 보편적인 것이든 생물학의 산물이 아니라 문화의 산물이다."[41]

그렇다면 문화는 어떤 종류의 편협함을 특별히 극복해야 할까? 뱃슨은 멀리 떨어진 사람들이 처한 곤경이 생생하게 기술된다면 그들에 대한 관심과 감정이입을 보이는 데 본질적 한계는 없다는 것을 보여준다.[42] 또한 그러한 관심을 보이는 데 개인적인 경험이 선행해야 할 필요도 없다.[43] 그러나 우리의 동물적 유산에 깊이 뿌리내린 다른 한계들은 합리적인 도덕성이 요구하는 동정적 관심을 불완전하게 만든다. 무엇보다 우리의 관심은 이리저리 요동치며, 지속되지 못한다. 종종 시간이 흐르면서 사라지기도 한다. 따라서 계속된 문제들을 해결하는 데 필요한 도움의 노력을 유지하는 데 실패한다.[44] 더욱 문제가 되는 것은 사람들이 제멋대로 감정을 이입하여 동정심을 표현한 결과로 종종 비도덕적인 행동을 한다는 점이다. 다른 사람들의 곤경에 대해 생생한 이야기를 전해 듣는 사람들은 스스로가 중요시 여겨왔던 공정함의 원칙으로부터 저 멀리 벗어나는 경향이 있다. 이는 사소한 보상의 문제에서부터 (장기 기증과 같은) 생사가 걸린 문제들 모두에 해당된다. 그리하여 사람들이 합의한 공정함의 기준에 더욱 적합한 사람보다 자신들의 상상에 부합하는 이야기의 인물을 더 선호하는 것이다.[45] 사실상 사람들은 두 개의 판단 체계를 갖고 있다. 하나는 상상력과 관점에 기반한 사고에 근거한 체계이고, 다른 하나는 원칙에 근거한 체계다.[46] (이 둘은 심리학자들의 잘 알려진 구분인 '시스템 I'과 '시스템 II'에 상응하지는 않는다. 심리학에서 말하는 이 두 가지 체계는 각각 비의도적이고 유사 본능적인 반응들의 집합 그리고 의식적인 숙고에 근거한 체계를 의미한다. 상상력은 당연히 문제를 명확하게 볼 수 있도록 해주는 의식적인 노력을 포함할 수 있고, 규칙의 적용은 반사적이거나 비의도적일 수도 있다. 이렇듯 두 시스템은 상보적이지만—예를 들어 상상력이 규칙하에 포섭된 사례들의 인간적 의미를 보여주는 것도 가능하다—때론 차이를 보이거나 심지어 충돌하기도 한다.)

이러한 이유로 우리는 동정심을 공적 선택을 위한 무비판적 토대로 여겨서는 안 된다. 감정 근본주의는 감정에 대한 배제만큼이나 치명적이다. 그렇지만 우리는 동정심이 전달해주는 정보까지 버려서는 안 된다. 그렇게 된다면 원칙들은 의미를 상실할 것이며, 동기 부여의 동력까지 잃어버릴 수 있기 때문이다. 우리는 생생한 상상력과 공평한 원칙 사이의 지속적인 또 주의 깊은 대화dialogue를 만들어야 한다. 머릿속으로 상상하는 상황에 실제로 처한 사람들에게 우리가 무엇을 할 수 있을지 끊임없이 질문하고, 동시에 공평한 원칙을 어느 정도 선까지 따라야 하는지를 고민하면서 이 둘 사이의 최상의 조합과 일관된 균형을 찾으려고 노력해야 한다. 또한 우리는 상상력에 의문을 던지면서, 머릿속에서 상상한 실제 사건과 공평한 원칙 사이에 다리bridge를 구축하기 위한 노력을 게을리하지 말아야 한다. 이러한 가교를 통해 사람들이 응답하고자 하는 생생하게 묘사된 그들의 곤경이 사실상 훨씬 더 광대한 문제라는 사실을 일깨워주어야 한다. 공적 문화 속의 동정심의 발현은 이러한 대화와 가교를 세우는 데 관심을 두어야 한다.

우리에게 남겨진 동물적 유산 속에서 우리는 정의로운 제도를 유지시켜주는 도덕적 태도의 씨앗들을 찾을 수 있다. 그러면서 우리가 뛰어넘어야 하는 많은 한계도 발견한다. 최소한 원칙적으로 볼 때, 우리는 이러한 문제들을 해결해나갈 생물학적 근거와 문화적 토대를 가지고 있다고 할 수 있다.

6. 동물 이해하기: 공유되지 않은 병리학

앞에서 언급한 개와 코끼리, 그리고 드 발이 연구했던 이타적 침팬지와 보노보를 생각해보면,[47] 우리는 인간세계가 넝벽히 갖고 있는 매우 나쁜 경향성들을 그들은 갖고 있지 않다는 점을 알 수 있다. 『에피 브리스트』에서 롤로는 도덕적으로 훨씬 뛰어난 개처럼 보인다. 왜냐하면 과실에 대한 비뚤어진 판단으로, 에피를 부모의 사랑을 받을 만한 가치가 없는 '타락한 여자'로 치부한 그녀의 부모와는 달리 병에 걸릴 때 이른 죽음을 맞이한 에피의 상황에 대해 동정심을 거부하지 않았기 때문이다. 과연 어떤 동물이 그런 기이한 생각을 가질 수 있을까? 이와 유사하게, 루파와 레무스도 조지 피처에게 그가 어린 시절—신체적 질병마저 아이 자신의 도덕적 악행의 결과로 발생했다는 종교적 교리가 낳은 가혹하고 불운한 판단이 지배한 결과로—받아보지 못했던 무조건적인 사랑의 모습을 보여주었다. 우리는 스스로를 선택을 내릴 수 있는 존재로 인식하는 소중한 능력을 가지고 있으면서 특정한 선호를 추구하거나 또는 제어한다. 그러면서 결함이 있는 선택을 남의 탓으로 돌리거나 또 그런 이유로 동정심을 억제하는 능력 또한 길러나간다. 이렇듯 과실과 선택에 대해 생각할 수 있는 능력은 도덕적 삶에 있어 필수적인 부분이다. 하지만 그릇된 방향으로 귀결되기도 한다.

잘못된 방향으로 틀어지는 이유는 사람들이 종종 타인들의 요구로부터 스스로를 격리시키고 싶어하기 때문이다. 그렇기에 가난한 이들을 가난하다는 이유로 비난하거나 동정심을 거둬들이는 것은 쉽다. 우리가 이런 식으로 생각한다면, 가난한 이들의 상황에 대해 어떤 노력도 기울일 필요가 없다.[48] 때로 결함이 있는 사회적 전통은 기형적 결과를 낳기도 한다. 19세기 독일에서 혼외정사를 한 여성은 모든 경우 회생 불가능한 오명을 쓰게 되고 그 어떤 우정이나 사랑도 할 자격이 없는 존재로 여겨지는 것이 지배적인 문화적 태도였다. 그리고 바로 이러한 문화가 브리스트 부부로 하여금 딸의 불행에 대한 관심을 가로막은 것이다. 피처의 경우 비뚤어진 판단이 설령 종교적 기원을 갖는다 하더라도, 그리고 설령 우리가 그리는 국가가 합리적인 시민들이 믿는 다양한 형태의 종교적이거나 세속적인 포괄적 교리를 존중한다 하더라도, 어린이의 신체적 질병이 그의 악행 때문이라는 교리는 명백히 불합리하다. 이것은 국가가 책임지고 공적 담론과 공공 교육을 통해 폐기해야 마땅하다. 이렇듯 과실에 대한 판단은 단 하나의 근거로 따질 수 없는 다양한 형태의 왜곡으로 인해 몸살을 앓는다.

동물의 세계를 생각해보면서 우리는 집단 학살, 가학적 고문, 인종 청소와 같이 동물은 결코 자행하지 않는 악행들에 대해 떠올리게 된다. 다음 장에서 우리는 이러한 기형적 악행의 뿌리에 대해 살펴볼 것이다. 하지만 여기서 꼭 언급해야 할 인간 감정에 대한 하나의 중요한 왜곡 형태가 있다. 이는 드 발이 "인간부정anthropodenial"이라고 불렀던 것으로, 인간이 자신의 동물성과 동물과의 친족성에 대해 인정하는 것을 거부하려는 경향을 뜻한다. 업다이크의 래빗을 떠올려보자. 침팬지가 아니냐는 질문에 대해 그는 혼잣말로 중얼거린다. "불멸의 영혼이 살아 숨 쉬는, 신이 만든 종족. 은총의 매개자. 선과 악의 전쟁터. 신의 도제 천사." 이러한 생각을 바탕으로 성장한 사람들은 그에 따라 대부분 땀, 오줌, 배설물 등과 같은 자기 자신의 동물성에 대해 부정적인 반응을 형성시켜나간다. 동물의 신체는 천사에게 혐오와 수치심을 부추긴다. 스위프트의 걸리버는 깨끗하고, 냄새도 안 나며, 신체적인 특징이 거의 없는 천상계 같은 휴이넘의 사회는 반겼지만, 그 자신과 같은 야후들의 접촉은 견딜 수가 없었다.

인간이 아닌 그 어떤 동물도 자신이 동물이라는 사실을 부인하거나, 동물 되기를 증오하거나, 다른 종들을 동물이라는 이유로 배척하지 않는다. 어떤 존재도 육체, 냄새, 액체성 등을 초월한 천사가 되기를 바라지 않는다. 인간부정은 인간이 다른 동물들과 맺는 관계에 영향을 끼친다. 침팬지나 돼지가 무엇인가에 대한 래빗의 관점은 자신을 천사로 여기는 관점에 의해 굴절된다. 인간은 빈번하게 이러한 자연세계로부터의 비이성적 단절로 인해 동물의 고통에 대한 동정심을 거부하게 된다. 이러한 단절은 또한 인간의 도덕성과 감정의 동물적 근원에 대한 공평무사한 탐구를 가로막는다.

스위프트의 예에서 본 것처럼, 상황은 훨씬 더 나쁠 때가 많다. 걸리버는 냄새와 접촉에 대한 혐오감으로 자기 가족에 대한 모든 동정심과 사랑을 거부하고 극악무도하게 행동한다. 인간이 아닌 어떤 동물도 그러한 병리를 갖고 있지 않다. 즉 사회적 삶에서 자행하는 악한 행동들에 대해 그런 근거를 들이밀지 않는다. 그래서 동물 연구는 우리가 무엇을 잘못하고 있는지, 좋은 사회를 위해서는 무엇을 억제하고 재교육할 필요가 있는지 등을 정확하게 보여준다.

하지만 죽음을 피하려는 욕망, 자기 자신과 사랑하는 사람의 수명을 연장하고자 하는 욕망은 인간부정이라 할 수 없다. 동물은 전형적으로 더 오래 살고자 하며, 고등 동물들은 자신들이 보살피는 존재의 죽음에 슬퍼한다. 이렇듯 죽음은 나쁜 것이라는 생각, 죽음에 맞서 싸워야 한다는 생각은 어디에서나 볼 수 있으며, 동물이라는 존재의 조건을 근본적으로 거부하는 것이라 할 수 없다. 죽음에 대한 통상적인 혐오감으로부터 문제가 되는 현상을 구분해내기는 쉽지 않다. 하지만 그것은 도덕성 자체와 인간의 신체에 대한 혐오 섞인 부인으로 구성되어 있다는 것을 알 수 있다.

다른 동물을 연구함으로써 우리는 잠재적으로 지니고 있는 동정심과 이타심의 뿌리에 대해 많은 부분을 알 수 있다. 또한 우리가 동물은 갖고 있지 않은 자원과 문제들을 갖고 있으며, 최소한 어떤 경향들이 우리의 사회적 삶을 지배하게 할 것인지 결정하는 자유를 갖고 있다는 것도 알 수 있다. 이러한 경향성에 대한 숙고는 국가의 미래를 위해 중요한 과업이라 할 수 있다.

7장

'근본악':
무력감, 자기애, 오염

Political Emotions
Why Love Matters for Justice

도망친 노예가 내 집으로 찾아와 집 밖에 멈춰 섰다.
그가 움직일 때마다 나무 더미에서 잔가지들이 탁탁 소리를 냈다.
반쯤 열린 흔들리는 부엌문 사이로 나는 가냘프고 허약한 그를 본다.
그러고는 그가 앉은 나무둥치로 가서 그를 집 안으로 들어오게 하고 안심시켰다.
그리고 물을 가져다주고 땀에 젖은 몸과 상처 입은 발을 씻을 수 있도록
욕조 가득 물을 채웠다.
그리고 내 방과 통하는 방을 내주고, 그리고 그에게 두툼하고 깨끗한 옷을 건네주었다.
그리고 나는 그의 휘둥그레진 눈과 어색한 태도를 빠짐없이 기억한다.
그리고 그의 뻣뻣한 목과 발목에 반창고를 붙여준 것을 기억한다.
그는 나의 집에 일주일을 머물렀고, 몸이 회복되자 북쪽을 향해 떠났다.
나는 식탁에서 그를 내 옆에 앉게 했다. 나의 총은 구석에 기대놓았다.

_월트 휘트먼, 「나 자신의 노래」

"반드시 그렇게 해야 해요. 저 기독교인 하녀 라크미를 계속 곁에 두는 한
당신 방에 음식을 들고 가는 건 불가능해요."
"오, 사랑하는 고라, 어떻게 그런 말을 할 수가 있니!" 아난다모이가 깊이 상심한 듯
한탄했다. "그녀의 손으로 만든 음식을 전부 먹지 않았니? 너를 먹이고 키운 건 바로
그녀였잖아? 최근까지도 너는 그녀가 준비한 처트니 없이는 식사를 못 하지 않았니?
게다가 네가 천연두에 걸렸을 때, 그녀의 헌신적인 간호가 너의 목숨을 구한 것을
어떻게 잊을 수 있단 말이냐?"
"그렇다면 잘라버려요." 고라는 황급히 말했다. "그녀에게 땅을 주거나 오두막이라도
하나 지어주세요. 하지만 집에 그녀를 두는 건 안 돼요, 어머니!"

_라빈드라나트 타고르, 『고라』

1. 사회적 삶에 존재하는 '근본악'

공정한 국가는 인간의 나쁜 행동이 갖는 뿌리를 이해하기 위해 노력해야 한다.[1] 만일 우리가 무엇에 대항하여 싸워야 하는지를 알지 못한다면, 시민들의 존엄과 평등을 어떻게 보호할 수 있는지 알기 힘들다. 차별금지법을 예로 들어보자. 자유지상주의 사상가들은 인종차별이 경제적으로 비효율적이기 때문에 이러한 법이 불필요하다고 주장한다. 공정한 국가라면 마땅히 거래, 소수자 고용 등에 관한 인위적인 장벽을 없애야 한다.[2] 합리적인 고용주들은 소수자 고용에 관심을 두어야 한다는 것을 재빨리 파악한다. 이에 대한 설명은 인간의 동기 부여에 대한 특수성에 기초한다고 할 수 있다. 말하자면 고용주들은 자신들의 선호에 대한 만족을 극대화하려는 합리적인 주체로 간주된다. 그들의 선호는 다른 사람을 경멸하거나 모욕을 주는 등 악의적이거나 가학적인 선호를 포함하지 않는다. 이것은 노동자나 소비자들에게도 똑같이 적용된다. 이들은 통합적인 사업장에서 일을 하거나 소비하기를 원한다. 왜냐하면 그것이 사회 문제들에 대한 효과적인 해결책을 제시하기 때문이다. 이들에게는 깊이 뿌리박힌 혐오, 역겨움, 혹은 인종차별적 관행을 통해 모욕을 주려는 욕망으로 인해 발목 잡히는 일은 없을 것이다. 게다가 그들은 아프리카계 미국인에게 게으름, 능력 부족, 범죄 성향 등을 덧씌우는 인종주의적 고정관념으로 왜곡된 관점보다는 그들이 갖는 잠재성에 대해 균형적 관점을 갖는 입장을 받아들일 것이다.

자유지상주의 정치학은 순진하다. 왜냐하면 실제 사람들은 그렇게 행동하지 않을 것이기 때문이다. 유대인, 아프리카계 미국인, 아시아계 미국인, 인도의 낮은 카스트 계급 등에게 평등한 기회를 주는 것을 거부하는 행위는 경제적 비용과 편익이라는 현실적 잣대의 뒷받침을 받지 못할 것이다.[3] 왜냐하면 사실상 이러한 거부는 거대한 인적 자본의 낭비를 초래할 것이기 때문이다. 그리고 존 스튜어트 밀이 지적했듯이, 가장 광범위하고 지속적으로 이루어졌던 사회적 배제, 즉 고용의 기회와 정치적 참여로부터 여성을 배제하는 것은 효용을 극대화하는 사회에서는 이해할 수 없는 기이한 정책이자 비합리적인 편견에 의해서만 발생할 만한 일이다. 그럼에도 밀은 이러한 배제를 낳는 원인에 대해 충분한 이론적 분석을 제공하지 않는다. 그의 이론 중 핵심 단락에서 동정심을 확장해야 할 필요성을 주장하긴 했고, 여성에 관한 논의에서 몇몇 어두운 동기를 가리키기는 했어도 결국 이를 철학적으로 밝히는 데 실패한다. 따라서 우리는 이러한 배제를 비롯한 사회적 문제들을 양산하는 힘에 대해 설득력 있는 논의를 전개할 필요가 있다. 공정한 사회는 이러한 것들과 싸울 준비를 해야 하기 때문이다.

인간 삶에 대한 다양한 종교적·세속적 관점을 살펴본다면 악행의 뿌리를 다각도로 설명할 수 있을 것이다. '원죄original sin'라는 개념 또한 다양한 형태를 갖는데, 몇몇 종교는 이를 받아들이지만 그렇지 않은 종교도 있다. 세속적 도덕성 또한 다양한 형태를 갖는다. 일부는 자연적 선함의 개념을 바탕으로 악행의 원인이 사회적 결함에서 기인한다고 여긴다. 다른 한편에서는 원초적 나르시시즘이나 오이디푸스적 시기심이라는 개념을 통해 나쁜 행동을 취하는 경향성에 대한 좀 더 깊고 보편적인 뿌리를 제시하고자 한다. 그러므로 다원주의 사회에서 특정한 종교적 교리나 포괄적인 세속적 도덕을 정립하지 않은 채, 경쟁적인 관점들 가운데 하나를 선택하는 것은 불가능해 보인다. 하지만 나는 혐오, 동정심, 또래 집단의 압력, 권위 등을 비롯한 인간의 여러 경향성에 대한 경험적인 작업을 바탕으로—이와 더불어 아이의 발달, 감정이입, 관심을 보이는 능력 등에 대한 임상적 작업과 함께—'합리적인 정치심리학'의 핵심을 추출할 수 있을 것이라고 생각한다. 이것은 사람들의 다양한 관점을 정치적 사유의 기반으로 수용하면서, 이를 인간 본성에 대한 좀더 광범위한 (그리고 다양한) 이해를 위한 하나의 요소로 여기는 것을 뜻한다.

우리가 일반 동물과 맺고 있는—혹은 결여하고 있는—친족관계에 대한 연구가 좋은 출발점을 제공해준다. 우리는 대개 인간 존재가 다른 동물과 같이 좀더 넓은 집단보다는 좁은 집단을 선호하는 편협한 동정심의 경향을 갖는다는 것을 알게 되었다. 하지만 우리의 논의는 이러한 통찰에서 한발 더 나아간다. 즉 동물성과 필멸성에 대해 인정하기를 꺼리는 인간의 성향이 동정심의 실패를 설명하는 데 핵심적인 역할을 한다는 것이다. 하지만 여전히 인간의 이러한 성향이 어떻게 발생하고 또 심화되는지, 그리고 어떤 탁월한 개입이 변화를 만들어낼 수 있는지 등에 대해서는 설명이 부족하다.

이런 맥락에서 낙인과 배제는 우리 사회가 싸워야 하는 문제들의 중심에 놓여 있다고 하겠다. 낙관적이었던 19세기 선조들과는 달리, 우리는 인간 존재가 공감의 편협함을 넘어 그 이상의 깊은 문제들을 갖고 있다는 것을 누구보다 잘 알고 있다. 수 세기 동안 힌두교의 카스트 제도를 유지했던 사회는 상류층 사람들에게 낮은 계급이나 불가촉천민과의 접촉에 대해 혐오와 능욕을 느끼도록 가르쳤다. (타고르의 『고라』에 등장하는 기독교인 여성이 하인이라는 점을 고려해볼 때, 그녀는 가장 낮은 카스트로부터 개종했을 가능성이 높다. 따라서 그녀는 이중의 의미에서 부적격 인물이다.) 고라는 이들이 차려주는 음식을 먹을 수 없었을 뿐 아니라, 자신의 집에 거주하는 것도 원치 않았다. 고라는 특이한 경우라 할 수 있다. 왜냐하면 그는 카스트 계급에 대한 편견을 갖고 있지 않은 엄마의 손에 길러졌고, 이 기독교인 여성을 수용했으며 심지어 사랑까지 했기 때문이다. 또한 그는 사적으로 그녀를 혐오하지 않는 것처럼 보인다. 카스트에 대해 고라가 보인 태도는 때늦은 것이며 외부적인 것이라 할 수 있다. 마치 그는 사후적으로 습득한 행동 양식을 스스로에게 부과하는 것 같다. 이와 반대로 그와 같은 계급의 힌두교도들은 좀더 내재적 본능에 따른 혐오를 습득했을 것이다. 미국 남부의 광신도들 또한 흑인들에 대해 이와 유사한 본능적 혐오를 가졌다. 다른 인종 간의 출산을 금지하고 간이식당, 수영장, 식수대를 분리하여 차별을 둔 짐 크로 법Jim Crow Law은 어떤 식으로든 흑인들의 신체와 접촉하는 것에 대해 지배적인 백인층이 가졌던 강한 본능적 혐오를 표현한 것이다. 이 법은 아주 근본적인 의미에서 그러한 신체에 대한 휴머니티를 거부했다. 도망친 노예에 대해 휘트먼이 보인 친절함은—특히 음식과 옷을 내어주려는 의지와 함께—미국인이 훗날 갖게 될 새로운 민주적이고 평등한 사회를 그린 의도적으로 급진적인 이미지인 셈이다. 물론 이는 앞서 언급한 비합리적 혐오와 모욕을 떨쳐버릴 수 있게 되어야 도달 가능한 모습이다. 아마 여기서 가장 대담한 부분은 노예의 상처 부위에 반창고를 붙이는 장면일 것이다. 이것은 체액과의 내밀한 접촉을 포함하는 행동이기 때문이다.

집단 증오와 혐오는 대부분의 국가가 반대하는 주된 부분 중 하나다. 하지만 이런 차별이 없다고 말하는 롤스의 질서 정연한 사회에서조차 인간의 심리를 고려해볼 때, 집단 증오와 혐오가 생기지 않을 것이라는 점을 장담할 수 없다. 우리가 속한 사회란 충분히 질서 정연한 것이라기보다는 변화무쌍한 것이다. 그렇기 때문에 우리는 배제라는 실질적 문제에 맞서야 한다. 결국 인간 행동의 동기와 관련하여 19세기의 낙관주의가 전제하는 것을 뛰어넘는 좀더 정교한 이해가 필요하다. 밀과 콩트가 놓친 것은 바로 실제적 악real evil이다. 이것은 단순히 타인에 대한 부주의나 무시 또는 두려움에 기반한 불신이 아니라 타인을 폄하하고 모욕을 주고자 하는 강한 욕망이 담긴 잔인하고 추한 의도적 행동이다. 이러한 경향은 집단 내 증오나 집단에 대한 차별의 핵심을 이룬다. 콩트와 밀은 이를 간과하는 위험을 범했다. 오늘날 그들이 지녔던 인간성과 도덕적 진보에 대한 약한 믿음을 유지하는 것은 불가능하다. 반면 타고르는 이에 대해 좀더 깊은 통찰을 지녔던 것으로 보인다. 그렇기에 산티니케탄의 학교에서는 집단을 구분하는 데 무엇보다 음악이나 춤과 같은 신체적 의식의 공유가 결정적인 역할을 했던 것이다.

이 장에서는 악행을 저지르는 인간의 몇몇 주요 경향에 대한 실질적인 이해를 제시하고자 한다. 모든 인간 존재에서 발견되는 '근본악'—악행에 대한 전前 사회적pre-social 경향들로 우리가 공유하는 동물적 존재로서의 특성과 문화적 다양성의 기반을 넘어서 존재하는 것이다—에 대한 임마누엘 칸트의 주장을 따라가면서, 이러한 경향들을 형성하는 데 문화가 끼치는 중요한 영향에 대해서도 살펴볼 것이다. 인간 심리란 얄팍하고 불완전한 개념이라는 점을 고려할 때, 콩트가 제시한 해법은 분명 부적절하다. 앞으로 제시될 전체적 논의를 통해 왜 존경 혹은 공감마저 사랑 없이는 불충분하며 또 위험할 정도로 불안정한지를 보여주고자 한다.

여기서 사랑의 역할은 두 가지 단계로 드러난다. 첫 번째 단계에서 어린아이의 무력감과 원초적 수치심은 격렬한 분노와 파괴적인 경향성으로 이어진다. 하지만 이는 그들이 파괴되기를 두려워하면서도 그렇게 되기를 원하는 대상에 대한 강렬한 사랑의 감정을 추구함으로써 극복될 수 있다. 그렇지만 어린아이가 대상에 대한 진정한 사랑의 능력을 계발한다고 해도, 계속되는 불안정성은 '투사적 혐오'와 타인을 경시하는 경향을 낳을 가능성이 높다. 사람들은 인간세계를 자신이 선호하는 집단과 낙인을 찍은 집단으로 늘 구분하며, 이러한 경향은 동물로서의 인간 존재에 내재한 편협함에 의해 흔히 더욱 악화된다. 두 번째 단계에서 이제 사랑은 이러한 경향성에서 인간을 구출한다. 다른 사람의 고유성에 대한 능동적이고 상상력 넘치는 관심만이 집단에 근거한 낙인의 폐해를 막고 문제를 해결해줄 것이며, 나아가 시민들에게 집단을 전체로서 고유한 사람들로 드러내 보여줄 수 있을 것이다. 어린 시절에 사랑의 감정을 갖는 것만이 중요한 게 아니라, '내면의 시선'이 희미해질 때, 그것을 다시금 깨어나게 만드는 능력 또한 중요하다고 할 수 있다.

2. 악에 대한 칸트의 논의: 좀더 완전한 설명

악에 대한 내재적 경향성을 철학적으로 설명하기 위해서는 칸트의 유명한 '근본악'에 관련된 논의부터 시작하는 것이 온당하다. 칸트는 로크와 루소의 사회계약론으로부터 깊은 영향을 받았다. 그리고 칸트는 루소와 마찬가지로 정의로운 사회를 위해 정치적 감정은 물론 악행의 뿌리들에 대해서도 살펴봐야 한다는 점을 간파하고 있었다. 하지만 동시에 루소와는 달리 표현의 자유와 결사의 자유에 대한 온전한 보호를 바탕으로—진화하고 있는 우리 사회와 같이—진정 자유로운 사회를 그리고자 했다.[4] 그렇기에 인간의 악행에 대한 심리학적 설명을 제시하고자 했던 그의 시도는 우리 기획에 정확히 맞아떨어진다.

칸트는 악행의 뿌리가 어떤 사회적 구조보다 인간 존재에 깊이 내재해 있다고 말한다. 사실상 그 뿌리는 인간 삶의 고유한 본성 자체에 뿌리박혀 있는 것이다. 『이성의 한계 안에서의 종교』[5]에서 칸트는 유명한 '근본악'[6]이라는 논제를 파헤친다. 칸트에 의하면 악은 근본적이다. 즉, 휴머니티의 뿌리에 자리한다. 인간 존재는 구체적인 사회적 경험에 앞서 선과 악에 대한 경향성을 지니며, 이러한 성향은 우리의 본성 안에 깊이 뿌리내리고 있기 때문이다.[7] 그러면서도 우리는 타인을 동등한 존재이자 목적 자체로 대하면서 도덕률을 따를 수 있다. 하지만 동시에 우리 안에 있는 무언가가 특정한 상황 속에서 이를 무시하고 사실상 불가피하게 악행을 저지르도록 우리를 이끈다.

이러한 악행의 조건은 무엇인가? 우리의 동물성 자체가 문제는 아니다. 칸트에 따르면 우리의 동물적 본성은 기본적으로 중립적이다. (6.32, 6.57-58) 그렇기에 칸트의 논의는 앞 장에서 제시된 내 진단과 맥락을 같이한다. 즉 우리가 동물적 존재라는 사실이 도덕적 문제의 주된 원인은 아니라는 것이다. 물론 인간과 동물 사이의 구분에 대한 칸트의 논의는 현대의 분석이 제시하는 것에 비해 연속성에 대한 뉘앙스, 의식 등이 부족하다. (실제로 아리스토텔레스가 제시한 구분에 비교해도 섬세함을 결여하고 있다.) 게다가 칸트는 우리가 가진 도덕적 문제들 (공감의 편협함이나 내집단 편향성 등) 중 최소한 몇몇은 동물성의 역사에 기인한다는 사실조차 인정하지 않는다. 하지만 칸트의 핵심적 주장은 설득력이 있다. 즉 우리 내면의 비가시적 적인 악은 인간 고유의 것이며, 이는 인간 존재가 집단 내에 있을 때 경쟁적인 자기애의 성향으로 모습을 드러낸다는 것이다. 욕구란 그 자체로 쉽게 만족될 수 있고, 동물적 욕구는 분명한 한계를 갖는다. (6.93) 인간 존재는 "타인이 그를 가난하다고 여기고 그에 대해 경멸할 것이라고 염려하는 크기만큼만" 스스로를 가난하다고 여긴다. 그러한 불안의 충분조건은 타인의 존재 그 자체라 할 수 있다.

> 시기심, 지배욕, 탐욕 그리고 이와 결합된 악의적 경향성들은 인간이 다른 인간들 가운데 있을 때 그 자체로는 충족된 그의 본성을 이내 몰아붙인다. 그때 이들이 이미 악에 빠져 있다거나 그를 악행으로 이끄는 요인들이라고 전제할 필요는 결코 없다. 그들이 현존하고, 그를 둘러싸고 있고, 그들이 인간이라는 사실만으로, 상호 간에 도덕적 성향을 타락시키고 서로를 악하게 만들기에 충분하다. (6.94)

칸트의 논의는 강력하다. 물론 칸트는 세상의 많은 사람이 자신의 신체적 욕구를 얼마든지 충족시킬 수 있을 것이라는 지나친 확신을 보이긴 했지만, 욕구에 대한 단순한 충족이 악행의 가장 큰 원인은 아니라는 타당한 주장을 견지했다. 사람들이 잘 먹고, 잘 자고, 나아가 여타 행복의 선결 조건을 충분히 갖춘다 하더라도, 여전히 인간은 서로에게 악행을 저지를 수 있고, 타인의 권리를 침해할 수 있다. 또한 전 사회적 성향이라는 것을 정확히 설명하는 게 어렵긴 해도, 인간의 악행이 특정한 사회적 교육에서 비롯되는 것이 아니며, 설사 최상의 교육을 제공한다 해도 얼마든지 벌어질 수 있다는 칸트의 지적 또한 분명 정확한 것이다.

근본악은 타고난 성향일지도 모른다. 혹은 인간 삶의 일반적인 구조적 특징으로부터 비롯되는 것일 수도 있다. 이것은 어린아이가 접하는 특정한 문화적 경험 이전의 것일 수도 있고, 아니면 모든 문화적 경험 안에 담긴 것일 수도 있다. 칸트는 아마도 내재적 경향성을 머릿속에 그렸을 것이다. 하지만 그의 주장에 담긴 생각은 그러한 본유적 성향이 인간 삶의 일반적인 구조적 특징들(필멸성, 결핍, 다양한 형태의 상호 의존성)에 의해 작동되며, 악행의 성향은 이러한 상호 작용으로부터 파생된 것이라는 점을 강조할 때 유지될 수 있다.

근본악에 대한 칸트의 주장은 분명 여러 측면에서 매력적이지만 불완전한 것이다. 인간의 성향 안에는 타인의 존재로 인해 발생하는 경쟁심과 공격성이 있다고 말해도 충분히 타당할 것이다. 하지만 칸트는 인간의 그러한 본성에 대해서는 거의 언급하지 않는다. 아마 칸트는 근본악이란 타자의 존재 앞에 생겨나는 경쟁심이자 도덕성을 위반하는 기질적 행동일 뿐이라는 주장에 대해 또 다른 설명을 덧붙일 필요가 없다고 생각했을 것이다. 하지만 우리는 좀더 자세한 설명을 원한다. 칸트는 심지어 더욱 광범위한 악행의 종류들에 대해서도 규명하지 않는다. 시기심과 경쟁은 언급하지만, 인종과 민족 간의 증오나 타인에 대해 모욕과 비하를 일삼는 욕망, 그 자체로 즐거움을 추구하는 잔혹한 행위 등은 빠뜨리고 있다.

3. 우주의 중심

칸트가 '근본악'이라고 부른 불안한 경쟁심 이면에는 무엇이 놓여 있는가? 칸트와 달리 우리는 최소한 인간이 동물로서 공유하는 유산인 '동물성'이 문제의 일부라는 점을 인정해야 한다. 나에게 중요한 존재가 누구인가 하는 비교적 협소한 인식은 분명 삶의 과정에서 습득하게 된다. 이는 학습으로 인한 것이면서, 인간 종의 생존을 도운 일종의 진화 유산인 상상력과 애정이라는 토대에서 비롯된 것이기도 하다. 물론 우리는 이러한 유산의 많은 부분을 때론 거부한다. (예를 들어 우리는 동물이 전형적으로 저지르는 행동 중에 나이가 들었거나 장애를 가진 존재를 유기하는 것을 옳다고 여기지 않는다.) 그리고 때로는 문화와 도덕을 통해서만 습득할 수 있는 공평성이라는 목표를 추구하면서 이러한 동물적 유산을 뛰어넘으려고도 애쓴다. 3부에서 우리는 이러한 시도들이 어떻게 가능한지 살펴볼 것이다. 앞서 우리는 동물성이 오직 하나의 원인, 혹은 문제의 주된 원인은 아니라는 칸트의 견해에 동의했다. 따라서 집단 혐오, 낙인찍기, 배제와 같은 문제의 주된 원인은 오직 인간 삶의 고유한 구조 안에서 찾아야 한다.

모든 존재는 나약함과 결핍을 갖고 태어나며 생존과 안정을 원한다. (이러한 욕구들은 어느 정도 독립적이다. 실험 결과, 원숭이들조차 식량 공급원이 안락함의 공급원과 인공적으로 구분되어 있는 경우, 먹는 행위보다는 서로를 껴안아주는 데 더 많은 시간을 보낸다.)[8] 하지만 인간 존재는 동물의 왕국과는 철저히 다른 특이한 형태의 유아기를 갖는다. 다른 동물들은 태어난 직후부터 생존 능력을 갖는다. 말 그대로 태어나자마자 일어서고, 움직이며, 먹이와 안전한 곳을 찾아 활발히 돌아다닌다. 이와 함께 인지적 성장(무엇이 좋고 나쁜 것인지 지각하는 능력)과 신체적 성장이 동시에 진행된다. 실제적 목표에 대한 왕성한 감각을 가질 때쯤에는, 이를 얻기 위한 자원도 갖는다.

하지만 인간의 삶은 이와 같지 않다. 상대적으로 큰 머리는 자궁 내 발달에 심각한 제약을 부과하며, 이 때문에 인간은 다른 종에서는 전혀 발견되지 않는 신체적 무력 상태를 갖고 태어난다. 말은 출생과 함께 네발로 서지 못하면 금방 죽어버린다. 하지만 인간은 10개월이 되기 전에는 서지도 못할뿐더러 한 살이 되어서야 겨우 걷는다. 또렷한 언어 발달 또한 신체 능력의 제약을 받는다. (물론 기호 언어는 훨씬 일찍 배우기 시작하는 듯하다.) 한편 심리학자들이 새롭게 발견한 언어나 동작에 의존하지 않는 지각 테스트에 따르면, 유아들의 지각 능력은 그 무엇보다 뛰어나다. 유아들은 태어나자마자 지각 영역의 많은 부분을 분별할 수 있다. 예를 들어 태어난 지 2주 안에 엄마의 모유 냄새를 다른 사람의 것과 구별할 수 있다. 블룸이 밝혔듯이, 타인과 다른 나를 구분할 수 있으며 타인의 마음을 '읽는' 능력 또한 생후 1년 안에 급속히 발달한다. 이렇듯 유아들은 고도의 지능을 갖고 있으면서도 무력한 존재이며, 이 둘의 결합을 통해 정서가 발달한다. (물론 이것이 항상 선을 향해 있는 것은 아니다.)

유아는 초기에 유순하기도 하고 해롭기도 한 다양한 외부적 힘에 의해 영향을 받으면서 산만한 경험의 중심으로서 스스로를 겪는다. 심리학자 대니얼 스턴은 유아기의 배고픔에 대해 자신의 상상력을 동원하여 이렇게 표현한다. 이것은 우리가 경험적으로 충분히 느꼈을 상태에 대한 언어적 설명이다.

폭풍이 몰아친다. 불빛은 쇳덩이로 바뀐다. 하늘을 가로지르는 구름 떼가 갈라진다. 조각난 하늘이 사방으로 흩어진다. 바람은 침묵 속에서 거세진다. 소리들이 몰려오지만, 움직임은 없다. 바람과 소리들이 분리된다. 각각은 잃어버린 서로를 찾아 발작하듯 쫓기 시작한다. 세상이 해체된다. 뭔가가 일어나려고 한다.

불안이 증폭된다. 중심으로부터 퍼지기 시작하고, 고통으로 바뀐다.

중심으로부터 폭풍이 쓸고 지나간다. 중심으로부터 폭풍은 강해지고 고동쳐 흐르기 시작한다. 이 파도는 고통을 몰아냈다가, 다시 고통을 끌어들인다……

철썩이는 파도는 주위를 온통 집어삼키기 위해 부풀어 오른다. 온 세상이 휘몰아친다. 모든 것이 폭발하고 쓸려나가며 그러곤 무너져 내린다. 더 이상 지속될 수 없는 고통의 매듭으로 돌진하지만, 고통은 지속된다.[9]

스턴의 이러한 묘사는 굶주림의 강력한 힘을 잘 포착하고 있다. 이 경험은 신경계 전체를 휩쓸고 지나가면서, 그 앞에 있는 것이 무엇이든 파괴하고, 그 자체의 흐름과 감각으로 덮어버린다. 감각은 움직임, 호흡, 주의력, 지각 등 모든 것을 장악한다. 이러한 경험은 세계의 질서를 무너뜨리고, 주의력을 앗아가며, 심지어 정상적인 호흡마저 균형을 잃게 만든다. 게다가 호흡과 울음은 서로 부딪치며, 둘 중 어떤 것도 팔과 다리의 움직임에 맞춰 궤를 같이하지 못한다. 마침내 공기를 벌컥벌컥 들이키면서 커다란 통곡이 분출한다. 깊은 호흡이 동반된 외침으로 잠깐의 안정이 찾아오지만, 고통은 계속 증대된다.

잠시 후, 유아는 보살핌을 받기 시작하면서 '폭풍 같던 배고픔'이

잦아든다.

한순간 세상이 잠잠해진다. 점점 작아지고 느려지며 부드러워진다. 보살핌은 거대한 빈 공간을 밀어낸다. 모든 것이 바뀐다. 희미한 희망이 뿜어져 나온다. 폭발과 파괴의 맥박은 온순해진다. 하지만 여전히 그곳에 있다. 여전히 격렬하게, 여전히 당장이라도 부수고 나올 듯이.

폭풍의 정중앙과 경계 사이 어딘가에 서로를 끌어당기는 장력이 있다. 두 개의 자석이 서로를 향해 흔들리다가 서로 부딪쳤다가 또 서로를 단단히 묶는다.

접촉의 순간, 새롭고 빠른 리듬이 형성된다. 그것은 천천히 펄떡이는 폭풍의 파도 위를 타고 흐른다. 새로운 리듬은 빠르고 탐욕스럽다. 모든 것은 이를 단단하게 만들기 위해 긴장한다. 매번 맥박이 뛸 때마다, 기류는 중심으로 흐른다. 기류는 냉기를 따뜻하게 한다. 불을 차갑게 한다. 이는 중심에 놓인 매듭을 풀고 완전히 진정될 때까지 파동의 격렬함을 짓누른다.

새로운 리듬은 편안하고 부드러운 속도로 바뀐다. 나머지 세상은 편안해지고 이를 따라 차츰 잦아든다.

모든 것이 새롭게 태어났다. 바뀐 세상이 소생하고 있다. 폭풍은 지나갔다. 바람은 조용하다. 하늘은 맑아졌다. 흐름은 생겨나고 풍요가 찾아왔다. 이들은 조화를 만들고, 흐르는 빛처럼 모든 것을 살아 있게 만든다.

이러한 묘사는—모든 세부 사항은 조사를 바탕으로 한 것이다—성인이 된 이후 쉽게 놓칠 수 있는 중요한 부분을 떠올리게 한다. 첫 번째 지점은 전체 시스템의 붕괴에 해당되는 배고픔이 갖는 중대한 의미다. 유아를 바라보는 성인들은 그 경험을 과소평가할 수 있다. 왜냐하면 성인들은 그것이 지극히 정상적인 것이자 그다지 위험한 신호가 아니라는 사실, 그리고 금방 먹을 것을 주리라는 것을 알고 있기 때문이다. 성인의 배고픔은 그것이 계속되지만 않는다면 유아의 것처럼 파괴적이지 않다. 유아는 다가올 미래에 대한 감각과 스스로 계속해서 살아 숨 쉬는 존재라는 것을 자각하면서 이토록 격정적인 사건이 강렬한 공포의 대상인 동시에 이후에는 안도감을 주는 기쁨과 감사의 대상이기도 하다는 것을 자연스레 알게 된다.

두 번째로 우리는 유아의 세계가 원래 이토록 철저히 유아론唯我論적이었다는 것을 알 수 있다. 모든 경험은 나만의 내적인 상태로부터 비롯되며, 유아가 주변 환경으로부터 스스로를 온전히 분리해내는 것은 아직 불가능하기에, 인식은 완전히 자신에 대한 것이라 할 수 있다. 그리고 외부 존재들은 마치 자석처럼 자신에게 와서 부딪힐 때, 또는 자신의 상태에 변화를 가져올 때에만 인식된다.

이런 유아론이 전부는 아니다. 스턴이 묘사했듯, 유아들은 빛을 좋아하고, 조용한 분위기에서 자신의 가장 큰 관심을 끄는 것은 무엇이든 응시한다. 처음 만나는 세계는 어쨌든 그저 고통을 안정시키는 공간이기만 한 것은 아니며, 사랑스럽고 흥미로운 곳이다. 안정(고통으로부터의 자유와 안전)을 향한 스스로에 대한 경향이 있지만, 또한 세상 밖을 향한 갓 태어나 꿈틀거리는 탐색의 경향도 존재한다—이후 이것은 사랑을 가능하게 한다.

유아는 경험의 경계선이 되는 자기 자신을 명확히 인식하게 되면서(예를 들어 자신의 발가락과 비슷한 거리에 있는 다른 대상을 구분하는 법을 배움으로써), 자신의 배고픔과 고통이 외부의 주체—젖가슴이나 안식과 위안을 주며 껴안아주는 팔—에 의해 해소된다는 것도 깨닫는다. 일정 기간 이러한 외재적 대리인은 타자 전체의 일부로 인식되지 않고 유아 자신과 관계하는 세계의 일부분으로 여겨진다. 이후 아기의 유아론은 대상과 맺는 첫 번째 관계에 색을 입힌다. 그래서 타자는 유아의 지각과 감정 속에 자신을 (먹여주고 안아줌으로써) 도와주거나 (즉각적으로 원하는 것을 주지 않고 오랫동안 방치함으로써) 해를 입히는 세계의 일부로 각인된다. 이런 식으로 세계란 결국 자신의 필요를 채워주기 위해 존재하며, 그렇지 못한 경우 유아는 나쁘다는 생각을 발전시켜나간다. '모든 것은 내 시중을 들어야 한다'는 생각이 유아의 사유를 형성한다. 이러한 사유는 프로이트가 탁월하게 그린 "아기 폐하" 이미지와 정확히 맞아떨어진다. 아기들은 진정 왕족에 가깝다. 이들은 세계를 자기 자신과 욕구를 위해 굴러가는 것으로 여기기 때문이다. 또한 아이들은 그들의 욕구를 채우기 위해 누군가의 봉사를 끊임없이 필요로 하는 무력함을 갖고 있다는 점에서 왕족과 유사하다. (이런 이유로 루소는 실천적인 자기 충족을 위한 교육을 민주 시민의 핵심적인 필요조건으로 결론 내린다.) 그런데 아이의 무력함이 극에 달하기도 하고, 또 그들은 스스로 세상의 중심이어야 한다는 이상한 입장에 서 있지만, 그저 우는 행동 말고는 그들의 이런 바람을 강권하고 확장시킬 방법이 없다. 이러한 상황에서 강렬한 감정들이 생겨난다. 즉 버림받고 굶주릴 수 있다는 공포, 세계를 복원할 수 있다는 것에 대한 기쁨, 원하는 음식과 안정이 제때 제공되지 않을 경우의 분노, 기대와 현실이 일치하지 않을 때 느끼는 치욕 등이 점차 자리를 잡는다. '나는 군주다. 나는 여기 홀로, 굶주리고, 젖은 채로 서 있다.'

이러한 초기 나르시시즘으로부터 타인을 각자의 욕구와 관심사를 지닌 온전한 존재가 아닌 그저 노예 정도로 여기는 경향이 발생한다. 어떻게 하면 이런 나르시시즘을 타인에 대한 지속적인 관심으로 이겨 낼 수 있을까? 이 물음은 모든 좋은 사회가 해결해야만 하는 문제라 할 수 있다. 그리고 이러한 나르시시즘과 무력함—분노와 부인의 대상 이 되어온 무력함—의 결합은 '근본악'이 시작되는 지점이다. 이는 타 인을 자신의 욕구하에 종속시키려는 경향성과 같은 형태를 지닌다. 이 제 6장에서 언급한 '인간부정'을 좀더 진전된 맥락에서 파악할 수 있 게 되었다. 진정 분노와 부인의 대상이 되는 것은 그저 순전한 휴머니티 가 아니라, 나약하고 때론 힘없는 신체로 인해 느끼는 무력감이다.

하지만 욕구의 좌절은 고통뿐만 아니라 기회도 만들어낸다. 여기 서 기회란 외부에 독립적으로 존재하는 타자의 실재를 이해할 수 있 게 된다는 뜻이다. 도널드 위니콧이 말했듯 "욕구에 대한 불완전한 충 족은 대상을 현실적으로 만든다. 말하자면 사랑받기도 하지만 미움을 받기도 한다는 점을 깨닫게 한다."[10] 하지만 유아의 나르시시즘은 이 러한 현실을 강력하게 거부한다. 왜냐하면 욕구의 완벽한 충족은 전 능함omnipotence이고, 전능함은 상호 의존성보다 훨씬 다루기 쉽기 때문이다.

이러한 형태의 나르시시즘은 대부분의 인간 삶에 악의적인 영향을 미치는 데까지 나아간다. 사람들은 탐욕스럽게 자신만의 안정과 만족 을 추구하고, 타인의 주장은 무시하며, 심지어 타인을 자신의 안전을 증진하기 위한 노예 계층으로 전락시키고자 애쓰기도 한다. 만일 한 번도 굶주리거나 헐벗은 적이 없고 무력함으로 인해 타인에게 의존해 본 적이 없는 천사가 있다면, 그러한 존재는 탐욕을 갖거나 자신만의 번영을 좇을 이유가 거의 없을 것이다.

사람들은 때로 가까운 관계의 집단 안에서 나르시시즘을 극복하기도 한다. 이는 서로에 대해 진정한 관심을 갖게 된 경우다. 물론 이것조차 하지 않는 경우도 있다. 프루스트의 소설에 등장하는 주인공을 보라. 그는 뛰어난 감수성과 강렬한 감정을 지닌 성인이지만, 철저히 자기중심적이고 타인을 자신의 구미에 맞게 복종하도록 조종하거나 끔찍한 고통을 겪게 해도 되는 하인으로 여긴다. 그는 엄마가 자기 방에서 밤새 함께 잠을 자면서 지켜주기를 갈망했던—엄마와 함께하는 기쁨이 곧 엄마가 떠나게 된 후의 고통으로 바뀔 것을 미리 알면서도—고집스럽고 겁에 질린 소년의 수준으로부터 한 발짝도 나아가지 못했다. 자신만의 병리에 대한 합리화는 어떤가. 그는 우리에게 반복적으로 모든 사랑과 우정은 소유와 통제를 향한 욕망에 지나지 않는다는 점을 전달한다. (그는 소설 작가의 활동에는 세상을 향한 진정한 사랑과 관심이 내포되어 있다고 생각한다. 하지만 이것은 작가가 실제 사람들이나 삶의 불확실성을 다루지 않기 때문에 그러할 뿐이다.)

　결국 이것이 본질적으로 '인간부정'에 해당된다. 즉 인간이 가진 동물적 조건의 한계에 대한 거부, 이것은 인간이 아닌 그 어떤 동물도 세상에 대해 갖지 않는 입장이다. 완전한 것(혹은 앞으로 완전해질 것)에 대한 기대는 인간의 운명을 넘어서는 것에 대한 기대다. 유아들은 인간들 사이의 상호 의존성에 대해 상상하지 못한다. 왜냐하면 그들은 인간의 삶이란 필요와 호혜성에 기반한 것이며 이러한 호혜성을 통해 필요가 충족된다는 점을 알지 못하기 때문이다. 유아의 무력함은 세상이나 사람에 대한 신뢰를 결여한 형태의 강한 불안을 낳는다. 유일한 해결책은 완전함인데, 완전함을 성취하는 길은 타인을 노예로 삼는 것밖에 없다.

어떻게 하면 이런 인간이 되는 것을 막을 수 있을까? 루소의 주장대로, 삶의 실천적 경험을 쌓는 것이 실로 중요하다. 다른 동물들처럼 인간 존재는 태어났을 때보다 훨씬 덜 무력해질 수 있다. 그리고 자신의 욕구를 어느 정도 채울 수 있다는 자신감은 타인을 노예로 만들 필요를 없애준다. 물론 초기의 무력함에 대한 위협은 상흔을 남기는 탓에 많은 인간이 타인의 존재를 온전히 받아들이기보다 완전함의 환상에 굴복한다는 것은 놀라운 일이 아니다. 그러한 환상을 떨쳐내고 또 변형시키기 위해서는 감정의 영역에 무언가가 일어나야만 한다. 삶은 이미 그러한 변화를 위해 충분한 양분을 제공했다. 빛에 대한 사랑을 떠올려보라. 좀더 넓게는 세상을 흥미롭고 재미있는 것으로 여기면서 세상 밖을 향해 있는 인간의 관대한 마음을 보라. 그것은 지적이면서도 감성적인 것이다. 세상은 사랑할 만한 것으로 보인다. 이러한 태도는 안정과 감사의 감정과 결합되어 있다고 할 수 있다. 그리고 이런 마음은 편안함과 먹을 것을 주는 부모를 경이와 사랑의 대상으로 여기게 만든다. 세상과 그 속의 아름다운 사물을 향해 이렇게 외부로 표출되는—이미 우리가 경이라고 부르거나 최소한 태생적 의미의 사랑이라고 부르는[11]—사랑의 움직임이야말로 프루스트가 그린 얼어붙은 나르시시즘으로부터 유아를 벗어나게 만드는 결정적인 요인이다.

4. 사랑의 정신에서 출발한 관심의 증대

생후 1년이 되어갈 무렵 유아는 어느 순간 자기 세계 안에서 성인을 온전한 사람으로 인식하게 된다. 관계가 주는 기쁨은 복합적인 성격을 띤다. 어린이들은 부모로부터 안전과 영양을 공급받을 뿐 아니라, 그들과 함께 놀면서 점차 그들의 마음을 읽는 법을 익혀나간다. 부모와 함께 하는 놀이는 그 자체로 기쁨을 주고, 세상은 즐거운 곳이라는 감각을 아이에게 가져다준다. 부모와 아이 사이의 대화는 점점 깊은 섬세함과 민감함을 나타내고 이러한 특징은 계속 증대된다. 이러한 대화는 아이에게 있어 부모의 얼굴 표정과 '마음을 읽는' 능력, 혹은 공감하는 입장을 취하는 능력을 길러준다.[12] 타인의 경이로움에 대한 의문은 호기심을 자극하고 이끌며, 호기심은 마음을 읽는 노력에 정교함을 더한다. 동시에 어린이들은 자신의 분노와 좌절이 기쁨과 즐거움의 대상과 똑같은 한 인간을 향해 있다는 것을 인식하게 된다. 자신의 공격성에 대한 이러한 인식은 강렬한 불안을 야기하고, 발달에 있어서 성격이 바깥으로 향하기를 멈추고 내적으로 닫혀버리는 지점이 되기도 한다. 이것은 자신의 공격성이 만들어낼 수 있는 상처에 대한 공포로부터 비롯된다.[13]

하지만 부모가 아기의 증오에 의해 상처받지 않았음을 지속적인 안정과 사랑을 통해 보여주는 경우를 가정해보자. (이는 흔히 발생하는 일이다.) 아기는 자신의 요구가 규칙적으로 충족될 것을 인지하며 이것의 지속은 그들의 불안을 가라앉힌다. 이는 또한 아기에게 기쁨의 지속성에 대한 감각을 준다. 기쁨이 파괴되는 상황이 발생함에도 불구하고, 보호받고 있다는 안정감과 놀이의 즐거움은 지속된다. 이것은 새로운 가능성도 제공한다. 즉 아기는 엄마를 기쁘게 하고 애정을 보여줌으로써 사실상 무언가를 제공할 수 있다는 것이다. 저명한 정신분석가이자 임상의이기도 한 도널드 위니콧은 고전적 논문인 「관심에 대한 능력」에서 이러한 "유순한 순환benign cycle"에 대해 기술한다—앞서 살펴보았듯 그는 유아의 배고픈 상태에 대한 탁월한 감정이입을 보여주었다.[14] 관심을 발전시키기 위해 필요한 "촉진 환경"은 그렇게 특별하지 않고, 오히려 흔히 존재하는 것이다. 부모는 손이 닿는 곳에 있어야 하며, "본능이 유발한 상황들에서 살아남아야" 한다. 즉 어머니의 기능(위니콧은 계속해서 이것이 기능적인 개념일 뿐이며, 따라서 엄마나 아빠 중 어느 성에 의해서든 충족될 수 있다고 강조한다)은 "계속해서 그녀 본연의 모습을 유지하려는 노력과 자기 아이에 대한 감정이입, 아이의 즉흥적인 몸짓을 수용할 준비, 그리고 이것들에 기뻐할 수 있는 능력"을 의미한다. 이렇듯 명시적으로 부모가 손 닿는 곳에 존재할 뿐만 아니라 아기의 사랑을 받을 만한 상황하에 있으면 아기는 자신이 가진 공격성에도 불구하고 이 사랑할 만한 부모에게 중요한 기여를 할 수 있다는 자신감을 키워나간다. 또한 자신이 가진 공격적 충동에 대한 걱정을 점진적으로 다각적인 도덕적 죄의식으로 바꿔간다. 유아가 부모와 맺는 관계는 점차 도덕적인 것으로 변화한다고 볼 수 있다.

도덕성과 공정함의 규칙들은 그 자체로 이러한 변화를 이룰 수는 없었던 것인가? 아기가 사랑에 대한 인식 없이 부모가 가진 권리, 그리고 그 권리에 대한 존중을 깨닫는 것을 기대할 수는 없는 것인가? 생명력도 없고 사랑도 없는 규칙들을 지닌 한 가족을 상상해보자. 이러한 가정은 위니콧이 말한 "유순한 순환"의 발전 단계 속에서 아이들이 발달시켜야 할 신뢰, 자발성, 호혜성에 대한 상상력 등을 결여하고 있다. 이러한 종류의 도덕성이 안정적인 지속성을 가질 수 있을지는 불분명하다. 왜냐하면 이는 의심과 불신으로 가득하게 될 것이고, 유연함보다는 고집스러운 형태를 가질 것이기 때문이다. 게다가 유아기란 실로 고통스러운 것이다. 우선 결핍과 좌절의 고통이 있다. 나아가 자신을 사랑해주고 보살펴준 사람들을 거스르는 공격적 충동에 대한 자각이 다시금 고통을 준다. 이러한 고통으로 인해 타인을 오직 도구로만 인식하는 나르시시즘으로 후퇴하여 폐쇄적인 성향으로 귀결될 위험이 계속해서 존재한다. 물론 나르시시스트도 규칙들을 이해하고 이를 적용할 수는 있지만 그들의 규칙은 생명력이 없고 극도로 불안정한 상태에 머문다고 볼 수 있다.

따라서 불안의 초기 단계에 있어 사랑은 구원으로 등장한다. 오직 사랑만이 호혜성에 대한 상상력으로 그들을 이끈다. 나아가 고집의 형태가 아니라 진정한 관심의 표현을 실천하게 만드는 감정이입의 관점으로 전환할 수 있게 한다. 관심의 증대를 위한 기회는 첫 번째로 부모의 사랑스러운 (지속적이며, 온화하고, 감정이입적인) 행동에 의해 만들어진다.

그렇다면 사랑을 통해서 이 심리학자들과 내가 의미하고자 하는 바는 무엇인가? 심리학자들이 묘사하는 관계는 타인을 소중하고, 특별하며, 흥미로운 존재로 기꺼이 받아들이는 것을 포함한다. 또한 타인의 관점을 이해하려는 욕망, 즐겁고 호혜적인 놀이, 교환, 위니콧이 말한 "미묘한 상호 놀이subtle interplay"와 따뜻한 보살핌에 대한 감사, 자신의 공격적인 성향과 행동에 대한 죄의식, 그리고 핵심이 되는 신뢰 및 통제에 대한 불안의 제거 등이 해당된다. (이러한 조건 없이는 기쁨과 "미묘한 상호 놀이"가 불가능하다.) 불확실한 세계와 사람들 속에서 신뢰만이 숨 막힐 듯한 나르시시즘으로부터 출구를 찾을 수 있게 해줄 것이다. 그러나 신뢰는 공정함의 규칙을 통해서만 구축되는 것이 아니다. 오히려 그러한 규칙들과는 거의 관계가 없다. 이러한 신뢰를 가능하게 하는 것은 경이로움, 사랑, 아이의 상상력과 결합된 사랑을 주는 부모의 행동이다. (아이의 상상력의 근본 뿌리는 빛을 향한 아이의 경이로움과 바깥세상을 향한 생명력 넘치는 호기심에서 비롯된다.)

이것이 바로 타고르의 인간 종교 이면에, 그리고 모차르트의 '긍정' 이면에, 또 이 책의 논의 이면에 놓인 본질적인 생각이다. 모차르트와 다 폰테가 말한 것과 같이, "고통과 광기와 어리석음의 나날들—오직 사랑만이 행복과 기쁨을 가져다주리니!"

규칙이 만들어낸 도덕성과 사랑이 만들어낸 도덕성의 차이를 볼 수 있는 좋은 예는 두 차례 세계대전 사이의 독일 사회를 그린 미하엘 하네케의 무시무시한 영화 「하얀 리본The White Ribbon」이다. 영화 속에서 도덕적 나침반 역할을 하는 교사는 차치하고, 여기 등장하는 모든 아이와 젊은이는 권위주의적이고 사랑이 결여된 가정에서 자랐다.[15] 이들은 공정함을 빙자한 규칙들에 거짓된 칭송을 보이지만 그것의 의미는 전혀 이해하지 못한다. 아이들 각자는 억눌린 공격성과 증오라는 거대한 짐을 지니고 있는 것처럼 보인다—이것은 그들이 호혜적인 사랑의 관계 속에 있었다면 분명 출구를 찾아 사라졌을 충동이다. 한 가정 안에서 아이들은 순수함을 상징하는 하얀 리본을 매야 했다. (그리고 아이들 각자는 나름의 방식으로 이 순수함을 훼손했다.) 이 리본은 영원히 해방될 수 없는 죄의식의 징표가 되었다. 교사는 자신의 약혼녀 에바와 사랑에 빠졌고, 그녀를 찾아가 기쁘게 만들어줄 생각으로 가득 차 있었던 반면, 마을 아이들은 자신들의 고통을 사디즘적 행동으로 표출하고 있었다. 이렇듯 사랑의 부재는 두 가지 뚜렷한 문제를 제시한다. 아이들은 자신들의 공격성을 건전한 방식으로 풀 수 있는 방법을 갖고 있지 않았다는 것, 그리고 아이들은 그러한 규칙들을 결코 자신들 내면에 적용하지 못했다는 것이다. 비록 영화는 악몽과도 같지

만 이것은 테오도어 아도르노가 독일 가정에 대한 연구에서 입증했듯이 악몽과도 같은 현실에 해당된다.[16]

헤네케의 상상이 만들어낸 세계가 존경이 지속적인 관심으로 이어지기 위해서는 사랑이 필수라는 점을 증명해주는 것은 아니다. 하지만 이 영화는 우리에게 불안이 신뢰와 사랑에 의해 구제되지 않은 세계에서 도덕성은 살아남지 못한다는 것을 떠올리게 한다. 또한 타인에 대한 진정한 관심은 타인의 관점 또한 중요한 것이라는 이해와 그에 대한 감정이입의 능력에 기반한다는 점도 상기시킨다. 나아가 진정한 관심은 타인에게 베푸는 능력이 스스로에게 있다는 자기 확신을 필요로 한다는 점도 생각하게 한다. 이러한 자신감은 무능함에 대한 수치심과 공격성에 대한 자각 사이에서 아주 위태롭게 유지되는 태도다. 존경이 안정적으로 지속되기 위해서는 관대함의 순간이 필요하다. 이것은 낯선 미지의 타인에게 자비를 베풀 수 있는 능력을 뜻하며, 즐거움과 경탄의 정신으로만 이에 접근할 수 있다. 이러한 관대함, 즉 모차르트적인 '긍정'은 사랑의 정신에 의해서만 가능하며, 좀더 정확하게는 그것이 곧 사랑의 정신 자체다.

이 모든 것은 발달 단계 초기의 친밀한 관계들과 연관이 있다. (하지만 똑같은 역학이 다른 발달 단계에 나타나기도 하는데, 특히 사춘기의 불안정한 상태에서 드러날 수 있다.) 왜 정치적인 활동이 이러한 개인적 문제들을 고려해야만 할까? 내 제안은 이렇다. 만일 품위 있는 정치 구조가 이기주의, 탐욕, 불안, 공격성 등 계속되는 침범에 맞서 안정적으로 지속되려 한다면 정치적 문화 내부는 이러한 초기의 신뢰와 관대함, 사랑스러운 바깥세상을 향해 생명력 넘치게 움직이는 마음과 가슴이라는 자원을 이용해야만 한다.

5. 놀이와 투사

한 살이 되면 아기들은 능숙하게 타인의 마음을 읽는다. 자아와 타자를 구분하는 감각이 발달하고, 세계를 다른 사람의 관점에서 감정이입하여 보는 능력이 생긴다. 영향의 '전염' 상태는 태어나면서부터 어느 정도 존재한다. 아기들은 다른 아기들의 울음소리에 반응하여 우는데, 이는 반복적으로 확인된 현상이다. 심리학자 로스 톰프슨이 말하길, "타인이 자신과는 구별되는 주관적인 내적 상태를 갖고 있으며 이것이 사회적 상호 작용에서 중요한 의미를 지닌다는 것을 아이가 자각할 때, 감정이입적 반응에 중요한 전이가 발생한다." 이러한 전이과정은 꽤 이른 발달 단계에서 일어난다는 것이 통설이다.[17] 이 전이는 미묘한 과정을 거친다. 우선 전염에 관한 초기 단계의 증거를 보자면, 아기들은 나이가 조금 더 많은 아이나 어른들의 울음소리보다 또래의 다른 아기들이 내는 울음소리에 더 강하게 반응한다. 맥길 대학의 실험 쥐들과 같이 아기들은 이미 자신과 가까운 집단과 멀리 떨어진 집단을 구분해낸다. 그리고 이들은 최소한 자기와 가까운 이들의 관점에서 세상을 바라보기 시작한다.[18] 하지만 이제 아기들은 타인이 분리된 경험세계에 존재한다는 것과 그들 행동의 결과는 다른 세계에서 벌어지는 일이라는 점을 파악하기 시작한다. 이러한 현실화는 부모와 아기 사이의 호혜적 상호관계에 의해 큰 도움을 받아 진행된다. 일정 시간 동안 그들은 놀이를 하면서 미소, 몸짓, 소리를 교환하고, 자신이 하는 일에 대해 부모가 보이는 얼굴 표정에 익숙해진다. 이렇게 놀이의 세계는 더욱 복잡해지며, 감정이입과 호혜성의 발달에 주요한 매개가 된다.

심리학자 도널드 위니콧의 놀이에 관한 분석은 전통적인 의미의 실험심리학이 아니다. 위니콧은 정신분석학자이자 소아과 의사였다. 하지만 그는 탁월한 통찰과 폭넓은 경험을 겸비하고 있었고, 어린아이들의 세계에 대한 그의 감정이입은 누구보다 뛰어났다. 그래서 실험심리학 논의와 관련하여 그의 분석을 활용하는 데 있어 기존의 다른 어떤 정신분석학 이론도 특별히 인용할 필요가 없었다. 다른 실험심리학자들과 마찬가지로 위니콧은 타인의 존재에 대한 아이들의 온전한 이해의 발달과 그것이 진정한 관심의 능력으로 진화하는 데 주목했다. 그리고 그의 통찰은 이것을 놀이에 관한 논의와 연결 지어 설명하고 있다.

위니콧이 볼 때, 가장 일반적인 맥락에서 보자면 놀이란 "잠재 공간"을 확보하는 상상력의 활동이다. 이 잠재 공간이란 가설적인 상황을 가능케 하는 이야기로 가득 찬 비현실의 영역이다. 이 영역 안에서 어린이들은 스스로 세계의 모습을 그리기 때문에 현실세계에서보다 더 큰 통제 권한을 행사한다. 그리고 이곳에서 벌어지는 일들의 결과는 현실세계가 만들어내는 결과들(외로움, 굶주림, 파괴적인 공격성)처럼 심각한 것은 아니다. 이러한 두 가지 이유로 놀이는 인간 가능성의 세계를 탐험할 수 있는 즐거운 길을 제공한다. 사실상 위니콧은 아리스토텔레스가 말한 비극의 세계를 놀이에 넓게 적용하고 있다고 할 수 있다. 즉, 우리는 인간 삶에서 '일어날 법한 일들'을 즐거우면서도 크게 고통스럽지는 않은 방식으로 대한다. 그러면서 인간 삶의 기본적인 본질을 배우는 것이다. 여기서 위니콧은 우리가 배워야 하는 것들 중 특별히 타인의 반응이 갖는 중요성을 강조한다. 특히 놀이는 일종의 역할극을 반드시 내포하고 있으며, 이것은 감정이입의 발달을 가져온다는 것이다.

초기 형태의 놀이가 갖는 결정적인 부분은 바로 "전이 대상transitional object"을 내포한다는 것이다. 이것은 위니콧이 제안한 유명한 개념 중 하나이자 중요한 학문적 공헌을 세운 논의다. 아주 어린 유아들은 오직 자신을 실제로 안아주는 사람들에 의해서만 안정을 느낀다. 하지만 시간이 조금 더 지나면 유아들은 스스로에게 안정을 주는 법을 배우는데, 이는 가짜 동물 인형이나 담요를 두르고 이것들에 안정을 주는 마법의 속성을 부여하면서 이루어진다. (위니콧은 찰스 슐츠의 만화 「피너츠Peanuts」에 나오는 등장인물 라이너스의 '안심 담요'가 자신의 아이디어에서 영감을 얻어 그려진 것이라고 믿었다. 이것이 사실이든 아니든 이 둘은 같은 의미를 갖는다.) 물건에 집착하면서 유아들은 스스로 안정감을 갖게 되고, 그러면서 점차 타인을 도구나 하인으로 보는 욕구로부터 스스로 떨어져나오게 된다. 또한 아기들은 자신이 소중히 여기는 물건을 잃어버렸다가 다시 킥킥거리며 찾는 경험을 통해 상실과 회복의 감정을 경험한다. 또 감정이입의 능력이 성장하면 유아들은 동물 인형에 인격을 부여해서 이야기를 만들고, 다양한 상황에 반응을 보이는 인형의 감정을 지어낸다. 예를 들어 이따금씩 동물 인형이 보이는 가상의 공포나 분노가 실제 본인이 느끼는 공포나 분노를 들여다보는 매개가 되기도 하는 것이다. 유아들은 이러한 전이 대상을 어느 정도는 통제하지만, 외부 현실의 한 부분에 몰두하는 것은 일종의 포기를 포함하기도 한다. 이렇듯 "전능함의 일부를 폐기하는 것이 초기에 나타나는 특징이다".[19]

점차 놀이의 세계는 풍성해지고 지속 가능해지는데, 이는 아이가 "엄마의 존재 곁에서 혼자 놀게 되는 것"을 의미한다. (위니콧의 이 구절은 간명하면서도 공감을 자아낸다.) 즉 각자의 방식으로 살아가는 타인과 함께 세계에 존재할 수 있게 되고, 자신의 불안 때문에 끊임없이 타인을 종속시킬 필요가 없어지는 것이다.

물론 놀이가 항상 고독한 것은 아니다. 놀이 자체가 고독한 세계를 풍요롭게 만들어주듯이, 내적인 충족을 주는 동시에 인간관계의 세계 또한 풍성하게 한다. 부모와 아이, 혹은 아이들끼리 다양한 역할과 가능성들을 경험하면서 서로에 대해 배우고 그 과정 속에서 새로운 가능성도 알게 된다.

위니콧의 좀더 근본적인 주장은 모든 인간관계가 초기 놀이의 특징들을 포함한다는 것이다. 즉 타인의 존재 앞에서 혼자 있을 수 있는 능력(타인을 계속해서 노예로 취급하는 경향을 벗어난 상태), 타인에 대한 신뢰, 타인을 완전히 통제하려는 욕망을 기꺼이 포기하는 의지, 미묘한 신호들에 적절한 반응을 보일 수 있는 능력, 타인이 의도하고 느끼는 것을 상상할 수 있는 능력 등이 이에 해당된다. 사후에 출간된 『보살핌과 이해Holding and Interpretation』에서 위니콧은 모든 사랑은 "미묘한 상호 놀이"의 형식을 갖는다고 제안한다. 이 "미묘한 상호 놀이"는 실제 냉혈한이었던 자신의 환자가 분석적인 관계 속에서 난생처음으로 경험한 것이었다. 사랑은 많은 것을 의미하긴 하지만 "이와 같은 미묘한 상호 놀이의 경험을 반드시 포함해야 하고, 이러한 상황 속에서 당신은 비로소 사랑을 주고받는 경험을 할 수 있는 것이다".

"미묘한 상호 놀이"는 전능함을 포기하려는 의지와 밀접한 관계를 맺고 있다. 위니콧이 'B'라고 부른 환자는 불안으로 가득 찬 엄마에 의해 길러졌는데, 그의 엄마는 자기 남편이 완벽한 부모가 되어야 한다는 요구를 한다고 생각했다. (위니콧은 이것이 그녀가 자기 남편을 진정으로 사랑하지 않는다는 것을 의미한다고 지적한다. 그녀는 자기 남편을 요구 사항이 많은 권위적 인물로 여기고, 그에게는 어떤 인간도 충분하지 않을 것이라고 보기 때문이다.) 환상이 만들어낸 이러한 요구의 압박이 그녀로 하여금 자기 아이에게 완벽에 대한 요구를 하도록 부추겼으며, 결국 아기가 보인 인간적인 신호들, 즉 울음, 분노, 배고픔 등을 받아들이지 않게 만들었다. 그녀는 아이와 놀아주지도 않았다. 통제의 욕망과 불안이 신뢰와 안정을 무너뜨렸기 때문이다. 그런 엄마의 아이가 놀이와 반응을 하지 못하게 된 것은 당연한 결과다. 아이는 다른 인간과 온전히 소통할 수 없게 되었고, 그의 모든 행동은 아집과 비인간성만을 나타냈다.[20]

B는 상대적으로 드문 발달과정에서의 실패를 보여주는 극단적인 경우다. 대부분의 부모는 자식들의 존재를 기쁘게 받아들이기 때문이다. 위니콧은—부분적으로는 실제 많은 부모를 안심시키고 그럼으로써 그들의 불안을 해소하고자—이 사실을 강조했다. 즉 완벽은 필요하지 않다는 것이다. 동시에 그는 그럼에도 불구하고 인간의 삶은 본래적으로 불안과 어려움을 내포하고 있다는 것 또한 강조했다. "이것은 외부 세계와 인간이 맺는 관계에서 생겨나는 본래적인 난제다." 통제하려는 욕망과 불신의 마음은 온갖 예측 불가능한 일이 벌어지는 이 세계에서 아주 고질적인 것이다. 이러한 세계 안에서 인간의 병약함, 그리고 궁극적으로는 죽는다는 사실에 대한 발견은 삶이 흘러감에 따라 통제를 하지 않으려는 의지에 새로운 의미를 가져다준다. 이러한 이유로 인간의 발달은 끝없이 계속되는 과정이며, 모든 단계에서 신뢰, 호혜성, 타인의 세계에 대한 존중을 강화하기 위한 놀이와 상상력이라는 자양분이 필요하다.

사람들은 나이가 든 이후에는 어떤 놀이를 할까? 위니콧이 빌에게 해준 조언처럼, 사랑이 답이 될 수 있다. 대부분 성공적인 인간관계는 가족이든, 친구든, 혹은 연인이든 간에 '미묘한 상호 놀이'의 요소를 갖고 있다. 그런데 이런 관계들은 스트레스의 이유가 되기도 한다. 그렇기 때문에 위니콧은 실제 삶이 주는 스트레스 없이 다양한 역할과 선택이 공존하는 '잠재 공간'이 중요하다고 말한다. 이 잠재 공간은 바로 예술과 문화의 세계다. 왜냐하면 "현실 수용이라는 과제는 결코 완수될 수 없기 때문이다. 그리고 어떠한 인간도 내적 세계와 외적 세계의 긴장으로부터 자유로울 수 없다. (…) 이러한 긴장의 완화는 실제의 요구로부터 자유로운 중간 지대의 경험에서 얻어진다. (…) 즐거움이 넘치는 이 중간 지대는 놀이에 '흠뻑 빠진' 조그만 아이의 놀이 공간과 직접적인 연속성 위에 놓여 있다."[21] 실제로 '우리는 어디에 있는가? 우리는 어디서 살고 있는가?'라는 물음을 던진다면, 우리는 우리 삶의 많은 부분을 상상적 가능성의 '잠재 공간' 속에서 살고 있다고 답할 것이다. 이러한 '잠재 공간'은 사적인 내적 경험도 아니고, 순수한 외적 현실도 아니다. 이것은 그 둘의 중재자이며, "주어진 환경 속에서 개별적 인간(유아, 아이, 청소년, 어른)의 경험들이 만든 산물이다."[22] 위니콧은 어린아이의 놀이 경험과 어른의 문화 참여 사이에 존재하는 연속성을 이렇게 설명한다.

> 나는 이들을 동시에 목격한다. 성인 어른이 삶, 아름다움, 혹은 추상적인 사물들에 대해 느끼는 쾌락과 상상력이 가득 찬 눈빛으로 엄마를 바라보는 아이의 눈, 그리고 엄마의 입과 치아를 만지고자 하는 아이의 창의적인 몸짓은 서로를 관통한다. 내가 볼 때 놀이는 자연스럽게 문화적 경험으로 이어지며, 실로 그 근본을 이룬다.[23]

성인의 삶에서 유아기 시절의 신뢰, 호혜성, 상상력의 경험은 문화·예술 영역에서 다양한 형식으로 발현된다. 그리고 이것은 나르시시즘을 초월하는 경험을 강화하고 갱신한다.

지금까지 우리는 사랑이, 그리고 사랑을 표현하고 깊어지게 만드는 놀이의 형태가 한 아이가 나르시시즘과 다른 개별적 존재를 향한 진정한 관심에 대한 두려움 사이의 교착 상태를 벗어나게 해주는 데 필수적이라는 주장을 살펴보았다. 이를 통해 타인에 대해 관심을 갖는 것이 가능해질 것이다. 하지만 삶의 시간이 흐를수록 인간의 나약함과 죽음에 대한 자각은 나르시시즘이 다시금 고개를 들게 만들므로 이러한 성취는 여전히 불안정한 것으로 남는다. 나르시시즘은 지속될 것이며, 그렇기에 이를 차단하는 노력 또한 계속되어야 한다. 개인적 관계의 차원에서는 더욱 수준 높은 형태의 사랑과 호혜성과 놀이가 필요하며, 좀더 넓게는 문화와 예술의 '잠재 공간'이 요구된다. 놀이와 경탄의 정신에서 우러나지 않은 존경은 그 자체로 불안정해지기 쉽다. 따라서 이제 우리는 이 지점을 좀더 포괄적으로 이해하기 위해 혐오 혹은 집단적 낙인찍기와 같이 정치 문화 안에서 표현되는 '근본악'의 양상을 살펴보고자 한다.

6. 투사적 혐오와 분할: 고라와 도망친 노예

사람들은 위계를 형성한다. 칸트가 본 '근본악'은 사람들의 경쟁적인 서열 매김과 그것이 인간의 평등한 존엄의 인정과 관련하여 야기하는 문제에 중점을 두고 있다. 위계를 형성하려는 경향은 분명 인간 진화의 유산이다. 하지만 나르시시즘, 전능함에 대한 욕망과 '인간부정'이 위계를 낳았고, 정의로운 사회의 생명을 위협하는 결정적인 요인을 형성했다.

복종의 핵심 장치는 바로 혐오에 있다. 즉 권력을 가진 자들은 흔히 역겨움을 불러일으키는 동물적 특성들(점액질과 같은 끈끈함, 끈적거림, 악취, 썩어가는 것들, 신체에서 나오는 액체나 배설물 등)을 미국의 흑인들, 여성, 하층 계급, 유대인, 게이 등 특정한 인간 집단에게 귀속시켰다. 그러고는 이러한 혐오스러운 특징들을 그들과 접촉하지 않는 이유로 들었다. 이런 태도는 정확히 분석해야 하며, 정의로운 사회 안에서 반드시 싸워 없애야 할 것이다. '투사적 혐오'는 유아적 나르시시즘을 유발하는 것과 똑같은 불안에서 비롯된다. 그리고 유아적 나르시시즘과 마찬가지로 (또 그것의 일부로서) 이는 오직 사랑의 정신으로만 극복될 수 있다.

아이가 두세 살쯤 되면, 대개 적은 수의 개인들에 대해 사랑과 신뢰를 보일 수 있게 된다. 그럼에도 불구하고 신체적 취약함에 결합된 불안은 평생에 걸쳐 인간을 흔들어놓는다. 그리고 이러한 불안은 새롭게 겪게 되는 혐오의 감정 속에서 더욱 공고해진다. 인간의 신체에 대한 대부분의 실험적 연구가 말해주듯이, 혐오는 일차적으로 두드러진 신체적 특징들에 대한 부정적 반응이다. 여기에는 걸쭉함, 악취, 끈적거림, 끈끈함, 부패 등이 포함된다. 그런데 이러한 특징들이 혐오의 대상에 실제 귀속된 특징이라 하더라도, 혐오란 그저 단순한 감각적 불쾌감과는 다른 것이다. 왜냐하면 이것은 대상에 대한 주체의 지각에 의해 크게 영향을 받기 때문이다. 따라서 완전히 똑같은 냄새라고 하더라도, 그가 이것이 배설물인지 치즈인지 인식하는 것에 따라 다른 역겨움의 반응이 도출된다.[24] 배설물이라는 생각은 명백히 대상에 대한 역겨움을 불러일으킨다. 이러한 현상은 지극히 자연스러운 것이다. 또한 혐오는 위험에 대한 공포와도 다르다. 즉, 위험하지 않은 물질들도 지극히 역겨울 수 있다. (예를 들어 사람들은 해독되고 살균된 것이라고 하더라도 그것이 바퀴벌레라면 입에 넣기를 거부한다.)[25] 반면 실제로 위험한 많은 사물(예를 들면 독버섯)은 역겨워하지 않는다. 이처럼 혐오라는 것이 위험한 물질들로부터는 멀리 떨어져야 한다는 체험이 낳은 것이라고 다소 투박하게 말할 수는 있지만, 혐오에 담긴 내용이나 그것의 기능은 미묘한 차이를 갖는다.

실험 결과에 따르면, 혐오는 오염이라는 생각과 관련 있다. 말하자면 한 주체가 더러운 무언가를 취하게 되면서 자신이 오염될 수도 있다는 불안의 표현인 것이다. '당신이 먹는 것이 곧 당신이다'라는 통상적인 표현이 이를 말해준다. 그리고 혐오의 '일차적 대상'은 모두 '동물적 특성을 상기시키는 요인들'이다. 즉 땀, 오줌, 배설물, 정액, 콧물, 피 등과 같은 신체의 분비물은 우리가 동물과 똑같이 갖는 공통성을 떠올리게 만들며, 인간 생명의 취약함과 죽음을 상기시키는 시체를 떠올리게 만든다.[26] 이런 식으로 혐오는 초기 형태의 나르시시즘, 전능함, 인간부정의 역학과 긴밀히 관계한다고 할 수 있다. 왜냐하면 혐오의 반응을 유발하는 동물성의 특징들은 무력함을 떠올리게 하는 것이며, 이는 인간이 동물과 공유하는 강인한 체력이나 빠른 속도 등의 긍정적인 역량과는 이질적인 것이기 때문이다.

일차적 대상에 대한 혐오는 그 자체로 인간부정의 한 형태라 할 수 있다. 말하자면 이것은 우리 자신이 냄새를 풍기며, 물질로 이루어져 있고, 종국에 썩어 없어질 육체를 가진 필멸의 동물이라는 사실을 부인하는 것이다. 그렇지만 이러한 사실이 결코 유해한 것은 아니다. 오히려 이것은 우리에게 진정한 위험으로부터 거리를 두게 만드는 (물론 완벽하게 위험한 것을 파악할 수 있게 해주지는 못하지만) 긍정적인 가치를 가지고 있다고 할 수 있다. 그러나 혐오라는 것이 인간 발달에 있어 비교적 늦은 시기에 발현된다는 점을 고려한다면—분명 배변 훈련 시기 이전에는 절대 나타나지 않는다—사회에는 그것의 내용을 구성하고 다른 대상들에까지 확장할 충분한 기회가 주어진다고 할 수 있다. 그 어떠한 사회도 혐오의 대상이 '일차적 대상들'에 국한되는 곳은 없으니 말이다.[27]

오히려 어린이들은 일차적 대상에 대한 혐오를 학습한 직후에 '투사적 혐오'라는 사회적 현상에 따라 세상을 분류하기 시작한다.[28] 투사적 혐오는 (이른바) 더 동물적인 존재들이라는 이유로 하위 계층으로 분류되거나 지배적 집단으로부터 분리된 다른 인간 집단에 대한 혐오를 뜻한다. 이러한 집단의 구성원들은 혐오의 일차적 대상이 갖는 속성을 지니고 있다고 여겨진다. 그들은 더럽고, 냄새나며, 끈적끈적한 존재들이다. 그들은 성적인 액체들, 배설물, 부패물과 관련을 맺고 있다. 그들은 유사 동물과 같은 존재로 여겨지면서, (신체와 그 속성들을 마치 초월한 것 같은) 진정한 인간과 철저한 비인간 사이의 경계에 자리한다. 소위 혐오스러운 야후들과 같은 인간 집단을 구별해내게 되는데, 이는 지배 세력으로 하여금 스스로 동물의 수준 위에 존재하는 것처럼 여기게 만든다.

그러면서 투사적 혐오는 인간부정의 형태를 띠게 되며, 인간부정을 더욱 광범위하게 받아들이도록 만드는 필멸성과 무력함에 대한 깊은 불안에 의해 강화된다. 하지만 혐오스러운 속성이 투사된 집단들은 사실상 그러한 특성을 전혀 갖고 있지 않다. (이러한 투사를 하는 행위 자체가 혐오스러운 짓일 뿐이다.) 흑인이 백인보다 더 냄새가 난다고 하는 일반적인 상상이나, 흑인의 몸이 음식이나 식수대, 혹은 수영장을 오염시킨다는 막연한 불안은 혐오의 비합리성을 보여주는 하나의 예다. 혐오에 관한 뛰어난 실험 연구자인 폴 로진에 따르면, 혐오가 하나의 대상에서 다른 대상으로 옮겨갈 때 이는 철저히 비이성적인 과정을 거친다. 그는 이것이 "마술적 사고magical thinking"의 형태를 가진다고 말한다.[29] 이러한 마술적 사고의 형태는 공통적으로 자아에 대한 거짓된 인식과 결합하여 세계와 사회를 의도적으로 분할한다. 지배 집단은 이렇게 말한다. '이 집단은 동물적 특성을 가지고 있기 때문에 거리를 유지해야 한다. 그리고 물론 우리는 그들과 그 어떤 공통점도 갖고 있지 않다.' 이런 식으로 남성들은 여성들의 성욕과 임신 및 출산과의 관계를 대면서 여성들에게 이런 동물성을 덧씌운다. 동시에 이러한 현상들과 자신들이 맺는 관계는 전적으로 부인한다. 이성애가 지배하는 사회에서 남성 동성애자의 섹슈얼리티는 배설물이나 세균과 연관 지어져 더러운 것으로 표현된다. 동시에 항문성교나 구강성교와 같은 '소도미' 행위의 보편성은 '망각'한다. 이와 유사한 비합리성은 투사적 혐오의 모든 경우에서 발견된다. 지배 집단은 자신들 내부에 존재하는 동물성에 대한 대용물로 종속 집단을 이용하기 위해 이러한 낙인을 찍는 것이다.

투사적 혐오는 사회적인 것이다. 왜냐하면 동물성을 담지하고 있다고 지목된 특정한 집단(들)은 특정한 역사와 사회 질서를 지닌 고유한 문화마다 다양하게 나타나기 때문이다. 하지만 모든 사회가 이런 투사적 혐오의 형태를 가지고 있기에 단순히 사회적인 맥락만 있다고 말하기는 어렵다. 여성의 육체에 대한 남성의 혐오는 투사적 혐오 중에서도 특히 널리 퍼져 있으면서 고질적인 것이다. 이처럼 혐오는 대개 성적 소수자들을 목표물로 삼고, 이들을 주변화하는 방법 중 하나로 이들에게 도착적 섹슈얼리티를 덧씌운다. 예를 들어 유대인과 아프리카계 미국인은 과잉 성욕자나 성적 약탈자의 성향을 지닌 존재로 표현되었으며, 국가의 자기 인식은 종종 이러한 특징을 가졌다고 여겨지는 하위 계층을 만들어내기까지 했다.[30] 독일에서 이러한 집단은 유대인이었고, 미국에서는 아프리카계 흑인이다. 여기에는 특정한 방식으로 형성된 역사가 있었다. 월트 휘트먼은 만일 우리가 자기 몸과 타인의 신체에 대해 좀더 건강한 관계를 확립할 수 있다면 혐오 없는 사회가 존재 가능할지도 모른다고 제안한다. 물론 휘트먼의 아이디어가 매력적이긴 하지만, 이런 사회가 존재한 적은 없었기에 하나의 사유로만 남아 있다. 모든 사회가 이런 비합리적 분할과 낙인의 형태를 취해왔다는 사실 자체는 투사적 혐오라는 것이 인간의 단순한 실수에 불과한 것이 아니라 앞서 논의한 인간의 깊은 불안감과 연관되어 있다는 점을 강력히 시사한다. 실제로 최근 연구에 따르면, 일차적 대상에 대해 극도로 역겨운 혐오를 경험한 사람일수록 그렇지 않은 사람보다 투사적 혐오를 통한 타인 낙인찍기에 더 쉽게 가담한다—이는 일차적 대상에 대한 혐오라고 하더라도 어느 정도까지는 해롭지 않다는 것을 말해준다.[31]

투사적 혐오는 극도로 분할된 세계를 만들어낸다. 우선 나와 나를 닮은 사람들(업다이크의 래빗이 스스로를 상상한 것과 같이 이들은 모두 도제 천사다)의 세계,[32] 이곳은 나쁜 냄새도 나지 않고, 더러운 액체도 없으며, 어쩌면 불멸의 세계일 수도 있다. 그다음엔 유사 인간으로 가장한 동물들의 세계가 있다. 하지만 이들은 (환상이 만들어낸) 나쁜 냄새, 더러움, 역겨운 신체 내의 물질들과의 관계 등을 통해 자신의 동물적 본성을 드러낸 존재들이다. 스위프트의 휴이넘과 야후에 관한 이야기는 이러한 분할이 거짓에 의한 것임을 탁월하게 보여준다. 걸리버의 신체는 야후의 몸이지만, 그는 야후들을 열등한 존재로 격하하면서 그들 고유의 냄새나 접촉을 혐오하도록 배운다. 걸리버가 느끼는 혐오는 물리적으로 실재하는 것이다. 마치 남부의 백인이 자신의 테이블 맞은 편에 흑인이 함께 식사하고 있다는 사실을 발견하고 정말로 신체적인 역겨움을 느낀 것과 유사하다.[33] 하지만 이 역겨움의 진원지는 비이성적인 문화적 환상에 불과하다.

이러한 종류의 분할은 심리학자 로버트 제이 리프턴이 『나치 의사들The Nazi Doctors』에서 '이중화doubling'라고 부른 현상과 유사하다. 리프턴은 아우슈비츠에서 일하던 의사들이 사랑과 신뢰가 넘치는 가족의 품 안에서 살아가는 동시에 유대인에게 끔찍한 실험을 자행하며 살아가는 방식을 기술한다. '이중화'는 다른 행동의 원칙이 적용되는 두 세계를 비합리성에 근거하여 만들어내는 것을 포함한다—그렇지만 이 두 세계의 기저에 놓인 (인간의 신체라고 하는) 현실세계는 사실상 동일하다. 이 세계 내의 행위자 또한 '이중화'되어 있다. 즉 각각의 세계에 다른 원칙들을 적용하여 행동하는 것이다. 하지만 리프턴에 따르면 이러한 '이중화'는 자아의 급격한 붕괴에 직면하여 거의 유일한 대안으로서 행위자가 내보이는 극단적 상황에 대한 반응이다.[34] 그런데 이와 달리 투사적 혐오는 비정상적인 스트레스나 독재적인 정치 통제에 대한 반응이 아니다. 오히려 민주주의가 발달된 사회에서도 지극히 일상적으로 발생하는 것이다. 투사적 혐오는 작동 방식에 있어서도 두 개의 다른 환경 속에 분리된 두 자아를 만들어 행동하는 이중화처럼 극단적이지도 않다. 혐오는 일상의 심장부에서 작동한다. 이는 하나의 환경과 하나의 자아만을 요구하며, 자아가 공포를 느끼고 거부하려는 특성들을 지녔다고 머릿속에서 덧씌운 하위 계층을 만들어냄으로써 분할된 일상세계의 공간을 이룬다. 그렇기에 이것은 이중화보다 훨씬 더 보편적이며 일상적이다. 따라서 투사적 혐오라는 것이 악에 점령당한 사회뿐만 아니라 지극히 품위 있는 사회까지도 얼마든지 위협할 수 있다는 경각심을 가져야 할 이유는 충분하다.

혐오는 평등한 정치적 존중을 가로막는다. 혐오의 해로운 영향력을 어떻게 극복할 것인가? 7장 서두에 인용한 두 가지 이야기―타고르의 『고라』와 휘트먼의 도망친 노예 이야기―를 다시금 떠올릴 필요가 있다. 두 이야기는 모두 국가의 건설에 관한 것이자, 도덕적으로 성숙한 국가의 형태를 얻기 위해서는 투사적 혐오와 분열을 반드시 극복해야 한다고 설파한다.

고라는 벵골 지역에 사는 상위 카스트 힌두교 집안에서 자란 키가 크고 핼쑥한 청년이다. (그의 이름은 '창백한 얼굴'이라는 뜻이다.) 사춘기 말미에 이르러 고라는 인도가 앞으로 불가촉천민을 포함한 전통적인 힌두 카스트 관습으로 되돌아가야 한다고 확신한다. 상층 카스트는 하층 카스트나 카스트가 없는 사람들(말하자면 기독교인이나 무슬림들)이 만들거나 시중을 드는 음식은 결코 먹어서는 안 된다. 카스트의 규범은 동물성에 의해 유발된 신체적 오염에 대한 강한 혐오를 나타낸다. 하층 카스트들은 변기를 청소하거나 시체를 처리하는 직업과 연계되어 있기에, 그들은 그 자체로 동물적 배설물에 오염되었고, 그러니 그들이 만지는 모든 것은 오염되었다는 환상이 상층 카스트에게 있기 때문이다. (간디는 낮은 카스트가 불결하다는 생각은 틀렸다고 지적했다. 실제로 콜레라 전염병이 유행하던 시기에, 자신들의 주거 공간으로부터 멀리 떨어진 들판으로 나가 배변을 했던 낮은 카스트들은 방 안의 요강에다 배변을 보고 창문 밖의 배수로에 버렸던 상층 카스트보다 훨씬 깨끗했고 선염의 위험에서도 더 자유로웠다.)

이제 고라는 세계를 두 개의 집단, 즉 자신과 식음료를 나눠 먹을 수 있는 사람과 그럴 수 없는 하위 존재들로 나눈다. 이러한 분할은 정상적인 인간관계에 우선하여 작동한다. 즉 고라는 이제 자신을 사랑으로 보살피고 키워준 기독교 하인 라치미야가 대접하는 음식을 거부한다. (기독교인들은 대부분 최하층 카스트로부터 개종한 자들이다. 그래서 라치미야는 두 가지 이유로 낙인이 찍힌 셈이다.) 고라의 관대한 어머니는 그의 행동에 아연실색하고, 타인과 사회적 관계를 맺는 데 유의미한 특성들에 주목하도록 만들고자 노력하지만, 오염이라는 환상이 고라를 지배하여 그 외의 모든 것에 대해 눈을 가려버린다.

이 소설을 읽는 독자는 처음부터 고라의 삶이 부조리하고 자기모순에 가득 차 있다는 것을 알게 된다. 고라는 불가촉천민을 대하는 모든 방식에서 인간 존재의 정체성(배설과 필멸) 일부를 부인할 뿐 아니라, 아주 직접적이고 개별적인 방식으로 자신만의 정체성을 부인하기 때문이다. 고라가 창백한 이유는 그가 힌두인이 아니라, 아일랜드인이기 때문이다. 그의 어머니는 세포이 항쟁 중에 고아가 된 갓난아기 고라를 입양했다. 고라가 따르는 힌두교 교리에 의하면 그는 힌두인이 아닐뿐더러 그렇게 될 수도 없다. 그의 어머니는 고라를 올바른 방향으로 인도하기 위해 갖은 노력을 다했다. "내가 너를 처음 품에 안은 순간이 재래의 관습에 작별을 고한 순간이었다는 것을 너는 알까? 갓

난아기에게 처음 젖을 물렸을 때 나는 그 누구도 카스트를 가지고 태어나는 것이 아니라는 사실을 확신했단다."³⁵ 어머니의 이러한 말에도 불구하고 고라는 자기 삶 속에 카스트 제도가 필요할 뿐만 아니라, 자신이 꿈꾸는 인도의 미래 또한 카스트라는 조상의 관습이 유지되어야만 도래할 수 있다고 믿는다. 고라는 자기가 꿈꾸는 '인도의 귀환'을 일생의 과업으로 여겼고, 미래의 안정을 위계질서에서 찾았다.³⁶

고라는 자신의 출생 비밀을 알게 된 직후 충격에 빠진다. 하지만 위기 이후에 새로운 자유의 느낌을 갖게 된다. 수천 가지 죽은 관습의 무게를 벗어던지고, 사람들의 실질적인 현실 상황과 필요에 대해 생각할 수 있게 되었다. 그리고 난생처음으로 고라는 인간의 행복에 있어 카스트 계급이 의미하는 바에 대해 고찰하게 된다. 내재적 감정이입 능력이 발현되기 시작하면서, 고라는 이제 수백만의 다양한 인도인의 행복을 위해 필요한 잠재 공간 속에서 자유롭게 살 수 있게 된다. 그는 집으로 돌아와 어머니와 포옹하며 이렇게 말한다. "어머니에겐 카스트도 없고, 차별도 없고, 증오도 없어요. 어머니야말로 우리가 꿈꾸는 행복의 표상이에요! 어머니가 바로 인도의 미래에요!" 그러고는 잠시 침묵했다가 묻는다. "어머니! (…) 라치미야를 불러주시겠어요? 그리고 물 한 잔만 저에게 가져오라고 해주시겠어요?"³⁷

고라의 분할된 세계는 모든 인도인의 평등한 가치에 대한 인식을 통해 통합된다. 하지만 그러한 인정이 존중에 대한 추상적인 생각을 통해서만 가능했던 것은 아니다. 근본적으로는 그가 어린 시절 경험한 놀이와 사랑으로부터 탄생한 것이다. 타고르는 고라의 이런 근본적 깨달음이 엄마에 대한 어린 시절의 사랑을 재발견함으로써 가능했다는 식의 이야기를 풀어나가면서, 어린 시절의 사랑에 생명을 불어넣어주는 신뢰와 기쁨의 태곳적 근원이 정치적으로 얼마나 중요한지 다시금 강조한다.

휘트먼 역시 미국의 남북전쟁 기간이라는 극단적으로 분리된 세계 속에서 살아간다. 휘트먼은 계속해서 이러한 세계의 분리와 투사적 혐오를 통한 사람들의 자기 분할 방식을 추궁한다. (사람들은 아프리카계 흑인, 여성, 동성애자들에게 인간 신체가 갖는 소위 저급한 특징들을 부과함으로써 스스로를 분리하고자 했다.) 휘트먼은 그들이 자신들의 신체를 혐오스러운 것이 아닌 아름다운 것으로 간주하는 새로운 인식을 구축할 수 있다면, 국민으로서의 삶을 성가시게 만드는 분리들로부터 초월할 수 있다고 끊임없이 주장했다. 이러한 핵심 주장을 구현하는 데 있어 휘트먼은 분할된 미국 사회 속 주요한 낙인 대상에 직면하게 되었는데, 그것은 바로 흑인의 신체다.

휘트먼의 짧은 우화 속에서 시인은 도망친 노예를 자기 집으로 데려와 그를 보호해주고, 옷과 먹거리를 주었으며, 그의 상처를 치료해주었다. 그러면서 동시에 (총을 구석에 기대놓으면서) 갑자기 들이닥칠지 모르는 납치범과의 싸움에 대비했다. 마침내 시인은 노예가 북쪽으로 멀리 도망칠 수 있게 도와준다. 노예의 존재는 장작더미 뒤에서 들리는 동물 소리로 나타난다. 하지만 시인은 그를 보자마자 동정심과 존중으로 그를 대하며 응급 치료를 하고 음식을 주어 안심시킨 후, 끝내는 동등하게 테이블 위의 한 자리를 내어준다. 이는 온전한 의미의 평등한 존중으로 전이된 것이라 할 수 있으며, 결정적으로 이것은 신체 접촉을 통해서 가능했다. (이러한 신체 접촉은 근대의 시민권 운동 과정에서도 여전히 타락과 오염의 원천이라고 여겨졌던 것이며, 오늘날까지도 영향을 끼치고 있다.) 일상의 공간을 공유했고(노예의 방 문은 휘트먼의 방과 이어져 있었다), 욕실을 공유했으며, 옷을 공유했고, 아물지 않은 상처와 멍든 곳들을 가까이서 어루만졌다.

그렇다면 어떻게 혐오를 초월했던 걸까? 휘트먼의 시가 계속해서 말하는 것은 바로 혐오가 오직 상상력의 놀이를 통해서만 극복될 수 있다는 것이다. 즉 오직 시를 통해서, 또 시적인 것 안에서 가능하다는 것이다. 다시 말해 내적 삶과 존엄에 가치를 부여하는—"남자와 여자들에게서 영원을 발견하는"[38]—시의 정신을 통해서만 극복된다는 것이다.

타고르의 소설처럼, 휘트먼의 이야기도 이러한 정신을 정확히 구현한다. 이는 독자들의 마음속에 있던 분할의 관점(경멸의 대상)을 인간적으로 변화시키고 품위를 되찾게 만든다. 타고르의 소설은 독자들을 작품에 등장하는 다양한 인물의 관점에 설 수 있게 이끌면서, 소설을 읽는 동안 인도는 모든 사람의 것이라는 말이 갖는 의미를 보여준다. 마찬가지로 휘트먼은 "역행하는 일 없이"[39] 진정한 평등이 각양각색의 시민을 다스리는 미국의 모습을 구축함으로써 우리를 다양성의 관점에 서게 한다. 노예의 이야기 바로 앞에 휘트먼은 어린아이의 창의적인 놀이("한 아이가 물었다. '풀잎이 뭐예요?' 손안 가득 그것을 가져와 내밀면서")와 삶의 신비를 이해하려는 어른의 노력 사이의 연속성에 대해 힘주어 말한다. 시인의 대답은 삶, 죽음, 전쟁과 같은 심각한 문제를 다루고 있지만, 그것은 그 자체로 유희적이고 천진난만하다. 그리고 이러한 답변은 독자들의 유희적인 본능을 자극하는 것이라 할 수 있다.[40]

시인은 스스로를 아이와 동등한 위치에 두고 자신의 불완전성과 부족한 인식을 인정하면서 답을 이어간다. "내가 그 아이에게 무어라 답할 수 있을까? 그것이 무엇인지 그 아이보다 더 아는 것이 없는데."

그의 이어지는 답변도 추측으로 일관한다. 우선 그는 풀잎을 "희망찬 초록 뭉치들로 직조된 성정의 깃발"에 빗대어 설명한다. 그러고는 그것이 "하느님의 손수건이자 (…) 한구석 어디엔가 그 주인의 이름을 간직하고 있어 그것을 본 우리가 '누구 것이지?' 하고 묻게 되는 그런 것"이라고 말한다. 혹은 풀잎이 "아이 그 자체라고, 식물로 만들어진 아기"일 수도 있다고, 혹은 "불변의 상형 문자"일 수도 있다고 말한다. 이것들의 의미는 바로 평등이다.

> …… 그것은 넓은 곳에서든 좁은 곳에서든 똑같이 피어나며,
>
> 백인들 사이에서 그러한 것처럼 흑인들 사이에서도 자라나며,
>
> 프랑스계 캐나다인, 버지니아 사람, 하원의원들, 아프리카 출신 미국인들 사이에서처럼, 내가 그들에게 똑같이 주고, 그들로부터 똑같이 받는 것이다.

> 그래서 지금 그것은 내게 깎지 않은 아름다운 무덤의 머리칼로 보인다.

그리하여 평등이라는 개념은 우리를 모두에게 동등한 취약함과 필멸성이라는 개념으로 이끈다. 그러고 나서 시인은 풀잎이 전쟁에서 죽은 젊은이들의 육신, 혹은 '노인들', 혹은 일찍 목숨을 잃은 아이들로부터 솟아나 자란다고 상상한다. 시인의 이런 상상은 독자들에게 죽음이란 갑작스레 닥치는 것이며, 어느 누구도 죽음에 익숙한 사람은 없다는 점을 상기시킨다. 그렇기에 유희적인 놀이란 인간의 취약함이 갖는 극단적 형태를 기꺼이 받아들이는 것을 의미한다. 노예의 이야기 바로 앞에 이 부분을 배치함으로써—연이어 비밀스러운 환상 속에서

젊은 남자와 목욕을 하는 여성의 이야기를 서술함으로써—휘트먼은 정치적 평등과 호혜성을 전능함에 대한 자발적 포기와 연결 짓는데, 이는 시에 의해 그리고 시 안에서 가능한 것이다.

휘트먼과 타고르는 모두 앞서 언급한 위니콧의 설명을 다시금 일깨워준다. 즉 예술적 놀이를 통한 상상력의 함양은 자신을 둘러싼 타인에 대한 관심을 넓히고 지속하는 데 있어 필수적이라는 것이다. 또한 이는 모든 사회가 갖는 낙인찍기와 '이중화'의 경향을 극복하는 데도 마찬가지다.

나는 칸트가 제시한 '근본악'에 대한 다소 모호한 설명을 극복하기 위해 한 개인의 삶과 정치적 영역 모두에서 상호 존중과 호혜성을 가로막는 힘들에 대해 상세하게 고찰하고자 했다. 사실상 이러한 힘은 단순히 이런저런 문화가 만들어낸 것이라는 의미에서 '근본적'이라기보다는, 신체의 무력함이나 인지의 정교함같이 인간의 발달 구조 자체에 뿌리박고 있다는 의미에서 '근본적'이라 할 수 있다. 지금까지 나는 크게 세 가지를 주장했다. 첫째, 아이의 초기 발달과정에 있어 (신뢰와 '미묘한 상호 놀이'를 포함한) 사랑의 정신은 자기중심주의라는 감옥으로부터 벗어나 타인에 대한 진정한 관심과 존중을 발달시키는 데 필수적 열쇠라는 것이다. 둘째, 사랑을 필요로 하는 인간 삶의 다양한 역학(무력함, 그리고 이에 대한 공포와 분노)은 시간이 지나고 성장함에 따라 사라지지 않고 오히려 지속된다는 것이다. 그렇기에 사랑은 자아가 나르시시즘의 나락으로 회귀하지 않기 위해 성인의 상호관계 내에서도 계속해서 요구되는 것이다. 이는 가족이나 친구 관계에서 그러한 것처럼 정치적 삶의 영역에도 적용된다. 셋째, 나르시시즘이 정치적 영역에서 다시금 고개를 드는 경우에—투사적 혐오가 작동하는 방식을 떠올려보라—그것이 인간의 평등한 존엄을 추구하는 사회에 미치는 특정한 문제들을 살펴보았다. 이러한 문제는 그 자체로 평등한 존중을 고무하는 원칙들뿐만 아니라, 놀이와 상상력과 공감의 정신(인간의 취약함, 그리고 이러한 '시적' 정신만이 만들어낼 수 있는 전능함을 포기하려는 의지를 포함하여)을 바탕으로 다루어져야만 하는 것이다. 요컨대 우리에게는 시적 정신이 항상 요구되지만, 우리가 분열과 혐오의 길로 접어들려는 순간, 시적 정신은 더할 나위 없이 절실해진다.

7. 권위와 또래 압력: 악행을 자극하는 요인들

'근본악'에 대한 우리의 고찰은 아직 완벽하지 않다. 이제 인간 본성에 깊이 뿌리내리고 있으면서, 민주주의라는 제도의 안정성에 심각한 위협을 가하는 것으로 보이는 두 가지 경향을 추가로 검토하고자 한다. 하나는 진실을 포기하고서라도 악행을 범하게 되는 또래 압력에 대한 굴복이고, 다른 하나는 도덕적 의식을 버리고서라도 악행을 범하게 되는 권위에 대한 복종이라는 경향성이다. 이 두 경향은 인간 진화의 유산이라 할 수 있다. 이유인즉 원시적 삶의 조건에서는 위계와 집단 내 연대가 유용한 것이었기 때문이다.[41] 나아가 이 둘은 지금까지도 인간 사회 안에서 유용한 것이 사실이다. 법적 권위에 대한 복종은 대개 좋은 것이며, 개인의 전문성이 부재한 상태에서 집단의 판단에 대한 존중은 필수적이라 할 수 있다. 그럼에도 이 둘은 민주주의의 공적 문화를 해치는 것이기도 하다.

심리학자 솔로몬 아시가 엄격한 기준을 갖고 장기간에 걸쳐 시행한 실험 결과가 입증해주는 사실[42]은 또래 압력에 의한 실험자들의 평균적 의견 동조 정도가 굉장히 높다는 것이다.[43] 실험 대상자는 둘로 구분된다. 한 집단은 실제 실험 참가자이며, 다른 집단은 아시가 고용한 참가자다. 이들의 존재를 실제 실험 참가자는 모른다. (고용된 참가자 집단은 서로 상이한 규모였는데, 또래 압력의 효과를 발휘하기 위해서는 세 명이 필요하다는 것이 밝혀졌다. 하지만 대개는 그보다 숫자가 많았다.) 우선 참가자들은 이 실험을 지각 테스트로 알고 시작한다. 지각과 관련된 단순한 질문들을 먼저 받는다. 선분 실험의 조건은 이러하다. 하나의 선이 그려진 카드 하나를 보여준 후, 길이가 다른 세 개의 선이 그려진 두 번째 카드에서 첫 번째 카드에 그려진 선과 길이가 가장 비슷한 것을 고른다. 일반적으로 참가자들은 정답을 고른다. 하지만 옆에서 실험 도우미들이 계속해서 오답을 제시한다. (실험 참가자들이 뭔가 이상한 낌새를 알아차리고 의심을 품는 것을 막기 위해 이따금씩 도우미들도 정답을 말한다.) 참가자는 시간이 갈수록 점점 불편함을 느끼며, 어느 정도 시간이 지나고 나면 대부분은 다수의 의견을 따르는 또래 압력에 대한 동조 현상을 보이기 시작한다. 혼자 있는 일반적인 상황에서 실험 참가자의 오답률은 1퍼센트도 되지 않는다. 그런데 또래 압력이 주어지면, 참가자들은 동조 현상을 보이며 36.8퍼센트의 오답률을 보인다. (실험 참가자의 4분의 1 정도가 실험이 끝날 때까지 다수의 의견에 동조하지 않고 철저하게 자기 의견을 고수했다. 또 몇몇은 거의 모든 경우에 다수 의견에 굴복했다. 많은 참가자는 또래 압력이 반복적으로 가해지는 경우에만 다수 의견에 동조했다.) 중요한 것은 사실상 그렇게 많은 비율의 사람들이 동조 현상을 보인 것은 아니라는 점이다. 물론 정답이 명백한 상황이라는 점을 고려한다면 높은 수치라 할 수 있다. (아시의 실험 결과를 인용하는 많은 경우에 대부분의 사람이 동조 현상을 보였다고 주장하는 경우들이 더러 있다.)

아시는 사람들이 집단의 의견에 동조하는 이유에 주목했다. 몇몇 참가자는 자신이 틀렸다고 재빨리 결론 내리고 다른 사람들이 옳다며 동조했다. 또 몇몇은 '다른 사람의 답변을 망치고 싶지 않다'는 이유로 동조했다. 많은 참가자는 오답자들이 시각적 착각을 했다고 의심하면서도 결국엔 그들의 답을 따라갔다. "다수 집단과 다른 의견을 개진했던 실험 참가자들은 자신에게 마치 결함이 있고 무슨 수를 써서라도 이를 숨겨야만 한다는 듯이 불안해했다. 그들은 자신에게 닥칠 장기적인 결과는 예측하지 못한 채 더욱 절박하게 다수에 편입되고자 애썼다."[44] 그 와중에 동조하지 않은 참가자들은 '의심으로부터 빨리 벗어나서 평정을 되찾는 능력'을 보여주었다. 그 외의 반대자들은 다수가 맞을 수도 있다고 생각하면서도 '자신이 본 그대로를 진술한다'는 것을 의무로 여기고 답했다.

아시는 몇몇 실험 참가자에게는 옳은 답변을 제시해줄 도우미를 한 사람씩 배치했다. 그런데 진실을 말하는 이 한 명의 협력자가 미친 영향력은 놀라웠다. '지지하는 동조자가 있다는 것은 다수가 갖는 힘을 대폭 감소시켰다.' 실험 참가자들은 도우미가 없는 상태에서 답을 맞혔을 때의 4분의 1 정도만 오답을 제시했다. 게다가 가장 나약한 사람들조차 쉽게 동조하지 않았다. 실험의 다른 변이 요소도 도출되었다. 즉 실험 도우미가 반대 의견을 개진하는 행위가 진실한 답을 말하는 것보다 참가자들을 좀더 자유롭게 해주었다. 도우미가 다수의 사람보다 더 많이 틀린 답을 말할 때조차 '실험 참가자가 더욱 자유롭게 답을 했으며, 그들의 오답률은 무려 9퍼센트까지 떨어졌다'. 또한 이

오답은 모두 중간 값을 벗어나지 않았다. 나아가 반대 의견을 개진한 도우미의 영향은 그가 떠나고 난 이후까지도 지속되었다.

이러한 실험 결과는 커다란 흥미를 불러일으킨다. 또래 압력의 영향이 나르시시즘이나 투사적 혐오와는 독립된 기제인 것처럼 보이긴 하나, 이들 사이의 유해한 상호 작용을 예상해볼 수 있는 것이다. 즉 또래 압력의 영향하에 있는 사람들은 유대인, 동성애자, 아프리카계 미국인의 신체적 특징들에 대해 그릇된 판단을 내릴 수도 있다. 또래 압력은 어떤 경우에서든 위험한 것이다. 왜냐하면 이것은 진실을 말하는 데 장애물이 되기 때문이다. 나아가 이미 사회적 낙인과 위계가 규정된 상황 속에서 작동하게 된다면 더욱더 치명적인 결과를 낳을 것이다.

아시의 실험 결과가 지극히 비관적인 결론을 정당화하는 것은 아니다. 왜냐하면 실험에서 드러난 또래 집단의 영향력의 크기가 제한적이기 때문이다. 그럼에도 또래 압력의 영향은 문제가 되기에 충분하다. 다른 사람의 행동들에 대해 단 한 명의 반대자가 갖는 영향력은 특히 주목할 만하다. 아시 본인이 결론을 내렸듯이, 모든 품위 있는 사회는 반대자들과 비판적 사고를 높이 평가하고 권장해야 한다. 이는 그것 자체가 갖는 내재적 중요성 때문이기도 하며, 다른 사람들에게 미치는 영향력 때문이기도 하다.

아시의 실험보다 더 문제가 되는 것은 예일 대학교의 스탠리 밀그램이 시행했던 '권위에 대한 복종'으로 알려진 유명한 실험이다.[45] 밀그램은 참가자들에게 기억과 학습에 관한 연구를 진행한다고 사전에 공지한다. 실험 참가자들은 학생들이 아닌 뉴헤이븐 지역에 거주하는 사람들 중 신문 광고를 보고 모인 이들이었다. 밀그램은 광범위한 연령대와 배경의 사람들을 물색했다. 그리고 참가자들에게 실험 수당과 차

비를 제공했다. (시간당 4달러로 1960년대인 것을 고려하면 꽤 괜찮은 액수였다.) 그런데 광고를 통한 지원자 수가 부족하자 밀그램은 뉴헤이븐의 전화번호부를 뒤져서 직접 참가자들을 불러 모았고, 응답자의 12퍼센트가 실험에 응하겠다고 답했다. (사람들은 종종 돈이 절실하기 때문에 뭔가를 하기도 하고, 또 시간을 소모하는 것보다 돈을 더 중요시하는 경우도 있다는 사실을 주목할 필요가 있다. 이 요소는 실제로 참가자들이 왜 실험자의 말에 복종했는지를 설명하는 데 있어 과소평가된 부분이다. 몇몇 참가자는 계속 실험실에 남아서 돈을 받기를 원했을 것이다. 이러한 돈을 지불하는 관계 구도는 실험자들에게는 예일대 과학자로서의 신망과 권위를 강화하는 동시에 실험자와 참가자 사이의 계급적 위계 또한 양산했다.) 이 연구는 예일 대학교에 소속된 '고급스러운' 실험실에서 이루어졌는데, 이 요소는 실험이 권위와 정당성을 갖게 하기 위해 밀그램이 중요하게 생각했던 요소다.[46]

참가자가 도착하면 짝을 맺어준다. 한 사람은 '선생' 역할을 맡고, 다른 한 사람은 '학습자' 역할을 맡는다. (여기서 학습자는 실험자가 고용한 연기자다.) 두 사람은 이 실험이 학습에 있어서 처벌이 갖는 영향력에 초점을 맞춰 진행된다는 설명을 듣는다. 학습자는 실험실 방으로 들어간다. 이후 "의자에 앉히고, 과도한 움직임을 제어하기 위해 양팔을 의자에 묶은 다음, 전극 봉을 손목에 부착한다. 그는 단어 쌍의 목록을 배우게 될 텐데, 틀릴 때마다 전기 충격의 강도는 높아질 것이라고 지시를 받는다."[47] 선생은 이 모든 장면을 보고 나서 실험실로 넘어가 자리를 잡는다. "그러고는 장엄하게 생긴 전기 충격기 앞에 앉는다. 이 기계에는 15볼트에서 450볼트까지 15볼트씩 증가하는 30개의 스위치가 가로로 늘어서 있다. 그리고 스위치마다 '약한 충격'부터 '위험-심각한 충격'까지 강도가 표시된 스티커가 붙어 있다."이제 실험자는 선생에게 학습자에 대한 학습 검사를 실시하겠다는 말을 전한다. 학습자가 정답을 맞히면 선생은 다음 문제로 넘어가지만, 오답을 말하면 선생은 학습자에게 전기 충격을 가해야 한다. 가장 낮은 단계에서 시작하여 오답이 나올 때마다 한 단계씩 높은 충격을 가한다. 그런데 실제로는 학습자에게 전기 충격이 가해지지 않는다. 그는 처음에는 불편을 호소하는 척하다가 궁극에는 극심한 고통을 느끼는 연기를 한다. "75볼트에 이르러 '학습자'는 끙끙거리는 소리를 낸다. (…) 285볼트에 이르면 오직 고통스러운 절규만이 들릴 뿐이다."[48] 이때 선생이 실험을 계속하는 것을 망설이면, 실험자는 아래의 단계를 통해 계속된 '자극'을 준다.

자극 1: 계속하시오. **또는** 진행하시오.
자극 2: 실험을 계속하시길 바랍니다.
자극 3: 실험을 계속하는 것이 절대적으로 중요합니다.
자극 4: 다른 선택은 없습니다. 계속 **해야만** 합니다.[49]

만일 참가자가 이 충격이 학습자에게 영구적인 상해를 입히는 것은 아닌지 물어본다면, 실험자는 '충격은 고통스럽겠지만, 영구적인 조직 손상은 없습니다. 그러니 계속하십시오'라고 답하게 해두었다. 원래 실험의 기본 형태는 실험 참가자와 연기자가 '은빛 유리창'을 사이에 두고 서로를 만질 수는 없고 볼 수는 있는 구조인데, 여기서는 60퍼센트가 조금 넘는 참가자들이 마지막 최대 전기 충격 단계까지 도달했다. 또 조금 변형된 형태로서 둘을 같은 방에 두고 실험한 경우에는 이 비율이 40퍼센트로 떨어졌다. 참가자가 학습자를 접촉하고 강제로 전기 충격기에 앉게 한 경우에는 이 비율이 30퍼센트로 떨어졌다. 그러나 참가자들은 여러 수준의 스트레스를 겪었다. 일부는 학습자에게 정답을 알려주면서 도움을 주려고 했다. 일련의 실험을 통해 밀그램은 어떤 결과를 가져올지에 대한 사람들의 예상이 빗나갔다는 것을 알게 되었다. 왜냐하면 대부분의 사람은 참가자들이 이렇게 절대적으로 실험자를 따르지는 않을 것이라 예상했기 때문이다. 실험이 점점 명성을 얻어 유명해졌음에도 불구하고 사람들의 예측과 실제 결과와의 간극은 계속 유지되었다.

밀그램 본인은 자신의 실험이 무엇을 보여주는지 항상 명쾌하게 답했다. 즉 "특별한 적대감 없이 그저 자신의 일을 하며 살아가는 평범한 사람들도 끔찍하고 파괴적인 일의 주체가 될 수 있다"는 것이다.[50] 그는 자신의 발견을 한나 아렌트의 아돌프 아이히만에 대한 연구와 비교하면서, 아렌트와 같은 입장에 섰다. 악이라는 것은 '사디즘적 광기'에서 발견되는 것이 아니라, 평범한 사람들이 특정한 순간에 자신의 인간적 책임을 포기하고 타인의 지시에 무심히 따를 때 생겨난다는 것이다. 밀그램은 이를 (다소 모호하게 들리긴 하지만) '대리적 상태agentic state'라고 불렀다. 이는 사람들이 개인의 주체성을 버리고 그저 타인의 계획에 대한 수단이 된 상태를 의미했다. 이 경우 사람들은 행동의 과정에 대해 책임을 지기보다는 기계적인 부분으로 대개 흡수되어버린다. 밀그램은 그가 발견한 이런 경향성이 오래된 인류 진화의 역사에서뿐만 아니라 오늘날의 현대사회에서도 가치를 갖는다고 믿었다.[51] 밀그램의 관심은 이러한 문제들이 정의로운 사회의 작동을 얼마나 위협하는지에 놓여 있었다고 할 수 있다. 비록 그가 참가자들이 얼굴을 맞대고 실험한 경우 양쪽 모두의 인간성은 강조되고 악행은 완화된다는 점을 강조하긴 했지만, 사실 그의 결론은 비관적인 것이었다.

밀그램의 결론이 비관적인 이유 중 하나는 그가 단순히 복종에 대한 '배경 조건'이 모든 참가자에게 있어 유사하다고 가정했기 때문이다. 밀그램은 참가자 개개인의 양육 환경이나 개인 성격에 대해서는 조사하지 않았다. 그렇기에 그는 참가자의 불복종(혹은 참가자가 받는 스트레스)과 배경적 특징 사이의 상호 연관성을 밝히지 못했다. 게다가 밀그램은 그런 배경 조건의 차이를 중요하게 여기지 않은 것으로 보인다. 비록 밀그램은 가족 배경이나 유아 발달에 대한 연구를 전혀 하지 않았지만, 모든 참가자가 가족 내 위계질서 속에서 자랐으며 또 어떤 가족도 권위에 대한 복종을 가르치지 않고서 도덕적 가치를 가르칠 수는 없다고 말한다. 그리고 밀그램은 아이들에게 이 둘은 서로 분리될 수 있는 것이 아니고, 복종에 대한 요구는 "복잡 다양한 명령들 중에서 유일하게 지속적인 요소"라고 단언한다.[52] 마찬가지로 그는 또 다양한 학교의 형태에 대해 살펴보지 않은 채, 학교 내에서 도덕적 가르침과 권위에의 복종이 겹쳐진다고 단언한다. 그의 논지를 요약하자면, "젊은이의 삶에서 최초 20년은 권위 체계의 종속적 존재로 기능하면서 흘러간다"는 것이다.[53] 이러한 일갈은 가족 배경이나 교육 방식에서 드러나는 커다란 차이를 전적으로 무시하는 것이라 할 수 있다. 반면 이러한 차이들에 대한 연구는 테오도어 아도르노의 『권위주의적 인격 The Authoritarian Personality』에서 다루어지는데, 그는 당시 독일인들이 가졌던 복종적인 행동 양식을 독일의 가정 내에서 통용되던 특정한 양육 방식으로부터 비롯된 것으로 보았다.[54] 학교들 또한 온갖 가정이 서로 다르듯 서로 차이를 갖는다. 그렇기에 불복종 경향이 얼마만큼 초기의 다양한 경험들과 연관을 갖는지 알지 못한다면, 밀그램이 밝혀낸 이러한 성향이(비판적 사고와 저항이라는 사회화 과정에도 불구하고) 지속될 수 있을지 알 방법이 없다. 아시의 연구는 분명 불복종하는 반대자의 존재가 우리 행동에 있어 강력한 영향을 끼친다는 점을 보여주었다고 할 수 있다.

여러 해를 거치면서 밀그램의 실험은 다양한 장소에서 반복되었고, 좀더 심도 있는 발견들과 더불어 기본 명제들은 더욱 분명해졌다. 많은 연구가 젠더 문제도 파고들었지만, 결과적으로는 젠더가 복종의 정도를 결정짓는 데 있어 중요한 요인이 아닌 것으로 밝혀졌다. 몇몇 다른 연구는 복종의 행동이 법적 권위에 대한 일반적인 반응이거나 과학적 전문 지식에 대한 반응이기도 하다는 것을 밝혀냈다. (이러한 발견은 우리가 그의 연구를 사회적 삶에 얼마나 일반화할 수 있는지에 대해 경계를 지어준다.) 실험 참가자들이 자발적으로 (경제적인 필요와 낮은 소득 수준이 주요한 원인이 되었을 범주의 사람들이) 실험에 참여했다는 점과 '고급스러운' 예일대 연구실에서 실험이 이루어졌다는 점은 또한 머릿속에 크게 와닿지 않았을 전기 충격의 볼트 수와 하얀색 실험실 가운을 입은 과학자들의 설득과 더불어 주요한 요인으로 보인다. 이에 덧붙여, 비록 밀그램은 예상했던 수치와 실제 복종한 사람들의 비율 사이에 큰 간극이 있다고 기술하고 있지만, 이후 이어진 연구들에서는 이 간극이 많이 좁혀졌다.[55]

밀그램의 연구 결과는 아주 중요한 발견이며 거기에는 배울 것이 많다. 위계질서와 그에 복종하는 경향은 진정 오래된 진화의 역사 속에 뿌리내린 인간 유산의 심층적 측면이라 할 수 있고, 이러한 경향은 우리가 살펴본 다른 심리학적 경향성과의 연계 속에서 다양하게 이해될 수 있다. 역사가 크리스토퍼 브라우닝은 나치 정권하의 제3제국 기간에 수많은 유대인을 살해한 경찰 대대에 대한 연구를 진행하면서, 이 많은 청년의 동조 행위를 설명하기 위해 밀그램과 아시의 연구를 활용했다. 그에 따르면 유대인을 향해 차마 총을 쏘지 못한 경찰들이 수치심을 느꼈다고 보고서에 적시되어 있다고 한다.[56] 모든 종류의 군사 조직은 이탈적인 행동에 대해 수치심을 느끼게 만들고 또 연대감을 형성하기 위해 복종과 또래 압력을 아주 교묘하게 이용하는데, 이 것은 때로 개인의 도덕성을 짓밟기도 한다. 이는 필요에 의한 어쩔 수 없는 것이라고 볼 수도 있지만, 그러한 주입식 교육에는 내재적 위험이 도사리고 있다.

그럼에도 불구하고 밀그램의 작업은 독립적인 사고, 개인적 책임감, 비판적 대화에 대한 풍부한 훈련을 통해 이러한 경향성을 제어하고 심지어 극복할 수 있다는 여지를 남겨두고 있다. 세계의 어떤 나라도 나치의 수용소 수십 군데를 채워넣는 것이 가능하다는 밀그램의 섬뜩한 예견에도 불구하고, 실제로 모든 나라가 그렇게 하지는 않았다. 또한 민주적 자유라는 강력한 조건하에서 그러한 일을 저지른 국가가 없는 것도 사실이다. 활발한 비판 문화 또한 매우 중요하다고 할 수 있다.[57] 아시의 작업이 우리에게 보여주는 사실은 저항의 문화를 가진 사람들의 경우 '패거리'들에 맞서서 싸우고자 하는 의지를 갖는다는 점이다. 밀그램의 연구는 어떻게 다양한 양육과 교육 방식이 정치 문화에 영향을 끼쳤는지에 대해 말해주는 바가 없지만, 아시의 연구는 합리적인 저항과 비판적 사고를 가르친 학교가 이후 끔찍한 행동에 대한 보루 역할을 할 것이라는 예측에 충분한 근거를 제시한다.

물론 밀그램 또한 복종의 위험한 영향력이 완화되는 방식을 제시했다. 즉 일종의 근접성의 원리를 통해 사람들에게 서로를 독립된 개인으로 여기게 만든다는 것이다.[58] 앞서 언급했던 뱃슨의 작업은 우리가 타인이 처한 곤경에 관한 이야기에 귀를 기울이면 이러한 성향을 발달시킬 수 있다고 제안한다. 다른 연구들 또한 이를 증명한다. 예를 들어 권력을 가진 사람들에게 그 권력하에 있는 사람들이 비인간적이고 비개인화된 단위, 즉 이름보다는 숫자로 제시되는 경우에 사람들은 더욱 나쁘게 행동하며, 반대로 타인을 고유의 이름과 삶의 이야기를 가진 개별적 존재로 보게 되면 좀더 나은 행동을 취한다. 또한 사람들은 개인적 성찰이나 책임을 회피할 수 있는 경우에 더 나쁘게 행동하며, 반대로 개인적인 책임감을 느끼고 또 얼굴 없는 대중의 일부가 아닌 개별적 존재로 대해질 때 좀더 좋은 행동 양식을 취한다.[59]

교육과 공적 문화를 통해 비판적 사고와 독립성을 사회적으로 권장한다면 우리 사회는 개인의 책임을 극대화하고 타인을 온전한 인간 존재로 인식하는 문화를 구축할 수 있을 것이다. 공립학교의 교실에서 장애를 가진 아이들을 배제하지 않고, '다운증후군 멍청이'나 '불구자'가 아닌 각각의 이름, 기호, 이야기를 지닌 존재들로 통합하는 것 또한 사회적 혁명의 한 예라고 할 수 있다. 그리고 이러한 변화는 대부분 내러티브 예술을 바탕으로 한 문화적 기획을 통해 탄생할 수 있을 것이다.

아시와 밀그램이 발견한 경향성은 인간의 행동을 제약하는 '근본악'의 여러 양상으로서 분명 진화해온 것이다. 이러한 진화는 그것이 일련의 효용을 가졌고, 그리고 계속해서 그 효용을 발휘해왔기 때문이다. 하지만 그 속에는 커다란 위험도 존재한다. 이 경향들은 우리가 '근본악'의 핵심적 '서사'라고 규명한 것들, 즉 무력함과 유한성을 극복하려는 노력과 다양한 방식으로 관계를 맺는다. (예를 들어 또래 집단 내에서의 결속은 무능함에 대한 수치심을 감소시키는데 이것은 소위 전능하다는 권위에 의지를 굴종시키는 것과 같은 이유에서다. 즉 그를 통해 잃어버린 전능함을 되찾을 수 있다고 생각하는 것이다.) 이러한 경향이 아무리 깊이 뿌리내리고 있다고 해도 이것들은 그저 경향성일 뿐이다. 양육과 교육을 통해 얼마든지 바뀔 수 있으며, 문화적 배경에 의해 새롭게 만들어질 수 있다. 국가는 저항의 문화를 촉진하고, 개인적 책임감을 고양하며, 관료적 익명성을 제거해야 한다. 가장 중요한 것은 아마도 타인의 눈으로 세상을 볼 줄 아는 능력과 개인의 독자성을 인정할 줄 아는 역량을 조성함으로써 공감의 문화를 건설하는 것이라 할 수 있다.

3부

공적 감정

Political Emotions
Why Love Matters for Justice

이제 지금까지의 분석을 실제 사회의 맥락에 적용해보자. 불완전하지만, 사회 정의와 인간의 가능성을 추구하는 사회 말이다. 이 시점에서 사람들이 기대하는 바는 정치적 감정의 형성에 관한 일반 철학 이론일 것이다. 그러나 앞선 분석에서 보았듯이, 아무리 일반적인 이론이라 해도 인간성에 대한 이론이나 지금까지 우리가 제시해온 일반적 정치 규범들 이상으로 도움이 되지는 않을 것이다. 이는 두 가지 이유에서 그렇다. 첫째, 지금까지 우리가 해온 것은 결국 즉흥성, 비판적 독립성, 변덕스러운 개인성이 끼어들 여지가 많은 밀과 타고르의 정신으로 사회 문제들에 접근해보는 것이었다. 정부의 작동 방식에 대한 설명은 아무리 일반적이어도 실험과 놀이의 정신을 차단해버릴 위험이 있다. 콩트와 루소는 그런 일반적 이론을 제시할 수 있었지만, 바로 그런 이유로 그들의 이론은 틀린 것이었다!

둘째, 공적 감정을 함양하는 방안은 아무리 훌륭한 것이라 해도 실험적일 뿐만 아니라 그때그때의 상황과 밀접하게 얽혀 있다. 케루비노는 인도에서도 현실화될 수 있는 어떤 인간적 표준을 구현하고 있지만, 타고르는 모차르트의 작중인물보다는 벵골의 바울들에 대해 말하는 것이 적절했다. 사람들을 움직이게 하는 것은 자기 나라의 역사, 전통, 현재 사안들에 대한 사람들의 의식의 한 기능이다. 그리고 중요한 공적 기획을 위해 사람들의 감정적 지지를 얻고자 하는 지도자들은 있는 그대로의 사람들과 교류해야 하며, 역사적·사회적으로 형성된 그들의 특수한 사랑과 관심을 이해해야 한다. 설령 그로 인해 궁극적으로 완전히 새로운 어떤 곳에 이르게 된다 하더라도 말이다. 그래서 우리가 무엇을 잘할 수 있는지 알고 싶다면, 우리는 어떤 일이 일어났는지를 살펴보면서 한 나라가 처한 구체적인 상황을 예리하게 들여다봐야 할 것이다. 좋은 공적 감정들은 보편적 원칙들을 구현하되, 구체적인 역사 이야기로 그 원칙들에 옷을 입힌다.

이러한 두 가지 이유로, 우리는 어떤 포괄적인 일반 이론을 기대해서는 안 된다. 만일 우리가 그런 이론을 제시한다면, 우리 스스로가 우리의 연구 과제를 잘못 이해한 셈일 것이다.

한편, 우리는 일련의 매우 이질적인 성공 사례들을 제시하는 것 이상의 성취를 이룰 수 있을 것이다. 공적 감정은 많은 다양한 주제와 문제를 다루어야 하며, 이러한 삶의 영역들 각각이 잘 다루어질 수 있는 방법에 대해 어느 정도 이론화된 설명을 제시하는 것이 가능하다. 이어서, 취해진 선택과 그 선택이 해낸 일에 대해 자세히 논할 수 있게 해주는 (이번에도 미국과 인도에서 가져온) 구체적인 역사적 사례들을 바탕으로 그러한 해석을 뒷받침할 것이다. 이번 3부는 이론의 과함과 이론 없음 사이에서 조심스럽게 균형을 잡는 것을 목표로 한다. 결코 쉽지 않지만, 시도할 만한 과제다.

대망을 품은 우리 사회들이 마주하고 있는 가장 분명한 문제들 중 하나는 시민들이 자기 나라에 대해 어떤 종류의 감정을 느끼도록 만들 것인가 하는 점이다. 애국심이란 무엇인가? 애국심이 해를 끼칠 수 있다는 것은 쉽게 알 수 있다. 그런데도 애국심이 좋은 결과를 만드는 결정적인 힘이 될 수 있을까? 우리는 먼저 이 문제를 살펴보고자 한다. 이 문제에 대해 큰 틀에서 일반적인 내용을 다루고 이론적으로 논한 뒤, 애국심이 적절하게 발현되었을 때 생기는 좋은 결과의 예들을 짚어보겠다. 그러고 나서 에이브러햄 링컨, 마틴 루서 킹, 마하트마 간디, 자와할랄 네루의 사례를 통해 이 과제를 좀더 충실하게 이해해보고자 한다.

모든 사회는 슬픔과 혐오감이라는 두 가지 매우 불편한 감정 또한 다루어야 한다. 전자는 상호 작용과 (협소한 동정심이 아닌) 확장된 동정심을 증진시키는 방향으로 전환될 필요가 있으며, 후자는 광범위한 관심에 장애가 되지 않는 방향으로 제한될 필요가 있다. 이를 위해 모든 사회에는 비극의 정신과 희극의 정신 같은 것이 필요하다. 비극의 정신은 동정심과 상실감을 형성하며, 희극의 정신은 신체적 혐오를 넘어 기쁜 상호 작용의 정신으로 나아갈 길을 알려준다. 고대 그리스의 비극 축제와 희극 축제에는 이러한 정신을 어떻게 형성할 수 있는지에 대한 통찰이 담겨 있다. 이러한 축제들은 고대에 상당히 이론화되었고 역사적으로 많은 영향을 끼쳐온 만큼, 이를 출발점으로 삼는다면 우리가 무엇을 지향해야 하는지에 대한 어느 정도의 이론적 설명이 가능할 것이다(바로 이것이 우리가 다양한 매체에서의 역사 연구들과 관련해 추구할 수 있는 바이다). 또한 이런 식의 접근을 통해서 우리 논의는 존 롤스의 논의를 보완할 수 있다. 공적 예술과 수사학이 사랑에 초점을 맞추고 사랑의 기운을 유지하면서 개개인의 특수한 감정들과 일반적인 동정심 사이에 다리를 놓는 다양한 방식을 파악할 수 있기 때문이다.

이 지점에서 "케루비노적" 시민에 대한 우리의 설명이 사실상 완성된다. "음악의" 호혜성의 다정한 정신에 영향 받은, 일반적 원칙과 제도들에 대한 애착이 어떻게 이 시민의 감정들에 포함되는지를 우리가 이제 막 드러내 보였기 때문이다.

하지만 확장된 동정심에 기초한 훌륭한 기획에 위협이 되는, 간과돼온 감정들도 있다. 두려움, 시기심, 수치심이 그것이다. 이 세 감정에 대한 이론적 분석이 이루어져야 그 감정들을 어떻게 다루어야 할지를 이해할 수 있다. 3부의 세 번째 장은 이 문제를 다루어, 다시 한번 구체적인 사례 분석에 들어간다.

다음과 같은 논거에 기초해 3부의 목표를 세울 수도 있다.

1. 이상적인 사회는 그 사회가 갖추고 있는 좋은 정치 원칙들을 지키기 위해 안정과 효율을 추구하는 것이 타당하다.
2. 만일 사랑과 동정심이 케루비노의 정신으로 적절히 확장될 수 있다면 (그리고 억눌리고 낙담한 감정들을 저해할 수 있다면), 이는 품위 있는 이상적인 사회의 안정성을 크게 강화할 것이다.
3. 사랑과 동정심은 실로 적절히 확장될 수 있으며, 억눌리고 낙담한 감정들을 전략 A, B, C를 통해 저해할 수 있다.
4. 품위 있는 이상적인 사회는 전략 A, B, C를 추구하는 것이 타당하다.

3부에서는 세 가지 아주 중요한 영역에서 어떤 특정한 감정들이 할 수 있는 종류의 일을 개괄적으로 보여줌으로써, 전제 2를 수용하기 위한 몇 가지 추가적인 근거를 제공할 것이다. 이는 어느 정도 이론화된 부분들 덕분이다. 하지만 3부의 주된 초점은 전제 3에 놓여 있다. 공적 감정이 정의에 대한 열망의 결정적인 부분일 수 있다는 것, 또한 공적 감정이 자유주의적 자유liberal freedom를 제거하지 않고 오히려 자유주의적 자유를 증진하는 데 기여할 수 있다는 것을 우리의 역사적 사례들이 회의론자들에게 납득시켜야 하는 것이다.

공적 감정은 어디서 만들어지는가? 우리는 즉각적으로 정치 지도자들의 수사학을 떠올린다. 이는 물론 감정을 기르는 아주 중요한 '터전' 중 하나다. 하지만 지도자가 사람들을 이끄는 방식은 다양하다. 그들은 자신의 몸, 의복, 몸짓으로 대중을 이끌기도 한다. 좀더 넓게 보자면, 정부는 많은 전략을 통해서 공적 감정을 불러일으킨다. 즉, 공적 예술작품, 기념비, 공원을 통해서, 축제와 기념행사를 통해서, 노래와 상징, 관 주도의 영화나 사진을 통해서, 공교육의 구조를 통해서, 다양한 형태의 공적 토론을 통해서, 유머나 희극의 공적인 사용을 통해서, 심지어 스포츠에 공적인 역할을 부여함으로써 공적 감정을 불러일으킨다.[1] 물론 3부에서 제시되는 예들이 모든 감정과 관련해 모든 매체를 살펴보게 해주는 것은 아니겠지만, 그 예들은 오늘날의 정치가 필요로 하는 더 많은 자료의 대표적인 출처가 되어줄 것이다.

8장

애국심 교육:
사랑과 비판의 자유

Political Emotions
Why Love Matters for Justice

육지에서나 바다에서나 펄럭이는 성조기 만세.
우리에게 자유를 준 독립 전쟁 만세.
영국인들은 댄버리 언덕으로 행진했다.
하지만 그들의 군대는 이내 크랜베리만큼 작아졌다.
고통을 견디며 싸워준 용감한 병사들을 기억하라.
용기는 배워야 할 교훈이다.
_ 마사 루이스 크레이븐[1]

1. 애국심의 야누스적 본질

1892년, 콜럼버스 박람회[2]라 불리는 만국 박람회가 시카고에서 열릴
예정이었다.[3] 그것은 탐욕과 이기주의를 맘껏 분출하는 축제로 모습을
드러내가고 있었다. 박람회의 초점은 산업과 혁신이었다. 미국은 세계
사람들을 맞아 기술적 기량과 물질적 풍요를 과시할 계획을 세웠다.
미국이라는 국가와 시카고라는 도시에 만연한 기회의 불평등은 깨끗
하고 하얀 보자르 스타일 건물들(시카고 대학교 바로 옆)의 눈부신 외관
으로 가려졌다. 이후 이 건물들은 "화이트 시티"로 불리게 된다.[4] 박람
회 설계자였던 대니얼 버넘과 체스터 프렌치는 장대함과 고상함에서
미국이 유럽에 버금간다는 생각을 건축물을 통해 드러내고자 했다.

우스꽝스럽고 어수선하고 잡다한 모든 것은 미드웨이로 쫓겨났다. 미드웨이는 오늘날에는 시카고 대학교 캠퍼스 한가운데를 차지한 좁고 긴 잔디밭이 되어 있지만 당시에는 박람회 공식 건물들 바깥쪽에 있었다. 최초의 대관람차는 공식적으로 박람회 구경거리의 일부였지만 미드웨이에 들어섰다. '버펄로 빌의 와일드 웨스트 쇼'도 그곳에서 열렸고, 시끄러운 아이들, 다양한 인종과 민족의 사람들, 다채로운 피부색을 가진 사람들, 가난한 사람들을 그곳에서 볼 수 있었다. 이질성과 연약함으로 인해 불안감을 안겨주는 실제 사람 크기의 조각상들 대신에 홀笏과 보주寶珠를 손에 든 20미터나 되는 금도금 '공화국 여신상'이 공식 전시물로 내세워졌다. 이 박람회를 기념하기 위해 1918년에 크기를 줄여 만든 7미터쯤 높이의 복제품이 현재 헤이스 드라이브와 코넬 애버뉴 사이에 세워져 있다. 『시카고 트리뷴』은 "조각상의 웅장함, 평화롭고 기품 있는 얼굴, 아름다운 배경과의 완벽한 조화, 강건한 육체가 감동을 준다"고 썼다.[5]

가난한 이들을 옹호하는 사람들은 이러한 계획에 계속 불만을 키워가다가, 이 제전이 어떻게 하면 기회와 희생의 평등이라는 구상과 융합될 수 있을지 함께 고민하기 시작했다. 결국 기독교사회주의자들이 벤저민 해리슨 대통령에게 하나의 아이디어를 내놓았다. 박람회에서 대통령이 애국심을 고취하는 어떤 공적 의례를 새로이 도입한다는 것이었다. 그 의례는 바로 국가의 핵심적인 도덕 가치들을 분명히 하고, 모든 미국인을 평등하게 끌어들이며, 국가를 개별적인 기업가 정신을 넘어서는 무엇에 헌신하는 존재로 만드는 '국기에 대한 맹세'였다. "나는 미합중국의 국기와 그 국기가 상징하는, 분리될 수 없는 하나의 국가로서 모두에게 자유와 정의를 베푸는 공화국에 충성할 것을 맹세합니다."[6] 이와 함께 대중적인 어린이 잡지 『유스 컴패니언The Youth's Companion』은 공립학교들이 국기에 대한 경례와 함께 이러한 맹세를 도입하게끔 장려하는 공격적인 캠페인을 시작했다.

하지만 애국의 감정이 개입될 때 흔히 그렇듯이, 그 맹세는 곧 포괄과 배제의 공식이 되었다. 국기에 대한 맹세를 만든 프랜시스 벨러미부터가 사회의주의자이면서, 남유럽으로부터 물밀 듯이 들어오는 새로운 이민자들로 인해 미국의 가치가 약화될까봐 염려한 외국인 혐오자였다. 1940년대 들어 법이 정한 바에 따라 많은 주의 학교에서 이 맹세를 매일 암송하게 되면서 이것은 '훌륭한 미국인'이 되기 위한 일종의 리트머스 시험지가 되었다. 이 시험에서 탈락한 사람들은 배제와 폭력에 맞닥뜨려야 했다. '여호와의 증인' 신도들은 그러한 맹세를 우상 숭배의 한 형태로 보아 종교적인 이유를 들어 암송을 거부했는데, 이 때문에 그들의 자녀는 불복종했다며 퇴학을 당했다. 또한 이런 황당한 진퇴양난의 상황에서 부모들은 자녀가 학교에 가지 않은 것 때문에, "미성년자의 비행에 원인을 제공했다"는 이유로 벌금형에 처해지거나 감옥에 보내졌다. 여호와의 증인 신도들은 위험하다는 생각이 대중의 마음속에서 자라나기 시작했다. 그들은 독일과 일본을 상대로 한 전쟁의 서곡이 울려 퍼지는 가운데 미국의 가치들을 전복시키는 '제5열'과 같은 존재로 간주되었다. 그들은 독일에 동조한다고 고발되어(그들이 제3제국 때 비슷한 이유로 박해를 받았고 보라색 삼각형 표식을 단 채 강제 수용소에 수감되어야 했다는 사실에도 불구하고), 많은 폭행과 린치를 포함해 광범위한 공적 폭력에 시달렸다. 미국 연방대법원이 강제적인 '국기에 대한 맹세'를 국가의 안위에 대한 헌신을 드러내는 적법한 것으로 인정한 뒤 이러한 공적 폭력은 더 심해졌다.[7]

공적 감정에 대한 어떤 논의든 애국심의 복잡성과 씨름하지 않을 수 없다. 애국심은 야누스의 얼굴을 하고 있기 때문이다. 애국심은 밖을 향해 발휘돼, 자아에게 타인에 대한 의무를, 공동선을 위해 희생할 의무를 명하기도 한다. 하지만 애국심은 또한 안을 향해 발휘되어, 자신을 "좋은" 혹은 "진정한" 미국인이라고 여기는 사람들로 하여금 스스로를 외부자나 체제 전복자들과 구별 짓고 그러한 외부자들을 배제하게 만들기도 한다. 애국심은 위험하기도 해서, 자기 나라를 경쟁국이나 적국에 대립하는 나라로 규정하게 하고 그러한 나라들에 대한 호전적인 정서를 자극한다. (바로 이 때문에 루소는 좋은 국가에는 기독교 교리 대신에 애국적인 "시민 종교"가 필요하다고 생각했다. 루소는 기독교가 지나치게 온건하고 평화주의적이라고 보았다.)[8]

국기에 대한 맹세와 관련된 이야기는 한 나라가 국가에 대한 강한 감정을 불어넣는 것(학교에서 애국심을 가르치는 식으로)을 의도할 때 다른 문제들이 생길 수 있다는 것을 보여준다. 앞에서 설명한 버넘의 박람회 계획은 부적절하고 배제적인 가치들을 불러일으킬 위험이 있다는 것을 보여준다. 국가가 보통 사람들과 그들이 절실히 필요로 하는 것을 배제하는 엘리트적 성취와 이상으로 스스로를 정의하게 되는 것이다. 국기에 대한 맹세의 여파는 강제적 동질성으로 소수의 양심에 고통을 안겨줄 위험이 있다는 것을 보여준다. 결국 버넘의 계획과 국기에 대한 맹세라는 의례는 애국심이 비판 능력을 방해하고 사회적 합리성을 약화시킬 위험이 있다는 것을 우리에게 보여준다.

이런 문제들을 염두에 둔 많은 합리적인 사람은 애국의 감정에 호소하는 것에 대해 회의적이다. 그들은 교육에서 그러한 감정을 강조하는 것을 그다지 좋게 생각하지 않는다. 그 대신에, 시민들이 스스로를

생각할 줄 알고 이성적 원칙들에 기초해 국가의 미래를 생각할 줄 알
게끔, 시민들에게 힘을 길러주는 것이 중요하다고 생각한다. 비판적 이
성을 중요하게 생각한다는 점에서 그들은 분명 옳다. 하지만 애국의
감정을 무시하거나 폐기함으로써 그들은 우리가 다루는 역사적 사상
가들이 확고히 통찰한 바를 놓쳤을지도 모른다. 즉, 애국의 감정은 타
인을 위한 희생을 포함해 귀중한 과업들에 꼭 필요한 버팀목이 될 수
도 있다는 것을 놓쳤을지도 모른다. 마치니는 국민의 감정은 궁극에는
모든 인류에게로 확장되는 고결한 감정들을 떠받쳐주는 소중하고 심
지어 필수적인 "지렛대"라고 주장했다. 국제주의자의 면모를 강하게 보
인 콩트, 밀, 타고르도 확장된 공감에 대한 기술에서 국가에 대한 생
각을 영예로운 것으로 만들었다.

　국민의 감정이 실로 모두에게 자유와 정의가 보장되는 품위 있는
사회를 만드는 데 있어 소중하고 심지어 필수적인 역할을 할 수 있다
는 마치니의 주장은 옳았다. 국가는 행복론적 관련성(이렇게 말할 수 있
을 것이다) 때문에 사람들의 마음과 상상력을 휘어잡을 수 있다. 국가
는 "우리"이고 "우리의 것"이며, 따라서 마치니의 말처럼 국가는 좁은
공감으로부터 좀더 확장된 공감으로 옮겨가는 것을 가능하게 해주는
것이다. 잘되면, 국가를 사랑함으로써 사람들은 일반적인 정치 원칙들
을 수용할 수 있다(단, 동기로 작용하기에 효과적인 방식으로). 그렇기에
우리에게 필요한 공적 사랑에는 국가에 대한 사랑이 포함되며, 국가를
일련의 추상적 원칙이 아니라 고유한 역사, 고유한 물리적 특징, 헌신
을 불러일으키는 고유한 감화력을 가진 하나의 총체로 여기는 사랑이
포함된다. 이러한 사랑은 다양한 방식으로 구축될 수 있고, 귀중한 정
치적 목적들에 따라 다양한 결과를 낳을 수 있으며, 궁극적으로는 일

반적인 원칙들을 포용할 수 있다. 아무리 조심스러운 항해자라도 집어삼키고 말 스킬라와 카리브디스처럼, 우리 앞에 일련의 민감한 문제들이 놓여 있다.

스킬라는 좁은 해협의 한 귀퉁이에서 항해자를 유혹하는 괴물이다. 여러 개의 머리를 가졌고, 그 각각의 머리는 날카로운 이빨을 갖고 있다. 그녀가 우리 앞에 있다고 상상해보자. 스킬라의 첫 번째 "머리"는 부적절하고 배제적인 가치들을 낳을 위험을 나타낸다. 두 번째 "머리"는 의례의 거행을 강제함으로써 소수의 양심에 고통을 안기게 될 위험을 나타낸다. 세 번째 "머리"는 비판 정신을 가로막을 위험이 있는, 동질성과 연대감에의 과도한 강조를 나타낸다. 그런데 해협의 다른 쪽에는 카리브디스가 기다리고 있다. 카리브디스는 스킬라로부터 멀리 떨어지기 위해 도망치는 배들을 모두 곤경에 빠뜨리고 파괴할 위험이 있는 소용돌이다. 여기서 카리브디스는 "희미한" 동기 부여의 위험을 나타낸다. 아리스토텔레스가 지적했듯이, 구체화된 사랑 없이 일을 진행하고자 하는 사회는 반드시 괴로움을 겪을 것이기 때문이다.

나는 이러한 위험들에 대해 충분히 설명하고 논한 뒤, 스킬라와 카리브디스가 지키고 있는 좁은 해협을 성공적으로 통과해 애국심의 한 형태를 구축해낼 수 있었던 미국과 인도의 지도자들의 예를 살펴보고자 한다. 조지 워싱턴, 에이브러햄 링컨, 마틴 루서 킹, 마하트마 간디, 자와할랄 네루가 그들이다. 그들의 업적을 통해서 의미 있는 애국심을 어떻게 학교에서 가르칠 수 있는지, 그리고 정의를 위한 투쟁에서 애국심이 어떻게 국가에 힘을 실어줄 수 있는지를 이해하게 될 것이다.

2. 왜 애국심인가?

애국심은 국가를 상대로 하는 강렬한 감정이다. 그것은 사랑의 한 형태이며, 원칙들에 대한 단순한 승인이나 헌신이나 수용과는 구별된다. 이 사랑은 국가가 곧 자기 자신이라는 느낌을 수반하며, 국가의 의례들은 바로 그 점을 참고한다. "나의 조국, 그대My Country 'Tis of Thee"라는 표현을 생각해보라. 국가를 "내 것"으로 수용한다는 것이 분명하게 드러난다. 「라 마르세예즈」의 첫 소절인 "나아가자 조국의 아들딸들이여"는 모든 프랑스인에게 국가를 자신의 부모로 보도록 촉구한다. 그리고 인도 국가 「자나 가나 마나」에서는 "우리"가 인도의 모든 지역, 모든 주요 종교 전통에 속한 사람들을 망라하는 것으로 간주된다.

이러한 사랑은 다양한 종류의 인간적 사랑을 본뜬 것일 수 있다. 말하자면 이것은 스포츠 팀에 대한 사랑과도 유사하다. 즉, 사람마다 자신과 국가의 관계를 각각 다르게 생각하는 것이다. 어떤 사람들에게는 국가가 사랑하는 부모이며, 그러한 생각은 애국심에 호소하는 많은 상징에서 두드러진다. 또 어떤 경우에는 국가를 마치 사랑하는 아이처럼 여겨, 아이의 성장과 발달을 빌듯이 국가가 어서 성장하고 발달하기를 희구한다. 혹은 좀더 낭만적으로, 국가는 연인을 유혹하는 연인처럼 여겨지기도 한다. 다양한 애국의 의례나 노래는 미묘하게 다른 여러 형태의 사랑을 만들어내며, 때로는 같은 노래가 여러 사랑의 빛깔을 띠기도 한다. (「라 마르세예즈」는 프랑스를 부모처럼 설정하면서 시작하지만, 뒷부분에 나오는 "사랑하는 자유여liberté chérie"라는 가사는 살짝 에로틱하다. 「자나 가나 마나」는 국가의 도덕적 원칙들을 국가를 유지하고 인도하는 것으로 서술하는 가운데 부모를 연상시키지만 음악은 상당히 에로틱하다.)

심지어 동일한 어떤 의례나 어떤 의례의 동일한 한 부분에서도 사람마다 개인적 욕구와 편애에 따라 다른 형태의 사랑을 경험할 수 있다.

하지만 애국의 마음은 어떤 형태가 됐든 모두 개별적이다. 그것은 가족이나 개인에 대한 사랑을 본뜨고 있으며, 그러한 기원과 유비를 유지하면서 이러저러한 아름다운 지리적 특징이나 이러저러한 역사적 사건 같은 특수한 것에 초점을 맞춘다. 이런 측면이 강화될수록 더 큰 감화를 이끌어낼 수 있을 것이다. 그렇기에 미국인들은 "나의 조국, 그대"라는 지루하기 짝이 없는 추상적인 구절보다, "미국, 그 아름다운 곳America the Beautiful"이나 우디 거스리의 「이 땅은 너의 땅This Land Is Your Land」(이 노래의 정치적 의미는 대개 무시되지만)을 더 좋아한다. 「자나 가나 마나」와 방글라데시의 「나의 금빛 벵골」의 특수성과 음악적 에로티시즘은 사랑을 불어넣는다. 반면에, 가봉의 국가 「화합La Concorde」처럼 얄팍한 추상성이 이어지는 국가는 사람들의 주의를 끌수 없을 것이다.[9]

여기서 우리는 국가에 초점을 두고 있지만, 다른 형태의 애국의 마음, 즉 주·도시·지역에 대한 사랑이 국가에 대한 사랑과 공존할 수 있으며, 국가에 대한 사랑을 강화한다는 것을 잊지 말아야 한다. 국가 차원에서 받아들여지지 않은 목표들을 하나의 도시나 주가 추구하는 경우에 그렇듯이, 때로는 긴장관계도 형성될 수 있다. (이런 일은 예컨대 대도시들이 시골지역은 추구하지 않을 다원론적 가치들을 옹호할 때 흔히 발생한다.) 좀더 지역적인 성격을 띠는 사랑의 사례들은 다음 장에서 살펴볼 것이다.

왜 이런 감정이 필요한가? 애국의 마음의 개별성과 에로티시즘은 그 사랑을 우리 인격의 좀더 어두운 힘에 의해 포착되기에 알맞은 것으로 만들어주기 때문이다.

마치니의 대답은,[10] 우리 삶은 탐욕과 이기주의에 빠져 있으며, 따라서 우리에게는 희생을 감수하며 공동선을 지지하게 해주는, 보편적 안녕을 지향하는 강력한 감정이 필요하다는 것이었다. 하지만 이런 감정이 동기로 작용할 만큼 큰 힘을 갖기 위해서는, "인류" 같은 지극히 추상적인 대상을 겨냥해서는 안 된다. 훨씬 더 구체성을 띠어야 한다. 마치니가 생각하기에 국가란, 우리에게 강력한 동기로 작용할 수 있을 만큼 충분히 지역적이고, 충분히 우리 것이고, 충분히 구체적이거나 적어도 구체화될 수 있으며, 탐욕과 이기주의를 넘어선 어떤 목적에 우리 마음을 끌어들일 수 있을 만큼 충분히 원대하다.

동정심에 대한 우리 논의는 마치니가 옳다는 것을 보여준다. 동정심은 이타주의의 강력한 원인이지만, 이타주의는 구체적인 서사와 이미지에 뿌리를 두고 있기도 하다. 이타적 국민 감정이 동기 부여의 힘을 가지려면 구체성을 입어야 한다. 즉 이름을 가진 개인들(건국자, 영웅), 물리적 특수성(특징적 풍경, 생생한 이미지나 메타포), 그리고 무엇보다 고통과 희망이 포함된 투쟁의 서사가 있어야 한다. 이러한 감정은 도덕적 동기들을 강화하지만, 한편으로는 공정한 원칙들을 위협할 수도 있다. 이런 긴장은 두 가지 방식으로 다루어질 수 있다. 하나는 동정심의 확장이고, 다른 하나는 감정과 원칙 간의 협상이다. 우리는 모든 사람의 행복을 상징하고 옹호하는 이미지와 제도들에 동정심을 결부시킴으로써, 그리고 되도록 국가 밖의 사람들까지 포함함으로써 동정심을 확장할 수 있다. 좋은 애국심이 할 수 있는 일이 바로 이런 것이다. 좋은 애국심은 사람들을 일상적 감정들로부터 좀더 넓고 공평한 배려로 이끌어주는 가교 역할을 한다. 하지만 그렇더라도 선한 도덕 원칙들과 구체적인 이미지에 뿌리를 둔 자기중심적 감정 사이의 협상은 계속 필요하다. 이는 애국심이 끊임없는 비판적 검증을 요한다는 것을 뜻한다.

애국의 감정은 국가의 화려한 과거에 대한 이야기를 통해 헌신과 충성을 꾀하며, 이는 아직 의심의 여지가 있는 미래를 겨냥한 일이기 마련이다. 사실상 한 국가에 대한 생각은 본질적으로 서사적 구조를 갖는다.[11] 특정한 한 국가가 어떤 국가인지 이야기하는 것은 곧, 과거와 현재의 모든 무질서한 자료로부터 어떤 것은 강조하고 어떤 것은 생략하면서 하나의 이야기를 뽑아내는 것이다. 사람들이 충분한 헌신을 보일 경우 미래가 무엇을 가져올 수 있을지를 시사하기 위해서 말이다. 프랑스 철학자 에른스트 르낭은 국가란 그저 어떤 물리적 장소에 그치는 것이 아니라고 설득력 있고도 영향력 있는 주장을 폈다. 그에 따르면 국가란 하나의 관념, 하나의 "정신적 원칙"이다.[12] 이 정신적 원칙에는 한편으로는 과거의 이야기, 특히 역경과 고통의 이야기가 포함되고, 다른 한편으로는 미래에 대한 약속, 함께 살고 공동의 목표를 위해 역경에 맞서려는 의지가 포함된다. 과거의 이야기는 미래에 싸워지킬 가치가 있는 것이 무엇인지를 사람들에게 이야기해줘야 하는 만큼, 이 두 측면은 서로 연결되어 있다. 르낭은 과거 속에는 위대하고 영광스러운 어떤 것이 있어야 하지만, 동시에 상실과 고통도 있어야 한다고 언급한다. "국가의 기억에 대해 말하자면, 승리보다 슬픔이 더 가치 있다. 슬픔은 의무를 부과하고 공동의 노력을 요구하기 때문이다."[13]

사람들은 과거의 영광과 고통을 돌아보면서 이렇게 생각한다. "그래, 위대한 이상을 위해서라면 나도 기꺼이 고통을 감내하겠다." 르낭의 말을 빌리자면, "사람들은 자신이 승인한 희생에 비례해, 자신이 겪은 재난에 비례해 사랑한다".[14] 밴슨을 좇아 우리는, 국가의 과거에 대한 좋은 이야기에는 추상적 이상들뿐만 아니라 특별한 개인들도 포함된다고, 관념적 공간뿐만 아니라 물리적 장소도 포함된다고 덧붙일 수 있다.

혐오가 도덕성에 대한 위협이 된다는 것을 생각할 때, 애정 어린 염려의 감정들이 필요하다는 것이 훨씬 더 명백해지며 그 감정들의 윤곽이 더 분명해진다. 혐오는 위계적 집단들로 국가를 갈라놓기 때문에(국가가 반드시 피해야 할 모습이다), 공동선을 위한 이타적 희생을 비롯해 국가의 과업들을 위태롭게 한다. 어떤 "공동선"이 그 경계를 넘어설 수 있을까? 혐오로 인한 분리가 실제 사회에서 매우 흔하다는 점에서, 모든 사회는 이러한 문제를 극복할 방법을 찾아야 한다. 추상적 원칙들만 가지고는 이를 해결하기가 어려워 보인다. 만약 타자가 이미 한 가지 방식으로, 즉 인간 이하로 뚜렷하게 묘사돼왔다면, 그런 식의 상상에 대한 해독제는 상상을 통해서, 즉 타자를 온전한 인간으로 보는 경험을 하는 식의 상상을 통해서 얻어야 할 것이다. 만일 타자가 상상 속에서 인간 이하로 여겨졌다면, 오직 상상만이 필요한 전환을 이루어낼 수 있을 것이다. 예를 들어, 아프리카계 미국인들을 혐오스러운 과잉 성욕의 동물이자 불특정 전염병과 부패의 원인으로 여기는 관점이 있을 때, 국가가 아프리카계 미국인들의 삶을 완전히 다른 방식으로 그려낸 서사를 제공하기만 한다면, 그리하여 그들을 온전한 인간 존재로 그리면서 그들의 삶과 의지를 가까이서 보여준다면, 사람들은 그들을 다른 시각으로 볼 수 있을 것이다. 이타주의에 대한 그 어떤 요구도 이런 식의 상상과 감정을 활용하지 못한다면 공동의 노력을 아주 쉽게 전복시켜버릴 차별의 강력한 힘에 자리를 내어주고 말 것이다.

혐오에 대해서는 국가적 이상에 의지하지 말고 사적인 영역에서 저항해야 할 것이다. 하지만 혐오를 극복하는 한 방법은 폄하된 집단에 대한 휴머니티의 서사를 르낭의 의미에서의 국가적 투쟁과 국가적 헌신의 이야기에 연결시키는 것이다. 뒤에서 우리는 마틴 루서 킹의 위대한 업적 중 하나가 청중에게 이런 감정적 변화를 일으킨 데 있음을 보게 될 것이다. 만일 교육자가 폄하된 집단을 과거에 함께 고통을 겪었고 정의로운 미래를 위해 함께 노력하고 있는 "우리"의 일부로 그릴 수 있다면, 타자를 계속 해롭고 배척되는 아웃사이더로 보기가 훨씬 어려워질 것이다. 애국심 속에서 시민들은 서로를 공통의 목적을 추구하는 한 가족으로 껴안을 수 있게 될 것이다. 이와 같이, 낙인찍기는 (적어도 한동안은) 상상력과 사랑에 의해 극복된다.

3. 스킬라: 배제적 가치, 강요된 양심, 무비판적 동질성

스킬라는 빗나간 강한 애국 열정에 내포된 여러 위험을 나타낸다. 어떤 형태의 애국의 마음은 그런 위험들을 피할 수 있다는 것을 논증하고자 한다면 우리는 그 위험들에 대해 살펴봐야 한다. 이러한 위험들은 다양한 모습으로 혼재하는 만큼, 머리 여럿 달린 괴물인 스킬라가 적절한 비유가 될 것이다.

첫 번째 위험이자 가장 명백한 위험은 부적절한 가치의 위험이다. 만약 우리가 강한 열정을 자극하고자 한다면, 우리가 옳지 않은 것에 대한 열광을 조장하는 것이 아님을 분명히 해야 할 것이다. 국가에 대한 사랑이 다양한 형태의 어리석은 대의에 봉사해왔음을 확인하는 것은 쉽다. 말하자면 국가에 대한 사랑은 어리석은 그리고/또는 부정의

한 전쟁들, 인종적·민족적 증오, 종교적 배제, 여성의 종속을 초래하는 왜곡된 남성성 규범, 외국인 혐오, 다른 국가에 대한 증오 등에 봉사해 왔다. 사람들이 국가에 대한 사랑을 생각하며 우려를 표하는 것은 바로 이런 경우들 때문이다.

이러한 반감이 정확히 어떤 것인지 알기는 쉽지 않다. 애국심에 대해 반감을 가진 사람들은 좋다기보다는 나쁘다고 할 만한 목적들에 도움이 되는 어떤 본질적인 경향이 애국심에 내재돼 있다고 생각하는 것일까? 만약 그렇다면 이에 대한 분석이 필요할 것이다. 사람들은 예컨대, 취약 집단들에 대한 낙인찍기와 종속을 야기하는 그 감정의 특수한 경향들을 생각하며, 공적인 삶에서 혐오를 자극하는 것은 언제나 현명치 못한 일이라는 주장을 떠올릴 수도 있을 것이다. 실제로 2부에 그런 논의가 담겨 있다. 그러나 우리는 여기서 혐오가 아니라 사랑에 대해 말하고 있다. 사랑은 항상 현명치 못한 것 같다거나 또는 나쁜 정책적 선택들과 관련되어 있는 것 같다는 주장을 뒷받침할 논거를 찾기란 훨씬 더 어렵다.

어쩌면 이러한 반감은 국가를 사랑의 대상으로 여기는 데서 비롯됐는지도 모른다. 어떤 사람들은 국가라는 개념 그 자체가 원시적인 것으로서, 궁극적으로 모든 인류에 대한 보편적 사랑으로 (그리고 아마도 세계 국가의 창조로) 대체되어야 한다고 생각한다. 하지만 그런 논의 자체도 엄밀한 검토를 필요로 한다. 나는, 설령 우리가 살고 있는 세상이 열심히 전 지구적 정의를 추구하는 세상이라 해도, (지금껏 우리가 알고 있기에) 사람들에 대해 충분히 책임질 수 있고 사람들의 목소리를 충분히 보여줄 수 있는 가장 큰 단위인 국가가 해야 할 소중한 역할이 여전히 있다고 주장한 바 있다.[15] 한 국가에 대한 애착이 다른 국가에 대한 폄하와 종종 연결돼 있었음을 부인할 수는 없지만, 반드시 그런 것은 아니다. 여러 국가가 공통의 목표를 위해 협력하는 것도 상상할 수 있는 것이다. 마찬가지로, 자기 가족에 대한 사랑도 다른 사람의 가족을 폄하하거나 종속시키려는 욕구와 종종 연결돼 있지만, 꼭 그런 것은 아니다. 모든 가족이 적절한 지원을 받을 자격이 있으며, 가족에 대한 사랑이 그러한 규범에 단단히 묶여 있을 수 있다는 생각이 가능한 것이다.

부적절한 가치들을 이유로 하는 반론은 아마 다음과 같이 분석될 수 있을 것이다. 감정들은 항상 위험하다. 이러저러한 경우에 감정들이 야기했던 문제를 보라. 우리는 선한 가치들을 추구하므로 감정 없이 해낼 수 있다. 따라서 그렇게 하는 게 더 나을 것이다. 그러나 이런 식의 매우 흔한 사고방식에는 몇 가지 문제가 있다. 첫째, 반론자는 좋은 목표들(노예제 폐지, 시민 권리 운동, 좀더 큰 경제 정의라는 대의, 정의롭고 현명한 전쟁들, 여성 참정권 부여)이 아니라 감정이 뒷받침하는 나쁜 목표들(나치주의, 종교적 박해, 부당하고 어리석은 전쟁들)을 주로 나열한다. 반론자는 예컨대 영국이나 미국 같은 나라가 자국의 생존을 위해 열심히 애쓰지 않았어도 히틀러가 전쟁에서 패할 수 있었다고 믿는 것일까? 윈스턴 처칠이 "피, 땀, 눈물"을 호소한 것과 그런 식의 또 다른 감정적 호소들이 난세에 영국의 결의를 다지는 데 아무 관련이 없었을까? 둘째, 이러한 예가 말해주는 것처럼, 반론자는 좋은 목적들은 스스로 생겨나고, 어떤 강한 감정적 동기 없이도 스스로 유지된다고 가정한다. 하지만 내가 생각하기에, 이러한 생각이 잘못되었다는 것은 역사가 증명해준다. 사람들이 고난을 감내하게 해주는 어떤 목표를 위해 충분히 노력하지 않을 때 상황은 보통 나쁘게 돌아간다. 에드워드 8세는 지도자로서 적절치 않았다. 영국의 주권에 대해 강하게 감정을 드러내지 않았고(또는 아마도 그런 감정을 갖고 있지 않았고), 사람들에게 그 감정을 부추기지도 않았기 때문이다. 셋째, 반론자는 우리가 묵묵히 선을 추구해도 나쁜 목표와 나쁜 감정이 없어지지 않는다는 것을 잊은 듯하며, 그래서 감정이 배제된 선행이 감정이 실린 악행과 경쟁할 때 어떤 일이 일어나는가 하는 문제가 제기되지 않는다. (히틀러의 독일이라는, 사랑의 원천이나 감정적 동기 부여는 없고 감정을 자극하는 장치들만 가득한 약삭빠른 선전 기계와 싸우는 것을 상상해보라.)

이러한 반론자들에게 해줄 수 있는 가장 좋은 답은, 우리는 사람들로 하여금 어떤 가치를 사랑하게 하고 추구하게 할 것인지에 대해 늘 신경을 많이 써야 한다는 것, 그리고 비판적인 공적 문화를 배양하고, 비판적 관점으로 역사를 가르치고, 학교에서 비판적 사고와 윤리적 추론을 가르침으로써 이런 조심성을 계속 유지시켜야 한다는 것이다. 뒤에서 보겠지만 이것은 충분히 실현 가능한 일이다.

이 위험을 피하는 한 가지 방법은, 국가의 역사와 현재의 정체성에 대한 서사가 배제적인 성격을 띠지 않고, 민족적·인종적·종교적으로 어떤 한 집단의 기여를 강조함으로써 다른 집단들을 폄하하거나 등한시하지 않게 하는 것이다. 국가에 대한 서사는 대개 새로운 이민자를 포함하여 모든 시민을 포용할 일련의 정치적 이상에 기초할 수 있고, 실제로 그러한 경우가 많다. 국가에 대해 이런 식으로 생각하는 것은(미국이나 인도에서는 이런 식으로 생각했지만 유럽 국가 대부분은 그렇지 않았다) 부적절한 가치들의 중대한 위험 양상 중 하나인 민족중심주의를 피하게 해준다.

좀더 까다로운 문제는 국가 차원의 포괄의 서사를 세계 차원의 어떤 적절한 서사와 연결시키는 데 있을 것이다. 그리하여 국가주의는 전쟁 같은 공격적인 목표들에 의해서 지지되는 것이 아니라, 오히려 원칙적으로 다른 국가들의 이익을 포함하도록 확장될 수 있는 프로젝트들에 의해 지지된다. 다시 말하지만, 이러한 과업은 까다롭긴 하나 분명 성취될 수 있고 또 종종 성취돼왔다.

이러한 반론의 형태가 하나 더 있다. 반론자는, 앞서 이야기된 바와 같이 감정들이 자기중심적이라면, 사람들을 평등하게 다루는 공정한 정책을 만드는 데 있어 전적으로 감정에 의존할 수는 없으며, 이는 강렬한 사랑의 대상이 국가 전체일 때도 마찬가지라고 말한다. 이것은 부적절한 가치를 거론하는 반론 중에서 가장 적절한 반론으로 보인다. (뱃슨의 연구에서 잘 드러난) 감정들의 어떤 실제 경향을 지적하는 것이기 때문이다. 그리고 국가의 이름으로 호소하는 것이 어떤 집단이나 어떤 사람들을 사실상 국가의 일부가 아닌 것으로 규정함으로써 공정하지 않고 심지어 배제적인 성격을 드러내는 경우를 우리는 역사에서 많이 찾아볼 수 있다. 우리는 이것이 진짜 문제임을 인정해야 한다. 그렇기에 링컨부터 간디까지 애국자들이 이 문제를 어떻게 다루었는지를 곧 살펴볼 것이다. 하지만 우리는, 아무리 품위 있는 사회라 해도 어떤 핵심적 측면들에서는 사람들 대신에 제도들이 중요한 역할을 한다는 것 또한 인정해야 한다. 동정심은 아무리 이타적이라 해도, 공정한 조세 제도를 운용할 수 없는 것이다. 그래서 우리는 많은 것을 제도와 법에 넘긴다. 하지만 이러한 제도와 법은 동료 시민들과 국가 전체에 대한 사랑이 없으면 지탱되지 않을 것이다. 미국의 뉴딜 정책이 쇠퇴한 것은 마음과 감정의 변화 때문이며, 이러한 변화는 제도와 법의 중요한 변화를 촉진한다. 그러므로 좋은 제도를 만든 뒤 손을 떼면

다 되는 것이 아니다. 우리는 우려스러운 감정의 영역 안으로 들어가 손을 더럽혀야만 한다.

스킬라의 두 번째 머리는 역사적으로 뿌리가 깊지만 비교적 대결 하기 쉽다. 그리고 실제로 우리는 이를 적절하게 다루어왔다. 우리 역 사의 어떤 시기에 애국심의 긴급한 중요성은 젊은이들에 대한 강압을 정당화하는 것으로 해석되었다. 앞에서 언급한 것처럼, 많은 주가 국 기에 대한 경례와 맹세를 요구했고, 이를 거부한 어린이들은 정학이나 퇴학을 당한 것이다. 러셀 트레마인의 사례에서는 결국 그의 부모가 양육권을 잃었다. 어린 러셀은 어린이집에서 살게 되었고, 거기서 충성 의 맹세를 암송하도록 강요받았다.[16]

몇몇 종교 집단은 이를 "우상 숭배"라는 이유로 반대했다. 그중 여 호와의 증인이 가장 영향력 있었다. (트레마인이 속한 종파를 포함해) 다 른 집단들은 평화론과 소송이 양립할 수 없다고 여긴 반면에, 여호와 의 증인은 기꺼이 소송에 나섰기 때문이다.[17] 릴리언 고비터스와 윌리 엄 고비터스[18]는 그러한 맹세가 자신들에게는 종교적 요구 사항을 위 반하는 것임을 설득력 있고 논리 정연하게[19] 증언했다.[20] 그럼에도 불 구하고 그 지역 학교 당국은 그들의 주장에 동의하지 않았고, 그들의 반대가 순수하게 종교적인 것이 아니라고 주장했다. 결국 그들의 소송 은 미국 대법원까지 갔지만 그들은 패소했다.

이 '마이너스빌 대 고비터스Minersville v. Gobitis'[21] 사건은 미국 대 법원 역사상 가장 악명 높은 판례 중 하나다. 이렇게 된 데는 여러 요 인이 작용했다. 여호와의 증인 지도자인 조지프 러더퍼드가 직접 변 호를 맡았고, 잘해내지 못했다. 하지만 더욱 중요한 것은 애국심에 대 한 펠릭스 프랭크퍼터의 강경한 의견이 오늘날까지 이어지고 있다는 점이다. 프랭크퍼터는 이 사건의 다수 의견과 이후의 '웨스트버지니아 주 교육위원회 대 바넷'[22] 사건에서의 반대 의견을 통해 줄곧, 고비터스 집안 아이들의 상황에 대한 개인적인 연민을 강조했다. 당시 '법정에 선 외로운 유대인' 프랭크퍼터는 "역사상 가장 비난받고 박해받은 소수자에 속하는 사람은 우리 헌법이 보장하는 자유를 느끼지 못할 수 없을 것이다"라고 썼다.[23] 그럼에도 불구하고 사법권의 한계에 대한 그의 강경한 생각이 그의 열렬한 애국심과 결합되어,[24] 국가에 대한 맹세를 요구하는 규정이 위헌이 아니라는 결론으로 그를 이끌었다. 그의 애국의 열정은 논란의 여지가 있는 그의 두 의견보다 더 오래 살아남았다. 1944년 워싱턴 D.C.에서 열린 '나는 미국인이다' 기념일 축하 연설에서 그는, 국가에 대한 사랑은 몹시 내밀한 감정이어서 오직 시를 통해서만 공개적으로 표현될 수 있다면서 국가에 대한 사랑을 낭만적인 사랑에 비유했다. 그러면서 프랭클린 K. 레인이 쓴 국기에 바치는 다소 감성적인 시를 읽었다. "나는 결코 깃발이 아니다. 나는 깃발의 그림자다"[25]라는 시구가 담긴 시다. 프랭크퍼터는 진실되고 열정적인 애국심에 때때로 내포돼 있는 강제성의 위험성을 보여준다. 이것이 바람직한 일은 아닐지 몰라도, 1939년의 세계 상황이 그를 이렇게 과도한 열정으로 이끌었다고 이해해줄 수는 있을 것이다.

마이너스빌 사건에서 프랭크퍼터는, 종교적 신념에 따른 행동에 대한 규제가 오직 "종교적 관용의 달성에 꼭 필요한 그 질서 있고 평화롭고 자유로운 사회를 수호하고 유지하는 데 필수적인 법률에 의해 보장되는 명확한 정부 권력"[26]에 의해서 정당화될 수 있다는 것이 수정헌법 1조에 함축돼 있다고 가정한다. 그리고 국가의 통합과 화합은 국가에 "위계적 가치들 중 그 어떤 것 못지않은 이로움"을 가져다준다고 주장한다.[27] 국기란 "모든 내부적 차이를 초월하는 원대한 국가 통합의 상징"[28]인 만큼, 국기에 대한 맹세를 요구하는 것은 그 중대한 이점을 촉진하는 데 결정적이라는 교육위원회의 견해는 타당하지만, 그는 재판에서 진정 중요한 문제는 다루지 않는다. 국가의 통합과 화합을 위해서는 진실되게 종교적 반대를 표하는 몇몇 어린이에게까지 맹세의 규칙을 강요해야 한다고 생각하는 것이 과연 타당한가? 그는 조롱하는 또래들에 맞서 그들은 따라 할 수 없을 만한 일을 한 두 존경할 만한 어린이의 양심적 행동보다 험난한 시기의 국가 통합이라는 보편적 문제에 집중한다. 이에 대법관 할란 F. 스톤은 반대 의견을 내며 다음과 같이 지적했다. "나는 이 어린이들의 종교적 신념을 지켜주기 위해 학교의 규율을 살짝 조정하는 데 따르는 불편이, 헌법의 보호를 받아야 마땅하다고 여겨져온 신앙에 대한 강제적 침해를 피하는 것보다 우선돼야 할 만큼 그렇게 중대하거나 긴급한 문제를 일으킨다고 말할 수 없다."[29]

머지않아 국가가 동의했듯이, 프랭크퍼터의 의견이 틀렸고 스톤의 의견이 옳았다. 그 판결은 폭풍과도 같은 비판에 맞닥뜨렸다. 동시에, 여호와의 증인에 대한 폭력이 증가했는데, 이는 어느 정도는 대법원 탓이었다. 대법원의 판결이 여호와의 증인이 국가에 불충한다는 대중의 생각을 인정해주기라도 한 것처럼 받아들여졌던 것이다.[30] 몇몇 대법관은[31] 마음이 바뀐 듯한 암시를 했고, 그 후 대법관 구성에 변화가 생기면서[32] 이제 다른 쪽의 승리가 예견되었다. 얼마 안 있어 대법원은 같은 문제가 걸린 또 다른 사건을 맡게 된다. '웨스트버지니아주 교육위원회 대 바넷' 사건[33]에서 대법원은 원고 측인 여호와의 증인을 지지했다. 대법관 로버트 H. 잭슨의 다수 의견은 미국 정계의 모습을 분명히 보여주는 표지 중 하나가 되었다. 그는 이 재판을 종교 조항들과 관련된 것이라기보다 강요된 언론에 관한 것으로 다루면서, 반대할 자유라는 개념을 울림 있게 옹호한다.

> 만약 우리 헌법의 성좌에 어떤 항성이 있다면 그것은 바로, 지위가 높든 낮든 어떤 관료도 정치, 국가주의, 종교를 비롯해 견해차가 따르는 문제들에서 무엇이 정설인지를 규정하거나, 시민들에게 말이나 행동으로 신앙을 고백하도록 강요할 수 없다는 것이다. 설령 예외를 허용하는 어떤 상황들이 있다 해도 이제 우리에게 그런 상황은 벌어지지 않는다.[34]

그는 강제적 통합은 오히려 효과적이지 않다고 덧붙인다. "반대 의견의 강압적 제거를 시작하는 사람들은 이내 자신이 반대자들을 절멸하고 있다는 것을 확인하게 된다. 강압에 의해 이루어진 의견 단일화는 고작 묘지의 만장일치에 이르게 될 뿐이다."[35]

바넷 사건은 우리의 두 번째 반론에 대해 적절히 답해준다. '애국심'과 '정중한 반대'는 양립 불가능하지 않다. 실로 우리의 특유한 전통은 반대의 자유를 강조한다. 그리고 우리는 그러한 자유를 수호하는 것에 자긍심을 가져야 한다. 개인의 자유와 양심의 자유를 강조하는 특유의 가치들을 고려할 때, 두 번째 반론에 대해서는 간단히 응수할 수 있다. 국가의 안전의 중대함이 전보다 더 크고 더 시급하지 않은 한, 우리의 가치는 양심이 짓눌리는 것을 막는다. 일반적으로, 학교에서 요구받는 애국적 의례들로 어린이들이 양심에 가책을 느끼는 일은 없을 것이다.

오늘날 강요받지 않을 권리라는 개념은 잘 이해되고 있으며, 심지어 강압에 대한 감각이 더 예민해졌다. 예를 들어 '리 대 와이즈먼'[36]의 판례를 보면, 중학교 졸업식에서 기도를 하는 동안 학생들이 서 있어야 하고, 졸업식에 아예 참석하지 않는 것 말고는 그러한 요구를 피할 길이 없다고 할 때, 대법원은 그러한 의례가 학생들에게 미묘한 강압으로 받아들여질 수 있다고 해석했다. 대법관 앤서니 케네디의 의견은 학교에서 벌어지는, 양심에 대한 강압과 강요된 전통의 위험에 초점을 맞추었다.[37]

강압에 근거한 반론은 더 이상 심각한 이슈가 아니다. 아이들은 학교에서 자신의 양심이 짓눌리는 상황에 처할 경우 틀림없이 해당 의례를 따르지 않아도 될 것이다. 그럼에도 불구하고 학교에서는, 특히 또래 집단의 압박으로 인해, 소수자의 신념이 다른 여러 방식으로 억눌리게 된다. 릴리언 고비터스는, 학교 버스가 자기 집 옆을 지나갈 때면 아이들이 야유를 퍼붓고 물건을 집어던졌다고 회상한다.[38] 그러므로 우리가 학교 안에서 염려해야 하는 것은 강제적 복종에의 요구만이 아니라, 또래들의 가혹 행위이기도 하다. 우리는 품위 있는 사회의 주요 문제점들 속에서 이러한 경향을 살펴본 바 있다. 그러므로 교사와 학교 직원들은 종교적·정치적·인종적·성적 소수자들을 보호하는 데 철저해야 한다. 그러나 괴롭힘의 문제는 애국심과 관련해서만 발생하는 것이 아니다. 그러므로 이것은 어린이들에게 애국심을 가르치지 말아야 할 이유가 될 수도 없고, 어린이들을 집단으로 교육하지 말아야 할 이유가 될 수도 없다.

또래 압박의 문제는 스킬라의 차원에서 세 번째 반론에 맞닥뜨리게 한다. 즉, 애국의 감정이 중요한 문화에서는 연대의식이나 동질적인 정서가 지나치게 중시되는 나머지 개인의 자유로운 의사 표현이나 자유로운 반대를 위한 여지가 부족해지는 것은 아닐까? 우선 지적할 것은 두 번째 문제와 같이, 이는 애국심과 관련해서만 일어날 수 있는 특수한 문제가 아니라는 점이다. 앞서 살펴본 것처럼 우리에게는 또래의 압박에 순응하는 경향이 있고, (애시와 밀그램이 보여준 것처럼) 권위에 복종하는 경향이 있다. 이는 민주주의가 시작된 이래 민주주의를 괴롭혀온 문제다. 강한 애국의 감정 역시 사람들의 비판적 목소리들을 침묵시키는 경향이 있을 것이다. 이러한 위험을 어떻게 막을 수 있을까?

대법관 잭슨은 우리에게 다음과 같은 최상의 길을 제시한다. 우리는 정설과 강압을 물리치고 표현과 양심의 자유를 찬양하는 것이 진정한 애국의 태도라고 주장해야 한다는 것이다. 감동적인 그의 수사는 사람들의 마음을 크게 움직일 수 있는 애국적 진술의 한 예로, 반대의 가치를 지지하고 사람들로 하여금 반대의 가치에 대해 생각해보게 한다. 우리는 짐승 떼와 같은 복종이 아니라 비판의 자유가 진정한 애국자의 표지임을 주장하면서, 일찍부터 꾸준히 비판 능력을 키우고 중시해야 한다. 이는 여러 방식으로 실현될 수 있으며, 그중에는 강한 감정들이 개입되는 경우도 있다. 어린이들은 무리를 짓는 특성이 있지만, 다른 한편 반대자들이기도 하다. 자유와 비판적 반대의 즐거움은 어린이가 처음 삶을 시작할 때부터 자극될 수 있다. 내 경우, 자유를 위해 폴 리비어보다 더 멀리 말을 타고 간 시빌 러딩턴의 매혹적인 이야기가 담긴 대중적 어린이 잡지의 연재물을 읽으면서, 전통을 부수고 자유를 추구한다는 발상에 대한 유아적 사랑을 키웠고, 그러한 발상을 국가의 건국 이념과 연결 지었다. 내게는 처음부터 미국에 대한 인상이 정의를 위한 반대, 실험, 심지어 저항 등 강렬한 성격으로 특징지어졌다. 그때나 지금이나 독립에 얽힌 많은 이야기와 「12인의 성난 사람들」부터 『앵무새 죽이기』에 이르기까지 많은 이의 사랑을 받은 문학작품과 영화들에 영향을 받은 결과였다. 인도에서 간디가 많은 저항의 상징을 국가적 상징들로 바꾼 것도 마찬가지 경우다. 타고르의 노래 「나의 금빛 뱅골」이 특히 두드러진 예다.

올바른 애국심은 스킬라를 통해 설명된 세 가지 위험을 피할 수 있을 것이다. 그럼에도 여전히 사람들은 왜 위험한 짓을 하느냐고 물을 것이다.

4. 카리브디스: "희미한 동기 부여"

이러한 위험들 때문에, 애국의 마음보다는 좀더 원칙 의존적이고 좀더 담담하고 그래서 아마도 좀더 신뢰할 만한 감정들을 중시하는 것이 낫지 않을까 하는 의문이 들 수도 있을 것이다. 위르겐 하버마스도 이런 식으로 생각한다. 존 롤스 역시 그렇다고 볼 수 있다. 결론적으로는 그의 제안이 나의 제안과 완전히 일치한다는 것이 내 생각이지만 말이다. 하버마스의 "카리브디스" 제안은 강하게 지속되는 감정들의 배양을 위한 청사진을 제공해주지 못한다. "희미한 동기 부여"라는 문제점에 불필요하게 민감하기 때문이다.

"희미한 동기 부여"라는 말은 플라톤의 이상 도시에 대한 아리스토텔레스의 비판에서 유래했다. 플라톤은 가족관계를 없애고 모든 시민이 다른 시민 모두를 똑같이 보살필 것을 요구함으로써 불공평을 없애고자 했다. 아리스토텔레스는 이러한 전략의 애로를 다음과 같

정치적 감정 정의를 위해 왜 사랑이 중요한가

이 설명한다. "사람들로 하여금 무언가를 사랑하고 보살피게 하는 모든 동기를 지배하는 것은 두 가지다. 그것이 온전히 자신의 것이라는 생각, 그리고 그것이 자기가 가진 유일한 것이라는 생각이다. 이 두 가지 생각 중 어느 것도 이 도시에서 찾아볼 수 없게 될 것이다"(『정치학』, 1262b22~23). 왜냐하면 시민들이 어떤 아이에 대해서도 자기 아이라고 생각하지 않고 자기에게 전적으로 책임이 있다고 생각하지 않을 것이기 때문이고, 또한 그 도시는 너무 많은 하인이 있는 집과 같아서 아무도 어떤 일에서든 책임을 떠맡으려 하지 않을 것이기 때문이다. 왜냐하면 시민들이 어떤 아이나 아이들에 대해서도 자신이 가진 유일한 아이라고 생각하지 않을 것이기 때문이고, 진짜 가족에게서 나타나는 강도 높은 보살핌은 나타나지 않을 것이기 때문이며, 결국 그들은 주변에 "희미한"(1262b15) 관심만 두게 될 것이기 때문이다. 요컨대, 사람들이 뭔가를 사랑하게 만들려면 그것을 "자신만의 것"으로 보게 해야 하고, 또한 되도록 "자기가 가진 유일한 것"으로 보게 해야 한다. 물론 이는 우리가 줄곧 이야기해온 바이다. 즉, 중요한 감정들은 "행복론적"인 것으로, 그 사람의 번영이라는 개념과 그 개념과 관련된 '관심의 원'에 묶여 있다는 것이다. 사람들을 돌봄으로 이끌려면 그들이 잠재적 돌봄의 대상을 어떤 식으로든 "자신의 것" 혹은 "자기 자신"으로 보게끔 해야 한다.

이제 애국의 감정에 대한 대단히 원칙적인 두 가지 설명, 즉 존 롤스와 위르겐 하버마스의 설명을 검토해보자. 이 두 설명 다 나름의 전망을 제시하지만, 다른 한편으로는 두 가지 다 아리스토텔레스의 질문을 떠올리게 한다. 사람들이 배양하는 그 감정이 흐릿하고 무기력한 것이 되지 않을까 하는 의심이 들 수 있기 때문이다.

존 롤스의 정치적 감정에 대한 설명은 기계론적인 것이 아니다. 내 설명과 마찬가지로 그것은 상상력과 어떤 대상의 이야기에 의존한다. 그는 또한 이타적 감정이 폭넓게 발휘되지 못하는 것이 폭넓은 관심에 장애가 된다는 점을 인식하고 있다.[39] 그가 제시하는 해결책에는, 어떻게 하여 가족 간의 사랑이 시간이 흐름에 따라 점점 확장되어 좀더 넓은 연대적 사랑의 형태로 바뀌는지, 또 이런 사랑이 어떻게 국가의 틀을 만드는 정치 원칙들로 확장될 수 있는지에 대한 상세한 설명이 담겨 있다. 심리학의 기본 원칙은 상호 작용의 원칙이다. 우리는 분명, 우리를 사랑하고 우리에게 관심을 보이는 사람들을 사랑하고 그런 사람들에게 관심을 보이는 경향이 있다. 이런 심리학 법칙의 존재를 통해서 롤스는 어떤 "심오한 심리학적 사실"에 이른다.[40] 첫째, 이 법칙은 가족 내에서 성립된다. 아이들은 자신에 대한 부모의 사랑과 관심을 인식하며, 그에 대한 보답으로 부모를 사랑하게 된다. 둘째, 사회적 연대를 둘러싼 제도가 "공정하고 또한 공정하다고 공개적으로 알려져 있을" 경우, 사람들은 "분명한 의도를 가지고 자신의 의무와 임무를 따르며 자기 신분의 이상에 맞게 행동하면서, 연계된 타인들에 대해 우정과 신뢰가 담긴 유대관계를 발전시킨다".[41] 마지막으로, 사람들이 첫 번째와 두 번째 단계를 거친 경우, 그리고 자기 사회를 지배하는 기초 제도가 공정하다고 생각하는 경우, 그들은 그러한 제도를 뒷받침하는 감정들과 정의감을 발달시킬 것이다.

롤스의 설명은 의미심장하다. 특히 그 시대를 고려할 때, 철학자들이 보통 다루지 않은 심리적 문제들을 들여다봤다는 점에서 대담하다. 그의 설명은 세 가지 문제를 촉발한다. 첫째, 이상적이지 않은 상황에서 사람들이 어떻게 사랑하고 분투하는지에 대한 설명이 시급하지 않은가? 물론 이것은 롤스의 연구 과제가 아니지만, 아무리 공정한 사회라도 부당해질 위험이 항상 도사리고 있다. 그렇기에 공정한 사회를 유지하는 감정들에는 적어도, 이상적이지 않은 경우와 관련된 몇 가지 특성이 포함되어야 할 것이다. 말하자면 공정한 미래를 위한 희망, 불공정한 현재와 과거에 대한 비판, 멀리 있는 것들에 대한 상상적 사랑 같은 것이다. 실제 세계에서, 그리고 달성된 정의보다는 정의에 대한 염원에 집중하는 내 연구의 맥락에서, 올바른 애국심을 위한 두 가지 핵심 역할은 역사의 불공정을 바로잡도록 촉구하는 것, 그리고 사리사욕 때문에 사람들의 지지를 받기가 항상 어려울 좀더 큰 경제 정의를 위해 계속 투쟁하는 것이 될 것이다. 그래서, 롤스는 그런 이상적이지 않은 상황에 대해 논하지 않았을지 몰라도 나는 그렇지 않다.

두 번째 문제는 이와 관련된 것이다. 롤스의 설명은 사람들이 어떤 존재인지를 그려 보이기에는 너무 빈약하지 않은가? 롤스는 인간은 어떤 존재인가 하는 논쟁적인 질문들에 대해 아무런 입장도 취하지 않으면서 일종의 정치심리학을 그리고자 했고, 이는 분명 한계가 있다. 그래서 좋은 정치심리학이라면 다루어야 할 어떤 문제들(예컨대 혐오와 낙인의 문제)이 보이지 않는데, 이런 문제들은 배제를 금지하는 공정한 제도들을 가진 질서 정연한 사회에서도 나타날 수 있을 것이다. 왜냐하면 심지어 그런 사회도 분명 완벽하지 않은 실제 사람을 포함하고 있기 때문이다. 이 그림을 좀더 완벽하게 채우는 일은 롤스의 연구와 완전히 상호 보완적이다. 다양한 이유로 그는 논란의 여지가 있는 세부 사항들은 많은 부분 피하는 것이 최선이라 생각했지만, 이 세부 사항들은 어떤 영역에서는 대단히 중요해 보인다.

세 번째 문제는(카리브디스의 소용돌이가 항해자를 끌어들이는 곳이 바로 이 지점이다), 언급한 바와 같이 롤스의 논의가 매우 추상적이라는 것이다. 롤스는 이 점을 인정하면서도, 자신의 논의가 추상적인 원칙들뿐만 아니라 "사랑과 우정이라는 능동적 감정들"[42]도 포함하고 있다고 우리를 설득하려 한다. 예를 들어, 롤스가 보기에 아이들은 부모다움의 어떤 추상적 규범들을 사랑하는 것이 아니라 개개의 진짜 부모를 사랑하는 것이다. 롤스는 플라톤이 아니며, 쉽게 아리스토텔레스의 반론에 맞닥뜨리지 않는다. 하지만 그는 어떻게 이 개별적인 사랑이 일반적인 원칙들에 대한 이해로 이어지는지에 대해서는 아무 말도 하지 않는다. 사람들은 사실 메타포, 상징, 리듬, 멜로디, 구체적인 지리적 특징 등 다양한 장치 없이 그런 추상적인 개념들을 가지고 사랑에 빠지는 것이 아니다. 영리한 지도자들은 이 점을 매우 잘 간파한다. 마틴 루서 킹이 롤스 스타일로 글을 썼다면 세계 역사는 크게 달라졌을 것이다. 생생함과 개별성은 감정적 반응과 그에 따른 이타적 행동을 끌어내는 데 아주 결정적인 요인이다. 롤스는 공리주의의 과도한 추상성에 대한 그의 비판적 언급들로 미루어 이를 인정하는 듯하다. 하지만 실제 사람들이 어떤 특이한 방식으로 감동받는지를 생략함으로써 롤스는 방법과 잠재적 위험들을 생략하고 있다. 그의 프로젝트는 가능한 것의 일반적 형태를 보여줄 뿐이고, 그 점에서는 분명 성공을 거두었다. 하지만 그의 논의가 실제 사람들의 마음을 움직일 수 있다고 확신하려면 보충해야 할 것이 꽤 많다. 심지어 질서가 잘 잡힌 사회에서도 그럴 것이고, 우리의 연구 대상인, 높은 희망을 품고 있으나 아직은 불완전한 그런 사회들에서는 틀림없이 그렇다.

롤스의 설명은 거리감이 있지만, 유익하게 발전할 수 있다. 아리스토텔레스의 반론에 사실상 취약해 보이는, 도움이 되는 감정에 대한 도덕적 논의는 위르겐 하버마스가 "헌법적 애국심"[43]을 옹호하면서 제시했다. 다시 말하지만, 좋은 정치 원칙들을 위해서는 어떤 감정적 뒷받침이 필요함을 이해하고 이 문제를 다룰 것을 제안한 것은 하버마스의 큰 공로다. 그러나 롤스와 달리 하버마스는 그 감정들이 어떤 것이고 어떻게 작용하는지를 서술하는 데는 이르지 못했으며, 그의 비전은 지나치게 도덕적이고 추상적이어서 실제 삶에서 효과가 있으리라는 확신을 주지 못한다. 그가 이러한 문제들에 대해 침묵한 것은 이해할 만하다.[44] 독일의 과거사 때문에 독일 사람들은 정치 영역에서 강력한 감정에 호소하는 것에 대해 결벽증이 있으며, 결과적으로 애국의 감정이라는 주제를 다루는 것은 그들에게 특히 더 어려운 일이다. 그러나 독일의 역사가 보여주는 것은 자유민주적 가치를 옹호하는 사람들이 감정 함양의 영역을 절대로 파시스트들에게 넘겨주지 말아야 한다는 것, 그렇지 않으면 종국에는 틀림없이 더 많은 것을 넘겨주게 되리라는 것이다.[45] (유럽공동체 내의 최근 문제들과 관련해, 유럽공동체를 위한 하버마스의 제안을 떠올려볼 수 있을 것이다. 이 책의 내용에 대해 생각하는 방식 중 하나는 지금까지 유럽공동체가 결여해온 것이 무엇인지를 생각해보는 것이다.)

하버마스의 과도한 추상성의 원천은 아마 공정성에 대한 그의 확고한 헌신일 것이다. 공정성에의 헌신이 감정 측면에서 어떻게 전개되는지에 대해 하버마스가 우리에게 거의 말해주지 않으므로, 그러한 헌신이 어떻게 한 뛰어난 사상가이자 정치 지도자를 카리브디스의 소용돌이로 이끌어가는지 살펴보는 것이 도움이 될 것이다. 그는 바로 스토아 철학자이자 로마 황제인 마르쿠스 아우렐리우스다. 그가쓴 『명상록』은 서양 철학서들 중에서 가장 널리 읽힌 책의 하나로, 그가 군사적으로 활발히 백성을 이끌던 시기인 파르티아 전쟁 중에 쓰였다.[46] 그가 자기 스승에게 얻은 첫 번째 교훈은 "전차 경주에서 녹색 팀이나 청색 팀의 팬이 되거나 검투장에서 경장비 검투사나 중장비 검투사의 팬이 되지 말라"(I.5)는 것이었다. 그의 상상력은 극심한 편파성이나 지역주의를 버려야 했다. 도덕적 상상력에 부정적인 이미지가 스포츠 팬의 이미지라는 것은 의미심장하다. 왜냐하면 아마도 모든 연령의 사람들에게서 스포츠 팬은 가족, 도시, 국가에 대한 또 다른 유형의 충성심을 상상하는 자연스러운 방식이 되어왔기 때문이다.

문제는 이 부정적인 교훈이 인격을 어디서나 사람들에 대한 강렬한 관심을 자극하기에 충분한 자원으로 남겨두는가 아닌가 하는 것이다. 아우렐리우스의 경우, 편파성을 버리기 위해서는 이 세상 모든 사람과 사물에 대한 관심을 근절하는 정교하고 체계적인 계획이 필요하다고 본다. 그는 사람들을 서로서로 갈라놓는 것들에 대해 무심한 경지에 이르기 위해서 자신이 규칙적으로 하는 명상 수행에 대해 이야기한다.

그러나, 아우렐리우스가 분명히 밝히고 있는 것처럼, 우리가 모든 인간에게 지극히 공평하게 그런 관심을 줄 수 있는 경지에 이르려면 국지적인 것, 즉 각자의 가족, 각자의 도시, 그리고 각자가 사랑하고 욕망하는 대상에 대한 강한 관심과 애착을 체계적으로 뿌리 뽑는 것이 필요하다. 그래서 아우렐리우스는 스포츠 팬이 되지 않는 것을 배워야 할 뿐만 아니라 연인이 되지 않는 것도 배워야 한다. 다음과 같은 특이한 구절을 보라.

가령 값비싼 요리나 이러저러한 음식에 대해 "이것은 생선의 시체이고,

또 이것은 새나 돼지의 시체다"라고 자기 자신에게 묘사하는 것은 얼마나 중요한가. 마찬가지로 "이 팔레르노 포도주는 포도즙일 뿐이다"라든가 "이 자주색 예복은 조개류의 피에 적신 양털이다"라고 묘사하는 것. 또한 성교에 대해서는 "끈적한 액체의 돌발적 사출이 동반되는, 세포막끼리 비비는 행위"라고 말해야 한다. 사물 그 자체에 이르고, 그것을 꿰뚫어보며, 그리하여 결국 그것의 실제가 무엇인지를 알게 해주는 이런 식의 묘사들은 얼마나 중요한가.(VI.13)[47]

편파성을 버린다는 것은 성교를 단지 세포막끼리 비비기로 여길 줄 알게 된다는 것을 의미한다. 즉, 특수한 어떤 것에서 특별한 가치나 즐거움을 보지 않는 것을 배우는 게 필요하다. 청색 팀의 팬이 되지 않는다는 것은 또한 이 몸이나 저 몸, 이 영혼이나 저 영혼, 이 도시나 저 도시의 팬이 되지 않는다는 뜻이기도 하다. 이것은 아리스토텔레스의 비판을 부른, 플라톤식 과제다.

하지만 아우렐리우스는 몸, 스포츠 팀, 가족, 국가에 대한 자신의 성애적 태도를 제거함으로써 이 모든 것을 어떤 이상한 세계로 이끈다. 그것은 온화하고 평화로운 세계지만, 외롭고 공허한 세계이기도 하다. 스포츠 팬의 습성을 잊기 위해 우리는 세계에 대한 성애적 태도를, 자신의 팀과 자신의 사랑과 자신의 아이들과 자신의 삶에 대한 애착을 버려야 한다.[48]

이것은 삶 속의 죽음과도 같은 것을 의미한다. 죽음에 가까운 상태에서만 사실상 도덕적 결백이 가능하다. 아우렐리우스는 삶을 이미 죽음과 같은 것으로, 무의미한 일들의 연속으로 생각하려고 거듭 노력한다.

공허한 엄숙함의 연속, 무대 위에서 펼쳐지는 드라마들, 양 떼나 염소 떼, 창으로 싸우기, 개들에게 던져진 작은 뼈다귀, 양어장에 던져진 빵 덩어리, 개미들이 감당해야 하는 고된 노동과 무거운 짐, 미친 듯이 쥐 구멍을 향해 달려가는 쥐들, 끈에 매달려 움직이는 꼭두각시들……(VII.3)[49]

이 암울한 결론에 대한 최상의 위로 역시 죽음에 대한 생각에서 온다.

모든 종류의 인간, 모든 계급과 모든 민족 출신의 인간이 어떻게 죽었는지를 항상 생각하라. (…) 우리는 그토록 많은 뛰어난 연설가, 헤라클레이토스·피타고라스·소크라테스 같은 그토록 많은 진지한 철학자, 옛 시대의 그토록 많은 영웅, 그토록 많은 최근의 장군과 폭군들이 맞은 최후와 똑같은 최후에 이르게 될 것이다. 그것은 또한 에우독소스, 히파르코스, 아르키메데스, 뛰어난 지성의 소유자들, 대사상가들, 근면한 노동자들, 다재다능한 사람들, 대담한 사람들, 심지어 소멸하기 마련인 덧없는 인간 삶을 풍자하는 메니포스 같은 사람들의 최후이기도 하다. (…) 이들 모두가 오랫동안 이름을 떨쳐왔다는 것을 생각해보라. (…) 이름이 잊힌 사람들은 또 어떤가? (…) 그러므로 가치 있는 것 한 가지는, 진실과 정의, 그리고 거짓말쟁이들과 나쁜 짓을 하는 사람들에 대한 온정을 가지고 삶을 살아내는 것이다.(VI.47)

우리는 필사의 존재이므로, 우리에 관한 모든 특별한 것이 결국 다 지워지리라는 것을 인정해야 한다. 가족, 도시, 성교, 자식, 이 모든 것

정치적 감정 정의를 위해 왜 사랑이 중요한가

이 결국 망각 속으로 들어갈 것이다. 그래서 사실 그런 애착을 포기하는 것이 그리 큰일은 아니다. 남는 것, 유일하게 남는 것은 세계의 도덕적 질서인 진실과 정의다. 곧 닥칠 불가피한 종말에도 불구하고 우리는 기꺼이 이미 죽은 사람처럼 굴어서는 안 된다. 진짜 도시만이 우리의 충성을 요구해야 한다.

아우렐리우스는, 오직 추상적 원칙에 입각한 애국심이라 할 수 있는 불편부당한 애국심의 근본에 다가갔다는 점에서 우려스럽다. 불편부당함을 완전하고 꾸준하게 추구하기 위해서는 인간의 삶을 우리가 알고 있는 삶으로 만들어주는 에로티시즘을 근절해야 한다는 것이 그의 판단이었다. 우리가 아는 삶은 불공평하고 불공정하며, 전쟁으로 가득하고, 자기 나라가 최고라는 국가주의와 분열된 충성심으로 가득하다. 하지만 아우렐리우스는 우리가 휴머니티를 유지하는 한 이러한 애착을 쉽게 없앨 수 없다고 본다.[50]

애국의 마음은 고상할 수도 있고, 어떤 의미에서는, 국가를 하나의 전체로서 사랑하기를, 그리하여 그 나라의 국민 전체를 사랑하기를 사람들에게 요구함으로써 불편부당한 이타심을 함양할 수도 있다. 하지만 사람들로 하여금 자기만의 무엇을, 그리고 되도록 자기가 가진 유일한 것을 사랑하게 함으로써 그렇게 하는 게 더 나을 것이다.[51] 롤스의 설명은 그러한 방향으로 전개될 수 있고, 또 전개되어야 한다.

5. 역사: 워싱턴, 링컨, 킹, 간디, 네루

자, 이제 역사로 시선을 돌려보자.[52] 스킬라와 카리브디스 사이의 좁은 해협을 헤쳐나가는 여러 형태의 애국심이 있다. 이는 비판 능력을 침묵시키지 않으면서 개별 사랑을 장려하는 애국심이다. 매우 상이한 두 사례를 살펴보자. 하나는 평등 국가를 건설해 이후 미국의 노예 제도와 인종차별이라는 부정의를 종식하고자 시도한 사례이고, 다른 하나는 빈곤과 불평등에 맞서 싸우는 데 전념하는 인도라는 새로운 국가를 수립하고자 시도한 사례. 이들 각 사례에서 나는 정치적 수사법, 지도자들의 개인 행동과 복장, 그리고 국가와 국가 상징의 선택 등에 초점을 맞출 것이다. 다른 것들이 중요하지 않아서가 아니라, 이런 구체적인 것들이 어린이 교육에 (그리고 성인의 평생 교육에) 애국심을 끌어들일 때 특히 중요하기 때문이다.

이런 것들을 살펴볼 때 우리는 르낭을 떠올리게 될 것이다. 르낭에 따르면, 국가는 그저 본질이 정해져 있는 어떤 실체가 아니라, 많은 가능 요소에 의해 구축되는 어떤 "정신적 원칙"이다. 그래서 여기서 다루어지는 연설가들은 기존의 국가 정체성을 내비치기보다는 역사와 기억 속에 있는 내용들을 이용해 그것을 구축한다. 그리하여 어떤 현실들은 두드러지고 또 어떤 현실들은 하찮게 다루어지거나 생략된다. 우리의 과제는, 어떻게 이 사람들이 스킬라와 카리브디스를 피하게 해주는 방법으로 그 일을 수행하는지, 그리하여 강제된 동질성이나 부적절한 가치들에 매달리지 않으면서 어떤 개별 국가에 대한 강한 사랑을 불어넣는지를 살펴보는 데 있을 것이다.

워싱턴의 옷: 평등한 자들의 국가

독립혁명 이후 미국의 우국지사들은 힘든 과업을 떠안았다. 그것은 공화주의 이상을 토대로 하는 새로운 국가를 건설하는 것이었다. 많은 시민이 지역적인 주 정부 차원에서 평등과 비지배를 경험하긴 했지만, 아직 평등한 시민들의 국가라는 틀이 없었다. 독립혁명이 미국 시민들에게 폭정에 맞서는 것을 경험하게 해주었지만, 그들은 여전히 왕이 없는 상황에서의 평범한 삶을 상상해낼 수 있어야 했다. 이것은 어려운 일이었다. 왜냐하면 역사에는 공화제적 감정들에 대한 상징과 메타포가 가득한 것이 아니라, 선한 아버지에 대한 복종과 헌신을 포함해 군주제적 감정의 예가 가득했기 때문이다. 로마 공화정이 우국지사들에게 울림 있는 상징과 이름과 미사여구를 끊임없이 제공하긴 했지만 말이다.

특히 대통령제에 대해 이론異論이 많았다. 어떤 사람들은 대통령제를 공화제 자치 정부와는 양립할 수 없는 것으로 보았다. 왕권이나 잠재적 독재 없이 국가를 단합시킬 만큼 강력한 대통령제를 만드는 데는 법과 제도(권력 분립, 사법적 감시)가 중요했다. 대통령 집무실의 첫 번째 주인이 보여주는 행동과 상징들 또한 중요했다. 조지 워싱턴이 정치 지도자보다는 군사 지도자로 더 많이 인식돼오긴 했지만, 그는 이러한 도전에 임해 대단히 생각이 깊은 인물임을 증명했다.

혁명 말기에 이미 널리 알려져 있었던 (그리고 오늘날 여전히 아이들이 배워 알고 있는) 미국 독립혁명에 얽힌 많은 이야기는 폭정에 맞서 싸우는 평등한 시민들에 대한 생각으로 상상을 자극한다. 밸리포지에서 벌어진 유명한 혈전은 자유라는 대의명분을 위한 애국자들의 결단과 용기의 징표였다. 트렌턴에서 기습 공격을 당한 술 취한 영국 측 독일 용병들은 타락한 군주제의 상징이었고, 그런 타락이 으레 그렇듯이 빈틈없고 계략이 풍부한 애국자들에게 허를 찔렸다. 「델라웨어강을 건

너는 워싱턴」이라는 에마누엘 고틀리프 로이체의 유명한 그림에서 워싱턴은 배의 앞쪽에 서 있지만, 이 그림과 여기에 동반되는 일반적인 서사는 평범한 사람들이 아버지와 같은 통치자에게 수동적으로 의존하는 이야기가 아니라, 자유의 이야기이자 애국자의 이야기를 들려줄 것이다.

워싱턴은 카리스마가 넘쳤으며(그는 키가 크고 과감했으며, 훌륭한 기수였다), 전쟁 영웅으로 유명했고 사랑받았다. 하지만 그는 이미 애국적 영웅이기도 했으며(평등한 시민들 사이에서는 특히), 따라서 과도한 군주제적 가부장주의와 냉정한 일상 간의 섬세한 절충을 담당하기에 딱 알맞은 위치에 있었다. 론 처노의 선구적인 워싱턴 전기(퓰리처상 수상작) 덕분에 워싱턴이 이 문제들에 대해 아주 치밀하게 생각했다는 것이 분명해졌다.[53] 영향력 있는 역사가이자 극작가인 머시 오티스 워런 같은 반연방주의자들은 그가 대통령으로서 한 모든 선택을 탐탁해하지 않았을 것이다. 왜냐하면 그들은 유사 군주제적 집무실에 대해 반감을 지녔기 때문이다. 워런은 로마 공화정과 브루투스라는 인물을 좋아했고,[54] 아마도 강력한 행정부를 갖지 않길 원했을 것이다. 우리는 워싱턴이 한 선택들이 얼마나 명민했는지를 살펴봄으로써 대통령직이 과연 공화제의 가치 및 자유와 양립 가능했는지를 가늠해볼 수 있다.

워싱턴은 사령관일 때부터 이미, 자신이나 병사들이나 모두 똑같이 연약한 인간임을 강조했다. 널리 알려진 어떤 이야기에 따르면, 그는 어느 날 연설을 하던 중 갑자기 안경을 꺼내 쓰면서 이렇게 말했다. "나는 여러분에게 오랜 세월을 바쳤고, 이제 점점 눈이 멀어가고 있습니다."[55] 그는 검소한 옷차림으로 외국 방문객들을 놀라게 했다. "파란색 낡은 코트, (…) 그만큼이나 오래되었을, 레이스 장식이라고는 전혀 없는 조끼, 반바지가 그의 옷차림이었다."[56] 나중에 초대 대통령으로 선출되었을 때 그는 새로운 집무실을 만드는 일의 어려움과 국가의 미래에 대한 자신의 판단이 갖는 중요성에 대해 이렇게 토로했다. "나는 내가 사방이 구름과 어둠으로 둘러싸인 미개척지에 들어서고 있다고 생각해야 한다."[57]

반연방주의자들이 지적했듯이 가장 큰 위험 중 하나는 대통령직이 세습될 수도 있다는 것이었다. 그들은 워싱턴이 처음부터 회원 자격이 세습된 애국 클럽인 '신시내티 소사이어티Society of the Cincinnati'의 회원이라는 것부터 못마땅해했지만, 워싱턴 자신이 회원 자격 세습에 강력히 반대하고 이내 그 제도를 없애도록 조치하자 다소 진정되었다. 그러나 가장 유리한 점은 그와 마사 사이에 자식이 없다는 것이었다. 이것은 그의 선택에 따른 결과가 아니었지만, 그는 이 점을 강조함으로써 그것을 자신이 상징하는 것의 일부로 만들었다. 워싱턴은 그렇지 않았다면 불행으로 다가왔을 이 상황이 오히려 자신을 초대 대통령으로 만들기에 더할 나위 없는 조건임을 잘 알고 있었고, 이러한 사실은 그의 이름을 널리 알리게 한 그의 결정에 영향을 미쳤을 것이다.[58]

최초의 대통령 취임식을 준비하는 과정에서는 위엄과 검소함이 결합된 그의 취향이 강하게 드러났다. 그는 취임식 때, 또는 그 이후로도 쭉 군복을 입기를 거부함으로써(공식 석상에서 칼을 차긴 했지만) 하나의 중대한 결정을 한 셈이었다. 그 대신에 그는 애국의 상징들로 자신을 꾸미고자 했다. 그는 미국의 산업을 장려하기 위해 "코네티컷 하트퍼드의 모직물 공장에서 생산된 브로드 천으로 지은, 두 줄로 단추가 달린 갈색 정장"을 선택했고, "그 정장에는 독수리 모양이 들어간 금박 단추가 달려 있었다."[59] 우리는 여기서, 옷의 색깔 및 재단에서 풍기는 검손함과 결합된 군인다운 멋과 국산 제품에 대한 선호를 엿볼 수 있다. 워싱턴은 미국인들이 자기네 대통령을 본받아야 하며 국내 산업에 보탬이 되어야 한다고 주장했다. 취임식을 전후해 그는, 멋진 외모와 183센티미터나 되는 키 때문에 항상 사람들 눈에 띄긴 했지만, 그리고 털에 윤기가 흐르도록 잘 관리된 흰 말들을 여전히 좋아하긴 했지만, 붙임성 있게 사람들에게 인사를 건네면서 일부러 보통의 시민처럼 뉴욕의 거리를 걸어다녔다. 군주 정치를 반대하는 한 기자는 이렇게 밝혔다. "당신의 모든 행동에 대해 높이 평가하는 말을 듣는 것이 내게는 큰 기쁨이었다. 특히, 존 애덤스가 마차를 탄 모습밖에 보여주지 않고 그나마 여섯 번밖에 보여주지 않은 반면에 당신이 사람들을 격의 없이 대하며 거리를 걸어다니는 것을 보는 게 내게는 큰 기쁨이었다."[60]

워싱턴은 오랫동안 사상가라기보다는 영웅적 지도자로 여겨져왔다. 그러나 의외의 제스처(안경)에서나 상징적인 행동(걷기, 옷 스타일)에서나 그가 매우 훌륭하게 정치적 판단을 내렸다는 것은 분명하다. 그는 자신의 영웅적 속성들이 강인함과 통치력의 메시지를 전하는 것으로서, 국가의 최고 지도자에게 유용하다는 것을 알고 있었고, 또한 그 속성들이 균형을 이루며 좀더 평등주의적인 제스처들에 의해 어느 정도 완화되어야 군주적 대통령직에 대한 염려가 근거 없는 것으로 드러나리라는 것을 알고 있었다. 워싱턴이 선호한 상징들(독수리, 국산 양모, 안경)은 사람들을 통합하며 헌신을 공고히 하는 것이었고, 국가의 핵심적 이상들에서 멀어지기보다는 그러한 이상들에 다가가도록 마음을 움직이는 것이었다.

이는 매우 적절한 일로, 그가 공공성의 상징이라는 개념을 효과적으로 전달했다는 표시이자, 워싱턴 기념탑이 한 개인의 초상도 아니고 한 개인을 숭배하는 사당 같은 것도 아니라는 표시다. 워싱턴 기념탑은 오히려 하나의 추상적 상징으로, 워싱턴의 프리메이슨과의 연결 고리를 암시하는 방첨탑이다. 또한 그것은 고전적 방첨탑처럼 단일체가 아니고, 분리된 덩어리들이 모여 만들어진 것이다. 워싱턴 기념탑이 제막됐을 때, 이러한 디자인은 여러 주의 통합을 상징하며 우아하게 쭉 뻗어 오른 모양은 국가의 드높은 이상을 상징한다고 이야기되었다.[61]

의미심장하게도, 워싱턴과는 다른 부류의 군사 영웅이자 대통령인 드와이트 D. 아이젠하워의 기념물에 대한 논쟁이 오늘날 뜨겁게 벌어지고 있다.[62] 내셔널 몰의 남쪽에 들어서게 될 이 기념물은 건축가 프랭크 게리가 설계했는데,[63] 지붕 없는 고대 사원 같은 모습의 중앙부 장식이 특징적이다. 돌기둥들이 금속 스크린을 떠받치게 되며, 그 스크린에는 캔자스주의 풍경을 보여주는 이미지(금속 태피스트리)들이 담기게 된다. 그중에는 캔자스주 옥수수밭 한가운데 서 있는 소년 아이젠하워를 보여주는 이미지도 있고, 얕은 돋을새김으로 표현된 성인 아이젠하워의 모습(하나는 장군의 모습, 또 하나는 대통령의 모습) 두 가지도 있다. 아이젠하워의 손자 둘은 그 디자인이 몹시 초라하고 충분히 영웅적으로 보이지 않는다며 반대했다.

공공 기념물들은 처음에 논란을 불러일으키는 경우가 많다. 베트남전 참전용사 기념비와 링컨 기념관도 그랬고, 오늘날 시카고 데일리 플라자에 있는 피카소의 상징적인 조각상도 마찬가지다.[64] 이 조각상의 경우, 처음에는 추상성 때문에 야유의 대상이 되었지만 지금은 익살과 재미 때문에 많은 사랑을 받고 있다. 아이젠하워 기념관 구상의 경우, 손자들의 반대 이유는 굉장히 부적절해 보인다. 나중에 대통령

이 된 그 군사 영웅에게는 무엇보다 탈신성화가 필요하다. 아이젠하워가 스스로를 "캔자스의 농부 소년"이라고 칭하려 했던 것은 워싱턴의 갈색 정장과 마찬가지로 우상 숭배를 피하는 한 방법이었고, 그를 기리고자 한다면 이 점 또한 기려야 할 것이다.

링컨의 게티즈버그 연설과 두 번째 취임사: 정의를 지향하는 국가 서사

게티즈버그 연설(1863년 11월 19일)은 미국의 중요한 교육 자료 중하나다. 어린이들은 그것을 외우고, 이를 통해서 자신들이 어떤 이상에 헌신해야 하는지를 배운다. 이 연설은 너무 짧아서 당시에는 좋게평가되지 않았지만, 여러 세대를 거쳐 내려오는 가운데 감정들을 만들어내는 중요한 자산임을 입증했다. 이를 살펴봄으로써 우리는 과거의역사, 건국 이념, 미래의 가능성을 아우르는 국가 서사가 어떻게 링컨이 의도한 바와 같은 그런 중요한 역할을 할 수 있는지, 즉 그러한 국가 서사가 어떻게 극도로 고통스럽고 불확실한 전쟁(전쟁에서 승리하는것이 국가의 미래와 국가 이상의 미래를 결정하는 중대한 일임은 명명백백했다)이 안겨주는 정신적·육체적 짐을 사람들로 하여금 계속해서 기꺼이 감당하게 해주는지 이해할 수 있다. 전문을 보자.

지금으로부터 87년 전, 우리 선조들은 자유 속에서 잉태된, 그리고 모든 인간은 천부적으로 평등하다는 명제에 바쳐진 새로운 국가를 이 대륙에 탄생시켰습니다.

우리는 지금 대규모 내전에 휩싸여, 그 나라가, 또는 그렇게 잉태되고 그러한 명제에 바쳐진 나라들이 과연 오래도록 살아남을 수 있을지를 시험받고 있습니다. 우리는 그 전쟁의 커다란 격전지에 모였습니다. 우리는 그 나라를 구하려고 목숨을 바친 분들에게 마지막 안식처로서 그 전장의 일부를 바치고자 합니다. 이렇게 하는 것이 마땅하고도 적절한 처사입니다.

하지만 더 큰 의미에서 말하자면, 우리는 이 땅을 봉헌할 수 없고 성스럽게 만들 수 없습니다. 생존했든 죽었든 여기서 싸웠던 그 용사들이 우리가 끼어들 여지도 없이 이미 이곳을 성스러운 곳으로 탈바꿈시켰습니다. 세상 사람들은 우리가 여기서 하는 말을 마음에 크게 새기지도 않고 오래 기억하지도 못하겠지만, 그분들이 여기서 해낸 일은 결코 잊지 못할 것입니다. 이제 우리가 여기서 할 일은 오히려, 그분들이 이곳에서 싸우며 그토록 고결하게 추진해나갔던 그 미완의 과업을 달성하기 위해 헌신하는 것입니다. 우리 앞에 남아 있는 그 위대한 일에 헌신하는 것입니다. 우리는 명예롭게 죽어간 분들을 본받아, 그분들이 마지막 신명을 다해 이루고자 했던 대의에 더욱더 헌신할 것입니다. 우리는 그분들의 죽음을 결코 헛되이 하지 않을 것임을 이 자리에서 굳게 다짐합니다. 하느님의 가호 속에서 이 나라는 자유의 새로운 탄생을 볼 것입니다. 그리고 국민의, 국민에 의한, 국민을 위한 그 정부는 지구상에서 절대 사라지지 않을 것입니다.[65]

링컨은 에드워드 에버렛의 세련된 수사와 비교되는 소박한 문체 때문에, 우쭐대지 않는 우직한 웅변가로 종종 잘못 이해되곤 한다. 이는 전혀 사실이 아니다. 링컨의 메모, 초고, 편지를 보면 그가 고대 그리스의 예들을 포함해 수사학에 깊은 관심을 가지고 있었음을 알 수 있다.[66] 재임 기간 내내 링컨은 점점 더 간결함, 고전적 단순성, 압축성을 추구했고, 유사와 대조의 효과적 사용, 풍부한 이미지 반복을 추구했다. 게다가 이 연설에서 그는 고대 그리스의 '애도가epitaphios'나 추도사(투키디데스의 저술에 나오는 페리클레스의 추모 연설이 전형적인 예다)의 구조를 모방하고 있다. 포괄성(어떤 고유명사도 거론되지 않는다), 죽은 자에 대한 찬미, 죽은 자가 목숨 바쳐 추구한 이상에 대한 찬미로 넘어감, 살아남은 자에게 죽은 자의 과업을 이어나가도록 명함 등에서 그러한 모방이 드러난다.[67] 이런 형식적 구조를 통해서, 그리고 반복되는 삶과 죽음의 이미지를 영리하게 배치함으로써, 링컨은 엄청나게 대담한 과업에 착수한다. 그것은 바로 인간의 평등에 헌신하는 국가로서의 미국의 재건이다.[68] 이러한 추상적 이념을 구체적인 애도의 사례에 결부시킴으로써 링컨은 "우리"를 위한 편협한 우려와 이 추상적 원칙들을 끌어안는 것 사이에 가교를 마련한다.

링컨은 오랜 세월을 언급하면서 회고로 연설을 시작한다. 그런 언급은 인간의 수명으로 80년을 부여한 「시편」 90편의 구절과 공명함으로써 성서적 울림을 준다. 청중은 인간 삶의 덧없음을, 그리고 전쟁이 한창인 엄청난 불확실성의 시대에 한 인간 국가가 처하는 허약함을 떠올리게 된다.[69] 독립선언문을 넌지시 환기하면서 링컨은 청중에게, 우리 국가가 비록 현재 위태롭긴 하지만 출발점에 섰음을 상기시킨다. 그 국가는 자유와 평등에 기초한 뚜렷한 이상을 지닌 "새로운 국가"다. 노예 제도를 옹호하는 헌법을 무시하고 독립선언문(노예 제도 종식에 대한 암시적 언급을 통해 새로운 시각을 설정한)에 담긴 평등의 이상으로 돌아감으로써 링컨은 사실상 국가를 재수립한다. 그 단순하지만 어려운 이상에 헌신하는 국가로 재수립하는 것이다.[70] 링컨은 지금의 전쟁이 그러한 국가들이 과연 "오래도록 살아남을 수 있을지"에 대한 시험대라고 진단한다. 그리하여 링컨은 남북전쟁을, 더할 나위 없이 심오하고 소중한 이념과 미국뿐만 아니라 전 세계에서의 그 이념의 운명을 건(국가에 대한 사랑과 전 세계에 대한 관심의 마치니적 연결을 암시하는 부분) 전쟁으로 자리매김한다.

건국 이념에 대한 링컨의 논의는 분명 르낭과 홉스의 의미에서 해석될 수 있다. 링컨은 독립선언문을 다시 읽은 뒤, 헌법의 핵심적인 부분을 함축적으로 수정한다. 그는 국가의 염원과 결함에 대한 어떤 비판적 서사를 강조함으로써, 부적절한 가치들이라는 스킬라의 머리와 과도한 결속 및 고분고분함이라는 스킬라의 머리를 피해 간다. 그 연설 자체는 아무 일도 일으키지 않았으니, 어조는 불가피하게 기원祈願적이며, 수사는 그 연설이 칭송하는 이념을 둘러싼 강렬한 감정적 의식을 불러일으킨다.[71]

링컨은 (가장 치열했던 한 전투에서) 전사한 사람들의 희생을 칭송하면서, 살아남은 자들은 그 대지를 신성한 것으로 만들 수 없다고 말한다. 전사자의 기개만이 그렇게 할 수 있다. 그래서 산 자들은 죽은 자들의 희생을 경건하게 본받도록 인도된다. 이어서 링컨은 산 자들의 그러한 헌신을 요구한다. 우리 모두가 미국의 민주주의를 수호하고 "새로운 자유의 탄생"을 가져오는 데 헌신해야 한다고 요구하는 것이다. 그는 줄곧 견지해온 긴급한 어조로 끝을 맺는다. 그 투쟁은 사실상 그러한 민주주의 자체가 존립할 수 있느냐 없느냐를 가르는 투쟁이라고 말하는 것이다.

링컨의 연설에는 롤스와 하버마스 같은 추상적 원칙의 옹호자들이 마음에 들어할 만한 헌법적 애국심에의 호소가 깃들어 있다. 하지만 이 연설은 그 이상의 힘을 발휘한다. 이 연설은 국가 건설에 대한 생생한 호소, 전사자들에 대한 깊은 애도, 새로운 헌신에의 호소를 통해서 이러한 도덕의 뼈대 위에 역사적·동시대적 살을 붙여준다. 이 연설이 행복론적 요소를 결여했다면, 사람들로 하여금 그 원칙들을 받아들이게 하는 데 실패했을 것이다. 그의 언어의 리듬과 울림은 감정적 애착을 분출시키는 비결에 근접해 있다.

링컨은 1865년 3월 4일의 두 번째 취임 연설에서 국가에 대한 이러한 생각을 발전시켰다. 게티즈버그 연설보다 훨씬 길기 때문에, 핵심적인 몇 단락만 인용하겠다.

(…) 4년 전 이맘때는 모든 사람이 임박한 내전에 촉각을 곤두세우고 있었습니다. 모두가 전쟁 발발을 두려워했고, 모두가 전쟁만은 피하고자 했습니다. 그때 바로 이 자리에서 취임사를 하면서 전쟁 없이 연방을 구해야 한다고 말했지만, 이 도시에는 끈질기게 전쟁 없이 연방을 파괴하려는 사람들이 있었습니다. 연방을 해체하고 협상을 통해 나라를 쪼개려 하는 사람들이 있었습니다. 전쟁을 반대하기는 양쪽 다 마찬가지였습니다. 그러나 한쪽은 연방을 살려두느니 차라리 전쟁을 일으키겠다는 입장이었고, 다른 한쪽은 연방을 죽이느니 차라리 전쟁을 받아들이겠다는 입장이었습니다. 그리하여 결국 전쟁이 일어났습니다.

이 나라 인구의 8분의 1이 흑인 노예였지만, 그들은 이 나라 전역에 퍼져 있는 것이 아니라 남부에 몰려 있었습니다. 이 노예들은 어떤 특수하고 강력한 이해관계의 요인이었습니다. 그 이해관계가 이 전쟁의 원인이라는 건 모두가 아는 사실이었습니다. (…) 양측 다 같은 성경을 읽고, 같은 하느님께 기도하며, 상대방을 응징하도록 도와달라고 같은 하느님께 간청하고 있습니다. 남이 흘린 땀으로 자기 빵을 얻는 자들이 감히 정의로운 하느님의 도움을 청하다니 이상한 일이지만, 우리가 심판받지 않기 위해서, 상대방을 심판하지 맙시다. (…) 누구에게도 원한을 갖지 말고, 누구에게나 아량을 베풀면서, 하느님께서 우리에게 보여주신 그 정의로움을 단호히 좇으면서, 우리에게 맡겨진 일을 완수하기 위해, 이 나라의 상처를 꿰매기 위해, 이 전쟁을 감당해야 하는 사람과 그의 미망인과 그의 고아를 돌보기 위해, 우리 나라와 모든 나라에서 합당하고 지속적인 평화를 이룩하고 가꾸어나가게 해주는 모든 일을 하기 위해 매진합시다.

게티즈버그 연설의 주된 특징은 국가의 단일성을 강조한 데 있다. 즉, 국가가 여러 주의 집합체가 아니라 단일한 하나의 "국민"이라는 것이다.[72] 두 번째 취임 연설은 울림 있는 대조를 통해 조심스럽고 예리하게 국가라는 것을 구상하면서 이러한 재해석 작업을 계속한다. 그 국가는 북군과 남군을 완전한 구성 요소로서 포함하되, 분리를 피하고자 필사적으로 노력했다고 이야기된다는 점에서, 연방을 이루고 있다. 그 단일 국가의 생존(여기서 "국가"는 "연방"으로 바꿔 쓸 수 있다)이 출발점이다. 남군은 그 국가가 살아남는 것을 보느니 차라리 전쟁을 일으키기를 원했고, 북군은 그 국가가 멸망하는 것을 보느니 차라리 전쟁을 기꺼이 받아들이고자 했다. 그러므로 양측은 국가와의 관계에서 비대칭적이었다. 남군의 분리주의 투쟁은 국가에 저항하는 공격적인 전쟁으로 그려지고, 연방의 대응은 정당한 반응으로 그려진다. 그 연설은 국가 전체에 대한 사랑과 그러한 공격으로부터 국가를 보호하려는 결심을 자극한다.

이제 노예의 상황을 그려보자. 링컨은 남군을 움직이는 것이 탐욕임을 강조하면서, 편협한 이기심을 넘어서는 애국심을 구상한다. 한편에는 이기심을 따르는 사람들이 있다. 그들은 "남이 흘린 땀으로 자기 빵을 얻어내며"(유사 성서적 표현), 심지어 그것을 이루도록 도와달라고 신에게 간청한다. 다른 한편에는, 전체 인구의 8분의 1을 차지하는 노예들을 인간이자 시민으로 포괄하려는 사람들이 있다. 국가는 이제 존중, 평등, 포괄과 결연을 맺으며, 편협한 이기심을 초월하고, 이기주의와 거짓 종교와의 분리로 나아간다. 링컨은 인종차별에서 혐오와 낙인이 어떤 역할을 하는지 잘 알고 있었다. 그는 우리의 얼굴과 같은 "얼굴"을 가진 "다른 사람들"인 노예들의 완전하고 평등한 인간성을 강력히 주장하는 것으로써 준엄하게 혐오에 맞선다. ("신체"라고 말하는 게 더 쉬웠겠지만, 링컨이 인간성이라는 데 방점을 찍고 있음을 주목하라.)

마지막으로, 이 연설은 자비와 용서를 호소한다. 국가는 상처를 입었고, 그 상처는 반드시 "치유돼야" 하기 때문이다. 링컨은 국가를 부상당한 병사로 의인화함으로써 모든 사람에 대한 동정심을 유발한다. 자비는 무죄 선고가 아니라(자비는 "확고한 정의"를 해치는 것이 아니다), 불확실한 미래로 함께 나아갈 길을 우리에게 제시해주는 것이다.

급박한 화해의 필요성으로 인해 링컨은 서둘러 무비판적인 용서의 태도를 강조한다. 혹자는, 유죄 선고를 받은 자를 위한 용서는 적절하지 않지만(무엇보다 사죄와 개심이 없는 한), 유죄 선고를 받은 자를 위한 자비는 단죄와 양립할 수 있으며, 링컨의 "심판하지 않음"은 이 두 가지 태도의 구별을 흐리게 만든다고 주장할지도 모른다.[73] 반면에 어떤 사람들은 그 연설이 예리하면서 너그러운 것으로서, 남군을 계속 비난하면서 당파심을 넘어 화해를 추구하고 통합된 "우리"를 다시 창조하려 애쓰는 것이라고 응수할 것이다.[74] 연설의 이러한 면들은 논란을 부를 만하다. 그럼에도 불구하고 이 연설에 담긴 치유의 정서가 당시에 절실히 필요했고, 최소한 계속 진행 중인 화해의 첫 단계에 기여했다는 것은 의심의 여지가 없다.

이 연설에서도 수사가 연설의 의미의 일부가 된다. 이 연설의 정서는 단지 헌법적 원칙을 지향하는 추상적 정서에 그치는 것이 아니다. 이미지와 서사의 사용, 리듬감 있는 언어와 억양, 함축적이면서 기억할 만한 구절은 도덕적 원칙들을 살아 있게 했다. 때때로 이 연설은 음악적인 것이 되기도 하고, 찬송가 같은 것이 되기도 한다.[75] 게티즈버그 연설이 그렇듯이 이 연설도 어린이들에 의해 쉽게 암송되어, 그들에게 자기 나라에 대한 이미지를 깊이 각인시켜주고, 또 나중에 자기 나라가 어떤 나라인지를 기억하게 해준다. 학교에서 흑인 아이들과 백인 아이들이 함께 이 연설을 암송할 때, 그들은 고통과 투쟁의 역사뿐만 아니라 존중, 사랑, 순수한 인내가 고통을 극복할 수 있다는 증거 또한 상기하게 된다. 이 연설 또한 보편적 이념들을 포착해 역사의 과오를 비판하는 데 활용함으로써 어떤 해석적인 애국심을 구축한다.

게티즈버그 연설과 마찬가지로 이 연설도 강하게 보편성을 드러내며 끝난다. "우리 나라와 모든 나라에서 합당하고 지속적인 평화를 이룩하고 가꾸어나가게 해주는 모든 일을 하기 위해 매진합시다." 또다시 링컨은 다른 국가들에 대해 호전적이지 않은 그런 나라 사랑을 구상하고, 전 세계적으로 평화와 정의가 실현되는 미래를 추구한다. 이는 쉽게 실현될 수 있다. 나라 사랑이 포괄과 인간의 존엄이라는 이상에 초점을 맞출 때 그런 사랑은 어디서나 쉽게 그런 것들을 위한 투쟁으로 이어질 수 있기 때문이다. 존중과 포괄은 실로 합당하고 지속적인 평화의 다른 말이다.

마틴 루서 킹: 분노에서 희망으로, 정의를 위한 약속

1863년에 노예해방령이 발표되었다. 하지만 100년이 지난 뒤에도 그 약속은 이루어지지 않고 있었다. 1963년 8월 28일 워싱턴 D.C.에서 이루어진 마틴 루서 킹의 「나에게는 꿈이 있습니다」라는 위대한 연설 역시 미국에서 교육 자료로 활용된다. 미국의 모든 젊은이는 킹을 기리는 국경일에 그의 독특한 목소리에 실려 가슴 뭉클한 억양으로 낭송되는 그 연설문을 수없이 들으며 자랐다. 그 연설이 수사의 걸작이며, 나아가 그것이 전하는 추상적 정서를 넘어서는 성취를 이루었다는 것은 아무도 의심하지 않는다. 이 연설은 자유와 계시의 원대한 이미지, 음악적 억양을 통해서 자유, 존엄, 포괄, 비폭력 같은 보편적 이상을 전달하며, 듣는 이들로 하여금 이러한 개념들을 자신과 관련된 것으로 받아들이게 하는 그 방법 때문에 결국 사람들이 실제로 그것들을 이상으로 품게 해준다.

이제, 킹이 (다시 한번) 비판적이고 해석적인 어떤 미국의 이념과 연관된 정서들을 구축하면서, 그리고 과거로부터 가치 있는 보편적 이념들을 가져와 부당한 현실의 결함을 들춰내는 데 사용하면서, 어떤 식으로 국가의 역사와 전통에 호소했는지 살펴보자.

> 백 년 전, 지금도 우리에게 상징적인 영향을 미치고 있는 한 위대한 미국인이 노예해방령에 서명했습니다. 이 중대한 포고령은 정의를 말살하는 화염에 휩싸여 있었던 수백만 흑인 노예들에게 희망을 주는 위대한 등불로 다가왔습니다. (…)
>
> 그러나 그로부터 백 년이 지났음에도, 오늘날 흑인은 여전히 자유롭지 못합니다. 백 년이 지났음에도, 흑인은 여전히 분리라는 족쇄와 차

별이라는 굴레에 매여 무기력한 삶을 살아가고 있습니다. (…) 그래서 오늘 우리는 이 끔찍한 상황을 생생하게 폭로하기 위해 이 자리에 모였습니다.

어떤 의미에서 우리는 보증 수표를 현금으로 바꾸기 위해 우리 나라의 수도에 모였습니다. 우리 나라의 건국자들이 헌법과 독립선언문의 그 멋진 말들을 썼을 때 그들은 모든 미국인이 상속받도록 되어 있는 약속 어음에 서명한 셈이었습니다. 모든 인간에게는 "생명과 자유와 행복 추구"에 대한 "양도할 수 없는 권리"가 보장되어야 한다는 약속이 그 어음에 명시되어 있었습니다. 피부 색깔이 다른 시민들에 관한 한, 오늘날 미국은 약속 어음에 명시된 의무 사항을 제대로 이행하지 않고 있음이 너무도 분명합니다. 미국은 이 신성한 의무를 이행하지 않고 흑인에게 부도 수표를 발행했습니다. 그 수표는 "잔고 부족"이라는 스탬프가 찍힌 채 되돌아왔습니다.

하지만 우리는 정의라는 은행이 파산했다고 믿지 않습니다. 우리는 이 나라가 보유하고 있는 기회라는 금고가 잔고 부족 상태라고 생각지 않습니다. (…)

하지만 정의의 궁전으로 가는 격동의 출발점에 서 있는 여러분에게 꼭 해야 할 말이 있습니다. 우리는 합법적 지위를 보장받는 과정에서 잘못된 행동을 저질러 범죄자로 전락해서는 안 됩니다. 슬픔과 증오의 잔을 들이켜는 것으로 우리의 자유에 대한 갈증을 해소하려 하지 맙시다. 우리는 높은 수준의 존엄성과 규율에 입각해 쉼 없이 투쟁에 임해야 합니다. 우리의 생산적 저항이 폭력 행위로 변질되어서는 안 됩니다. 거듭 강조하지만, 우리는 영혼의 힘으로 육체의 힘에 대응하는 위엄 있는 경지에 도달해야 합니다.

["나에게는 꿈이 있습니다"라고 이야기하는 예언적인 부분 뒤]

그날, 바로 그날, 하느님의 모든 자녀가 새로운 의미를 새기며 이렇게 노래할 수 있을 것입니다.

"나의 조국, 그대, 달콤한 자유의 땅, 나 그대를 위해 노래하리.
나의 조상이 묻힌 땅, 순례자가 칭송하는 땅이여,
모든 산허리에 자유가 울려 퍼지게 하라!" (…)

그리고 미국이 위대한 국가가 되려면 반드시 이대로 실현되어야 합니다.
그러니 뉴햄프셔의 높은 산꼭대기에서 자유가 울려 퍼지게 합시다.
뉴욕의 거대한 산들에서 자유가 울려 퍼지게 합시다.
펜실베이니아의 드높은 앨라게니산맥에서 자유가 울려 퍼지게 합시다.
콜로라도의 눈 덮인 로키산맥에서 자유가 울려 퍼지게 합시다.
캘리포니아의 굽이진 산봉우리에서 자유가 울려 퍼지게 합시다.
이뿐만이 아닙니다.
조지아의 스톤 마운틴에서 자유가 울려 퍼지게 합시다.
테네시의 룩아웃 마운틴에서 자유가 울려 퍼지게 합시다.
미시시피의 모든 언덕에서 자유가 울려 퍼지게 합시다.
모든 산자락에서 자유가 울려 퍼지게 합시다!

이렇게 될 때, 우리가 자유가 울려 퍼지게 할 때, 모든 크고 작은 마을과 모든 주와 모든 도시에서 자유가 울려 퍼지게 할 때, 우리는 하느님의 모든 자녀, 흑인과 백인, 유대인과 이교도, 개신교 신자와 가톨릭 신자가 서로 손잡고 이 옛 흑인 영가를 함께 부르는 그날을 훨씬 더 앞당길 수 있을 것입니다.

"마침내 자유가 왔다! 마침내 자유가 왔다!
전지전능하신 하느님이시여, 마침내 우리가 자유를 얻었습니다!"

이 연설은, 마치 게티즈버그 연설의 다음 장이기라도 한 것처럼, 게티즈버그 연설을 암시하는 것으로 시작한다. (이념들을 재해석하면서) 이념들이 심각하게 위협받고 있다고 본 링컨이 건국을 그러한 이념들에 대한 공약의 순간으로 되돌아본 것처럼, 킹 또한 링컨의 노예 해방을 아직 실현되지 않은 약속에 대한 공약의 순간으로 되돌아본다. 그는 이러한 실패에 대해 아주 일상적이고 미국적인 이미지를 사용한다. 국가는 흑인들에게 "잔고 부족"이라는 스탬프가 찍힌 채 돌아온 부도수표를 발행해준 셈이다. 이 재정 건전성과 관련된 표현을 계속 끌어들이는 것은 미국을 암시하는 것이기도 하다. 왜냐하면 미국인들은 그러한 미덕을 자신들의 특징으로 여기고 싶어했기 때문이다. 이는 백인 청중이 공유하고 싶어하는 가치관을 암시함으로써 백인 청중을 끌어들이는 방식이다. 백인 청중 역시 미국의 일부다. 그리하여 킹은 하나된 "우리"를 만들어내고, 백인 아닌 청중으로 하여금 살짝 다른 방식으로 반응하도록 부추긴다.

연설 내내 킹의 목소리는 절박하게 들린다. "흑인의 정당한 불만이 아우성치는 이 뜨거운 여름"은 정의가 실현되기 전에는 미국에 평화란 없으리라는 것을 의미한다. 그는 이렇게 리처드 3세의 사악한 계획에 넌지시 빗대어 자신이 묘사하는 그것을, 즉 미국의 인종차별주의에서 비롯된 잘못들에 대한 합당하고 정당한 분노를 고취시킨다. 하지만 그는 또한 자신의 추종자들에게 폭력을 규제하고 폭력에 비판적인 애국심을 조성하고자 한다. 간디식으로 폭력적 행동을 자제하고 도덕적 우위를 점하라고 촉구하는 것이다. 킹은 자신에게 감화를 준 중요한 인물인 간디처럼, 비폭력은 높고 "장엄한" 것이며 폭력은 추악한 것으로 보이게 했다. 또한 링컨처럼 킹은 많은 백인이 정의를 위한 투쟁에 가담해왔음을 자신의 추종자들에게 환기시킴으로써 인종 간의 신뢰를 호소했다. "우리는 혼자 걸어갈 수 없습니다." 그는 합당한 분노와 강한 비판 정신에 더해 희망과 신뢰를 조성함으로써 폭력에의 충동을 누그러뜨렸다.

"나에게는 꿈이 있습니다"라고 이야기하는 공상적인 부분은 널리 알려져 있는데, 무엇보다 평등한 권리를 바탕으로 모두가 함께하는 미래의 미국 이미지를 구축하는 데 중점을 두고 있다. 하지만 동시에 새로운 미국에 대한 이러한 비전을 추구하면서도 킹은 유명한 노래인 「아메리카America」, 「나의 조국, 그대My Country 'Tis of Thee」를 인용하면서 국가의 기억과 전통으로 돌아간다. 의미심장하게 그는 이렇게 말한다. "그리고 미국이 위대한 국가가 되려면 반드시 이대로 실현되어야 합니다." 달리 말하면, 사람들이 보통 현실에 대한 설명으로서 자기 만족적으로 부르는 그 노래는 사실상 예언이며, 그 노래에 담긴 자유의 말들은 정의를 위한 헌신적 행동에 의해 실현되어야 하는 바이다. 그 자기 만족적인 노래까지도 비판 능력을 실천하는 일이 된다.

그다음 부분에서는 미국의 여러 지역에서 자유가 울려 퍼지게 하자는 내용이 일련의 반복적 표현을 통해 잘 기술되어 있다. 여기서는 어떤 일이 일어나고 있는가? 여러 가지 매우 흥미로운 일이 일어나고 있다. 첫째, 미국의 이미지가 널리 알려진 지리적 특징들과 연결되어 구체적·물리적으로 그려져 있다. 둘째, 지리적 특성 그 자체가 도덕화되어 있다. 즉, 뉴욕의 산들은 이제 단순히 산이 아니다. 그것들은 자유의 장소다. 셋째, 국가는 감각적으로, 실로 성적으로 의인화되고 있다. "드높은 앨러게니산맥", "굽이진 산봉우리" 등의 표현을 보라. (해로운 애국심에 편재해 있는 혐오의 유혹은 월트 휘트먼을 감각적으로 반추하는 것으로 대체된다.) 또한 자유가 남부 곳곳에서 울려 퍼지도록 요구될 때 비로소 남북전쟁의 종결이 가까워진다. 링컨의 두 번째 취임 연설을 상기시키면서, 킹은 어느 누구에게도 악의를 품지 않는 가운데 모든 이에게 자비를 드러낸다. 미시시피를 거론하면서("미시시피의 모든 언덕에서from every hill and every molehill 자유가 울려 퍼지게 합시다") 그가 넌지시 드러낸 비꼬는 듯한 유머는 나쁜 행동이 결코 잊히지 않는다는 것을 환기시킨다. 그래서 킹은 나쁜 행동을 비난하는 데 있어 링컨이 보인 모호함을 벗어난다. 그러나 미래의 국가를 대상으로 한 큰 기쁨이 정당한 분노를 초월한다.

링컨의 연설처럼 킹의 연설도 전 지구적 시각을 드러내는 것으로 끝난다. 미국에서 통합이 승리하면 "신의 모든 자녀가" 자유를 누리게 되는 그날이 앞당겨질 것이다. 그리하여 비판적 애국심은 자연스럽게 전 지구적 정의와 포괄적 인간 사랑을 위한 투쟁으로 녹아든다.

링컨과 킹은 미국에 대한 깊은 사랑과 미국의 높디높은 이상에 대한 자긍심을 표출하고 또한 다른 사람들에게 이를 불어넣는다. 원대한 미국의 서사를 구축하고, 미국이 헌신했다고 여겨질 만한 명백히 매우 비판적인 최고의 가치를 내세우며, 미국이 미국의 이상에 따라 살아가는 데 실패했다는 것을 보여주면서 말이다. 두 사람 다, 비판적이되 희망적인 새로운 헌신의 울림을 준다. 이 연설들은 비판의식을 길러주는 교육법을 위해 만들어진 것 같다. 교실에서 '미국의 어디가 잘못되었는가'에 대한 토론을 자연스럽게 이끌어내기 때문이다. 국가의 이상에 내재된 꿈을 실현하는 좋은 방법은 무엇일까? 어찌하여 우리는 오늘날까지도 건국 문서들의 약속에 크게 못 미치는 것일까?

6. 인도: 두 개의 국가, 두 개의 국기

인도의 사례는 건국과 관련이 있다. 모든 사람의 합의나 정서를 불러올 수 있는 과거의 기나긴 투쟁들에 대한 표준적인 기록이나 전통, 기억(적어도 공유된 표준적 기억) 같은 것은 없다. 사실, 적절한 국가적·역사적 이미지를 만들기 위한 투쟁은 오늘날에도 계속되고 있다. 힌두 우파의 열성 당원들은 인도의 역사를 토착 힌두교도들의 평화와 외부 세력의 지배(처음에는 무슬림, 다음에는 영국의 기독교도)의 역사로 특징 짓는다.[76] 다원적 인도의 이미지를 만드는 데 나선 간디와 네루는 함께 공통의 자치 투쟁의 역사에 헌신하고 국민에게 헌신하는 가운데 힘겨운 싸움을 벌여야 했다. 식민지 억압은 무법적 지배 아래 놓인 데 따른 굴욕감에 대한 반작용으로 남성적인 공격 행위에 나서고 싶어하는 강한 욕망을 키워주었기 때문이다. 그들이 벌이는 싸움에는 보다 배제적인 다른 이상들에 의해 반박되는 이상들뿐만 아니라, 보다 호전적인 형태의 애국심에 의해 반박되는 강한 애국심과 진정한 용감함에 대한 생각까지 얽혀 있었다.

　이런 이상들의 경쟁적 충돌은 두 노래 중 어떤 것이 인도의 국가가 되어야 하는지에 대한, 여전히 진행 중인 논의에서 명백하게 드러난다. 「자나 가나 마나」는 지나치게 포괄적이고 충분히 호전적이지 않다는 이유로 힌두 우파에 의해 거부되었다. 그들은 반킴의 「반데 마타람」을 더 좋아했는데, 그것이 호전적 공격성, 무비판적 헌신, 인도의 정체성에 대한 힌두교적 이해를 강조하기 때문이었다. 4장에서 언급한 바와 같이, 「자나 가나 마나」는 감각적이고 열정적인 애국심을 고취하지만, 동시에 도덕적이고 매우 포괄성을 띠며 비판 정신에 우호적이기도 하다.[77]

인도의 국기와 관련해서도 이러한 논의가 벌어지고 있다. 독립 직전인 1947년 7월에 한 제헌의회 모임에서 채택된 공식 국기는 간디와 네루가 디자인한 것으로, 인도 국회의 초창기 깃발을 기초로 했다. 깃발 한가운데에는 불교도인 아소카 왕과 관련된 상징인 법의 바퀴가 그려져 있는데, 이것은 종교적 관용과 형제애의 정신을 표방한 네루가 가장 좋아한 역사적 문양이다. 이는 종교적 포괄성, 비폭력, 당파와 종파를 넘어서는 법의 우위를 상징한다. 국기가 비판 정신을 드러낼 수 있다면, 이 국기도 그렇다. 깃발에 담긴 색깔들도 의미가 있다. 주황색은 용기를, 흰색은 진리와 순수(간디의 힌두교 재구성에 결정적인 요소)를, 녹색은 평화와 번영을 상징한다. 이 세 가지 색깔의 연결은 용기와 희생이 간디주의자들의 진리(즉, 모든 시민을 평등하게 포괄하는 것) 및 모두를 위한 평화와 번영이라는 목표와 양립 가능한 방식으로 추구돼야 한다는 것을 암시한다. 깃발의 물질적 구성에 관한 규정도 중요하다. 손으로 짠 천인 카디로 만들어야 한다는 것이다. 이는 카스트와 계급에 대한 간디의 비판의식의 소산이다. 그의 운동에서는 손으로 실을 잣는 것이 엘리트 의식과 특권 의식을 포기하고 가난한 자들의 일상을 포용하는 것을 상징했기 때문이다. (네루의 딸인 인디라는 카디로 만든 사리를 입고 결혼했는데, 이는 물질적 평등의 커다란 상징이었다.) 국기를 제작할 권리는 '카디 발전 및 마을 산업 위원회Khadi Development and Village Industries Commission'에 있다. 이러한 규정들은 깃발의 중앙에 자리한 바퀴의 의미를 더욱 밝혀준다. 그 바퀴는 법과 권리를 암시할 뿐만 아니라, 간디의 물레 '차르카'와 그것이 강력히 상징하는 인간의 평등한 존엄성도 암시한다.

힌두 우파가 원한 깃발은 무슬림 통치에 맞서 성공적으로 반란을 이끌었던 18세기 마라타의 영웅 시바지의 주황색 깃발이다. 그 깃발은 다른 색깔이나 이미지가 전혀 들어가지 않은 그저 주황색 깃발인데, 진리, 평화, 법, 평등을 표현하지 않았다는 점에서 국기로서는 대담한 면을 보여준다. 그것은 공격적이고 배제적인 상징, 즉 힌두교도들이 수세기에 걸친 치욕에 대해 복수하고 스스로 권력을 잡음으로써 결국 다른 사람들을 종속시키게 되리라고 말하는 상징이다. 그것은 국가봉사단Rashtriya Swayamsevak Sangh(RSS) 사람들이 주황색 깃발 게양 때 하는 충성의 맹세와 밀접한 관련이 있다. "나는 힌두 국가의 최고의 진보를 위해 언제나 힌두교의 순결함과 힌두 문화의 순결함을 지킬 것을 맹세합니다. 나는 국가봉사단의 일원입니다. 나는 최고의 성실함과 이기심 없는 마음으로 몸과 영혼과 자원을 온전히 바쳐 국가봉사단의 활동에 임할 것입니다. 나는 살아 있는 한 이 맹세를 지킬 것입니다. 어머니 인도여 승리하라."[78] 주황색 깃발이 불러일으키는 애국심은 비판 능력을 잠재운다. 젊은 조장들은 영화 제작자 랄리트 바차니에게, "우리는 이 주황색 깃발을 우리의 지도자로 숭배합니다"라고 말한다. 또한 그들은 이 국기를 향해, "우리는 당신 앞에서 절하며, 당신의 대의에 봉사할 준비가 되어 있습니다"라고 말한다.

깃발들은 흔히 대수롭지 않게 여겨지지만, 분명히 표방하는 바가 없더라도 감정적으로 강력한 울림을 준다. 그 힌두 우파 사람들이 주황색 깃발에 열렬히, 그리고 명백히 결부시키는 것은 어떤 불평등한 국가이며, "이질적인" 종교와 문화에 물들지 않은 "순결한" 힌두 문화라는 관념이고, 비판 정신을 거부하는 복종과 동료 간의 연대다. 현재의 인도 국기는 감정적 측면이 좀더 완화된 것이지만, 완전히 다른 종류의 강력한 상징을 띠고 있다. 시민들이 그 국기를 자랑스러워한다면 (특히 함께 국가를 부르면서), 그들은 종교적으로 다원화된 포괄적인 국가, 다양한 문화적·지역적·민족적 원천에서 나오는 힘이 정치 원칙 및 법치와 결합돼 있는 그런 국가의 구성원이 되는 데 참여하고 있는 셈이다.

간디의 몸: 정의의 이미지

모한다스 간디보다 더 영리하게 비판적 애국심을 만들어낸 사람은 없다. 간디는 애국의 감정에 대해 마치니와 매우 유사한 생각을 갖고 있었다. 국기나 국가國歌 같은 상징이 개입될 때 국가에 대한 사랑은 정말로 인상적인 국제주의로 가는 데 필수적인 부분이 된다고 생각한 것이다.[79] 하지만 그는 또한 비판적 사고를 촉구했고, 「혼자서 걸어가라」처럼 국제주의의 중요성을 보여주는 상징을 선택했다. 라즈모한 간디는 자기 할아버지인 모한다스 간디에 대한 전기에서 그가 듣기 좋은 낮은 목소리로 이 노래를 직접 부르곤 했다고 강조한다. "그 노래를 만든 사람은 타고르였지만, 간디는 (…) 바로 그 노래가 되었다."[80]

간디는 많은 글을 썼다. 하지만 대다수의 국민이 글을 읽거나 쓸 줄 몰랐던 만큼, 그가 새로운 국가를 위한 능동적이지만 비판적인 애국심을 구축하는 데 성공한 것은 그의 글들과는 거의 상관이 없었다. 간디가 눈부시게 이루어낸 일은, 자신의 몸을 전통적이면서도 혁신적인 국가, 그리고 활동적이면서도 매우 위태로운 국가라는 개념의 살아 있는 상징으로 만든 것이었다. 국가적 투쟁의 본질적인 장이 각 개인 안에 있다는(동정 어린 보살핌을 위해서 다른 사람을 지배하려는 탐욕과 갈망을 극복하는 투쟁) 생각을 견지하면서, 간디는 스스로를 평생 동안 탐욕스러운 욕망에 맞서 투쟁하는 데 몰두한 사람으로 그렸다. 그의 야위었지만 강건한 육체는 수백 마일을 걸으면서 더욱 튼튼해졌고, 개인적인 만족감이나 공격성에 바쳐진 몸이 아니라 모든 사람을 위한 정의에 바쳐진 몸임을 보여주었다. 간디가 절제를 실천하고 있음을(유제품까지 뺀 채식 식단과 금욕 서약 등) 아는 것은 그 몸을 본 사람들의 반응에 영향을 미쳤다. 정치적 목적에서 거듭된 그의 단식 투쟁은 진리를 위해 육체적 금욕을 극적으로 활용했다.

간디는 진공 속에서 자신을 만든 게 아니었다. 그는 금욕적 고행자라는 전통적인 힌두교도의 이미지에 크게 의지했는데, 이러한 이미지는 위험스럽게도 힌두교 우선의 배제적인 국가 정체성 이해를 강화하는 것이었다. 따라서 그는 자신이 보여주는 국가에 대한 이미지가 배제적인 방식으로 힌두교적으로 보이지 않도록 조심해야 했다. 결국 평생 동안 간디는 자신이 벌인 해방 운동에서 무슬림들을 중심에 두고자 신경 썼고, 그들로 하여금 우리가 중요한 제의적 순간들이라고 부를 수 있는 것에 관심을 갖게 하려고 했다. 이런 맥락에서, 죽음 직전까지 갔던 1947년의 그의 유명한 단식도 그가 무슬림 종교 지도자이자 국민회의당 당수인 마울라나 아자드에게 의지해 그에게 오렌지 주스와 빵을 좀 가져다달라고 부탁하는 것으로 끝났다. 그렇게 함으로써 그는 순결함에 대한 전통적인 힌두교 관념(카스트적으로나 종교적으로나 배제적인 것이었던)을 완전히 깨뜨렸다. 전통적인 고행이 가진 엄청난 힘을 휘두르면서 동시에 그는 그것을 완전히 새로운 대의명분으로 바꾸었다. 라즈모한 간디의 다음과 같은 말에 이러한 점이 요약돼 있다. "무슬림들이 보기에 대체로 호기심과 따뜻함이 간디의 최고 강점이었다. 또한 그들은 그가 자신들의 감수성을 고려한다는 것도 알고 있었다."[81]

내가 볼 때 더 중요한 부분은 간디가 자신의 몸을 양성평등의 상징으로 활용하려 했다는 것이다. 그는 그를 만난 많은 사람이 양성적으로 여긴 페르소나를 창조했다. "어린아이 같은", "어머니 같은"이라는 단어들이 그에 대한 인상을 묘사하는 글에서 자주 나타난다. 물론 간디는 친여성적 인물로, 여성들을 남자들의 성적 요구로부터 해방시키는 방책으로서 브라마차리아(금욕)의 서약을 주장했다. 그는 자신의 공동체 안에 명시적으로 여성들을 포함시켰다. 간디가 생각하기에 공격성에 맞선 싸움은 오직 육체와 육체의 성적인 열망을 독하게 거부해야만 승리할 수 있었다. 심리학자 에릭 에릭슨은 『간디의 진리Gandhi's Truth』라는 책에서 고인이 된 이 지도자와 놀라울 정도로 구체적인 가상의 대화를 나누는 가운데 그에게 "스스로를 잔인하게 괴롭히는 행동을 멈추고 당신 자신의 몸에 비폭력의 방법으로 접근해야 한다"고 말한다.[82] 도덕주의적인 거부의 폭력성 없이 우리 자신의 몸과 그 몸의 성욕을 받아들일 수 있을 때에만 우리는 모든 사회에 도사리고 있는 타인에 대한 폭력적 지배 성향을 극복할 수 있을 것이라고 그는 주장한다.

이와 대조적으로 타고르는 여성들에게, 성적인 행위자를 포함해 온전한 행위자로서의 권한을 부여하고자 했다. 그는 어머니-아이의 관계 및 성인들 간의 많은 관계에 담긴 심오한 에로티시즘을 인정했다. 그는 개인의 사랑을, 거기 담긴 성적인 측면을 포함하여, 세계적인 인간 종교의 기본으로 생각했다. 수세기 동안 금욕과 욕망의 자제를 배워온 여성들이 타고르에 의해, 스스로의 열정을 추구하도록 해방되었다. 타고르는 아미타 센의 결혼식을 위해 시를 썼는데(이 시는 그녀가 죽은 뒤에도 여전히 산티니케탄에 있는 그 가족의 집에 걸려 있다), 여기서 그녀를 "춤추는 급류 (…) 당신의 장난스러운 발걸음을 적시면서 / 깊이, 두려움 없이, 우주 위를 밟고 지나간다"고 묘사하고 있다.[83] 그것은 모든 여성을 위한 그의 소망이었다. 에릭슨처럼 타고르도 파괴적인 공격성의 제1의 출처는 에로티시즘이 아니라 에로티시즘에 대한 거부라는 생각을 갖고 있었다. 바울들은 '몸을 받아들임에도 불구하고'가 아니라 '몸을 받아들임으로써' 양성평등과 비공격성을 실천한다.

그럼에도 불구하고 한 가지 잘못이 눈에 띄는데, 간디가 이제껏 기획되었던 건국에 대한 드라마들 중 가장 천재적인 드라마에서 자신의 몸을 주인공으로 삼았다는 것이다. 이 드라마의 중심 행위는 1930년 영국이 제조업과 소금 판매에 세금을 부과한 것에 저항하는 행진이었다. 그 이른바 '소금 행진'에서는 수만 명의 사람이 간디가 거주하던 사바르마티 아슈람에서 단디의 바다까지 386킬로미터에 달하는 길을 23일 넘게 걸려 행진해 갔는데, 이는 격식 없이 되는대로 진행된 시위가 아니었다. 모든 면이 세심하게 연출되었다.[84] 이 광경을 보기 위해 모인 기자들을 위해 간디가 준비한 말은 간단했다 "저는 힘에 맞서 권리를 지키려 하는 이 투쟁에 전 세계가 공감하기를 바랍니다." 첫째, 쟁점 그 자체가 드라마였다. 간디가 지적한 것처럼 "공기와 물 다음으로 아마도 소금이 생활에 가장 필요한 물품"[85]일 것이기 때문이었다. 그것은 가난한 자와 부자를 통합하는 것이었다. 둘째, 그 드라마의 배우들은 무대 의상을 갖춰 입었다. 즉, 행진에 참여한 모든 사람이 (손으로 짠) 카디 옷을 입었고, 남자들은 모두 단순하게 생긴 흰색 모자를 썼다. 15개 주의 대표자들과 인도 3대 종교(힌두교, 이슬람, 기독교)의 대표자들뿐만 아니라 "불가촉천민"에 속하는 사람들도 선두에 서도록 택해졌다. 가장 중요한 것은 이 연출자가 배우들에게 내린 지침이었다. 간디는 몇 가지 지침을 독재자와도 같이 완고하게 고집했다. 폭력을 쓰지 말 것, 영국의 관리들을 모욕하지 말 것, 욕을 하거나 저주하지 말 것. 또한 영국 국기에 대해 예를 표하지 말 것. 마지막으로, 그 무대의 중심에는 그 주연 배우가 있었다. 자와할랄 네루의 다음과 같은 묘사에서는 그의 깊은 감동이 우러나온다.

오늘도 이 순례자는 가야 할 기나긴 길을 계속 걸어간다. 손에 지팡이를 든 채 그는 먼지 날리는 구자라트의 길을 걸어간다. 맑은 눈을 하고서 굳건한 발걸음으로, 자신의 뒤를 터덜터덜 따라오는 충직한 사람들을 이끌고 걸어간다. 과거에도 그는 많은 여행을 했고, 지치도록 길을 걸었다. 하지만 이전의 그 어떤 여정보다 긴 여정이 그의 이 마지막 여정이며, 그가 가는 길에는 많은 장애물이 놓여 있다. 하지만 그의 내면에는 불같은 커다란 의지와 비참한 동포들에 대한 비할 바 없는 사랑이 있다. 또한 질주하는 진리에 대한 사랑과 사람들에게 전염되는 자유에 대한 사랑이 있다.[86]

여기서 우리는 대중 시의 두 층위를 만나게 된다. 하나는 간디의 자기표현이고, 다른 하나는 네루의 시적인 기록이다. 이 글의 고풍스럽고 추상적인 문체는 고상함 때문에 거리감이 느껴지고, 인도의 젊은 세대들에게 그들 나라의 역사에 대해 가르치는 데 활용될 준비가 돼 있다. 그 인도 젊은이들은 무엇을 배우게 될까? 그 나라가 야만적 권력에 맞선 정의로운 투쟁을 통해서 세워졌다는 것, 그 나라가 생필품을 필요로 하는 모든 이의 연대를 통해서 탄생했다는 것, 그 나라가 모든 종교·계급·카스트를 포괄했다는 것을 배우게 될 것이다. 그 나라의 쌍둥이 이상이 진리와 자유라는 것을 배우게 될 것이다. 그래서 간디의 몸은 사람들의 자기 삶의 서사에 대한 인식으로부터 추상적인 원칙들로 넘어가게 해주는 가교가 되었다.

이 드라마의 절정의 순간에, 즉 간디가 바닷물을 떠다가 증발시켜 불법으로 소금을 만들 때, 하나의 국가가 탄생한 셈이었다.

지극히 도덕적이기도 하고 지극히 전략적이기도 한 간디는 세계의 시선이 인도를 향해 있을 때 위엄 있는 비폭력의 행동이 강하면서도 자제하는 것으로 보인다는 것, 또 실제로 그렇다는 것을 알고 있었다. 거듭 말하는데, (다라사나 염전에서의 그 유명한 저항 행위에서 그랬던 것처럼) 그는 인도의 대의명분이 갖는 도덕적 우위를 어떻게 극화해야 하는지를 알고 있었고, 영국 병사들에게 두들겨 맞은 인도인들을 수없이 양산한 시민 저항의 에피소드를 많이 만들어냈다. 영국 병사들의 폭력이 점점 더 필사적이고 비열해 보인 반면에 인도인들은 위엄과 비폭력으로 저항했다.[87] 그러는 과정에서 간디는 자신의 추종자들과 수많은 다른 사람이 용감함을 새로운 시각으로 보게끔 해주었다. 구타를 당하면서도 위엄 있게 버티는 몸은 강하고 자랑스러워 보였다. 계속 구타를 가하는 몸은 어쩔 줄 모르는 듯이 보였고, 형편없이 허약해 보였고, 자기가 통제하려는 것을 자기 뜻대로 할 수 없는 것처럼 보였다. 이러한 저항의 행동에는 종종 타고르의 노래가 수반되었다. 끊임없는 비판적 각성과 인습에 저항하려는 의지가 따라야 진정한 애국이라는 것을 보여주는 노래였다.

간디의 애국심은 충분히 비판적이었을까? 혹자는 회의적일 것이고, 타고르는 분명 그랬다. 타고르는 마음이 바뀔 수도 있게끔 논의에 임하려는 의지가 간디에게는 전혀 없음을 주목했다.[88] 하지만 간디는 『가정과 세계』의 산디프가 아니었다. 그는 온화했고, 사람들에게 존경받을 만했고, 수용적이었다. 특히 그가 자와할랄 네루와 서신을 주고받고 평생에 걸쳐 네루와 우정을 나누었다는 사실에서 우리는, 새로운 민주주의에 대한 탁월한 대화라는 매력적인 이미지를 만들어내는 치열한 비판적 대화가 있었음을 알 수 있다. 이 대화는 또한 계속 대중에게 공개되었다.

간디의 애국심은 많은 사람에게 요구했다. 그의 애국심은 부자들에게 빈자들과의 연대 속에서 살아가기를 요구했고, 개인적 안락을 많은 부분 희생하기를 요구했다. 그리고 모든 사람에게 그 자체로 상당한 희생을 수반하는 것인 새로운 비폭력적 용감함을 받아들이기를 요구했다. 간디는 상징의 사용만이 사람들로 하여금 이런 어려운 과업을 기꺼이 받아들이게 할 수 있다고 거듭 말했다. 다행히 그는 영리하게 상징들을 만들어내는 사람이었다. 그가 사용한 상징들은 오래된 것이어서 감동을 주었고, 다른 한편으로는 완전히 새로운 것이어서 포괄성을 띠었다.

네루의 "운명과의 밀회" 연설: 노동과 투쟁

간디는 혁명가였다. 그는 정치가가 아니었다. 그는 입법, 사법, 외교를 아우르는 매일의 일정을 소화하면서 국가를 이끌 수 없었을 것이다. 경제 정책을 운용할 수도 없었을 것이다. 그런 것에 대한 그의 생각은 너무 순진하고 낭만적이었다. 그러므로 인도를 탄생시키는 것은 사실상 복잡한 제휴였다. 새로운 국가의 수립에 즈음해 그 나라의 목표를 분명히 표현하는 임무는 1947년부터 1964년까지 인도를 이끈 노련한 정치가 자와할랄 네루의 몫이었다. 그가 독립 전날에 한 연설은 비판적 애국심을 보여주는 또 하나의 지표다.

기뻐하며 한껏 영국을 비난하거나 아니면 그저 막 성취한 승리를 축하하는 것으로 그 경사스러운 일을 기념하기란 쉬운 일이었을 것이다. 네루는 아주 다른 길을 갔다. 그 연설은, 인간의 포괄과 평등에, 그리고 가까이 있거나 멀리 있거나 간에 모든 인간의 필수적인 욕구를 충족시키는 데 바쳐진 감동적이면서도 비판적인 그 나라의 이야기를 (그리고 어떤 "우리"의 이야기를) 공적으로 구성하는 것을 보여주는 또 하나의 예다. 인도 국민을 공격적인 전사의 이미지가 아니라, 새로운 공정한 국가를 탄생시키기 위해 수고를 아끼지 않는 어머니의 이미지로 그리면서, 네루는 간디의 양성적 이미지를 빌려, 적절한 애국심을 확장된 동정심 및 경제 정의에의 헌신과 연결 짓는 어떤 '감정의 지도'를 그린다. 사실상 그는 그 나라에 대한 어떤 관념을, 즉 어떤 요원한 목표를 위해 매진한다는 관념을 집중적으로 구축한다.

> 오래전 우리는 운명과의 밀회를 가졌고, 이젠 철저하지도 완전하지도 않지만 아주 실질적으로 우리의 맹세를 지켜야 할 때가 오고 있습니다.

시계가 자정을 알리면, 세계는 잠들지만 인도는 삶과 자유에 눈뜰 것입니다. (…) 이 엄숙한 순간에 우리는 인도와 인도 국민에게 봉사하고 나아가 인간애라는 훨씬 더 큰 대의에 헌신할 것을 맹세합니다. (…)

자유가 탄생하기 전에 우리는 온갖 노동의 고통을 견뎠고, 이러한 슬픈 기억 때문에 우리는 마음이 무겁습니다. 그 고통의 일부는 지금도 계속되고 있습니다. 그럼에도 불구하고 그 과거는 지나갔고, 이제는 미래가 우리에게 손짓하고 있습니다.

그 미래는 편안함과 휴식으로 이루어진 미래가 아니라 부단한 투쟁으로 이루어진 미래이며, 그래서 우리는 지금껏 그렇게 자주 해왔고 오늘날에도 해야 하는 그 맹세를 지킬 수 있을 것입니다. 인도를 위해 봉사하는 것은 고통받는 수백만 사람을 위해 봉사하는 것을 의미합니다. 그것은 가난, 무지, 질병, 기회의 불평등의 종식을 의미합니다. 우리 세대의 가장 위대한 인물인 그 사람의 야망은 모든 사람의 눈에서 눈물이 마르게 하는 것이었습니다. 그것은 우리의 능력을 넘어서는 일일 수도 있지만, 눈물과 고통이 있는 한, 우리의 과업은 끝나지 않을 것입니다.

그러므로 우리는 노력해야 하고, 일해야 하고, 열심히 일해야 하고, 우리의 꿈을 실현시켜야 합니다. 그 꿈은 인도를 위한 것이지만, 또한 세계를 위한 것이기도 합니다. 오늘날 모든 나라와 모든 사람이 너무 밀접하게 얽혀 있어서 따로따로 살아가는 것은 생각할 수도 없기 때문입니다. 더 이상 고립된 조각으로 나뉠 수 없는 이 하나의 세계에서는 평화는 분할될 수 없는 것이라 하겠고, 자유와 번영도 마찬가지이며, 재앙 또한 그러합니다. (…)

이 위대한 연설을 녹음으로 들을 때[89] 곧바로 알게 되는 놀라운

점은 바로 환호성이 없다는 것이다. "삶과 자유에 눈뜰 것입니다"에서 열광하는 환호가 나타나긴 하지만, 그 뒤로 내내 청중은 조용하고, 네루의 목소리는 평소처럼 엄숙하며 장엄하다. 새로운 국가의 탄생을 축하하는 자리에서 한 연설이라는 게 놀라울 따름이다. (심지어 애도를 위한 게티즈버그 연설에서도 청중의 박수로 인해 수차례 연설이 중단되곤 했다.)[90] 네루가 자기 연설의 초안을 만들면서 취한 기본 입장은 독립을 하나의 성취가 아니라 하나의 도전으로 그리는 것이었다. 그래서 여기서 드러나는 지배적인 논조는 축하가 아니라 앞으로 해야 할 일에 대한 진지한 성찰이다.

네루가 구상하는 새로운 국가의 이야기에서 독립은 호전적인 자기 확신의 계기가 아니다. 네루는 배제적이고 호전적인 인도(그의 많은 동포가 간직한 이미지)라는 관념을, 인도뿐만 아니라 모든 곳에서 인간 고통의 제거라는 목표를 위해 부단히 노력하고 투쟁하는 인도라는 관념으로 대체하고자 했다. 네루는 모든 사람의 눈에서 눈물을 닦아주고 싶어하는 간디의 연민 어린 마음을 넌지시 이야기하면서, 이 목표를 미래의 인도가 해내야 할 일로 만든다. 우리는 큰 전쟁의 영웅주의 대신에, 새로운 개념의 간디적 영웅주의를 보게 된다. 그것은 바로 가장 가난한 이들과의 결속을 위해 노력하고 희생하는 것이다. 이 연설은 분명 감정적이지만, 그것이 구축하는 감정들에 분노(영국의 인도 통치에 대한), 증오(유럽 제국주의자들에 대한), 나아가 두려움(다시 지배당하는 것에 대한)은 포함되지 않는다. 이 연설의 지배적인 분위기는 동정과 결의다. 여기서 모든 인도인은 자아에서 벗어나 최고로 비참한 상태에 처한 사람들의 고통으로 눈을 돌릴 것을, 가난을 뿌리 뽑겠다는 결의를 가지고 한데 뭉칠 것을 요구받고 있기 때문이다. 연설은 도전뿐만 아니라 희망도 포함하고 있지만, 그것은 그 과업이 엄청난 것이라는 인식 때문에 조심스럽게 제한된 희망이다. 희망은 사람들이 열심히 애쓰고 헌신할 때에만 실현될 수 있다.

국가에 대한 네루의 서사는 앞을 볼 뿐만 아니라 뒤도 돌아본다. 그는 분할의 복합 트라우마와 독립투쟁을 새로운 국가의 탄생에 따르는 분만통에 비유하면서, 그리고 그러한 고통이 어느 정도는 계속된다고 언급하면서, 분할의 폭력성을 슬프게 암시한다. 하지만 링컨처럼 그는 내분의 과거가 끝났다고 주장한다. 국가는 존재하며, 우리를 부르는 것은 미래다. 즉 종교, 카스트, 계급에 관계없이 모든 인도인을 통합시키는 미래다. 인도를 하나의 전체로 여기고, 종교 집단들을 구별하기를 거부함으로써, 네루는 힌두 우파의 분리주의적 애국심에 대한 거부를 명백히 한다. 결정적으로, 연설의 시작과 끝에서 그는 인도를 전 세계를 아우르는 가난 종식 운동의 일부로 규정한다.

네루는 교육을 잘 받은 상위 카스트와 상위 계급 사람답게 문학적이고 수사학적인 문체를 가지고 있다. 그는 자신의 목소리와 말로 강렬한 감정을 드러낼 수 있다. 특히 간디가 죽었을 때 네루가 한 탁월한 연설을 들어보면 그의 목소리에서 눈물이 들린다. 하지만 여전히 그는 영국에서 교육받은 특권층 사람처럼 말하며, 게다가 영어로 말한다. 이러한 특징은 인도를 세계 무대에 세우는 데 중요했지만, 간디가 가진 역량으로 보완될 필요가 있었다. 간디는 좀더 미천한(좀더 낮은 중간 계급인 바니아, 즉 무역상) 환경에서 태어났고, 영어보다 구자라트어를 주로 사용했으며, 자기 자신을 가장 낮고 가장 가난한 사람으로 변신시키는 카멜레온 같은 능력을 갖고 있었다. 그러나 네루는 엘리트적 배경에도 불구하고 평등을 추구하는 열정적인 투사였으며, 인도의 초대 지도자로서, 또는 그가 어떤 유명한 연설에서 말했듯이 "인도 국민의 첫 번째 하인"으로서 그가 한 모든 선택에서는 절약과 검소함을 고집하는 면모가 드러났다. 조지 워싱턴처럼 네루도 라이프스타일을 통해서 이런 평등에의 헌신을 보여주었고, 지도자와 시민들을 하나의 '관심의 원' 안에 포괄하는 "우리"를 만들어냈다. 그의 고향집인 텐 무르티(현재 국립 박물관으로 보존되고 있다)는 그가 간디의 카디 운동에 영감 받아 전 생애에 걸쳐 옷차림에서 드러냈던 검소함의 취향을 보여준다. 네루는 훨씬 더 검소한 작은 사가私家를 원했을 테지만, 안전 문제 때문에 그의 동료들은 그가 좀더 큰 집으로 옮기길 원했다. 방문객의 눈에 비친 텐 무르티는 검소함의 전형으로, 장식도 없고, 디자인이 딱딱하며, 넓지만 소박한 정원으로 둘러싸여 있다. 네루는 공적인 접대에 대해서는 정부가 비용을 대더라도 자기 가족과 개인적인 손님을 위해 드는 비용은 자신이 지불할 것을 고집했다. 그는 모든 각료에게 제공되는 접대비를 축소했고,[91] 비용을 줄이기 위해 에어컨을 없앴다.[92] 또한 그는 마당을 대중에게 공개했다. 역사학자 주디스 브라운은 "그의 라이프스타일 자체가 새로운 국가와 새로운 정부-국민 관계에 대한 상징적 의미를 띠었으며, 제국주의 체제의 작위적 전시와 외국인 집단으로서 영국이 사회 분리 및 안전에 기울인 관심과는 대조되었다."[93]

이러한 예들은 애국심이 고무적일 수 있다는 것을 보여준다. 애국심은 국가를 사랑의 대상으로 만들어주고 확장된 동정심을 길러줄 수 있으며, 또한 비판 능력을 잠재우기보다는 활성화할 수 있는 것이다. 그럼에도 이러한 성취는 늘 불안정하다. 사랑이 세대마다 새로이 조성되어 사람들이 살아가는 내내 유지돼야 하기 때문이다. 그렇다면 이제 학교들이 어떻게 이러한 임무에 이바지할 수 있는지 살펴보자.

7. 학교에서의 애국심: 내용과 교육

학교에서의 애국심 교육이라는 주제는 '학교가 어떻게 시민을 양성하는가'라는 훨씬 큰 주제의 한 부분이다. 이 주제를 다루기 위해서는 품위 있는 공적 문화에서 인문학과 예술이 차지하는 중요성에 대해 언급하지 않을 수 없다.[94] 사랑하면서도 비판적인 시민을 형성한다는 좀더 큰 문제는 '어떻게 비판적 사고를 각 연령에 맞게 가르칠 수 있는지, 어떻게 소크라테스식 교육법이 그 내용을 보충해주는지, 어떻게 나와 다른 사람의 관점에 깃든 상상력이 다양한 연령대에서 길러지고 다듬어지는지'에 대한 전반적인 설명을 필요로 한다. 이러한 문제들에 관해서는 다른 곳에서 이미 논했으니,[95] 여기서는 나의 주제를 좁은 테두리 안에서 다루는 데 그쳐, 국가와 국가의 이야기에 명백하게 관련된 감정들의 형성에 대해서만 이야기하고자 한다. 나는 종합적인 설명을 제시하기보다는, 애국심 교육에 지침이 되는 원칙들의 목록을 제시할 것이다. 그러나 이러한 원칙들은 앞서 언급한 역사적 예시들, 즉 비판적이면서도 사랑하는 애국심이 어떤 효과를 발휘하는지에 대한 좋은 아이디어를 제공해주는 예시들의 연장선상에 있다. 이 예들은 이두 나라의 학교들에서 이루어지는 어떤 애국심 교육에서나 중요할 것이다.

1. 사랑으로 시작하라. 어린이들이 국가와 국가의 역사에 먼저 관심을 갖지 않는다면, 그들은 한 나라에 대한 훌륭한 반대자나 비판자가 되지 못할 것이다. 나는 이와 관련된 교육을 잘 받았는데, 독립혁명 때 활약한 시빌 러딩턴의 드라마틱한 이야기에 매혹된 덕분이었다. 보통의 여자아이들이 하지 않는 일을 한 소녀 시빌 러딩턴은 모험에 대한 나의 사랑, 대담한 인물이 되려는 나의 야망과 공명하는 인물이었다. 일곱 살 무렵에 나는 이미 미국의 건국을 사랑했고, 미국 안의 나를 보았다. 하지만 진짜 중요한 것은, 이것이 이후의 내 비판적 사고의 초석이 되었다는 사실이다. 나는 이 미국 이야기를 저항의 이야기로, 또 잘못된 가치를 거부하고 자유를 추구하는 이야기로 보았기 때문이다. 정치적 자유 같은 추상적인 어떤 것이, 말을 타고 다니면서 엄청난 모험을 추구하는, 내가 되고 싶어하는 어떤 소녀의 페르소나로 구체화되면서 원동력을 얻었다. 그녀는 복종하는 전통주의자가 아니라 저항하는 소녀였고, 그래서 나는 국가에 대한 사랑을 그러한 자율의 정신과 연결 지었다. 자유와 개인주의 같은 추상적인 가치들이 내 아버지의 사랑과 칭찬, 말을 타는 기분 같은 것과 연결되면서, 말하자면 성애화되었다. 이것은 좀더 심도 있는 논의를 위한 훌륭한 출발점이었다. 그러니 사랑으로 시작하라. 하지만 중요한 점은, 처음부터 사랑이 나중에 나쁜 가치들을 비판하는 데 토대가 될 수 있는 좋은 가치들과 연결돼 있어야 하고, 나아가 비판 정신 그 자체와 연결돼 있어야 한다는 것이다.

2. 비판적 사고를 일찍 끌어들이고 계속해서 가르쳐라. 비판적 추론을 가르치는 것에 대한 연구는 많이 있다. 그러한 연구가 말해주는 것은

추론의 기술을 나이에 맞게 제대로 가르친다면 어린이들이 즐겁게, 좋아하면서 그것을 습득할 수 있다는 것이다. 그리하여 여기서 여러 위험이 사라지기 시작한다. 처음 비판적 사고를 가르칠 때는 어떤 자료를 사용해도 무방하지만, 어떤 시점에 이르면 분명한 애국적 서사의 단계로 옮겨가는 것이 좋다. 말하자면 애국자들이 싸움에 나선 이유, 남북전쟁이라는 힘든 투쟁 등에 대해 아이들이 생각해보게끔 만들어주는 것이다. 이 두 과정을 섞어서 진행하는 것도 자연스럽다. 따라서 링컨 기념관을 방문해 링컨의 고뇌와 겸손에 깊이 감동하면서 게티즈버그 연설에 대해 배울 수도 있을 것이고, 그 연설의 요지에 대해서, 그리고 그 전쟁의 전과 후에, 또는 전쟁 중에 양측이 주장한 바가 무엇인지에 대해서 질문들을 해댈 수도 있을 것이다.

비판적 사고란 그저 하나의 주제가 아니라, 교수법을 위한 총체적 길잡이임이 분명하다. 만약 교육이 암기와 반복 학습(이는 인도의 공립학교에서 매우 흔한 교육 방법이자, 슬프게도 국가 주도 학력 평가 시험으로 인해 미국에서도 증가 추세에 있는 교육 방법이다)에 기초해 이루어진다면 애국심을 비판적으로 가르칠 가망은 거의 없다. 비판 능력이 전체 시스템에 의해 억압되고 있기 때문이다.

3. 다름을 포괄하는 한 방법으로 맥락에 대한 상상력을 끌어내라. 부적절한 가치라는 면에서 큰 위험 중 하나는 포괄성이 약하다는 것이고, 또 다른 하나는 낙인과 혐오다. 따라서 학생들로 하여금 노예와 해방노예, 새로운 이민자, 종교적 반체제자(초등학생에게 이야기해주기에 아주 좋은 릴리언 고비터스처럼) 같은 다양한 소수자의 상황을 계속 능동적으로 상상하게 하고, 나아가 교실에서의 연극을 통해 그러한 역할을

해보게 하는 방식으로 애국심을 가르치는 것이 중요하다. 낙인과 배제의 고통을 몸소 느낄 때, 학생들은 어디서도 얻을 수 없는 이해에 다다른다. 상상력을 통해서 어떤 이해에 다다를 때 사람들은 그것을 행동으로 옮기려 하기 마련이다. 하지만 아이들은 어려운 역할을 맡으면 곧잘 위축되므로, 버스에서 따돌림을 받고 낙인찍힌 로자 파크스가 되어보는 기회를 아이들 모두가 가져보는 것이 중요하다.

인도의 아이들은 스스로의 육체노동을 통해서도 비판적 애국심을 배운다. 매우 간디적인 학습 형태라고 할 수 있다. 예를 들어, 그들은 과거에 카스트에 따른 분리와 낙인의 한 근거였던 수공예 노동에 참여한다. 그래서 특권층인 브라만 출신의 한 소녀는 자신이 하고 있는 가죽 세공 작업에 대해 아무런 거리낌 없이 내게 이야기했다. 그런 일을 하는 것이 싫지는 않은지 묻자 소녀는 크게 놀라는 것 같았다. 어쩌면 그녀의 학교가 산티니케탄 가까이에 있어서 이런 일이 가능한지도 모르겠는데, 그녀는 이러한 교육이 공립학교 어디에서나 볼 수 있는 것이라고 내게 장담했다.

교사들은 자기 나라의 역사에서 펼쳐졌던 포괄성을 위한 투쟁들을, 낙인과 따돌림이라는 문제들에 맞서기 위한 교실에서의 지속적인 노력과 연결시켜야 한다. 어느 교실에나 그런 문제들이 있기 때문이다. 로자 파크스가 겪었던 것 같은 고통을 조금이라도 겪고 있는 아이들이 혹시 교실 안에 있는가? 혹은 "불가촉천민"이 겪었던(어쩌면 여전히 겪고 있는) 것 같은 고통을? 만약 로자 파크스에 대한 처우가 미국에 대한 우리의 진화된 개념에 비추어 미국답지 않은 것이라면, 그리고 "불가촉천민" 아이에 대한 처우가 인도 건국 이념에 비추어 인도답지 않은 것이라면, 지금 우리가 다른 사람들(동성애자, 장애인 등)에게 하고 있는 처우는 어떠한가?

어린이들이 ("그대의 고단함을, 그대의 가난을 나에게 주오"라는 구절이 담긴 에마 래저러스의 「새로운 거상The New Colossus」 같은 시를 읽거나, 「자나 가나 마나」와 「혼자서 걸어가라」 같은 노래를 부르면서) 진정 포괄성을 지지하는 어떤 미국 혹은 어떤 인도를 사랑하게 될 때, 그들은 또한 자신의 국가가 오늘날 빈곤에 어떻게 대처하고 있는지, 그리고 현재 미국과 관련된 어떤 사실들이 자신들이 교실에서 배운 애국심에 비추어 미국다운 것인지 아닌지 같은 불온한 질문들도 해야 한다. 이에 대해서는 당연히 많은 논쟁이 있을 것이고, 논쟁은 계속되어야 한다. 어떤 입장도 모든 학생과 학부모의 마음에 다 들지는 않을 것이다. (내 아버지는 내가 집에서 루스벨트와 뉴딜 정책을 옹호하자, 학교에 못 가게 하겠다고 겁을 주었다. 아버지는 내가 선생들에게 세뇌당했다고 말했다.)

다시 말하지만, 맥락에 대한 구체적 상상을 끌어들이라는 권유는 교사부터 이미 다른 사람의 관점에서 세상을 보는 능력을 개발해주는 연극, 이야기 및 기타 다양한 예술 장르를 통해서 맥락에 대한 상상력을 갖췄음을 전제한다. 그렇기에 이는 당연시될 수 없는 부분이다.

4. 과거의 전쟁들을 악으로 규정하지 말고 전쟁의 동기들을 알려주라. 현대 국가가 들어선 이후, 애국의 정서에 대한 심각한 의구심 중 하나는 그것이 다른 나라와 국민을 악으로 규정짓게 하고, 그들에 대한 어리석은 전쟁을 유발했다는 것이다. 헤르더를 다시 떠올려본다면, 그는 전쟁과 전쟁으로 이어지는 "그릇된 국정 운영"에 대해 두려워하도록 가르쳐줄 "순화된 애국심"을 촉구했다.

여기서 우리는 우리 주제의 가장 미묘한 부분에 이르게 된다. 한편으로 보면, 애국의 정서의 목적 중 하나는 전쟁의 곤경이 불가피한 경우 그 곤경을 견뎌낼 수 있도록 인간을 강하게 만들어주는 것이다. 그래서 우리는 사람들이 전쟁을 나쁘게만 보는 것을 원치 않는다. 여기서 우리는 추축국이 인도를 침략하더라도 인도인들은 결코 폭력으로 대항하지 말아야 한다고 주장한 간디의 지침을 거부해야 한다. 그는 비폭력의 방식으로 나치를 설득할 것을 제안했다. 파시즘의 공포를 잘 이해하고 있던 네루는 제2차 세계대전과 관련해서는 간디의 평화주의에 강하게 반대했으며, 이런 네루가 옳았다. 다른 한편으로는 우리는, 마치 전쟁이 쓰라린 투쟁이라기보다 영광의 기회라도 되는 것처럼 아이들이 전쟁에 뛰어드는 것을 배우기를 원치 않는다. 그렇기에 전쟁의 공포와 고통에 대해 배우는 것은, 비록 부모들에게 늘 환영받는 일은 아니지만, 아주 적절하다.

또한 타인에게 가하는 고통에 대해 배우는 것도 필요하다. 1994년 스미스소니언협회는 히로시마와 나가사키 관련 비판적 전시를 기획해 비난을 받았는데, 이러한 비난은 부적절했다. (안타깝게도 스미스소니언 측은 한발 물러서 전시 계획을 변경했고,[96] 역사의 기록을 잘못 전달하고 있다는 평가에 대해서도 반론을 제기하지 못했다.)[97] 교사와 학생들은 핵무기 사용에 대한 찬반을 놓고 교실에서 활기차게 토론해야 하지만, 우리는 핵무기가 초래한 엄청난 피해를 고백하는 것으로 시작해야 한다. 다른 나라의 국민을 인간 이하로 낙인찍고, 그들을 상대로 벌이는 전쟁을 그런 식으로 정당화하기는 무척 쉽다. 전쟁과 평화에 대한 현명한 정책은 상대편 사람들 역시 전적으로 인간임을 인정하는 데서 시작된다. 인도의 경우, 안타깝게도 분리에 따른 참혹한 일들과 관련된 공공 기념비나 행사가 부족하다. 그런 것들이 있었다면, 미래로 이어져 종교 간 폭력에 불을 댕긴 지긋지긋한 원한의 감정에 대처할 수 있었을 것이다. 1984년 델리에서 일어난 반시크교 폭동과 2002년 구자라트에서 2000명이 넘는 무슬림을 학살한 사건 같은 최근의 비극들은 믿을 수 없는 사건인 데다가 많은 가해자가 충분한 죗값도 치르지 않았지만, 그럼에도 이 사건들 역시 철저히 비판적인 관점에서 공적으로 기념돼야 마땅하다.

끝으로, 네루와 간디의 예가 보여준 것처럼, 우리가 이루기 위해 함께 투쟁할 수 있고 투쟁해야 하는, 빈곤 퇴치 같은 목표들을 세계 모든 국가가 공유하고 있다는 것을 강조하는 것이 중요하다. 협력이 필요한 이런 공동의 목표들을 강조하는 것은, 호전적이고 적대적인 길로 잘못 빠지지 않는 국가의 목표와 이념에 대한 이야기를 구축하는 데 크게 기여한다.

5. 역사적 진실을 사랑하도록 가르치고, 국가를 있는 그대로 사랑하도록 가르쳐라. 애국심은 곧잘 부적절한 가치들, 소수자들에 대한 낙인찍기, 무비판적 동질성 등을 선동하게 되는 만큼, 애국심이 갖는 문제 중 하나는 역사 왜곡이다. 그래서 학교에서의 애국심 교육에서 가장 중요한 점 가운데 하나는 어떻게 역사적 증거의 가치를 평가할지, 어떻게 역사적 서사를 구축하고 비판하고 옹호할지를 가르치는 것이다. 과거란 자명한 게 아니라는 것, 과거란 저절로 해석되는 게 아닌 자료들을 공들여 조립함으로써 드러난다는 것을 학생들은 배워야 한다. 또한 모든 서사가 똑같은 가치를 갖는 게 아니라는 것, 어떤 서사는 심각하게 왜곡되고 얼버무려진다는 것, 이념이란 끈기 있게 역사를 재구성하는 것과는 다른 일이라는 것을 배워야 한다.

불행히도 오늘날의 정치 집단들은 자신들의 엉성한 실수투성이 이 야기들을 칭찬하기 위해 가끔 역사적 진리에 대한 포스트모던적 공격을 이용하려 한다. 인도의 힌두 우파는 인도에서나, 힌두 역사를 가르치는 것에 대한 미국 내의 논란에서나, 이러한 관행으로 대처하는 데 능숙하다.[98] 그러므로 우리는 모든 역사 서사가 어디서나 사람에 의해, 흔히 사심이 개입된 동기에 의해 만들어진다는 데 학생들이 눈뜨게끔 해야 한다. 그러나 또한 우리는, 무엇이든 다 허용된다고, 그것은 그저 나의 서사에 대립되는 너의 서사일 뿐이라고, 실제로 일어난 일 같은 건 없다고 학생들이 결론 내리지 않게끔 해야 한다. 역사학자 타니카 사르카르는 2002년 구자라트에서 자행된 무슬림 강간·살해를 부인하려는 힌두 우파의 시도에 대해 다음과 같이 말했다.

> 만약 우리가 이러한 사디즘의 역사에 대한 진상 요구를 거부한다면, 만약 우리가 (…) 진실을 찾는 일을 단지 실증주의나 그릇된 과학만능주의로 폄하한다면, 정치적 영향도, 투쟁의 가망도 있을 수 없다. 우리의 정치적 의제의 생명은 계속해서 진상을 요구하는 데 달려 있기 때문이다. (…) 또한 자신들은 신념이 명하는 바에 따라 사실과 역사를 만들기도 하고 변형시키기도 할 것이라는 그들의 주장에 대해 계속 반대하는 데 달려 있기 때문이다. (…) 이에 맞서는 하나의 방어벽으로서 우리에게 필요한 것은 그저 그들의 이야기에 대항할 우리의 이야기가 아니라, 진짜로 일어난 일의 이야기다.[99]

이 점은 특히 절박하다. 흔히 애국주의자들은 영광스럽게 각색된 과거와 현재를 좋아하는 나머지 현실을 싫어한다. 그들은 국가를 있는 그대로 드러내는 것이 국가에 대한 사랑을 약화시킬 거라고 염려한다. 하지만 이 말은 결국, 인간의 마음은 현실을 견딜 수 없고, 연인들은 자기가 사랑하는 사람의 진짜 몸을 견딜 수 없으며, 부모는 이상화된 성취의 모습에 부합하지 않는 자녀를 포용할 수 없다는 것이다. 비록 슬프게도 종종 이것이 사실일 때가 있긴 하지만, 이것은 한 국가의 아이들의 교육을 위한 출발점으로서는 끔찍하다. 사실, 만약 어떤 아이들이 다른 사람의 있는 그대로의 신체 징후가 뚜렷해진 뒤에는 그 사람을 사랑하는 데 어려움을 겪는다면, 학교는 그러한 아이들을 걱정하고 그들을 돕는 데 개입해야 한다. 완벽에 집착하는 마음은 좌절하게 되어 있기 때문이다.

8. 제도적 지지대

학교들은 사회, 정치와 단절된 채 존재할 수 없다. 스킬라와 카리브디스를 피하는 애국심을 가르치려는 시도는 제도적 안전망을 갖춘 학교들이 존재하는 사회에서 성공할 가능성이 높다. 다수의 정서가 미덥지 않다는 점에서, 좋은 애국심 전통을 유지시키자면 우리는 지역 교육위원회나 주 입법부의 선의를 덮어놓고 믿지 않는 게 좋을 것이다. 법과 제도적 구조는 애국심의 선용에 필수적인 버팀목이며, 애국심 교육에서 악이 아닌 선을 도출해내는 데 기여하는 요소로는 다음과 같은 세 가지를 들 수 있다.

1. 헌법상의 권리와 사법부 독립. 헌법으로 정해진 권리들은 다수의

횡포와 전횡에 맞서 소수자들을 지켜주는 방어벽이다. (고비터스 가정의 아이들과 같은) 소수자들은 이들에 대한 다수자의 반감을 자극할 수 있다는 점에서 항상 애국심에 기인한 위험에 노출돼 있으므로, 애국심은, 모든 시민에게 보장되는 헌법상의 권리라는 확고하고 포괄적인 전통 및 이러한 권리에 대한 판단자로서 대중의 편견과 우려에 휘둘리지 않는 독립된 사법권과 함께 전개되어야 한다.

2. 이민자들의 권리 보호. 애국심은 언제나 외국인 혐오증으로 변질될 위험이 있으며, 외국인 혐오증은 흔히 이민자 집단을 겨냥한다. 품위 있는 애국심을 위해서는 이미 시민권을 누리고 있는 소수자들을 보호하는 데서 더 나아가, 시민이 아닌 (또는 아직 시민이 아닌) 합법적 이민자들에 대한 확실한 보호 및 불법 이민자들에 대한 합리적이고 지속적인 정책과 법률도 수반해야 한다.

3. 언론과 표현의 자유. 아마 이들 세 요소 중 가장 중요한 것이 표현의 자유와 반대 의견을 내세울 자유, 그리고 언론의 자유에 관한 강력한 법적 보호일 것이다. 이것은 칸트가 평화적인 세계 공동체의 가능성에 대해 쓴 모든 저작에서 강조한 것이기도 하다. 좀더 일반적인 의미에서 이것은 비판적 대중문화를 형성하는 데 선도적인 역할을 하는 지식인들의 목소리를 보호하는 것이다. 한 국가가 그러한 문화를 조성하는 데 얼마나 성공했는가에 따라, 그 나라의 모든 마을과 지역은 미친 듯이 날뛰는 과도한 애국심을 제어하는 안전장치를 그만큼 잘 갖출 수 있다. '바넷 사건'은 과도한 애국심의 이야기가 담긴 '마이너스빌 사건'이 비교적 행복한 결말로 가려면 언론과 언론의 비판적 자유가

중요하다는 것을 우리에게 일깨워준다.

　자신의 국가에 대한 사랑 그 자체는 좋은 것이 아니다. 대부분의 경우 그 사랑은 아주 나쁜 것이다. 국가의 이야기는 나쁜 방향으로 구축될 수도 있고, 심지어 기본적으로 좋은 이야기마저 나쁜 방향으로 가르쳐질 수 있다. 그러한 가르침은 큰 피해를 초래할 수 있다. 그럼에도 불구하고, 사익의 희생을 요하는 목표를 추구하는 국가라면 상징과 수사, 감정적 기억과 역사를 끌어내는 방식으로 조국에 대한 사랑을 호소할 수 있어야 한다. 워싱턴, 링컨, 킹, 간디, 네루는 모두 이 일을 성공적으로 해냈다. 만약 빈곤 퇴치, 소수자들을 위한 정의, 정치적·종교적 자유, 민주주의, 전 지구적 정의에 관심을 쏟고 있는 사람들이 감정과 상상에 호소하는 것은 본질적으로 위험하고 비이성적이라고 우려해 상징과 수사를 삼간다면, 기대치가 낮은 목표를 추구하는 사람들이 이러한 힘들을 독점해 민주주의와 사람들에게 해를 끼치게 될 것이다.

9장

비극 축제와 희극 축제:
동정심 형성, 혐오감 극복

Political Emotions
Why Love Matters for Justice

용감한 자들은 자신의 에너지를 분출하며 기뻐한다.
그들은 자신의 축제를 창조하는 사람들이다. 스스로 기쁨을 누리는 능력을
갖지 못한 이 용기 없는 자들은 다른 사람들이 만들어놓은 것에 의존해야 한다.
다가올 미래에 이 세상에 행여 축제가 부족할까봐,
그들은 후일을 위해 조상이 남겨둔 자투리들을 아껴가며 비축한다.
그들은 자기 힘으로 창조하는 법을 알지 못하므로
선조들을 찬양하는 것으로 만족한다.
_바울, 타고르의 『사람의 종교』에서 인용[1]

1. 몸의 연극

트로이 전쟁 중에 그리스와 싸우기 위해 트로이로 가던 필록테테스는
실수로 렘노스섬의 어떤 성지에 발을 들이게 되었다. 그는 성전을 지
키던 뱀에게 발을 물렸고, 그 발은 악취와 극심한 통증을 동반하며 썩
어들어가 진물이 흐르기 시작했다. 고통에 찬 그의 비명은 군대의 종
교 의식을 행하는 데도 방해가 되었다. 그러자 지휘관들은 그에게 오
직 그의 활과 화살만을 쥐어준 채 그를 홀로 섬에 두고 떠났다. 이를
주제로 비극작품을 쓴 여느 작가들과 달리 소포클레스는 렘노스를 사
람이 살지 않는 섬으로 묘사했다. 이런 식으로 그는 필록테테스가 처
한, 인간 존재와 언어로부터의 심각한 고립을 강조했다. 그가 보고 들

을 수 있는 존재라곤 그의 양식이 되어야 할 동물들밖에 없었다.

10년 후, 필록테테스의 마법의 활 없이는 전쟁에 이길 수 없다는 것을 깨달은 그리스인들은 그를 속여 트로이로 데려오기 위해 그를 찾으러 돌아간다. 원정에 나선 지휘관들은 인간 필록테테스에게는 관심이 없었다. 그들에게 필록테테스는 목표를 이루는 데 필요한 도구에 불과했다. 하지만 평범한 병사들의 합창에 드러난 반응은 달랐다. 병사들은 그를 만나기도 전에 그의 모습을 상상하고, 지휘관들의 냉혹함에 저항한다.

> 나는 그를 동정하네.
> 생각해보라
> 인간이나 보살핌 없이,
> 친구의 얼굴 하나 없이,
> 비참하게, 매 순간 홀로,
> 잔혹한 병에 시달리면서,
> 일용할 양식을 조달할 방도도 없이 그가 얼마나 쇠약해졌을지.
> 세상에, 그 불쌍한 사람은 어떻게 살아남을 수 있었을까?[2]

병사들은 그의 굶주림, 육체적 고통, 고립, 고통에 찬 절규, 대답 없는 메아리 등을 묘사한다.

합창단은 10년간 어떤 인간의 눈에도 띄지 않았던 한 남자, 배척과 낙인으로 인해 인간성이 드러나지 않게 된 한 남자의 삶을 상상하면서 관찰자의 정신생활을 대변하고 암시한다. 여기에서 우리 모두는 부유한 사람들이 거의 관심을 두지 않는, 집 없는 궁핍한 삶의 한 유형을 상상하도록 초대받는다. 합창단은 그 삶이 전화위복이 되리라고 거듭 이야기한다. 비극 관람은 인간의 육체적 허약함으로 인해 인간이라면 누구에게나 일어날 수 있는 일에 대한 감정적 자각을 촉진한다.

또 어떤 날엔 관객은 다른 두 유형의 남성성이 맞서는 것을 웃으며 지켜본다. 라마코스는 공격적이고 남성미 넘치는 남자이자 영웅적인 장군으로, 기진맥진하고 상처 입은 몸으로 전쟁에서 돌아와 고통으로 흐느낀다. 시골 농부인 디카이오폴리스는 전쟁에 반대하는 인물로, 배부르게 먹고 마시고 성욕을 충족시키며 산다. 그의 발기는(그의 의상으로 생생하게 표현된다) 남성적인 공격성의 표시가 아니라, 성공을 거부하는 표시다. 이 연극은 자신의 운명에 괴로워하는 라마코스를 통해서 우리가 이미 알고 있어야 마땅한 것을 상기시킨다. 전쟁은 상처를 남긴다는 것이다. 강인한 병사라는 존재는 사람들에게 아주 깊이 각인될 수는 있지만, 삶의 기쁨을 누릴 수 없음은 물론이고 피비린내 나는 고통을 피할 수 없다. 라마코스는 실존 인물로, 그의 이름은 전쟁을 상징한다. 디카이오폴리스는 허구의 인물로, 그의 이름은 "공정한 도시"라는 뜻이다.

바로 이 점에서 라마코스는 디카이오폴리스가 되고 싶어한다. 그것은 불가능하지만, 최소한 그는 비극적 영웅이 되었다. 필록테테스처럼 통증에 울면서, 자신이 연약한 육체를 지닌 존재임을 인정하는 것이다. 라마코스는 말한다. "전우여 내 두 다리를 잡아, 잡아, 파파이 papai[필록테테스가 고통 속에서 사용한 것과 같은 특이한 감탄사], 꽉 잡아." 디카이오폴리스는 말한다. "사랑스러운 나의 여인들이여 내 음경을 잡아, 가운데 있는 그걸 잡아, 꽉 잡아." 라마코스는 말한다. "머리가 어지럽군. 누가 돌로 내 머리를 막 내리치는 것 같아. 어둠skotodiniô 속으로 들어가고 있는 것 같아." 디카이오폴리스는 말한다. "잠자리에 들어야 할 것 같아. 발기됐어. 어둠skotobiniô 속에서 성교하고 싶군."[3] 비극적인 대사마다 희극적인 응답이 따르면서, 희극적 영웅의 무절제와 추함이 일종의 치료법처럼 보인다. 전쟁의 잔인한 파괴보다는 평범한 삶과 모든 인간이 좋아하는 쾌락이 제시되고, 부상자를 위한 병상보다는 쾌락을 위한 침대가 제시되는 것이다. 라마코스는 무모하게 전쟁에 나갔고, 그리하여 벌을 받았다. 나중에 밝혀지듯이 그 희극적 몸은 동시에 그 군인의 몸이기도 하며, 그는 고통 속에 집으로 돌아와서야 그 사실을 깨닫는다.

아리스토파네스의 「아카르나이 사람들」(기원전 425)의 결말 부분이 펠로폰네소스 전쟁에 투입되었던 시민들 앞에서 상연되었다. 그 희극은 매우 신성한 공식적 시민 축제의 일환이었고, 그들의 도시는 오랫동안 전쟁 중이었다. 그러나 그 연극이 평화라는 궁극적인 목적을 상기시켜주었다. 관객 가운데 제정신을 가진 사람이라면 누구도 용기를 드러내는 한 방편으로 라마코스의 운명을 선택하지는 않을 것이다. 디카이오폴리스로 상징되는 삶의 좋은 면에 대한 갈망을 모두가 인정할 것이다. 이러한 인정은, 삶의 "부드러운" 면이라고 부를 만한 상태로, 즉 쾌락을 사랑하고 죽음을 두려워하며 "남자다운" 공격성에 대해 큰 회의를 갖는 방향으로 잠깐 옮겨가는 한 방법이다.[4] 디카이오폴리스의 승리와 라마코스의 고통의 병치에 대해 웃다보면, 가장 군인다운 관객조차 자기 영혼의 어떤 부분을 인정하게 된다. (우리는 "남자다운" 전쟁에 대한 케루비노의 공포, 음악과 사랑에 대한 그의 애호를 생각해봐야 한다.)

고대 아테네의 민주주의는 시민 교육에서 비극과 희극이라는 연극에 역점을 두었다. 이러한 연극이 상연되는 축제 기간에 다른 모든 업무는 중단되었다. 주요 시민 축제인 디오니시아 때는 세 명의 비극 작가가 각각 내놓은 세 편의 비극과 한 편의 사티로스극이 펼쳐졌다. 시민들은 (여성 및 외국인 방문객과 함께) 작품들을 봤으며, 이후 어느 극작가에게 상을 줄지도 결정했다. 또한 시민들은 연극에 참여하기도 했다. 코러스를 연습하는 사람들은 부유한 시민이었으며, 모두 남자였고, 대개 젊은이였다.[5] 주인공은 대개 존경받는 시민이 맡았다. 겨울에 열리는 좀더 작은 축제인 레나이아에서는 또다시 비극 작품들이 상연되었지만, 희극 작품들도 상연되었다. 주로 다섯 작품 정도가 서로 경쟁했다. 이 연극들 역시 상당히 중요하게 여겨지는 시민 행사의 일환이었다.

희극이든 비극이든 연극은 스타일뿐만 아니라 메시지로도 평가되었고, 중요한 기준은 시민의 묘사와 교훈이었다.[6] 극장의 좌석 배치에도 이 점이 반영되었다. 즉, 관객은 (많은 현대 공연에서처럼) 어두운 곳에 뚝 떨어져 앉아서 조명되는 눈앞의 광경을 응시하는 것이 아니라, 햇빛을 받으며 앉아서, 연기하는 동료 시민들의 얼굴을 보았다.

공연은 진한 감정을 표출하는 기회였다. 관객에게 강렬한 감정적 반응을 불러일으키는(예컨대 연극의 비극적 사건에 충격받아 임신부 관객이 갑자기 진통을 느낀 경우도 있었다) 이야기가 가득했다. 이러한 감정은 숙의와 논의를 기초로 한다는 민주주의 개념에 상반되는 것으로 여겨지지 않았다. 오히려 그 반대였다. 그 감정들은 정치적 토론을 위한 중요한 정보로 여겨졌다.

대개 그 정보는 매우 결정적이었다. 에우리피데스의 「트로이의 여인들」은 반항적 식민지인 밀로스의 남자들을 모조리 죽이고 여자와 아이들을 노예로 삼기로(또한 강간하기로) 한 최근의 결정이 적절한지 관객으로 하여금 따져보게 한다. 대개 사람들은 타인의 실존적 현실에 대해 딱히 상상해보지 않은 채 타인의 운명을 논한다. 이런 연극은 그러한 둔감함을 돌파하는 경험을 야기하면서 미래의 선택에 영향을 미친다. 상상력 없이는 논증이 제대로 기능할 수 없다. 이성적인 연역적 사고만으로는 여자들이 완전히 성숙한 인간인지 아닌지, 또는 강간이 상처가 되는지 아닌지에 관해 알 수 없다. 밀로스의 여자들을 노예로 삼는 것이 정당하다는 결론을 내리기 위해 논리적으로 타당한 주장을 구축하는 것은 쉽다. 이러한 논증은 단지 출발점으로서 훌륭할 뿐이고, 이런 비극들이야말로 사람들을 자기편이 겪는 일의 실체뿐만 아니라 자신들이 다른 사람들에게 저지르는 일의 실체에도 연결시킬 수 있는 감정적 통찰력을 증진시킨다.

모든 사회는 사람들의 염원을 좌절시키지 않도록 공적인 슬픔을 잘 다루어야 하며, 동정의 대상을 일부에서 전체로 적절히 확장시켜야 한다. 또한 시민들이 쉽게 공격적인 것으로 전환될 수 있는 신체적 혐오를 극복할 수 있도록, 타인의 신체에 대한 새로운 사고방식을 불러일으켜야 한다. 많은 현대 국가가 고대 아테네식의 연극 축제들을 정확하게 복제할 수는 없지만, 그 축제들의 정치적 역할을 이해하려고 시도해볼 수 있고, 또한 (정치적 수사, 공공의 후원을 받은 시각예술, 공원이나 기념관의 설계, 공적 독서 토론, 공휴일이나 공적 축하 행사의 선정 및 내용을 통해서) 그 축제들과 유사한 것을 시도해볼 수 있다. 하지만 먼저 비극 축제와 희극 축제가 성취한 바에 대한 좀더 깊은 이해가 요구된다. 그 본보기는 본질적으로나 이론적으로 흥미롭다. 또한 미국 내에서, 사실상 전 세계에서 고대 그리스 고전들이 중요성을 띠고 있는 것으로 미루어, 역사적으로 영향력을 발휘할 수도 있을 것이다.[7] 뒤에서 보겠지만, 비극 축제는 동정심의 발달에 초점을 맞추고 있으나, 혐오감을 소홀히 하지 않는다. 아리스토파네스식의 희극은 주로 혐오감을 다루지만, 동시에 동료 의식도 함양한다.

2. 비극 관람과 동정심

비극 관람이 불러일으키는 핵심 감정은 동정심, 즉 다른 사람의 불행에 감응하는 감정이다. 6장에서 설명했듯이, 아리스토텔레스와 루소에 따르면 이 감정은 세 가지 요소로 이루어진다. 첫째, 고통이 심각하다는 생각. 둘째, 고통의 일차적 원인이 그 당사자가 아니라는 생각. 셋째, (전부는 아니지만 많은 경우) 고통은 인간의 삶에서 "일어날 수 있는" 일들과 관련돼 있으며, 그래서 고통받는 극중 인물들뿐만 아니라 모든 관찰자도 같은 고통을 당할 수 있다는 생각. 여기에다 우리는 끝으로 "행복론적 생각", 즉 고통을 겪는 사람이 우리 자신의 '관심의 원' 안에 들어 있다는 생각을 추가해야 한다.

　내가 주장했듯이, "비슷한 일이 내게도 일어날 수 있다는 생각"이 동정심에 꼭 필요한 것은 아니다. 왜냐하면 우리는 우리와 매우 다른 생명체에게도 동정심을 느낄 수 있기 때문이다. 하지만 유사한 일이 일어날 가능성에 대한 생각은 흔히 볼 수 있는 도덕적 둔감함을 방지하는 데 매우 유용하다. 사람들은 대개 타인을 자신과 거리가 먼 존재로 여겨, 타인에게 벌어진 일이 자신에게도 일어날 수 있다는 사실이 나 타인만큼 자신도 취약하다는 사실을 크게 염두에 두지 않는다.

그러한 거리 두기는 계급, 인종, 성별을 비롯한 여러 정체성에 따라 구획 지어진 사회에 언제나 있을 수 있다. 혐오나 낙인이 존재하는 곳에서는 더욱 그렇다. 우리가 봐온 것처럼 혐오감은 타인을 (이른바) 순수하고 탁월한 자아와는 완전히 다른 미천한 동물로 표상하면서 드러내는 감정이다. 혐오는 종종, 신체적 허약함을 종속적인 집단에 투사하면서(그들은 야후의 몸을 가지고 있고 우리는 그렇지 않다), 그리고 그런 투사를 더 견고한 종속의 이유로 이용하면서, (지배 집단의) 몸의 진실을 부인한다. 누구에게나 유사한 일이 일어날 수 있다는 생각에 이르는 데 실패하면 행복론적 사고에도 실패하게 된다. 비유사성 또는 미천한 동물성으로 타자를 머릿속에 그리면서 타자를 '관심의 원' 밖으로 추방해버리기 때문이다.

비극 관람은 평범한 인간의 나약함을 강조하면서, 혐오감과 우리가 인간부정[8]이라고 부르는 것에 기인한 구분에 거짓이 내포돼 있음을 드러내고, 지배 집단 너머로 관심을 확장하게 해준다.[9] "비극"과 "비극적인 것"을 전체적으로 일반화하는 것은 항상 위험이 따르는 일이며, 도덕적 둔감함을 내포하는 비극들도 있다. 그럼에도 불구하고 (비극, 신체적 고통, 공통의 인간성에 대해 성찰하는 오랜 이론적 전통의 중심에 있다 할 수 있는) 「필록테테스」를 더 깊이 살펴보는 것은, 이러한 윤리적 잘못들을 드러내는 경향이 있는, 그 장르 자체에 내재된 반전과 슬픔의 구조들을 파악하는 데 도움이 될 것이다. 이러한 일반적인 구조들을 이해하면 어떻게 우리가 서로 다른 환경에서도 유사한 효과를 만들어내는 게 가능할지 생각해낼 수 있을 것이다.

「필록테테스」는 분명 관찰자로 하여금 신체적 고통에 대한 공포와 신체적 고통에 수반되는 사회적 고립을 인정하게 하는 작품이다. 이 작품은 관찰자를 극도의 신체적 고통 가까이에, 단 사람들에게 혐오감을 주지 않을 만큼의 거리를 두고(통증의 엄습을 비명보다는 운율이 있는 외침으로 매우 격식 있게 묘사한다) 위치시켜, 최고의 평등 의식을 경험하게 해준다. 즉, 모든 인간은 똑같이 연약하며, 필록테테스에게 완전히 결여돼 있던 음식, 안식처, 통증 완화, 대화, 속이지 않는 우정, 정치적 목소리 같은 삶의 필수 요소들을 똑같이 필요로 한다는 것을 인정하게 하는 것이다.

아리스토텔레스는 『수사학』에서 비통한 동정심의 보편적 이유들을 정리한 매우 유력한 목록을 제시한다. 그 목록은 세월이 흘러도 여전히 유효하다. 현대 미국인들이 만든 동정의 이유 목록과 굉장히 유사할 정도다.[10] 그것은 마치 소포클레스 희곡의 대략적인 줄거리를 보여주는 것 같다. 이 목록은 두 범주로 나뉜다. 하나는 고통스럽고 파괴적인 일이며, 다른 하나는 전화위복의 계기가 되는 나쁜 일이다. (이렇게 범주를 나눈 이유는 분명치 않다.) 첫 번째 범주에 속하는 것은 죽음, 신체적 손상, 신체적 고통, 노령, 병, 먹을 것의 결여다. 두 번째 범주에 속하는 것은 고독, 친구 없음, 친구와 친지로부터의 단절, 추함, 약함, 불구, 기대했던 좋은 일에서 나쁜 결과를 얻는 것, 이런 일이 여러 차례 일어나는 것, 최악의 일이 일어난 뒤에 좋은 일이 오는 것, 아무에게도 좋은 일이 생기지 않는 것, 좋은 일이 생겼지만 그것을 즐길 수 없는 것이다. 필록테테스에게는 노령만 빼고 이 목록의 모든 항목이 해당되는 셈이다. 특이한 항목(기대했던 좋은 일에서 나쁜 결과를 얻는 것, 좋은 일이 너무 늦게 찾아와 그것을 즐길 수 없는 것)까지 두루 말이다. 마치 이 작품을 알고 있었음에 틀림없는 아리스토텔레스가(그가 『니코마코스 윤리학』에서 이 작품을 언급했으므로) 이 작품을 본보기로 사용한 것만 같다. 어쨌든 이 목록을 통해서 우리는 이 희곡 작품이 동정심과 동정심의 이유들의 지도를 우리에게 얼마만큼 보여주는지, 또 동정심이라는 감정의 구조에 개입한다고 생각되는 기본 요소가 무엇인지(심각함, 죄 없음, 유사함) 알 수 있다. 이 작품은 사건들의 엄청난 규모를 보여줌으로써 이 사건들이 대단히 중요하다는 것을 부인하지 못하게 한다. 우리는 이런 나쁜 일들에 맞서 싸우도록 자극받는다. 고통 경감이나 수명 연장 같은 것을 위해 싸우도록 자극받는 것이다. 하지만 이러한 투쟁이 인간부정의 성격을 띠는 것은 아니다. 즉 필사의 운명이라는 기본 조건을 거부하는 것은 아니다.

또한 이 연극은 궁핍이 말과 생각에 해를 끼칠 정도로 정신생활에 얼마나 큰 영향을 미치는지를 보여준다. 필록테테스는 항상 먹을 것을 구할 방도를 생각해야만 한다. 생존을 위한 수고는 너무 힘들고 끊임없이 계속되어서, 다른 생각을 집어삼킬 정도로 위협적이다. "고통과 굶주림에 처해 있는 가련한 그는 늘 불안하다"(185~187). 둘째, 그 수고는 평화와는 거리가 멀다. 그것은 내면세계로 불안과 혼란을 끌어들인다. 필록테테스는 "매번 필요한 것이 생길 때마다 어쩔 줄 모른다"(174~175). 그의 고통은 "영혼을 집어삼키는 것이었다". 그는 보살핌을 받지 못하는 아이처럼 무력하다. 고통이 그를 어린아이로 만든다. 고통과 고독이 생각을 거칠게 만든다. 필록테테스는 수년간 언어를 사용하지 않았다. 그는 자신이 "다 큰 미개인"인 것을 안다(226). 그리고 중심이 되는 주목할 만한 장면이 묘사하듯이, 통증이 맹렬히 덮쳐오면 인간다운 생각과 말은 모두 달아나버린다. 운율이 담긴 필록테테스의 울음소리 "아파파파이 파파 파파 파파 파파이apappapai papa papa papa papai"(746)는 박자가 있고 인위적인 데가 있어서 인간과 동물을 가르는 면도날이 되어준다. 하지만 거기엔 인간 언어의 특징인 구문과 형태소는 담겨 있지 않다.[11] 고통은 인간의 존엄에 걸맞지 않은 삶을 안겨준다.

그리하여 이 작품은 심각성에 대한 판단에서의 잠재적 결함들을 수정한다. 이것은 심히 중차대한 상황인 데다 우리 모두에게 중차대한 상황이기 때문이다. 또한 이 작품은 과실에 대한 판단에서의 오류들을 수정한다. 자신이 뭘 잘못한 게 아니고, 단순한 우발적 사건이 자신이 처한 슬픔의 원인이라고 필록테테스가 계속 주장하기 때문이다. 그리고 이 작품은 유사한 일이 누구에게나 일어날 수 있다는 생각을 바탕에 깔고 있다. 선한 의도를 가진 죄 없는 사람에게 이런 일이 일어났다면, 우리 중 누구에게나 그 일이 일어날 수 있는 셈이기 때문이다.

필록테테스는 신체적으로 혐오감을 유발한다. 그의 고립은 낙인의 결과다. 혐오는 연극 전체를 관통하는 암류다. 예를 들면, 네오프톨레무스는 필록테테스가 사는 곳 옆에서 고름이 가득한 천을 발견하고 역겨움에 소리를 지르며, 필록테테스 자신도 그것이 눈에 띄지 않기를 바란다. 이후 연극은 더 깊이 들어간다. 관찰자들(합창단과 궁극적으로는 네오프톨레무스 같은 사람)을 불완전한 존재로 여겨지는 버려진 자의 삶 가까이로 인도해, 그 역시 동등하고 온전한 인간성을 지닌 존재임을 그들에게 납득시키는 것이다. 비극은 직면하기 버거운 사건들을 다루지만, 시, 리듬, 멜로디를 활용해 비위 약한 관객에게 다가간다. 현실 세계에서 스스로에 대한 염려는 자기초점을 마비시킬 수 있으며, 신체적 혐오는 거리 두기와 배제로 이어질 수 있다. 하지만 비극은 혐오를 일으키는 감각적 특징 없이, 염려를 일으키는 현실 세계의 연루 없이 이야기를 끌고 나감으로써 배척당하는 것을 피한다.

동정심에서 범하게 되는 잘못들은 우리가 '관심의 원'을 설정할 때 드러내는 편협함에서 비롯된다. 이는 혐오와 인간부정이라는 인간 특유의 반응으로 인해 더 악화돼버린 우리의 타고난 동물적 유산의 일부다. 그럼에도 불구하고 우리는 (뱃슨의 실험이 보여준 바와 같이) 어떤 생생한 이야기를 통해서 '관심의 원'이 비약적으로 확장될 수 있다는 것 또한 살펴봤다. 비극 작품들은 시, 음악, 춤을 효과적으로 사용해 등장인물의 곤경을 더 생생하고 애처롭게 그리는 탁월한 기술을 통해서 뱃슨 실험을 수행하는 셈이다. 극중에서 '관심의 원'으로부터 내쳐졌던 사람이 예술의 힘을 통해 그 지위를 회복한다.

요약하자면, 신체적 취약함에 계속 시선을 두는 비극 관람은 사회생활에서의 분열을 극복하는 강력한 장치다.[12] 당장은 특권층이 비특권층에 비해 상당한 기회와 가능성을 지니고 있다 할지라도, 비극은 (특권층을 주로 주인공으로 선택하여) 끔찍한 역경은 최고 특권층까지 포함해 모든 인간의 공통 운명임을 상기시킨다. 이런 유의미한 관점이 「필록테테스」 같은 작품에서 특히 두드러지지만, 그러한 관점은 많은 점에서 장르 내재적인 것이다. 그 장르의 플롯 구조 자체가 인간 공통의 취약함을 강조하는 것이기 때문이다.

비극은 인간 공통의 역경을 강조하기 때문에, 뱃슨의 연구가 지나치게 동정심에 집중하면서 갖게 된 다소 편협한 관점을, 일반화하거나 넓히는 방향으로 수정하기도 한다. 앞에서 말했듯이, 이러한 편협성 때문에 감정 경험은 늘 좋은 도덕 원칙들과 소통해야 하지만, 감정 경험 그 자체를 가교 삼아 보편적 특성으로 나아갈 수 있다면 좋은 일이다.

실제로 비극은 그런 가교 역할을 한다. 우리는 여전히 원칙과의 소통이 필요한데, 비극은 우리가 편협하고 부분적인 데서 벗어날 수 있게 도와줄 것이다.[13] 사실 비극은 우리를 롤스가 말하는 원칙 의존적인 감정으로 이끌되, 예술 특유의 에너지와 적확한 상징을 유지한다.

마지막으로, 비극은 과실과 사회 변화에 대한 유의미한 대화를 생산한다. 필록테테스는 왜 고통을 겪는가? 그를 보살핌 없이 버려둔 사람들의 냉담함 때문이다. 트로이의 여성들은 왜 고통을 겪는가? 강간과 예속이 정복당한 민족의 공통된 운명이기 때문이다. 일부 철학자들은 비극이 체념이나 불가피하다는 의식을 조장한다고 주장하지만, 고대 아테네의 비극은 사람들로 하여금 자신이 목격하는 수많은 고통 중에서 변할 수 없는 상황에 기인한 고통은 어느 정도이고 인간의 악한 행위에 기인한 고통은 어느 정도인지 자문해보게 하는 중대한 동요를 야기하는 경우가 더 많았다.[14] 비극은 인간 야망의 한계를 알려주지만, 그렇다고 해서 인간 의지의 마비로 귀결되지도 않고, 또한 책임, 의무, 변화 가능성에 대한 어려운 질문들을 침묵시키지도 않는다.

3. 비극적 딜레마와 기본적 권리

모든 사회는 아무리 품위 있고 진보적이라 해도 어려운 선택들에 직면한다. 왜냐하면 우리가 생각하는 사회는 개개인을 본질적으로 소중하고 관심받을 만한 존재로 여기면서 모든 시민에게 여러 권리를 보장해주지만, 가끔 여러 가치가 서로 충돌하는 상황에 직면하기 때문이다.[15] 비극 관람은, (결여될 경우 인간적 품위에 어울리는 삶을 영위하는 데 심각한 장애를 초래한다는 점에서) 모든 시민에게 보장되어야 하는 핵심적인 가치들을 확인할 수 있게 도와주었다. 하지만 비극 관람은 또 다른 중요한 기여를 한다. 비극은 그러한 충돌에 대한 이해를 돕고, 그러한 충돌에 대한 평범한 접근법이 지닌 한계도 인식하게 해준다. 가치들의 충돌에 대한 인식이 고대 그리스 비극에서 두드러지긴 하지만, 이는 인도의 가정에서도 마찬가지다. 인도의 대서사시 「마하바라타 Mahabharata」의 중심에 이런 인식이 자리하고 있다. 그러므로 그 작품의 핵심적 사건을 살펴보자.

아르주나는 자기 군대의 맨 앞에 서 있다. 대전투가 막 시작되려 한다. 그의 편은 판다바가家다. 이는 적법한 왕위 계승자인 아르주나의 맏형이 이끄는 왕가다. 상대편에는 권력을 찬탈한 아르주나의 사촌들인 카우라바가가 있다. 거의 모든 사람이 어느 쪽이든 한쪽에 가담했고, 아르주나가 보기에 상대 진영의 많은 사람은 그가 애정을 갖고 있는, 아무 잘못도 없는 사람들이다. 잇따른 전투에서 그는 가능한 한 많은 사람을 죽여야 했다. 어떻게 그렇게 많은 친지와 친구를 죽음에 이르게 하는 과정이 정당화될 수 있을까? 또한 어떻게 자기편이나 자기 가족에 대한 의리를 저버리는 것이 정당화될 수 있었을까?

아르주나는 자신의 동료와 친구뿐 아니라 자신의 아버지, 할아버지, 삼촌, 형제, 아들, 손자, 가정교사도 보았다. 이러한 광경에 둘러싸여 그는 슬픔과 동정심을 느끼며 말했다. "오, 크리슈나, 싸울 태세를 갖추고 맹렬히 전투에 뛰어들려 하는 나의 사람들을 보니 사지에 전율이 일고, 입이 마르고, 몸이 떨리고, 머리카락이 쭈뼛 선다. 게다가 나는 친척들을 죽이는 것에서 불길한 전조를 보며, 좋은 점이라고는 전혀 보지 못한다. 우리가 친구이자 친척인 카우라바가 사람들을 죽여야 한다는 것은 옳지도 않고 타당하지도 않다. 가족을 죽이고 어떻게 행복할 수 있겠는가? (…) 오, 크리슈나, 어떻게 내가 할아버지 비스마와 가정교사 드로나처럼 나의 존경을 받을 만한 사람들을 활로 쏠 수 있겠는가?" 아르주나는 이런 말을 하면서 활과 화살을 내던졌다. 그리고 슬프게 자기 마차에 털썩 주저앉았다.[16]

아르주나는 스스로에게 한 가지가 아니라 두 가지 질문을 한다. 첫 번째 질문은 자신이 어떻게 해야 하는지를 묻는 것으로, 나는 이를 명확한 질문이라 부르겠다. 이 질문에 답하는 것은 쉽지 않다. 답을 찾는 가장 좋은 방법이 무엇인지 아는 것조차 쉽지 않다. 이 경우, 아르주나와 그의 조언자 크리슈나는 방법적으로 첨예한 차이를 보인다. 크리슈나는 불쾌한 결과를 낳을 가능성에 대해서는 생각 말고 의무감만 생각하며 나아가길 권하고, 아르주나는 모든 예측 가능한 결과를 신중하게 생각해보고자 한다.[17] 하지만 상대적으로 어렵지 않은 부분은 그것이 반드시 답해야만 하는 질문임을 인지하는 것이다. 왜냐하면 어떤 식으로든 반드시 행동을 취해야 하기 때문이며, 그러한 상황에서는 심지어 행동하지 않는 것도 일종의 행동이다. 그런 의미에서 이 질문은 명확하다. 이 질문은 상황에 의해 강요된 것이다. 아르주나는 자기 가문의 충실하고 책임감 있는 지도자이면서 동시에 상대 진영에 있는 친구와 지인의 삶을 지켜주는 사람이 될 수는 없다. 그는 선택을 해야만 한다.

다른 하나의 질문은 그다지 명확하지 않다. 상황에 의해 강요된 것도 아니다. 그것은 아르주나를 쉽게 피해갈 수도 있다. 나는 이 질문을

"비극적 질문"이라 부르겠다. 이는 그 상황에서 아르주나가 선택할 수 있는 대안들이 과연 도덕적으로 받아들여질 만한 것인가 하는 질문이다. 아르주나는 이 질문과 대면해야만 한다고 느낀다. 그리고 그렇게 했을 때 대답은 "아니오"다. 크리슈나는 이와 대조적이다. 그가 단지 이 질문의 영향력을 미처 알아보지 못한 것일 수도 있고, 아니면 의무에 더욱 충실하기 위해서 의도적으로 이 질문을 직시하지 말라고 권고한 것일 수도 있다.

이 비극적 질문은 단지 앞서 말한 명확한 질문에 답하는 것이 어렵다는 사실을 표현하는 방편이 아니다. 선택의 어려움은 양쪽 선택 모두에 도덕적 과실이 존재한다는 것과는 무관하다. 사실, 많은 비극적 딜레마에서 그런 것처럼 이 경우에 아르주나가 해야 하는 선택은 오히려 분명하다. 그는 화살을 내던져버리고픈 마음이 굴뚝같겠지만, 그렇게 하면 아무것도 성취하지 못할 것이다. 그 결과 자기편에 더 많은 죽음을 불러올 것이며, 대의명분도 상실하게 될 것이다. 그런가 하면 상대편에서도 수많은 죽음이 발생할 것이다. 따라서 그는 싸워야만 한다. 이 비극적 질문은 명확한 질문에 답하는 어려움을 나타내는 것이 아니라, 분명히 존재하는 별개의 어려움을 나타낸다. 명확한 질문에 대한 모든 가능한 답은 최상의 답이라 해도 심각한 도덕적 악행을 포함하기에 그릇된 것이다. 그런 의미에서 "올바른 대답"이란 없다.[18]

비극적 질문을 던지는 이유는 무엇인가? 아르주나가 이러지도 저러지도 못하는 데 비해, 크리슈나는 나름의 생각을 갖고 있는 듯하다. 중요한 것은 명백한 질문이고, 비극적 질문은 우리를 무익한 혼란에 빠트릴 뿐이라는 것이다. 그는 말한다. "오, 아르주나, 이 중요한 시간에 왜 그렇게 실의에 빠져 있나요? 고귀한 사람들은 그런 실의 따위는 모르는 법이죠. 실의는 당신을 천상의 고귀함으로 이끌어주지 못해요. 지상에서 치욕을 안겨줄 뿐이죠." 정말 맞는 말이라고 혹자는 생각할지도 모른다. 왜냐하면 사람들은 자신의 의무가 무엇인지 알면 비장하게 신음하거나 한탄하지 말고 열심히 의무 수행에 임해야 한다고 생각하기 때문이다. 우리는 자신이 흘리게 할 피를 생각하며 초조하게 손을 비벼대는 군사 지도자도, 화살을 내던지고 마차에 주저앉아 슬프게 우는 군사 지도자도 원치 않는다. 그들에게는 이런 식으로 생각하는 게 소용없는 일이자 해가 되는 일로, 그들의 결의와 그들 군대의 결의를 약하게 만든다.

다른 한편, 사람들은 신중함과 관련해 아르주나가 크리슈나보다 더 좋은 모델이라고 주장할 수 있다. 심지어 좀더 나은 정치적 계획을 통해 비극을 피하는 일이 가능했을 것 같지 않은 이런 사례에서는 비극적 질문이 핵심적이다. 그것은 선택을 한 사람의 마음이 자신의 행동이 비도덕적인 것이었다는 데(그런 선택은 항상 그릇된 것이다) 묶여버리게 만든다. "더러운 손"을 가졌다는 인식은 단지 방종이 아니다. 그러한 인식은 미래의 행동을 위해서도 의미가 있다. 그리고 그러한 인식은 선택을 한 사람에게 그가 정복당한 사람들에게 일종의 빚을 지고 있음을 알리고, 그들에게 닥칠 그 재앙 이후에 그들의 삶을 재건하려는 노력도 필요함을 알려준다. 그러한 인식이 일반화될 때, 도덕적 과실에 대한 인식이 형성된다. 이는 국내외 정치에서 중요성을 띤다.[19] 가장 중요한 점은, 그러한 인식이, 아르주나가 직면한 매우 특별한 비극적 상황을 제외하고는, 선택을 하는 사람이 (그리고 우리가) 그런 짓을 해서는 안 된다는 점을 그 선택자 자신에게 상기시켜준다는 것이다. 친족을 살해하는 것은 항상 비극적인 일로 인식되는 끔찍한 일 중 하나다. 이처럼 비극적 질문과 대면하는 것은, (특히 전시에) 강화되어야 하는 도덕적 의무들을 강화한다.

아르주나는 비극적 선택을 하는 사람이다. 또한 그는 비극적 질문을 제기하고 그에 답하는 사람이기도 하다. 물론 항상 그런 것은 아니다. 사실을 알고 있는 사람이라면 의문을 제기할 수도 있을 것이다. 그래서 비극적 딜레마는 단지 상황에 연루된 사람만 숙고해야 할 일이 아니다. 비극적 딜레마는 시민, 비극 관찰자 등이 공히 숙고해야 하는 일로, 폭넓은 공적 결과들을 초래할 수도 있는 어떤 상황에 대한 최선의 설명을 요구한다.

비극적 질문은 더 깊이 파고들기도 한다. 중요한 가치들의 비극적 충돌을 보면서, 우리는 어떻게 일이 그 지경에 이르게 됐는지, 또 더 좋은 계획이 있었다면 그러한 비극을 피하는 게 가능했을지 물을 수 있다. 소포클레스의 「안티고네」를 생각해보라.[20] 크레온은 반역자 폴리네이케스의 장례를 치러주는 자는 누구든 도시 전체의 반역자가 될 것이며 처형당할 것이라고 선포한다. 하지만 안티고네는 그 포고령을 받아들일 수 없다. 그것은 친족의 장례를 치러줘야 한다는 기본적인 종교적 의무를 위반하는 일이기 때문이다. 헤겔이 정확하게 지적한 바와 같이, 한 영역의 가치만 생각하며 다른 사람의 주장을 무시하는 이 인물들은 모두 편협하다. 크레온은 가족의 의무에 대한 "불문율"은 소홀히 하면서 도시의 건강함만 생각한다. 안티고네는 도시의 위기에 대해서는 인식하지 못하고 가족만 생각한다. 이 점에서 각자는 가치 일반에 대해서뿐만 아니라 각자가 소중히 하는 가치 영역에 대해서도 이해가 부족하다고 덧붙일 수 있다. 하이몬이 지적하듯이, 크레온은 시민 또한 가족 구성원이라는 점, 그리고 도시의 보호자가 이러한 가치들을 무시하고서는 결코 도시를 보호할 수 없다는 점을 인식하지 못한다. 안티고네는 가족 또한 도시에서 살아가야 하는 존재인 만큼 도시가 살아남아야 가족의 생존 또한 보장된다는 것을 인식하지 못한다. 안티고네의 선택에 대해 제대로 성찰한 사람이라면 그것이 진정 비극임을 알 수 있을 것이다. 더 나은 선택이 있을지는 몰라도 "정답"은 없기 때문이다. 두 선택지 다 심각한 잘못을 포함하고 있으니 말이다. 반역자를 매장하는 것은 그 도시에서 심각한 불법 행위다. 하지만 안티고네에게는 그를 매장하지 않는 것이 심각한 종교 위반 행위다. 둘 중 누구도 상황에 내재된 비극을 보지 못하며, 또 비극적 질문을 제기하지 않기 때문에, 두 사람 다 명백하게 능력이 떨어지는 정치 행위자라고 할 수 있다.

이것은 정치의 미래에 큰 차이점을 만든다. 연극은 흔히 일어나지 않을 것 같은 매우 극단적인 상황을 묘사한다. 도시가 통치자 가문의 일원에게 침략당한 이런 극단적인 상황에서 의무의 비극적 충돌은 피할 수 없는 일인지도 모른다. 하지만 비극적 질문과 마주하게 된 주인공은 통치 일반에 대한 여러 유용한 생각을 즉각 갖게 될 것이다. 특히 도시의 안녕과 종교적 의무에 대한 "불문율"이라는 두 가지가 윤리적 중요성을 갖는 핵심 문제일 것이다. 그/그녀는 시민의 법령과 충돌하지 않으면서 자기 가족의 종교적 의무를 추구할 수 있는 도시를 원하게 될 것이다. 달리 말하자면, 그/그녀는 페리클레스가 민주적인 아테네에서 찾고자 했던 그런 도시처럼, 공공 정책이 불문율을 존중하는 도시를 원하게 될 것이다. 미국인과 인도인들은 자유롭게 종교활동을 할 수 있는 공간에 공적 질서를 세울 수 있다고 믿는다. 그곳에서는 개개인이 시민의 법령과 종교적 명령 사이에서 늘 비극적으로 분열되는 일이 없다. 그래서 고대 아테네인들은 일종의 반비극적 사고를 갖고 있었다. 이것은 바로 소포클레스의 「안티고네」 같은 비극을 볼 수 있었기 때문이라고도 할 수 있다.

사실 헤겔이 (적절하게도) 비극의 정치적 의미를 부여한 지점이 바로 여기다. 비극은 우리에게 연극 속에서 서로 충돌하는 삶의 영역들이 갖는 중요성을, 그리고 그렇게 부딪치는 것들 사이에서 우리가 선택을 해야만 할 때 초래되는 끔찍한 결과들을 환기시켜준다고 헤겔은 말한다. 따라서 비극은 우리로 하여금 그런 선택과 마주하지 않아도 되는 세상이 있다면 어떤 곳일지 상상해보게 한다. 두 영역의 가치들 사이에서 "화합이 이루어지는" 세계를 상상해보게 하는 것이다. 그런 의미에서 연극은 무대 밖에서, 스스로의 건설적인 정치적 성찰을 통해 이러한 통찰에 이르게 된 시민들에 의해서 완성된다고 말할 수 있다. "진짜 드라마가 펼쳐지는 것은, 인간 행동의 힘들을 조정하는 데서 볼 수 있는 것처럼(이러한 조정이 없었다면 그 힘들은 충돌하면서 서로를 무효화하려 애썼을 것이다) 모순을 제거하는 과정에서다."[21]

만약 정치 영역이 (현명하게도) 여러 가치 영역을 인정하기로 한다면, 정치 영역은 그 영역들 간의 항구적인 비극적 충돌 가능성 속으로 끼어 들어가게 된다. 그렇지만 헤겔은 우리에게, 특히 정치적 삶에서 취할 만한 최상의 전략을 제시해준다. 우리는 명백하게 대립되는 두 가지 가치의 조화로운 육성을 이루어내려고 시도해보기 전에는 이러한 일이 과연 성취 가능한 것인지 아닌지 잘 알 수 없기 때문이다. 곳곳에서 많은 사람이 종교와 국가 간의 조화로운 합의는 불가능하다고 생각해왔다. 하지만 아테네 사람들은 그것이 잘못된 생각임을 입증하고자 했다. 현대 자유 국가들도 (무시할 수 없는 국가 이익들을 좋은 삶에 대한 수없이 많은 종교적·세속적 관점과 조화시키는 까다로운 문제와 씨름하면서) 그것이 잘못된 생각임을 나름대로 입증하려 하고 있다. 품위 있는 현대 입헌민주주의 국가 대부분은 시민들이 안티고네와 같은 비극을 피할 수 있게 해준다. 예를 들면, "무시할 수 없는 국가 이익"이 걸려 있을 때에만 정부가 개개인의 자유로운 종교활동에 "무거운 짐"을 지울 수 있다고 말하는 것이다.[22] 정치 원리들은 비극의 발생을 막는 데 최선을 다한다. 시민들이 비극적 질문의 힘을 알고 있기 때문이다.

우리는 헤겔의 관점을 바탕으로 비극적 질문과 대면하게 되어서야 우리가 취할 수 있는 적절한 대응이 무엇인지 알게 되곤 한다. 최근까지도 대부분의 국가는, 가족에 대한 의무를 성실히 이행하면서도 유급의 직업을 갖고자 하는 여성들에게 국가가 매일매일 비극적 선택을 강요하고 있다는 것을 직시하지 않았다. 탄력적인 근무 시간, 유급 가족 휴가, 가사를 분담하는 남성들에게 지급하는 장려금 같은 다양한 공공 정책이 그러한 긴장을 풀어줄 수 있을 것이다. 하지만 그 세대의 남성 대부분이 한 사람이 훌륭한 일차적 양육자인 동시에 훌륭한 직장 동료가 될 수 있어야 한다는 데 생각이 미치지 못했기 때문에, 어떤 간단한 변화들이 그러한 문제를 없앨 수 있을지 차근차근 생각해보지 못했다. 이들은 그저 그러한 양립 불가능성이 삶의 모습이라 생각했고, 또 그렇게 말하기도 했다. 상황이 달라질 리 만무하다. 우리 가상의 시민들이 가치들의 충돌에 대해 이런 식으로 이야기하곤 한다면, 그들은 잠시 멈춰서 비극 관람을 통해 형성된 감정들을 떠올리며 헤겔처럼 질문해야 한다. 우리의 관행을 재조정함으로써 비극을 없앨 수 있는가? 비극은 그저 비극으로 끝나는 것이 아니다. 대개 그 음울함 뒤에 어리석음, 이기심, 게으름, 악의 등이 도사리고 있다.

요약하자면, 비극적 딜레마는 정치적 삶과 관련해 두 가지 역할을 한다. 첫째, 비극적 딜레마는 기본적 권리와 그 권리가 부재할 때의 피해에 감정적·상상적 관심을 기울이게 한다. 성찰하며 비극적 딜레마를 좇다보면 동정심이 생겨나고, 그 동정의 상황을 낳게 된 잘못들을 생각해보게 된다. 둘째, 비극적 딜레마라는 감정적으로 힘든 경험을 통해, 시민들은 큰 희생, 큰 손실이 명백히 나쁜 것임을 분명히 배운다. 어떤 시민이든 그러한 희생과 손실을 감내해서는 안 된다. 이제 사람들은 열심히 상상력을 발휘해, 시민들이 그런 갈등에 직면하지 않아도 되는, 혹은 최대한 적게 직면하는 세상을 어떻게 건설할 수 있을지 생각하게 된다. 그러한 정신 자세가 곧 진화다.

4. 희극, 그리고 삶의 좋은 부분

고대의 희극 축제는 각 영웅의 의상에서부터 비극 축제와는 차이가 있었다. 긴 장화를 신은 진지한 얼굴의 엄숙한 비극 영웅은 인간의 위엄을 구현한다. 반면, 뚱뚱하고 못생기고 부풀린 의상을 입은 희극 영웅은 부끄러운 자제력 부족을 드러내며 계속 발기되어 있거나, 공공장소에서 예의 없이 게걸스럽게 먹어댄다.[23] 보잘것없는 위엄을 갖춘 사람까지도 당혹스러워할 정도로 방귀를 뀌고 똥을 눈다. 그는 지저분하고 냄새나고 불쾌한 신체를 상징하며, 그러한 신체가 가져다주는 기쁨을 선사한다. 하지만 이 두 종류의 영웅은 결코 멀리 떨어져 있지 않다. 소크라테스는 보잘것없는 인간적 상황을 초월해 "신처럼" 되는 것을 줄곧 생각했는데, 『향연』의 끝에서 비극 시인과 희극 시인은 본질상 하나라고 주장한다.[24] 앞서 말했듯이 비극은 인간의 신체적 허약함을 강조하며 동정심을 부추김으로써, 보잘것없는 인간성에 대한 오만한 거부의 경향을 눌러버린다. 아리스토파네스의 희극은 신체 기능을 끊임없이 솔직하고 즐겁게 묘사하면서, 모든 관찰자에게 그들 자신의 신체적 본성을 한껏 즐기라고 요구한다.[25] 그것은 동전의 양면과도 같다. 배설, 성행위, 땀은 굉장한 취약성의 표시로 제시된다. 아리스토파네스의 작품에서는 많은 웃음거리가 똥을 누고픔 때문에, 적절치 않은 순간에 방귀를 뀌게 된 곤혹스러움 때문에, 때를 못 가린 발기 때문에 야심찬 계획이 무산되는 식으로 표현된다. 하지만 그 취약함은 살아 있음의 한 표지로, 모든 사람에게 공통적인 것으로 받아들여진다. 또한 희극은 취약하지 않은 척하는 지극히 보편적인 가식을 거부하면서, 그 취약함이 주는 즐거움을 찬양한다. 아리스토파네스뿐만이 아니고, 희극 축제의 정신과 스타일 자체가 평화적인 면을 표방한다. 사람들이 먹고 마시고 성행위를 하는 것을 (심지어 방귀를 뀌고 똥을 누는 것을) 즐길 수 있는 것은 그들이 평화 속에 있기 때문이다. 군사적 공격은, 때로는 설득력 있는 이유도 없이, 이 모든 것을 위험에 빠뜨린다.

비극 축제처럼 희극 축제도 신체의 한계, 신체의 치욕, 죽음에 다가간 신체 등 고통스러운 문제를 다룬다. 하지만 희극 정신과 한 장르로서의 고전 희극의 구조 자체는 이런 우울한 문제들을 기쁨의 원천으로 바꾼다. 희극적 영웅의 환희는 현명한 민주주의가 조장할 법한 것이다. 디카이오폴리스가 "희극 역시 정의가 무엇인지 안다"고 말하듯이, 희극을 트루고이디아trugôidia, 즉 "와인 찌꺼기의 노래"라고 칭하는 것은 희극의 비극과의 유사성을 명백히 보여준다. 희극은 비극처럼 정치적으로 불완전하며, 정의로운 사회가 승인해서는 안 되는 요소들을 포함하고 있을 수도 있다. 나는 모든 희극에 담긴 모든 표현법에 대해 말하려는 것이 아니라 희극 장르 자체에 대해 말하려는 것이며, 이 연극 형식이 관객과 관계를 맺으면서 형성해내는 삶의 의미에 대해 말하려는 것이다.

이미 짐작하고 있겠지만, 희극은 때때로 혐오스럽게 여겨지는 소재들을 다룬다. 하지만 그 소재는 혐오감을 불러일으키는 것이 아니라 혐오감을 쫓아버린다. 가끔 고상한 척하는 관찰자들이 혐오스럽다는 반응을 보이는데, 이는 그들의 성장 과정이 희극의 신체 찬양에 함께하도록 그들을 준비시켜주지 못했기 때문이다.[26] (조이스의 『율리시스』[27]와 레니 브루스의 코미디가 맞닥뜨린 것이 그런 반응이었다.) 하지만 고대 그리스의 관객은 희극을 훌륭한 것으로 봤을 뿐만 아니라, 디카이오폴리스의 말대로 시민의 숙고와 밀접한 관련이 있는 것으로 보았다. 그들은 어떻게 이런 생각을 가질 수 있었을까?

「아카르나이 사람들」을 보면, 시골 농부인 디카이오폴리스는 평화의 이로움을 주장하기 위해 일찍 의회에 나온다. 그는 개회사에서 자신에 대한 얘기를 꽤 많이 한다. 그가 사랑하는 것은 무엇인가? 민주정치, 비극 시, 평화, 시골 농촌이다. 보통 일찌감치 의회에 도착하는 그는 여러 활동을 하며 시간을 보낸다. "나는 한숨을 쉬고, 하품을 하고, 기지개를 켜고, 방귀를 뀌고, 의문을 품고, 글을 쓰고, 머리를 쥐어뜯고, 논리를 구축한다." 방귀를 뀐다거나 머리를 쥐어뜯는 품위 없는 신체적 행동이 특이하게도, 의문을 품고 글을 쓰고 논리를 구축하는, 훌륭한 민주 시민다운 행동과 섞여 있다. 어떤 실리적인 보이콧을 통해 펠로폰네소스 전쟁을 끝내려는 터무니없는 계획과 더불어, 신체적 기능에 뿌리내린 정치학이 훌륭한 논리(평화와 복지의 중요성에 충분히 주의를 기울이는 논리)를 만들어낼 수 있다는 생각이 이 연극을 관통하며 제시된다. 라마코스와 그의 사람들이 만든 공격적이고 무책임한 전쟁은 그로 인해 극심한 고통을 받는 평범한 사람을 무시한다. 설령 이 연극의 관객이 궁극적으로는 전쟁을 지지한다 하더라도, 전쟁으로 인한 희생을 생각하는(타당하게도) 디카이오폴리스처럼 생각할 필요가 있다. (아무리 정당한 전쟁이라도) 전쟁의 목표는 항상 평화와 삶의 좋은 부분을 얻는 것이어야 한다.

민주주의의 성공과 희극의 뚜렷한 연관성을 보여주는 더욱 생생한 사례는 아리스토파네스의 가장 유명한 작품인 「리시스트라타」(기원전 411)다.[28] 이 연극에 나오는 전시의 아테네(「아카르나이 사람들」의 배경보다 나중의 훨씬 더 암울한 전쟁 단계)[29]에서 남성들은 삶의 좋은 부분들을 잊었다. 그들이 좋아하는 것은 방패와 검을 휘두르는 것이나 쇠 지렛대로 물건을 들어올리는 것이다. 리시스트라타는 남자들이 다른 시각이나 의견에 귀 기울이려 하지 않는다고 불평한다. 여성들이 전쟁에 대한 질문을 하자 남자들은 입 다물라고 말하거나, 심지어 때리기까지 한다(510~516). 또한 여성들이 전쟁 계획에 관해 의구심을 드러내며 따져 묻자 남자들은 "가서 실이나 자아. 안 그러면 실컷 두들겨 패줄 테니까. 전쟁은 남자들의 일이야"라고 말한다(519~520). 남자들은 여자들의 말에 무력의 위협으로 응수하는 것이다.

남자들의 세계에는 비통한 동정심도 유머도 없다는 점에 주목하라. 그 세계에는 비극적 감각이 결여돼 있다. 왜냐하면 그 세계의 연약함이나 취약함에 대한 의식이 결여돼 있기 때문이다. 그 세계에는 유머 감각이 결여돼 있다. 왜냐하면 남자들은 유별나거나 심지어 조금이라도 이상한 부분을 용납하지 못하기 때문이다. 그들은 결점이 없는 영웅을 원한다. 그들은 우리의 신체를 (인간의 허약함을 드러내는) 재미 있는 일들이 벌어지는 곳으로 인정하지 못한다.

연극에 등장하는 여성들은 영웅적인 것과는 거리가 멀다. 즉 그들은 술과 섹스를 좋아한다. 하지만 그들 역시 토론하기를 좋아하며, 아리스토파네스는 그들의 탁월한 감각을 그들의 신체 중시와 연결 짓는다. 그들은 전쟁이 무엇을 앗아가는지 안다. 남자들이 떠나간 가정(101~), 전쟁에서의 죽음(524), 특히 힘들게 낳아 기른 아이들의 죽음(588~589). 게다가 여성은 다시 결혼하지 못한 채, 혹은 여자가 남편을 얻을 수 있는 짧은 시기를 헛되이 흘려보낸 채 고독하게 늙어간다(591~597). 이와 대조적으로 평화는, 아리스토파네스의 작품에서 항상 그렇듯이, 먹을 것, 마실 것, 섹스, 종교, 시적 찬양 등 감각적 즐거움이 넘치는 시기로 그려진다.

리시스트라타의 주장의 요점을 드러내는 아테네 공무원과의 대화에서, 그녀는 여성의 천 짜는 기술이 이러한 갈등에 꼭 필요한 유형의 상식을 보여주는 좋은 모델이라고 말한다. 여성들은 먼저 양털을 세척하고 빗어 때와 기생충을 씻어낸 뒤 천을 짠다. 이는 그 도시에 있는 모든 분리된 가닥(이주 노동자, 외국인 친구, 외국인 거주자)이 선의라는 광주리 속에서 가지런히 다듬어진 뒤, 그 도시를 위한 새로운 조직으로 짜여 나오는 것과 같다(574~586). 천을 짠다는 것은 공동선을 목표로 정치적 논의를 구축하는 것과 비슷하다. 즉, 가닥 하나하나가 모두 고려되어야 하고, 가닥들이 모두 한데 뭉쳐 하나의 전체를 이뤄야 한다.

발기는 여성의 세계가 승리를 거둘 수 있게 해주는 장치다. 남성들에게 그들이 기대하는 여성의 신체에 대한 통제권을 거부함으로써 여성들은 남자들을 우스꽝스럽고 모욕적인 위치에 있게 한다.[30] 발기된 상태로 걸어다니는 것은 자아와 타자에 대한 치욕스러운 통제력 부족을 고백하는 것이다. 남자들은 우월적인 권위를 잃어버리고, 궁극적으로 감각을 느낄 수 있게 된다. 리시스트라타가 말하는 것처럼, 남자들이 발기했을 때 그들을 휘어잡는다면, 남자들이 공격적으로 서로 경쟁할 때보다 오히려 남자들로 하여금 평화를 이루게 하기 쉽다(1112~1113). 휴전의 여신은 당연히 아름다운 여성의 모습을 하고 있으며, 그녀는 남성의 몸에서 툭 튀어나온 어떤 부분을 붙잡으면서 남성들과 함께한다. 남성의 굴욕과 굴복의 상징인 성기는 이제 화해, 희망, 평화의 상징이 된다. 스파르타군이 아테네군과 교전할 때 리시스트라타는 이렇게 말한다. "나는 비록 여성이지만, 분별 있는 사람이며, 나쁜 판단은 하지 않는다."(1124~1125).

이 연극은 끝에서 갑자기 엄숙해지면서 신체적 유희를 민주적 승리와 연결시킨다. 아테네 남자들과 스파르타 남자들은 카리테스, 치유자 아폴론, 디오니소스를 비롯해 신들을 부르며 여성들과 함께 춤을 춘다. 옛 시대의 전통을 보여주는 기도에서 아테네인들은 시민의 평온과 행동의 자유를 표방하는 여신 헤수키아(안정)를 소환한다.[31] 그리고 맨 끝으로 남성성을 보호하는 방패들을 쳐부순 스파르타인들은 처음으로 디오니소스와 열광하는 여자들을 찬양하며, (더 이상 적이 아닌) 과거의 적의 후원자이자 아테네 민주주의의 후원자로 여겨지는 어떤 이름 없는 여신(아테나)에 대한 찬가를 부르면서 춤을 춘다.[32] 낱낱의 가닥들이 아주 효율적으로 엮여서, 축제의 춤 속에서 국가의 차이들이 무너지는 가운데 연극은 막을 내린다.

아리스토파네스는 신체가 주는 기쁨에 초점을 맞춘 놀이의 정신을 통해 시민의 안정과 평화(심지어 경쟁자 사이의 평화까지)를 조성할 것을 제안한다. 희극 축제들은 그러한 정신을 찬양하고 불러오는 기발한 방법들을 보여주었다. 비극 축제가 그랬던 것처럼, 우리로 하여금 거대한 현대 사회에서 어떻게 그 같은 제전을 열 수 있을지 질문해보게 하면서 말이다.

5. 현대 민주주의에서의 비극 관람

현대 사회에는 모든 시민이 하던 일을 다 멈추고 모여서 함께 즐기는 비극 축제나 희극 축제가 없다. 그렇다면 어떻게 현대 사회의 시민들에게 비극 관람과 희극 관람을 장려할 수 있을까?

　다른 모든 것이 그렇듯이, 비극 관람은 아주 어린 나이에 가정에서 시작된다. 어린이들은 위험, 고통, 상실이 담긴 이야기들을 듣는다. 동물이든 인간이든 주인공이 종종 사랑하는 대상을 잃는다. 예를 들면, 밤비와 바바는 모두 사냥꾼의 총탄에 어미를 잃는다. 또 코끼리들의 왕은 독이 든 식물을 먹고 죽는다. 한편, 현실 세계에서 어린이들은 사랑하는 동물의 죽음을 겪으면서 먼저 상실감을 맛보기도 한다. 이러한 상실은 그들이 앞으로 살아가면서 겪게 될 인간의 상실에 대한 예비 훈련이 된다.

　어린이들은 커가면서 가족과 가족의 곤경에 대한 좀더 현실적인 이야기를 감당할 힘을 다져나가게 된다. 미야자키 하야오의 유명한 영화 「이웃집 토토로」는 3~4세 어린이들에게 호소력을 갖는 작품으로 두 자매의 모험담을 담고 있는데, 그 이야기의 배경에는 위중한 병을 앓고 있어서 영화 내내 병상에 누워 있는 엄마와 가끔 수심에 차서 엄마를 보러 오는 부재중인 아빠가 있다. 로라 잉걸스 와일더가 쓴 미국 개척자의 삶에 대한 자전적 이야기책 시리즈(어린 시절 내가 좋아했던 책들 중 하나)에서 잉걸스 가족은 굶주림, 극도의 더위와 추위, 질병, 동물들과 적대적인 사람들의 위협에 직면한다. 로라의 언니 메리는 병을 앓은 뒤 시력을 잃고, 그들의 아버지는 눈보라 때문에 죽을 뻔한다. 그 이야기의 절정은 『기나긴 겨울The Long Winter』에 나오는, 노스다코타의 한 도시 전체가 거의 죽음에 이르게 되는 부분이다. 전례 없는 폭설로 식량 공급이 끊긴 것이다. 어린이들이 인간의 취약함에 눈뜨고 가정이나 초등학교에서 이에 대해 토론할 계기가 되어주는 대중적 작품들은 이 밖에도 많다. 품위 있는 사회가 할 수 있는 한 가지 일은, 이런 유형의 작품들을 공립학교 커리큘럼에 포함시키고, 작가, 시각예술가, 영화감독 등 아이들을 위해 좋은 일을 하는 이들이 합당한 공적 주목과 관심을 받을 수 있게 하는 것이다.

다른 전략들도 있다. 모든 사회는 불행히도 여러 종류의 재난에 직면하지 않을 수 없는데, 공적 영역이 그러한 재난들을 드러내는 방식은 다양하다. 우리가 기술한 바와 같은 그런 비극 관람이 성공적이고 또 통찰력 있게 조성되었던 미국의 사례 세 가지를 살펴보자. 첫째, 링컨의 연설, 링컨 기념관, 월트 휘트먼의 시를 통한 남북전쟁의 애도. 둘째, 뉴딜 정책 기간 중 프랭클린 루스벨트의 사진 활용. 셋째, 마야 린의 베트남전 참전용사 추모비. 이 사례들을 살펴본 뒤에는 또 다른 유형의 사례를 통해서, 소설 작품에 나타난 공적 논의가 정의롭지 못한 사회가 불우한 사람들과 불우한 집단에게 매일 안겨주는 조용한 비극에 대한 공적 토론을 촉발할 수 있음을 살펴볼 것이다.

비극은 각각의 특징을 지닌 시, 음악, 시각적 효과를 통해서 감정적 효과를 얻는다. 비극은 동정심을 불러일으킬 뿐만 아니라, 응시 대상에 대한 극도의 즐거운 몰입인 경탄을 안겨주기도 한다.[33] 소포클레스가 위대한 시인인 것은 그의 작품이 우리 마음을 움직이는 힘을 갖고 있기 때문이다. 그래서 그리스 시대의 작품들을 모방하고자 하는 현대 사회는 진짜 예술가들과 진짜 예술을 요한다. 그리고 콩트가 그런 것처럼 예술가들을 철학자 아카데미의 순종적인 하인으로 볼 것이 아니라, 그들이 놀라운 창의성을 발휘할 수 있게 해주어야 한다.

링컨과 휘트먼: 애도와 새로운 헌신

미국의 남북전쟁은 엄청난 규모의 비극이었다. 국가가 이 전쟁에서 회복되는 것이 대단히 어려운 일임은 너무도 분명했다. 어쩌면 아직도 완전히 회복되지 않았는지 모른다. 비극은 슬픔, 애도, 동정심을 불러온다. 또한 정당한 분노와 적개심이라는 반응도 불러오는데, 분노와 적개심은 자비와 치유의 방향으로 나아가지 못하면 회복을 가로막는 요소가 될 수도 있다. 대통령으로서 링컨의 공헌 중 가장 중요한 것 하나는 애도에서 화해로 나아가는 길을 텄다는 것이다. 우리는 새로운 애국심을 구축하는 것으로서 그의 연설 두 가지를 논한 바 있다. 그것들을 다시 살펴보면서 거기 담긴 애도의 이미지를 검토해보자.

게티즈버그 연설은 그 엄청난 국가적 비극에 대해 말하고, 쓰러진 병사들의 희생을 국가의 가장 원대한 이상과 연결시킨다. 연설은 국가의 시작에 대해 언급하는 것에서 출발한다. 그것은 자유와 평등을 핵심으로 하는 분명한 이상들을 표방한 "새로운 국가"였다. 여기서 이 국가는 깨지기 쉬운 것으로 제시된다. 세워진 지 오래되지도 않았고, "오래도록 살아남을 수 있을지" 분명하지도 않기 때문이다. 그리하여 링컨은 남북전쟁을 가장 의미심장하고 소중한 이상을 위한 전쟁이자, 미국만이 아니라 전 세계에서 그 이상이 실현될 수 있을지 없을지를 가르는 전쟁으로 자리매김한다. 품위 있는 사회란 상처 입기 쉬운 연약한 조직인 법이다.

링컨은 병사들에게 일어난 비극의 무게를 덜려는 시도는 하지 않는다. 링컨은 (최대의 혈투가 벌어졌던 한 전장에서) 죽은 이들의 희생을 찬미하면서, 살아 있는 자들이 그 전쟁터를 성스럽게 만드는 것은 불가능하다고, 오직 장렬하게 쓰러져간 병사들만이 그렇게 할 수 있다고 말한다. 달리 말하면, 어떤 것도 죽음을 상쇄하거나 죽음에 대해 우리를 위로할 수 없다. 죽음이 인간의 덕이나 위엄을 가려버릴 수도 없다. 그리고 이 부분에서 링컨은 자신의 연설을 듣는 이들의 헌신을 설득력 있게 요청한다. 우리 모두는 미국의 민주주의를 수호하기 위해 헌신해야 하며, "자유의 새로운 탄생"을 보기 위해 노력해야 한다고 말하는 것이다. 링컨은 연설 내내 그랬던 것처럼 긴급한 어조로, 이 투쟁은 사실상 민주주의가 존립할 수 있느냐 없느냐를 가르는 투쟁이라고 말한다.

링컨의 연설은 전몰장병의 비극에 경의를 표하면서, 그 비극을 '품위 있는 국가의 상처 입기 쉬움'에 대한 메타포로 사용한다. 국가는 그의 연설을 듣는 이들이 기꺼이 위험을 무릅쓸 각오를 할 때에만 존속할 수 있을 것이다. 이는 청중을 전몰장병의 희생에 좀더 가까이 다가가도록 이끌고, 애도를 표하면서도 민주주의와 자유를 위한 미래의 투쟁에 참가하도록 이끈다. 당시 이 연설은 많은 청중에게 승리와 화해를 위한 일에 동참하도록 동기를 부여했다. 그리고 오늘날 이 연설은 진정 민주적이고 포괄적인 국가를 만드는 데 따르는 고통스러운 희생을 떠올리게 해주며, 또 그러한 희생이 반드시 필요하다는 것을 상기시킨다. 왜냐하면 민주주의는 너무나 소중하여, 이기심, 태만, 두려움이란 이유로 잃을 수 없는 것이기 때문이다.

링컨은 두 번째 취임 연설에서 잘못의 문제로 관심을 돌린다. 그는 아주 섬세하게, 한쪽 편이 비대칭적으로 잘못을 범하고 있다는 사실을 숨기지 않으면서 전쟁을 비극으로 그려나간다. 그는 "남이 흘린 땀으로 자기 빵을 얻는 자들"의 중대한 도덕적 잘못을 이야기한다. 비극적 고통의 어조가 비난과 원한을 압도한다. 그는 아량과, "이 나라의 상처를 꿰맬" 건설적인 일을 촉구한다. 비극의 크기와 깊이가 잘못의 정도를 능가해, 미국인들이 슬픔을 공유하도록 이끈다. 비극은 "우리나라와 모든 나라에서 합당하고 지속적인 평화"가 구축되는 것을 지향하는 사유와 실천으로 우리를 이끈다.

1922년에 완공된 링컨 기념관은 이 위대한 연설들을 시각적으로 구현했다. 실제로 이 이오니아식 전당 안에는, 링컨 대통령의 앉아 있는 큰 조각상에 더하여, 이 두 연설문이 새겨져 있다. 또한 미국 모든 주의 이름(현재 총 50개)과 각 주가 연방에 가입한 날짜가 기록되어 있다. 이는 연방이라는 대의의 실현을 매우 엄숙하고 절제된 방식으로 기념한다. 링컨 조각상은 대니얼 체스터 프렌치가 만든 것으로, 위대한 지도자를 기리는 조각상으로서는 매우 특별하다. 비극의 이미지를 갖고 있기 때문이다. 조각상에 담긴 링컨은 지치고 고뇌하는 모습으로 고개를 숙이고 있다. (실제로 이 위대한 지도자에 대한 이런 식의 묘사는 당대에 큰 비난을 받았다. 애초의 계획은 영웅적으로 묘사하는 것이었는

데, 만약 그대로 추진되었다면 오늘날 링컨 조각상은 거대한 승마상들에 둘러싸여 있었을 것이다.) 이 조각상은 전쟁을 증오를 품은 공격성으로 보기보다는 하나의 비극으로, 즉 우리 모두가 짊어져야 하고 또 어떻게든 처리해야 하며, 궁극적으로 넘어서야 하는 하나의 과제로 봐야 한다는 점을 엄숙하게 상기시킨다. 링컨 조각상 위쪽에 다음과 같은 간단한 글이 새겨져 있다. "에이브러햄 링컨의 명성은 그가 연방을 구함으로써 구해낸 미국인들의 마음속에, 그리고 이 전당에 영원히 간직될 것이다."

한 지도자의 말과 조각상에 새겨진 한 지도자의 이미지가 미래로 가는 길을 텄다. 대중 시 또한 비극에 대한 국가의 대응과 국가의 미래를 설정하는 데 기여한다. 전쟁터에서 하급 수행원으로 활동한 월트 휘트먼은 위대한 전쟁 시인이었고, 굉장한 링컨 추모자였다. 휘트먼의 서정시 「앞뜰에 마지막 라일락이 피었을 때」에는, 확고하고 올바르며 용서와 화해를 가능케 하는 새로운 애국심을 구축한 링컨의 업적이 묘사되어 있다. 이 시를 읽으며 우리가 모든 부분에서 다음과 같은 질문을 던진다면 우리는 올바른 방향으로 나아가고 있는 것이라 하겠다. 이 시구와 이미지가 아름답게 변화된 새로운 미국, 외부자에 대한 악의적인 증오에서 벗어나 진정한 평화와 포괄을 실천하는 미국을 만드는 것과 어떤 관계가 있을까? 또한 이런 시적인 전략이 전쟁(정의의 가장 기초적이고 기본적인 출발점을 얻기 위해 싸운 전쟁이자, 결코 논의되지 말아야 할 것을 이룩하기 위해 여러 세대에 걸친 시민들을 죽게 만든 전쟁)의 공포와 폐허로 인해 분열된 미국을 하나로 묶는 시급한 과제와 어떤 관계가 있을까?

나는 전쟁의 시체들을 보았다, 수북이 쌓인 시체들을
그리고 젊은이들의 백골을, 나는 보았다
나는 전쟁에서 죽은 병사들의 잔해를, 잔해를 보았다. (…)
산 자가 남아 고통스러워하고, 어머니가 고통스러워한다
아내와 아이와 생각에 잠긴 동료가 고통스러워한다
남아 있는 군대가 고통스러워한다.
(「앞뜰에 마지막 라일락이 피었을 때」, 177~184)

앞에서 이야기되듯이, 이 시는 "내가 사랑하는 그가 묻힌 곳을 장
식하기 위해", 링컨 무덤의 "벽들에 거는" 일련의 "그림들"이다. 가슴 시
린 다정함과 시각적 아름다움에 대한 성애적 반응으로 휘트먼은 링컨
에게 (독자들에게) 미국의 그림들을 선사한다. 노예주와 자유주 사이
의, 남부와 북부 사이의 경계가 없는 미국, 평화를 이룬 아름다운 미
국의 모습을 선사하는 것이다.

짙어가는 봄과 논밭과 집의 모습들,
3월 마지막 날의 해질 무렵, 투명하고 밝은 잿빛 연기,
공기를 태우고 팽창시키는, 화려한 모습으로 느긋하게 지는 해의 황금
물결
발아래 신선하고 향기로운 목초지, 열매를 많이 맺는 나무들의 연푸른
잎사귀들,
멀리서 반짝이며 흐르는, 여기저기 잔물결이 이는 강,
강기슭의 언덕들, 하늘에 그어진 여러 개의 선과 그림자들,
빽빽이 들어찬 집들과 많은 굴뚝이 있는, 손에 잡힐 듯한 도시,

모든 삶의 현장과 작업장, 그리고 집으로 돌아가는 노동자들.

보라, 육체와 영혼의—이 대지,
첨탑이 늘어선 나의 맨해튼, 반짝이며 빠르게 흐르는 물결, 그리고 배,
다채롭고 풍요로운 대지, 태양이 비치는 남부와 북부,
오하이오 해안과 번쩍이는 미주리강,
그리고 풀과 옥수수로 뒤덮인 끝없이 펼쳐진 대초원까지.

보라, 이토록 고고하고 당당한 최고의 태양,
이제 막 느껴지는 산들바람과 함께 보랏빛이 감도는 자줏빛 아침,
부드러움을 타고난 한없이 온화한 햇살,
만물을 물들이는 기적, 충만한 오후,
달콤하게 찾아오는 저녁, 정답게 맞아주는 밤과 별들,
나의 도시들 위에서 모든 것을 비추고, 인간과 대지를 감싸는. (81~98)

큰 비극에서 살아남으려면 사랑이 필요하다. 인간의 존엄성에 대한
존중도 중요하다. 하지만 큰 재난을 겪어 서로의 상처를 치유해야 하
는 상황이 온다면, 더 강한 이성이 필요할 것이다. 사람들은 서로에 대
한 사랑과 공동의 계획을 향해 나아가야 한다. 1장에서 논했던 휘트먼
의 구절로 돌아가 그것의 시적·역사적 맥락을 살펴보자. 그렇다면 엄
청난 국가적 비극을 앞에 두고, 시가 공적인 노력에서 필수적인 부분
이라고 휘트먼이 줄곧 주장하는 이유를 완전히 이해할 수 있을 것이
다. 정치적 수사는, 용솟음치는 리듬과 공동의 과제에 대한 도발적인
이미지를 통해 사람들의 마음을 움직인다는 의미에서 시와 가깝다. 링

컨과 마틴 루서 킹은 그러한 정서적 능력을 지니고 있었다. 그런데 휘트먼의 시는 아주 중요한 부분을 추가한다. 미국에 대한 구체적이고 감각적인 포착, 조국과 국민의 아름다움을 추가하는 것이다. 탁월한 시적 이미지만이 전율을 일으킨다. 시의 화자는 미국의 한가운데에 들어가 있다. "한낮에 앉아 멀리 바라보면/ 호수와 숲이 있는 우리 국토의 광대하고 무심한 풍경 속에서/ (요동치는 바람과 폭풍 후에) 천국 같고 꿈 같은 아름다운 풍경이 보인다"(108~111). 그때 휘트먼은 국가의 눈과도 같은 존재가 되어, 전쟁에서 평화를 발견하고, 싸워서 평화를 쟁취할 가치가 있는 땅에서 아름다움을 발견한다.

링컨의 연설과 링컨 기념관처럼 휘트먼의 시에는 아주 무거운 국가적 비극이 담겨 있다. 시를 읽는 독자는 링컨의 관이 지나가는 길을 따라가면서 미국의 마을과 시골길을 통과하게 된다. 하지만 그의 시는 또한, 이토록 고된 전쟁이 어째서 열렬한 헌신의 대상인 미국을 위해 치를 만한 가치가 있는지를 생생하게 구현하고 있다. 게다가 시의 신화적이고 상징적인 요소들(애도의 꽃인 라일락, "져버린 서양의 강렬한 별", 밤의 그림자에 가려진 별빛, 늪지에서 홀로 지저귀는 새의 구슬픈 노래 등)이 미국의 아름다움을 감각적으로 환기한다. 개똥지빠귀도 시인이 되어 이렇게 묻는다. "내가 사랑했던 그 망자를 위해 어떻게 노래를 할까?/ 저세상으로 가버린 크고 다정한 영혼을 위해 어떻게 나의 노래를 덧붙일 수 있을까?"(71~72). 모든 것이 링컨의 죽음을 상징하며, 링컨이 목숨을 걸었던 것, 그의 죽음 이후에도 계속되는 그 "드높은 인간의 노래"의 일부를 이룬다(103).

국가적 비극에 대응하고 또 그것을 넘어서려면, 링컨과 휘트먼이 해준 것과 같은 것이 국가에 필요하다. 국가의 이상을 강력하게 환기시키는 것, 그리고 국가에 대한 사랑을 더욱 도발적이고 유사성애적으로 표현하는 게 필요한 것이다.

루스벨트와 대중 사진술: 뉴딜 정책에 대한 지지 형성

대공황 기간에 프랭클린 루스벨트 대통령에게는 수사학적 효과를 도모하는 것이 큰 도전 과제였다. 사회복지 제도에 대해 한 번도 우호적이지 않았던 미국에서 뉴딜 정책에 대한 대중의 지지를 이끌어내자면 효과적인 수사가 필요했던 것이다. 전통적으로 미국인들은 자연 재해 상황일 때를 빼고는, 국민에 대한 경제 구제 정책을 확대하는 것을 원치 않았다. 더욱이 가난한 사람들에게 동정심을 가지려 하지도 않았다. 그들을 나태하고 무책임한 사람으로 여겼기 때문이다. 게다가 뉴딜 정책은 희생을 요구했고, 모든 미국인은 뉴딜 정책으로 인해 무거운 세금을 짊어져야 했다.

법사회학자 미셸 랜디스 도버가 주장하듯이[34] 루스벨트는 미국인들의 이러한 태도를 잘 알고 있었고, 경제적 재난이 자연 재해의 특징을 전부 갖고 있다는 것을 미국인들에게 납득시키고자 했다. 사람들이 자연 재해에 대해서 동정심이라는 감정을 가장 크게 표현하기 때문이다. 동정심에 대한 내 분석과 유사하게, 도버는 경제적 재난의 희생자들에 대한 동정심을 끌어내려면 미국 대중이 겪는 고통이 심각하다는 것을 설득해야 했다고 설명한다. 또한 (지진이나 홍수의 피해를 입는 것이 그들의 책임이 아닌 것처럼) 경제적 재난이 그들의 책임이 아니라는 점, 인간이라면 누구나 그러한 고통을 겪을 수 있다는 점을 설득해야 했다고 본다.[35] 다시 말해, 루스벨트는 고전적인 아리스토텔레스의 모델과 그리스 비극의 모델을 따르는, 동정심과 동기 부여에 대한 암묵적 이해를 활용했다. 이는 그리 놀라울 게 없는데, 이 같은 이해는 미국의 전통 속에 깊이 뿌리내리고 있기 때문이다.[36]

도버는 존 스타인벡의 위대한 소설 『분노의 포도』를 포함해 뉴딜 정책과 관련된 다양한 공적 수사와 예술 작품을 분석한다.[37] 나는 여기서 뉴딜 정책과 관련된 여러 부서(특히 재정착국Resettlement Administration) 소관의 사진들에 대한 도버의 분석에 초점을 맞추고자 한다. 루스벨트 행정부는 도로시어 랭, 워커 에번스, 벤 샨, 러셀 리, 아서 로스스테인 같은 유능한 사진가들을 고용해, 무엇을 어떻게 촬영해야 하는지에 대한 특별 교육을 시켰다. 그리고 그들이 찍은 사진들 중에서 어떤 사진을 인화하고 어떤 사진을 "제거"할지 선택했다.[38] 그렇게 선택된 사진들은 나라 전역에 배포되는 신문과 잡지에 실렸고, 국회에 제출되는 보고서에 포함되었고, 사회복지사들의 집회 때 전시되었다. 그리하여 그 이미지들은 급속도로 대공황을 대변하는 것이 되었다.

어떻게 이런 이미지들이 의심 많은 미국 대중의 동정심을 끌어냈을까? 가난한 이들의 고난 속에 담긴 절박함은 사실 포착하기 쉬웠다. 구제품(실업 급여, 빵, 수프 등)을 받으려고 줄지어 선 사람들을 보여주는 것만으로도, 대공황으로 인해 생활에 꼭 필요한 기초적인 것들이 극도로 부족하다는 것을 분명히 전달할 수 있었다. 대공황으로 인해 삶이 완전히 딴판이 되었다는 것은 사진 속 어떤 사람들의 옷에서도 역력히 드러났는데, 그 옷들은 그들의 이전 직업이 무엇인지를 알려주었다. 또 어떤 이미지들은 시골 빈민들의 과밀 주거 환경과, 이주 노동자들이 처한 최악의 환경들을 보여주었다.

더 이끌어내기 힘든, 동정심의 또 다른 요소들도 있었다. 잘못 없음과 누구나 같은 일을 겪을 수 있다는 생각은 사실상 함께한다. 왜 냐하면 관찰자는 불행의 원인이 고통받는 사람의 악함과 게으름에 있 지 않다는 게 분명하기만 하다면 "나 또한 고통을 겪을 수 있다"고 생 각할 것이기 때문이다. 루스벨트의 사람들은 이 문제에 골몰했다. 첫째 로, 그들은 사진가들에게 파업과 관련된 이미지(이는 도로시어 랭이 좋 아하는 주제였다)를 금지시켰다. 왜냐하면 그 사진들은 보는 이들에게 두려움을 심어주었고, 그들로 하여금 가난한 사람들을 스스로 불행을 초래한 문제아로 여기게 했기 때문이다. 그보다는 빵을 배급받기 위해 조용히 줄을 서 있는 사람들의 모습이 선호되었다. 그런 사진들에 대 해 도버는 "궁핍한 사람들의 잘못 없음"이 그들의 질서 정연함과 참을 성을 통해 표현되었다고 설명했다.[39]

둘째, 선택된 이미지들에서 전기의 성격을 제거했다. 관찰자들의 마음속에 개인의 도덕적 성품에 대한 생각과 그에 대한 비난의 가능 성이 끼어드는 것을 방지하기 위해서였다. 사람들에게 유일하게 허용 된 생각은 불행의 원인이 대공황 그 자체라는 것이었다. 전시에 선택 된 사진들에서는 ("제거된" 사진들과는 대조적으로) "모자나 그림자나 흐 린 초점으로 사람들의 얼굴이 자세히 드러나지 않게 함으로써, 관찰자 가 그들을 개개인으로 파악하지 못하게 했다. 사진 속 사람들은 공히 손실을 겪는 사람들이었다". 익숙한 고통을 찍은 또 다른 사진들은 표 면적으로는 선명도와 호소력을 지녔지만, 개인의 전기적 성격이 드러 나는 것은 지양되었다. 도버는 설명한다. "우리는 대공황과 관련된 가 장 대표적인 이미지들 중에서, 사진에 찍히지 않았다면 완전히 잊혔을 이주 여성들이 아기들을 보살피고 있는 생생한 장면들을 목격한다. 하 지만 이들의 가족, 주소, 역사적 상황에 대해서 우리는 전혀 알지 못한다."[40]

이런 의미에서 뉴딜 사진들은 스타인벡 자신의 삶과 밀접히 연관된 소설 『분노의 포도』보다 더 정확한 재현을 제공한다. 스타인벡은 이주자들이 북유럽 출신이라는 점을 세밀하게 묘사하면서 미국에서 여러 세대에 걸쳐 살아온 그들의 이야기를 충분히 보여준다. 때때로 이러한 사실들을 통해서 그는 독자들로 하여금 조드 일가를 "진정한 미국인"으로서 동정받을 만한 사람들로 인정하게 하려 한다. 이는 비극적 재현이 인간의 보편성을 드러내는 데까지는 미치지 못해서 결국 부당한 낙인을 야기할 위험이 있다는 것을 보여주는 한 사례다. 물론 그가 소설 속에서 묘사한 경제적 고통은 또 다른 면에서 의미가 있지만 말이다.[41]

루스벨트가 세심하게 직조한 예술을 통해 감정에 호소한 것은 그의 뉴딜 정책이 성공하는 데 아주 중요했다고 할 수 있다. 오늘날 가난한 이들은 스스로 불행을 초래한 것이고 이들로 인해 미국식 복지국가가 퇴보했다는 생각을 갖고 있는 사람이 아무도 없다는 것은 적어도 얼마간은 여기서 비롯됐다고 설명할 수 있을 것이다.

베트남전 참전용사 추모비: 애도와 질문

앞의 두 경우는 비극과 관련돼 있지만 정치적 측면에서는 비교적 단순하다. 둘 다 국가의 자기 이해에서 핵심적인 것으로 지목되는 가치들에 대한 지지를 얻는 것을 목표로 하기 때문이다. 두 경우 다 어려운 과제를 안고 있긴 하지만, 시민들은 관련된 기본 가치들에 대해 논쟁하거나 의문을 제기하도록 초대되지 못한다. 그 대신에 열심히 호응하는 데 헌신할 것을 요구받는다. 링컨의 경우, 전몰장병들에 대한 애도는 그들이 싸워 지키고자 한 대의명분에 대해 의문을 갖게 하지 않는다. 오히려 민주주의라는 대의명분에 다시금 선심전력을 다해 헌신하게 한다. 링컨의 연설은 그 연설이 장려하는 가치들이 국가 건설을 위한 가치들임을 강조한다(물론 그 가치들은 이전에 노예 신분이었던 사람들을 평등한 이들에 포함시키도록 재해석되는 것이다). 그것은 급진적인 변화이지만, 그의 연설은 그러한 가치들이 정말로 실현되는 방법에 대한 유일한 올바른 이해가 된다.

루스벨트의 뉴딜 정책 또한 어떤 의미에서는 급진적이었다. 하지만 루스벨트는 평등한 존중과 평등한 존엄성이라는 건국 이념을 가지고 뉴딜 정책을 지속적인 것으로 자리매김했다. 행정 기관의 공무원들이 선택한 사진들은 그런 이념을 강조했다. 정치권에서는 분명 루스벨트의 프로그램을 의심하느라 바빴다. 하지만 그의 예술 활용은 일방적이었다. 그것은 재분배가 정당한지 아닌지에 대한 균형 잡힌 논의가 아니라, 재분배를 위한 감정적 지지를 조장했다. 결국 뉴딜 정책은 압도적인 인기를 얻었고, 로널드 레이건 시대 이후 대중의 정서에 큰 변화가 있었음에도 불구하고 그 정책 중 대부분이 오늘날에도 남아 있다. 심지어 오늘날 사회보장제도의 미래와 같은 구체적인 주제에 대한 비판적인 대화가 이루어질 경우, 그 대화는 루스벨트의 선택들이 긍정하고 강화했던 평등한 존엄성에의 약속을 배경으로 한다.

하지만 우리가 상상하는 국가는 활발한 비판 문화를 강조한다. 어떤 시대에 어떤 가치가 매우 긴급하게 중요하거나 매우 기본적이어서 지도자의 눈에 조용한 비판적 대화보다 헌신을 요구하는 것이 타당해 보인다 해도(게티즈버그 전쟁터는 노예 제도가 정당한지 아닌지에 대해 조용하게 토의할 수 있는 곳이 아니었다) 여전히 비판적 대화가 대기하고 있어야 했고, 그러한 어려운 대화와 연결된 양가적인 감정들 역시 매우 큰 정치적 가치를 지닌다. 공적 예술은, 그것의 많은 기능 가운데 이러한 소크라테스적이고 토론적인 방식을 지지하는 방향으로 작용하지 못한다면 의심스러울 것이다. 베트남전 참전용사 추모비가 그러한 소크라테스적 작품의 하나다.[42]

기념을 위한 건조물monument은 영원한 대망을 상기시킨다. 추모를 위한 건조물memorial은 고통스러운 상실을 상기시킨다. 아서 단토가 지적하듯이, "우리는 항상 기억하기 위해서 기념비를 세우고, 결코 잊지 않기 위해서 추모비를 세운다". 베트남전 참전용사 추모비Vietnam Veterans Memorial는 워싱턴 기념탑Washington Monument과 링컨 기념관 Lincoln Memorial 사이에 위치해 있다. 두 개의 기다란 검은 벽이 125도 각도를 이루며 만나 날개처럼 되어 있고, 이 두 날개는 각각 워싱턴 기념탑과 링컨 기념관 쪽으로 뻗어 있다.

워싱턴 기념탑은 추상적이고 비인격적이며 성공 지향적이다. 방첨탑(워싱턴과 프리메이슨의 관련을 암시하는, 즉 어둠을 몰아내는 빛의 이미지를 암시하는, 이집트 혈통의 탑)은 사방에서 똑같은 모습을 보여준다. 그러나 고전적인 방첨탑과 다르게 단일암체가 아니고 분리된 덩어리로 되어 있다. 그래서 그것은 여러 주의 통일을 상징하고, 또한 우아하게 쭉 뻗어오르면서 그 연방의 드높은 목표와 그 목표의 계몽주의적 기원을 상징한다. 다른 식의 설계안들을 물리치고, 그 위대한 지도자에 대한 영웅적 묘사나 심지어 그의 업적을 알리는 말들도 의도적으로 피한 그 기념탑은 완전히 추상적이고 비인격적이다.[43] 이와 대조적으로, 링컨 기념관은 걱정과 고통으로 고개를 숙이고 있는 링컨을 보여준다. 그것은 우리에게 전쟁의 고통과 비극적 상실을 상기시키며, 인간의 평등과 정중한 정치적 합의를 얻기 위한 지속적인 투쟁을 떠올리게 한다. 그래서 베트남전 참전용사 추모비는 국가의 최고의 헌신을 상징하는 지점과 국가의 가장 심각한 상실을 상징하는 지점을 모두 가리킨다.

이 추모비의 설계 공모에서 제시된 요구 사항은 분명했다. 이 추모비는 (1) 사색적이고 명상적인 성격을 띠어야 한다. (2) 그것이 들어설 자리 및 주변 환경과 조화를 이루어야 한다. (3) 목숨을 잃었거나 실종 상태인 사람들 모두(거의 5만8000명)의 이름을 새길 공간을 갖춰야 한다. (4) 전쟁에 관한 어떤 정치적 언급도 없어야 한다. (5) 8000제곱미터의 부지를 차지한다. 그리하여 채택된 디자인에 대한 나중의 반대들은 사실상 공모 기준에 대한 반대인 셈이었다. 8명의 전문가로 구성된 심사위원단이 1421개의 응모작 중에서 만장일치로 선택한 것은 오하이오주 아테네 출신의 아시아계 미국인으로 당시 예일 대학에 재학 중이던 스물한 살의 마야 린이 설계한 것이었다. 그 디자인은 처음에 큰 논란거리가 되었다. 일부 퇴역장군들은 검은 벽을 "수치스러운" 벽, "모멸적인 배수로", "자유주의를 위해 통곡하는 벽"으로 보았다.[44] 군인들과 그들의 고결함을 표상하는 뭔가가 없다는 것에 많은 사람이 분개했다. 결국 네 명의 군인을 표현한 프레더릭 하트의 진부한 청동상이 그 추모비의 반대편에 추가되었다. 그러나 그 추모비는 순식간에 엄청난 방문객을 끌어들였다. 디자인에서 느껴지는 오롯한 위엄, 베트남전에서 목숨을 잃은 모든 개인을 위한 직선적이고 가식 없는 애도가 사람들의 마음을 붙들었다. 이 추모비는 지금도 미국에서 가장 많은 방문자 수를 기록하는 공적 예술 작품 중 하나이다. 또한 이 추모비는, 살아 있는 기념관이라 할 수 있는 내셔널 몰(국회의사당에서 워싱턴 기념탑까지의 대ㅅ녹지대)에 자리한 유일한 공적 예술 작품이다. 그곳에서 사람들은 이 예술 작품과 교감하고, 그것을 자기가 사랑하는 특정한 사람들에 대한 애도를 표현하는 작품으로 변화시킨다. 이 모든 것이 린의 계획과 맞아떨어진다. 그녀는 그 추모비를 통해서 "상실에 대한 자각과 카타르시스적 치유의 과정을 끌어내고자" 했다고 말했다.[45] 그녀는 추모비의 명상적이고 인격적인 성격에 특히 관심을 갖게 했다. 그녀는 공모작과 함께 제출한 작품 설명서에 이렇게 썼다. "그러한 상실을 예민하게 의식하게 될 때, 상실감을 해소하든 상실에 대해 체념하든 그것은 개개인에게 달린 문제다. 왜냐하면 죽음은 결국 개인적이고 사적인 문제이며, 이 추모비가 들어선 곳은 개인의 성찰과 개인적 청산을 위해 계획된 조용한 장소이기 때문이다." 린은 2009년에 국가 예술훈장을 받았다.

그 추모비는 멀리서는 보이지 않는다. 그 장소에 있지 않으면 그것과 소통할 수 없다. 그리고 그것을 일반 공원 시설물처럼 편하게 이용할 수도 없다. 내셔널 몰에서는 사람들이 원반던지기를 하며 놀고, 아이들이 뛰어다닌다. 이와 대조적으로, 그 추모비가 자리한 곳은 엄숙하고 거의 제의적인 공간이다. 내리막길을 걸어 내려가 그 추모비로 접어들게 되는데, 마치 대지의 깊은 상처를 열고 들어가는 것 같다.[46] 추모비를 따라 걸어갈 때면, 마치 죽음의 그늘이 드리운 계곡에 있는 것 같다. 그러나 그 공간은 무덤을 닮지 않았고, 폐쇄되어 있지 않다. 머리 위로 여전히 하늘을 볼 수 있고, 멀리 워싱턴 기념탑과 링컨 기념관도 볼 수 있다.

베트남전 참전용사 추모비는 반들반들한 검은 돌로 만들어진 두 개의 평판으로 되어 있다. 두 평판이 한 모서리에서 각을 이루며 서로 맞물려, 마치 책(죽은 자의 명부) 같은 모습을 하고 있다.[47] 연대순으로 새겨진 이름들은 중앙에서 시작되기도 하고 끝나기도 한다. 비인격적인 상징도, 국기도, 메시지도 없다. 오로지 개개인의 이름만 있다. 워싱턴 기념탑과 확연히 대조되는 점이다. 워싱턴 기념탑의 경우 개인들이라고는 전혀 없고 오로지 높은 이상만 드러나 있었다면, 이 추모비에는 오로지 개인들만 있다. 관람자가 그 이름들을 들여다볼 때면 그 이름들 뒤에서 자신의 얼굴을 보게 된다. 상이 잘 비치는 반들반들한 돌을 재료로 삼은 것도 린이 계획한 바였다. 그래서 관람자가 보는 것은 죽은 자의 이름들인 동시에, 그 이름들 뒤에서 뚜렷하게 맴돌고 있는 관람자 자신이다. 이런 식으로 만들어진 이 작품은 관람자 자신과 전쟁의 관계에 대해 여러 질문을 던진다. 당신은 그곳에 있었는가? 당신은 사랑하는 이를 잃었는가? 이런 모든 상실에 대해 어떻게 생각하는가? 전쟁이 이룬 것은 가치가 있는가? 이 추모비는 명상적일 뿐만 아니라 질문을 던진다.[48] 소크라테스적이라고 부를 만하지만, 질문을 던지는 과정은 슬픔과 상실감의 정서를 관통하며 이루어진다.[49] 아서 단토는 말한다. "울 준비를 하라. 망자들 중 자기가 아는 사람이 없다 할지라도, 눈물은 보편적인 경험이다."[50] 이름들을 살피다보면 어떤 이름 옆에 꽃이나 가족사진이나 메달을 놓는 사람들도 보게 되고, 또는 특정 이름 위에 종이를 대고 탁본을 뜨는 사람들도 보게 된다. (각 이름이 새겨진 위치를 알려주는 명부가 근처에 비치돼 있고, 아주 높은 곳에 새겨진 이름의 탁본을 뜰 때 필요한 사다리와 탁본 재료도 마찬가지다.) 그 추모비는 개개인을 기리는 것이지만, 그런 의미에서 보편적이기도 하다. 그것은 슬픔을 겪은 모든 방문객을 그 안에 포함시킴으로써, 그들이 전쟁에 대해 어떻게 생각하든 그들을 한데 결집시키는 역할을 한다. 그런 이유로 이 추모비는 처음에는 커다란 논란이 되었지만, 빠르게 대중에게 수용되었다. 린이 말한 것처럼, 이 추모비는 사람들을 명상적인 공간으로 불러 모음으로써, 베트남전이 야기한 분열의 치유를 촉진했다. 그것이 수치심을 나타낸다는 생각은, 그것이 전사자들의 운명을 국가적 관심사로 만들면서 전사자 개개인과 그들의 희생을 영예롭게 한다는 방문자들의 인식에 의해 추방되었다.[51]

이 추모비는 아테네의 비극과 매우 유사한 방식으로 사색적이다. 강렬한 감정을 불러일으킴으로써, 동시에, 이러한 감정들과 연결된 사건에 대해 의문을 제기함으로써, 사람들로 하여금 일상에서 어지러운 마음을 느낄 때와는 다른 방식으로 자신의 삶, 과거와 현재를 검토해보게 한다. 다른 신앙을 가진 사람들로부터 편협하게 따로 떨어져 애도하는 교회나 절보다는 고대 아테네의 비극을 더 닮은 그 추모비의 공간은, 그러나 마치 교회나 절 같은 기능을 하면서, 모든 시민을 시야와 활동으로부터 잠시 벗어나 탁 트인 하늘 아래 모이게 한다. 야외에서, 드높은 포부 속에서 공통의 국가적 비극의 메시지를 강화하는, 내셔널 몰의 또 다른 조각상들을 보게 한다.

일상의 비극에 관한 어려운 이야기들: 『토박이』와 「기리발라」

베트남 전쟁은 끝났지만, 그 전쟁의 유산은 계속 남아 있다. 그 전쟁에 대한 우리 대중의 대화는 회고적이고 유추적이다. 뭐가 잘못이었는지, 그리고 미래에 일어날 수 있는 전쟁들에 대해 어떻게 생각해야하는지를 파고드는 것이다. 이제 우리는 이라크와 아프가니스탄에 개입한 일 때문에 이런 문제에 골몰하고 있고, 베트남전 참전용사 추모비 방문은 그 전쟁들에 대한 어려운 질문들을 일깨운다. 그러나 결코 끝날 것 같지 않은, 국가 일상의 바탕에 늘 존재하는, 침묵 속에서 궁핍한 삶을 사는 익명의 가난한 사람들이 관련된 탓에 거의 주목받지 못하는 그런 비극들이 있다. 그 비극들은 근본적인 정치적 문제들을 포함해 매우 어려운 문제들을 내놓는다. 예를 들면 이런 것이다. 차별 철폐 조처에 도움이 될 만한 태도는 어떤 것인가? 정부가 가정에 어떤 식으로 개입하는 것이 여성과 소녀의 기회의 평등을 증진하는 데 적절한가? 무엇이 적절한 복지 정책인가?

이런 문제들은 여러 배경에서 여러 방식으로 논의되어야 한다. 이러한 논의 중 일부는 당연히 감정을 거의 배제할 것이고, 가능한 한, 최적의 데이터를 모으고 문제들을 잘 이해하는 데 초점을 맞출 것이다. 여기서도 감정을 자극하는 정치적 기술이 어떤 역할을 해야 함에도 말이다. 사람들이 자신의 감정에 다가가지 않고 말한다면, 그들은 곧잘 문제의 심각성을 제대로 이해하지 못하거나 혹은 다른 사람들에게 자신의 생각을 온전히 전하지 못할 것이다.

그러므로 대중의 독서 토론이 감정적 요소나 그것에 대한 사람들의 반응을 포함하는 대중의 사색적 토론을 육성하는 하나의 장치로 떠오른 것은 놀랍지 않다. 북클럽book club과 북그룹book group이라는 공공 계획이 민주주의에 도움이 된다는 생각은 긴 역사를 보유하고 있다. 어떤 의미에서 그것은 비극이 토론의 대상이 되고 관객이 비극의 등급을 매겼던 고대 아테네로 거슬러 올라간다. 하지만 이후 비극은 점차 책으로 출판되었고, 책의 형태를 입고 다시 논쟁의 대상이 되었다. 아리스토파네스의 「개구리」는 그런 텍스트를 가지고 다니는 어떤 인물을 그린다. 맥락이 희극적이지만, 관객이 이러한 습관을 이해하려면 그것에 익숙해야 한다. 부끄럽게도 현대 민주주의 국가들은 비교적 최근까지도 고대 아테네의 높은 문자 해득률에 도달하지 못했지만, 바이마르 독일은 시민의 토론을 장려하는 한 방법으로 국가가 나서 노동자 북그룹들을 조직했다.[52]

미국에서는 북그룹이 처음에는 도시나 마을 소관이었다. 예를 들어 시카고에서는 '하나의 책, 하나의 시카고One Book, One Chicago'라는 매우 성공적인 프로그램(2011년에 10주년을 맞았다)을 개척했다. 리처드 M. 데일리 시장의 발의로 시작되어 시카고 공공 도서관에 의해 운영되고 있는 이 프로그램은, 시카고 사람들이 모두 함께 한 권의 책을 읽고서(1년에 두 권의 책이 선정된다) 그 도시 여기저기에서 열리는 지역 독서 토론 모임에 참여할 것을 권장한다. 해당 책에 대한 강연들과 (가능하다면) 저자가 직접 대중 앞에 나서는 것이 중요했고, 무료로 이루어졌다. 선정된 책들에는 하퍼 리의 『앵무새 죽이기』, 엘리 위젤의 『그날 밤』, 로레인 핸즈버리의 『태양 속의 건포도』, 알렉산드르 솔제니친의 『이반 데니소비치의 하루』, 제임스 볼드윈의 『산에 올라 고하라』, 아서 밀러의 『시련』, 산드라 시스네로스의 『망고 스트리트의 집』, 칼 스미스의 『시카고 도시 계획』, 토니 모리슨의 『자비』가 포함돼 있었다. 이러한 책들은 분명 인종, 민족성, 도시 계획의 문제들을 포함해 그 도시가 직면한 어려운 문제들에 관심을 갖게 했을 것이다.

북클럽이 할 수 있는 일은 도시 공원이나 기념 건조물은 할 수 없는 것으로, 각 개인이 활기찬 비평 문화에 적극적으로 뛰어들게끔 유도하는 것이다. 여기서 선택된 책들은 정치철학서가 아니다. 그 책들은 독자들이 해당 사건들에 감정적으로 개입하도록 이끌며, 이러한 감정 경험들에 의해 발전하고 그 경험들에 주의를 기울이는 토론을 부추긴다. 독서가 주는 이점 가운데 하나는, 다른 집단 또는 다른 계급 사람들의 삶에 대해 잘 알게 되는 것이다. 그것은 현재의 분리 상태에서 사회과학 데이터만 가지고는 얻기 힘든 점이다. 상상적 동일시를 통해서, 독자들은 기존 정책들과 분배에 따른 인간의 희생을 가늠해볼 수 있다.

시카고의 경험이 보여주는 바와 같이, 무수한 책이 훌륭한 시민 토론을 부추길 수 있다(그리고 이 프로그램의 공식 목표인 '독서 사랑' 또한 부추길 수 있다). 그러한 열린 토론은 강렬한 감정들을 톡톡 건드릴 수 있고, 계속 진행 중인 문제들에 대한 생산적인 생각을 낳을 수 있다. 나는 내가 실제로 가르쳤던 두 개의 작품을 예로 들어 이러한 방식에 대해 설명해보고자 한다. 하나는 미국 작품이고 다른 하나는 인도 작품이다.

리처드 라이트의 『토박이Native Son』(1940)는 시카고의 목록에는 들어 있지 않은데, 언급하기 어렵지만 반드시 제기되어야 하는 문제들을 건드리면서 시카고 역사의 추악한 한 시대를 다루고 있다는 점에서 당연히 목록에 올라야 할 작품이다. 이것은 1993년에야 비로소 무삭제판으로 출간되었다. 이 소설에는 두 명의 10대 흑인 소년이 영화관에서 매력적인 한 백인 여배우를 보며 자위하는 장면이 나오는데, 이 소설의 첫 출판사인 '이달의 북클럽'이 이 부분을 너무 선정적이라고 봤던 것이다. 이것은 어려운 소설이다. 의도적으로 감정이입을 방해하기 때문이다. 주인공은 적대적이고, 분노에 차 있고, 겁이 많다. 작가의 말에 따르면, 그런 방식은 쉽게 공감이 일어나는 것을 방해한다. 즉, 끔찍한 궁핍과 인종차별로 고통 받아온 사람의 마음 상태가 백인 독자에게 쉽게 이해될 수 있는 양 가장하지 않는다. 필록테테스처럼 비거 토머스도 박탈과 치욕의 삶으로 상처 입은 사람이다.

소설이 시작되면 독자들은 방 하나짜리 불결한 주택으로 들어서게 된다. 비거 토머스는 그곳에서 어머니, 여동생, 남동생과 함께 산다. "방에 빛이 쏟아져 들어와, 두 개의 철제 침대 사이의 좁은 공간에 서 있는 한 흑인 소년을 드러내 보였다." 비거는 이미 감옥에 있는 셈이다. 방금 그가 죽인 쥐처럼, 그는 무기력의 덫에 갇혀 있다. 옷을 갈아입을 사적 공간조차 없는 상황에서, "창피함에 저항하자는 결탁"(네 사람이 몸을 숨길 곳 없이 옷을 입고 벗어야만 하는 상황에서 품위를 유지하기 위한 애처로운 노력)이 마룻바닥을 뛰어다니는 쥐 때문에 무시로 방해받을 수 있는 상황에서 자존심과 질서를 유지하려 한다는 게 어떤 것인지 독자들은 알게 된다. 독자들은 코너에 몰린 쥐가 사납게 반격하는 방식에 주목하고, 비거가 세상과 맺고 있는 관계가 어떤 것일지 느낀다. 그의 희망과 두려움, 그의 성적 갈망, 그의 자의식은 어디서나 그가 사는 곳의 열악함에 갇혀 있다.

열악함만 있는 것이 아니라 증오와 혐오도 있다. 비거는 자신에 대한 백인 세계의 명예훼손으로부터 얻은 이미지들을 통해 자기 자신을 알게 된다. 백인들이 그를 무가치한 존재로 규정했기 때문에 그는 스스로를 무가치한 존재로 규정한다. 하지만 그는 자신이 무가치하지 않다는 것을 알고 있고, 그래서 그들의 명예훼손을 증오한다. 또한 그는, 피부색과 상관없이 우리는 모두 형제라는 피상적 생각에 기초한 그들의 동정심을 증오한다. 그가 시카고 대학교 학생인 메리 돌턴과 그녀의 남자친구 얀이 탄 차를 운전해 그녀가 가보고 싶어하는 흑인 레스토랑으로 갈 때, 그들은 인디애나 쪽으로 가면서 그가 사는 건물을 지나가게 된다.

"있잖아, 비거, 나는 오래전부터 이런 집들에 들어가보고 싶었어." 한쪽 가장자리만 흐릿하게 보이는 높고 어두운 건물들을 가리키며 그녀가 말했다. "너희가 어떻게 사는지 봐. 내 말뜻 알겠어? 나는 영국, 프랑스, 멕시코에 가봤지만, 고작 열 블록 떨어진 곳에서 사람들이 어떻게 살고 있는지는 몰라. 우리는 서로에 대해 거의 몰라. 나는 그저 보고 싶을 뿐이야. 나는 이 사람들을 알고 싶어. 나는 지금까지 니그로의 집 안에 들어가본 적이 한 번도 없어. 하지만 그들도 우리가 사는 것처럼 살아야 해. 그들도 인간이니까…… 그들의 수가 200만이야…… 그들은 우리 나라에서 살고 있어…… 우리와 같은 도시에서……." 생각에 잠긴 듯 그녀의 목소리가 작아졌다.

침묵이 흘렀다. 자동차가 흑인들이 살고 있는 높은 건물들을 지나 속도를 내며 블랙벨트를 통과했다. 비거는 그들이 자신의 삶과 자신과 같은 흑인들의 삶에 대해 생각하고 있다는 것을 알고 있었다. 갑자기 그는 뭔가 무거운 것을 손으로 와락 붙잡고 싶었고, 온 힘을 다해 그것을 움켜잡고 싶었고, 이상하게도 벌떡 일어서고 싶었고, 달리는 차 위쪽의 노출된 공간에 서고 싶었고, 결정적인 한 방으로 차를 내리치고 싶었다. 자신과 차 안의 그들과 함께.[53]

독자들은 어느 정도 비거의 시선으로 세상을 보려 하지 않는 한 소설을 따라갈 수가 없다. 하지만 비거의 시선으로 볼 경우 독자들은, 안다는 것과 이해한다는 것에 대한 메리의 생각이 지나치게 단순하다는 것을 알게 된다. 환경은 영혼을 만든다. 그는 "우리가 사는 것처럼 살지" 않고, 따라서 단지 남다른 마음을 가진 일반적인 인간이 아니다. 인종차별이 그를 다르게 만들었다. 메리에 의해 표현되는 경박한 공감 밑에는 더 깊은 공감의 가능성이 놓여 있다. 이런 식으로 말하는 공감 말이다. "이 사람은 생산적인 삶을 영위할 능력을 갖춘 한 인간이다. 그의 선택뿐만 아니라 그의 감정적·지적 능력까지도 인종적 증오나 그러한 증오의 제도적 표출에 의해 어떻게 변형되었는지 보라." 경박한 동일시를 추방하는 그 다름은 관심의 대상이 된다. 독자들은 그때 더 폭넓은 감정들을 느끼게 된다. 비거의 곤경에 대한 좀더 깊은 동정심, 미국 사회의 인종차별에 대한 소신 있는 분노, 어쩌면 상황이 바뀔지도 모른다는 약간의 희망 같은 것 말이다.

"거기 섰을 때 그는 자신이 왜 살인을 했는지 절대 말할 수 없다는 것을 알게 되었다. 그가 말하기를 정말로 원치 않아서가 아니라, 그 이유를 말하자면 그의 삶 전체에 대한 설명이 필요할 것이기 때문이었다." 소설은 이렇게 서술한다. 비거는 두 가지 범죄를 저지른다. 하나는 우발적으로 메리 돌턴을 살해한 것으로, 최악의 부주의한 살인이다. 하지만 자기 애인인 베시를 죽인 것은 의도적이고 계획적인 살인이다. (이 소설의 아이러니 중 하나는 독자들이 소설 속에서 백인 사회가 보여주는 것과 똑같은 반응을 보인다는 것이다. 즉, 독자들은 베시에 대해서는 완전히 잊고, 그가 메리 돌턴을 죽인 것 때문에 그를 극악무도한 괴물로 여긴다. 이 소설은 영화화되었는데, 그 영화는 항상 메리의 이야기에만 집중하고 베시는 무시한다.) 이 소설은 비거가 법정에서 결코 할 수 없는 "설명"이 된다. 왜냐하면 형사 사법제도는, 비거 주변의 백인 세계처럼, 그를 한 사람의 개인으로 보지 않기 때문이다. 사실, 비거 개인의 삶에 대한 소설의 세심한 "설명"에는 이 소설에 묘사된 세계에서는 통용될 수 없을 것 같은 사고방식이 내포돼 있다.

개인성의 거부는 대칭을 이룬다. 흑백 양쪽에서 인종적 분노가 개인의 정체성을 가려버리는 것이다. 비거에게 백인들은 "산더미 같은 증오"의 대상이다. 흑백 분리선 저편에 개개의 사람들이 있다는 생각이 너무나 끔찍해서 그는 그런 생각을 가질 수 없다. 이 소설에 나오는 비거 변호인의 말은 유명하다. 그는 프란츠 파농의 말을 빌려, 폭력을 비거의 억압에 대한 불가피한 반응으로, 소중한 자기주장으로 본다. 하지만 소설은 이러한 진술에서 끝나지 않는다. 이 변호인은 다른 백인 인물들만큼이나 비거의 개인성을 알아보지 못하는 것으로 보인다. 그 대신에 소설은 개인적 우정의 가능성을 열어놓은 채 끝난다. 오랜 투옥생활 중에 비거는, 자신을 증오할 이유가 충분한데도 유일하게 자신을 정당한 권리를 가진 한 인간으로 대우하는 듯 보이는 젊은 공산주의자 얀(그는 메리의 약혼자였다)의 용기와 품위에 충격 받아, 이 소설이 처음부터 독자들에게 심어주고자 했던 생각을 품기 시작한다. 즉, 흑백 분리선 양편에 존재하는 인간의 목표와 능력에 대해 생각하기 시작한다. 마침내 비거는 저쪽 편의 개인성을 순식간에 알아보게 된다.

> 그는, 결국 세상 모든 사람이 똑같은 감정을 느낀다는 게 과연 가능한 일일까 생각해보았다. 그를 증오한 사람들에게도 맥스[변호인]가 그에게서 본 것과 똑같은 것이 있었을까? 맥스로 하여금 그에게 그런 질문들을 하게 했던 그것이? 생전 처음 그는, 자신이 결코 꿈꿔보지 않은 어떤 관계들을 막연하게나마 그려보게 해주는 어떤 절정의 감정에 도달했다. 어렴풋이 떠오르는 하얀 증오의 산이 만약 산이 아니라 사람들이라면(그 자신과 같은, 얀과 같은), 그때 그는 한 번도 가능하리라고 생각해보

지 못한 높은 희망과, 자신은 느끼지 못하리라고 알고 있던 깊은 좌절에 직면하게 될 것이다. (…) 그는 감옥 한가운데 서서, 다른 사람들과 관계를 맺고 있는 자신을, 그가 언제나 두려워했던 그 일을 하고 있는 자신을 그려보았고, 그래서 스스로를 위해 다른 사람에 대한 증오를 품고 있었던 그의 마음은 크게 훼손되었다.

결말에 이르러 이 소설은 계급에 기초한 마르크스 정치학을 넘어선 것처럼 보인다. 사람들을 범주화하는 그런 정치적 입장은 억압에 의해 만들어진 것임을 시사하고 있기 때문이다. 만약 흑백 분리선이 정말로 없어진다면 우정이 생겨날지도 모른다. 비거의 마지막 말은 "얀에게 인사 전해줘", 그리고 "잘 가!"였다. 시카고 북클럽들은 오바마 집권기에 이 소설을 읽고 무슨 이야기를 나누게 될까? 토론 주제 목록의 맨 꼭대기에는 틀림없이, 우리 사회는 진보했는가 아닌가, 진보했다면 얼마나 진보했는가 하는 문제가 올라 있을 것이다. 오바마가 대통령에 당선된 것, 그리고 더 나아가 2011년에 "백인" 구역 사람들뿐만 아니라 아프리카계 미국인과 라틴계 미국인에게도 압도적 지지를 받아 유대인인 람 이매뉴얼이 시장에 당선된 것은 우리가 인종차별적 정치 너머의 시대로 나아가고 있다는 것을 의미하는가? 이러한 결론에 반대한다면 어떤 이유에서인가? 대도시 빈민가에서는 어떤 일이 벌어지고 있는가? 교육도 못 받았고, 최악의 경우 "타인에 대한 증오심"으로 얼룩져 있기까지 한 젊은이들이 얼마나 많은가? 형사 사법제도는 소수자와 빈자를 충분히 배려하는가? 어떤 개혁들이 필요한가? 가난하고 흑인이고 여성인 희생자는 계속 무시되어야 하는가? 미스터 돌턴 같은 빈민가의 악덕 집주인은 인종적 낙인을 영속화하는 데 어떤 역할을 하는가? 인종은 어떻게 계급과 연결되는가? 어떤 독자들은 틀림없이 인종차별은 이차적인 문제이고 계급이 진정 중요한 이슈라고 말할 것이다.

우리는 또한 "저쪽 미드웨이에 있는 대학교"에 대해 이야기해야 할 것이다. 10장에서 보겠지만, 라이트의 시대 이후 시카고 대학교는 분명 주변 지역사회와의 관계를 개선해왔고, 그 결과 과거에 비해 훨씬 더 다인종적인 곳이 되어 있다. 하지만 그것으로 충분한가? 이 대학교는 정말 그 지역사회를 충분히 배려하고 있는가? 이 대학교는 인종차별적 배제라는 오래된 유산을 종식시키는 데 정신적으로 충분한 관심을 보여주었는가? 이를 시사하는 정책으로는 어떤 것이 있는가?

우리는 예를 들어 차별 철폐 조처에 대해 어떻게 생각하는가? 그것이 달성하려는 목표는 무엇이며 그것이 감수해야 하는 위험은 무엇인가? 우리는 그것을 위해 무엇을 내놓을 수 있는가? 이런 이슈들은 먼 과거에 속하는 것이 아니다. 이런 이슈들이 논의될 때는 고뇌가 따르기도 하고, 분노와 불화의 위험이 따르기도 한다.

어떤 독서 토론은 감정들에 대한 묘사와 감정들의 사회적 형성에 초점을 둘 것이다. 이 점에서 토론은 혐오감, 수치심, 낙인, 여성이나 동성애자의 감정 및 불리한 위치에 있는 또 다른 집단들의 감정에 관해 생각하면서 광범위하게 전개될 수 있다. 어떤 지점에서 우리는 모든 이슈 가운데 가장 힘든 이슈, 즉 다른 인간 존재를 이해한다는 것은 어떤 것인가 하는 이슈와 씨름해야 할 것이다. 이것은 집단 정체성에 기반을 둔 정치와 개인의 존엄성 및 고유성에 기반을 둔 정치의 관계에 대한 토론으로 이어질 것이다.

더 멀리 나아가, 미적인 것과 정치적인 것의 더욱 폭넓은 관계를 살펴보고, 시의성 띤 작품을 시간이 지나도 계속 살아남게 해주는 것은 무엇인지, 어떠한 심리적 깊이나 인간적 통찰력인지 생각해봐도 좋을 것이다.

인도의 경우, 현재 시카고 같은 대중 북클럽 프로그램을 운영할 수 있을 만큼 문자 해득률이 높지 않다. 그래서 그런 프로그램이 포괄보다는 계급 분리를 촉진할 것이다. 인도에서 지역 토론회를 활성화하려면 책보다는 영화가 더 좋은 선택이 될 것이다. 또한 많은 집단이 이미 음악과 춤을 통해 대중 토론을 낳고 있다. 타고르가 그랬던 것처럼, 오늘날 '바울'이라 불리는 벵골의 음유시인들이 그러는 것처럼 말이다. 하지만 좀더 한정적인 중산층 독자를 위해, 최근의 인도 문학에서는 대중 토론에 이용될 만한 텍스트가 많이 나오고 있다. 마하스웨타 데비, 아룬다티 로이, 로힌턴 미스트리를 비롯해 영어와 토착어를 모두 사용하는 많은 작가는, 라이트의 소설이 시카고에서 어떤 기능을 할지 내가 상상한 바와 매우 비슷하게, 공감을 확장하면서, 그리고 감정적 자극을 받으며 국가의 어떤 핵심 정치 원리들에 대해 이해하게 하면서, 카스트, 계급, 성별과 관련된 토론을 부추긴다. 한 극빈 여성이 매일 마주하는 비극을 그린 마하스웨타 데비의 「기리발라Giribala」[54] 같은 아주 짧은 소설은, 수많은 시대와 장소에서 생겨난 많은 다른 비극적 이야기와 마찬가지로(「기리발라」는 예컨대 에우리피데스의 「트로이의 여인들」과 매우 유사하다), 여성들이 가진 힘과 여성들의 취약성에 대한 대중 토론을 끌어내는 기능을 할 수 있을 것이다. 또한 거기 담긴 비극들 중 사실상 인간의 "운명"의 일부인 것은 어떤 것이며 결함이 있으나 바뀔 수 있는 사회 제도들에 기인한 것은 어떤 것인지를 보여줄 수

있을 것이다.[55]

물론 사람들은 감정을 자극하는 예술 작품 없이도 이 모든 이슈에 대해 토론을 할 수 있을 것이다. 또한 완전한 토론이 되려면 많은 데이터가 뒷받침되어야 할 것이다. 하나의 이야기는 인도 시골의 삶을 왜곡되게 그린 하나의 그림에 불과할 수도 있기 때문이다. 「기리발라」는 그렇지 않지만 말이다. 이 소설은 데이터와는 달리 독자들을 한 가난한 여성의 삶에 아주 가까이 데려가, 독자들로 하여금 엄청난 역경 속에서 여성이 발휘하는 힘과 에너지를 이해하게 해주고, 거리를 둔 묘사로는 할 수 없을 방식으로 그녀를 "행복론적" '관심의 원' 안에 받아들이게 한다. 그리고 결국 인도 민주주의의 핵심 원리들에 대한 이해를 도와, 그것들을 번영에 대한 자신들의 토의에 포함시키게 한다. 이런 작품이 불어넣는 동정심은 대체로 행동을 취하게 하는 데 매우 효과적이다. 이런 작품의 독자들은, 뱃슨의 학생들이 그런 것처럼, 금방이라도 남을 돕는 유익한 행동을 취할 준비가 돼 있으며, 이런 토론의 결론은 하나의 실행 의제가 될 가능성이 크다.

6. 희극 축제

우리에게 아리스토파네스는 소포클레스보다 멀게 느껴지는 것 같다. 왜냐하면 훌륭한 유머는 일반적으로 친근한 맥락과 그때그때의 상황에 밀접히 관련돼 있기 때문이다. 그러므로 현대에 희극 축제와 비슷한 기능을 하는 게 뭔지 생각해본다는 것 자체가 이상해 보일지도 모른다. 하지만 희극 축제의 정신은, 비극 축제의 정신처럼, 많은 공적 예술 작품에 생기를 불어넣는다.

시카고 밀레니엄 파크: 육체적 즐거움과 포괄

대도시들의 시는 특히 미국의 공적 감정의 강력한 원천이 된다. 특히 뉴욕과 시카고는 다름에 대한 애정을 표현하는 시민 예술, 다름을 겁내지 않고 존중할 때 다름에서 생겨나는 엄청난 에너지를 찬양하는 시민 예술을 낳았다. 여기서 우리는 휘트먼으로 다시 돌아가야 한다. 남북전쟁의 참상이 벌어지는 동안과 그 이후에 미국 전체를 끌어안은 그의 대중적 시는 그의 뉴욕 사랑과, 뉴욕이 상징하는 바에 대한 그의 생각에 기초한 것이었다. 「나 자신의 노래 24Song of Myself 24」에서 그는 스스로를 "월트 휘트먼, 하나의 우주, 맨해튼의 아들"로 밝히고 있으며, 바로 이어서 뉴욕의 이상과 그가 생각하는 이상적 미국의 핵심 가치들을 병치시킨다. "다른 사람을 멸시하는 자는 누구든 자신을 비하하는 것이며/ 무엇을 하고 무엇을 말하든 그것은 결국 자신에게 돌아온다. (…) 하느님께 맹세코! 모든 사람이 똑같은 말로 대응할 수 없는 것이라면 나는 그 어떤 것도 받아들이지 않으리"(「나 자신의 노래 24」). 뉴욕은 요동치는 다양성(곧 휘트먼의 미국)에 대한 메타포이며, 그 다양성의 용기와 에너지에 대한 메타포이고, 혐오나 낙인을 대담하게 거부하는 것에 대한 메타포다. 뉴욕은 그곳에서만 감히 자기 이름을 밝힐 수 있는 모든 금지된 사람과 사물들의 메타포이다. 계속해서 휘트먼은 수치심과 혐오의 뿌리들을, 편협함과 연결 지어 거듭 이야기한다. 그는 만약 우리가 시끄럽고 너저분하고 소란스러운 것(특히 우리의 너저분한 성생활을 포함해)을 사랑하고 찬양한다면, 그때 아마 우리는 다른 사람들을 덜 증오하고 덜 억압할 거라고 암시한다.

> 나를 통해 나오는, 오랫동안 벙어리로 있었던 많은 목소리
> 수세대에 걸쳐 끝없이 계속된 죄수와 노예들의 목소리,
> (…) 그리고 다른 사람들이 무시하는 그들의 권리들의 목소리,
> 불구가 된, 보잘것없는, 침체된, 어리석은, 멸시당하는 사람들의 목소리,
> (…)
> 나를 통해 나오는, 금지된 목소리,
> 성과 욕정의 목소리, 베일에 가려진 목소리, 그리고 나는 그 베일은 걷
> 는다.(…)
> (「나 자신의 노래 24」)

휘트먼의 링컨 찬가의 절정 부분에서 뉴욕은 시인이 "나의" 것이라 칭하는 유일한 장소로서 형상화된다. "몸과 영혼/ 첨탑이 있는 나의 맨해튼, 반짝이며 서둘러 움직이는 물결, 그리고 배들……"[56] 분명 뉴욕은 하나의 특별한 도시에 불과하지 않다. 뉴욕은 미국의 다양성, 포괄, 포부의 표상이다.

이 다양성의 시는 난해한 구석이 없지 않다. 인생의 이면은 어두운 법이다. 하지만 그 과업 전체를 뒷받침하는 일종의 사랑이 있고, 인간의 몸에 대한 사랑을 바탕에 깔고 있는 이 사랑이 우리를 앞으로 나아가게 한다. 우리가 동료 시민들을 좋아하지 않거나 그들이 하는 일을 인정하지 않을 때도, 우리는 여전히 우리가 찬양하는 대도시, 우리 자신인 그 대도시의 일부로서 그들을 사랑할 수 있다. 이 포괄의 시는, 우리가 우리 자신이 의심스러워할 만한 삶의 구석진 곳들을 살필 때

기쁨을 주며 우리에게 손짓한다. 휘트먼이 잘 알다시피, 이러한 곳들에는, 우리가 우리를 불편하게 하는 것이 외부의 것이고 "타자"라고 스스로에게 말하면서 금지된 영역으로 차단해버리곤 하는 육체적 삶의 양상들도 포함된다.

그러나 미국 도시의 시를 뉴욕이 독점하고 있는 것은 아니다. 이제 시카고의 밀레니엄 파크로 시선을 돌려보자. 다양성의 시 그 자체인 대중적 공간을 만들어내고 있는 곳이다. 시카고는 육체적 자기주장의 역사를 보유하고 있다. 사람들이 자기에게 몸이 있다는 것을 거의 잊고 살 것 같은 고상한 동부와는 대조적으로, 시카고는 자신의 냄새와 땀을 자랑스러워한다.

세상 사람들을 위한 돼지 도살업자
연장 제작자, 밀을 쌓아 올리는 자
철로를 가지고 노는 자, 국가의 화물을 처리하는 자.
폭풍 같고 억세고 떠들썩한,
건장한 자들의 도시.
그들은 나에게 당신이 사악하다고 말하고, 나는 그들의 말을 믿는다, 나는 농장 소년들을 유인하는 가스등 아래에서 짙게 화장한 당신의 여자들을 보았으므로.
또한 그들은 나에게 당신이 비뚤어졌다고 말하고, 나는 대답한다. 네, 맞아요, 나는 총잡이가 죽이고 또 맘대로 죽이는 걸 봤지요.
또한 그들은 나에게 당신이 잔혹하다고 말하고, 내 대답은 이렇다. 여성과 아이들의 얼굴에서 나는 무자비한 굶주림의 표시를 봤답니다.
또한 이렇게 대답한 뒤 나는 이 나의 도시를 조롱하는 사람들을 한 번

더 돌아보면서, 그들에게 그 조롱을 돌려주는 말을 한다.

고개를 쳐들고서 생생하고 거칠고 강하고 교활한 것을 자랑스럽게 노래하는 도시가 또 있다면 어디 내게 보여주시오.

산더미 같은 일의 고된 노동 속에서 매력적인 저주를 퍼부으며, 여기 작고 부드러운 도시들과 뚜렷이 대조되는 크고 강한 강타자가 서 있다.

맨머리로,

삽질을 하는,

파괴하는,

계획하는,

건설하는, 부수는, 다시 건설하는,

연기 속에서, 입안 가득 먼지를 머금은 채, 하얀 이를 드러내며 웃는,

운명이라는 엄청난 짐을 진 채 젊은이처럼 웃는,

싸움에서 한 번도 져본 적 없는 무지막지한 파이터처럼 웃는,

손목 아래서 맥박이 뛰고 갈비뼈 아래서 심장이 뛰는 것을 자랑스러워하고 즐거워하며, 웃는!

반나체로 폭풍 같고 억세고 떠들썩한 젊음의 웃음을 웃는, 돼지 도살업자, 연장 제작자, 밀을 쌓아 올리는 자, 철로를 가지고 노는 자, 국가의 화물을 처리하는 자임을 자랑스러워하며 땀 흘리는.[57]

칼 샌드버그는 휘트먼 스타일로 시를 쓰며, 그의 시카고는 휘트먼의 뉴욕에 해당된다. 시카고는 얌전한 체하는 것과 천사를 꿈꾸는 것에 대한 반감, 심지어 혐오를 적극적으로 이끌어내려는 곳인 것이다. 그곳은 기쁘게 자신의 동물성을 과시한다. 그곳은 검댕투성이이고 땀투성이인 데다 냄새도 나지만, 동시에 삶과 기쁨으로 가득하다. H. L.

멩켄이 다음과 같이 멋지게 썼듯이 말이다. "나는 당신에게 시카고를 드리죠. 런던과 하버드 말고요. 파리와 버터밀크 말고요. 그곳은 어느 모로 보나 미국적입니다. 그곳은 뼛속까지 살아 있습니다."

모든 시카고 사람이 이러한 이미지를 좋아한 것은 아니다. 19세기 후반에, 공공건물과 공원들은 그보다는, 오염되지 않은 순수라는 사이비 유럽적 주제를 강조했다. 철저한 인간부정이라고 해도 될 것이다. 그랜트 파크는 기하학적으로 생긴 유럽식 공원을 모방해 만들어진 곳으로 중앙에 버킹엄 분수(1927)가 있는데, 이 분수는 희고 깨끗하며 사람들의 접근을 차단한다. 사람들이 그랜트 파크에 가지 않아도 이상할 게 없다. 왜냐하면 그곳은 사람을 불러들이는 분위기가 아니고, 일단 그곳에 간다 해도 거기서 할 게 아무것도 없기 때문이다. 1892년에 콜럼버스 세계 박람회를 열며 전 세계 사람들을 맞이하게 된 시카고는 도시를 순백의 것으로 그리기로 했다. 8장에서 본 것처럼, 한시적인 박람회 건물들은 "화이트 시티"로 알려졌는데, 그곳 바깥의 다양한 세계를 가리는 동화의 세계를 구축했다.[58] 그 건물들에는 육체가 없고, 유머가 없었다. '버펄로 빌의 와일드 웨스트 쇼' 같은 오락들과 여러 민속적인 전시는 축제장 바깥에, 미드웨이에 따로 점포를 차려야 했다. (오늘날 미드웨이는 시카고 대학교를 관통하며 뻗어 있다.)

화이트 시티는 시카고가 유럽 대군주국의 수도들만큼이나 제왕적임을 보여주었다. 그 수도들처럼 화이트 시티는 정말 인간적이지 않았고, 필멸적으로 보이지 않았으며, 땀 냄새를 풍기지 않았다. 그리고 하층 계급 사람들은 시카고 대학교 주변에서 그런 것처럼, 환영받지 못했다.

다행스럽게도 시카고의 공원 개념과 공적 예술 개념은 바뀌었고,

우리는 10장에서 미드웨이에 대해 다시 살펴볼 것이다. 그런데 이 도시에 대한 샌드버그의 생각의 개정판이라 할 수 있는 이런 변화된 도시 개념에서 중심이 되는 명소는 도심에 있는, 그랜트 파크의 위상을 떨어뜨리며 그 옆에 들어선 밀레니엄 파크다. 밀레니엄 파크는 리처드 M. 데일리 시장의 후원을 받아 2004년에 개장했다.[59] 미시간 애버뉴에서 이 공원을 향해 가다보면 먼저, 스페인 예술가 하우메 플렌사가 설계한 크라운 분수를 만나게 된다. 15.25미터 높이에 대형 스크린 두 개가 약 23미터 간격을 두고 서로 떨어져 있는데, 그 스크린들에는 온갖 나이, 온갖 인종, 온갖 유형의 시카고 사람들의 얼굴을 찍은 사진들이 투사된다. 언제나 두 개의 얼굴이 표시되고, 굉장히 희극적인 효과를 내면서 천천히 표정이 바뀐다. 약 5분마다 두 개의 새로운 얼굴이 이전의 얼굴들을 대체하는데, 이렇게 다른 얼굴로 바뀌기 직전에 기존 얼굴들이 물을 뿜어낸다. 물은 마치 그들의 입에서 쏟아져 나오는 것처럼 보이고, 신이 나서 기다리고 서 있는 아이들 위로 떨어진다. 두 스크린 아래, 두 스크린 사이에 있는 얕은 물웅덩이에서 아이들은 즐겁게 뛰논다. 아이들은 처음에는 부끄럽거나 조심스러워서 부모나 조부모와 함께 물웅덩이에 들어서곤 한다. 물에 젖으면 사람들은 후줄근해지고 위엄이 없어진다. 사람들은 그 상태를 좋아하고, 같이 격식을 잃는 것으로써 그 공간은 민주화된다. 거기엔 흑인과 백인이 각각 다른 수영장과 음수대를 사용하게 만들었던 낙인도, 여성의 몸을 물 같은 것, 끈적끈적한 것으로 보게 한 낙인도 더 이상 없다. 절규하듯 쏟아져 나오는 희극적 액체와 함께, 백인과 흑인의 결혼을 금하는 법도, 좀더 일반적으로 말하자면 청교도주의도 말을 잃는다. 휘트먼은 청교도적 수치심 때문에 자신의 신체를 가리도록 운명 지어진 젊은 여인을 묘사한 바 있다. 그녀는 밖으로 나가서 수영하는 젊은 남자들과 어울리는 상상을 한다. "그들은 자기네가 일으키는 물보라 때문에 누군가 흠뻑 젖는 것 따위는 생각하지 않는다"고 휘트먼이 수영하는 남자들에 대해 말한 것처럼, 스크린의 커다란 얼굴들도 그렇게 말하는 듯하다.

만약 일정 각도에서 이 모든 것을 본다면, 또한 돌돌 감겨 올라간 듯한 형태의 프랭크 게리 음악당의 깃털 돋친 듯한 모습도 눈에 들어올 것이고, 그 옆으로 마치 은색 헬멧처럼 강철 파이프들이 뻗어나간 모습도 보일 것이고, 공격을 포기하고 새가 되기로 한 어떤 전쟁 유물도 보일 것이다. 아름답게 곡선을 이룬 그 모습은 군사적 영광의 아름다움을 환기시키지만, 한편으로는 군사적 영광을 해체해 우아하고 부드럽게 바꾼다. 거기서 무료 콘서트를 듣고 있으면 그곳은 평화가 울려 퍼지는 성지가 된다.

오르막길을 걸어 올라가면 클라우드 게이트에 이른다. 아니시 카푸어가 만든, 뒤집어진 콩팥 모양의 거대한 스테인리스강 조각품이다. 그 모양 자체도 눈에 띄게 아름답지만, 그것의 표면에 비친 이미지들은 특히 아름답다. 미시간 애버뉴의 마천루들, 구름과 하늘 같은 것이 거기 비친다. 그 빌딩들은 장엄하게 쭉 뻗어올라 있지만, 반영된 이미지에서는 더욱 멋지게 곡선을 이루고 있다. 그 조각품 아래의 너른 터에는 온갖 부류의 사람들이 그것을 보려고 모여들어 있다. 그들은 거기 비친 자신들의 왜곡된 모습을 살펴보면서, 자기가 서 있는 위치에 따라 다른 식으로 자기 모습이 코믹하게 일그러진다는 것을 알고 웃는다. 그 "콩"은(시카고에서는 이 조각품이 흔히 이렇게 불린다) 크라운 분수에서 벌어지는 희극 축제의 연장이다. 카푸어의 이 조각품은 자기 인식을 강조한다는 점에서 마야 린의 베트남전 참전용사 추모비와 사촌 간이다. 둘 다 관찰자의 얼굴과 몸을 반영하고, 둘 다 어떤 의미에서 보면 관찰자에 관한 것이지만, 각각은 양식도 다르고 담고 있는 정신도 다르다. 린의 검은색 패널은 죽은 자들의 이름 가운데에, 그 이름들을 바라보는 얼굴, 슬픔과 대답 없는 질문으로 가득한 얼굴을 비춘다. 카푸어의 빛나는 스테인리스강은 나와 다른 사람들의 전신을 코믹하게 왜곡된 모습으로 비추며, 사람 모두를 아름다움의 이미지와 이상함의 이미지에 병치되게 하면서 찬미이자 엉뚱함이라는 의미를 만들어낸다.

한편, 고속도로 위를 가로지르는 게리의 기발한 곡선 다리에서(특별히 어떤 곳과 연결되도록 만들어진 것 같지 않은 다리) 사람들은 거닐기도 하고, 멈춰 쉬기도 하고, 낯선 사람에게 말을 걸기도 한다. 젊은 사람이든 나이 든 사람이든 흡족해하며 분수대에서 첨벙대고 조각품에 비친 구름을 쳐다보듯이, 서로 소통하는 이 대중적 공간은 함께 아름다움을 관조하면서, 그리고 함께 육체의 기쁨을 즐기면서 다양성을 찬미하는 공간이 된다.

이런 마법적 공간에서는 어떤 태도와 감정이 생겨날까? 틀림없이 동료 시민들에게 깃든 다양성에 대한 사랑, 다양성이 근심의 원천이 아니라 즐거움의 원천이라는 생각이 싹틀 것이다. 또한 물에 젖는 즐거움도 생겨날 것이다. 최소한 공원 설계자들이 기대했던 그 공원의 특징들 중 하나가, 어린이뿐만 아니라 모든 연령대의 사람들이 물이 뿜어져 나오는 그 분수 앞에 서 있고 싶어하게 함으로써, 다양한 인종·젠더·연령의 시카고 사람들과의 특이한 육감적(꼭 성적인 것이 아니더라도) 교류를 즐기게 하는 것이기 때문이다. 또한 사소한 것이라 할

수 없는, 자기 자신이나 다른 사람들 안의 우스꽝스러움에 대한 아리
스토파네스적 감각이 깨어난다. 즉 몸이 이상하고 웃기게 보일 때, 혹
은 그 몸의 어떤 부분에서 갑자기 액체가 내뿜어질 때, 그것을 싫어하
기보다 좋아하게 되는 것이다. 또한 역시 사소하다 할 수 없는, 일종의
평온함, 빈둥거리고 천천히 걷고 멈추어 쉬고 사람들과 인사를 나누고
자 하는 태도도 생겨난다. (이런 식으로 이 공원은 육체적 즐거움과 평화
를 이어주는 아리스토파네스적 연결 고리를 재건한다.)

「라가안」: 국가 정체성의 스포츠

발리우드 영화들 중에서 지금까지 가장 많은 사랑과 찬사를 받은
작품 중 하나인 「라가안Lagaan」("토지세")은 전 세계적으로 수많은 팬을
보유하고 있으며, 많은 영예를 누렸다. 아카데미상 후보에 올랐고, 2001
년 개봉되어 흥행에 성공한 이래 수년간 DVD 판매에서도 정상을 차
지하고 있다. 아미르 칸이 제작자이면서 주연을 맡아 출연했고, 아슈토
시 고와리커가 시나리오를 쓰고 연출했다. 이 영화는 개인의 이야기에
기초한 것이기는 하지만, 국가 정체성의 이미지를 담은 작품으로, 그리
고 사실상 어떤 어려운 시기의 국가 정체성에 대한 특별한 비전을 찬
양하는 작품으로 널리 인정받아왔다. 이 영화가 최고 외국어 영화상
후보로 공식 지명된 것은, 1997년에 A. R. 라만이 인도 건국 50주년을
기념하기 위해 「자나 가나 마나」의 공식 버전을 만들기로 한 것처럼,
이 영화를 국가의 가치들에 대한 공식적이고 대중적인 진술로 만들었
다. (연합 정부에서 인도인민당이 지배력을 행사하는 동안 이뤄진) 그 진술
이 진실한 것으로 보이든 노련한 홍보로 보이든 간에 말이다.

「라가안」에는 "옛날에 인도에서Once upon a time in India"라는 부제가 달려 있는데, 이 부제는 좀 이상하다. 왜냐하면 발리우드에서 만들어진 역사 영화라면 굳이 이런 부제를 달지 않아도 옛날에 인도에서 일어났던 어떤 일을 다룬 영화로 간주될 것이기 때문이다. 또한 이 이야기의 시대 배경인 19세기 말에는 엄격하게 말해서 "인도"라는 국가가 존재하지 않았다는 점을 생각할 때 이 부제는 더욱 이상하다. "인도"라는 그런 독립체는 현대 국가의 형성 이전에는 알려져 있지 않았다고 주장하는 것이 설령 틀렸다 하더라도, 이 부제는 문제를 제기한다. 무엇이, 어느 때가, 누가 인도이며, 그리고 인도에 "속하는" 사람들은 누구인가? 영화의 스토리는 어떤 의미에서는 멀고 먼 이야기일 수 있지만, 또 다른 의미에서는 "인도 안에서" 벌어지는 이야기, 그 나라와 그 나라가 처한 현재의 딜레마 한가운데에 위치한 이야기다. 신화를 언급함으로써 이 영화가 건국 설화, 어쩌면 국가 정체성에 대한 설화를 그리려 했음을 암시한 것도 중요한 점이다. 그리고 "옛날에"라는 말은 아이에게 옛날이야기를 들려주는 친근한 활동을 암시함으로써 그것이 상상에 기초한 이야기임을 암시하고, 그리하여 스토리텔링 자체가 국가적 프로젝트에서 일정 역할을 담당한다는 것을 시사한다.

「라가안」은 간디 이전 시대의, 영국인 주인들에게 맞선 성공적으로 이뤄낸 비폭력 저항의 이야기다. 빅토리아 시대 후기를 배경으로, (영국군 주둔지의 사령관인 냉혹하고 거만한 러셀 대위로 대표되는) 영국인이 부과한 높은 세금으로 인해 억압받는 한 가난한 마을 농부들의 이야기가 펼쳐진다. 영화에서 코믹한 부분은 이 러셀이라는 인물이다. 그는 위협적이지만 궁극적으로는 우스꽝스러운 사람이며, 마을 사람들의 다양한 색조의 어두운 피부가 유쾌해 보이는 데 반해 그의 분홍빛 피부는 지나치게 구워져 다소 식욕을 떨어뜨리는 점심 식사의 고기 조각처럼 보였다. 마을의 우두머리인 부반(아미르 칸 분)은 오랜 가뭄을 이유로 세금 감면을 요청한다. 러셀은 완전 무반응이다. 관리들을 만나러 간 부반은 크리켓 시합을 목격하게 되고, 그 게임을 비웃는다. 마을 사람들의 저항에 분격한 러셀은 복수할 생각으로 부반에게 내기를 제안한다. 몇 달 뒤 마을 사람들이 자기 부하들과 크리켓 경기를 해서 이긴다면 3년간 세금을 면제해주겠다는 것이었다. 반면에 마을 사람들이 지면 세금을 세 배로 내야 한다. 부반이 그 내기에 응하자 마을 사람들은 깜짝 놀란다.

마을 사람들은 크리켓에 대해 아무것도 몰랐다. 다행히 그들은 부반을 사랑하는 러셀의 여동생으로부터 도움을 받게 된다. 그녀는 몰래 훈련 계획을 세운다. 하지만 훈련을 시작하기 전에 먼저 팀을 구성해야 했다. 바로 여기가 건국이 시작되는 지점이다. 팀을 구성할 사람들은 당연히 그 지역 힌두교도들이었다. 하지만 부반은 재빨리 두 명의 외부인을 기용할 것을 주장한다. 영국군 소속의 인도인 병사(세포이)로 군대생활을 통해 크리켓을 잘 알고 있는 시크교도 데바, 그리고 투수로서 멋진 기술을 보여주는 무슬림 이스마엘이었다. 이들을 끌어들이는 일은 처음에는 다소 저항에 부딪혔지만, 그렇다 해도 그가 레그 스핀 투수로서 뛰어난 천부적 재능을 발휘하고 있는 "불가촉천민"(달리트) 카크라를 소개할 때 마을 사람과 팀 구성원들이 보인 경악에 비하면 아무것도 아니었다. 부반은 마을 사람들을 질책한다. 마침내 팀은 카크라를 받아들인다. 한편 여성 코치라는 주제를 통해서, 그뿐만 아니라 (좀더 적절하게 설명하자면) 부반의 충직한 사랑을 받는 여자친구 가우리가 그 일 전체에서 맡은 적극적인 역할에 의해서, 여성들에게 권한이 부여되는 것이 표현된다. 이 모든 "소수자들"은 완전히 충직하고, 팀의 성공에 크게 기여한다. 사실, 모든 걸 망치게 할 뻔한 사람은 높은 카스트에 속하는 한 힌두교도다. 가우리를 사랑하는 그는 질투심 때문에 영국인들과 공모하면서 자기편이 경기에서 지게 하려고 애쓴다. 그래서 이 영화는, (다른 곳을 성지로 갖고 있는 사람들은 충성을 바칠 수 없다고 말하며 힌두 우파가 줄곧 시사하는 것과 달리) 배반이란 이런 "타자들"과 특별히 관련된 것이 아니며, 오히려 배반은 바로 주류 속에 존재한다는 것을 관객들에게 상기시킨다.

이 네 시간짜리 영화의 후반부 전체는 경기 자체를 다룬다. 나는 이 후반부는 요약하지 않고, 그것이 그 국민 스포츠에 대한 강한 관심을 전제로 하며, 그 스포츠 자체를 국가의 자기 인식 행위의 하나로 보여준다는 점만 언급하고 넘어가겠다. 특히 투수의 눈부신 활약 덕분에, 또 배신자의 속임수를 밝혀낸 그 집단의 능력 덕분에, 결국 마을 사람들이 이긴다. 그들은 이겼고, 이어서 가뭄을 끝내는 비가 내린다. 마을은 이중으로 구원받는다. 세금을 안 내게 되었고, 풍부한 수확이 약속되었다. 영화는 모든 사람이 빗속에서 춤을 추는 것으로 끝난다.

「라가안」의 기본 메시지는 모든 사람을 끌어안고 존중함으로써 인도가 강해질 수 있고 정치적·경제적 문제들도 해결할 수 있다는 것이다. 실제로 굴종의 역사를 넘어설 수 있는 방법은 이것뿐이다. 그 당시 힌두 우파는, 굴욕의 유산을 극복하기 위해서는 힌두 우선적 정체성을 적극적으로 주장하는 동시에 다른 집단들을 주변화해야 한다는 메시지를 계속 보내고 있었다. 「라가안」은 이러한 선전을 전복시킨다. 「라가안」에서는 인종차별을 하는 사람도 영국인이고 종교적인 이유로 차별을 하는 사람도 영국인이다. 진정한 인도의 가치들은 다원주의적이다. 마을 사람들은 경기에서 이김으로써 영국을 눌렀을 뿐만 아니라, 또한 좀더 수준 높게 행동함으로써(간디의 독립운동에서 확고했던 주제) 영국을 눌렀다. 서구인들이 중시하는 가치는 공격과 지배다. 인도인들이 중시하는 가치는 상호 존중, 팀워크, 관용, 다양성에 대한 사랑이다.

크리켓을 선택한 것은 중요하다. 왜냐하면 그것은 좋은 매너(경기에서 그랬듯이 지배자를 능가하는 인도인들의 매너)와 관련된 스포츠이기 때문이다. 하지만 크리켓은 또 다른 이유로 중요하다. 인도 크리켓의 세계는 실제로 매우 포괄적이어서, 여러 종교가 쉽게 어우러지고 다양한 출신 배경의 선수들이 두루 대중의 사랑을 받는다. 이 영화는 인도 크리켓의 가치들이 인도 전체에 좋은 것이라고 넌지시 이야기한다. 물론 인도에는 매우 포괄적인 또 다른 세계가 있으니, 바로 종교적 정체성이 거의 의미 없고 종교 간 결혼도 눈살을 찌푸리게 하지 않는, 발리우드라는 세계다. 그곳에서는 영화가 항상 그 자체로 받아들여지고, 발리우드가 하는 방식대로 사람들이 섞인다. 「라가안」에는 낭만적 힌두 커플 부반과 가우리가 나오는데, 이 인물들을 연기한 배우는 실제 삶에서 힌두교도와 결혼한[60] 무슬림인 아미르 칸과 시크교도인 그레이시 싱이다. 어쨌든 그 시대의 끔찍한 종교적 긴장 속에서, 영웅다움과 섹시함의 상징인 인물(허구 속에서는 힌두 여성이면서 그 허구 뒤의 실제 삶에서는 시크교도인 여성과 결혼하는)을 한 무슬림이 연기하는 것에 대해 전혀 멋지지 않다고 말하는 사람은 아무도 없었다. 심지어 그게 더 낫다. 아미르 칸은 간디의 저항 운동에서 주도적 역할을 했던 독실한 무슬림인 마울라나 아자드의 후손으로 잘 알려져 있기 때문이다. 간디가 죽을 지경까지 가서 단식을 중단하고 처음 먹을 것을 받아들였을 때 그에게 음식을 건넨 사람이 마울라나 아자드였다. 그래서 이 영화는 육체의 낙인과 혐오를 극복하는 것이 진정한 간디주의적 인도의 한 목표임을 시사한다.

또한 1984년의 델리 반시크교 폭동으로 인한 여전히 생생한 고통 때문에, 그리고 많은 기소가 이루어지고 있다는 것 때문에, 싱이라는 이름을 가진 사람은 누구도 로맨틱한 여자 주연을 맡아서는 안 된다고 생각하는 사람도 없다. 그 허구의 인물들은 마치 서로를 위해 만들어진 사람들처럼 노래를 부르고 춤추며, 모든 사람이 그들을 사랑한다. 이 영화는 싱이라는 이름을 가진 어떤 사람이 무엇이든 할 수 있다고 강력히 시사한다. 만모한 싱이 최초의 소수 민족 출신 총리로서 국가 지도자가 되기 3년 전의 일이었다. 만약 인도 전체가 크리켓 경기나 발리우드만큼 포괄적이고, 육체의 아름다움과 즐거움에 뿌리를 내리고 있다면, 이 나라는 전에 없는 번영을 누릴 수 있을 것이다.

경계를 따지지 않는 캐스팅은 여기서 더 나아간다. 무슬림 캐릭터인 이스마엘을 맡은 배우는 현실에서 아미르 칸의 (무슬림) 여동생과 결혼한 힌두인인 라젠드라나트 주츠시다. 시크교도인 영국군의 인도 병사 데바를 연기한 배우는 힌두교 상위 카스트 출신의 프라데프 라와트이고, 또 다른 시크교도 람 싱은 무슬림 배우 자베드 칸이 연기한다. 하위 카스트에 속하는 배우도 없지 않다. (하위 카스트가 아닌) 양계장 농부인 부라라는 인물은 "낮은 카스트"에 속하는 배우 라구비르 야다브가 연기했다. "불가촉천민" 카크라는 이례적인 경우로, 아주 흥미롭다. 왜냐하면 카크라를 연기한 배우는 아디티야 라키아인데, 그는 실제로 "불가촉천민"으로, '지정 카스트'(즉 불가촉천민)의 하나인 비하르의 무사하르(쥐잡이꾼) 카스트 출신이기 때문이다. 하지만 그의 이름

아디티야는 하위 카스트에서 흔히 볼 수 있는 이름이 아니다. 이는 그의 가족이 이미 약간의 교육을 받아 위쪽으로 이동했음을 암시한다.[61] 결국 그 가난하고 배우지 못한 인물인 "불가촉천민" 카크라는 가장 촉망받는 혼종인, 중간 계급의 "불가촉천민"에 의해 연기되는 셈이다.

2001년에 관객들은 모두 인도가 「라가안」의 세계와 같지 않다는 것을 알고 있었다. 1992년에 아요디야에서 일어난 바브리 마스지드 사원 파괴와 그에 뒤이은 인도인민당(바라티야 자나타당) 집권의 여파로 무슬림에 대한 차별과 적대감이 계속되고 있었고, 이 집권당은 무슬림(그리고 기독교인)을 2002년 구자라트에서 벌어진 끔찍한 사건을 야기한 아웃사이더들로 보도록 암암리에 부추기고 있었다. 1984년의 델리 반시크교 폭동을 위한 정의도 실현되지 않았고, 죄 있는 정부 관리들이 법의 심판도 받지 않은 상태였다. 다양한 차별 철폐 조처에도 불구하고, 카스트에 기반한 차별은 과거나 지금이나 매일의 현실로 존재한다. 그래서 「라가안」에서는 비극적 암류가 느껴진다. 실제 전쟁과 실제 고통의 시대에 탄생한 아리스토파네스의 「아카르나이 사람들」과 「리시스트라타」가 그런 것처럼 말이다. 심지어 10년이 지난 지금도 그 영화가 상상하는 통합은 존재하지 않는다(혹은 인도 사회의 작은 영역들 내에만 존재하거나). 하지만 인도가 (경기-연기play를 통해 통합이 이루어지는 영역들인) 크리켓 경기처럼, 발리우드처럼 될 수 있으리라는 환상이, 현실적 바람이 존재한다. 2004년에 적어도 그 바람이 조금 이루어졌다. 역사상 가장 유머가 없는 인도 지도자들 중 한 사람으로 보이는 만모한 싱을 경기-연기를 통한 통합의 한 전거로 칭하는 것은 터무니없겠지만, 어쩌면 그러한 농담이 그 자체로 일종의 치유가 될지도 모른다. 비현실성에도 불구하고 여전히 이 영화는 희망적이며, 실제로 축제적이다. 이 영화는 그 다원성의 영역들을 찬양하며, 따라서 최악의 모습이 아니라 최고의 모습이 될 수 있는, 각 시민을 동등한 존재로 존중하고 모든 사람의 인적 자본을 모든 사람의 생활수준을 높이는 데 사용할 줄 아는 인도의 역량을 찬양하는 것이다. 결국 이 영화는 복지에 관한 영화다. 영화 제목은 경제적 생존을 암시하며, 영화는 가뭄을 해소하는 반가운 비와 함께 끝난다.

모든 카스트와 종교가 빗속에서 함께 뛰노는 「라가안」의 결말은, 육체의 즐거움이 적대감과 분열을 누르고 승리하는 아리스토파네스식 결말을 연상시킨다. 또한 이 결말은, 온갖 사람에게서 물이 뿜어져 나와 모든 사람 위로 떨어지면서 혐오가 사라지는 크라운 분수의 희극성과도 닿아 있다.

빌 몰딘의 만화: 전쟁하는 몸

전쟁 중에도 여전히 몸은, 고통과 피로로 힘겹지만 삶의 좋은 것들을 갈망하는, 인간의 몸이다. 그래서 전쟁은, 아리스토파네스가 생각한 것처럼, 희극의 중심 사건이 될 수 있다. 「아카르나이 사람들」이 상기시켜주듯이, 군사 지도자들은 일반 병사들의 몸에 대해 잊는 경향이 있다. 현대의 전쟁에서 특히 그러한데, 라마코스와는 다르게, 장교들이 직접 전쟁터에 나서지 않아도 되기 때문이다. 고대 아테네부터 현재에 이르기까지 엘리트들의 전쟁 옹호 선전은 전투병들, 즉 "영광"을 쟁취한 "용감한 청년"들의 깨끗하고 고상한 이미지들로 만들어진다.[62] 하지만 삶은 그와 같지 않고, 일반 병사들은 자기 삶의 육체적 현실에 대한 인정을 바란다. 자신들의 희생에 걸맞게 자신들이 받아야 하는 존경의 일환으로서, 그리고 전쟁의 목표가 항상 삶의 평화와 기쁨이어야 한다는 것에 대한 공개적 인정의 일환으로서 말이다.

논란을 부른 미국 만화가 빌 몰딘은 제2차 세계대전 때 자신이 창조한 윌리와 조라는 전설적인 캐릭터를 통해서 자신만의 희극 축제를 창조했다. 이는 성공을 거두어, 그는 드와이트 아이젠하워의 지지를 받으면서, 공식적으로, 전쟁 지원 활동의 일부가 되었다.[63] 조지. S. 패튼 주니어 장군에게 체제 전복적이라는 비난을 받은 그는 2010년 5월에 미국 우표에 모습을 올리는 영예를 안았다. 그 우표에는 그의 고전 캐릭터인 윌리, 조와 함께 펜과 스케치북을 든 몰딘 자신의 모습이 나타나 있다.

몰딘(1921~2003)은 1941년 애리조나주 방위군을 통해 미군에 들어가 제45보병사단에 배속되었다. 시카고 미술 아카데미에서 공부한 그는 부대 신문을 만드는 일에 지원했다. 그리고 여기서 윌리와 조를 만들어냈다. 1943년 7월 시칠리아 침공 때 소속 사단과 함께 그곳에 상륙한 그는 만화 그리는 작업을 계속했고, 또한 공식 군인 신문인 『성조기Stars and Stripes』를 위해 일하기 시작했다(공식적으로 1944년 2월에 이곳으로 자리를 옮겼다). 이 일을 맡은 직후 그에게 지프차가 제공되어, 그는 전선을 돌아다니며 소재를 구할 수 있었다. 전 유럽과 미국에서 군인들이 그의 만화를 봤다.[64]

고위 간부들은 군대 규율에 대한 그의 무례나 풍자적 묘사(예컨대 병사들은 심지어 전투 중일 때도 항상 말끔하게 면도를 해야 한다는 패튼의 명령을 조롱하는 만화)를 좋아하지 않았다. 패튼은 그를 전방에서 몰아내려 애썼고, "이견을 퍼뜨리는" 것에 대해 그를 불러 꾸짖기도 했다. 또한, 만약 "군대 규율을 약화시키려는 몰딘의 악의적인 시도"를 계속 방치한다면 그 신문을 금지하겠다고 협박하기도 했다. 하지만 아이젠하워가 나서서 그를 옹호했다. 왜냐하면 그는 몰딘이 일반 병사들의 대변자가 되어주고 그들의 불만을 쏟아내는 유일한 배출구가 되어줌으로써 그들이 전쟁이라는 감정적·육체적 고역에서 살아남도록 도와주는 것을 지켜봤기 때문이다. 그는 몰딘과 패튼의 만남을 주선했다. 몰딘은 『타임』지에 이렇게 말했다. "나는 숨어 있던 곳에서 나왔죠. 우리는 친구가 되어 헤어졌지만, 우리가 서로의 생각을 변화시켰다고 생각진 않아요." 패튼은 이 공개적 언급에 몹시 화가 나서, 만약 몰딘이 다시 자신을 만나러 오면 감옥에 처넣어버리겠다고 말했다. 한참 뒤에 몰딘은 패튼에 대해 이렇게 말했다. "나는 항상 패튼을 존경했어요. 물론 그 어리석은 작자는 정상이 아니었어요. 제정신이 아니었죠. 자기가 암흑시대에 살고 있다고 생각했거든요. 그에겐 병사들이 소작농쯤 됐어요. 나는 그런 태도가 싫었어요. 하지만 병사들을 참호에서 뛰쳐나가게 만드는 그의 이론과 기술을 내가 높이 평가했음은 분명해요."[65] 몰딘이 몬테카시노 근처의 기관총 부대를 찾아갔다가 어깨에 부상을 입으면서 그의 인기는 더 올라갔다. 1945년에 몰딘은 유공훈장을 받았고, 그 직후 "만화가로서의 탁월한 기여"로 퓰리처상을 받았다. 그는 알링턴 국립묘지에 묻혔다.

윌리와 조는 제2차 세계대전의 아리스토파네스적 영웅들이다.[66] 디카이오폴리스처럼, 그들은 일상적인 신체 기능들과 신체의 취약함으로 관심을 끈다. 입가에 담배를 물고 있는 쭈글쭈글하고 축 처진 모습의 그들은 심지어 옛 희극적 영웅의 헐렁하고 부풀린 의상을 닮았다. 또한 그 영웅처럼, 그들은 영광과 같은 추상적인 것이 아니라 삶의 좋은 것들에 집중한다. 지쳐 보이고 뚱뚱하고 평발을 가진 데다 구부정한 윌리가 군의관에게 간다. 군의관 자신도 환자를 돌보느라 기진맥진한 나머지 얼이 빠진 것처럼 보인다. 의사는 한 손에는 아스피린 병을, 다른 한 손에는 훈장이 담긴 상자를 들고 있다. "저한테는 그냥 아스피린만 주시면 됩니다. 저는 이미 퍼플하트 훈장을 받았으니까요."[67] 윌리가 말한다. 중요한 것은 윌리가 겁쟁이나 탈영병이 아니라 애국자라는 점이다. 그는 이미 퍼플하트 훈장을 받았으니 말이다. 하지만 그는 피곤하고 몸이 아프며, 그 만화는 훈장이 발이나 아픈 허리를 낫게 할 수 있다는 생각을 조롱한다. 그런 쓸모없는 것을 처방할 의사가 어디 있겠는가?

또 다른 만화들은 일반 병사들의 경험에 무관심한 상관들을 조롱한다. 예를 들어 한 만화에서는 윌리와 조가 면도도 안 하고 지저분하며 기진맥진한 모습으로 지프에 탄 채, "참모장교 전용", "넥타이 착용 필수"임을 알리는 화려한 클럽 밖에 멈춰 서 있다. 몰딘은 이렇게 말했다. "나는 병사들의 삶이 어떤지 잘 알고 병사들의 불만을 이해했기에, 병사들을 위해, 병사들에 대해 그림을 그렸다."[68] 만화에서 장교들은 대개 병사들을 이해하지 못한다. 한 만화에서는, 윌리와 조가 덤불 뒤의 진흙탕 속에 바짝 웅크리고 있는 데 반해 키 크고 깔끔하고 자부심 넘쳐 보이는 한 장교는 우뚝 서 있다. 캡션에는 "우리를 격려한답시고 꼭 그렇게 적의 포화를 부르며 서 있으셔야겠습니까?"라고 씌어 있다.[69] 어쨌든 우리는, 그 장교가 그렇게 서서 자신을 드러낸 탓에 야기된 위험 속에 병사들을 남겨둔 채 자신은 바로 옆에 있는 탈것으로 (우리는 탈것이 거기에, 페이지 바깥에 있다는 것만 안다) 이동하리라는 것을 알고 있다.

거듭하여 그 만화들은 육체적 요구와 불편(물집, 수면 부족, 통증, 고통에다가, 이탈리아 시리즈에 계속 등장하는 비, 진흙, 추위)을 그린다. 하지만 이 만화들은 최소한의 품위와 위엄이라도 갖추고 살려는 시도들에도 초점을 맞춘다. 그 시도들이 다소 코믹해 보이더라도 그것은 진지한 목표다. 쓰레기 구덩이가 될 수도 있고 참호가 될 수도 있을 어떤 구덩이에다 다른 병사들이 쓰레기를 내다 버리자 조는 거기다 "이곳은 거주지입니다"라는 표지판을 세운다.[70] 전투의 잔해가 흩어져 있는 들판에서, 윌리와 조는 황폐한 나무에 꽃 한 송이가 피어 있는 것을 본다. 캡션에는 "여기에 봄이 왔다"고 씌어 있다.[71] 그것은 전시 상황에서 감상에 젖는 것을 그렸지만, 동시에 그것은 현실이며, 고통과 피로 속에서 자그맣게 깜빡이는 즐거움이다. 심지어 그들은 추함 속에서도 메타포를 읽어낼 줄 안다. 그들이 철모를 쓴 채 비를 맞으며 진흙탕 속에 서 있을 때, 윌리는 "꼭 양철 지붕 위로 비가 내리는 것 같네"라고 말한다.[72] 그리고 그들은 혼돈과 무질서 속에서도 즐거움을 구한다. 비 온 뒤에 해가 나자 윌리가 조에게 말한다. "양말이 아직 안 말랐어도, 우리 같은 사람들은 담배를 섭취하지." 그리하여 줄에는, 말리려고 널어놓은 젖은 담배들이 가지런히 매달려 있다.[73] 성적 박탈감에 대한 묘사는 좀더 신중한 편이지만, 분명 존재한다. 윌리는 유난히 지저분하고 부스스한 조를 향해, "도대체 왜 자네는 아름다운 여인으로 태어나지 못했나?"라고 말한다.[74] 조는 "마드무아젤 뒤 블랑 여자대학"이라고 표시된 건물로 차를 몰고 간다. 하지만 거기엔 여자들이라고는 없다는 것을 알게 된다. 그 건물은 징발되어 그의 동료들이 사용하고 있었다. 거기 남아 있는 여자라고는 나이 든 여주인뿐으로, 그녀는 조에게 "보병중대를 찾고 있나요?"라고 묻는다.[75]

때로는 희극이 비극에 아주 가까워진다. 윌리와 조, 두 병사가 함게 습지에 옹송그리고 있을 때 윌리가 말한다. "조, 어제 자네가 내 생명을 구했고, 나는 꼭 그 은혜를 갚겠다고 맹세했지. 자, 마지막 남은 내 마른 양말을 받게."[76]

패튼이 틀렸고 아이젠하워가 옳았다. 몰딘은 결코 체제 전복적이지 않았다. 그는 윌리와 조를 멸시하지 않았다. 그는 분명 그들의 용기와 인내를 존경한다. 그 자신 역시 그들 중 한 사람으로서 똑같은 위험과 취약함을 안고 있는 존재이며, 이는 주목해야 할 중요한 점이다. 하지만 그는 전쟁이란 인간의 몸을 가지고 치러지는 것임을 고위 간부들과 대중에게 상기시킴으로써, 일반 병사들에게 목소리를 부여하고, 그들이 필요로 하는 것과 그들의 희생에 대한 더 깊은 성찰을 유도한다.

흥미롭게도 몰딘은 윌리와 조가 전쟁의 끝에서 죽는 것으로 처리하려는 생각을 갖고 있었다. 하지만 그는 결국 그렇게 하지 않았다. 어쨌든 그것은 희극 축제이고, 희극은 삶을 찬양하기 때문이다. 그들은 죽는 대신에 집으로 돌아갔고, 전쟁이 영광스러운 것이라는 생각을 조롱했다. 집으로 가는 비행기에서 고위급 장성 옆에 앉은(물론 공상) 조가 고위 간부의 교만함을 흉내 내면서 말한다. "저와 제 동료는 이 대서양 횡단 비행이 너무 지루하다고 생각해요."[77] 나중에 한 기자(이 기자의 머리 위쪽에 "선전"이라고 표시돼 있다)와 인터뷰를 하게 된 조는 생기 없고 지치고 멍한 모습으로 앉아 있고, 한 장교가 그를 대신해서 말한다. "그는 그곳에서 음식이 아주 훌륭했다고 생각하고 있습니다. 집에 돌아온 걸 기뻐하면서도, 전쟁의 흥분을 그리워하고 있지요. 그의 이런 말을 그대로 인용하셔도 됩니다."[78] 한편 윌리는 강단에 서서, 어떤 공적 공간에 모인 귀환병들에게 이야기를 하고 있다. 그는 분명 동원 해제에 대한 질문지를 읽고 있다. "다음 질문. 당신은 군에 계속 남기를 원합니까? 내가 이렇게 물어봐야 한다고 돼 있습니다." 그 방에서는 아무도 웃지 않는다. 즐거운 얼굴을 한 윌리 말고는.[79]

그들은 결코 죽지 않는다. 실제로, 행크 스테어라고 서명되고 "R.I.P. Bill"이라는 제목이 붙은 몰딘 투의 한 만화는 2003년에 여전히 제2차 세계대전 때의 군복을 입고서 몰딘의 무덤에서 슬퍼하고 있는 그들의 모습을 보여준다.[80]

어려운 대화?

앞에서 살펴봤듯이, 북클럽들은 비극 축제의 가치를 확장시켜줄 수 있다. 북클럽들은 영화를 보거나 추모비를 방문하는 경험보다 더 냉정하고 더 성찰적인 감정 경험과 감정 교환을 촉진하기 때문이다. 비판적 대화와 감정적 참여가 매우 유익하게 손을 잡는다. 희극과 관련해서도 그럴까? 물론 북클럽에서 재미있는 책들을 읽을 수도 있다. 하지만 놀랍게도 시카고의 선정 도서 목록에는 일급 만화책들은 포함돼 있지 않다. 우리는 그 이유를 상상해볼 수 있다. 『포트노이의 불평 Portnoy's Complaint』 같은 희극 소설은, 많은 사람과 많은 집단에 공격적일 수 있는 논쟁적인 민족적 소재가 가득한 "뜨거운" 작품이다. 게다가 복수와 달리 희극은, "차가울수록 좋은" 것이 아니다. 북그룹에서 희극 소설을 분석하기 시작하면 희극 소설의 재미는 반쯤 날아가버릴 것이다. 그리고 왜 우스운지 말하는 것은 대단히 어려운 일이며, 왜 슬픈지 말하는 것보다 훨씬 더 어렵다. 게다가 비극적 곤경과 달리 농담에는 친근한 맥락이, 공유된 어떤 배경이 필요하다.[81] 그러므로 유머를 한 시대에서 다른 시대로, 한 나라에서 다른 나라로, 심지어 한 하위 문화에서 다른 하위문화로 옮기는 것은 결코 쉬운 일이 아니다. 몇 세기 후에는, 오늘날 아리스토파네스를 이해하기 어려운 것처럼, 『포트노이의 불평』을 이해하기가 어려워질 것이다. 게다가 이 작품은 당장에는, 시카고의 멕시코계 미국인이나 아프리카계 미국인 이웃들에게 좋지 않은 북그룹 주제가 될 것이다. 설령 그러한 책들이 북그룹에서 다뤄진다 하더라도 노련한 조정자들이 필요할 텐데, 시카고의 독서 프로그램은 자발성에 기초해 운영된다.

그럼에도, 라이브 코미디는 한 사회가 직면하게 되는 가장 힘든 이슈들에 대한 어려운 대화를 유발하면서, 북그룹의 기능을 어느 정도 수행할 수 있다. 레니 브루스의 코미디가 악명 높은 사례다.[82] '검둥이'라는 단어나 용납하기 어려운 다른 온갖 종족 비하적 언어를 사용해 (그러다보면 결국 그 꼬리표들이 그 공간에 모여 있는 관객 모두에게 해당된다는 것이 분명해진다) 사람들에게 충격을 준, 그의 그 판에 박힌 유명한 기법을 생각해보라. 이것은 우리가 7장에서 기원을 살펴본 어떤 생각, 즉 '낙인이란 당신이나 나와는 다른 어떤 하층 계급의 것이 아니라, 인간의 몸의 것이자 인간의 몸을 갖고 있음을 인정할 모든 사람의 것'이라는 생각을 드러내는 (위협적으로 시작해서 치료가 이루어지는 것으로 끝나는) 한 예다. 이렇게 낙인의 편재를 인식하는 것은, 일상에서의 낙인의 유해한 영향을 극복하도록 도와준다.

이런 거슬리고, 경악스럽고, 궁극적으로 하나가 되게 하는 경험의 이점들을 얻기 위해 한 사회는 어떤 준비를 할 것인가?

레니 브루스는 만약 데일리 시장(리처드 J. 데일리든, 리처드 M. 데일리든) 식대로 했다면 자신이 낳은 효과에 이를 수 없었을 것이다. 이런 식의 도발적인 희극은 비형식적이고 비공식적이며 주변적이라는 게 중요해 보인다. 그래서 그것은 희극 축제와 비극 축제 사이에서 비대칭성을 띤다. 우리가 예로 든 세 가지와 같은 그런 공식적인 희극 축제들이, 희극을 특히 성가신 사회 문제들을 깊이 파고드는 것으로 만들어주는 요소인 비판적인 면을 결여한 채, 항상 좀더 점잖은 종류의 희극을 참여시키게 되는 것도 그러한 이유에서다. 그렇다면 품위 있는 사회는, 희극을 길들이는 것은 곧 희극을 죽이는 것임을 깨닫고, 좀더 급진적인 유형의 희극을 지지하기 위해 어떤 일을 할 수 있을까?

우선 사회는 그러한 희극을 박해하는 것을 거부할 수 있을 것이다. 레니 브루스의 슬픈 삶은 이제 대중의 둔감함에 대한 하나의 기념비가 되었다. 지금의 시각으로는 완전히 그로테스크해 보이는 방식으로 법의 괴롭힘을 당한 탓에, 그는 그 자신이 충분히 할 수 있었을 더 많은 일을 하지 못했다. 그래서 전위적 예술가들의 말을 굳게 보호하는 것이 사회가 희극을 배양할 수 있는 확실한 방법들 중 하나다.

하지만 분명 더 많은 일을 할 수 있을 것이다. 국가예술기금이 정치적 표적이 되기 전에는(그리고 이제 이것은 전면 폐지의 위협을 받고 있다), 동료 간 심사라는 품위 있는 제도를 통해 전위적 예술가들에게 보조금이 주어지는 것은 우리의 정치 지형에서 익숙한 부분이었다. 보조금을 받을 희극 예술가들을 국회가 선택하는 것보다 나쁜 건 없다. 하지만 국회는, 과거에도 그랬듯이, 기금을 책정할 수 있고 동료 간 심사라는 제도의 자유를 보호할 수 있다(현재 한 주립대학에서는 교수 채용이 동료들에 의해 이뤄지고, 평이 좋지 않은 교수의 말도 제한되지 않는데, 말하자면 이런 식으로).

국가가 수여하는 상들도 반# 공적인 신분을 부여할 수 있다. 마야 린은 국가예술훈장을 받았는데 브루스는 왜 안 되는가? 빌 코스비는 케네디센터 명예상뿐만 아니라 대통령자유훈장도 받았지만, 그의 코미디는, 훌륭하긴 하지만, 더 점잖고 조심스러운 유형에 속한다. 아미르 칸과 A. R. 라만은 인도에서 민주주의에 큰 기여를 한 사람에게 주는 상인 파드마 슈리 상을 받았다(많은 크리켓 선수와 배우들이 이 상을 받았다). 더 실험적이고 정서적으로 도발적인 작품은 왜 안 되는가? 연방 정부가 예술 지원금을 모두 삭감하기 직전인 지금의 미국에서는 이런 일이 일어나지 않을 것이다. 하지만 그것은 크나큰 실수다.

연방 정부의 지원금을 언급하면서 우리는 미묘한 문제에 이른다. 이 대중 예술 프로젝트들은 어떻게 기금을 마련하는가? 그리고 대중 예술은 어떻게 진부함이라는 뻔한 위험과 진정 도발적인 예술가들의 배제를 피할 것인가? 나는 앞에서 수준 높은 프로젝트들을 거론했는데, 그것들이 어떻게 생겨났는지 알아봐도 좋겠다. 어떤 것들은 처음에는 사적인 것이었으나(「라가안」, 빌 몰딘의 만화, 어떤 의미에서 월트 휘트먼의 시), 나중엔 각각의 우수성으로 인해 공적인 역할을 하게 되었다. 또 어떤 것들은 한 지도자가 한 발언이었다. 또 다른 경우에는, 한 기민한 정치 지도자가 높은 예술성을 증진시킬 수 있도록 환경을 조성했다. 루스벨트는, 비록 공공사업진흥국Works Progress Administration 이 돈을 대기는 했지만, 모든 예술 프로젝트를 국회에 맡기지는 않았던 것이다. 데일리 시장은 밀레니엄 파크를 계획하면서 시의회의 다수결을 요구하지 않았고, 사실상 개인 기부를 통해서 기금을 거의 마련했다. 시카고시 측에 의해, 그리고 개인 기부자들을 통해, 게리가 경쟁자 없이 바로 섭외되었고(비록 시카고의 대중과 건축 비평가들은 항상 경쟁을 통해 저울질하기를 좋아하지만), 게리는 자신이 그 일에 관여하게 됐음을 알렸다. (시카고 대중과 미디어는 현재, 고문 자격이긴 하지만, 네이비피어 지역 재개발과 관련된 또 다른 중요 프로젝트에 대해 논의하고 있다.) 베트남전 참전용사 추모비는 설계 공모를 통해 만들어졌는데, 사실 이런 경우는 드문 편이다.[83] 대중문화에 있어서는 작업을 의뢰하고 기금을 조성하는 가장 좋은 방법에 대해 따로 규칙이 정해져 있지 않다. 하지만 이러한 예들은, 특정 프로젝트를 위한 기금 조성을 입법부가 직접 승인하는 것은 예외적이며, 또 예외적이어야 한다는 것을 시사한다. 또한 다른 방식들로 생산된 수준 높은 공적 예술이 이미 많이 있다는 것은, 그 다른 방식들이 본질적으로 비민주적이지 않다는 것을 보여준다.

모든 국가는 확장된 동정의 정신을 촉구하는 비극들과 대면한다. 모든 국가는 낙인찍기와 배제를 야기하는 혐오와 투쟁한다. 비극 축제와 희극 축제의 작업을 생각하면서, 우리는 현시대에 그것들을 구현하는 광범위한 다양한 실험을 살펴본다. 현대 사회들은 엄청나게 많은 것을 가지고 일관성 있는 통합을 이루는(리시스트라타의 말처럼 낱낱의 실들을 엮어 보편적 복지의 태피스트리를 만들어내는) 방법들을 찾고 있기 때문이다.

이 지점에서, 시민으로서의 케루비노의 이미지는 성숙에 이르렀다. 우리는 호혜에 대한 그의 관심에다가 J. S. 밀이 보여준 자유와 비판에의 정치적 헌신을 더하고(3장), 바울들이 보여준 몸에 대한 혐오를 극복하려는 투지를 더하는(4장) 것으로 시작했다. 다음으로 우리는, 어떻게 관심과 동정심이 확장되고 어떻게 혐오가 극복되는지, 어떻게 놀이와 상상이 그 프로젝트에서 관건이 되는지 보여주는 인간 발달에 대한 그럴듯한 설명 속에 그의 인성의 이러한 부분들을 위치시키는 심리 이론을 내놓았다(6장과 7장). 또한 2부에서 우리는, 말하자면 그에게 고향을 부여하면서, 어떤 정치 구조를, 그리고 뚜렷이 정치적인 일련의 염원들을 명백히 밝혔다(5장).

이어서 우리는, 그의 국가가 염원한 올바른 정치 원리들이 어떻게 강력한 동기 부여의 힘을 가진 감정들 속에서 구체화될 수 있을까 하는 어려운 질문으로 넘어갔다. 우리는, 그 정치적 고향에 대한 사랑이 어떻게, 한 시민으로서 케루비노가 자기라는 존재를 사랑하게 만드는 확장된 동정심의 한 형태로 구축될 수 있을지 보여주었다. 케루비노는 강력한 행복론적 감정들을 갖고 있는 한편, 일반적인 정의의 원리들을 이해하고, 또 그 매우 감정적인 경험들 속에서 그 원리들을 이해한다. (그래서 롤스의 원칙 의존적 감정들에의 요구가 수행된다. 단, 행복론적인 방식으로, 그리하여 개인적으로 강력한 방식으로, 게다가 나르시시즘이 초월될 경우 요구된다는 것을 우리가 알게 된 그런 유의 사랑을 포함하는 방식으로.) 우리는 국가에 대한 사랑이, 적절히 구축된다면, 특이한 개성과 자유에의 헌신과 완전히 양립 가능하다고 주장했다. 그리고 이번 장에서 우리는, 단순히 국가 자체에 대한 사랑에 집중하지 않고 좀더 일반적으로, 어떻게 사랑이 주입된 동정심이 확장되어 정치 원칙들의 매개체가 될 수 있는지를(시민들을 그들이 사랑하는 것과 결부시키기를 멈추지 않으면서), 또한 어떻게 웃음이, 명랑하고 저속하게 남아 있으면서도(사실 정확히 말하면 이러하기 때문에), 혐오를 누르고 공동선을 증진시킬 수 있는지를 보여주었다.

10 장

동정심의 적들: 두려움, 시기심, 수치심

Political Emotions
Why Love Matters for Justice

나는 미국의 모든 강줄기를 따라, 거대한 호수들의 기슭을 따라,
모든 초원 위에, 숲처럼 울창한 동료 의식을 심을 것이다.
나는 두 팔로 서로의 목을 끌어안은 분리될 수 없는 도시들을 만들 것이다.
동료에 대한 사랑으로……
_ 월트 휘트먼, 「오, 그대 민주주의를 위하여」

나는 모든 계층의 사람들이 똑같이 정원의 혜택을 누리는 것을 보게 되어 기뻤다.
_ 프레더릭 로 옴스테드, 1851년(리버풀 버컨헤드 공원에 대해)

1. 포위당한 동정심

시민의 동정심을 형성하려면 그것을 가로막는 게 무엇인지 알 필요가
있다. 사람들은 공동선을 위한 프로젝트가 희생을 요구할 때는 그것
을 지지하기를 꺼리는 편협하고 탐욕스러운 경향이 나타나는데, 우리
는 이런 불행한 현실에서 출발해 프로젝트의 완성으로 나아가야 한
다. 사람들은 또한, 혐오의 속성들을 종속적인 집단(다수의 이데올로기
에서 준동물로 기능하는)에 투사하는 것과 같은 부끄러운 행동들을 일
삼는다. 이 지점에서 우리는, 동정심이 어떻게 강화되고 일반화되며, 투
사된 혐오가 어떻게 여러 시민적 프로젝트를 통해 축소되는지를 어느
정도 이해할 수 있다.

하지만 동정심에는 또 다른 적들이 있다. 이런 또 다른 적대적인 힘들은 동정심을 제한하는 나르시시즘이나 투사적 혐오감을 낳는 육체적인 것에 대한 두려움과 관계가 전혀 없지 않다. 하지만 그 적들은 내포된 특유의 감정에서나, 또 대중에게 해를 끼치지 않기 위해 요구되는 전략에서나, 혐오와도 다르고 서로와도 다르다. 두려움, 시기심, 수치심이 바로 그 세 가지 적이다. 이것들 각각은 좋은 면, 혹은 적어도 비교적 좋은 면도 가지고 있다. 하지만 이것들은 모두 좋은 정치적 명분들에 대한 지지를 약화시킬 수 있는 유해한 성향을 갖고 있다. 따라서 이것들에 대해 가능한 한 잘 파악하고 있어야만, 이것들이 끼칠 수 있는 특정한 해악을 최소화할 방법들을 생각해볼 수 있다. 따라서 우리의 연구는 좀더 복잡해진다. 애국심에 대한 탐구와 새로운 비극 축제와 희극 축제에 대한 제안을 통해 드러난 동정심, 사랑, 혐오감을 이해하는 데 그쳐서는 안 되는 것이다. 우리에게는 이러한 정치적 감정들이 흔히 끼치는(심지어 기본적으로 안정적인 민주주의에서도) 해악을 방지하는 것을 목표로 하는 정치적 프로젝트 또한 필요하다. 그것들 모두가(또는, 좀더 관련성이 큰 시기심의 경우) 어느 정도 순기능도 하는 만큼, 그것들 각각과 그것들의 이종들의 미묘한 차이에 대한 이해는 필수다. 우리는 시민의 손해를 막느라 시민의 이익을 잃게 되는 상황은 원치 않는 것이다.

세 경우 모두, 손해를 막는 최고의 방법 중 하나는 확장된 동정심 자체를 강화하는 것이다. 그렇다보니 우리는, 이 세 가지 감정의 방지를 목표로 하는 특별한 전략들은 필요하지 않으며, 우리가 해야 할 일은 오직 충분한 동료 감정(휘트먼이 말하는 "숲처럼 울창한 동료 의식" 같은)을 만드는 것뿐이라고 생각하는 실수를 범하기 쉽다. 이것은 꼭 틀린 것은 아니지만, 중요한 뭔가를 놓치고 있다. 세 가지 나쁜 감정은 각각의 특유한 방식으로 동정심의 여러 요소와 서로 작용하면서 여러 방향으로 동정심을 위태롭게 한다. 전반적 강화가 전반적 방어를 제공하는 것은 사실이지만, 아무리 잘 돌아가는 군대도 적이 어느 쪽으로 진군하고 있는지, 어떤 공격 계획을 갖고 있는지를 가능한 한 파악하려는 노력을 먼저 하지 않는다면 스스로를 방어할 수 없을 것이다. 그런 것을 파악하게 되면, 지도자들은 무턱대고 군사력을 넓은 범위에 분산시키기보다는 특별히 취약한 부분들을 강화하면서 훨씬 더 효율적인 방어를 준비할 수 있다.

물론 법은 매우 중요하다. 법과 제도는 나쁜 시민적 열정이 끼치는 손해로부터 우리를 보호한다. 법은 종종 품위 있는 정서의 조성에 선행하고 또한 지표를 제시한다. 우리는 분명, 취약 계층의 시민권을 보호하려 나서기에 앞서, 먼저 대부분의 사람이 서로 사랑할 때까지 기다릴 필요가 없다. 한나 아렌트는 차별금지법을 통과시키기에 앞서 사회의 인종 간 조화를 기다려야 한다고 잘못된 의견을 피력한 바 있다.[1] 하지만 법의 힘은, 아무리 고통스럽고 느리더라도, 여전히 일어나고 있는 감정적 변화의 과정을 시동하는 데 필수적이다. 남부 대학들의 인종차별 철폐에 나선 남녀 젊은이들을 보호한 연방 무장 수비대들은 남부 여러 주의 감정적 변화에 선행했다. 그 수비대들은 희망의 신호등이자 억압받는 자들의 보호 구역이었으며, 이러한 방식으로 정서의 점진적 변화에 기여했다. 이 모든 사실은 꽤 명백해 보인다.

하지만 우리의 연구는 좋은 법의 감정적 결과에 대한 연구가 아니다. 우리의 연구는 어떻게 대중적 전략이 대중문화의 감정 기류에 영향을 미쳐 좋은 법에 도움이 될 수 있는지를 규명하는 더 섬세하고 범위가 넓은 연구다. 이 연구의 바탕에는, 감정의 뒷받침 없이는 좋은 법이 나타나기도 어렵고 오랫동안 안정적으로 유지되기도 어렵다는 생각이 깔려 있다. 따라서 우리는, 어떻게 법으로 소수자의 권리를 보호할 것인가(이 자체가 그들에 대한 공적 감정에 영향을 미칠 것으로 기대하면서)를 이해하는 동시에, 감정 기류를 좋은 법과 제도를 뒷받침하고 유지하는 방향으로 이끌어가는 것을 생각해야 한다. 그리하여, 희망을 불러일으킨 마틴 루서 킹의 아주 성공적인 노력과 국가의 역사와 본질에 대한 어떤 새로운 그림은, 1964년의 민권법에서 정점에 이른 린든 존슨 대통령 외 여러 사람의 전략을 본질적으로 보완하는 것임을 입증했다. 마틴 루서 킹의 유산을 기념하는 국경일은 이 분야에서 좋은 법을 살찌우고 더 발전시키는 하나의 전략이다. 비록, 그런 많은 전략이 그렇듯이 그것은 피로감을 주기 쉽고 과다 노출되기 쉬우며, 따라서 계속해서 갱신되어야겠지만 말이다. (이러한 위험은 감정들에 자양분을 공급하기 위해 우리가 사용하는 대부분의 전략에 내포돼 있다. 그 위험은 이런 유형의 사랑에 불을 붙이는 놀라운 역할과 관련돼 있다. 이 때문에, 타고르와 휘트먼이 이해한 것처럼, 새롭고 매력적인 이미지를 만들어낼 수 있는 창의적 예술가들의 세대교체도 요구된다. 하지만 우리는, 진정 위대한 예술 작품은, 위대한 우정처럼, 계속해서 다시 이야기될 수 있다는 것, 그 안에서 새로운 가능성이 발견될 수 있다는 것, 혹은 똑같은 것이라도 새로운 맥락 속에 놓이면 신선하게 보일 수 있다는 것 또한 인정해야 한다.)

2. 동정심에 반하는 동정심

세 가지 적대적 감정에 대한 탐구를 시작하기에 앞서, 가끔은 동정심 자체가 동정심의 최악의 적임을 분명히 하고 넘어가야 한다. 뱃슨의 연구들은, 기본적으로 개인의 괴로움에 대한 이야기에서 생겨나는 동정심이, 바로 이 개별주의를 통해 좋은 원칙들을 종종 불안정하게 만들 수 있다는 것을 보여주었다.[2] 따라서, (그의 연구에서) 장기 이식이 필요한 사람들의 곤경에 대한 동정적 이해가 일단 우리로 하여금 이 분야에서 좋은 정책들을 채택하게 했다면, 수혜자가 될 사람의 곤경에 대한 생생한 이야기를 듣는 것은, 사람들로 하여금 좋은 정책과 절차를 버리고 장기 이식 대기자 명단의 꼭대기에 그 사람을 부당하게 올리게 할 수 있다.

이러한 뱃슨 현상은 너무나 흔해서 예증도 필요치 않다. 부모들은 학교 시스템을 위한 일련의 포괄적 목표들을 지지할 수 있다. 하지만 그 때문에 자기 아이들이 힘든 상황에 처한다면 완전히 방향을 바꿀 수도 있다. 시민들은 모두에게 공정한 정책들을 지지할 수도 있다. 하지만 이것이 완전히 전도되어, 자기 가족이나 그룹을 위한 강력한 동정심이 생겨나면서 사회 전체를 위한 선이 빛을 잃게 되기도 한다. 그런데 이것은 개인적 이익이 관련돼 있을 때만 문제가 되는 게 아니다. 그것은 개인의 사례가 너무 눈에 띄어서 마음에 작용하게 되는 어떤 상황에서든 영향을 미칠 수 있다.[3] 소수자의 권리를 보호하는 새로운 법이 통과될 때 보통 우리는 개인의 증언을 많이 듣는데, 그 증언들은 입법가들을 움직여 그 법안들을 지지하게 한다. 하지만 그 참고점의 개별주의가 가끔은 진정 공명정대한 정책들에 장애가 될 수 있다.

비극 축제에 대한 논의에서 우리는 이 이슈를 두 갈래로 다루었다. 첫째, 우리는 비극적 곤경이 다소 일반적이고 추상적인 형태로 제시되는 것이 좋다고 주장했다. 그래야 사람들이 자연스럽게, 특정 개인들을 구제하는 것이라고 생각하기보다 일반적이고 공정한 정책을 선택하는 것이라고 생각하게 되기 때문이다. (루스벨트는 이 점을 잘 이해해, 개인적 특수성보다는 경제적 비통함을 표현하는 것으로 보이는 사진들을 선택하게 했다.)[4] 그렇게 일반화된 동정심 경험은 좋은 원칙들로 가는 다리가 되어준다. 그리고 좋은 원칙들이란 본래, 원칙을 내용의 일부로서 포함하고 있는 감정들이다. 마틴 루서 킹이 정의로운 미국에 대한 희망과 염원의 감정을 품었던 것, 그리고 링컨이 원칙들을 지키기 위해 죽음으로써 그 원칙들에 대한 사랑을 구현하게 된 죽은 병사를 위한 동정심을 환기한 것을 예로 들 수 있다. 일반화는 위험을 안고 있다. 적대적인 고정관념을 간직할 수 있기 때문이다. 하지만 일반화가 인간 공통의 목표와 취약성에 초점을 맞춘다면 이러한 위험을 피할 수 있고, 적대적인 고정관념을 실제로 약화시킬 수 있다. 둘째, 우리는 동정심이 절대 비판받지 않는 정책 기반이 될 수는 없음을 밝혔다. 동정심은 항상 원칙들, 일반적인 도덕규범들과 소통할 수 있어야 하는 것이다. 왕성한 비판적 문화가 수반되어야 일반화는 분파와 공평하지 못한 연민으로 퇴보하지 않을 수 있다.

　　이러한 보호 장치들은 중요하다. 그 장치들은 그러한 우려를 경감시키는 방향으로 나아간다. 그럼에도 불구하고 뱃슨의 실험 결과들이 우리에게 상기시키는바, 심지어 좋은 원칙들이 세워져도 특수한 개인들을 위한 강렬한 동정심이 그 원칙들의 공정한 작동을 위협하게 되는 만큼, 우리는 이러한 위험을 알고 있어야 하며, 그 감정의 힘과 그 감정의 통찰력을 잃지 않으면서 그 위험을 차단할 태세를 갖추어야 한다.

뱃슨의 문제는, 우리가 추구하는 것이 단순히 미온적 동정심 또는 냉정한 동정심이 아니라, 오히려 사랑과 꼭 닮고 때때로 사랑에 의해 빛을 발하게 되는 어떤 것임을 생각할 때 더 심각해진다. 우리는 발달 과정에서 혐오를 극복하고 신뢰를 만들어내는 것이 사랑을 요하는 일이며, 성인의 성숙한 동정심은 열정적이고 유사성애적인 감정에 의해 활기를 띠어야 하며 또 그러한 감정에 가까워야 한다고 주장했다. 신뢰가 생기 없는 가짜가 되는 것이 아니라면 말이다. 타고르의 인간 종교는, 벵골의 바울들을 시민 자질을 위한 프로그램의 중심에 두었다는 점에서 발전을 위한 우리 연구의 결론에 닿아 있다. 우리의 연구에서는 일종의 놀이play 사랑(위니컷이 "미묘한 상호 작용"이라고 부르는 것)에 중심 역할이 주어지기 때문이다. 따라서 정말로 편협함과 이기심을 극복할 수 있을 것 같은 그런 애국심은, 마틴 루서 킹의 대단히 시적인 수사에서든, 간디가 인도의 역사, 지리, 국민, 제도를 다룬 타고르의 노래들을 활용한 것에서든, 그 사랑이라는 요소를 가졌다. 이 사랑은 롤스적이거나 하버마스적인, 원칙에 기반을 둔 추상적 사랑이 아니기 때문에, 특히 편협함과 편향을 띠기 쉽다. 따라서 우리는 이 문제가 우리 연구의 핵심을 오염시키는 것을 어떻게 피할 수 있을지를 열심히 생각해야 한다. 이것은 이기심의 문제이기도 하지만, 또한 어떻게 특수한 개인들이 시선을 붙들어 전체로부터 관심을 돌리게 하는가의 문제이기도 하다.

한 가지 분명한 답은 법이라는 규칙이다. 그런데 우리는 공명정대한 법과 정책(품위 있는 국제 관계와 평화에의 희망을 촉진하는 정책들을 비롯해)을 뒷받침하는 감정들을 어떻게 만들어낼 수 있을까? 첫째, 우리가 만들어내는 동정 어린 사랑이라는 형태는 어떤 의미에서는 강렬하고 특수하면서도 국가의 역사, 지리, 문화의 구체적 특징들에 초점을 둔 것으로, 그럼에도 불구하고 국가의 모든 구성원을 포함하기 위해, 롤스가 밝힌 것처럼 포괄적이어야 하고 다소 추상적이어야 한다. 이에 대해서는 이의가 없다. 뉴딜 사진들은 (진정 특수한 몸으로 설정된 소포클레스의 등장인물 필록테테스처럼) 뚜렷하며 혹독하게 개인적이었고, 개개의 몸에 닥친, 잊기 힘든, 경제적 재난의 영향을 보여주었다. 하지만 동시에 그 몸들은 개인적인 특수한 것이라기보다는 대표성을 띤 것이었다. 「라가안」은 (아리스토파네스의 「리시스트라타」와 같이) 관객들이 개개인으로서 사랑할 수도 있고 동시에 인도의 계급들을 대표하는 사람들로 볼 수도 있는 일련의 등장인물들을 창조해냈다. 간디의 몸은, 그 몸이 그의 것이고 그가 유일무이한 한 개인이기 때문에 영감을 주었다. 하지만 그 몸은 계속해서 일반적인 정치적 가치들을 대표했다. 마틴 루서 킹의 원대한 시는, 월트 휘트먼의 시처럼, 미국의 전 역사를, 과거와 현재와 미래를 생각하도록 청자들을 부추기면서, 열렬한 참여를 불러일으킬 수 있었다.[5]

사실, 만약 우리가 타고르의 주장을 받아들인다면, 그리고 2부에서 내가 그 주장을 재구성한 것을 받아들인다면, 그것은 바로, 마음을 건드리는 그런 종류의 시가 관련될 경우, 마치 밀레니엄 파크의 그 구불구불한 긴 다리에 이끌리듯, 광범위하고 포괄적인 집합체를 성찰하도록 마음이 이끌릴 수 있기 때문이다. 특수한 것과 일반적인 것 사이에서 아슬아슬하게 균형을 이루고 있는 올바른 감정을 창조하는 것은 어려운 과제이나, 불가능한 일은 아니다.

하지만 그 균형이 너무 중요하고 성취하기 어려운 것이어서, 잘 선택된 상징이라 하더라도, 공정함과 포괄이라는 이슈들을 다루는 논의들 또한 포함하는 어떤 대화의 일부가 되어야 한다. 특히, 이러한 목표들이 아직 완전히 성취되지 않은 우리의 이 비이상적인 사회에서는 말이다. 다시 말하는데, 감정은 기초적인 것이 아니라 대화의 일부다. 사실 이것은, 뱃슨이 발견한 문제에 대한 그 자신의 해결책이다. 그의 결론은 감정적 반응으로 구현되는 통찰을 거부하지 말라는 것인데, 그것이 없으면 타인과의 윤리적 관계에서 많은 부분이 상실되기 때문이다. 하지만 원칙들에도 주의를 기울여야 하고, 따라서 감정들을 제한해야 한다.

그러므로 사랑이 정의에 중요하다고 우리가 말할 때 이것이 의미하는 바가 무엇이고 의미하지 않는 바가 무엇인지를 분간해야 한다. 이것은 분명, 사랑이 정치적 원칙들의 비판받지 않는 토대라는 의미가 아니다. 또한 논증이나 일반적인 규범 없이도 사랑이 혼자서 선한 어떤 것을 성취할 수 있다는 의미도 아니다. 또한 모든 시민이 정치적 사랑에 감동받아야 한다는 의미도 아니며, 그 사랑이 지속적인 경험이어야 한다는 의미도 아니다(그런 의미가 아닌 게 더 낫다). (사랑은 결코 지속적인 경험으로서 상상될 수 없는 감정이다. 사랑은 많은 감정, 행동, 반응이 변화무쌍하게 관련되는, 또한 다른 사람에게 열정적으로 집중하는 것도 포함되고, 혼자서 스스로의 개인적 관심사에 몰두하는 것이나 심지어 잠을 자는 것도 포함되는, 어떤 감정적 유대다.) 그것은 그보다는, 만약 좋은 원칙과 제도들이 살아남아야 한다면 대중문화가 미온적이고 냉정해서는 안 된다는 뜻이다. 서로에 대한, 자기가 사는 나라에 대한 사람들의 태도가 진부한 것에 머무르지 않도록, 대중문화는 폭넓은 사랑의 에피소드가 충분해야 하고, 시와 음악이 충분해야 하며, 감정과 놀이에 충분히 다가가야 한다. 휘트먼과 타고르는 전체에 영향을 미치는 어떤 요소를 기술한다.

그러므로 현명한 대중문화는, 특정 형태의 두려움, 시기심, 수치심에 의해 야기되는, 공동의 과업에 대한 위협은 막되 그 같은 감정들의 또 다른 면이 맡고 있는 좋은 역할은 유지하기 위해 무엇을 할 수 있을까?

3. 두려움: 편협한 감정

두려움은 매우 유용하고 실로 필요한 것이다. 그것은 우리를 위험으로부터 떨어져 있게 한다. 두려움의 자극이 없다면 우리는 모두 죽었을 것이다. 두려움은 심지어 정치와 법의 영역과도 관련 있어서 그 영역에서 좋은 지침이 되어준다. 앵글로-아메리칸 형법은 자기방어 영역에 "합당한 두려움"의 원칙을 적용해, 죽음과 큰 신체적 피해에 대한 두려움이 자기방어 행동의 정당한 동기가 된다고 본다. 물론 이러한 "합당한 두려움"의 대상들은 형법이 이미 규제하고 있는 것의 핵심에 해당된다. 우리가 합당하게 두려워하는 것이 무엇인지를 생각해보는 것은 입법의 좋은 가이드가 된다. 유럽 헌법재판소 판사를 지낸 헌법 이론가 안드라스 사요가 타당하게 논한 바와 같이, 사회는 당국이 합당하게 두려워하는 위험이 무엇인지 생각해봄으로써, 기본권을 침해할 가능성이 있는 원인들이 어떤 것인지를 정한다.[6]

그런데 두려움이 법의 협력자가 되기 위해서는 사람들 일반에 대한 염려와 결합되어야 한다. 우리는 우리 스스로를 위해 두려워하는 것이 무엇인지를 생각해봄으로써, 모두가 피해야만 하는 것이 무엇인지를 알게 된다. 하지만 다른 사람들에게로 염려를 확장하는 데는 동정심이 필요한 반면, 두려움은 항상 동정심과 관련 있는 것은 아니다. 사실 두려움은 종종 사람들 일반에 대한 우리의 동정심을 흩뜨릴 수 있다. 두려움에 대해 우리가 아는 바를 이야기해봄으로써 그 이유가 무엇인지 생각해보자.[7]

두려움은 매우 원시적인 감정이다. 두려움은 모든 포유동물에게서 발견되며, 포유동물 중 많은 것이 (전후 관계에 대한 사고를 요하는) 동정심, (명분을 요하는) 죄의식과 분노, (상실한 대상의 가치에 대한 평가를 요하는) 슬픔이라는 인지적 전제 조건을 결여하고 있다. 우리는 쥐같이 "단순한" 동물들이 어떤 대상이 자신에게 좋은 것이고 나쁜 것인지 평가할 수 있다는 것을 알고 있다. 두려움에 필요한 것은 오직, 생존과 행복을 추구하는 어떤 기초적인 방향성뿐이다. 조지프 르두의 중요한 연구는, 두려움 신호의 전달에는 두뇌의 확연히 다른 많은 부분이 관여하지만 결정적인 역할을 하는 것은 뇌의 편도체, 즉 모든 척추동물이 공통적으로 갖고 있고[8] 차원 높은 인지와는 관련이 없는 부분임을 보여주었다. 조지프 르두는, 자신은 두려움이 편도체에 자리 잡고 있다는 것을 보여준 게 아니라고 설명한다. 그는 쥐나 인간을 대상으로 두려움의 감정이 아니라 두려움의 행동을 연구하고 있다. 그는 두려움 자체는 주관적인 의식 상태이며, 그러한 의식 상태와 두려움의 행동 사이의 관계에 대해서 더 깊은 연구가 필요하다고 본다. 심지어 두려움의 행동의 경우, 편도체만 관여하는 것이 아니라 뇌의 네트워크 전체가 관여하는 것이라고 주장한다.[9] 게다가 르두는 인간의 두려움에는 깊이 이식된 진화적 경향이 있음을 보여준다. 예를 들어 뱀의 생김새는 뱀에 대한 경험이 없는 사람들에게까지 두려움의 행동을 촉발한다. 게다가 습관화된 두려움은 유기체를 지배하게 되며, 그 두려움에서 벗어나기란 굉장히 어렵다.

그래서 두려움은 고조된 의식 형태이지만, 적어도 처음에는 매우 제한적인 틀을 가지고 있다. 각자의 신체, 그리고 이것의 연장선상에 있는 각자의 삶, 사람과 사물들이 두려움과 관련돼 있기 때문이다. 두려움은, 진정한 진화적 유용성에 기초하지만 학습과 도덕적 사고에 대해 크게 저항성을 띠기도 하는 그런 메커니즘에 의해 촉발된다. 두려움은 좋고 나쁨에 대한 타당한 관점에 기초한 합당한 것일 수도 있고, 공동체 전체를 아우르는 것으로 확장될 수도 있지만(사요가 설명한 헌법 제정의 경우처럼), 두려움이라는 감정에는 이러한 좋은 발전을 거스르는 경향들도 내포돼 있다.

두려움에 대한 우리의 반응은 여러모로 잘못된 것일 수 있다. (뱀의 생김새에 대한 두려움, 갑작스러운 소음이나 깜짝 놀라게 하는 등장 같은) 자연적인 두려움은 유용할 수도 있지만, 부당하게 이용될 수도 있다. 사람들은 연상을 통해서, 문화적으로 은밀함이나 은거와 관련된 집단들이나 교활하고 구불구불한 것과 관련된 집단들을 두려워하도록 학습될 수 있다(소수자 집단을 악마화하는 데 이런 식의 고정관념이 동원된다). 하지만 물론 자연적인 반응들은 인간에게 작으나마 의미가 있다. 우리는 우리 사회로부터 유익한 것과 유해한 것을 배워야만 하고(진화생물학을 훨씬 뛰어넘는 방식으로), 그래서 우리는 우리 두려움의 메커니즘을 그러한 이해와 결부시킨다. 궁극적으로 우리는 우리 자신의 행복과 그것을 위협하는 것에 대해 이해해, 우리가 살고 있는 복잡한 세계의 위험을 다룰 수 있어야 한다.

여기에 많은 잠재적 문제가 있다. 어느 사회에서나 수사법과 정치는, 위험이 실제로 존재하는 곳에서는 위험이 두드러지게 하고 위험이 실제로 존재하지 않는 곳에서는 위험에 대한 인식을 구축하면서 위험한 것에 대한 이해에 힘쓴다. 아리스토텔레스의 『시학』은, 정치적 수사법이 위험에 대한 인식을 만들어내거나 없애는 과정을 해부하면서, 잘못이 개입될 여지가 있는 많은 부분을 우리에게 분명히 보여준다. 우리는 그러한 위협을 오인했을 수도 있고, 그 위협의 규모를 잘못 측정했을 수도 있다. 또는 우리는 그 위협에 대해서는 옳지만 그 위협을 야기한 사람에 대해서는 틀릴 수도 있을 것이다. 또는 우리는 우리의 행복에 대해 올바르지 않은 생각을 갖게 되어, 전혀 나쁘지 않은 뭔가(예를 들어 새로운 종족 집단을 우리 국가에 포함시키는 것과 같은 일)를 두려워하게 될 수도 있다.[10]

심지어 가장 믿을 만한 두려움인 경우, 즉 어떤 협소한 '관심의 원'에 대한 "합당한" 두려움이라도 그 두려움은 지나치게 편협할 때가 많다. 생물학적 기원에서 비롯된 강도 높은 자기초점 경향 때문에 두려움은 흔히 생각을 강력하게 장악해, 강도 높은 근심이 지속되는 한, 자기 자신과 자기와 아주 가까운 사람들 외에는 그 무엇도 생각하기 어렵게 만든다. 결과적으로, 동정심의 확장을 권장하는 대중문화는 두려움을 제한하고 두려움을 적절한 방향으로 유도하는 것에 대해 생각해야 한다. 왜냐하면 일단 두려움이 시작되면, 다른 사람들에 대한 선은 그 뒤로 숨어버릴 가능성이 크기 때문이다.

두려움은 도처에 있는데, 이는 좋은 일이기도 하고 나쁜 일이기도 하다. 사회는 많은 장소에서 많은 방법으로 두려움을 형성할 수 있다.

여기서 두 가지 대조적인 예를 드는 것으로 충분할 것이다. 하나는 프랭클린 루스벨트가 위험 수위의 대중의 두려움을 가라앉히고 다독이기 위해 정치적 수사를 활용한 것이고, 다른 하나는 이전에 동정심이 있던 곳에 두려움을 만들어내기 위해, 또는 역으로, 두려움을 관리함으로써 동정심의 기반을 만들어내기 위해 델리와 시카고에서 도시적 건축물을 활용한 것이다.

낙관과 노력으로 두려움을 누그러뜨리기:
루스벨트의 첫 번째 취임 연설(1933)

현재 돌아가고 있는 일들을 보면 진정 걱정스러울 때가 많다. 텐트를 접고 다른 곳으로 이동하거나, 포기하거나, 그저 달아나버리는 것이 마땅할 것이다. 무엇보다, 자신과 자기 가족을 임박한 듯한 피해로부터 보호하는 게 마땅할 것이다. 전쟁은 그런 유의 사건이다. 하지만 지도자들은 사람들을 결집시켜 용기와 동료 의식으로 무장한 채 공격자와 맞서게 해야 한다. 두려움은 원심력을 띤다. 두려움은 한데 뭉치는 것이 가능한 사람들의 에너지를 흩어지게 한다. 지도자들이 하는 말은 큰 차이를 낳을 수 있어서, 사람들을 공통의 과제로 끌어들일 수 있다.

두려움을 정치적으로 현명하게 관리한 명백한 예는, 윈스턴 처칠이 1940년 5월 13일 하원 의사당에서 총리로서 처음 한 그 유명한 연설이다. 당시 영국 사람들은 두려움과 궁핍으로 피폐해질 만한 실제적 위험에 처해 있었다. 처칠의 목표는, 요구될 엄청난 수고가 어떤 것인지 정확하게 밝히고, 희망과 연대를 위해 패배주의적 두려움을 쫓아내는 것이었고, 이것은 탁월하게 달성되었다. 그 연설의 중요 대목을 살펴보자.

정부 각료에게 했던 말을 의회에서 다시 하겠습니다. "나는 여러분에게 피, 수고, 눈물, 땀밖에 드릴 게 없습니다." 우리는 중대한 일을 앞두고 있습니다. 우리는 기나긴 투쟁과 고통을 앞두고 있습니다. 여러분은 우리의 정책이 무엇이냐고 묻습니다. 나는 이렇게 말하겠습니다. 우리의 능력과 신이 우리에게 줄 수 있는 힘을 다해 육해공 모두에서 전쟁을 치를 것입니다. 인류 역사상 가장 통탄스러운 범죄를 저지르고 있는 포악한 압제에 맞서 전쟁을 치를 것입니다. 바로 이것이 우리의 정책입니다. 여러분은 우리의 목표가 무엇이냐고 묻습니다. 나는 한마디로 답하겠습니다. 우리의 목표는 승리입니다. 어떤 대가를 치르더라도 승리할 것입니다. 모든 공포에 맞서 승리할 것입니다. 아무리 오랜 시간이 걸리고 힘들어도 승리할 것입니다. 승리 없이는 생존도 없기 때문입니다. 승리를 이루어냅시다. 영국 제국의 생존도, 영국 제국이 옹호하는 모든 것의 생존도, 인류가 목표를 향해 전진하리라는 모든 세대의 충동과 욕구의 생존도 없습니다. 하지만 나는 낙천성과 희망을 가지고 나의 임무를 수행합니다. 나는 우리의 대의가 패배라는 고통을 겪지 않으리라 확신합니다. 지금 나는 모든 사람에게 도움을 받을 자격이 있다는 생각이 들고, 이렇게 말하고자 합니다. "자, 힘을 한데 모아 함께 앞으로 나아갑시다."

순전히 수사법의 관점에서만 보면, 성서풍의 울림 있는 구절, 주술적 반복, 기교적 반복, 점점 고조됨을 특징으로 하는 이 연설은 키케로에게 영향을 받았음에 틀림없고(처칠이 고전에 강하지 않았음에도 불구하고!), 키케로에게서 볼 수 있는 것만큼이나 공들인 티가 난다. 감정적으로 이 연설은 대단히 흥미로운 지도를 그려나간다. 처칠은 사실상 사람들의 두려움 속에서 이야기를 시작하는데, 그 두려움을 외면하는 대신에 그것에 맞선다. 그렇습니다, 그것은 나쁩니다, 그것은 끔찍한 시련입니다. 하지만 바로 그 순간에 그 과업은 영웅적인, 따라서 호소력 있고 다소 화려한 면모를 띠기 시작한다. 처칠은 괴물들과 맞서는 헤라클레스의 과업, 전투와 위험에 관한 전통적인 남학생 스타일의 이야기, 전제 국가를 물리친 과거 영국의 승리의 이미지(넬슨 경이 그렇게 멀리 떨어져 있지 않다) 등 다양한 이미지를 떠올리게 한다. 그러고 나서 처칠은 대안으로 돌아간다. 그것은 게르만 엘리트들과 우호적으로 파티를 벌이는 것이 아니다(아마 에드워드 8세와 심프슨 여사는 그렇게 생각했겠지만). 그렇게 하면 영국과 관련된 모든 좋은 것을 소멸시킬 것이다. 여기서 처칠은 자신이 알리고자 하는 의견을, 즉 영국 제국이 세계 문명과 발전에 필요한 조건이라는 의견을 말한다. 그는 영국 제국의 가치들의 소멸을 통해 다름 아닌 인류의 소멸을 표현함으로써 청중이 완전히 두려움을 느끼게 만든다. 영국 제국은 너무나 필요하고 너무나 아름다워서 그것을 위해 희생하는 것이 당연해 보이게 된다. 그리고 이제 처칠은 "희망"으로, 심지어 "낙천성"으로 관심을 돌린다. 사실상 그는, 톰브라운부터 해리 포터에 이르기까지 영국 대중의 사랑을 받는 인물, 어둠의 세력과 싸우는 의연한 남학생 영웅이 된다. 그리고 그는 자기 주변에 공동체를 형성한다. 그 연설이 그리는 감정의 포물선이 이제 그에게 "힘을 한데 모아" 운운할 자격을 부여한 것이다.

이제 루스벨트의 초기 연설로 돌아가자. 말 그대로의 전쟁은 아직 가까이 와 있지 않지만, 루스벨트가 경제적 위기를 다룬 것은 처칠이 군사적 비상사태를 다룬 것과 견줄 만하다. 처칠처럼 루스벨트도 두려움에서 출발해 희망과 연대로 이어지는 포물선을 그렸다. 단지, 미국적으로, 제국 대신에 자신감과 기독교적 도덕을 끌어들인 게 달랐을 뿐이다.[11]

루스벨트도 처칠처럼 정직한 고백으로 시작한다. 미국인들은 "현재 우리 나라가 처한 상황에 맞게 허심탄회하고 결단력 있게 국민에게 연설하는" 그를 신뢰한다. 연설을 통해 루스벨트는 국가가 처한 상황을 줄곧 전쟁 상황으로 간주해, 우리는 "전쟁이라는 비상사태를 다루듯이 이 과업을" 다루어야 한다고 말한다. 그의 정책들은 "공격 노선들"이다. 미국 사람들은 "훈련받은 충실한 군대다". 그는 "우리 공통의 문제들에 대한 기민한 공격에 몸 바치는, 우리 국민으로 구성된 이 위대한 군대의" 지휘자를 자임한다. 그는 "비상사태에 직면해 전쟁을 수행할" 광범위한 집행권을 요구할 뿐이다. 하지만 초반부에서 그는 다른 중요한 의견을 말한다. 그 문제는 미국의 독창성과 자신감으로 해결할 수 없을 만큼 그렇게 심각하진 않다. 그 문제는 "믿음을 가졌고 두려워하지 않았기에 선조들이 정복할 수 있었던 그 위험"에 비하면 그렇게 심각한 것도 아니다. 사실 그는 처음 경제 위기를 설명함에 있어서, 암울한 경제 상황을 언급하되 그것이 미국의 정체성의 핵심을 건드리는 문제는 아니라는 밝은 암시를 더했다.

우리는 공통의 어려움들에 직면해 있습니다. 그 어려움들은 다행스럽게도 물질적인 것일 뿐입니다. 화폐 가치는 엄청난 수준으로 위축되었고, 세금이 올랐으며, 우리의 지불 능력은 떨어졌습니다. 모든 정부는 심각한 수입 삭감에 직면해 있습니다. 교환 수단들이 무역의 흐름 속에서 얼어붙었고 각처에서 산업 현장의 경기가 시들어버렸습니다. 농부들은 농작물을 내다 팔 시장을 찾지 못하고 있습니다. 수천 가구가 다년간 저축한 돈을 다 소진했습니다. 더 중요한 점은, 실직한 시민들이 생존이라는 심각한 문제에 직면해 있다는 것이고, 똑같이 많은 노역을 해도 돌아오는 돈은 너무나 적다는 것입니다. 바보 같은 낙천주의자만이 이 순간의 어두운 현실을 부인할 수 있습니다.

처칠처럼 루스벨트는 두려움이 근거 있고 합당하다는 것을 보여주면서, 당대의 문제들을 어두운 마음으로, 그러나 정직하고 상세하게 열거한다. 동시에 그는 그 문제들이 "다행스럽게도 물질적인 것일 뿐"이라고 말하면서, 이러한 문제들을 넘어서는 방법을 보여준다. 연설의 요지는 자신감과 단합이었지만, 주요 하위 주제의 하나는 책임을 따지는 것이었다. 루스벨트는 미국의 경제 제도 자체가, 사실상 전반적으로 민주적인 삶의 방식이 현재의 위기에 책임이 있는 것은 아닌가 하는 (무언의) 근심 어린 질문에 답한다. 사회주의가 근처에서 대기하고 있었고, 연설은 끝에서 이렇게 결론 내린다. "우리는 실질적 민주주의의 미래를 불신하지 않습니다. 미국 국민은 실패하지 않았습니다." 거의 시작 부분에서 루스벨트는, 미국인들과 그들의 유서 깊은 전통(일반적으로 그들의 경제적 전통을 포함하는)에는 "실질적인 실패"도 없고 결점도 없다고 주장한다. 포괄적 동정심은 미국 그 자체에 결함이 있다는 생각에 방해받아서는 안 된다. 그리하여 그는 급진적 변화가 아니라, 미국이 스스로에게 충실할 수 있게 해주는, 작은 수정들로 이루어지는 개혁을 제안한다.

우리는 그의 연설 중 가장 유명한 부분(거의 시작 부분에 나온다)을 바로 이러한 맥락에서 들어야 한다. "우리가 두려워해야 하는 것은 오직 두려움 그 자체뿐임을 나는 굳게 믿습니다. 그것은 퇴보를 진보로 바꾸는 데 필요한 노력을 마비시키는 익명의, 터무니없는, 부당한 테러입니다." 처칠이 영국인들이 전쟁 노력을 포기하게 될 위험에 직면했던 것처럼, 루스벨트는 미국인들이 미국을 포기하게 될 위험에 직면한다. 이는 무엇을 의미하는가? (장차 개혁될) 미국 경제 체제의 일반 맥락에서 경제 문제들을 해결하려는 공동의 노력을 포기함을 뜻한다. 그것은 포기하는 것을 의미하거나 급진적 변혁을 추구하는 것을 의미할 것이다. 그것은 힘을 합하기보다는 분산시키고 후퇴시키는 것을 의미할 것이다.

처칠에게는 맞서 싸울 악당이 있었다. 그리고 괴물에 맞서 전쟁을 벌이는 자신감에 찬 남학생 같은 그의 이미지는 상대편의 현실적 악행을 생생히 알아본 데서 비롯된 것이었다. 반대로, 루스벨트의 악당들은 악한 것이 아니라, "낡아빠진 전통적 양식으로" 큰 잘못을 저질렀다. 그들은 사실 좀 어이없다. 그들은 상황이 어려워지자 자기 자리를 떠나버린, 재계의 "무능한" "퇴역" 지도자일 뿐이다. 그들이 물러난 지금 무엇이 남았는가? 고풍스럽게 성서적인 동시에 완전히 미국적인 왕국이 남았다.

우리 문명의 사원에서 높은 자리를 차지했던 금융업자들은 그 자리를 버리고 도망가버렸습니다. 어쩌면 이제 우리는 그 사원을 옛 진리대로 복원할 수 있을지도 모릅니다. 복원의 관건은 우리가 단순한 금전적 이익보다 더 고상한 사회적 가치들에 얼마나 힘쓰는가 하는 것입니다. 행복은 단순히 금전을 소유하는 데 있지 않습니다. 행복은 성취의 기쁨에,

창의적 노력의 설렘에 있습니다. 덧없이 사라지는 물질적 이익을 미친 듯이 추구하느라 일하는 기쁨과 도덕적 자극이 잊히는 일은 더 이상 없어야 합니다. 우리의 진정한 운명이 그런 것에 있지 않고 우리 자신과 우리의 동료들을 보살피는 데 있다는 것을 이 암울한 시절이 가르쳐준다면, 이러한 시절을 겪느라 우리가 치르는 희생도 아깝지 않을 것입니다.

프로테스탄트 노동 윤리와 기독교에서 명하는 형제애라는 "옛 진리"는 루스벨트를 처칠의 탐구하는 영웅과 유사해 보이게 한다. 금융업자들은 일용할 일을 하는 것이 아니라 "덧없이 사라지는 물질적 이익"을 "미친 듯이 추구"하는 데 매달리기 때문에 틀렸다. 또한 그들은 이웃을 사랑하지 않고 이기적인 목표만 추구하기 때문에 틀렸다. 진정한 노동이 미국적인 것이고 도덕적인 것이다. 다른 사람들을 대신해서 하는 노동은 스스로를 위한 노동보다 더 미국적이고 더 도덕적이다. 두려움과 패배주의는 이제 비기독교적이고 비미국적인 것으로 자리매김한다.

루스벨트는 연설 끝에서 경제 회복으로 생각을 돌려, 회복 노력을 "미국의 개척민 정신"과 "좋은 이웃(결연히 스스로를 존중하고, 바로 그 점에서 다른 사람들의 권리도 존중하는 이웃, 자신의 의무를 지키고, 이웃들의 세계와의 합의와 이웃들의 세계에 대한 동의의 신성함을 존중하는 이웃) 정책"으로 그리면서 이 같은 노선을 계속 피력한다. 연설의 이 지점에서 금융업 관계자라는 적은 변덕이 심하고 이기적인, 쓸모없는 존재로 그려지는 반면에 공동의 노력에 참여하는 진정한 미국인은 개척자이자 좋은 이웃으로 그려지며, 다른 사람들을 돕는 것은 신뢰할 만한 삶의 방식으로 그려진다.

루스벨트에게는 또 다른 적수가 있다. 그는 이 적수와 정면으로 맞부딪치지 않는다. 그는 주류 미국을 향해 이야기하면서, 청중에게 미국제도의 근본적인 건전성에 대해서 염려하지 말라고 권고한다. 하지만 그는 소극적이긴 하나 끈질기게 책임을 언급함으로써, 미국의 질병들에 대해 사실상 미국의 제도들에 책임을 전가하는 좌파 야당(이미 위협적인 인물이 되고 있던 휴이 롱을 포함한)의 존재를 드러낸다. 그는 이 적수를 이 나라의 양심적인 비판자에서 겁쟁이로 슬쩍 격하시킨다. 진정한 허물이 없다는 점에서, 부정적인 반응은 두려움일 수밖에 없기 때문이다. 이것은 수사를 동원해 교묘하게 에둘러 말한 것이지, 사회주의 진영의 그의 적수들의 주장에 대한 조리 정연한 대립은 분명 아니다. 어쩌면 우리는 그가 이런 식으로 그들을 폄하하는 것을 비난할 수도 있다. 반면, 만약 우리가 그의 목표들을 공유한다면, 그가 자신의 주된 청중, 그 불특정 주류에게 거기에는 합당한 원칙에 입각한 반대는 없고 오직 두려움만 있다고 말하는 것이 정당하다고 느낄 수도 있다.

감정적 동기 부여의 걸작들인 루스벨트의 연설과 처칠의 연설을 비교해보면, 수사법에 능한 사람은 자신의 청중을 철저히 알고, 어떤 이미지가 울림이 있으며 어떤 식의 호소가 강렬한 감정을 불러일으키는지를 안다는 것을 확인할 수 있다. 영국의 대중은 어떤 대가를 치르더라도 승리하기를 바라며, 영광스러운 제국 정신이 살아남기를 바란다. 미국의 대중은 도덕주의자다. 책임감 있고 용기 있는 사람이 되어 스스로 자신감을 발휘하고 다른 사람들을 위해 자신의 의무를 다하고자 하는 것이다. 루스벨트는 미국과 미국인들에 대해 이야기한다고 주장하지만, 물론 현실은 불안정했다. 중요한 방해물은 사실상 두려움 그 자체라는 점에서, 그의 개입은 뉴딜 정책이 필요로 하는 그런 통합된 힘을 만들어내는 데 대단히 중요한 감정들을 조성했다. 우리는, 자신의 분명한 목표들에 몰두한 루스벨트가 이 연설에서 그 목표들을 달성하기에 적절한 전략들에 이르렀다고 생각하려 한 나머지, 그가 두려움에 대해 항상 옳았다고 생각하지는 말아야 한다(후에 일본계 미국인들을 강제 수용한 것은 과도한 두려움의 분명한 사례다).

델리와 하이드 파크의 도시 건축:
두려움을 만들어내는 법, 두려움과 싸우는 법

도시들은 인종, 민족, 경제, 종교에서 다양한 배경을 가진 사람들을 불러들인다. 견고한 의심들이 이러한 사람들을 갈라놓기도 하는데, 이런 의심은 도시 공간의 배치에 의해 감소하거나 증가할 수 있다. 도시 건축은 우애를 함양하기도 하고 두려움을 강화하기도 하면서 여러 삶의 방식을 만들어낸다. 도시에는 범죄, 고용 불안정, 다양한 집단과 언어 등 항상 두려움의 이유들이 있다. 건축은, 두려움을 공공연한 적대감으로 악화시키거나 아니면 두려움을 누그러뜨리고 동료애의 정신으로 문제를 해결하도록 권장하는 데 큰 역할을 한다.

인도의 올드델리와 뉴델리의 슬픈 이야기는, 두려움과 분리의 씨앗이 얼마나 쉽게 뿌려지는지, 휘트먼식의 "동료 의식"은 일단 상실되면 회복하기가 얼마나 어려운지를 보여준다. 우선, 델리의 건축과 공간 배치에 관련된 동시대 인도의 모든 글은 적대적이거나 향수를 자극하거나 둘 중 하나라는 사실을 지적하는 데서 시작해보자. 적대적인 경우는, 그곳에서 사는 법을 배우지 않으면 안 되는, 다른 곳에서 온 사람들의 이야기들에서 지배적이다. 전형적인 예는 아라빈드 아디가의『하얀 호랑이White Tiger』다. 아디가의 주인공 발람은 비하르 출신의 시골 사람으로, 한 부유한 지주의 운전기사가 된다. 그는 환상교차로들의 끝없는 미로를 헤매고 다니느라 많은 시간을 잡아먹는다. 거창한 이름을 가진 그 환상교차로들은 일상과는 아무 관련이 없다. 그것은 세계사에 대한 영국적 상상에서 나온 것으로, 뉴델리에 사실상 이해할 수 없는 구조를 입힌다. 도처에서 다른 사람들의 번영에 둘러싸인 발람은 상실감과 소외감밖에 느낄 수 없고, 자신이 어디로 가고 있는지도 알지 못한다. 이는 델리에서는 불가피한 경험이다. 그에게는 새하얀 호화주택이 아름다움을 느끼게 하지 않고, 그저 슬픔과 소외감을 느끼게 할 뿐이다. 뉴델리는 오직 계획만 생각하고 사람은 생각하지 않는 곳처럼 보이고, 사람들이 부유한 것과는 거리가 멀어서 매일매일 힘겹게 생활하고 있는 곳처럼 보인다. 시장까지 걸어서 갈 수 있게끔 갖춰진 공간도 없고, 담소를 나눌 공간도 없고, 모든 직업, 모든 카스트, 모든 계층의 사람들과 마주칠 공간도 없다. 그저 아무 데도 닿지 않는 것처럼 보이는 끝없는 도로들, 그리고 카드놀이를 할 곳이 없어서 심지어 고속도로 환상교차로 한가운데서 다른 사람들과 일상적 활동들에서 고립되고 자동차 소음에 둘러싸인 채 카드놀이를 하는 사람들이 있을 뿐이다.

> 델리의 모든 도로에는 이름이 있다. 아우랑제브 도로, 후마윤 도로, 마카리오스 대주교 도로 하는 식이다. 그런데 주인이든 하인이든 누구도 그러한 도로 이름을 알지 못한다. 당신은 누군가에게 "니콜라이 코페르니쿠스 도로가 어디예요?"라고 묻는다.
> 어쩌면 그는 평생에 걸쳐 니콜라이 코페르니쿠스 도로에서 살고 있는 사

람일 수도 있겠지만, 그는 입을 열어 "한Hahn?"이라고 말할 것이다. (…) 그리고 모든 도로가 똑같아 보이고, 그 모든 도로는 사람들이 자고 있거나 먹고 있거나 카드놀이를 하고 있는 원형의 잔디밭들을 돈다. 그 원형 잔디밭으로부터 네 개의 도로가 뻗어나가고, 우리는 그중 어느 한 도로로 접어든다. 그 도로를 따라 달리다보면 또다시 사람들이 자고 있거나 카드놀이를 하고 있는 원형 잔디밭을 만나게 되고, 그곳에서 또다시 네 개의 도로가 뻗어나간다. 그리하여 우리는 델리에서 계속 길을 잃고, 잃고, 또 잃는다.[12]

이와 대조적으로 올드델리는, 그곳의 거리거리에 살았던 18세기와 19세기의 시인들로부터 현대의 역사가와 건축가들에 이르기까지, 그 도시의 이야기를 쓰는 사람 거의 모두에게 사랑받는다. 19세기 중엽에 우르두어 시인 자우크는 "누가 델리의 거리를 떠나고 싶어하랴?"라고 썼다. 영국의 인도 역사가 윌리엄 달림플에서 현재 인도 국가기록보관소 소장인 무시룰 하산에 이르기까지 현대의 작가들은 자우크의 그런 판단과 정서에 동의한다.[13] 하지만 이러한 사랑은, 1857년 이후로 그림과 시에만 존재할 뿐 현실에는 존재하지 않는 그 무언가를 숭배하는, 향수 어린 것이다.

올드델리는 우상 파괴적 건축 비평가 제인 제이컵스가 사랑했을 법한 그런 도시다. 즉, 계획도시와는 정반대되는 도시, 사람들의 일상과 접촉을 둘러싸고 유기적으로 성장한 도시다.[14] 제이컵스는 도시에 대해 "도시들의 복잡한 질서(수없이 많은 계획을 세우고 실행하는 자유를 수없이 많은 사람이 누렸음에 대한 증거)는 여러모로 엄청나게 경이롭다"고 쓰면서[15] 인간의 자유에 대한 생각을 드러냈는데, 어느 도시나 그런 생각을 갖고 있는(혹은 그렇다고 이야기되는) 것과 마찬가지로 올드델리도 전형적으로 그랬다. 현재 남아 있는, 18세기와 19세기에 기원을 둔 델리의 많은 예술적 표현물은[16] 멋진 건축술과 독특한 절충적 스타일(힌두 문화와 이슬람 문화가 만나 이루어진 혼성 스타일)을 보여준다. 편지와 일기에 기초한 역사 서사는 같은 이야기를 들려준다. 힌두교도, 이슬람교도, 기독교도, 상인, 무굴 왕족이 모두 하나의 연결망 속에서 상호 작용을 했고, 심지어 영국인 점거자도 그 연결망 속에서 협력적인 역할을 했다는 것이다.

델리는 군사적 정복을 모르지 않았다. 심지어 18세기에도 델리의 시는 균열에 대한 의식을 드러내고, 또한 그에 상응해 향수를 드러낸다. 18세기의 위대한 우르두어 시인 미르 타키 미르는 이렇게 썼다. "풍습은 이제 완전히 사라졌다―이제 친구들이 밤낮 앉아 서로 이야기를 나누었던/ 날들은 가버렸다."[17] 몹시 사나운 전투가 끝난 후 미르는 이렇게 외쳤다. "당대의 엘리트들이 사는, 이 세상의 선택된 도시였던 델리,/ 그곳이 불가항력에 의해 박탈되고 파괴되었구나./ 나는 이제 그 황량한 도시에 산다."[18] 하지만 이 도시는 19세기 중엽까지는 온전하게 남아 있었고, 북적이는 쇼핑에서 밤새도록 열리는 시 모임에 이르기까지 온갖 활동으로 사람들을 끌어모았다. 달림플의 경이로울 정도로 상세한 설명을 보면, 영국인 주민과 인도인 주민은 낮 시간에 대해 우스울 정도로 다른 개념을 갖고 있었다. 영국인들이 새벽 4시에 일어나 밤 8시에 하루를 마치는 반면에 인도인들은 오후 2시에 일어나 새벽에 잠자리에 들었다. 그럼에도 그들 사이에 충분한 상호 작용이 있어서, 복장에서나 예술에서나 서로 차용이 많이 이루어졌다. 심지어, 우리가 곧 보게 될 슬픈 분리의 시대 이전에는 영국인과 인도인이 결혼을 하는 예도 꽤 있었다.[19] 그 도시에 완전히 포함되기 위해 어떤 특정 신념을 표명할 필요도 없었다. 시와 음악을 사랑하기는 해야겠지만 말이다.

세포이의 항쟁 막바지이던 1857년에 영국군이 이 도시를 침략했는데, 그때 영국군은 무굴 제국의 마지막 황제를 생포하고 붉은 요새를 장악하는 데 그쳐도 됐을 것이다. 하지만 영국군은 그렇게 하지 않고, 무굴 왕조가 다시는 발흥할 수 없도록, 그 왕조의 과거의 위대함의 잉걸불까지 완전히 꺼버리면서 호메로스식으로 그 왕조를 초토화시키기로 했고, 그래서 이후 줄곧 도처에서 원성을 산 그런 야만적인 행동을 취했다. 우리는 조금 남아 있는 조각들(붉은 요새의 일부와 자마 마스지드)을 통해서, 그리고 1857년 이전의 델리에 대해 알려주는 그림과 이야기들을 통해서, 과거의 델리가 어땠는지를 알고 있다. 달림플이 알려주는 것처럼, 영국의 새로운 지배 방식은 군사적이자 복음주의적이었고, 힌두 문화와 이슬람 문화에 대해 관용적이지 않았다. 이전 세대가 델리의 문화유산을 존중했다면, 이번에 영국이 목표로 한 것은 문화적 학살이었다. 재건은 없었고, 델리는 폐허의 도시가 되었다. 무굴 왕조를 끝장내기 위해 모든 무슬림 시민이 다년간 추방당했다. 그리하여 과거에는 존재하지 않았던 종교 간 분리가 생겨났고, 이러한 분리는 영국인들이 이 땅을 떠날 때까지 계속 조장되었다. 역사가 살만 쿠르시드는 이렇게 썼다. "한 세대 전체에게, 델리는 비통하고 슬픈 추억이 뒤섞인, 기념비적인 것들은 흩어지고 제국 시절의 폐허만 남은, 머나먼 향수의 도시가 되었다."[20]

영국인들이 의도한 것은 두려움을 조장하고 동료 의식을 분열시키는 것이었다. 하지만 물론, 돌무더기에서 지배할 수는 없었다. 그래서 그들의 다음 과업은 자신들이 머무르며 지배할 수 있는 델리, 즉 델리 제국을 만드는 것이었다. 이를 위해 그들은 건축가 에드워드 루티언스에게 의지했고, 그는 동료 허버트 베이커와 함께 우리가 현재 알고 있는 그 모습으로 뉴델리를 만들었다.[21] 그들의 목표는 우월성을 표현하고 외경심을 불어넣는 것이었다. 외경심은 경이로움과는 다른 것으로, 더 큰 권력에 대한 복종을 드러내는, 본질적으로 계층적인 감정이다.[22] 따라서 뉴델리는 상상할 수 있는 한 올드델리에서 멀리 떨어져 있었다. 뉴델리는 델리라는 도시 내에 만들어지지 않고 먼 남부의 한 외딴 지역에 만들어졌으며, 채색 모자이크로 알록달록한 모습이 아니라 아주 깨끗한 흰색이다. 일상적 삶이 뚫고 들어갈 수 없어서, 보통 사람들은 그곳에 가기를 두려워할 정도다. 또한 뉴델리는 부분적으로는 우뚝 솟은 라이시나 언덕 위에 들어서 있어서, 지배자들이 자기가 지배하는 주민들을 내려다볼 수 있었다. 루티언스는 나름 재능 있는 건축가였고, 인도의 모티프를 기본적으로 유럽식인 건물들에 주입하려 한 그의 시도는 몇몇 흥미로운 결과를 낳았다. 텐 무르티는 과거에 네루의 집이었고 현재는 네루 박물관 겸 도서관이 된 유명한 건물인데, 고전적 단순성이 인상적이다. 그럼에도 불구하고 이 새로운 도시는 역동적이고 거주 가능한 공간이라기보다는, 규모가 크고 육중하며 손이 닿지 않는 곳이다. 그 도시는 가까이 가서는 안 된다는 기분이 들게 하고, 그곳의 하얀 색감은, 기하학적이지만 찾기 어려운 길들의 미로와 함께, 두려움을 부추긴다. 워싱턴 D.C.와는 어딘가 닮은 데가 있어서 미국인은 불안감을 덜 느낀다. 또한 탁 트인 녹지 공간(폴로나 크리켓 경기장으로 사적으로 사용되는)을 보존하는 것은 비인도인에게는 위안이 되지만, 너무 먼 데 살아서 가뜩이나 많지 않은 델리의 아름다운 공공장소들을 이용하지 못하는 델리의 가난한 사람들에게는 그렇지 않다.

델리는 시詩의 도시에서 빠르게 두려움의 도시가 되었다. 역사가 말비카 싱은 이렇게 썼다. "그곳은 '그들'과 '우리'가 되었고, 배타적인 정부 소재지이자 활동적이고 계속 성장하는, 문화에 뿌리내린 중심지가 되었다."[23] 그러나 이 중심지는 처음부터 손상된 것이었다. 무굴 제국 마지막 궁정의 궁정시인이었던 미르자 갈리브(달림플은 일기와 편지를 활용해 그가 이 도시로부터 탈출한 것을 상세하게 기록했다)는 이렇게 말했다. "델리를 살아 있게 했던 것은 네 가지였다. 요새, 매일매일 자마 마스지드를 찾는 군중, 매주 야무나 다리로 걸어가기, 화초를 가꾸는 사람들의 연례 품평회. 이들 중 아무것도 살아남지 못했는데 델리가 어떻게 살아남을까? 그렇다, 인도라는 이 땅에 한때 델리라는 이름의 한 도시가 있었다."[24] 제인 제이컵스는 미국 대도시들의 "죽음"을 기술하면서, 열성적이고 좋은 의도를 가졌던 도시계획자들에 의해 뜻하지 않게 삶의 양식이 파괴된 것을 언급한다. 델리의 죽음은 단순한 사망이 아니었다. 그것은 살해였다.

오늘날 잃어버린 것을 되찾기 위해 할 수 있는 일은 아무것도 없다. 이제 새로운 토착민 엘리트가 뉴델리에서 통치한다. 하지만 그 "중심지"는 과거의 중심지와는 완전히 딴판이다. 많은 부분이 상업화되고 추하게 망가졌다. 심지어 그 중심지는, 멀리 떨어진 중요한 건축물들인 경우, 아마도 루티언스의 우아함보다 두려움을 더 많이 불어넣는다. 비록 델리 대학교 주변이 과거를 좀 일깨워주지만 말이다. 남쪽에서의 기억을 위한 작은 시작은 일군의 건축가들의 새로운 프로젝트다. 대재앙으로부터 지리적으로 멀리 떨어져 있어서 말살되는 것을 피한, 올드델리의 일부인 로디 정원에는 16, 17세기 무굴 제국 때의 무덤들이 있는데, 이 건축가들은 그 무덤들을 복원하는 것을 허가받았다. 또 다른 복구 프로젝트들도 추진되고 있지만, 뭔가를 그 옛 도시에 있었던 것과 같은 모습으로 재건하기에는 이미 잃은 것이 너무 많다. 집단들의 관계에 있어서는, 19세기의 힌두교도와 무슬림의 공존은, 상위 계층의 경우를 제외하고는, 완전하게 재창조되지 못했다. 현재 그 도시의 특정 구역들은 "무슬림 지역"이 되어 있는데, 이곳은 테러의 공포가 있을 때면 경찰에게 쉽게 괴롭힘을 당한다.[25] 뉴델리와 영국인들이 만든, 엘리트 계층과 그 밖의 사람들 간의 격차는 계속되고 있다. 새로운 출연진이 등장하고 있긴 하지만 말이다.

델리의 이야기는 계획을 한다는 게 나쁜 일임을 보여주는 것이 아니다. 제인 제이콥스는 전반적으로 계획에 반대하는데 이는 옳지 않다. 특히 도시 인구가 급속도로 증가하고 있는 만큼, 도시가 사람들을 위한 곳이 되려면 중앙집권화된 계획은 필수적이다. 센트럴 파크의 이야기가 보여주는 것처럼 말이다. 개발도상국의 많은 도시(방갈로르, 다카, 자카르타)는 악의적 의도로 개발되어서가 아니라 무계획적으로 어지럽게 뻗어나가서 결국 살 수 없는 곳이 되었다. 델리의 이야기가 보여주는 것은, 두려움을 만들어내려는 의도적 계획이 수세기에 걸쳐 도시의 삶을 파괴할 수 있으며, 엘리트 빼고는 살 수 없는 그런 권력 중심지를 의도적으로 만들어내려는 계획이 수반될 때 특히 그렇다는 것이다.

델리의 슬픈 이야기는 도시 건축이 집단들 간의 유대와 얼마나 밀접한 관련이 있는지를 보여준다. 두려움의 씨앗을 뿌리기가 얼마나 쉬운지, 일단 파괴가 일어나면 두려움의 건축을 바꾸기가 얼마나 어려운

지를 보여준다. 두려움은 분리에서 생명력을 얻으며, 무력의 이미지에 의해 증폭된다. 그런 건축이 만들어내는 균열이 존재하는 한 어떤 유대감도 형성될 수 없다.

하지만 때로는 건축에 의해 두려움이 생겨나는 것과 정반대 일이 일어날 수도 있다. 나는 이제 내 고향과 가까운 곳, 사실상 내 고향의 이야기로 방향을 돌리고자 한다. 1990년대 중반 이후 시카고 대학교는 종종 시카고시와 공조해, 인종 갈등적 긴장도가 높은 지역인 시카고 사우스사이드 지역을 대상으로 인종 문제에 기인한 두려움의 해소와 관련된 창의적인 조처들을 취함으로써, 두려움에 기초한 분리의 정책을 무너뜨려왔다.

리처드 라이트의 『토박이』에서 비거 토머스가 "저쪽 미드웨이에 있는 대학교"라고 부른[26] 시카고 대학교는 오랫동안, 우려스럽고 불명예스러운 위험 속에서 백인 특권의 수호자로 자처했고, 또 사람들에게 그렇게 인식되었다. 설립 초기에 그 대학이 추구한 것은 내향적 학자 공동체였다. 이런 개념은 건축상으로는 중정을 둘러싸고 고딕풍 건물들이 들어서는 것으로 표현되었다. 고딕 양식을 택한 것은 고풍스러운 인상을 주기 위해서였고, 사각형 중정을 택한 것은 수도원과 유사한 내향성을 드러내기 위해서였다. (로마네스크 양식은 이런 수도원 느낌을 내지 못한다고 여겨져 채택되지 않았다.) 이 대학의 총장을 지낸 돈 랜덜은 이렇게 썼다. "고딕 충동은, 중세와 20세기의 어느 기간에, 위험한 곳으로 비치는 외부 세계를 멀리하고 자기 세계 안에만 집중하는 공동체를 만들어냈다."[27] 1915년에 커다란 기부자인 존 D. 록펠러는 "멋진 캠퍼스"라는 제목의 사설을 썼는데, 여기서 이러한 선택들에 동조했다. 하버드가 "고풍스러운 위엄"을 풍기지 못한다고 언급한 것이다.

"하버드 대학 캠퍼스에는 붉은 벽돌 건물이 많다. 붉은 벽돌은 오래돼도 고풍스럽고 위엄 있는 모습을 갖추기 어렵다."[28] 시카고 대학교 초대 총장인 윌리엄 레이니 하퍼가 이 대학의 개교일인 1892년 10월 1일은 "천 년간 행해져온 일의 연속"으로 비쳐야 한다며 사실상 어떤 형태의 개교 기념행사도 치르지 않을 것을 제안했을 정도로, 고풍스러움을 갖추려는 욕망이 아주 강했다.[29]

이 대학의 고풍스러운 위엄을 추구하는 경향은 시간이 흐르면서 인종차별, 계급 차별과 깊이 엮였다. 지역사회에는 진보적인 목소리들이 있었다. 예를 들어 시의원 리언 데스프레스(1908~2009)와 그의 아내 메리언 데스프레스(1909~2007)는 통합을 촉구한 인물로, 이 대학 부속 실험학교의 인종 통합을 위해 앞장섰다(이 학교는 1942년에 처음으로 아프리카계 미국인의 입학을 허용했다).[30] 당시 데스프레스 부부와 다른 두 사람이 함께 쓴 편지에는 다음과 같이 쓰여 있었다. "현재의 관행대로라면 우리는 우리 아이들의 학교생활과 인성에 낡은 편견을 주입함으로써 그들에게 민주주의의 이점을 부인하게 되는 셈입니다. 우리 스스로가 우리 아이들에게 민주주의를 거부하면서 어떻게 민주주의의 우월성을 생각하라고 아이들을 설득할 수 있겠습니까?"[31]

하지만 이러한 진척에도 불구하고, 1940년 라이트의 소설에 묘사된 상황은 그 전과 후로 몇십 년 동안 변함이 없었다. 검은 피부의 사람은 (대단히 교양 있는 중산층이 아닌 한) 그곳에 어울리지 않아 보였고, 또 비거가 그랬듯이, 스스로 자신이 그곳에 어울리지 않는다고 느꼈다. 하이드 파크를 둘러싸고 그어져 있는 것이나 마찬가지인 피부색의 "경계선" 이쪽과 저쪽 중 잘못된 편에 와 있다고 느낀 것이다. (비거는 37th & 인디애나 거리에 살았다.) 저널리스트인 브렌트 스테이플스는 1986년에 쓴 한 에세이에서 1972년에 있었던 어떤 일을 회상한다. 1972년 어느 날 한밤중에 그가 하이드 파크 거리에 나타나자(당시 그는 시카고 대학교 대학원생이었다) 옷을 잘 차려입은 한 젊은 백인 여성이 뛰기 시작했다. 그가 서글픈 풍자를 담아 쓴 바에 의하면, 이 여성이 그의 첫 번째 "희생자"였고, "공공장소를 추하게 바꾸는 자신의 능력"을 처음 깨닫게 해준 사람이었다.[32] 백인들의 공간에 들어와 있는 흑인에 대한 그런 반응은 물론 드문 것은 아니었다. 하지만 하이드 파크에서는 눈에 보이지 않는 피부색의 경계선에 의해 그러한 반응이 사실상 보장된 셈이었다. 대학 지도자들이 대학 공동체와 대학 주변 지역이 서로 분리되도록 의도적으로 그러한 저지선을 만들어놓았던 것이다.

당시 하이드 파크에서는 범죄가 많이 일어났다. 한때 대학이 "덜 위급한 환경"으로 이사하는 것을 고려했을 정도다.[33] (대안으로 언급된 장소로는 위스콘신, 뒤페이지 카운티 교외, 그리고 콜로라도의 애스펀이 있었다.)[34] 하지만 대학의 공간적·건축적 선택 자체가 더 많은 상호 의심, 더 많은 범죄 기회를 낳고 있었다. 대학은 대중교통이 하이드 파크 안으로 들어오지 않도록(하이드 파크에는 일단 그런 라인이 들어와 있었다), 고가철도 중심의 대중교통 시스템을 설계하게끔 시카고시에 영향을 미쳤다고 이야기된다. 대학사회로의 출입을 사실상 제한해 이질적인 요소들이 대학에서 멀리 떨어져 있게 하고, 대학사회를 좀더 호젓하게 유지하고 북적거림에서 벗어나게 하며, 대학사회의 구성원들이 시내로 자유롭게 이동하는 것을 더 어렵게 만들기 위해서였다.[35] 수많은 일방도로와 빈번한 막다른 길 때문에 그 지역을 통과하려는 차량이 줄어들었다. 그 당시를 설명해주는 대표적인 흔적은 로스쿨 주차장 뒤쪽의 철조망 두른 높은 울타리(하이드 파크와 인접 지역인 우들론을 가르는 바로 그 "경계선")였는데, 그것은 1998년이 돼서야 제거되었다. 아마도 61번가에 사는 사람들이 들이닥쳐 공공 기물을 파손하는 것으로부터 교수들의 차량을 보호할 목적에서 설치되었을 그 울타리는 적대감과 내향성의 상징이었다. 델리의 영국인들처럼 악의적인 것은 아니었지만, 비난받을 만큼 둔감한 방식으로 이웃을 무시한 것이었다. 대학사회는 "우리는 대학의 넓은 자비를 청송하노라"라는 가사가 담긴 교가를 불렀으나, 자비는 집에서 시작해 집에서 끝날 뿐이었다.[36]

이러한 분리의 상징적·감정적 의미를 넘어, 이것이 뜻하는 바는 북적거림이 없어서 밤에 공공장소들이 좀더 밝고 안전해질 수 없었다는 것이며, 이웃한 지역들이 다양한 소득의 사람들이 사는 주거지가 아니라 저소득 계층의 구역으로 남게 되면서 범죄의 온상이 되었고, 결국 북쪽 끝의 악명 높은 로버트 테일러 홈스 같은 곳이 되어버렸다는 것이다. 어렴풋하게 보이는 대학의 사각형 중정은 건축적으로는 새로울 것 없는 과시적인 것으로, 사람들과 어울리게 해주는 곳이라기보다는 남몰래 나쁜 짓을 하게 해주는 곳이 되었다. 텅 빈 공동 같은 미드웨이 플레장스는(59번가와 60번가 사이에 넓은 띠 모양으로 펼쳐진 잔디밭으로, 이곳에서는 1893년 콜럼버스 세계 박람회 때 최초의 대관람차와 '버펄로 빌의 와일드 웨스트 쇼'가 사람들에게 즐거움을 주었다)[37] 이제 유대감보다는 범죄를 불러들이고, 그 대학이 남쪽으로 더 확장되지 못하게 하는, 어둡고 사람이 살지 않는 땅이 되었다. 『시카고 트리뷴』지의 건축 비평가 블레어 카민은 이렇게 썼다. "다년간 그 잔디밭은, 북쪽에 자리 잡은 세속과 격리된 시카고 대학교, 네오고딕풍 사각형 중정들로 이루어진 시카고 대학교와 남쪽에 자리 잡은 철저하게 현실적이고 때때로 위험한 우들론 사이의 일종의 비무장지대가 되어왔다."[38] 새로 온 교수들은 두려움에 지배받도록 경고를 들었다. "우들론에 가지 마시오. 오후 5시 이후에는 미드웨이를 가로질러 가지 마시오. 혼자 호숫가를 걷지 마시오."

분리의 전략은 근시안적이고 무익했다. 철저하게 악의적인 것은 아니었다. 당시 가난한 사람들을 위해 활동하던 사람들 중에는 거주 지역을 분리하는 것이 가난한 사람과 소수자들에 대한 존중을 보여주기에 더 효과적인 방식이라고 생각하는 이들도 있었다.[39] 그럼에도 불구하고 시카고 대학 버전의 분리 전략은 특히나 존경받지 못할 만한 것이었고, 이웃에 대한 경멸로 오염되어 있었다.

21세기 초에 이 모든 것이 점차 바뀌기 시작했다. 대학 당국의 의식 변화가 먼저 시작되었다. 이제부터 대학은 스스로를 이웃의 파트너로 생각해, 안전이라는 상호 이익은 말할 것도 없고 상호 접촉과 상호 관련된 삶을 추구해야 한다고 생각하게 된 것이다. 돈 랜덜 총장은 특히 공격적으로 변화를 강조했고, "은거하는 대학"이라는 낡은 생각 대신에 이와 대조되는 협동과 공조라는 좀더 새로운 생각을 제시했다.[40] 대학은 하이드 파크 북쪽에서 두 개의 차터스쿨charter school을 운영하는 한편, 하이드 파크 남쪽과 인접한 우들론 지역의 재생에 특히 힘을 쏟았다. 우들론은 시카고 대학교 중 미드웨이의 남쪽에 자리 잡은 부분들(로스쿨, 공공정책대학원, 행정대학원)과 인접해 있다. 대학 경찰력은 시 경찰과 공조해 우들론 지역을 순찰하기 시작했다. 대학 당국은 대학원생과 교수들에게 60번가 남쪽의 거주 구역으로 이사할 것을 권장하는 등 이웃 지역의 재생에 힘썼다. 시카고시 측에서는 남부의 레이크쇼어 드라이브 아래 자전거용 도로 4개를 새로 만들고, 71번가의 사우스쇼어 문화센터와 65번가의 아름다운 비치 하우스를 재건하고

(황폐했던 이 두 건물은 찬란한 아르데코풍 건물로 되살아났다), 레이크쇼어 드라이브를 남쪽으로 좀더 연장하는 데 착공하는 등 1100만 달러를 투자해 호수 연안 남부 지역의 재생에 힘썼고, 대학 측에서는 캠퍼스와 좀더 밀접한 몇몇 협력 프로젝트에 투자했다.

첫 번째 프로젝트는 2002년에 미드웨이 플레장스에 올림픽 규모의 아이스링크를 만들어, 자기 스케이트를 가져오는 사람들은 무료로(도심에 있는 아이스링크의 비싼 입장료와는 대조적으로), 그렇지 않은 사람은 단돈 6달러에 스케이트를 대여해 이용할 수 있게 한 것이었다. 그곳에는 옥상 전망대가 딸린, 음식을 사 먹을 수 있는 따뜻한 건물도 들어섰다. 이런 간단한 아이디어는 그 도시가 이제 하이드 파크에도 이웃 사람과 관광객들을 맞아들인다는 뜻일 뿐만 아니라, 과거의 어두웠던 미드웨이가 한 학년도 내내 좀더 환해지고 사람들로 북적이게 된다는 뜻이기도 했다. 나는 1996년 오후 5시에 바로 그 블록에서 강도를 당한 적이 있다. 오늘날엔 이런 일이 사실상 불가능할 것이다. 우정과 안전은 서로 관련돼 있다.

좀더 최근에는 대학이 '레이바·데이비드 로건 아트센터'를 60번가와 61번가 사이에 위치한 잉글사이드에, 즉 하이드 파크 서남쪽 끝에 새로 짓기로 결정했는데, 이 자체가 고딕풍 안뜰의 이데올로기와 결별하겠다는 뜻을 드러낸 것이었다.[41] 그곳의 예술 작품들은 그다지 지적이지 않으며, 과거에는 빈축을 샀을 만한 것이었다. 그 계획에는 처음부터 인접 지역들이 포함돼 있었다. 이 새로운 아트센터는 우들론의 여러 집단과 협력해 많은 활동을 계획하고 있으며, 이 덕분에 우들론 소매상들의 영업이 활성화되고 있다. 이 아트센터는 우들론이 인종이 다르고 경제 수준이 다른 사람들이 함께 섞여 사는 곳으로 재생되었음을 보여주는 좀더 가시적인 표지다. 토드 윌리엄스와 빌리 첸이 설계한, 유리와 돌로 이루어진 우뚝하고 화려한 건물은 꼭 고딕 양식과 절연한 것이라고는 할 수 없다. 사실 이 건물은 우뚝 솟은 부분을 통해서 과거에 대한 존경심을 표하고 있다. 그러나 그것이 전하는 것은 희망과 역동성의 메시지다. 이 설계는 이 대학의 전반적인 건축 의도가 회고적인 것에서 진취적인 것으로 (또한, 하퍼 총장과 로버트 메이너드 허친스 총장의 시대와 관련된[42] 과거에 대한 숭배에서 듀이의 실용주의의 진전으로) 완전히 바뀌었음을 보여주는 전형적인 예다.[43]

마지막으로, 대학은 이 새로운 아트센터와 연계해, 미드웨이 곳곳의 도로와 횡단보도들의 대대적 개선 작업을 떠맡았다. 여기서 주목할 것은 제임스 카펜터가 설계한, 우들론 애버뉴와 엘리스 애버뉴의 라이트 브리지들이다.[44] 그리고 후에 도체스터에도 라이트 브리지가 추가되었다. 거대한 스테인리스강 기둥들에서 백색광의 드라마틱한 빛줄기들이 뿜어져 나오고, 낮에는 이 기둥들이 햇빛을 반사한다. 그 불빛(학생들에게 "광선 검"이라고 알려진)들은 남쪽에서 북쪽으로 가는 하나의 다리를 만든다. 그 아크등들은 초대의 표시처럼 보인다. 카민이 만족스럽게 언급하듯이, 그 라이트 브리지들은 미드웨이 남쪽의 현대식 건물들(미스 반데어로에의 행정대학원, 에로 사리넨의 로스쿨, 새 아트센터)과 북쪽의 고딕 빌딩들 사이에서 미적 연결 고리가 되어준다. 그것들은 또한 미드웨이를 위한 프레더릭 로 옴스테드의 애초의 계획 중 하나를 은유적으로 달성한다. 옴스테드는 그곳에 물이 있기를 원했고, 그 위에 글자 그대로의 다리가 있기를 원했다. 조명 자체는 아름다움뿐만 아니라 안전도 목적으로 하여 설계되었다. 그 설계자들 중 한 사람은 그 다리들에 대해 이렇게 말한다. "그 불빛들은 사람들의 정수리를 환하게 밝힌다. 불빛들이 곧장 아래로, 보도 위로 떨어질 경우, 사람들은 안전하다는 느낌을 갖지 못한다."⁴⁵

이 이야기는 우리에게 두려움과 유대감에 대해 많은 것을 말해준다. 두려움이 대학의 사고를 지배해 폭넓은 공감을 방해할 때, 상황을 덜 개방적이고 덜 안전하게 만드는 조치들이 취해졌다. 동시에, 하이드 파크의 두려움(가공된 것이기도 하고 진짜이기도 한)은 유대감을 부정하는 내향적이고 배타적인 태도에 의해 증폭되었다. 두려움과 배제는 서로에게 기대어 자라난다. 그 악순환에서 빠져나와 작은 희망이라도 건지려면 과감한 결정이 필요했다. 인종적 갈등이 지속되는 우리 시대에는 이런 과감한 생각이 계속 요구될 것이다. 이 해법은 (베트남전 참전 용사 추모비, 밀레니엄 파크, 호수 연안 지역에 대한 버넘 계획과는 달리) 국가 차원에서, 또는 도시 차원에서 의미가 있는 것이라기보다는 지역적인 것이기 때문에, 이것이 시카고 전체와 국가 전체에 대해서도 더 폭넓은 효과를 발휘할 수 있을지 가늠하기는 어렵다. 하지만 좋은 해결책들은 일반적으로 지역적이고, 지역 역사와 지역 문제들에 대한 깊은 이해에 뿌리내리고 있다. 그래서 진보는 하나의 원대한 계획의 산물이라기보다는 수많은 작은 실험의 산물인 것 같다. 이 사례에서는 시카고 대학교가 갖고 있는 세계적 명성이 홍보 효과를 낳아 다른 노력들을 북돋을 수 있었다.

여기서 다룬 것은 두려움을 잘 다루거나 잘못 다룬 몇 가지 예에 불과하다. 하지만 이 정도만으로도 정부가 사람들의 두려움의 수준과 성격, 그리고 그 두려움과 공동의 노력의 관계에 영향을 미치는 결정들을 항상 내리고 있다는 것을 보여주기에 충분하다. 정부는 이러한 감정들을 진지하게 다루어야 하며, 제대로 된 결정을 내려야 한다.

정치적 감정 정의를 위해 왜 사랑이 중요한가

4. 시기심과 공정함: 공동의 과업

시기심은 민주주의가 존재한 이래로 민주주의를 위협해왔다. 절대군주 제하에서는 사람들의 가능성이 확실하게 정해져 있었고, 사람들은 운명 또는 성스러운 정의가 그들을 지금 처해 있는 그 자리에 놓았다고 믿게 되었을 것이다. 그러나 정해진 질서와 운명을 꺼리고 유동성과 경쟁을 지지하는 사회는 다른 사람들의 번영에 대한 시기심에 문을 열어두게 된다. 시기심이 지나치게 확산되면 사회 정의를 위협할 수 있다. (우리의 가상 사회 같은) 어떤 사회가 모든 사람의 복지라는 기준점을 보호하기 위해 물질적 재분배를 약속했을 경우에는 특히 그렇다.

시기심은 다른 사람의 행운이나 이익에 초점을 맞추어, 스스로의 상황과 다른 사람의 상황을 비판적으로 비교하는 고통스러운 감정이다. 거기에는 경쟁자가 개입되며, 중요하게 평가되는 어떤 좋은 것들이 개입된다. 시기하는 사람은 경쟁자가 좋은 것들을 갖고 있고 자신은 갖고 있지 않아서 고통받는다. 그 좋은 것들은, 우리가 추상적이고 초연한 방식을 취하지 않고 자신과 자신의 중차대한 행복감에 얽매일 때 틀림없이 중요해 보일 것이다.[46] 일반적으로 시기심은 운 좋은 경쟁자에 대한 어떤 적대감을 내포한다. 시기하는 사람은 경쟁자가 갖고 있는 것을 원하며, 결과적으로 그 경쟁자에게 악의를 느낀다. 그리하여 시기심은 사회 한복판에 적대감과 긴장감을 끌어들이며, 궁극적으로 사회가 목표한 바를 이루지 못하게 한다. 행복에 대한 판단이 맥락과 상당히 밀접한 관련이 있고 광범위한 많은 사회에서 이것이 사실이라는 게 매우 분명하고 또 경험적으로 확인되는 만큼, 시기심은 공통의 경험으로 남을 가능성이 크며, 사회 불안의 원인이 될 만하다.

시기심은 질투심과 유사하다. 둘 다 가치 있는 어떤 것의 소유나 향유와 관련해 경쟁자에 대한 적대감을 내포하고 있기 때문이다. 하지만 질투심은 일반적으로 어떤 구체적인 패배(항상 그런 것은 아니지만, 주로 사람의 관심이나 사랑을 얻는 일에서의 패배)와 관련돼 있고, 따라서 자신의 가장 소중한 것과 가장 소중한 관계들을 보호하는 것과 관련돼 있다. 질투심은 자신에게 위협이 된다고 보이는 경쟁자에게 초점을 맞춘다. 질투심은 기본적으로 자신을 손상으로부터 보호하는 것과 관련 있다.[47] 질투심의 원형은, 그리고 아마도 질투심의 기원은, 부모 중 한 사람의 관심과 사랑을 얻기 위해 부모 중 나머지 한 사람과 벌이는 경쟁일 것이다. 형제 간의 경쟁은 어디서나 찾아볼 수 있는 또 다른 원형이다. 이와 대조적으로 시기심은 바라는 상태를 소유했는지 소유하지 못했는지가 중심이 된다. 시기심은 좋은 것의 부재에 초점을 맞추며, 좋은 것을 소유한 사람들에 대한 적대감은 간접적이다.[48] 경쟁자는 좋은 것들 그 자체보다 덜 중요하다. 사실 경쟁자는 시기하는 사람에게 결여된 이점을 누리고 있다는 점 때문에 적대적인 시선을 받는 것이다.

질투심은, 경쟁자가 더 이상 한 사람을 놓고 사랑을 얻기 위해 자기와 경쟁하지 않는 것이 분명해졌을 때, 또는 실은 그가 애초부터 경쟁자가 아니었다는 게 분명해졌을 때는 해소되기도 한다. 단지 병리학적인 질투심만이 새로운 또는 가상의 경쟁자를 계속 만들어내는데, 질투심이 항상 병리학적인 것은 아니다. 프루스트의 주인공 마르셀의 심리는 완전히 불운하고 불행한 예다. 그는 알베르틴의 사랑을 구하는 무수한 상상의 경쟁자를 질투하며, 알베르틴이 잠을 자고 있어서 독자적으로 행동할 수 없게 됐을 때만 질투심에서 해방된다. 마르셀은 엄마의 애정을 독차지하려 하고 밤새 자기 방에 함께 있어달라고 엄마를 조르는, 어린 시절의 강박적 욕망을 넘어서지 못했다. 이 정도로 심각하지 않고, 또 경우에 따라 합리적으로 해소될 수 있는 질투심도 있을 것이다. 인간 삶의 불확실성을 감안할 때, 딱히 질투심을 해소해줄 만한 것이 없는 프루스트의 주인공과 같은 상황에 처하기는 너무나 쉽지만, 좀더 운 좋은 사람이라면 신뢰와 대범함의 도움을 받아 그 음울하고 사랑 없는 상황을 피할 수 있다.

이와 대조적으로 시기심은 거의 해소되지 않는다. 왜냐하면 일반적으로 시기심이 집중하는 대상(신분, 부, 기타 이점들)이 모든 사회에서 고르지 않게 분배되어 있기 때문이며, 또한 어떤 위치에 있든 불쾌한 대비에서 완전히 자유롭지 못하기 때문이다. 이아고와 오셀로의 관계는 너무 유독하고 살의를 띠고 있다. 그것은 기본적으로 질투심이 아니라 시기심의 관계이기 때문이다. 오셀로는 어떤 특정한 이점 때문에 경쟁자로서 미움을 받는 것이 아니라, 이아고라는 존재를 가리며 그의 위로 우뚝 솟아오른 사람으로서 미움을 받는다. 이아고가 주인공이 되기 위해 할 수 있는 일은 없다. 그래서 그는 그 주인공을 파멸시켜야 한다. 심리학자 마리아 미셸리와 크리스티아노 카스텔프란키는 "시기심의 대상은 어떤 준거 집단이나 개인보다 '우월함' 또는 '열등하지 않음'이다"라는 말을 통해서 시기심을 해소하는 것의 어려움을 간결하게 시사했다.[49] 물론, 사람들이 사회 안에서 불평등하게 분배되는 물질적인 것에 관심을 갖는 한, 그것은 어떤 사회에서도 거의 성취되지 않는다. 심지어 누군가 이미 탁월함을 소유하고 있다 하더라도, 그것은 계속해서 경쟁자들에게 위협받는다. 미래의 우월함이 결코 보장되지 않기 때문에, 사람들은 "맨 꼭대기에" 있으면서도 여전히 시기심에 내몰릴 수 있다.

그래서 스토아학파는 그런 것들에 관심을 갖지 말라고 권고했다. 하지만 이러한 권고는 거의 무시되며, 설령 그렇지 않더라도 그 권고가 좋은 세상을 만들 수는 없을 것이다. 어쩌면 우리는, 만약 사람들이 미덕이나 우정처럼 위계적이지 않은 것을 더 중시하고 돈이나 신분처럼 지위를 드러내는 것을 덜 중시한다면 사람들이 더 잘 살아갈 것이고 사회가 더 좋아질 것이라는 스토아학파의 의견에 동의할지도 모른다. 그럼에도 불구하고, 심지어 위계적이지 않은 것까지도 비교를 부른다. 나아가, 만약 우리가 사람들에게 돈과 지위에 완전히 무관심하라고 권한다면 사회는 크게 나빠질 것이다. (스토아주의는 키케로라는 인물의 어떤 귀중한 특징들의 토대가 돼주었지만, 정치적 대의에, 자기 딸에게, 심지어 돈과 명예에 완강하게 집착하는 그의 면모는 그의 인간적인 매력에 크게 기여한다.) 그러나 시기심을 없애는 스토아학파의 과제를 받아들이지 않으려면, 우리는 시기심을 방지할 방법에 관해 좀더 이야기를 해봐야 할 것이다.

구조적으로 시기심의 사촌 격인 세 가지 감정이 있는데, 시기심을 이 감정들과 구별하는 것이 중요하다. 경쟁심은 시기심과 마찬가지로 자신의 상황과 자기보다 형편이 나은 사람의 상황을 비교하는 것에 초점을 둔다. 하지만 경쟁심에서는 그 좋은 상황이 노력하기에 따라 획득 가능한 것으로 여겨진다. 그리고 좋은 것의 획득이 제로섬게임식으로 이해되지 않는다. 그래서 경쟁심에는 좀더 운이 좋은 사람에 대한 적대적인 생각이 개입되지 않는다. 만약 고등학교 학생인 A가 B의 학교 성적이 좋다는 것을 알고 경쟁심을 느낀다면, 일반적으로 스스로에게 이렇게 말한다. "열심히 하면 나도 저렇게 될 수 있어." 시기심은 다르다. 심리학자들이 흔히 도달하는 결론처럼, 시기심에는 절망과 무력감이 내포돼 있기 때문이다.[50] 따라서 시기하는 학생이라면 이런 식으로 말하게 된다. "저 인기 있는 애들. 나는 쟤들이 싫어. 나는 결코 쟤들처럼 될 수 없어." (내가 여기서 노력에 의해 성취될 수도 있는 일인 '좋은 성적 받기' 대신에 노력에 의해 성취되기 어려운 일인 '인기 얻기'로 사례를 바꾸었음에 주목하라.) 그래서 경쟁심은 경쟁자가 잘되기를 바라는 것과 양립할 수 있지만, 시기심은 고통과 적대감을 수반한다. 어떤 구체적인 적대적 소망은 반드시 수반되는 것은 아니다. (이러한 의미에서 시기심은 다른 사람이 좋은 것을 상실한 것을 적대적으로 고소해하는 것, 즉 '샤덴프로이데Schadenfreude' 같은 감정과는 다르다.) 내가 가정한 예에서, 시기하는 사람은 인기 있는 아이가 인기를 잃는 것을 마음에 그릴 수 있겠지만 반드시 그러는 것은 아니다. 하지만 시기하는 사람은 어떤 형태로든 상대를 적대시할 것이며, 틀림없이 상대를 포괄하는 공익(고등학교 응원단이나 축구팀의 성공 같은)을 소망하지 않을 것이다.

시기심은 또한 불의를 의식하는 도덕적 감정인 분개와도 다르다.[51] 다른 사람들의 이익에 대해 분개하는 사람은 상황이 도덕적으로 잘못됐다고 믿는다. 어떤 불의가 작동해 다른 사람들을 자기보다 우위에 두게 한 것이다. 이러한 불의를 수정해야만 분개가 해소되고 분개하는 사람의 고통이 제거될 것이다. 이와 대조적으로, 시기심에는 그런 도덕적인 생각이 끼어들지 않는다. 롤스가 지적한 것처럼, "다른 사람들의 더 좋은 상황이 우리의 주의를 끈다고 말하는 것으로 충분하다."[52] 분개는 사회 비판으로도 표현된다. 분개는 때로는 건설적이어서, 불의(분개하는 사람이 사태를 올바르게 분석했다면)를 몰아내는 변화를 이끌기도 한다. 하지만 시기심은 "주체와 객체 모두에게 해를 끼치는 경향이 있는 원한의 한 형태"다.[53] 고등학교로 돌아가보자. 분개하는 학생은 다음과 같이 다양한 불평을 할 수 있다. "나는 최고의 에세이를 썼지만, 너무 대담하고 색달라서 최고 점수를 받지 못한 기야." "학업 성취에 비해 운동이 너무 높이 평가되고 있어." "나는 최고의 배우인데도 인종 문제 때문에 햄릿 역할을 맡지 못했어." 이 모든 경우에, 그 학생이 옳든 그르든 도덕적 불만이 개입돼 있으며, 불평에 감정이 실려 있다. 이와 달리 시기하는 학생은 도덕적 불만이 없고, 그저 다른 사람들의 우월함이 기분 나쁠 뿐이다. (물론 시기심은 때때로 지어낸 불만을 통해 분개로 가장하기도 하지만,[54] 그것이 개념적 요점을 바꾸지는 않는다.)

경쟁심이나 분개는 둘 다 품위 있는 사회에서는 건강한 감정이다. 전자는 개개인이 더 좋아지도록 촉진하고, 후자는 사회가 더 좋아지도록 촉진한다. 시기심에는 그런 건설적인 기능이 없다. 시기심이 힘든 일을 해내고 개인적 성취를 이루도록 개개인을 몰아붙일 수 있을 때 시기심에 담긴 원한이 실로 유해하다는 것이 드러날 수 있다.

다른 사람에 대한 시기심은 심지어, "그들이 우리보다 더 운이 좋은 게 우리의 이익에 해가 되지 않을 때도" 존재할 수 있다.[55] 따라서 시기심은 심지어 가장 품위 있고 공정한 사회에서도 잠재적인 문제점이 된다.

마지막으로, 시기심 중에는 무해하고, 때로는 유익하기까지 한 그런 종류도 있다. 이런 시기심의 경우, 갈망해온 어떤 좋은 것을 다른 사람이 갖고 있음으로 인해 일시적으로 고통받지만, 그 좋은 것에 대한 갈망이 심각하지 않고 덧없는 것이어서 그 고통이 적대적인 소망과 연결되지 않는다. 친척 집을 방문한 나는 "이서카에서의 삶은 너무나 평화롭고 멋져"라고 잠시 생각하고, 그들의 삶을 고통스럽게 갈망한다.

하지만 나는 정말로 그곳에 살기를 바라는 게 아니고, 만약 진짜로 그곳에 산다면 그곳을 싫어할 것이므로, 나의 잠깐 동안의 시기심은 오히려 나의 친척이 소중히 간직하고 있는 좋은 것에 대한 공감에 가깝다. 그 감정은 적대감보다는 우정과 참여적 상상을 수반하고, 따라서 관용에 기여한다. 만약 어떤 사람이 잠깐 동안이라도 그곳에 살고 싶어하는 이유를 내가 알지 못한다면, 나와 그 사람 간의 우정에는 그만큼의 거리감이 있을 것이다. 하지만 경쟁의식은 없다. 이 차이를 만드는 것은 아마도, 모든 것을 고려한 나의 평가일 것이다. 만약 친척이 시카고에 살고 내가 어떤 이유로 이서카에 틀어박혀 살고 있다면, 나의 친척 방문은 훨씬 더 문제적인 감정을 만들었을지도 모른다. 이것은 명쾌한 사례이지만, 공감적 시기심의 어떤 사례들은 좀더 아쉬움을 띠고 좀 덜 분명하며, 각자의 "가지 않은 길"의 기록과 같다. 그런 모든 사례에서, 사람들은 다른 사람의 상황이 나쁘기보다는 좋기를 소망하며 시기심은 이해에 기여한다.

시기심이 적대적으로 터져나올 만한 조건은 어떤 것일까? 롤스는 세 가지를 언급한다.[56] 첫째는 심리적인 것으로, "자신의 가치관과 가치 있는 일은 무엇이든 이루어내는 능력"에 대한 확고한 자신감을 결여한 경우다. 둘째는 사회적인 것이다. 사회생활의 조건들이 시기심을 낳는 차이를 매우 눈에 띄게 만드는 만큼, 그 심리적 조건이 고통스럽고 치욕적인 것으로 경험되는 상황이 많이 발생하는 경우다. 셋째, 시기심을 가진 사람이 자신의 입장에서는 단순한 적대감 말고는 어떤 생산적인 대안도 스스로에게 제공하지 못한다고 여기는 경우다. 그들이 생각할 수 있는 유일한 위안거리는 다른 사람들에게 고통을 가하는 것뿐이다.

이제 우리는 어떤 사회 구조들은 이러한 조건을 다른 사회 구조들보다 훨씬 더 많이 갖추고 있다는 것을 살펴볼 수 있다. 보통의 고등학교는 시기심의 도가니나 마찬가지다. 청소년들은 자신의 가치나 미래에 대해 특히 불안해하는 심리 상태에 있을 것이다. 성적, 입시 경쟁, 어디서나 펼쳐지는 스포츠, 패거리와 조직에서 흔히 볼 수 있는 잔혹한 구조, 매력을 가지고 사람들의 등급을 매기는 행위 등, 청소년에게 일어나는 모든 일이 순위가 중시되는 일이다. 낮은 등급의 학생들은 종종 자신의 상황에 대해 좌절감을 느낀다.

어떻게 하면 고등학교가 그런 양상을 덜 띨 수 있을까? 다시 말해, 어떻게 고등학교에서 적대감을 대폭 억제할 수 있을까? 첫째, 학생들이 자신의 미래에 대해 생각하고 불안정한 세상에서 자부심을 기르는 노력을 할 수 있도록 학생들을 뒷받침해야 할 것이다. 여기서 관건이 되는 것은 부모지만, 교사와 상담사 또한 일정한 역할을 할 수 있다. 학생 개개인이 자신에게 기본적인 성취를 이루어낼 능력이 있다고 느끼게 될 수 있는데, 이러한 마음가짐은 적어도 다른 학생들의 우월한 성취에 대해 품는 고통을 줄여줄 것이다. 둘째는 사회적인 방법으로, 까다롭다. 좋은 고등학교는 어느 정도 성취를 중시함으로써 경쟁을 부추기는데, 이것이 학생들이 가진 또 다른 재능들을 가치 있게 하는 방법들을 찾아내 탁월함에 이르는 여러 길을 제시하는 방법이 될 수도 있기 때문이다. 또한 이것은 분명, 경쟁적인 스포츠의 과도한 우월적 지위와 그에 따른 사회적 명성을 막는 방법이 될 수도 있다. 세 번째 방법이 아마 가장 중요할 것이다. 학교는 성취에 이르는 폭넓은 건설적 경로들(비경쟁적인 신체 단련 활동, 연극과 기타 창작 예술, 사회봉사)을 제공함으로써, 친구들을 미워하며 앉아 있기보다는, 자기 자신을 스스로 좋게 느끼게 해줄 뭔가 가치 있는 일을 하게끔 학생들을 북돋을 수 있다. 내 딸이 다니는 중학교가 시도한 유용한 일은 스포츠 올림픽과 나란히 "예술 올림픽"을 개최하는 것이었다. 그 덕분에 훨씬 더 광범위한 학생들(종종 그룹들)이 인정을 받을 수 있었고, 요가, 필라테스, 신체 단련용 달리기가 대안적 체육으로 제시될 수 있었다.

이제 사회 차원에서 이야기해보자. 롤스는 자신의 두 가지 정의의 원칙에 기초해 만들어진 사회에도 적대적 시기심은 존재하겠지만 그것의 악영향이 참을 수 없을 정도로 크지는 않을 것이라고 주장한다.[57] 심리적 조건에 대해 이야기하자면, 사람들은 자신의 기본 권리가 장점과 무관하게 보장된다는 것을 알고 있으며, 최소한 이것은 불안을 어느 정도 없애준다. 게다가 사람들은 "정의에 대한 상식"을 갖고 있고 "시민 우정으로 묶여" 있는데, 최소한 이 두 가지가 다시 한 번 고통스러운 불안감을 어느 정도 없애준다.[58] 사회적 조건에 대해 이야기하자면, 다른 많은 사회에 비해 롤스가 말하는 사회에서는 경제 구조가 사람들을 서로 더 가까워지게 했고, 이는 지위와 관련된 차이를 덜 두드러지게 만든다. 정말로 다양한 조직과 직업에 의해서 가시적인 차이 역시 감소한다. 하나의 척도가 모두에게 맞을 수는 없는 것이다. 마지막으로, 많은 차원의 경쟁의 존재는 시기심에 많은(적어도 다른 사회들에서만큼 많은) 구조적 대안을 제공해준다.[59]

롤스의 설명은 기본적으로 옳아 보인다. 그리고 우리가 상상하는 사회는, 비록 모든 면에서 그가 생각하는 사회와 같은 것은 아니지만, 시기심이라는 문제에 대해 기본적으로 같은 답을 내놓을 수 있을 것 같다. 따라서 모든 이가 기본 권리를 안정되게 누릴 수 있도록 해주는 법과 제도, 그리고 사람들로 하여금 자신이 건설적인 대안들을 가지고 있다고 느끼게 해주는 교육 체제와 경제 체제에 많이 의지해야 할 것이다. 사회의 제도적 구조는 경쟁의 여지를 남겨둠으로써 경쟁을 뒷받침하되, 노력을 (그리고 아마 경제도) 마비시킬 수 있는 좌절감과 무력감은 만들어내지 않는다. 탄탄한 정치 제도와 법 제도는 또한, 시민들이 현실적인 불만을 제기할 만한 상황에서, 건설적인 분노와 분개를 뒷받침한다.

우리가 상상하는 사회는 돈에만 가치를 두지 않는다는 점이 중요하다. 그 사회의 정치 문화는 우정, 문학적·예술적 표현, 사회 정의를 추구하는 일 등등 많은 유형의 인간의 성취가 가치를 지닌다는 메시지를 보낸다. 돈만 소중하게 여기는 사회의 고등학교 동창회를 생각해보라. 그 동창회에는 상당히 많은 적대적 시기심이 자리하고 있을 것이다. 왜냐하면 동창회에 모인 사람들이 돈과 관련해 매우 불평등한 위치에 있을 것이고, 동창회는 그러한 모임들이 으레 그렇듯이 이러한 불평등을 확연히 드러내 보이기 마련이기 때문이다. 부자는 미래에도 흔들리지 않도록 자신의 위치를 수호해주는 선제적 시기심을 느낄 것이다. 그리고 부자가 아닌 사람은 부자의 위치를 시기할 것이다. 다양한 종류의 건설적 성취를 가치 있게 여기는 사회에서는 일직선으로 순위를 매기는 일을 하지 않으며, 사람들이 다양한 삶에 자부심을 느낄 수 있다. 그런 만큼 적대적 시기심은 줄어든다.

하지만 그런 문화도 여전히 적대적 시기심을 겪기 쉽다. 그래서 우리는, 이런 식으로 서로가 최소한 불화관계에 놓이지 않도록 해주는 시민 우정의 문화를 지탱하는 데 도움이 되는 게 또 뭐가 있을지를 생각해봐야 한다. 시기심은 두 가지 방식으로 동정심을 공격한다. 첫째, '관심의 원'을 좁게 설정해 자신 또는 자기 집단에 집중하는 "행복론적 사고"를 장려함으로써 동정심을 공격한다. 둘째, 자기에게도 같은 일이 일어날 수 있다는 의식과 동정심에 실질적으로 수반되는 감정이입을 금지해 시기심의 대상이 되는 사람을 "타자" 또는 "적"으로 암시함으로써 동정심을 공격한다.

그래서 해결책으로서 우리에게 필요한 것은, 공동 운명에 대한 의식, 그리고 혜택 받은 사람들과 덜 혜택 받은 사람들을 공동의 과업을 가진 하나의 집단으로 만드는 우정이다. 그런 우정 속에서 사람들은 다른 집단을 적이라기보다는 연합군으로 느낄 것이다. 동질성을 띤 작은 사회에서는 연결망과 개인적 경험의 결과로서 이런 공동 운명에 대한 의식이 저절로 발달할 수 있다. 핀란드는 저항 없는 탄탄한 사회보장 정책을 갖고 있는 나라인데, 그곳에서 많은 시간을 보낸 나는 그곳 사람들에게 묻곤 했다. 덜 혜택 받은 사람들에게 이익이 되는 정책에 대해 좀더 특권을 가진 사람들이 반대하는 경우가 거의 없는데 그 이유가 무엇인가?[60] 내가 들은 전형적인 대답은, 계급 간 시기심이 없는 그 상황이 주로, 이 작은 사회(500만 주민)가 가족과 같아서 모든 시민이 서로 얽혀 있다는 생각에 기인한다는 것이었다. 하지만 핀란드 사회의 그 좋은 특징은 어떤 문제점과도 밀접한 관련이 있다. 핀란드 사회의 극도의 동질성, 그리고 이민자나 망명 신청자를 받아들이려 하지 않는 태도가 그것이다.

더 크고 다양한 사회에서는 그런 공통 운명에의 의식을 어떻게 만들어낼 수 있을까? 휘트먼식으로 표현하자면, "숲처럼 울창한 동료 의식을" 어떻게 심을 수 있을까? 경쟁 고등학교든 공격 국가든, 종종 외부의 적이 여기에 영향을 미친다. 사람들은 적대적인 도전에 맞설 때 자신들의 차이를 잊는다. 마찬가지로, 신생국들에서는 시민들이 자기

네 억압의 역사에 기초해 우정을 쌓곤 한다. 공통의 고통을 겪은 기억이 그들에게 일치된 목표를 가져다준다. 그럼에도 사람들은 히틀러나 히로히토는 말할 것도 없고 조지 3세나 영국령 인도 제국의 존재 같은 것과 무관하게 시민의 우정을 기르기 위한 전략들을 갖고 싶어할 것이다.

나는 정치적 연극/수사의 두 가지 예를 택해, 한 국가가 사용할 수 있는 좀더 평화로운 장치들을 폭넓게 제시해보고자 한다. 하나는 프랭클린 루스벨트의 "제2권리장전" 연설이고, 다른 하나는 엘리트들의 행동을 변화시키기 위해 간디가 취한 개인적인 라이프스타일이다. 그런 다음, 매우 다른 유형의 사례로, 프레더릭 로 옴스테드가 뉴욕의 센트럴 파크를 사람들에게 다른 사람들과의 상호 교류에 대한 의식을 심어줄 수 있는 "대중의 공원"으로 만든 것에 대해 살펴볼 것이다.

루스벨트와 "제2권리장전"

뉴딜 정책의 감정적·법적 성취에도 불구하고, 제2차 세계대전 기간에 미국은 감정적으로 통일된 국가가 아니었다. 전쟁은 감정적 연대와 응집을 가져왔다. 전쟁에 기울인 노력이 성과를 거두고 전쟁 이후가 시야에 들어오자, 계급 문제와 경제 안정 문제가 다시 화두가 되었다. 루스벨트는, 전쟁으로 인해 계급의 시기심이 어느 정도 뒤로 미루어졌지만(사병과 장교 사이의 대조를 묘사한 빌 몰딘의 만화들이 감동적으로 보여주듯이, 완전히 물러난 것은 아니고),[61] 경제 문제들을 둘러싼 감정적 연대를 이루어내는 문제가 해결된 것은 아님을 알고 있었다. 그는 일찍이 그랬던 것처럼, 사회보장을 감정적으로 뒷받침하는 것에 대해 상당히 많은 생각을 했다. 그 생각의 결과물이 "제2권리장전"으로 흔히 알려져 있는 1944년 1월 11일의 연두교서였다. 그것은 중요한 정책적 목표들을 제시하고 있기도 했지만, 더 중요한 것은, 그것이 경제 정의를 이야기하는 은유적·상징적 언어를 사람들에게 가져주었다는 점이다. 그 언어가 설득력을 발휘한다면, 새 시대에는 적대적 시기심의 역할이 제한될 수도 있을 터였다.[62]

경제 안정과 자유를 연결하는 언어를 구사했다는 점에서 "제2권리장전"의 중요한 선도자는, 1941년 1월 6일의 연두교서인 "네 가지 자유"였다. "자유세계"의 미래가 불안한 어떤 시대에 빗대어 루스벨트는 언론의 자유(첫 번째 자유), 종교의 자유(두 번째 자유), 두려움으로부터의 자유(네 번째 자유. 이 자유를 통해 그가 의미한 바는, 미래에 독일과 일본의 공격을 불가능하게 해줄 미래의 일련의 군비협정이었다)의 인간적 중요성을 주장하며 명백한 것을 강조했다. 조언자들의 충고에 반대하여, 그는 이런 자유들이 미국인만을 위한 것이 아니며 "전 세계 어디서나"[63] 달성돼야 한다고 주장했다. 그런데 네 가지 자유 중 세 번째 자유가 놀랍다. 그것은 "결핍으로부터의 자유"로, "세계적인 용어로 옮겨보자면, 세계 모든 나라에서 주민들에게 건강하고 평화로운 삶을 확보해줄 경제 협정"을 의미하는 것이었다. 루스벨트는, 아리스토텔레스나 영국의 신아리스토텔레스 철학자 T. H. 그린이라면 잘 알고 있었겠지만 아마 미국 대중에게는 생소할 어떤 목표를 위해 대담하게 자유라는 언어를 사용한다. 전쟁이 자유에 관한 것이라고 생각함으로써(모든 사람이 이에 동의했을 것이다), 결핍으로부터의 자유가 자유의 일부라고 주장함으로써, 그는 전쟁에 기울이는 노력을 부분적으로 경제 정의를 돕는 노력으로 자리매김한다. 이런 식의 생각 변화의 수사적 성공은 대단했다. "네 가지 자유"는 이내 누구나 사용하는 말이 되었고, 『새터데이 이브닝 포스트』에 처음 발표된 노먼 록웰의 유명한 일련의 그림은 더 큰 영향을 미쳤다. 루스벨트는 미국이 본질적으로 어떤 나라인지, 그러한 미국이 싸워 얻으려는 것이 무엇인지에 대해 새로운 그림을 그렸다.

루스벨트의 "결핍으로부터의 자유"는 무엇보다 우리가 시기심의 첫째 조건이자 심리적 조건이라 부른 것에 초점을 두고 있다. 그에 따르면, 안정은 "우리 개개인의 자아 안에 있는 감정 같은 것으로, 역사를 통틀어 언제나 우리에게 결여돼 있었다."[64] 하지만 그는 불안정을 병리적인 것으로 보지 않는다. 그것은 정치적으로 보장되지 않음에 대한 합리적 반응이었던 것이다. 그는 품위 있는 정치 조건들은 시기심에 굳세게 저항하는 심리를 만들어낸다고 생각했다.

"제2권리장전"은 "네 가지 자유"의 수사를 더 발전시켰다. 앞으로 보겠지만, 그것은 일군의 감정들을 다루고 있으며, 거기서 핵심이 되는 것은 시기심이다. 그 연설 전체가 전쟁에 관한 것이다(전쟁은 물론 계속되는 중이었고, D데이는 아직 6개월 남아 있었다). 연설은 미국인들이 "인간의 예속에 맞선 세계 최대의 전쟁"에 2년간 참전해온 것에 대한 보고로 시작된다. 루스벨트는 단지 생존이 국가의 최고 목표가 될 수는 없다고 연설한다. 미국은 생존이 아니라 "안정"을 목표로 해야 한다. 1944년에 그러한 생각에 격한 감정을 품지 않을 미국인이 어디 있었겠는가? 그래서 루스벨트는 곧장 심장을 최고의 흥분과 갈망으로 몰고 간다. 루스벨트는 계속해서 이렇게 말했다. "그것은 공격자들로부터의 안전이 제공하는 신체적인 안정만을 의미하는 것이 아닙니다. 그것은 또한 국가라는 울타리 안에서 주어지는 경제적 안정, 사회적 안정,

도덕적 안정을 의미합니다." 우리가 경제 발전을 촉진해야 하며, 이는 산업 발전뿐만 아니라 교육 발전과 개인의 기회 증진, 생활 수준의 향상도 의미한다는 데 모든 동맹국이 동의한다. 또한 그는, 앞으로는 군사적 안정이 필수이며, 사회적 안정과 경제적 안정 또한 필수라는 것을 누구나 알 수 있다고 말한다. "평화의 공통적인 필수 요소 중 하나는 모든 국가에서 모든 남성과 여성과 어린이 개개인이 품위 있는 생활 수준을 영위하는 것입니다. 두려움으로부터의 자유는 영원히 결핍으로부터의 자유와 연결되어 있습니다." ("영원히"라고, 그는 첫 번째 취임 연설에서처럼 다시 성서풍 어휘를 사용한다.)

루스벨트는 이제 자신의 경제 프로그램의 적들에게 시선을 돌려, 그들이 전시에 위험과 혼란을 낳는 분리의 원천이 된다고 주장한다. 첫 번째 취임 연설에서처럼, 그는 그들을 두려움의 언어보다는 조롱의 언어로 특징짓는다. "국회 로비와 워싱턴 칵테일 바들의 로비를 통과해 때로 몰려오는 이 해충들"은 국가 전체의 이익보다는 특정 집단들의 이익을 향해 나아간다. 자신의 적들을 유머러스하게 곤충에 비유한 것과, 그 (하등하고 성가신) 곤충들이 칵테일 바를 떼지어 다니는 모습을 코믹하게 묘사한 것은, 그다음에 이어지는 우리 전투병들의 위엄에 대한 찬사에 무게를 더한다. 이러한 비유적 묘사는 미묘하다. 소수자들이 곤충이나 기타 "하등" 동물에 비유되는 식으로 멸시당하는 일이 너무 자주 있어왔으며, 우리 눈에는 루스벨트가 직접 나서지는 않으면서 심각한 대립을 비난하려는 것으로 비쳐왔기 때문이다. 이것이 결점이다. 이해할 만한 일이기는 하지만 말이다. 하지만 이 연설이 대다수 미국인의 위엄을 긍정하고 그 위엄의 적들로 보이는 소수의 힘 있는 사람들을 조롱한다는 사실은 그 비유적 묘사가 혐오로 얼룩지지 않고 코믹하다는 사실과 결합되어 이러한 이기적 엘리트들의 가식에 상처를 내며, 이 연설을 그 윤리적 문제에서 벗어나게 해주는 것 같다.

이어서 루스벨트는, 전시에는 "어떻게 하면 미국의 모든 인구 집단이 서로서로 상호 의존적인 관계가 될 수 있는지"를 알아야 하며, "국가적 선이 개인이나 집단의 이기심보다 상위에 있어야 하는 시기가 있다면, 그것은 바로 지금"이라고 말한다. 병을 앓은 뒤의 루스벨트의 삶에 대한 접근 방식에서 특징적이었던, 어려움에 처한 사람들에 대한 동료 의식이 그의 연설에 스며 있다. 그는 가난한 사람들을 가난하다는 이유로 비난하는 이들에 대한 역정을 거듭 드러냈다. 그리고 결국 그는 국가 자체가 극도의 결핍을 방지할 책임이 있다고 주장하게 된다.[65]

그리하여 루스벨트는 그 전쟁 자체를 이기심에 저항하는 전쟁으로 자리매김하며, 청자들의 절박한 감정을 곧장 경제적 안정이라는 목표로 인도한다. 새로운 세금, 농업 보조금, 식량 가격 상한제, 특히 의무 병역제 등을 위한 많은 구체적인 제안을 한 후, 루스벨트는 기본권에 대한 새로운 해석에 착수한다.[66]

우리는 경제적 안정과 독립 없이는 진정한 개인의 자유가 존재할 수 없다는 사실을 분명히 깨달았습니다. "궁핍한 사람은 자유로운 사람이 아닙니다."[67]
굶주리고 직업이 없는 사람들은 독재 정권을 만들어내는 원료입니다.
우리 시대에 이런 경제적 진리들은 자명한 것으로 받아들여지게 되었습니다. 즉, 우리는 제2권리장전을 받아들였고, 그에 의거해 지위, 인종, 종교적 신념과 전혀 무관한 안정과 번영의 새로운 기초가 수립될 수 있습니다.

거기서 말하는 권리는 다음과 같은 것들입니다.

국가의 산업, 상점, 농장, 광산에서 유용하고 보수가 많은 직업을 가질 권리.

먹을 것과 입을 것과 오락거리를 적절히 마련하기에 충분한 돈을 벌 권리.

모든 농부가 자신이 생산한 농작물을 팔아 자신과 가족의 품위 있는 삶을 유지해줄 만큼의 소득을 얻을 권리.

크든 작든 사업을 하는 모든 사람이 자국에서든 외국에서든 부당 경쟁과 독점적 지배가 없는 환경에서 거래할 권리.

모든 가족이 품위 있는 집에서 살 권리.

적절한 의료 서비스를 받고 건강을 누릴 권리.

노령, 질병, 사고, 실직 같은 경제의 불안 요소로부터 적절히 보호받을 권리.

좋은 교육을 받을 권리.

이 모든 권리가 안정을 가져옵니다. 이 전쟁에서 이긴 후 우리는 이러한 권리들의 이행을 통해서 인간의 행복과 안녕이라는 새로운 목표를 향해 전진할 것을 각오해야 합니다.

루스벨트는 머지않아 세계인권선언으로 형식을 갖추게 될 최근의 국제적 합의 내용을 암시하고 있었다. 하지만 미국은 그런 "제2권리장전"을 합헌적인 것으로 받아들인 적이 결코 없다. 많은 주 헌법이 이 프로그램의 요소들을 포함하고 있지만,[68] 그리고 1970년대 초에 대법원의 소수파가 교육의 권리가 헌법에 내포돼 있다고 판결했지만, 이것은 결코 원칙이 되지 못했고 반대 의견으로 명시되어 있다.[69] 그래서 루스벨트는 자신이 비유적으로, 소망을 담아 말하고 있다는 것을 알고 있었다. 그 방향으로의 어떤 움직임이든 입법으로 이어져야만 했다. 전쟁을 수행할 사회적·경제적 권리를 추구하는 움직임에 편승해, 자명한 진리에서 나오는 제2권리장전의 울림 있는 언어를 사용해, 그는 그런 입법을 위한 심리적·감정적 환경을 조성하고자 애쓰고 있었다.

루스벨트는 시기심의 문제를 정조준한다. 그는 우리의 경제적 분열과 미국 병사들의 단합을 대조시키면서, 또한 이 언쟁이 그들의 담대한 노력을 뒤엎어버리고 있다고 암시하면서, 미국을 사리사욕을 추구하는 파벌들로 인해 분열된 것으로 거듭 묘사한다. 그의 청중 가운데는 시기심 탓에 급진적 대의를 지지하게 될지도 모르는 "무산자"들도 있다. 그는, 국가가 그들의 필수적 요구를 기본 권리로 보고 있으며 우리가 그 기본 권리를 위해 싸울 것이라고 그들을 안심시킨다. 그의 청중 가운데는 선의를 가진 "유산자"도 있는데, 그는 그 사람들 또한 안심시킨다. 모든 사람의 기본적 권리들을 보장하는 최소한도의 품위 있는 사회를 계속 지지하면서도 다른 한편으로 그는, 그들이 미국의 자본주의 체제 안에서 스스로의 노력으로 이루어낸 것을 계속 지킬 수 있다고 (그리하여 어느 정도까지는 그들이 적대적 시기심에 자극받아도 된다고) 그들을 안심시키는 것이다. 비난받을 만큼 탐욕스러운 사람만이 그 사회적 안전에 분개하면서, 복지 지원이 필요한 이는 모두 "속임수를 쓰는 사람이자 사기꾼"이라고 주장할 것이다.[70] 전쟁의 이미지는 뚜렷이 구별되는 두 가지 방식으로 비유적으로 사용된다. 하나는 결핍에 대한 투쟁과 관련된 하나의 사고방식이고, 다른 하나는 공동의 노력과 선의의 바람직한 모델이다. 실제로 그는 마치니를 본받아, 사람들을 이기심과 편협함에서 벗어나, 총력전에서 볼 수 있는 것과 같은 공동의 노력으로 나아가게 하려고 노력한다. 루스벨트의 정책들이 옳은지 그른지는 그다지 문제가 되지 않는다(우리가 가정한 사회가 기본적 권리들에 대해 유사한 설명을 채택했음에도 말이다). 중요한 것은, 미국인의 뇌리에 사회적 이슈와 경제적 이슈를 다시 끌어들이는, 강하게 감정을 자극하는, 기억에 남을 만한 언어를, 그 자유의 언어, 전쟁의 언어, 새로운 권리장전의 언어를 어떻게 만들어낼 수 있는지 이 연설이 보여준다는 것이다. 이런 식으로 생각하고 말하는 것이 정치 지형을 바꾼다. 그는 우리에게, 두렵고 이질적인 "사회주의" 대신에 소중하고 익숙한 미국적 자유를 준다. 분명 그것은 잠시 효력을 발휘해, 미국인들로 하여금 자신들의 유산과 미래를 새로운 방식으로 이해하게 한다.

시기심이라는 정치적 문제의 핵심은 그것이 조장하고 강화하는 집단 간 적대감과 파벌주의다. 어떤 정치가도 개인적 시기심을 없애기를 기대할 수 없다. 차이는 늘 남아 있을 것이고, 적어도 어느 정도의 적대감을 부추길 것이기 때문이다. 실로 어떤 자본주의적 정치인도 시기심을 없애기를 바라지 말아야 한다. 하지만 루스벨트가 맞서 싸우던 계급에 기인한 시기심은 사회를 해치는 것이었으며, 그의 연설은 시민의 우정과 공동 작업의 정신을 이루어내기 위한 그의 많은 수사학적 노력 중 하나로서, 혜택 받지 못한 사람들에게는 국가가 그들의 소망을 뒷받침해줄 것임을 설득했고, 혜택 받은 사람들에게는 편협한 이기심이 반미국적이라는 것을 설득하려 애썼다.

간디와 지도자의 행동

1930년대와 1940년대에 인도에서는 교육적, 문화적, 정치적, 신체적으로 불평등이 대단히 심각했다. 이는 지금도 마찬가지이며, 단지 격차가 줄어들었을 뿐이다. 하지만 당시에는 오늘날과 달리, 세속에서 격리되어 사는 토착 엘리트들의 눈에는 대다수 인도 사람의 삶이 전혀 보이지 않았다. 흔히 매우 서구화돼 있었던 그 엘리트들이 다른 계급 사람들을 만나게 되는 것은 오직 집안 하인들을 통해서였다. 영국인들이 인도인들을 인종차별적으로 다루긴 했지만, 인도 사회 자체가 토지 보유권이라는 유사 봉건 제도에 기반한 뿌리 깊은 위계 사회였다. 그런 사회는 카스트, 종교, 특히 경제적 계급의 경계선을 말소해 계층적 적대감을 소멸시킨다는 공통의 목표 의식을 갖추지 않는 한 성공적인 민주 국가가 되기 힘들었을 것이다. 하지만 사람들의 신체가 완전히 다르고(키에 영향을 미치는 영양가 섭취의 차이, 피부색에 영향을 미치는 실내 라이프스타일 또는 야외 라이프스타일) 생활 패턴이 완전히 다를 때(상위 카스트는 어떤 종류의 육체노동이든 피하고 하위 카스트는 교육이나 출세에서 거의 완전히 배제되어), 어떻게 공동 운명의 의식이 만들어질 수 있을까? 분개는 모두에게 법적 권리를 보장해줄 일련의 현명한 제도와 법이 만들어질 때 해소될 수 있을 것이다. 하지만 시기심은 암세포처럼 계속 남아 있으면서 공동의 노력을 감염시킬 것이다. 오늘날 인도는 매우 성공적인 민주 국가가 되어 있는데(심각한 문제가 없는 것은 아니지만, 계급 투쟁으로 분열돼 있지 않고, 파키스탄처럼 실패한 나라도 아니다), 이는 간디가 엘리트들을 설득해 단순한 라이프스타일을 취하게 하고 노동자, 소작농과의 공통의 대의를 만들게 하는 등 시기심의 문제를 다룬 방식에 크게 빚지고 있다. 네루가 자신의 주요 저서들 중 하나(영국 감옥에서 쓴)에 『인도의 발견』이라는 제목을 붙인 것은 우연이 아니라, 간디에게 큰 영향을 받았음을 드러낸다. 네루와 같은 '카슈미리 브라민Kashmiri Brahmin'에게는 그 자신의 (미래의) 국가가 역사적으로나 인간적으로나 미지의 땅이었고, 이후의 그의 이력은 정신적·심리적 탐험의 여정이었기 때문이다.

간디가 인도 지방의 많은 지역을 돌아다니며 소작농들의 요구 속으로 직접 뛰어들고자 한 것은 유례없는 일이 아니었다. 라빈드라나트 타고르를 비롯한 진보적인 지주들은 오래전부터 지방의 발전에 개인적으로 깊은 관심을 보였고, 타고르의 산티니케탄 학교는 스리니케탄 근처에서 지방 발전을 위한 자매 프로젝트를 진행하고 있었기 때문이다. 간디의 독특한 점은, 엘리트들이 미래의 인도 시민 대다수에게 좀더 가까이 다가가도록 끈질기게 행동 변화를 요구하고 성취한 방식에 있었다. 그는 일찍이 1917년에 참파란, 비하르의 소작농들의 노동 투쟁을 도우면서 비하르 변호사들로 구성된 협력 단체를 만들었는데, 그 변호사들에게 카스트의 규율을 버리고 공동 부엌에서 식사할 것을 요구했다. 그의 말에 따르면, "서비스를 제공하는" 것은 모든 사람의 일이며, 따로따로 식사를 하는 것은 의미가 없기 때문이었다.[71]

이것이 어디서나 그의 기본 방침이었다. 그가 자신의 외모를 점점더 단순하게 바꾸자 그의 도덕적 권위와 본보기적 위치로 인해 그의 가장 영향력 있는 추종자들이 그를 좇아 자신의 높은 지위를 포기했으며, 그러한 포기를 희생이 아니라 미덕으로 보았다. 모틸랄 네루는 인도에서 세련된 영국 스타일로 옷을 아주 잘 입는 남자들 중 한 명이었다. 그의 아들 자와할랄은 케임브리지에 다닐 때 스스로를 오스카 와일드와 월터 페이터처럼 키레네학파의 쾌락주의자적 사고와 라이프스타일을 가진 사람으로 묘사했다.[72] 그러나 간디의 독립운동에 합류한 지 얼마 되지 않아서 이 아버지와 아들은 옷차림을 완전히 바꾸어, 홈스펀으로 된 옷을 입고 의회 정치인들의 트레이드마크가 되어버린 단순한 모자를 썼다. 그들은 또한 라이프스타일도 바꾸어, 시골 소작농들과 가까이하며 함께 일했다. "의회의 모습이 전체적으로 달라졌다. 유럽식 의복은 사라지고 카디만 보였다."[73] 네루는 오랜 투옥 기간에 물레를 돌렸다. 나중에 딸 인디라의 결혼식을 준비하면서는 홈스펀 사리를 입도록 딸을 설득했고, 인도에서 전통적으로 결혼식에 낭비가 심하다는 생각을 피력했다.[74]

자와할랄 네루의 이력에서 중요한 전환점, 즉 그의 전기 작가인 주디스 브라운이 쓴 것처럼 "인도와 정치학의 의미에 대한 그의 이해"에서 중요한 핵심적 변화를 가져온 것으로 보이는 전환점은 1920년에 그가 겪은 소작농 투쟁이었다. 당시 그는 지방 소작농들과 함께 일했고, 그러면서 그들의 라이프스타일과 생각을 이해하게 되었다.[75] 이제 그는 사람들의 빈곤과 소망을 마주하게 되었고, 자신에게 빈곤과 소망을 드러낸 바로 그 남자와 여자들의 차원에서 인도를 봤다. "케임브리지에서 그가 가지고 놀았던 지적인 응접실 사회주의는 이러한 인간적 증거 앞에서는 창백해질 뿐이었다."[76] 『자서전』의 이와 관련된 부분에서 네루는, 소작농들의 "헤아릴 수 없이 많은 슬픈 이야기"에 귀를 기울이라고 쓰고 있다. 그리고 이렇게 결론 맺는다. "나는 수치심과 슬픔으로 가득하다. 편하고 안락한 삶을 살아온 수치심. (…) 인도의 수모와 압도적 빈곤에 대한 슬픔."[77] 그는 동떨어진 연설가로 남아 있기보다는 그들 개개인과 대화하기 시작했다.[78]

네루는 많은 부분에서 간디와 생각을 달리했다. 특히 빈곤과 고행에 대해서 그랬다. 그는 이렇게 썼다. "개인적으로 나는 빈곤과 고통을 치켜세우는 것을 싫어한다. 나는 그것들이 바람직하다고 생각하지 않는다. 그것들은 폐지되어야 한다. (…) 나는 검소함, 평등, 자제력(육체적 고행이 아닌)을 이해하고 환영한다. 나는 '소박한 소작농의 삶'을 이상화하는 것을 전혀 환영하지 않는다. 나는 그것을 정말 싫어하며, 그것을 감수하기보다는 그것으로부터 소작농들을 끌어내고 싶고, 그래서 도시화를 이루기보다는 도시의 문화적 시설들을 시골까지 확산시키고 싶다."[79] 그러나 간디의 근엄한 성스러움을 다소 누그러뜨리는 이러한 견실한 휴머니티(완벽하게 옳은!)만 가지고는 네루가 인도의 좋은 지도자가 되지 못했을 것이다. 그의 문화적 배경을 생각해볼 때, 그는 간디의 거의 전제적인 본보기가 없었다면 "소박함, 평등, 자제력"의 마음가짐에 도달하지 못했을 것이다. 그가 옷이나 예절의 소박함, 언어나 문체의 단순 명쾌함을 배우고, 심지어 소작농들이 자신에게 직접 이야기를 할 수 있도록 힌디어로 말하는 습관을 들이도록 배운 것은 간디를 통해서였다.[80] 간디라는 인물이 가진 힘에 대해 그가 전해주는 이야기를 보면, 개인의 변화를 이끌어내는 그 인물의 비상한 능력에 대해 일말의 의심도 품을 수 없다.

그는 곧잘 최고의 독재자처럼 말했다. 그는 겸손하지만 명쾌했고, 다이아몬드처럼 단단했고, 유쾌했고, 부드럽게 말하나 확고하고 엄청나게 진지했다. 그의 눈은 온화하고 깊었으며, 격렬한 에너지와 결기를 내뿜었다. 그는 말했다. 이것은 대단히 강력한 적수와의 엄청난 싸움이 될 것이다. 만약 여러분이 그 싸움을 하고자 한다면, 모든 것을 잃을 각오를 해야 하며, 가장 엄격한 비폭력과 훈련에 임해야 한다. (…) 여러분이 나를 지도자로 선택하는 한 여러분은 내 조건을 받아들여야 하며, 독재와 군법의 원칙들을 받아들여야 한다. 하지만 그 독재는 항상 여러분의 선의와 승인과 협력에 복종할 것이다. 여러분은 내게서 얻을 것을 충분히 얻은 뒤 나를 내치고 나를 짓밟으라. 나는 불평하지 않을 것이다.

그가 한 이런 취지의 말, 이러한 군사적 유비, 이 인물의 굽힘 없는 진지함에 그의 청자 대부분은 소름이 돋았다.[81]

이 구절에서는 강렬한 매력, 간디가 네루를 비롯한 많은 사람에게 불어넣은 실로 열정적인 사랑이 드러난다. 나름대로 상식을 갖고 있고, 나름대로 육체적 열정을 껴안고 있고, 사람들과 삶에 대해 나름대로 현실적 인식을 갖고 있는 네루에게 간디는 이상하고 놀라운 사람이었으며, 때로는 거의 싫어질 정도로 너무나 강직한 사람이었다. 하지만 네루를 계속 매료시킨 것은, 이러한 규율이 두 남자가 공유한 높은 목표와 연결되고 그 강직함이 공감적 이해의 놀라운 힘과 연결된다는 점이었다. 이러한 이해는 개개인과 직접적으로 진정한 우정을 맺을 수 있는 포용력을 내포한다는 점에서 변화를 강요했다.[82]

간디가 국회의 엘리트들을 변모시킨 것이 어떻게 그 나라의 시기심의 미래를 바꾸었는가? 첫째, 그 변모는 신분이나 계급의 구분을 덜 두드러지게 만들었다. 엘리트들은 이제 사치품을 과시하기보다는 그것을 부끄러워하게 되었다. 파키스탄에서는 이런 일이 결코 일어나지 않았는데, 바로 이 차이가 두 나라의 다른 역사에 대해 많은 것을 말해준다. 나는 인도 친구들이 옷이나 집안 장식에서의 과도한 겉치레에 대해 언급하는 것을 들은 적이 있다. "웩, 그건 꼭 네가 파키스탄에서 봤던 뭣처럼 생겼네." (비자 규제 때문에 그 인도 친구 대부분은 한 번도 그곳에 가보지 않았고, 따라서 이것은 전해 들은 바에 기초해 정형화된 이야기지만, 현실에 근거한 것이다.) 둘째, 그 변모는 사회적 우위를 차지하기 위한 적대적인 경쟁의식을 없앴다. 이제 엘리트들은 모든 사람의 이득을 확보하기 위해 열심히 일하고 희생을 감수하는 것처럼 보였다. 이러한 봉사 정신은, 간디가 스스로 가난한 사람들 중에서도 가장 가난한 사람이 되려 하고 억압받는 자들에게 목소리를 주려 하지 않았다면 하향적 노블레스 오블리주로 변질됐을지도 모른다. 그리하여 네루가 선택한 주제, 심지어 영국의 인도 통치를 종식시키는 "과업" 이후에도 계속 유지한 그 주제가 완성되었다. (우리는 그의 "운명과의 밀회"라는 연설에서 그러한 주제가 뚜렷이 부각되었던 것을 기억한다.)[83] 가난한 사람들이 엘리트들을 자신들의 충실한 대리인으로 보고 엘리트들을 신뢰하는 한, 그들은 엘리트들이 실패하기보다는 성공하기를 원한다. 공동의 과업이라는 것에 대한 이해가 이루어지는 한, 시기심의 무력함과 희망 없음은 건설적이고 유용한 활동을 위해 극복된다.

간디가 눈부신 상징적 표현과 수사에만 신경 쓰고 아무것도 하지 않았다면, 그는 상황을 호전시키지 못했을 것이고, 어쩌면 심지어 더 악화시켰을 것이다. 그래서 그가 일으킨 감정과 행동 양식들은 정치적 행위들을, 궁극적으로 정치적 구조와 정책들을 대신할 수 있는 것은 아니었다. 하지만 그것들은 공동의 과업을 가진 통합된 국가를 만드는 데 결정적인 내용을 제공했다.

어떤 의미에서 이는 나쁜 소식이다. 그렇게 많은 것이 특정인 한 명에게 달려 있는 듯 보이기 때문이다. 그럼에도 불구하고, 위기의 시대에는 진로를 제시하는 그런 사람의 존재가 대단히 유용하긴 하지만, 일단 방향이 정해지면 카리스마적 권위 없이도 그 방향이 유지될 수 있다. 간디와 조지 워싱턴이 미친 여파에서 확인할 수 있는 것처럼 말이다. 오늘날 인도의 빈부 격차가 아주 뚜렷하고 신흥 부유층의 과시적 사치가 뚜렷이 증가하고 있음에도 불구하고, 지도자적 위치에 있는 정치가들은 여전히 소박한 스타일과 보통 사람들의 투쟁에 협력하는 것을 추구하는데, 이는 심지어 힌두 우파도 마찬가지다. 힌두 우파의 활동에서는 극기와 이타적 희생이라는 이데올로기가 가장 매력적인 특징들 중 하나다. 한편, 의회에서 오늘날 국회 의장인 소냐 간디의 내방객들은 모든 사회 계층을 망라한 다른 내방객들과 함께, 등나무 줄기를 엮어 만든 깔개들과 몇몇 등나무 의자밖에 놓여 있지 않은 소박한 방에 함께 자리한다(그리고 분명 그녀는 가난한 사람들, NGO 지도자들 등등과 열심히 이야기를 나눈다). 벽에는 가족의 흑백 사진들이 걸려 있고, 마하트마 간디의 사진도 걸려 있다. 물질주의와 소유 경쟁이 심화되는 시대에 이러한 것은 분명 위험에 처해 있다. 하지만 간디가 경멸하고 네루가 불신했을 그 시장 경쟁도 평등화하는 그 무엇을 내포하고 있어서, 시장 경쟁은 아주 오랫동안 사실상 모든 인도 사람의 생활 양식이었던 카스트 제도에 따라 운명과 직업이 확고하게 정해져 있다는 의식을 바꾸어버린다.

센트럴 파크

오랫동안 미국 대도시들에서의 삶은 개선되지 않는 소음 및 복잡함이 함께하는 것이었다. 엘리트들은 널찍한 자기 집으로 도피할 수 있었다. 또한 그에 못지않게 중요한 점으로, 그들은 해변이나 산에 마련해둔 별장으로 도피할 수도 있었다. 하지만 노동자 계층은 이런 기회를 거의 누릴 수 없었고, 사람들로 붐비는 여름 휴양지로 여행을 가는 게 고작이었다. 19세기 중반까지만 해도 미국의 도시 계획가들은 도시 안에 녹지 공간을 만들어 사람들이 즐길 수 있게 한다는 생각을 하지 못했다. 주된 이유는, 어쨌거나 엘리트들은 그런 기회를 누리고 있었고, 다른 사람들의 결핍은 고려되지 않았기 때문이다. 또는, 이것이 더 안 좋은 이유인데, 엘리트들이 다른 사람들을 단순히 일하는 육체로 보아, 그들에게 깨끗한 공기, 흐르는 물, 숲, 잔디 같은 것에 대한 갈구가 있다는 생각을 하지 못한 탓이었다.

이러한 비대칭은 시기심을 야기하는 명백한 동기였다. 시골 녹지 공간을 좋아하는 취향은 어느 정도는 문화적인 것이다. (그래서 내가 아는 어떤 핀란드-벵골 커플은 살 곳을 결정하는 문제에서 합의에 이르기까지 진통을 겪었다. 한 사람은 숲에서의 고독을 가치 있게 생각하고, 다른 한 사람은 대도시의 소란스러움과 부산스러움을 가치 있게 생각하기 때문이었다.) 하지만 기준점이라 할 만한 수준은 있다. 사람들은 깨끗한 공기, 녹지대, 걷고 놀 만한 공간이 전혀 없이 사는 것은 바라지 않는다. 또한 사람들은 녹지에 가치를 두는 문화(낭만주의에 큰 영향을 받은)에서 살고 있을 때, 그리고 엘리트들은 이 문화적 가치재에 접근할 수 있지만 자신들은 그렇지 못하다는 것을 알고 있을 때, 지저분하고 복잡한 환경을 훨씬 더 안 좋아하게 된다. 게다가 대부분의 새로운 이민자가 시골보다는 도시에서 일할 기회를 얻었던 만큼, 그들이 도시에서의 삶을 선택했다고 해서 그것이 도시의 생활 환경에 대한 그들의 선호를 나타낸다고 가정할 수는 없었다.

유럽은 이미 이러한 문제를 다루기 시작한 터였다. 튀일리궁의 정원은 처음에는 개인 소유였으나 프랑스 혁명 직후 대중의 공원으로 바뀌었다. 런던의 하이드 파크는 1851년의 세계 박람회를 위해 조성되었고, 그에 앞서 켄싱턴 가든스(이 역시 처음에는 개인 궁전의 정원이었다)가 이미 대중에게 개방돼 있었다. 존 내시가 설계한 대중 공원인 리젠트 파크는 1835년에 대중에게 공개되었다(처음에는 일주일에 두 번만 공개되었다).[84] 다른 영국 도시들이 뒤를 따랐고, 좀더 나아간 경우도 있었다. 방금 언급한 런던의 공원들은 상류층 지역에 위치해 있었고, 그래서 적어도 처음에는 대체로 엘리트 집단을 끌어들였다. 이와 대조적으로, 1841년에 문을 연 리버풀의 버컨헤드 파크는 당시 영국을 여행 중이던 젊은 미국 조경사 프레더릭 로 옴스테드의 시선을 끌었다. 모든 사회 계층이 똑같이 그곳을 이용하는 것처럼 보여서였다.[85] 옴스테드는 민주 국가인 미국에 버컨헤드 같은 "일반인들의 공원"에 견줄 만한 것이 전혀 없다는 게 매우 모순적이라고 생각했다.[86]

유럽의 대중 공원들에 대한 지식을 드러내는 글들을 통해 유명해진 옴스테드는 뉴욕을 위해 그런 공원을 설계하는 참신한 일을 맡을 만한 유력한 후보였다. 또한 그런 공원을 만든다는 생각은 늘 정치적 논쟁에 휘말려 있던 뉴욕의 정치 상황에도 불구하고 점차 현실이 되었다. 그 도시는 3.2제곱킬로미터 이상의 부지를 보유하고 있었고, 이제 당파적 경쟁을 완전히 초월하는 지휘자만 있으면 되었다. 그를 지지하는 사람들의 약간의 공격적인 로비활동에 힘입어 옴스테드가 그 일을 맡게 되었다. 그러나 그것은 그의 고투의 시작에 불과했다. 그는 직접 설계 공모에 참여하는 것을 허락받았지만 경쟁이 아주 심했던 것이다. 33개의 응모작이 있었고, 건축가 캘버트 복스와 팀을 이룬 옴스테드의 응모작이 결국 당선되었다.

공모에 참가한 사람들은 유명한 정원사 앤드루 잭슨 다우닝이 제시한 아이디어를 전반적으로 고려해야 했다. 그 공원은 다우닝이 "녹색 들판의 너름과 아름다움, 자연의 향기와 싱그러움이 주는 바로 그 느낌"이라고 부른 것을 포착해야 했다.[87] 몇몇 특별한 요구 조건도 있었다. 운동장 세 개, 퍼레이드 공간, 연못 스케이트장, 분수, 화원, 전망탑, 음악당이었다. 복스와 옴스테드는 다우닝의 다음과 같은 언급에서 결정적으로 영감을 받았다. "보행자들은 혼자 있고 싶을 때는 조용하고 호젓한 산책로를 걸을 수 있어야 하고, 즐거움을 느끼고 싶을 때는 수천 명의 행복한 얼굴과 마주칠 수 있는 넓은 길로 걸을 수 있어야 한다."[88] 그들은 다우닝의 비전 중 이 부분을 채택하여, 나무 그늘이 우거진 산책길을 중심으로 삼았고, 나무가 늘어선 널따란 길이 제대로 격식을 갖춘 계단식 관람석과 분수대까지 이어지게 했다. 그 길은 비스타록으로 이어진다. 비스타록은 빽빽한 관목으로 뒤덮인 바위 절벽 꼭대기에 자리한 전망대다. 이처럼 이 공원의 지질학적 불규칙성은 우회되기보다는 그 자체로 이용되고 있고, 그들의 설계에는 유럽적 격조와 토착적 야생미가 결합되어 있다. 이러한 설계를 통해서 그들은 건물이나 심지어 분수대와 정원도 강조하지 않았고, 이들 중 그 어느 것도 공원의 "필수적" 요소가 아니라는 것을 나타냈다. 필수적인 것은 오히려 "건조한 산책로, 차도, 잔디밭, 그늘"이었다.[89]

옴스테드는 풍경에 존재하는 자연적 특성들을 그대로 이용하려는 의도를 축소시켰을 반대들을 막아내면서, 다음과 같이 영리하게 예측했다.

뉴욕이 개발될 때가 올 것이다. 땅을 고르고 채우고 할 때가 올 것이다. 그 섬의 그림같이 다채로운 바위층들이 단조로운 곧은 도로와 우뚝 선각진 건물들로 바뀔 때가 올 것이다. 이 공원만 빼고, 그 섬이 현재 갖고 있는 다채로운 표면은 흔적도 없이 사라질 것이다. 그때가 되면, 그 땅의 현재의 그림 같은 윤곽이 갖고 있는 헤아릴 수 없이 귀중한 가치가 더욱더 절실하게 의식될 것이다. 따라서 완만하게 기복이 있는 그곳의 윤곽과 바위들이 주를 이루는 그림 같은 풍경을 가능한 한 적게 해치도록 하는 한편, 합당한 모든 수단을 동원해 신속하게 작업하고, 특별히 개성적이고 특색 있는 이 조경 자원을 강화하며 신중하게 개발하는 것이 바람직해 보인다.[90]

기록에 분명히 드러난 것처럼, 옴스테드는 아무것도 하지 않는 것을 제안한 게 아니었다. 그는 복잡한 배수 시스템 설치가 요구되는 자연적인 특징들을 보존했고, 공원을 가로지르는 길들을 내기 위해 바위들을 제거했으며, 많은 씨앗을 뿌리고 많은 나무를 심었다. 그러나 옴스테드는 당시에 아주 효과적이고 또 매우 선견지명 있는 일을 벌인 셈이었다. 그가 생각해낼 수 있었던 것은, 맨해튼을 특별한 곳으로 만드는 지질과 지형은, 그 공원이 그것들을 보존하지 않는다면 도시생활에서, 그리고 결국 "사람들"에게서 완전히 사라지리라는 것이었다. 다시 말하지만, 그 작업이 진행되면서 옴스테드는 진짜 목표가 미적인 것이 아니라 대중적이고 인간적인 것임을 강조했다.

그 공원의 큰 목적 중 하나는, 시골에서 여름을 보낼 수 없는 수많은 지친 노동자에게 신이 만든 작품의 견본을 제공하려는 것이다. 이를 통해서 그들은, 유복한 사람들이 큰돈 들여 화이트산맥이나 애디론댁에서 한두 달 지내는 것과 같은 일을 값싸게 할 수 있게 될 것이다.[91]

오늘날 뉴욕은 부유한 사람에게나 가난한 사람에게나 똑같이 이로운 도시가 아니다. 맨해튼의 비싼 거주 비용 탓에, 그 공원이 남북으로 아무리 방대하게 뻗어 있어도, 옴스테드가 생각했던 것만큼 많은 "지친 노동자"(의사, 변호사를 비롯한 전문직 종사자들은 빼고)가 그 공원을 가까이하기는 힘들다. 브루클린에 있는 옴스테드의 또 다른 주옥같은 공원인 프로스펙트 파크는 접근성이 더 나은 편이다. 시카고의 버넘 계획은 25킬로미터에 달하는 호수 연안 땅을 공원 용지로 확보했는데, 여러 자전거 접근 경로를 두었고, 더 좋은 점은, 완전히 고급화되지 않은 주변 지역들까지 아우르고 있다는 것이다. 물론 평등한 기회를 만들어내는 것은 공원 하나를 만들어내는 것보다 훨씬 더 복잡하고 다면적인 일이다. 그럼에도 대중을 위한 공간은 진정 중요하다. 그리고 센트럴 파크 없는 뉴욕은 훨씬 더 초라하고 시기심에 사로잡힌 곳이었으리라고 우리는 쉽게 짐작할 수 있다. 시기심은 그런 너그러운 대중적 제스처에 의해 제거되기는 어렵다. 하지만 그런 제스처들은 아마도 우정의 가능성을 보존하는 안전밸브가 되어줄 수는 있을 것이다.

5. 수치심과 낙인

수치심은 사회생활에 널리 존재하는 강력한 감정이다.[92] 우리 모두는 다른 사람들에게 숨기고 싶은 약점들을 가지고 있다. 그 약점이 드러날 때 따르는 고통스러운 감정이 수치심이다. 붉어진 얼굴이 수치심의 징표다. 그때 수치심은 바람직한 특징을 드러내지 못한 데 따른 고통스러운 감정이다. 어느 누구도 사회가 바람직하다고 평가하는 특징들을 전부 갖추고 있지는 않기 때문에, 수치심은 우리 모두가 매일 겪는 감정이다. 사회학자 어빙 고프먼은 그의 대표작인 『낙인Stigma』에서 다음과 같이 예리하게 관찰했다.

> 미국에서 유일하게 수치심을 전혀 모르는 남성이 있는데, 바로 젊고, 기혼이고, 백인이고, 도시에 살고, 북부 출신이고, 대학 교육을 받은 이성애자 개신교도를 아버지로 두었고, 정규직을 가졌고, 안색이 좋고, 몸무게와 키가 적당하고, 최근의 스포츠 기록을 가지고 있는 남성이다.[93]

고프먼이 열거한 사항 중 어떤 것들은 오늘날엔 그다지 의미를 띠지 않게 되었다. 남부 출신이라는 점과 도시에 살지 않는다는 점은 그가 이 글을 쓴 1963년과 달리 오늘날에는 그다지 오명을 부르지 않는다. 또한 오늘날에는 라틴계가 아닌 한은 가톨릭교도인 것이 오명을 덜 부른다. 하지만 우리는 나무랄 데 없는 영어, 남성다움이라는 설정된 특성 같은 항목을 바로 첨가할 수 있다. 이 요소들을 다 갖춘 사람은 거의 없다. 그리고 이 모든 요소를 오랫동안 갖추고 있는 사람은 아무도 없다. 나이 들었다는 오명의 범주가 우리 모두를 기다리고 있기 때문이다.

그리하여 수치심은 인간이 보편적으로 경험하는 것이지만, 어떤 사람이나 어떤 집단에게서는 수치심이 더욱 두드러진다. 어느 사회나 저마다 다 낙인찍힌 집단들의 목록을 갖고 있는데, 사회마다 어느 정도 차이가 있긴 하지만, 인종적·민족적·종교적 소수자, 성적 소수자, 하층 노동자, 실직자, 장애인이 그 목록에 항상 등장한다. 어느 경우에나 일반적으로 지배 집단은 스스로를 "정상"으로 규정하는 반면, 일탈적 집단은 수치스러운 것으로 규정함으로써 그 집단의 구성원들이 있는 그대로의 자신을 부끄러워하게 만든다. 지배 집단의 구성원들 자신도 일반적으로 스스로에 대해 뭔가를(사회가 수치스러운 것으로 간주하는 뭔가를, 혹은 사회로 하여금 수치스러운 어떤 특성을 갖게 될 가능성에 대해 염려하게 하는 뭔가를) 숨기고 있다는 점을 생각할 때, 다른 사람에게 수치심을 떠넘기는 것은 심리적 안도감을 안겨주면서 스스로의 수치심을 저지하고 자신은 "괜찮다"는 감정을 강화한다.

수치심은 어떤 점에서는 죄의식과 유사하다. 그 둘은 자아를 겨냥한 고통스러운 감정이다. 우리는 이 단어들을 곧잘 혼용한다. 하지만 이들 사이에는 중요한 개념적 차이가 있다.[94] 죄책감은 회고적이며, 어떤 행동(또는 의도된 행동)과 관련돼 있다. 수치심은 자아의 현재 상태를 겨냥한 것이며, (주로) 어떤 특성과 관련돼 있다. 죄의식의 경우, 사람들은 일반적으로 자신이 잘못된 뭔가를 했다는(또는 의도했다는) 것을 인정한다. 수치심의 경우, 사람들은 자신이 어떤 바람직한 이상에 미치지 못하는 뭔가 열등한 존재라는 것을 인정한다. 죄의식의 자연스러운 반사 행동은 사죄와 배상이다. 수치심의 자연스러운 반사 행동은 숨기다. 그리고 일반적으로 죄의식이 (배상을 하고, 그런 종류의 나쁜 짓을 다시는 하지 않음으로써) 건설적인 미래를 제시하는 데 반해, 수치심은 종종 어떤 건설적인 진단도 내놓지 못한다. 때때로 사람은 부적절함을 인식해 그것을 수정하기로 결심할 수 있지만, 얼굴을 붉히지 않을 수 없는 동기가 되는 것은 있는 그대로의 자신의 변경할 수 없는 한 부분인 경우가 많다.[95]

수치심은 사회적인 것이든 개인적인 것이든 어떤 이상과 관련돼 있는 만큼, 수치심이 전적으로 공적인 또는 사회적인 감정이라고 생각하는 것은 잘못이다.[96] 사람들은 종종 소수의 다른 사람들과 공유하는 일련의 개인적 이상들을 가지고 있을 수도 있으며, 그 이상에 맞추어 살지 못했을 때는 깊은 수치심을 느낀다. (이런 종류의 수치심은 간디의 정서적 삶에서 큰 역할을 했다.) 한편, 자기가 사는 사회에서 좋은 것으로 인식되는 것을 내면화하지 못하는 사람은 거의 없고, 따라서 사회에서 수치스러운 것으로 여겨지는 것들과 관련해 수치심을 느끼지 않는 사람은 거의 없다. 설령 각자의 개인적 가치 체계에서는 그런 것들이 나쁜 것으로 분류되지 않더라도 말이다. 그래서 낙인찍힌 소수자들은 지배 집단들이 자신들에게 떠안기는 수치심을 예민하게 느끼게 되곤 한다. 설령 그들이 실제로는 스스로의 존재에 대해 수치심을 느낄 게 전혀 없다고 믿더라도 말이다. 수치심의 이러한 이전은 어느 정도는 문화라는 더없는 권력에 기인하며, 또 어느 정도는, 지배 집단이 소수자들에게 진정 치욕적인 상황을 조성하고 소수자들의 위엄을 공격한 나머지 그 치욕적인 상황이 소수자들의 정체성이 되고, 결국 소수자들이 그 상황에 대해 수치심을 느끼게 된다는 사실에 기인한다. 설령 그렇지 않다 해도, 즉 불의에 대한 정당한 분노와 자신들의 위엄에 대한 내적 자각이 소수자들을 자기혐오에서 보호한다 해도, 소수자들의 삶은 여전히 다른 사람들과 더불어 살아가는 그들 삶의 외적 상황에 대한 수치심으로 가득 차 있다.

이제 우리는 모욕이 수치심의 실질적이고 공공연한 얼굴이라는 것을 알 수 있다. 모욕은 다른 사람들에게 적대적 수치심을 떠넘기는 것이다. 사람들이 개인적인 기준들에 미치지 못한 것을 스스로 수치스러워할 때, 그들은 모욕을 당하는 것이 아니다. (아량 있는) 부모가 아이로 하여금 이기심과 게으름에 대해 수치심을 느끼게 하려고 꾸짖을 때처럼 수치심으로의 초대가 사랑과 건설적인 태도를 바탕으로 이루어지는 경우에도 모욕이 따르지 않는다. 그러므로 수치심으로의 초대를 모욕으로 만드는 것은 공개성과 적대감의 결합이다.[97]

왜 어디에나 적대적 수치심이 존재하는 것일까? 아마도 수치심 자체가 어디에나 있기 때문일 것이며, 수치심이 보호 전략을 낳기 때문일 것이다. 사람들이 자기 몸의 체액에 대해 느끼는 혐오감이 다른 사람들의 신체에의 투사로 전환되는 것처럼(우리가 아니라 그들은 나쁜 냄새가 나며 동물을 닮았다) 수치심도 그렇다. 만약 지배 집단이 "정상인 것"에 대한 사회적 표준을 만들어내고, 힘이 약한 다른 집단들을 수치스러운 것으로 낙인찍는다면, 그 집단들은 스스로의 불충분함에 직면하는 고통스러운 경험에서 보호될 수 있다.

심리학은 수치심의 근원을 매우 이르게 유아기에서 찾는다. 두려움과 함께 수치심은 가장 이른 시기에 발생하는 감정 중 하나다.[98] 그것은 무력함의 엄청난 고통에 대한 반응으로 보이는데, 이는 태아와 엄마의 몸이 공생하는 출생 전 시기처럼 전능함이나 완전함을 느끼는 시기와는 대조적인 부분이다. 유아들은 종종 출생 이전에 경험했던 것과 같은 더없이 행복한 충만함이나 완전함 같은 것을 경험한다. 하지만 많은 시간 유아들은 그러한 것의 부재를 경험하며, 결핍된 것을 공급할 능력이 없다. 한편 유아들은 생활 주기상, 또는 부모의 관심에 의해, 자신이 전능하며 우주의 중심이라고(프로이트의 표현을 따르자면 "아기 폐하His Majesty the Baby"라고) 느끼도록 자극된다. 하지만 동시에 유아들은 자신이 갈망하는 더없는 행복을 유발하기에는 스스로 육체적으로 무력하다는 것을 절실히 깨닫는다(그리고 아주 어린 유아의 인지력이 성숙할수록 이러한 이해는 더 확고해진다). 이러한 깨달음의 결과는 무력한 아기라는 바로 그 상황에 대한 수치심이다. 이는 우리가 "자기도 취적 패배"라고 부르는 것의 한 결과다.[99]

일반적으로 아기들은 다른 사람 또는 다른 사람들에 대한 자기도 취적 통제와 남다름을 얼마 동안만 요구하고 말지만, 어떤 이들은 평생에 걸쳐 계속 그것들을 요구한다. 그들은 자신이 정말로 우주의 중심이 아니면 만족하지 못한다. (프루스트의 화자가 이런 퇴행적인 유아적 상황의 슬픈 본보기다.) 반대로 어떤 사람들은 배려와 호혜를 위해, 또한 개인의 능력을 위해 이러한 요구를 포기한다. 능력은 다른 사람들의 노예가 될 만한 동기를 감소시키기 때문이다.[100] 하지만 가장 능력 있는 인간이라 해도 여전히 여러모로 무력하며, 또 필사의 존재라는 점에서 특히 더 무력하기 때문에, 유아적 수치심에서 결코 완전히 벗어날 수 없다. 인간 삶의 현실에 대한 수치심은 바보가 아닌 이상 어느 누구도 완전히 벗어날 수 없는 감정이다. 인간 삶의 그러한 현실에 대해 체념하지 않는 한은 말이다(그것은 좀 과도한 체념일 것이다). "인간부정"은 많은 질병의 원천인데, 사람은 자신의 동물적 인간성을 인정하면서도 여전히 죽거나 고통 받기를 원치 않을 수 있다. 이는, 무력함에 대한 지속적인 수치심이 결함이 있는 사회적 가르침의 산물일 뿐만 아니라, 적어도 어느 정도는 있는 그대로의 상황에 대한 합리적 반응이기도 하다는 것을 의미한다.

('원시적 수치심'이라 부를 만한) 이 근원적 수치심이 어떻게 사회적 수치심에 영향을 끼칠까? 우리는 이 문제에 대해 특별한 견해를 갖고 있지 않아도, 어디에나 존재하는 소수자들의 사회적 수치심을 알아볼 수 있고 그에 대해 개탄할 수 있다(우리는 고프먼의 노선을 따라 그들을 사회적 불안의 결과물로 설명할 수 있다). 하지만 그 문제에 대해 생각해

보는 것이 유익하다. 만약(가정이 아니라 사실인 것 같지만) 우리 모두가 우리가 결코 획득할 수 없는 '무력하지 않음'이라는 이상적인 조건을 어느 정도 갈망한다면, 그리고 결과적으로 우리의 취약함에 대해 수치스러워한다면, 이것은 대부분의 사회가 늙음과 정신적·신체적 장애를 가진 사람들에게 낙인을 찍는 이유, 그리고 다른 소수자들에 대한 낙인찍기에서 흔히 그들에게 과도한 동물성이라는 오명을 씌우는 일이 벌어지는 이유를 설명하는 데 도움이 될 것이다.

수치심은 포괄적 동정심을 여러 양상으로 방해한다. 첫째, 가장 두드러지는 것으로서, 수치심은 사람들을 서로 적대적인 집단으로 갈라놓는다. 하지만 적대감이 이 이야기의 끝이 아니다. 수치심은 두 파벌 간의 불화 같은 게 아니다. 왜냐하면 수치심은 사람들의 자아에 대한 의식의 핵심에 타격을 가하기 때문이다. 내가 휘그당원이고 휘그당과 토리당이 서로 격하게 싸우고 있다고 치자. 그렇더라도 두 당의 사람들은 계속 스스로와 상대방을 평등하고 유용한 시민으로 여길 것이다. 그러나 수치심은 수치심을 갖게 된 사람들에게 고프먼이 "훼손당한 정체성"이라 부르는 것, 즉 심리적으로 완전한 자존감의 결핍으로 느껴질 만한 위축된 상태를 부여한다. 하지만 수치심을 갖게 된 사람의 마음이 스스로를 보호할 수 있을 때조차, 그 사람의 사회적 정체성은 기본적으로 모욕당한 상태라는 데는 의심의 여지가 없다. 수치심의 변동성을 고려하면, 다른 사람에게 수치심을 안겨주는 사람 편에는 많은 근심과 불안이 있을 것 같고, 이 또한 완전한 자존감을 저해할 수 있다.

우리의 동정심 분석과 관련해서 생각해보면, 수치심과 수치심을 느끼는 것은 행복론적 판단에 균열을 가져와, 사회적 치유가 잘 통하지 않을 것처럼 매우 굳건하게, 어떤 사람들은 어떤 '관심의 원' 안에 넣고 다른 사람들은 다른 '관심의 원' 안에 넣는다. 그리고 이런 차원에서 수치심은 자신에게도 유사한 일이 일어날 수 있다는 판단과 감정이입의 경험을 오염시킨다. 또한 수치심은 심각함과 잘못 없음의 판단까지도 오염시킨다. 수치심을 당한 집단에 뭔가 나쁜 일이 생기더라도, 그 집단을 이미 열등한 존재, 동물에 버금가는 존재로 보고 있는 지배 집단에게는 이것이 그렇게 나쁜 일로 보이지 않을 것이다. 오히려 지배 집단은 그런 나쁜 운명이 그 하등한 사람들에게 딱 부합한다고 믿을 가능성이 크다. 그리하여 소수자들에 대한 끔찍하고 그로테스크한 많은 배제와 범죄가 심지어 범죄(린치, 배우자 강간, 학교에서의 장애인 배제)로 인정되지도 않는다. 그렇게 대우하는 것이 그 집단의 열등한 본성에 딱 맞는 것이라고 여겨지거나, 심지어 그 집단이 있는 그대로의 자신이 되기 위해 "그것을 요구했다"고 여겨지기 때문이다.

사회가 사람들을 분리하거나 낙인찍지 않고 더 높은 성취를 이루도록 자극할 때는 사회생활에서 수치심이 어떤 건강한 역할을 할 수 있다. 네루가 농부들과 일하면서, 이전에 자신이 누렸던 호사에 대해 수치심을 갖게 됐던 일을 생각해보라. 건설적인 수치심은 아마 자아를 향할 것이고, 자기 발전을 위한 일의 한 부분이 될 것이다. 그리하여 네루는, 자신의 쾌락주의에 대한 수치심을 드러내는 동시에, 자신이 쾌락주의를 멀리하게 됐다는 사실과 자신의 새로운 가치관을 드러냈다. 사회가 성차별주의와 인종차별주의 (그리고 동시 발생적이지는 않지만 그러한 것에 수반되는, 다른 사람들에게 수치심을 주고 다른 사람들을 깎아내리는 경향, 다른 사람들의 고통에 무관심한 경향) 같은 최악의 특성들에 대해 수치심을 느낄 때처럼 수치심이 집합적인 것일 때, 그 수치심은 특히 건강할 것이다. 물론 수치심은 그보다는, 사회 통합을 해치고, 수치심을 가진 자의 모든 기여를 사회로부터 앗아가는 일이 훨씬 더 많지만 말이다.

법은 수치심의 악영향을 제한하는 데 결정적으로 중요하다. 사회가 모든 시민의 권리와 특권을 동등하게 규정하고, 그러한 평등을 강화하는 데 힘쓸 때, 수치심의 유독한 영향력이 약화된다. 그리고 모든 사회가 이전에 수치심을 가졌던 집단들이 완전히 자존감을 갖추고 세상에 나올 수 있는 장을 만드는 데 많은 노력을 기울일 수 있게 된다. 그렇지만, 아무리 권리의 평등이 존재하는 세계라 해도, 사회적 수치심의 유해한 동력은 훌륭한 정치적 원칙들과 그 원칙의 버팀목이 되는 감정들을 위협하면서 여전히 지속될 것이다. 그러므로 이제 우리는 수치심을 완화하고 적대적인 수치심을 방해하기 위해 대중문화가 취할 수 있는 조치들로는 어떤 것이 있는지 생각해봐야 한다. 수없이 많은 예 가운데 나는 카스트 제도에 기초한 낙인찍기에 맞서 싸운 인도의 미완의 투쟁과 미국의 장애인 진보에 초점을 맞추고자 한다.

암베드카르와 카스트 제도에 대한 투쟁

인도 헌법을 만든 수석 건축가는, 그가 살던 영국령 봄베이에서 "불가촉천민"으로 취급되었던 카스트인, 마하르 집단 출신의 달리트, B. R. 암베드카르(1891~1956)였다. 그 집단은 그 지역 인구의 약 10퍼센트를 차지할 만큼 컸고, 지금도 그렇다. 옛날에 마하르 사람들은 불교도였고, 지금은 암베드카르의 불교 개종을 좇아 많은 마하르 사람이 다시 불교도가 됨으로써 마하르 집단 소속이라는 정체성을 버렸다. 암베드카르의 젊은 시절에 그 집단은 청소, 벽 수리, 시체 처리 같은 온갖 허드렛일을 하면서 마을 변두리에서 살아야 했다.

암베드카르 자신의 어린 시절은 비교적 낙인찍기에 침해받지 않았는데, 그의 아버지가 영국 동인도회사의 군대에 고용되어 높은 직위에까지 올라갔기 때문이다. 그 회사를 비난하는 것이 아무리 정당해도, 우리는 또한, 주목할 만한 합법적·정치적 경력을 가능하게 해준 이 긍정적인 기여 또한 언급해야 한다. 아버지의 지위 덕분에 암베드카르는 어린 시절 내내 좋은 학교들에서 공부할 수 있었을 뿐만 아니라, 엘핀스톤 고등학교, 봄베이 대학교 엘핀스톤 칼리지, 런던 경제학교에 다닐 수 있었다. 그가 종종 언급한 것처럼, 그는 미국에서 보낸 몇 년을 통해 얻은 것이 가장 많았다. 그는 컬럼비아 대학교에서 법학 석사와 박사 학위를 받았는데, 그곳에서 존 듀이의 애제자가 되었다.[101] 듀이의 관점은 그의 발달에 많은 영향을 끼쳤다. 그는 사회가 과거에서 온 한낱 죽은 나무에 계속 방해를 받는 한 그 사회는 진보할 수 없다고 계속해서 주장한 것이다. 여러모로 암베드카르는 미국의 팬으로 남아 있었고, 인도 헌법의 틀을 다지는 과정에서 손꼽히는 법학자들(예를 들어 프랭크퍼터)에게 조언을 구했다. 그는 어리석은 다수결주의가 없는 민주주의도 가능하다는 것을 미국 헌법이 보여준다고 지적하면서, 일시적 기분에 좌우되는 다수결을 넘어 기본적인 인권을 보호하고자 했다. 그리고 이를 성취하는 방향으로 인도 헌법을 만들었다. 어떻게 보면, 아프리카계 미국인들에 대한 처우에서 인도의 카스트 제도에서와 같은 낙인찍기와 분리라는 사회적 특징이 드러난다는 것을 부인했다는 점에서 그는 미국에 관해 너무 몽상적이었다.[102]

암베드카르는 학교에 들어가면서 불가촉천민이라는 낙인찍기를 경험하게 되었다. 그의 사후에 발표된 자서전적인 글 「비자를 기다리며 Waiting for the Visa」[103]에서 그는 아버지와의 재회를 위해 자신과 형제 자매들이 여행에 나섰을 때 여정 내내 숙박을 거부당했던(옷을 잘 차려 입고 예절 바르고 돈도 많이 지닌 중산층 아이들이었음에도 불구하고) 극히 쓰라린 경험을 이야기한 뒤, 좀더 거슬러 올라가 그 이전에 학교에서 겪었던 일을 다음과 같이 기술한다.

이 일이 있기 전에도 나는 내가 불가촉천민이며 불가촉천민들은 어떤 모욕이나 차별도 견뎌야 한다는 것을 알고 있었다. 예를 들어 학교에서 나는 내 신분 때문에 교실 한가운데에는 앉을 수 없었다. 나는 알아서 구석에 혼자 앉아야 했다. 또한 나는 교실 바닥에 깔고 앉을 나만의 삼 베 조각을 따로 가지고 다녀야 한다는 것도 알고 있었다. 학교에 고용 된 청소부는 내가 사용한 삼베 조각은 만지지 않았다. 그래서 나는 방 과 후 삼베 조각을 집으로 가져왔다가 이튿날 다시 학교에 가져갔다. 학 교에서 목이 마르면 만질 수 있는 계급의 아이들은 수돗가로 가서 수 도꼭지를 틀어 물을 마시면 되었다. 교사의 허락만 있으면 되었다. 하지 만 내 입장은 달랐다. 나는 수도꼭지를 만지면 안 되었고, 만질 수 있는 계급의 누군가가 나 대신 수도꼭지를 틀어주지 않는 한 나는 물을 마 실 수가 없었다. 내 경우, 교사의 허락은 충분치 않았다. 그것은 학교 잡 역부가 있을 때만 가능한 일이었다. 교사가 그런 일을 시킬 수 있는 사 람이 잡역부밖에 없었기 때문이다. 잡역부가 없으면 나는 아예 물을 마 실 수가 없었다. '잡역부 없이는 물도 없다'는 말로 요약될 만한 상황이었 다.[104]

암베드카르는 이 이야기를 통해서 카스트 제도의 철통같은 지배를 말해준다. 심지어 가장 특전을 누리는 사람도 낙인찍기를 피할 수 없는 것이다. 암베드카르는 수치심을 당하던 이 상황을 딛고 훗날 발군의 위치에 오른다. 하지만 그는 사람들에게 카스트 제도라는 일상적 현실을 늘 일깨웠으며, 그의 정치적 연설에는 언제나 사회 현실을 보여주는 사례가 가득했다.[105] 예를 들어 헌법에 대한 어떤 뛰어난 연설 중에 그는, 악폐가 과거의 것이라는 인상을 불식시키기 위해서라며, 펀자브의 한 불가촉천민 집단으로부터 받은 어떤 탄원서의 전문을 인용한다. 그 탄원서의 핵심 부분은 다음과 같다.

> 그들은 심지어 우리 소가 마을 웅덩이에서 물을 마시는 것도 못 하게 합니다. 또한 그들은 우리가 사는 곳의 길들을 청소하지 못하도록 청소부들을 막고 있고, 그래서 쓰레기와 오물이 쌓여가고 있으니, 이를 방치한다면 질병이 생길 것입니다. 우리는 치욕적인 삶을 살도록 강제되고 있으며, 그들은 항상 우리를 때리고, 우리의 아내, 자매, 딸들에게 상스럽게 행동함으로써 우리의 명예를 손상시킵니다. 우리는 최악의 고통을 겪고 있습니다. 학교에 간 아이들은 심지어 혹독하고 무자비하게 매를 맞았습니다.[106]

암베드카르는 변호사이자 헌법을 만드는 사람이었다. 그가 수치심이나 낙인찍기에 대해 내놓은 처방 대부분은 합법적인 것이었다. 또한 그는 힌두교의 해로운 면들에 적극적으로 합법적 개입을 하는 것이 중요하다고 강조했다. 불가촉천민이라는 신분을 두는 것(역사적으로 힌두교의 핵심인)이 헌법이 정한 기본권에 비추어 불법이라는 사실은, 아무리 간디와 네루가 이와 관련해 그를 지지했다 하더라도, 분명 그의 영향에 힘입은 것이라 할 수 있다. 그는 공개 채용, 공무원 조직, 입법부에서의 할당을 포함해 '지정 카스트'(즉 불가촉천민)에 대한 강력한 차별 철폐 조처를 취할 것을 대담하게 주장했으며, 그런 차별 철폐 조처가 명백히 합헌성을 띠도록 하는 방향으로 헌법을 입안하려 애씀으로써, 영리하게도 미국 헌법이 낳은 논쟁들을 미연에 방지했다.

암베드카르는 법의 그런 적극적인 역할을 알고 있었지만, 그렇다고 해서 공적 감정을 만들어내는 문제에 무관심하지 않았다. 그가 지극히 근시안적이었다면, 법으로 충분하다고 생각했을 것이다. 강력한 차별 철폐 조처를 바탕으로 사람들은 직업이나 배움의 장을 얻을 수 있으며, 그러한 조처의 존재 자체가 계속 배제의 상황에 직면해 있는 사람들에게 포괄과 존엄의 신호가 되어준다. 하지만 그들이 일단 그러한 위치에 놓인다 해도 대다수가 끊임없이 그들에게 적대적이고 또한 모욕으로 인한 상처에 계속 모래를 뿌려대기로 마음먹었다면, 만약 정부가 그들을 뒷받침하려는 노력을 더 이상 하지 않는다면, 아마도 그들은 완전한 가능성을 성취하지는 못할 것이다. 그리고 그들의 성공 결핍은 적대적인 고정관념을 강화할 것이다. 공무원들은 직무 수행과 관련해 세세하게 법의 통제를 받지 않는다. "공무원에게 주어진 재량권이 거의 모든 사례에서 지정 카스트의 이익에 반해, 그리고 그들을 억누르는 것을 목표로 행사된다는 사실에서 지정 카스트의 많은 고통과 학대가 생겨난다"[107]고 암베드카르가 밝힌 바 있는데, 사회적 태도가 바뀌지 않는 한 계속 그럴 것이다. 나아가 그는 이렇게 말한다. "나랏일의 방향을 정하는 일이 상당 부분 공직자의 마음에 달려 있다는 것은 말할 필요도 없다."[108]

자비로운 정부라면 공직자의 마음을 바꾸기 위해 어떤 조치들을 취할까? 암베드카르는 1942년의 긴 제안서 「지정 카스트의 고충」[109]에 "선전에서 도외시됨"이라는 제목의 대단히 흥미로운 내용을 넣었다.[110] 공보국에서 만든 「1935~1940년의 인도 여론 동향」이라는 공식 보고서를 출발점으로 삼은 암베드카르는, 940페이지에 달하는 이 긴 보고서가 포괄성과 총망라를 주장하지만 "이 책에서 가장 화나는 부분은 지정 카스트들의 말과 활동을 철저히 무시하는 점"이라고 말한다. 좀 더 구체적으로 설명해보겠다. 오늘날 지정 카스트는 인도 인구의 15퍼센트를 차지한다. 지정 부족까지 포함하면 이 수치는 거의 25퍼센트에 달한다. 암베드카르가 살던 시절에는 숫자에 대해 거짓말을 하는 힌두교 관습(그는 이 관습을 맹비난했다)이 만연한 탓에 믿을 만한 데이터를 얻기가 힘들었다.[111] 그러므로 이것은 적은 숫자가 아니다. 하지만 그들의 관심사나 의견이 다루어진 것은 단 3페이지에 그쳤다. 그리고 그 페이지들에서 다루어진 내용도 개종을 위한 움직임 같은 중요한 사회적 동향들은 뺀, "하찮음"과 관련된 것이었다. (암베드카르의 언급에 따르면, 한 주요 기독교 대학은 507페이지에 달하는 어떤 보고서를 같은 기간에 해당되는 지정 카스트의 관점과 활동들로 채웠다.) 지정 카스트 출신의 주요 지식인들이 완전히 빠졌고, 그들의 견해도 인용되지 않았으며, (암베드카르 자신을 포함해) 그들의 이름조차 언급되지 않았다. 이러한 무시는 공직자들의 마음에 영향을 미쳐, "인도 정부가 지정 카스트를 신경 쓸 가치도 없는, 무시해도 될 만한 세력으로 간주한다"는 인상을 갖게 한다고 그는 주장한다. 우리는 이런 종류의 일이 이런 사람들은 사람이 아니라고 암시함으로써 낙인찍기를 강화한다는 것을 알 수 있다. 좋든 싫든 정부는 선전을 담당해야 하는 존재이고, 따라서 정부는 선전 장치들을 영리하게 활용해, 과거에 괄시받았던 집단들의 업적을 인정해야 한다고 암베드카르는 결론짓는다.

암베드카르의 이 간단한 견해는 폭넓게 응용될 수 있다. 정부의 선전은, 그가 비난하는 것과 같은 보고서들뿐만 아니라 다양한 유형의 상賞, 공식적인 초대장, 공식적인 영화, 공휴일, 축제활동 등 여러 양상으로 작동한다. 전체적으로 이러한 것이 구성해온 인도의 정당과 정부들은 암베드카르의 메시지를 완전히 마음에 새기지 않았다. 어떤 국경일도 그를, 또는 좀더 일반화해서 말하자면, 달리트가 인도의 정체성에 참여하는 바를 기리지 않는다. 오스트레일리아의 경우에는 미술에서 원주민이 이룬 업적들을 알리고, 오스트레일리아의 정체성에 대한 그들의 창의적 기여를 내세우는 데 (또한 그들이 오랜 기간 부당하게 고통받아온 것에 사죄하는 데) 큰 노력을 기울였는데, 이에 비하면 인도는 한 일이 거의 없다. 누구든 오스트레일리아의 콴타스 항공사 비행기를 이용할 때는 기체 옆면에 들어가 있는 원주민의 미술 작품을 보게 된다. 누구든 오스트레일리아의 학술회의나 공적 회합에 참석할 때면 원주민과 그들의 권리를 공식적으로 인정하는 엄숙한 말을 듣게 된다. (캐나다 원주민의 경우도 마찬가지다.) 인도에서는 달리트가 문화에 기여한 바가 그 같은 공적 인정을 받지 못했다. 지정 카스트가 공통의 문화를 갖고 있지 않으며 역사적으로 직업에 기초한 일련의 이질적인 집단들을 구성한다는 사실은 분명 그 문제를 훨씬 더 힘든 것으로 만들지만, 상상력이 그 문제를 해결할 수 있었다. 한 가지 예를 들자면, 암베드카르의 생애 연대기는 인도의 작가나 영화 제작자들보다는 외국인들에 의해 다루어졌다. 지정 카스트에 대한 지배적 정당들의 온정과 기념의 결여는[112] 카스트에 기초한 정당들이 형성되는 데 어느 정도 원인이 되었고, 그리하여 정책보다는 카스트를 따라 정치가 분열되는 데 어느 정도 원인이 되었다. 한 집단의 "말과 활동"에 적절한 관심을 기울이는 것은 수치심을 약화시키고 동정심을 위한 기반을 닦으면서 우정과 연대감이라는 정서적 분위기를 만들어낸다.

암베드카르가 우정과 호혜의 정신을 일구어내고자 계속 노력했던 또 다른 분야는 교육이다. 그는 포괄을 꾀하는 차별 철폐 기획들에 크게 역점을 두었다. 하지만 고등 교육과 기술 교육에서 정부 장학금을 지급하는 것과 같은 그런 합법적인 전략에 초점을 둔 그의 생각은 불완전한 것이어서, 호혜의 정신으로 교육에서 완전한 포괄의 풍토를 만들어내기 위해서는 어떤 심화된 방법들을 취해야 하는지 자문하게 한다.

그는 자서전에서 첫 번째 조건을 지적한다. 그것은 초등 교육에서의 충분한 포괄로, 이는 학교가 학교의 일반적 책무를 다해야 하고(당장은 그렇지 않기 때문에), 어린이들이 학교에 와 잠재력을 계발하게끔 사회적으로 포괄의 환경을 조성하는 데 교사들이 집중해야 한다는 의미다. 미국에서 사회적 포괄은 교사들이 질 책무의 일부로 이해되지만, 고르게 이행되고 있지는 않다. 여러 인종이 섞여 있고 장애를 가진 학생들이 포함돼 있는 학급의 교사는 어떻게 해야 (드라마와 미술을 통해, 상처 받기 쉬운 집단의 "말과 활동"을 전면에 내세우는 독서를 통해, 그 밖의 다른 것들을 통해) 포괄이 대폭 성취될 수 있을지에 대해 오랫동안 곰곰이 생각해왔다. 적대적 괴롭힘을 멈추게 하는 것이 교사들의 의무라고 이해되지만, 이 역시 고르게 이행되고 있진 못하다. 이는 인도에는 해당되지 않는 일로, 인도에서는 교사들이 주입식 교육에 몰두한다. 그래서 수치심이 적절하게 다루어지려면 반드시 뒤따라야 할 첫 번째 조건이, 새롭고 정신적으로 좀더 섬세한, 특히 조기의 가르침이다.

이제 암베드카르가 초점을 두었던 기술 교육으로 넘어가보자. 그는 기술 교육을 고용 기회로 이어지는 탄탄대로로 보았다. 여기서는 상세한 경험적 연구가 도움이 되는데, 정부의 일류 기술학교에 지정 카스트를 위한 자리를 만들어놓는다 해도 사회적·정서적 지원 풍토가 조성되지 않은 상태에서는 그들에게 실질적인 보탬이 되지 않는다는 것을 우리는 분명히 알 수 있다. 뭄바이 인도공과대학의 인문학 강사인 파르타사라티는 최근의 훌륭한 논문에서, 달리트 학생들이 입학 경쟁이 치열한 일류 기술학교에 들어왔을 때 직면하는 문제들에 대해 이야기했다.[113] 기술학교는, 중립적이라고 가정되지만 실제로는 낮은 카스트의 학생들에게 큰 불이익을 주는 일련의 관례, 수법, 절차에 의해 돌아간다는 게 요지다. "자아 실현의 예언을 거스르는 방식"이 이 학교들에 침투한다. 학교는 절차에 대해 진지하게 성찰하지 않은 채 낮은 카스트의 학생들을 받아들이고, 그래서 그 학생들이 실패하면 그것은 차별 철폐 조처 반대자들의 예측을 확고히 해주는 것처럼 보이게 된다. 그 제도의 비중립적 특징들 중에는 보충 교육이나 예비 교육의 부족(특히 영어에서)도 있고, 강사가 잘 준비되지 않은 학생들에게 별도의 도움을 주기를 거부한다는 점, 또 강사가 토착어 시험을 허용하기를 꺼린다는(법에 따르면 그렇게 해야 하지만) 점 등이 있다. 더 나쁜 것은, 학생들이 카스트에 기초해 실험실 파트너를 선택하고 심지어 낮은 카스트의 학생들을 모욕하고 괴롭혀도 강사들이 모르는 척한다는 사실이다. 낮은 카스트의 학생들을 어울리지 않는 곳에 와 있는 "무임승차자"로 보는 다수 학생들의 생각에 어떤 제도적 논의나 반영으로 맞서는 일도 일어나지 않는다. 인도공과대학에서의 학업은 많은 부분 집단적으로 이뤄지는 만큼, 사회 집단으로부터의 배제는 타격이 클 수밖에 없다. 강사들은 굳이 사회 구조에 신경 쓰지 않아도 되고, 대부분 차별 철폐 조처의 견고한 반대자들이다. 파르타사라티는 2008년 콘퍼런스에서 이 논문을 발표하면서, 대부분의 학생이 주입식 교육에 매몰된 이전의 교육 단계에서 상상력을 길러내지 못했다고 덧붙였다. 경쟁이 지나치게 심하고 기술적으로 유능한 그들은 감정이입의 능력을 거의 보여주지 못한다. 요구되는 인문학 교과목들은, 물론 아무것도 안 하는 것보다는 낫고 비록 그러한 문제들을 다루는 데 점점 더 집중하고 있긴 하지만, 하룻밤 새에 사고방식을 바꿔주지는 못한다.

요약하자면, 교육에서의 포괄은 마음과 정신을 바꾸는 문제다. 아무리 좋은 정책이라 해도, 사회적 규준들이 모욕하기를 거부하고 동정심을 뒷받침하는 감정적 기류를 형성함으로써 그 정책들을 지원하지 않는다면, 시들고 실패한다. 인도는 암베드카르의 기대에 미치지 못했다. 법적으로 실패해서라기보다는 정부 기관이 사회적·감정적 지지 구조를 형성하는 데 실패해서다.

장애와 존엄: 프랭클린 루스벨트 기념관

인지적·신체적 장애를 지닌 사람들은 역사 이래 적어도 소수자만큼 낙인찍기의 대상이 되어왔다.[114] 그들은 제도에 의해서, 또는 다른 아이들과 분리된 별도의 특수 교육 교실에 의해서 대중의 시야로부터 숨겨지기 일쑤였다. 그들은 공공 교육 안에 포함되는 것을 거부당해왔다. 그들은 "정상인"의 관점에서 요구되는 것에 따라 지어진 많은 건물에 들어갈 수 없었다. 그 건물들이 아무리 좀더 넓은 범위의 신체적 능력을 수용할 수 있도록 지어졌다 해도 말이다. 그들은 대중교통 버스도 탈 수 없었고, 심지어 많은 경우, 인도에 턱을 깎아놓은 부분이 없어서 길을 건널 수 없었다. 어떤 장애인들은 도시의 "추악한 법"에 의해 공공장소에 나타나는 것이 금지되었다.[115] 달리 말하자면, 또는 좀더 예민하게 말하자면, 유명한 헌법학자인 저코버스 텐브로크가 자신이 시각장애인인 사실과 그것이 함축하고 있는 의미에 대해 논하면서 지적한 바처럼, 그들은 "세상에 속할 수 있는" 권리를 거부당했다. 텐브로크는 자신이 살던 시대에는 불법 행위에 대한 법에서 장애인이 아이와 같은 존재로 취급되었다고 지적했다. 만약 시각장애인이 정상 시력을 가진 사람을 동반하지 않고 거리에 나갔다가 사고를 당했다면 그는 배상을 받을 수 없었다. 공공 규범이 거리와 다른 공공 시설들의 유지에 대한 기준을 올리고 포용을 권장했을지는 몰라도 말이다.[116]

그런 적대적 모욕하기는 심리적 손상을 가했다. 그것은 또한 사회를 인위적으로 "정상인"과 "불구자"라는 두 집단으로 가른다. 누구나 일정 기간, 일정 부분에서 장애를 겪기 마련이고, 또 장애인이라 해도 사회 환경에 따라서 최소한의 "불구" 상태에 놓일 수도 있는데 말이다. 장애인의 재능과 기여는 자주 잊힌다. 더욱이 사회는 다수의 신체에 대해 스스로 거짓말함으로써, 많은 "정상적인" 사람으로부터 그들이 받고자 했을 만한 도움을 앗아가게 된다. (예컨대 인도에 마련된 턱 낮춘 부분은 유모차를 밀고 가는 부모들, 바퀴 달린 짐가방을 끌고 지나가는 사람들을 비롯한 많은 사람에게 뻔질나게 이용된다.) 나이 드는 것은 장애와 같은 것으로 낙인찍힌다. 그리하여 모든 시민은, 적어도 아주 오래 살 경우, 품위가 손상된다. 인간 능력의 연속이라는 현실성 있는 개념은 교육에서 의료 서비스에 이르기까지 광범위한 사회 문제들을 해결하는 데 중요하다.

이 광범위한 주제는 지난 50년간 사회들이 어느 정도 진보하는 데 밑바탕이 된 주제이며, 따라서 이 주제는 어떻게 감정과 법이 상호 작용을 하는지에 대한 연구에서 유용하다. 이 경우 법은 분명 낙인을 제거하는 과정에서 큰 부분을 차지한다. 낙인의 제거는 오직, 장애인들이 무엇보다 "세상 속에서" 살아갈 수 있게끔 공공시설과 공교육의 변화를 지시하고, 장애인들의 기여를 분명히 하고, 사람들로 하여금 장애인을 괴물이나 인간 이하의 존재가 아니라 완전한 인간 존재로 여기게 하는 그런 법을 통해서만 가능하다. 장애아에 대한 차별적인 특수교육을 철폐하는 것이 아마 낙인을 최소화하는 가장 효과적인 장치가 될 것이다. 그렇다 해도 그런 법은 통과되어야만 했고, 이는 장애인들이 앞으로 나서서 자신들의 배제를 이야기함으로써 자신들의 휴머니티를 당당히 보여주고 생각과 마음을 변화시켜야 한다는 것을 의미했다. 미국장애인법과 장애인교육법의 통과에 앞선 심의에는 그러한 증언의 시간들이 포함돼 있었다.

"말과 활동"을 언급한 암베드카르의 선례를 따라 우리는 장애인들의 두드러진 기여 및 그것이 포괄과 공동의 목적에 대한 사회의 태도에 미치는 미묘한 영향을 인정해야 할 것이다. 장애인들이 인간의 활동 영역 전체에 걸쳐서 업적을 이루었기 때문에 이 주제는 그 자체로 방대하다. 발달장애인들의 스포츠 축제인 스페셜 올림픽, 학문의 영역과 전문직에서의 장애인들의 포괄과 인정, 이 모든 것이 모욕으로 얼룩진 경멸적 동정보다 공감의 감정과 평등주의적 동정심을 구축하는 공공사업의 일환이다. 하지만 여기서는 한 가지 사례에 집중해, 미국의 가장 유명한 지도자 중 한 명으로 심각한 장애를 갖고 있었던 인물인 프랭클린 루스벨트에 대한 대중의 생각을 살펴보자.

루스벨트의 소아마비는 그의 삶을 바꾸었다. 오늘날 대부분의 사람은 소아마비 때문에 그의 이해가 더 깊어졌고 그가 더 위대해졌다는 데 동의한다. 이동을 위한 매일의 투쟁은 그의 유명한 평온과 낙천주의를 약화시키지 않고 강화했다. 그는 이렇게 말한 바 있다. "만약 여러분이 2년 동안 침대 위에서 엄지발가락을 꼼지락거리려 애쓰며 지냈다면, 그 후엔 그 외의 일은 무엇이든 간에 쉬워 보일 겁니다!"[117] 하지만 그는 평생 동안 대중에게 자신의 장애를 숨기려 했다. 그는 공식 석상에는 휠체어를 타고 나타나지 않았으며, 어떻게든 서 있으려 애썼고, 심지어 조력자의 도움을 받아 앞으로 나가려 애썼다. 그가 살던 시대에는 그의 장애에 대한 인정이 분명 그에게 낙인을 찍었을 것이고, 그의 과업을 깎아내렸을 것이다.

그렇다면 그를 어떻게 기릴 것인가? 루스벨트 스스로가 기념관에 대한 관심을 언급했고, 심지어 장소도 선택했다. 1974년, 경쟁을 뚫고 조경가인 로런스 핼프린이 설계자로 선정되었다. 하지만 20년이 지나도록 기금이 충당되지 않아, 이 기념관은 1997년에야 비로소 개관했다.[118] 장애에 대한 우리의 관심과 관련 있는 첫 번째 결정은 장애보다 루스벨트의 업적에 중점을 두는 것이었다. 물론 이것은 적절하고 매우 중요하다(그리고 "말과 활동"에 집중하라는 암베드카르의 조언을 따르는 것이다). 이 기념관에는 4개의 야외 방이 있는데, 이들은 루스벨트의 네 차례의 대통령 재임기 각각에 할애돼 있다. 연결 모티프는 물인데, 그가 집무실에서 보낸 시간의 중요한 국면들을 상징하게끔 구성되었다(떨어져 내리는 하나의 거대한 물줄기는 경제 붕괴를 상징하고, 사방으로 흩어져나가는 혼돈의 폭포는 제2차 세계대전을 상징하며, 고요한 웅덩이는 루스벨트의 죽음을 상징한다). 그곳에는 물론, 조각가 조지 시걸이 빵 배급을 받으려는 사람들의 긴 행렬을 묘사한 조각상을 비롯해 여러 조각상이 있다. 건축 비평가 벤저민 포지의 해석에 따르면, 핼프린의 설계에는 "이쪽으로 갈 수도 저쪽으로 갈 수도 있고, 역방향으로 갈 수도 있고, 휴식을 취할 수도 있고, 다시 시작할 수도 있고, 혼자 있을 수도 있고, 다른 사람들을 만날 수도 있고, 많은 다른 광경을 볼 수도 있고, 그곳의 냄새와 소리를 느낄 수도 있게끔, 사람들에게 가능한 한 많은 선택지를 주려는 열정"이 반영돼 있었다.[119]

이 숙고와 재고로의 초대는 장애 문제와 관련해 일어난 일에 대한 적절한 은유다. 이 기념관이 폭넓은 다양한 장애를 가진 사람들이 쉽게 접근할 수 있도록 설계되었음에도,[120] 처음에는 대통령 자신의 장애는 그의 생전에 그랬던 것처럼 숨겨져 있었다. 핼프린은 이러한 선택을 옹호했다. "그는 사람들이 휠체어를 타고 있는 자신을 보기를 원치 않았다. (…) 이곳은 장애를 위한 기념관이 아니다."[121] 루스벨트는 자신의 반려견 팔라를 옆에 둔 채 의자에 앉은 모습으로(실제 삶에서는 그것이 휠체어였을 테지만) 표현돼 있다. 하지만 그는 그 의자를 가리는 긴 망토를 입고 있다. 이 때문에 토론이 촉발되었다. 다른 사람들과 장애인들은 (널리 알려진) 루스벨트의 휠체어를 가리는 망토가 그의 장애와 연관된 수치심을 강화한다고 불평했다. 그들은 역사의 정확성을 위해서나, 많은 전기 작가가 그의 인간 이해의 주요 원천으로 본 것을 암시하기 위해서나, 휠체어를 보여주기를 원했다.

필요한 것은 루스벨트 자신의 예절 감각에 위배되지 않으면서, 또는 기념관이 업적보다 장애에 지나치게 집중하지 않게끔 하면서 이러한 요구를 반영하는 해결책이었다. 결국 핼프린은 의자 뒤쪽에 다리 바퀴를 덧붙였다. 다리 바퀴가 조각상 뒤쪽에서만 보이기는 하지만, 이로써 의자는 사실상 휠체어가 되었다. 그러는 동안 전국장애인협회에서는 이 대통령의 두 번째 조각상 건립을 위해 기금을 모았다. 그 조각상은 휠체어에 앉은 그를 분명하게 보여주는 것이었다. 이 조각상은 2001년에 기념관 입구에 놓였다. 핼프린은 그 논의 자체가 자신의 설계의 성공을 보여주는 것이라고 말했다. "설계에서 가장 중요한 것은 다른 사람들에게서 창의력을 끌어내는 것이고, 환경과 상호 작용하는 사람들의 욕구와 경험을 포괄하는 것이며, 그들이 그 창작물의 일부가 되게 하는 것이다."[122]

　　루스벨트 기념관은, 관람객의 참여를 끌어들이는 방식에서 베트남전 참전용사 추모비와 비슷한, 사색적인 작품이다. 그것은 수치심을 부정하고 업적과 루스벨트 자신의 포괄적 동정심(조각상들과 물과 돌의 사용이 이를 은유적으로 보여준다)을 분명히 강조하면서, 절제된 적합한 방법으로 수치심이라는 주제를 다룬다. 그리하여 그것은 루스벨트의 삶에서 장애는 부차적인 것이며 동정심이 일차적이라는 것을 분명히 보여주면서, 장애가 오랫동안 유발해온 수치심을 문제 삼게 한다. 무엇보다, 관람자 개개인이 이러한 이슈들의 의미에 대해 개인적으로 깊이 생각해보고 낙인찍기에 대해 자유로이 생각해보도록 유도한다.

6. 동료 의식 심기

휘트먼의 화자는 미국의 도시와 공터들에 "숲처럼 울창한 동료 의식을 심을 것"이라고 말한다. 여기서 그가 의미하는 것은 각 개인이 모든 사람과 맺는 개인적 우정이 아니다. 그가 의미하는 것은, 사람들을 의심과 분리를 넘어 진심 어린 열정으로 공공의 과제들을 추구하도록 이끄는 시민 사랑의 정신이다. 그러나 "동지애"는 단지 창백한 동정심이어서는 안 된다. 그렇지 않으면 그것은 일상에서 사리사욕, 고질적인 낙인찍기, 두려움에 의해 분리되는 사람들을 통합하는 힘을 갖지 못할 것이다. 이 장에 등장하는 모든 주인공을 통해서 우리가 깨달은 (또는 동지애의 부재로 인해 확고해진) 것이 바로 이러한 생각이다. 미국의 공동의 투쟁을 위한 감정을 고조시키는 데 힘쓴 프랭클린 루스벨트. 사람들이 거닐고 놀 수 있는, 평등에 기초한 공간을 만들고자 한 프레더릭로 옴스테드. 인간의 존엄과 평등을 일련의 고상한 말에 그치지 않고 일상적으로 실천하게끔 친구들에게 영향을 미친 간디. 지정 카스트의 포괄을 무기력한 법 조항을 넘어 현실화할 방법을 모색한 B. R. 암베드카르. 심지어 배제에서 동반자 관계로 전환하는 방법들을 모색한 시카고 대학 지도자들.

이 모든 사례에서 정치 지도자들은 감정을 활용하고 있다. 다른 목표를 가진 매우 다른 유형의 지도자라도 감정을 활용하겠지만, 일반 범주의 수준에서 활용할 것이다. 이와 달리 예의 지도자들은 자신의 특정한 목표에 따라 이 일반 감정들로부터 또 다른 종류의 감정을 끌어낼 것이다. 아무리 사회가 다른 사람들을 배려하지 못해서, 또는 과도한 탐욕 탓에 수치심을 배양한다 하더라도, 카스트를 근거로 암베드카르를 주변화한 수치심은 공정한 사회의 일부분이 될 수 없다. 미국의 제도들에 대한 미국인의 신뢰와 지지를 좌절시키는 두려움은 루스벨트에 의해 꺾였다. 하지만 그는 처칠과 마찬가지로, 미국인들이 추축국에 대해 합리적 두려움을 가져야 한다고 생각했다. 시기심은 모든 감정 가운데 가장 미묘하다. 사실 루스벨트는 자본주의는 좋은 것이기 때문에 계속 적대적 시기심을(단지 경쟁심이나 적개심이나 질투심이 아니라) 느껴도 된다고 말하되, 사람들이 뉴딜 정책이라는 사회적 안전망에 내포된 다른 사람들의 기본권을 인정하지 않을 정도로까지 심하게 말하지는 않았다.

모든 경우에, 분리와 의심이 해결되려면, 휘트먼과 바울들의 정신(때로는 영감을 주고 때로는 익살스러운 어떤 시적인 정신) 속에 있는 뭔가가 필요하다는 것을 우리는 안다. 이런 시적인 요소는 때로는 정치적 수사를 뒤흔들어버리는 기능을 한다. 그리하여 성서적이고 시적인 울림을 주는 루스벨트의 말이 글자 그대로의 의미를 넘어서게 된다. 때로 그것은 어떤 공간을 상상해내도록 기능한다. 사람들이 함께 스포츠와 아름다움을 즐기고, 아크등 아래를 걷고, 이웃과 함께 스케이트를 타는 그런 기쁨의 정원을 만들어낼 수 있게 해주는 것이다. 때로 그것은 이전에 감춰지고 낙인찍혔던 것들의 품격을 높여주는 식으로 기능한다. 때로 그것은 일상생활을 통해 유기적으로 일어난 것만을 남겨두는 식으로 기능한다. 델리의 제설諸說 혼합적 예술과 통합적인 삶의 방식을 파괴하지 않고 갈리브를 추방하지 않게 해주는 것이다.

마치니, 콩트를 비롯한 "시민 종교"의 지지자들은 자기네 과업을 지나치게 단순하게 보았다. 그들이 생각한 대로라면, 그들이 모든 인간을 아우르는 확장된 공감을 일으키기만 하면 이기심은 없어지기 마련이었다. 밀과 타고르는 좀더 심도 있게 보아, 우리가 상대해야 하는 것이 있는 그대로의 사람들과, 어떤 사람의 효용을 다른 사람의 효용과 겨루게 하는 "매우 불완전한 상태의 세계 배치"라고 보았다. 아마도 모든 것을 가장 심층적으로 봤을 타고르에게는 "불완전한" 상황 그 자체가 규범적으로 가치 있었다. 모든 사랑은 개인들의 특별한 사랑에 뿌리를 두고 있고, 따라서 품위 있는 사회는 공평하지 않은 애착을, 그리고 사람들로 하여금 당연히 온 마음을 다해 공동선을 지지하는 것을 망설이게 하는, 자기가 사랑하는 사람들의 선을 증진시키려는 경쟁을 항상 포함할 것이기 때문이다. 나의 논의는 타고르의 의견에 동의해, 우리가 사랑 그 자체를 근절하지 않는 한, 또한 사회가 선을 위해 쏟는 에너지를 사회로부터 박탈하지 않는 한, 자기중심주의를 근절할 수 없다고 결론 내린다. 하지만 자기중심주의가 남아 있다면, 심지어 어떤 면에서는 어느 품위 있는 사회의 제도에 의해 칭송되고 가치 있게 여겨진다면, 사람들의 공동선에의 헌신을 약화시키는 두려움이나 시기심 같은 감정을 느낄 이유가 항상 존재하게 될 것이다. 대개 사회는 혐오감 없이도 굴러갈 수 있을 것이다. 그 감정은 긍정적인 선의 자원들과는 단절된 것으로 보이기 때문이다. 사회는 심지어 특정 범주의 사람들을 강력히 비난하는 유형의 수치심 없이도 굴러갈 수 있을 것이다. 그러한 수치심은 (혐오감과 밀접한 관련이 있어서) 사람들이 자신과 자신들의 사회가 이룰 수 있는 가장 높은 이상을 성취하도록 박차를 가하는 좀 더 건설적인 수치심에 본질적인 것으로 보이지 않기 때문이다. 우리는 사랑하는 사람들의 안전을 위한 두려움은 빼놓지 않으려 한다. 하지만 위험한 세상에서 두려움은 사람들을 분리시키고 많은 건설적인 활동의 기반을 약화시킨다. 우리가 논한 바와 같이, 시기심 또한 남아 있어야 한다(시기심의 훌륭한 사촌인 경쟁심만이 아니라). 경쟁과 경쟁의 대상인 '좋은 것'에 대한 관심은 좋은 사회가 영원히 에너지를 잃지 않는 한 막을 수 없는 중요한 것이기 때문이다.

품위 있는 사회의 제도들은 두려움과 시기심이 한도를 넘지 않게 하며, 적대적인 모욕으로부터 시민을 보호한다. 하지만 해야 할 일이 더 있다. 이 장에서는, 사회가 이기적 두려움과 시기심을 제한하고 시민들에게 계급의 낙인을 찍는 유형의 수치심을 약화시키는 감정적 기류를 만들어낼 수 있는 여러 방법을 예시했다. 그러나 이것들은 예시일 뿐이다. 정치적 감정들에 대해 철저하게 생각하는 정치가들은 거의 없다(프랭클린 루스벨트는 가장 중요하고 주목할 만한 예외다). 그에 비해, 동료애를 만들고 유해한 열정들을 규제하는 것에 대해 단편적으로나마 생각하는 일은 좀더 자주 일어난다. 때로는 신중한 계획과 공적 숙의에 의해(센트럴 파크의 경우처럼), 때로는 사람들이 함께 살아가는 방식을 통해(올드델리의 경우처럼). 이 경우에는 그러한 생각이 파괴되지 않도록 정치 행위자들이 그것을 중히 여기고 보호하는 것이 필요하다. 하지만 감정들에 대해 생각하는 것은 어떤 점에서는 항상 좋은 일이다. 좋은 것들은 사람들이 그것을 가치 있게 평가하지 않으면 나빠지거나 파괴되기 때문이고, 또한 정치적 평등이 단지 좋은 법이나 정책의 문제만은 아니라는 것을 사람들이 곧잘 잊게 되기 때문이다. 감정들에 대해 생각하는 것은 적어도 사람들이 거주하는 건물들, 사람들이 걸어다니는 길들, 이웃의 얼굴에 아크등의 불빛이 비치는 거리, 그 블록에 끼어들어 반짝이는 녹지 공간의 문제와 결부되곤 한다.

11장

사랑이 정의에 중요한 이유

Political Emotions
Why Love Matters for Justice

오 나는 불현듯 깨닫는다, 이 나라 미국은 바로 당신과 나임을,
미국의 힘, 무기, 증거는 곧 당신과 나임을, (…)
미국의 자유, 언어, 시, 일터는 곧 당신과 나임을,
미국의 과거, 현재, 미래는 곧 당신과 나임을.
_ 월트 휘트먼, 「푸른 온타리오의 기슭에서」

1. "시민 종교"의 재창조

프랑스 혁명 이후 유럽의 정치는 변했다. 박애 정신이 중요한 역할을
하게 되었다. 군주에 대한 두려움과 그의 전횡에 대한 복종으로는 더
이상 사람들이 한데 뭉칠 수 없었다. 시민들은 서로 협력해 새로운 삶
의 방식들을 생각해내야 했다. 어떤 성공적인 국가라도 공동선을 위한
희생을 요구하는 것이 가능해야 하므로, 시민들은 군주의 강제가 없
는 상태에서 희생과 공동의 노력이 어떻게 가능할지에 대해서도 따져
봐야 했다. 그리하여 일종의 "시민 종교" 또는 "사람의 종교"를 위한 제
안이 많이 생겨났는데, 말하자면 그 종교는 국방에서 자선 사업에 이
르기까지(그리고 시간이 흐르면서, 납세 준수에 이르기까지) 광범위한 가
치 있는 활동들을 촉진할 수 있는 대중의 공감, 사랑, 배려를 함양하
는 것이었다. 전 세계적으로 새로운 국가들이 생겨나면서, 비유럽적 사

고가 이러한 아이디어들을 풍요롭게 하는 데 기여했다.

1부에서는 역사를 통해서 그런 기획의 가능성과 위험성을 살펴보았다. 시민 감정에 대한 생각은 금세 둘로 갈라졌다. 두 갈래 전통 모두 광범위한 공감을 추구하고 편협한 이기심과 탐욕을 반대했다. 하지만 루소와 콩트(이들의 사상은 전 세계에 큰 영향을 끼쳤다)로 대표되는 전통은 감정적 효과에는 강제적 동질성이 필요하다고 보았다. 이 전통의 열렬한 지지자들은 비판의 자유의 여지를 남기지 않고 감정적 연대를 위한 제안들을 내놓았다. 반대와 비판에 대한 이런 관심 부족은 당연히, 그들이 갈망하는 정치적 사랑의 형태에 영향을 미쳤다. 루소와 콩트의 사랑은 한 개인의 다른 개인에 대한 사랑처럼 변덕스럽고 개인적이지 않다. 그 대신에, 똑같이 사랑하고 생각하는, 그리고 공적 감정들을 경험하는 사람들을 만들어내는 데 모든 것이 맞춰진다.

한편, 모차르트와 다 폰테, 밀, 타고르는 광범위한 공감의 필요성에 대해 루소, 콩트와 생각을 같이했다. 하지만 그들은 훨씬 더 다채롭게, 심지어 도덕률 폐기론적으로 이 공감을 생각했다. 서정시, 반체제적 음악, 그리고 심지어 코미디에서 새로운 정치적 사랑에 대한 그들의 은유를 발견하게 되는 것도 놀라운 일이 아니다.

이러한 두 전통은 서로 간의 대화를 통해서, 그리고 이 문제들에 대해 생각하는 정치 지도자들과의 대화를 통해서, 우리에게 동시대의 사상을 위한 풍부한 자원이 돼준다. 모차르트/밀/타고르의 전통은 좀더 매력적인 사회 형태를 만들고 유지할 수 있는 것으로서, 우리의 논의는 이러한 전통을 경쟁자들로부터 확실하게 지켜냈다.

모차르트/밀/타고르의 전통은, 매력적이긴 하지만, 여전히 좀더 발전시킬 필요가 있었다. 무엇보다, 인간의 심리에 대한 좀더 많은 설명이 필요했기 때문이다. 우리가 그리는 그림의 바탕이 되는 자료와 우리의 길을 가로막고 있는 문제들을 모두 이해하지 않고는 사회 문제를 해결하기가 매우 어렵다. 2부에서는 심리학, 인류학, 영장류학의 최근 연구를 고려해, 모차르트/밀/타고르처럼 당대의 계획들을 위한 기초를 놓으면서 그 주제를 다시 다루었다. 특히 2부에서는 편협한 공감이 사회가 해결해야 할 유일한 문제가 아님을 주장했다. 차별과 집단 종속 같은 편재한 문제들은 우리로 하여금, 인간의 신체 그 자체에 대한 혐오와 수치심(이는 다른 종들은 갖고 있지 않은.문제인 것 같다)이 인간의 발전에서 담당했던 역할에 대해 생각해보게 한다. 월트 휘트먼이 생각한 것처럼, 사회 정의를 증진시키려면 인간의 몸과 좀더 건강한 관계를 맺는 식으로 인간의 자기 혐오의 뿌리를 다루어야 한다. 더욱이 2부에서는, 밀처럼, 건강한 사회는 권위와 동료 압력에의 복종을 위한, 모든 사람이 공유하는 성향들에 대응해야 한다고 논했다.

2부에 제시된 발전에 대한 설명은 존경심이 좋은 사회가 요구하는 공적 감정, 또는 적어도 유일한 감정이 아니라는 것을 분명히 밝혔다. 존경심은 그 자체로 차갑고 비활성적이며, 인간들로 하여금 서로를 압제하게 하는 나쁜 성향들을 극복하기에는 불충분하다. 혐오는 어떤 인간 집단들에게 기본적인 인간의 존엄성을 인정해주지 않고 그들을 동물로 그린다. 따라서 인간의 존엄성이라는 개념에 기반을 둔 존경심은, 다른 사람들의 삶과의 상상적 연결을 통해서, 그리고 다른 사람들의 완전하고 평등한 휴머니티에 대한 내적 이해를 통해서 자양분을 공급받지 못한다면, 모든 시민을 평등한 존재로 포괄하는 데 무력하다는 것을 드러내게 될 것이다. 그러나 상상의 감정이입은 사디스트도 할 수 있다. 2부에서 논한 바와 같이, 사회가 필요로 하는 상상적 연결을 부추기는 것은 사랑이다. 그래서 사랑은 정의를 위해 중요하다. 정의가 불완전해서 정의가 (현실의 모든 국가에서 그렇듯이) 염원이 될 때 특히 그렇다. 심지어 성공적인 인간 사회들에서도 생존을 위해 그렇다.

그러나 사랑이 정의를 위해 중요하다는 데 우리가 동의한다 해도, 어째서 그런지, 어떻게 해야 품위 있는 사회가, 자유주의적 자유에 부합하게, 시민들을 그러한 논리가 상정하는 것과 같은 종류의 감정 경험으로 초대할 수 있을지에 대해서 우리는 여전히 설명하지 못한다. 그리하여 3부는 역사로 방향을 돌려, 이론상 좀더 진전된 논의와 함께, 이러한 이상적인 이론을 현실화할 수 있을 만한, 그리고 실제로 현실화한 여러 방식을 보여주었다. 애국심 배양에 대한 상세한 성찰을 통해서, 대중적인 희극 축제와 비극 축제의 활용을 통해서, 그리고 몇몇 악의에 찬 감정을 약화시키는 다양한 대중 전략을 통해서, 우리는 우리의 문제들에 접근하는 다양한 길을 봤으며, 자유를 보호하는 맥락에서 감정 경험들을 증진시키는 데 그러한 것들이 얼마나 강력한 힘을 발휘할 수 있는지를 살펴보았다.

3부의 예들은 적어도 세 가지 일반적인 교훈을 준다. 첫째, 공적 감정의 배양을 위한 훌륭한 제안들은 해당 장소, 해당 시대, 대상이 되는 해당 시민들의 특정 문화에 주의를 기울여야 한다는 것이다. 이를 확인하는 한 방법은 이 책에 나오는 두 명의 영웅인 마하트마 간디와 간디를 모방한 마틴 루서 킹의 관계를 생각해보는 것이다. 킹은 간디의 생애를 주의 깊게 연구했다. 하지만 그는 간디와 같은 전략을 취하지 않았고, 심지어 간디를 본뜨지도 않았다. 그는 간디의 규범들 중 매우 일반적인 어떤 것들은 미국이라는 환경에서도 실현될 수 있으리라고 이해했지만, 단, 매우 미국적이고 비간디주의적인 방식의 수사학적 자기표현을 통해서였다. 그런 판단하에 그는 또한 간디를 따랐다. 전생애에서 많은 시간을 인도 밖에서 살았던 간디는, 인도에 침잠하기도 하고 인도와 분리되기도 하면서, 상대적으로 인도를 보았다. 결과적으로 그는, 인도의 다양한 전통과 문화에 아주 민감한 전략이어야만 인도를 위한 좋은 전략이 될 수 있다는 것을 알게 되었다. 이는 대중을 위한 수사법과 대중을 위한 미술에 관련된 우리의 모든 제안에도 다 해당되는 말이다. 공원과 기념비는(아마 연설도) 현재뿐만 아니라 미래 또한 고려할 필요가 있긴 하지만, 그래도 그것들이 생겨난 장소와 시간에 자리 잡고 있어야 한다. 국적을 초월해 세계적으로 지명도 있는 예술가들이 포함될 경우(예를 들면 밀레니엄 파크의 프랭크 게리와 아니시 카푸어), 그들의 작업이 해당 도시와 국가를 진정 잘 아는 사람과의 협력하에 이루어지는 것이 매우 중요하다.

이러한 맥락주의에서 한 가지 흥미로운 측면은 냉소주의의 문제다. 어떤 국가들은 강력한 공적 감정에 호소할 준비가 되어 있지만, 어떤 국가들에서는 사람들이 공적인 영역을 혐오하게끔 사태가 전개되었다. 베트남 전쟁으로 인해 미국인들은 모든 세대에 걸쳐 애국심에 호소하는 것을 피하게 되었다. 그러한 사람들을 끌어들이려면 예술가는, 마야 린이 아주 훌륭하게 해냈듯이, 먼저 개인적 슬픔과 냉철한 비판적 성찰(전후에 두드러졌던 두 가지 입장)에 호소하고, 이어서 그 경험을 통해 사람들을 화해와 공통의 슬픔의 경험으로 이끄는 예술 작품을 창조하는 데 고심해야 한다.

나는 월트 휘트먼의 도전 과제가 신체를 덜 혐오하게 하는, 신체와의 더 건강한 관계를 만들어내는 것이었다고 언급했다. 여기에 두 번째 교훈이 있다. 1부의 첫머리에서 우리는 엄격하게 고정된 성 역할로 인해 사회적 협력의 가능성들에 야기되는 위험을 살펴보았다. 그리고 2부에서는 매우 일반적인 (그리고 특히 남성의) 어떤 성별 이해가 "투사 投射적 혐오"와 사회적 계층화와 관련 있다고 논했다. 이 책 전체에서, 그리고 3부에서 고찰된 모든 예에서, 감정들에 대한 규범적 분석을 통해 계속 시사되는 것은 남성성과 여성성을 덜 엄격하게 따지자는 것이다. 케루비노가 보여주는, 여성의 목소리를 가진 남성. 간디가 보여주는 중성적인 모성적 자아. 휘트먼이 창조한, 여성과 게이 남성과 소수 인종들의 감정을 표현하는 시적 페르소나. 이 모두는, 여성다움이나 남성다움에 대한 좀더 전통적인 방식들을 버림으로써가 아니라, 이런 전통들이 도전받고 보완될 때 문화가 더 풍요롭다는 것을 이해함으로써, 자아와 자아의 구현에 대해 창의적이고 유연하게 생각할 것을 요구한다.

3부에서 얻을 수 있는 세 번째 교훈은, 정치적 사랑은 다양한 형태를 띠며, 또한 그래야 한다는 것이다. 아이들에 대한 부모의 사랑, 동료들에 대한 사랑, 낭만적인 사랑, 이 모두가 다양한 방식으로 대중문화에 영감을 줄 수 있으며, 각기 다른 시민 집단들이 똑같은 대중 연설이나 예술 작품에 대해 각기 다른 감정으로 반응한다 해도 우리는 놀라거나 실망하지 말아야 한다. 어떤 스포츠 팬은 자기가 사랑하는 팀을 마치 자기 자식처럼 자랑스러워하고 보호해주고 싶어할 것이다. 또 어떤 팬은 자신을 선수들과 동일시해 자신이 그들이 되는 것을 상상하며, 그들이 사랑하는 것을 자신도 사랑할 것이다. 또 어떤 팬은 선수들에 대해 낭만적인 태도를 가질 수도 있을 것이고, 선수들을 친구나 동료로 여길 수도 있을 것이다. 이런 태도들은 나이, 성별, 인성에 따라 다르기 마련이다. 범국가적으로 따지면 이러한 다양성이 얼마나 더 커지겠는가. 하지만 그 모든 것이 사랑의 형태이며, 협동적이고 비이기적인 행동들을 촉진하는 데 여러모로 매우 효과적이다. 좋은 행동을 촉진하는 그 다양한 사랑에는 몇몇 공통점이 있는 듯싶다. 사랑하는 사람을 한낱 도구가 아니라 하나의 목표로 대해 배려하는 것, 사랑하는 사람의 인간적 존엄성을 존중하는 것, 사랑하는 사람을 위해 자신의 탐욕스러운 욕망을 기꺼이 자제하는 것. 하지만, 우리가 처음부터 살펴본 바와 같이, 사랑의 많은 형태와 많은 예가 이러한 특징을 가질 수 있다. 백작 부인에 대한 케루비노의 사랑은 백작 부인과 수산나의 우정 어린 사랑과는 다르며, 이 두 가지 사랑은 이 오페라 「피가로의 결혼」 말미에서 피가로와 수산나가 갖게 되는 로맨틱한 호혜적 사랑과는 또 다르다. 하지만 이 모든 사랑이 이타적이며, 이 모든 사랑이 자기만의 지위와 명예를 추구하는 데 몰두하기를 거부하고 호혜와 상처받기 쉬움에 도움이 되는 방향으로 행동하게 한다.

요약하자면, 우리가 상상한 사회의 목표와 이상들은 시민들이 느끼도록 장려돼야 할 감정들에 제약을 가하는 한편, 각기 다른 시민이 공적 영역에서 각기 다르게 살아가는 것을 허용할뿐더러, 또한 적극적으로 권장한다. 심지어 가장 규범적으로 부과된 일들에서도 이러한 여지가 있다. 베트남전 참전용사 추모비는 경의를 표하는 사색적인 태도를 끌어내며, 그곳에서는 밀레니엄 파크의 크라운 분수에서 하듯이 뛰어다니고 노는 것이 부적절한 반응이 될 것이다. 하지만 관람객들이 그 작품에 대해 적절한 반응으로 느끼게 되는 감정으로는 개인적인 애도와 범사회적이거나 국가적인 애도, 냉철한 관조, 개인적인 자기반성을 비롯한 다른 많은 감정이 있다. 정치적 감정들은 실제 사람들이 실제로 느끼는 감정들이다. 사람들은 이질적이며, 각기 다른 의견, 다른 역사, 다른 인성을 갖고 있기 때문에, 특유의 개인적인 방식으로 사랑하고 애도하고 웃고 정의를 위해 애쓰리라고 볼 수 있다. 여기서 그런 것처럼 표현의 자유가 보호되고 소중히 여겨진다면 특히 더 그렇다. 그리고 어떤 사람들은 그냥 케루비노를 좋아하지 않거나, 그의 신사적 행동을 모방하지 않을지도 모른다. 그들은 야구나 크리켓 경기를 하는 것을 더 좋아할지도 모른다. 그렇기는 하지만, 그들은 스스로의 존중과 호혜의 방식들을 찾을 수 있다. 케루비노와 그의 후예들(바울들, 월트 휘트먼)은 암시적인 개념들이지 독재적인 프로그램이 아니다.

이것이 우리가 걸어온 여정이다. 하지만 몇몇 일반적인 이론적 의문들이 여전히 좀더 충분한 설명을 필요로 한다.

2. 이상과 현실

우리는 정치적 이상들에서 출발해, 모든 시민의 자유와 복지를 위해 힘들게 노력한 어떤 국가를 상상했다. 하지만 역사에서, 그리고 현실 국가들의 결점 있는 현실에서 사례들을 가져왔다. 그렇다면 우리는 "이상적 이론"을 펴고 있는 것일까, 아니면 사람과 제도들을 있는 그대로 다루고 있는 것일까? 철학에서 흔히 볼 수 있는 이러한 이분법은 지나치게 단순화된 것이어서 우리를 오도한다. 이상은 현실적이다. 이상은 우리의 노력을, 우리의 계획을, 우리의 법 절차를 이끈다. 헌법은, 언제나 줄곧 완벽하게 시행되지는 않는다는 의미에서, 또 대개 국가의 가장 심원한 염원을 구현한다는 의미에서, 이상적인 문서다. 하지만 헌법이 보장하는 권리들이 특정 개인이나 집단에게 주어지지 않을 때 법적으로 대응할 수 있는 토대가 되어준다는 점에서, 헌법은 또한 현실적이다. "언론의 자유" "종교의 자유" "법 앞의 평등"은 모두 고상한 이상이지만, 그것들은 실제 세계에서의 소송과 판결을 위한, 실제 사람들의 교육을 위한, 골치 아픈 사회 문제들의 개선을 위한 기초가 되어준다.

이상은 다른 방식으로 현실적이다. 좋은 이상이라면, 그것은 인간의 삶을 있는 그대로 인정하며, 실제 사람들이 어떠한지에 대한 인식을 드러낸다. 실제 사람들은 육체적이고 궁핍하다. 실제 사람들은 다양한 인간적 허약함이나 우수함을 갖고 있다. 실제 사람들은 그저 인간일 뿐, 기계도 아니고 천사도 아니다. 천사들의 나라의 헌법은 어떤 것일지 누가 알겠는가? 코끼리나 호랑이나 고래의 나라에 가장 적합한 헌법은 어떤 것일지 누가 알겠는가? 우리가 상상하는 국가는 인간의, 인간을 위한 국가이며(다른 종들과의 복잡한 상호 관계에 놓여 있긴 하지만), 그 국가의 헌법은 인간의 삶에 대한 있는 그대로의 이해를 반영할 때에만 좋은 헌법이다. (존 롤스는 이 점을 분명히 이해했으며, 내 연구가 실현된 정의보다는 염원에 초점을 맞추고 있음에도 불구하고 롤스의 연구와 가깝고 롤스의 연구를 보완하는 것은 그 때문이다.)

그러므로 이상은 현실적이다. 동시에, 현실 또한 이상을 내포한다. 현실적인 사람들은 염원을 품는다. 그들은 자기가 알고 있는 세계보다 더 나아질 가능성들을 상상해내며, 그것을 현실화하려고 노력한다. 사람들은 인간 그 자체의 한계를 초월하려고 노력하기 때문에, 가끔은 그러한 이상 추구가 길을 잃기도 한다. 우리는 정치적 삶을 위한 많은 어려움이 그런 식의 자기 거부적 염원에서 온다는 것을 살펴봤다. 하지만 모든 이상 추구가 이런 불운하고 비생산적인 성격을 띠는 것은 아니다. 세속적인 정의를 위해 힘쓰는 사람들은 대개 멀리 있는 목표들을(눈에 띄게 이론적인 목표들을 포함해) 겨냥하며, 그 목표를 따라 움직인다. 그것이 인간의 현실에서 큰 부분을 차지하기 때문에, 이상적인 이론을 거부하는 정치사상가라면 누구나 많은 현실을 거부하는 셈이다.

우리의 연구는 그런 현실적 이상과 현실적 노력에 관한 것이다. 고상한 목표를 달성하고 안정화하는 일의 어려움이 이러한 연구의 동기가 되었다. 하지만 우리의 연구는 그러한 목표들을 현실 삶에서의 인간의 정치로 이해한다. 우리의 연구가 다루는 감정들은 실제 인간의 감정들이며, 우리의 연구에 담긴 심리학은 비이상적이고 현실적인 인간 심리학이다. 링컨, 킹, 네루의 연설에서처럼, 우리의 연구는 어려운 과업과 멀리 있는 아름다운 목표들을 그리되, 실제 사람들의 마음을 움직이도록 계획된 방식으로 그린다. 실제 몸과 그 몸의 특이점들이 보여주는 희극성에 의해서뿐만 아니라 자기 자신과 자신들의 세계의 (현실적으로) 이상적인 이미지에 의해서도 움직이는 실제 사람들 말이다. 그러므로 그것은 현실 세계와 그리 동떨어져 있지 않으며, 현실 정치(단, 지도자들이 심각한 문제를 수정하고 새로운 업적을 향해 나아가면서 상황을 전보다 훨씬 더 좋게 만들려 애쓰는 그런 정치)에서 사례를 구하는 것이 아주 적절하다.

달리 말하자면, 모든 사랑에는 이상적인 측면이 있으며, 이 점에 있어서 정치적 사랑도 부모의 사랑이나 개인적인 사랑에 못지않다. 사람들을 사랑할 때, 우리는 그들에게 좋은 사람이 되고 싶어한다. 그리고 일반적으로 이것은, 우리가 가끔, 심지어 대개, 원래의 우리보다 더 나은 존재가 됨을 의미한다. 개인적인 사랑은 정치적 사랑과 마찬가지로 편협함, 편애, 나르시시즘에 위협받으며, 그래서 사랑은 지속적인 투쟁을 내포한다. 이상은 여러 방식으로 사랑을 기형화할 수 있다. 어떤 아이에 대한 사랑이 그 아이가 아이다운 결점을 갖지 않았음을 조건으로 한다거나, 어떤 성인에 대한 사랑이 그 사람이 어떤 식으로든 인간을 넘어선 존재, 천사나 육체를 벗어난 영적 존재임을 조건으로 하는 것을 예로 들 수 있겠다. 그리하여 이상은 종종 현실을 위험에 빠뜨리거나 현실에 대한 거부를 드러낼 수도 있다. 인간에 대한 사랑이 그가 인간적이지 않고 필사의 존재가 아님을 조건으로 하는 것은 나쁘다. 수명을 연장하려는 것과 죽음을 비극으로 여기는 것은 인간 입장에서 야심적이다. (비극 축제는 우리에게 죽음이라는 결말과 죽음의 깊은 슬픔을 일깨워주며, 인간의 기본 운명에 대한 거부를 보여주지 않는다.) 우리가 상상하고 있는 이상들은 인간의 몸과 인간 심리의 현실에 닻을 내리고 있다. 그래서 그 이상들은 단지 인간이 진보, 아름다움, 선을 원한다는 부인할 수 없는 사실을 반영할 뿐이다. 더 좋은 것을 위해 애쓰는 것이 현실에 대한 그림에서 생략된다면, 그러한 모든 그림은, 성인의 사랑이나 부모와 자녀 간의 사랑에 대해 그렇듯이 정치적 삶에도 추하고 쓸모없는 냉소주의를 불러온다.

이 책은 줄곧 냉소적이지 않고 현실주의적이었다. 이 책은 현실주의적 인간 심리학이 우리에게 보여주는 문제들을 똑바로 직면하려고 노력했고, 이 책의 "영웅들"은 꿈이 아니라 실제 사람들이다. 마틴 루서 킹, 자와할랄 네루, 마하트마 간디, 에이브러햄 링컨, 프랭클린 루스벨트, 이들은 분명 꿈꾸는 사람이라고 불려도 좋을 것이다. 하지만 이것은 부분적인 진실이다. 이들 모두가, 한편으로는 이상의 아름다움으로 현실의 사람들에게 동기를 부여하면서도, 꿈을 성취 가능한 현실로 바꾼 매우 전략적이고 노련한 지도자이기도 하다. 그들과 마찬가지로 이 책은 우리가 약속된 땅에 이미 도달한 것처럼 굴지 않는다. 이것은 발의와 분투에 대한 책이며, 역사에 뿌리내리고 있다. 하지만 역사에는, 미국과 인도의 민주주의의 탄생에서부터 편견과 증오에 대한 많은 투쟁에 이르기까지, 생산적인 꿈꾸기의 놀라운 사례들이 담겨 있다. 그래서 아름다운 꿈들이 이 책의 중심에 있다는 사실에 대해 변명할 필요가 없으며, 역사의 복잡성에 위배되는 추한 냉소주의가 부족하다고 해서 아름다움이 비현실성을 불러온다고 생각할 이유도 없다. 실로 이 책이 하려는 말의 하나는, 현실이 고상한 비현실보다 아름답다는 것이다.

3. 특수한 것과 일반적인 것

우리는 이 책에서, 특히 3부에서, 정치의 맥락에서 사랑에 호소할 때 분명히 드러나는 문제도 다루었다. 그것은 바로, 사랑의 본질적인 자기중심성, 편파성과 모두에게 공평한 정책을 만들고 유지해야 하는 필요성 간의 균형을 어떻게 맞출 것인가 하는 문제다. 만약 (우리가 주장한 바와 같이) 완전히 추상적이고 원칙 의존적인 정서들이 동기를 유발할 만한 내용을 구성하기에는 너무 활기가 없고 공허하다면, 만약 좀더 크고 강한 이타주의가 개인의 특수한 사랑에 뿌리내리고 있고 그러한 사랑으로 만들어진다면, 우리는 어떻게 이러한 사랑이 정의를 전복시키지 않고 지탱할 수 있는지에 대해 깊이 생각해봐야 한다. (롤스는 이 부분에 대해서는 깊이 파고들지 않았고, 이 점에서 내 연구가 그의 연구를 보완한다고 믿는다.)

여기서 주장된 정치적 감정이라는 개념의 중요한 사실 하나는, 그것이 전체화되는 게 아니라는 것이다. 내가 상상하는 사회가 정치적 자유주의의 한 형태인 만큼, 정치적 감정은, 시민들의 삶 가운데 정치와 별개로 전개되는 부분에서, 시민들 각자가 삶에 대해 어떤 포괄적 관점을 가졌든 그 관점이 이끄는 바에 따라 시민들이 사람들과 특수한 관계를 맺고 사랑할 이유들을 가질 여지를 남겨둔다. 그런 의미에서 정치적인 것은 한정적이다. 단지 사람들이 관심을 가져야 하는 것의 일부에 지나지 않는다.

하지만 우리는, 정치적인 것이 바울들을 따르고, 또한 깊은 개인적 애착을 통해 일반적인 이상에 접근하는 바울들의 방식을 따른다는 점에서, 정치적인 것 역시 자기중심적이어야 한다고 주장했다. 아이들은 발달 과정에서, 자기 나라의 추상적인 이상들을 이해하기에 앞서 자기 나라를 대표하는 상징적인 것들을 사랑하길 배우며, 특수한 것이 일반적인 것으로 그들을 이끈다. 하지만 성인들 역시, 좋은 사회가 제공하는 비극 축제와 희극 축제를 통해, 밀레니엄 파크의 긴 다리 위에서처럼, 기쁨이나 슬픔의 특수한 경험으로부터 좀더 일반적이고 포괄적인 정서로 나아간다. 비극과 희극 자체가 그런 다리 역할을 많이 해준다. 정치적 사랑은 특수한 것과 일반적인 것 사이의 불안정한 진동 속에 존재하는데, 그러한 진동 속에서 특수한 것은 결코 거부되지 않지만 포괄성을 증진시키는 한 방식으로 이해되며, 일반적인 것은 특수한 상징·노래·조각과의 연결을 통해 동기 부여에 있어서 큰 힘을 발휘한다. 롤스가 생각한 것과 같은 그런 원칙 의존적 감정들은 그리하여 스스로를 자기중심적 상상과 개인적 사랑에 구속시키게 되며, 이런 깊은 뿌리들은 심지어 우리가 그 감정들을 갖게 되어도 계속 그 원칙들을 불어넣는다.

자기중심적 감정에 내재하는 편견의 위험들은 법규를 통해, 또 강력한 비판적 문화를 통해 계속 점검된다. 하지만 그 위험들은 또한, 정치적 이상들이 자기중심적으로 실현되는 그 방법으로도 점검된다. 어떤 예술 작품은 우리로 하여금 인간 공통의 곤경을 보게 하고, 우리 자신과 같지 않은 다른 사람들 가까이에 이르게 한다. 그런 작품들은 현명한 사회가 가장 가치 있게 여기는 작품들에 속한다. 나는 핵심적인 정치적 헌신으로 유도되는 정서들을 중요하게 여기는 롤스의 의견에 동의하므로, 이러한 "다리들"과 그 다리를 구축한 예술 작품들에 특히 관심을 기울였다.

4. 시민 문화와 "정치적 자유주의"

우리가 상상한 사회는 이질적인 것들이 혼성된 사회다. 그 사회는 다양한 종교, 민족적·인종적·성적으로 다양한 집단, 그리고 수많은 정치관을 내포하고 있다. 우리가 주장해온바, 이런 이질성을 존중하려면 단 하나의 지배 집단과 그 집단의 사고방식을 중심으로 하는 대중문화를 만들지 말고, 롤스의 "정치적 자유주의" 정신으로 정치를 해야 한다.[1] 이러한 입장은 도처에서 어려운 문제들을 야기해왔다. 모든 종교 수립과 이데올로기 수립을 거부하는 나라의 대중문화가 어떻게 현실의 사람들의 마음을 움직이는 그런 시, 웅변, 예술을 만들어낼 만한 내용과 구조를 가질 수 있을까?

정치적 자유주의는 좁고 빈약한 대중문화를 필요로 한다. 인간 삶의 모든 측면을 언급하지 않고 단지 정치에 가장 적절한 측면만(사회적·경제적 기본권들을 포함하는) 언급한다는 점에서 좁다. 그리고 영속적인 삶이나 영혼의 본질 같은, 분열을 초래하는 형이상학석 문제들에 관여하지 않는다는 점에서 빈약하다. 시간이 흐르면서, 그것은 사회에 내포된, 삶에 대한 많은 합리적이고 종합적인 관점 속에서 "중첩적 합의"의 대상이 되어야 한다. 분명 우리는 현재 어떤 중첩적 합의가 존재한다는 것을 꼭 보여주지 않아도 된다. 이는 롤스의 개념이든 내가 주장하는 개념이든 마찬가지다. 하지만 우리는 때맞춰 사람들이 진화하리라는 것을 보여줘야 하며, 그것을 보여주자면, 우리가 상상한 그 대중문화가 종교의 서열이나 삶에 대한 다른 관점들을 만들어내지 않는다는 것, 그리고 다른 사람들을 희생시켜가며 그 무엇이든 주변화하거나 강등시키지 않는다는 것을 보여줘야 한다.

이것은 실로 힘든 제약이지만, 우리의 연구를 어둡게 하지는 않는다. 반향을 일으키는 상징들이 때로는 종교적 전통에서 나오지만, 그 상징들은 굳건한 다원주의와의 관련 속에 제시된다면, 배제되지 않고 사회의 일반적 언어로 바뀔 수 있다. 그리하여 마틴 루서 킹은 자신의 이미지를 예언자들에게서 많이 끌어낸다(셰익스피어나 대중음악에서도 끌어내지만). 그는 그들을 참고하되, 일종의 시민 시로서 참고한다. 또한, 자신이 모든 사람의 평등이 실현되는 미래를 기대한다는 점을 매우 분명히 밝힌다. 간디는 이와 유사하게 힌두교의 상징성을 활용하지만, 그것을 이슬람교도와 기독교도의 평등을 강조하는 세심한 제의적 제스처로 둘러싼다. 3부의 다른 예들(센트럴 파크, 밀레니엄 파크, 베트남전 참전용사 추모비 등등)은 심지어 생김새부터 자유롭다. 그래서 정치적 자유주의는 다원주의의 문제에 대해, 그리고 위계질서와 계급 수립의 위험에 대해 방심하지 말 것을 우리에게 일깨우지만, 대중문화를 따분함이나 침묵으로 내몰지도 않는다.

어떤 의미에서 이 책을 통해 이루어진 연구는 분명 정치적 자유주의의 목표들에 유익하다. 많은 다양한 종교와 다른 정체성을 갖고 있는 현실의 사람들이 예술과 상징의 힘을 통해 일련의 공통 가치들을 중심으로 한데 모일 수 있다는 것을, 또한 어떻게 그럴 수 있는지를 거듭 보여주기 때문이다. 시, 음악, 미술은 위대한 통합자들이다. 그것들은 사람들을 그들 자신에게서 빼내어 하나의 공동체를 만들기 때문이다. 빌 몰딘의 만화를 보고 웃든, 아니시 카푸어의 클라우드 게이트의 굴곡진 표면에 반영된 자신들의 몸의 이미지를 보고 웃든 사람들이 함께 웃을 때, 그들은 전에 공유하지 않았던 뭔가를 공유하는 것이다. 그리고 그들의 차이는 작아진다. 베트남전 참전용사 추모비에서든 게티즈버그 전쟁터에서든 함께 나누는 슬픔은 단합의 힘, 심지어 치유의 힘 같은 것을 지닌다. 국민적 자부심이나 염원을 담은 노래는 국가의 정체성을 만들어내고 재창조하는 능력 같은 것을 지닌다.「자나 가나 마나」가 다른 종교를 가진 인도인들과 다른 종교들이 일련의 공통의 정치적 이상을 중심으로 함께 모이는 것을 명쾌하게 이야기한다면, 수없이 많은 공적 예술과 수사는 이와 유사한 일을 함축적으로 한다. 어떻게 "여럿이 모여 하나e pluribus unum"라는 생각이 현실화될 수 있었을까? 이에 대한 답에서 큰 비중을 차지하는 것이 예술이다. 예술의 매력이 현실의 사람들을 하나 되게 한다. 대중 시가 없다면 그들은 계속 따로따로 떨어져 있을 것이다.

5. 내용과 자유

강요하지 말고, 초대하라. 이 책이 상상하는 사회는, 그리고 이 책 전체의 논지는, 비판의 자유에 많은 자리를 내준다. 그래서 어떤 사람들은 베트남전 참전용사 추모비를 찾아가는 반면에 어떤 사람들은 그것에 다가가려 하지 않을 것이고, 어떤 사람들은 밀레니엄 파크의 예술 작품들에 대해 감동적이고 재미있다고 생각하는 반면에 어떤 사람들은 그것을 싫어하고 비난할 것이며, 어떤 사람들은 마틴 루서 킹의 연설이 감동적이라고 계속 생각하는 반면에 어떤 사람들은 그것이 진부하고 낡았다고 생각할 것이다. 그러한 불일치는 사실상 이상의 한 부분이다. 우리가 보았듯이, 현실의 대중 예술가들은 비판 정신의 귀중함과 아름다움을 극적으로 보여주는 방법을 많이 갖고 있다. 실로 그들은 중요한 순간에 매력적인 시의 불빛으로 비판 정신을 조명하면서, 사회가 비판 정신을 강하게 유지하도록 도와준다. 인도가 비판의 자유가 실현된 매우 성공적인 민주 국가라는 사실은 간디가 자유 운동의 찬가로 타고르의 「혼자서 걸어가라」를 선택한 것에 많은 빚을 지고 있다. '하나의 책, 하나의 시카고' 운동에서 시카고시가 첫 책으로 『앵무새 죽이기』를 선정한 것은, 위험 부담이 따르는 반대 의견을 포용하는 것이 사회 문제를 해결하는 데 필요한, 미국 대중문화의 핵심 가치라는 것을 모든 사람에게 일깨워주었다.

그런데 사회가 시민들에게 이러한 격한 감정 말고 저러한 격한 감정을 가지라고 촉구한다면 그것은 비판의 자유를 위험에 빠뜨리는 것이 아닐까? 절대 그렇지 않다. 첫째, 앞에서 이야기한 바와 같이, 비판 정신 그 자체를 위해서는, 사람들로 하여금 비판 정신을 보살피고 또 비판 정신에 장애가 되는 것들을 제거하게끔 하는 그런 감정적 애착을 촉진하는 것이 중요하다. 비판 정신은 항상 위협받기 때문에, 어린이들로 하여금 애티커스 핀치를 영웅으로 생각하게 하거나 「혼자서 걸어가라」를 부르게 하는 것은 좋은 생각이다.

둘째, 격한 감정으로의 초대가 강압적일 것이라고 생각하는 것은 잘못이다. 이 문제는 전적으로, 그 초대를 거절하는 사람이 어떻게 되는지에 달려 있다. 언론·집회·종교의 자유를 굳건히 보호하는 것이 이 연구의 원리적 배경의 핵심이 되어야 하는 이유가 바로 여기에 있다. 8장에서 살펴본바, 이러한 보호에서 중요한 부분이 학교에서 어린 반대자들을 보호하는 것일 텐데, 학교에서는 법은 강압적이지 않아도 또래의 압력이 특히 강압적일 것이다. 학교에서 애국심을 가르치는 것은 환영받는 일이지만, 우리에게는 그에 반대하는 것이 허용된다.

가장 중요한 것은, 비판 정신을 보호하는 사회라면 그 사회의 핵심 가치에 대해 중립적이거나 냉담해야 한다고 생각하는 것은 잘못이라는 점이다. 좋은 사회는 모두, 좋은 것과 나쁜 것에 대한 명확한 생각을 갖고 있다. 이를테면, 인종주의는 나쁘고 평등한 존중은 좋다고 생각하는 것이다. 반대자들의 자유로운 언론이 보호되는 한, 그 명확성에 대한 자유를 제한하는 것은 아무것도 없다. 반대의 자유는 사회의 가장 소중한 목적과 목표를 겨냥하는 열정적인 수식어로 인해 위험에 처하지는 않는다. 반대자들은 자유롭게 이러한 목표들과 겨룰 수 있다. 한편, 어떤 감정이 됐든 자기가 소집할 수 있는 감정적 후원에 힘입어 그 목표들을 실현하기 위해 열심히 노력하는 사회에 대해 자유를 제한하는 것은 아무것도 없다. 마틴 루서 킹이 열심히 인종차별에 반대했고 자신의 반인종주의적 주장과 마찬가지로 인종주의에 찬성하는 주장 또한 끌어안지 않았다고 해서 그가 언론의 자유에 반대했다고 한다면 이상한 말일 것이다. 어린이들로 하여금 주일에 킹 목사의 연설을 열렬히 듣고 싶어하게 하고, 완고한 인종주의자의 연설은 똑같이 열렬하게 듣지 않고 싶어하게 하는 것에 대해 자유를 제한하는 것이라고 한다면 그 역시 이상한 말일 것이다.

공적 예술 작품, 기념물, 공원에 대해 말하자면, 그것들이 감정에 있어서 중립을 유지한다는 것은 아예 가능하지 않다. 그것들은 어떤 다른 방식이 아닌 이 방식으로 특별히 방향성을 갖고 구성되어야 하기 때문이며, 만약 그것들이 조금이라도 감정적 충격을 준다면 그것들은 어떤 뚜렷한 유형에 속하게 되기 때문이다. 그리하여 그것들에 다가가는 사람은 스스로 그것들의 초대에 쉽게 넘어갈 준비가 돼 있는 셈이다. 하지만 이조차 비판이나 선택을 배제하지 않기 때문에, 반대할 만한 개입주의는 아니다. 루스벨트 기념관 이야기가 보여준 것처럼, 비판은 종종 그 작품 자체를 재형성할 수도 있다. 시간이 지나면 알게 된다. 이때, 공원이나 기념물의 초대는 기껏해야 리처드 탈러와 캐스 선스테인의 "자유주의적 개입주의"에서 이야기되는 "너지nudge(쿡 찌르기)" 같은 것이다. 그것은 디폴트 옵션default option을 설정하지만, 사람들이 다른 식으로 행동하고 말하고 생각하는 것을 막지는 않는다.[2] 베트남전 참전용사 추모비를 따라 걸어가는 사람 대부분은 자신의 감정이 특정한 어떤 방식으로 도전받는 것을 깨달을 것이다. 그것이 바로 예술가 그 작품을 구성한 방식이다. 하지만 사람들은 그곳에 항상 그저 단순하게 갈 수도 없고, 그 작품의 초대에 넘어가지 않기로 항상 굳게 마음먹고 갈 수도 없다. 공적 예술 작품들은 디폴트 옵션을 설정해야 한다. 그것에 대한 유일한 대안은 결코 공적 예술을 갖지 않는 것이거나, 또는 아무것도 전달해주지 못하는 그런 놀라우리만큼 평범한 예술만을 갖는 것이다.

예술이 평범한 수준이 아닐 때, 사실상 그 예술은 오히려 빈둥거리는 순응성이나 균질성을 부과하지 않을 것이다. 예술을 통해 체제의 비전을 부과하려 했던 전체주의 체제들을 생각해보면, 우리는 항상 나쁜 예술을 발견하게 된다. 소련의 리얼리즘과, 그것의 사촌 격인, 졸음을 부르는 많은 예술 말이다. 진정한 예술가들은, 타고르의 "무모한" 바울들처럼, 반대자들이다. 이 책은 처음부터 예술의 예측 불가능성과 특이성을 지지했다. 크라운 분수와 클라우드 게이트를 지지하고, 바울에게서 영감을 얻은 타고르의 시를 지지했다. 예술가들을 통제하고 예술가들에게 만족을 처방하고자 한 콩트의 욕구는 잘못된 것이었다.

요약하자면, 감정적 입장을 포함해 국가가 어떤 입장을 취하는 것은 전혀 잘못된 일이 아니며, 그 입장은 예술을 통해 선명해진다. 국가는 무언가를 옹호해야 하며, 사실상 많은 것을 옹호해야 한다. 그리고 여러 방식으로 이러한 비전을 전달해야 한다. 자유를 위험에 빠뜨리는 유일한 것은 다양한 의견을 억압하는 일일 것이다.

6. 본질적이거나 도구적이거나

그런데 우리는 어째서 사랑이 정의에 중요한가에 대한 답을 아직 얻지 못했다. 우리가 상상한 공적 감정들은 단지 공정한 사회가 목표를 달성하고 달성된 목표를 안정화하는 데 사용하는 도구일 뿐인가? 아니면, 시민들의 실제 삶에서 실현되는 것으로서, 사회가 이루려 애쓰는 목표의 일부인가? 달리 말해서, 우리가 정치적 목표들을 일단 이루었고, 미래에도 그 상태가 안정적으로 지속되리라는 근거 있는 자신감을 가졌다면, 우리에게는 더 이상 정치적 사랑이 필요하지 않게 될까? 원칙 의존적인 요소들뿐만 아니라 자기중심적인 부분도 포함하는 감정의 관여 없이는 사실상 안정성이 확보될 수 없다는 것이 우리의 주장이긴 했지만, 우리는 여전히 이러한 의문을 제기해야 한다. 그것이 바로 우리 연구의 중심에 닿아 있기 때문이다. 우리가 원하는 것이 스위스 군용 칼처럼 그저 매우 유용한(이 칼만큼 다양한 중요한 일을 할 수 있는 다른 도구는 없다고 가정해보자) 무엇인가? 아니면, 그것 없이는 우리의 공적 삶이 불완전해질 만큼 뚜렷한 가치와 아름다움을 지닌 무엇인가? 「피가로의 결혼」의 결말에서는 코러스가 "오직 사랑"만이 자신들의 시절을 행복으로 마감하게 해준다고 말한다. 그렇다고 사랑이 일단 행복을 성취한 뒤에는 내던져버리는 사다리 같은 것인가? 아니면, 사랑은 우리가 (공적) 행복으로 인정해야 하는 어떤 행복의 일부분인가?

"시민 종교"를 논하는 많은 전통은 이 점에서 모호하다. 예를 들어 마치니는 애국심이 이미 달성된 좋은 사회에서 한 부분을 차지한다는 것을 부인하지 않지만, 심지어 도구("지렛대")를 메타포로 사용해, 도구적 개념을 암시하는 방식으로 애국심을 상상한다. 마치니와 마찬가지로 대니얼 뱃슨도 좋은 사람의 일부가 되는 동정심 유형(아무리 이타적으로 행동하는 사람도 이 동정심 없이는 불완전하다고 판단될 만한 그런 동정심)이 있으리라는 것을 부인하지 않지만, 뱃슨의 동정심 연구는 (우리는 동기와 관련된 의문들을 조명할 때 이 연구를 자주 거론했다) 감정적 경험이 편파성과 불공정함으로 이어지는 것이 아니라 이타적 행동

정치적 감정 정의를 위해 왜 사랑이 중요한가

을 일으키는 것인 한, 감정적 경험을 중시한다. 우리의 주된 이론적 안내자인 존 스튜어트 밀과 라빈드라나트 타고르는, 역시 감정의 유용성을 인정하면서도, 감정에 좀더 본질적인 역할을 부여한다. 밀의 "인간 종교"는 단순히 개인과 일반적인 유용성을 조화시키는 손쉬운 장치가 아니다. 밀이 강력히 주장하는바, 그것은 다른 사람과 관계를 맺는 적절한 방법이며, 밀은 『자서전』에서 의미 있는 인생을 위해서는 감정의 발달이 중요하다고 강조한다. 타고르는 무기력을 경멸하고 감정의 풍부함에 대한 분명한 사랑을 드러냈는데, 이로 미루어 그는 분명, 마음의 내적 활기 없이 분배적 목표를 성취한 사회는 있을 수 없을 뿐만 아니라 매력적이지도 않다고 판단했을 것이다. 롤스는 『정의론』에서 정치적 감정을 본질적인 것으로서 강력하게 시사한다. 그가 기술하는 사랑과 감사의 감정들은 시민의 이상에서 중요한 부분이기 때문이다. 하지만 『정치적 자유주의』에서는 그는 마치 이 주장을 괄호 안에 넣어버린 양, 이와 관련된 언급을 전혀 하지 않는다.

이 책이 말하는 바는 무엇인가? 정치적 자유주의의 문제는 이것을 쉬운 문제가 아니라 어려운 문제로 만든다. 만약 우리가 삶에 대한 많은 다른 종교적·세속적 관점을 갖고 있는 사람들 사이에서 궁극적으로 중첩적 합의의 대상이 될 수 있는 정치적 개념을 원한다면, 삶에서 근본적으로 가치 있는 것에 대한 너무 많은 논쟁적 주장을 자아내지 않는, 어떤 면에서 빈약한 것이 더 좋을지도 모른다. 우리가 이론의 여지가 있는, 동정심이나 사랑 같은 감정의 영역에 들어갈 때, 또한 우리가 비극적 슬픔과 희극적 찬양에 대해 이야기할 때, 이런 형태의 대중 관찰과 그 관찰들이 배양하는 감정이 마치, 어떤 일을 하는 데 유용하지만 그 자체로 꼭 중요하지는 않은 스위스 군용 칼 같다고 말한다면,

어렵지 않게 모든 사람을 편승시킬 수 있다. 그 심오한 질문에 대해서는, 개개인이 스스로의 종합적 생각에 따라서 스스로를 위해 판단해야 한다. 공적 감정들이 이렇게 도구적으로 유용하며, 안정성 문제가 해결되어야 하는 한, 즉 국가들이 실수할 수 있는 인간에 의해 통치되는(정의에 대한 염원이 아직 이루어지지 않은 국가들에서 이럴 가능성이 가장 높다) 한 그 감정들은 불필요하다는 증거는 많다. 더 심오하고 논쟁을 초래할 가능성이 더 높은 어떤 것보다는 빈약하고 논란의 여지가 없는 어떤 것을 말하면서 우리가 앞으로 나아갈 때, 중단의 유혹을 받기 쉽다.

하지만 정의에 대해 논쟁하고 정의를 갈망하는 비이상적인 사회라고 해서 논란의 여지가 더 많을까? 사람들이 있는 그대로의 자기 나라에 전혀 만족하지 않으면서도 마음으로는 자기 나라에 깊이 얽매여 있는 경우는 흔하다. 그것이 바로, 정의를 위해 투쟁하되 불완전함을 포용하면서 이 책이 기술하고자 한 그런 사랑이다. 개인적 사랑이나 우정이 그 사람의 이상적인 이미지에 대한 것이 아니라, 그보다는, 흠 있고 결점 있는 총체적인 그 사람에 대한 것일 때(물론 비판하거나 논쟁하지 않는 것은 아니고) 최상의 상태인 것처럼, 도시나 국가에 대한 사랑도 마찬가지다. 그것은 성가시고, 불완전함에 굴하지 않으며, 그리하여 대부분 현실에 만족하지 않는 자들인 다양한 사람에게 다양하고 양립 불가능한 여러 방식으로 서로 포용하고 공통의 미래를 지향할 수 있게 해준다.

이제 우리는 그간 분명히 드러나지 않았던 뭔가를 보게 되었다. 이 연구의 사랑에 대한 요구는, "중첩적 합의"를 달성하기 더 어렵게 만드는 방식으로 정치적 개념에 의해 부과되는 요구들을 조금씩 늘리기보다는, 원칙과 제도에 대한 완전한 의견 일치나, 심지어 이러한 것이 주요 결점이 없다는 의견 일치를 전제하지 않는 감정들을 상상하면서 사실상 그 요구들을 감소시킨다. 두 사람이 종교, 정치적 관점, 궁극적인 삶의 목표가 서로 달라도 친구가 될 수 있고, 심지어 연인이 될 수 있는 것처럼, 우리가 상상하는 사회의 시민들 또는 적어도 그들 중 다수는, 우리가 기술한 이질적 경험들을 공유할 수 있다. 적어도 그러한 경험 중 일부를, 가끔, 공유할 수 있다. 그래서, 이러한 감정들이 본질적으로 귀중한가 아닌가 하는 물음을 통해 우리가 묻게 되는 바는, 처음에 생각했던 것만큼 정치적 자유주의에 위협적이지 않다.

그렇다면 우리가 묻고 있는 것은 무엇인가? 이런 식으로 질문해보자. 우리가 진보적 뉴딜의 겉모습을 취한 '신체 강탈자'들로 이루어진 사회를 가졌다고 상상해보라. 그 사람들은 우리가 희망하는 모든 이타적인 일을 하고, 실제로 마음에서 우러나서 한 것과 같은 행동을 통해 국가의 제도들을 유지하지만, 실제로는 아무것도 느끼지 않는다. 그들은 그저 사람의 껍데기일 뿐, 마음으로 아무것도 느끼지 못한다. 이러한 이야기를 다룬 영화들에서는 그 신체 강탈자들이 음악을, 특히 재즈를(재즈란 휘트먼과 타고르가 열정적인 시민의 특징으로 이해했을 법한 즉흥 연주와 에로티시즘에의 반응을 요하는 것이다) 감상할 줄 모른다는 것을 드러내는 식으로 그 점이 표현된다. 우리의 실험에서, 이 사람들이 개인적 삶에서는 많은 것을 느낄 수도 있음을(그들이 시종일관 그저 신체 강탈자이기만 한 것은 아니다) 인정해야만 한다는 점에서 상황이 좀 더 복잡해진다. 하지만 그것은 단지 형태에 불과한 다양한 시민적 감정으로, 그들에게서 실제로 느끼는 것을 통해 유지되지 않는 것처럼 보인다.

이제 우리가 첫 번째로 하려는 말은 당연히, 이 책이 취한 접근법은 항상 실제로 느끼는 것을 요구하지는 않는다는 것이다. 그저 충분히 많은 경우에 충분히 많은 사람이 충분히 느끼기를 바랄 뿐이고, 심지어 정확한 측정이 따르는 것도 아니다. 하지만 분명 어떤 사람들(심지어 많은 사람)은 베트남전 참전용사 추모비를 보고도 감동하지 않을 것이고, 밀레니엄 파크 등등을 즐겁게 돌아다니지도 않을 것이다. 어떤 사람들은 시민적 삶에서 특히, 다른 사람들보다 더 신체 강탈자(그저 시늉만 하는)를 닮았다. 감정적으로 민감한 사람들은 변덕스럽고, 무기력함과 무관심함은 호주머니에 넣어둔다. 게다가 사랑에는 많은 형태가 있고, 따라서 우리가 상상하는 것은 단 하나의 감정이 아니라 일군의 감정이다.

그다음으로 우리가 말할 수 있는 것은, 사실 공적 감정에 대한 그런 신체 강탈 개념은 효과가 없으리라는 것이다. 우리는, 사람들이 서로를 보살피는 시늉만 하지 않는 문화를 원하는 강력한 이유가 있는 본질적인 가치에 도달할 필요가 없다. 사람들을 뭉치게 하는 것은 그것보다 현실적이어야 하며, 아니면 사리사욕의 힘이 더 커질 것이다. 그래서 우리의 문제는 실천적인 것이라기보다는 이론적인 것이다.

여전히 그것은 중요해 보인다. 이상들은 현실적이다. 설령 우리가 이상에 도달하지 못한다 하더라도, 이상이 우리의 탐색을 이끈다. 그러니 좋은 시민에 대한 우리의 이상은 무엇인가? 우리가 생각하는 좋은 시민이란 나무랄 데 없이 바른 행동을 하는 신체 강탈자 같은 존재인가, 아니면 진정한 사랑을 품고 있는 사람인가? 오래전에 아이리스 머독이 인간의 덕성에 대해 했던 질문은 정치적 삶과 관련해서도 중요하다. 머독은 며느리 D에게 화가 난 시어머니 M을 가정했다.[3] M은 D

가 당돌하고 저속하고 짜증 나게 한다고 생각한다. 하지만 교육을 매우 잘 받고 자란 여성인 M은 이러한 느낌과 판단을 숨긴다. 머독은 이러한 숨김이 완전히 성공적이라고 규정한다. 겉으로 보기에 M은 꼭 D를 사랑하는 것처럼 행동하기 때문이다. 하지만 그녀의 마음속에는 사랑이 없다. 그렇기는 하지만, D에 대한 판단이 자신의 결코 바람직하지 않은 사실들(계급적 편견, 개인적 시기심)에 의해 촉발된다는 것을 깨달은 M은 "정당하고 사랑스럽게" D를 보도록 스스로에게 과제를 부과하며, 결국 시간이 흐름에 따라 그녀는 성공적으로 아닌 척 가장하는 태도를 가질 수 있게 된다.

머독의 주장에서 내가 지지하는 바는 이 내면의 도덕적 노력이 차이를 만든다는 것이다. 행동에 있어서 결과적으로는 다를 게 없었지만, M은 적극적이었고, 도덕적으로 가치 있는 어떤 일을 했다. 내가 정치의 문제에서 마음에 두고 있는 것이 바로 이 같은 차이다. 어떤 경우에 시민들은 감정이라고는 전혀 없이 마치 텅 빈 로봇 같을 것이고, 아니면 처음에 M이 그랬던 것처럼, 잘못된 감정을 느끼지만 올바른 행동을 하면서, 충실하게 처신하고 자제력을 발휘할 것이다. 이 두 경우 모두와 대조되는 그림이 있으니, 시민들이 서로를 진짜 정치적 사랑으로 대하면서(적어도 가끔, 어떤 점에서) 감정적으로 살아 있는 경우다. 설령 그게 사실일 것 같지 않더라도, 이 논의를 위하여, 그 공허한 대안들이 안정적이라고, 그리고 그 대안들이 성공적으로 이타적인 행동에 동기를 부여한다고 규정해보자.

머독은 상상력과 감정이 개입되는 노력을 통해서 내적으로 풍요로운 삶을 살아가는 M이 충실한 M보다 더 낫다고 설득력 있게 주장했다. 그녀는 D를 편견 없이 똑똑히 보려고 애쓰면서 도덕적으로 적극적이었기 때문이다. 우리는 많은 유사한 사례를 상상할 수 있다. 예를 들어, 비록 완전히 성공하지는 못하더라도 세상을 좀 덜 편향적으로 보려는 내적 노력에 성실히 참여하는 인종차별주의자들이 있다면, 이와 대조되는, 나무랄 데 없이 처신하는 인종차별주의자들이 있다. 시민의 경우에도, 진정 타인에 대한 사랑을 느끼는 시민이 있고, 이와 달리 단순히 법을 준수하는(우리의 분석에 차이를 만들어주는 방식으로) 충실한 시민이 있다. 시민들을 사랑하는 것은 행동에 있어서 훨씬 더 폭이 넓겠지만, 설령 그렇지 않다 하더라도, 설령 충실한 시민들이 이러저러하게 모두 똑같이 행동할 수 있다 하더라도, 우리는 여전히 국가의 상황과 그 국가의 다른 시민들에 대해 생생한 상상력 및 감정을 가진 시민을 칭찬하고 선호해야 한다. 이루려 애써야 할 정치적 목표인 타고르적/휘트먼적/모차르트적 시민은 그저 충실한 무기력한 시민보다 훨씬 더 호소력 있다.

만약 우리가(더 정확히 말해서, 만약 내가) 이와 다르게 생각한다면 오히려 그게 놀라운 일일 것이다. 앞에서 사랑, 상상력, 동정심과 관련해 그렇게 많이 공감에 대해 논했는데, 과연 개인성의 이러한 부분들이 단지, 일단 안정적으로 목표가 성취되고 나면 내면이 텅 비어 있어도 만족하는 사람들에 의해 제한된 목적에 사용될 수 있었던 도구일 뿐이라는 결론에 이를 수 있었겠는가? 여전히 이러한 결론에서 선입관의 티가 난다 하더라도, 머독의 주장은 유효하다. 내면의 세계는 규범적 평가와 관련돼 있으며, 심지어 실제 행동에서 별 차이가 없다 해도 우리가 시민으로서 어떠해야 하는지에 대한 우리의 생각에 차이를 만들기 때문이다. 우리는 삶에서 갖는 다른 중요한 역할들에서 이것을 쉽게 인정해, 상상적 M이 충실한 M보다 낫다고, 진심으로 사랑하는 부모가 단지 올바른 일을 하는 부모보다 낫다고, 인종차별적 인식과 태도를 극복하려 애쓰고 있는 인종차별주의적 동료가 단순히 나무랄 데 없이 행동하는 인종차별주의적 동료보다 낫다고 인정한다. 그런데 왜 우리가 삶에서 가장 중요한 역할 중 하나인 시민의 역할에서, 텅 빈 껍데기가 우리가 되어야 하는 전부라고 상상하겠는가? 우리는 단지 그 상황을 매력적인 목표로 받아들이지 않을 뿐이다. 사실 정치적 공포 영화인 「신체 강탈자들의 습격Invasion of the Body Snatchers」의 성공은 (그 영화가 겨냥하는 것이 공산주의이든 매카시즘이든 아니면 둘 다이든) 우리가 텅 빈 껍데기가 되어버린 시민들을 생각할 때 갖게 되는 공포와 메스꺼움을 증언해준다. 그것은 또한, 진정으로 느끼고 상상하는 시민(영화에서는 음악에 반응하는 시민)의 엉뚱하고 예측할 수 없는 휴머니티를 우리가 포용한다는 것을 확인시켜준다.

우리가 감정 주도 정치라는 생각에 대해 당혹스러움을 느낀다면 (그리고 미국인들이 인도인들보다, 또는 세계 다른 많은 지역의 시민들보다 더 당혹스러워할 것이다), 이는 부분적으로는, 내가 언급한 바 있는 베트남전 이후의 냉소주의와 소외의 유산(이는 특정 시대의 시민 모두에게 적어도 얼마쯤 흔적을 남겼다) 때문이다. 미국에는 또 다른 형태의 소외와 냉소주의가 존재하는데, 정치가 자신들에게 희망을 주지 못한다고 느끼게 된 인종적 소수자들 사이에서 특히 그렇다. 하지만 우리 역사에서 때때로 열렬한 반대 정치를 야기한(시민 권리 운동과 베트남전 반대 운동이 그러한 예다) 이러한 소외는 문화적으로 보편적이지 않다. 그리고 어떤 사회에 소외가 존재하는 한, 우리가 말했듯이, 공적 예술가와 웅변가들은 그것을 이야기해야 한다. 비판적이고 자기 성찰적인 태도를 지키면서 이러한 태도를 지역사회로 돌리는 훌륭한 방법이 되어주는, 베트남전 참전용사 추모비 같은 공적 예술 작품을 만들어내는 식으로 말이다.

거의 모든 나라의 현재의 정치 상황을 고려할 때 이 책에 드러난 사랑에 대한 요구는 지나치게 무리한 주문이며 비현실적이라고 (흔히) 이야기될 것이다. 하지만 이러한 반대론이 정말로 말하는 바가 무엇인지 생각해보라. 반대자들은 아마, 국가에 필요한 것은 구체적인 타산이라고 생각할 것이다. 경제를 따지고, 군사 문제를 따지고, 컴퓨터 과학기술을 잘 활용하는 식의 계산 말이다. 그럼 국가가 그런 것을 필요로 한다고 해서 국가나 마음이 필요 없는 것일까? 국가에 전문가는 필요하지만, 우리가 부모로서, 연인으로서, 친구로서 스스로에게 요구하는 일상적인 감정, 공감, 눈물, 웃음 같은 것, 또는 아름다움에 대한 관조를 통해 느끼는 경이 같은 것은 필요하지 않은 것일까? 만약 그런 게 국가라면, 사람들은 차라리 다른 곳에서 살기를 바라야 할 것이다.

월트 휘트먼은 아직 완전히 실현되지 않은 자신의 가상의 공화국을 이야기하면서, "미국은 바로 당신과 나"라고 썼다. 우리는 그보다 못한 것을 바라서는 안 된다.

감정 이론, 음악에서의 감정:
감정의 격동

이 책에서 설명한 감정 분석은 내가 『감정의 격동: 감정의 지능』에서 발전시킨 감정 이론을 공부하지 않아도 충분히 파악할 수 있다. 그럼에도, 이론적 배경을 더 깊이 이해하기 위해서는 『감정의 격동』의 중요 내용을 간략하게 살펴보는 것도 도움이 된다. 특히 모차르트에 관한 장의 경우, 『감정의 격동』에서 음악의 감정적 표현에 관해 설명한 부분을 살펴본다면 더 잘 이해할 수 있을 것이다. 따라서 이 요약은 해당 주제에만 초점을 맞추며 일반적 이론에 대한 극히 간략한 설명만을 제공한다.

『감정의 격동』 앞부분에서 나는 모든 감정이 어떤 대상을 향한 의도적인 생각이나 인식을 갖고, 행위자의 개인적인 관점에 따라 대상을 평가하고 판단한다는 개념을 옹호했다. 이때 행위자는 자신의 목적에 따라 대상을 평가한다. 그래서 우리는 이 세상의 모든 죽음을 슬퍼하는 것이 아니라, 오직 우리에게 중요한 사람들의 죽음에 대해서만 슬퍼한다. 또한 모든 나쁜 사건을 두려워하는 것이 아니라, 우리 계획에 심각한 위협이 될 만한 사건만을 두려워하는 것이다. 이러한 평가를 내리는 데에는 언어도, 복잡한 사고도 필요하지 않다. 대부분의 동물은 대상에 대해 적어도 이러한 평가를 내리며, 그에 따른 감정을 갖기 때문이다. 여기서 중요한 것은 생명체는 생명체 자신이 추구하는 관점에서 그 대상(예를 들어 음식)을 판단한다는 것이다.

1장과 균형을 맞추기 위해, 나는 감정에서 비인지적 요소(느낌, 신체 상태)가 어떤 역할을 하는지 조사했다. 비록 이러한 요소들이 우리 대부분의 감정적 경험에 존재한다고 하더라도, 또한 실제로 모든 감정이 어떤 식으로든 구체화된다 하더라도, 나는 이들 비인지적 요소는 불변성 및 (우리가 특정 감정에 대한 정의에 이들 요소를 포함한다면 필요하게 될) 해당 감정과 연관성을 갖지는 않는다고 본다. 보통 떨림이나 전율과 같은 요소와 자주 연관되는 두려움과 같은 단순한 감정에도 많은 반례反例가 존재한다. 죽음의 공포와 같은 흔한 사례가 대표적이다. 우리가 공포를 느낄 때는 대부분 그것을 심리적으로 현실로 느낄 뿐만 아니라 우리로 하여금 무언가를 하도록 동기 부여를 하는 힘이라고 느끼지만, 그렇다고 (항상) 의식 수준에서 몸의 떨림이나 전율을 인지하지는 못한다. 그렇다면 이러한 경우에 단 하나의 느낌도 없을 뿐만 아니라 의식 수준에서 느낄 수 있는 것도 전혀 없는 것이다. 다른 더 복잡한 감정들, 예를 들어 슬픔과 연민에는 대개 어떤 종류의 느낌이 개입되어 있다. (이 역시 항상 그런 것은 아니다.) 그러나 일반적으로 그러한 감정에 속하는 육체적 느낌은 식별하기조차 쉽지 않다. 심지어 우리가 그러한 요소들을 확인했다고 생각할 때조차(가령 위가 아픈 것 같은 슬픔) 자세히 들여다보면 이러한 신체적 징후들이 크고 작게 변하는 동안에도 계속해서 슬픔을 느낀다는 것을 발견할 수 있다. 슬픈 사람은 때로 아프기도 하고 지치기도 하며 어떤 때는 에너지가 남아도는 듯 보이기도 하지만, 그렇다고 해서 그 사람이 슬퍼하지 않는다고 말하는 것은 옳지 않다.

그러나 우리는 여전히 감정이 본능적이고 심하게 마음을 동요시키는(비의식적인 느낌은 아닌) 방식으로 느껴진다고 주장할 수 있지만, 우리는 어떤 감정 유형을 특정한 감정 상태와 연관시키지 않으며, 또 연관 지어서도 안 된다. 더 나아가 그 동요가 무엇인지 정확하게 이해해야 한다. 격정적이고 본능적인 느낌은 종종 인지적 차원과 동떨어진 것이 아니다. 사랑하는 사람의 죽음은 위 속 바이러스와는 다르다. 왜냐하면 그것은 죽은 사람과 여태껏 쌓아온 애정과 희망, 기대를 갈가리 찢어놓기 때문이다.

여전히 나는 이 이론이 옳고 중요하며 심지어 논란의 여지조차 없으리라 생각하지만, 나는 이 책의 어느 곳에서도 내 이론의 논쟁적인 측면에 의존하지는 않았다.

2장에서는 인간이 아닌 동물의 감정을 조사하면서 다음과 같이 주장했다. 감정에 포함된 그 무엇을 받아들일 때, 언어적으로 신중하게 진술된 명제를 받아들이는 것처럼 하면 안 된다는 것이다. 인간이든 아니든 감정은 생물체가 자신의 행복에 가장 중요한 것으로 보는 어떤 대상만 선택적으로 다룬다. 인간의 경우, 이토록 단순한 감정은 말을 할 수 없는 시기인 유아기에 흔히 볼 수 있지만, 성인이 되어서도 지속될 수는 있다.

3장에서는 인간 사회에서는 사회적 규범과 특정한 상황이 감정의 인지적 내용을 만든다고 보았다. 일반적으로 공유되는 인간 삶의 특징 역시 중대한 영향을 미치지만, 심지어 이런 공유되는 환경(사망, 질환)도 사회마다 다른 형태로 나타난다. 때때로 다양한 사회적 규범은 주어진 감정의 적절한 대상에 대한 그곳 구성원들만의 견해를 형성한 다. 그러나 때로 이들 규범은 미묘하게 다른 형태의 분노, 슬픔, 공포를 만들어내면서 감정 분류 자체를 형성하기도 한다. 그러므로 분노는 어 떤 면에서 문화적 보편성의 과정 중에 있다고 볼 수 있는데, 그 이유 는 모든 사회에서 사람들은 부당한 피해에 반응하는 것이 아니라, 특 정한 형태의 분노, 즉 모욕이 무엇이고 무엇이 명예인지 등에 관한 사 회적 규범에 강력하게 영향을 받기 때문이다. 예컨대 『피가로의 결혼』 에 나오는 남성의 감정은 앙시앵레짐의 관점과 습관에 의해 형성된다.

그런 다음 4장에서는 감정의 발달적 특성, 즉 인간의 초기 감정적 경험은 언어를 사용할 수 없고 심지어 사물을 안전하게 식별하여 각 각의 특성을 파악할 수 없는 시대까지 거슬러 올라간다는 사실을 연 구한다. 오래전부터 형성된 감정의 이러한 양상은 종종 사랑과 슬픔이 라는 복잡한 구조 아래서 성인의 삶으로까지 지속된다. 이 논의는 이 책 7장에 제시된 인간 발달의 설명과 유사하지만, 많은 점에서 그 이 상의 의미를 갖는다.

5장에서는 음악으로 주제를 돌려, 음악이 감정을 구현하고 표현한 다는 사실(대부분의 청취자에게는 자명한)을 어떻게 가장 잘 설명할 수 있는지 질문했다. 다시 말해, 우리는 적절한 이유를 들어 어떤 악절은 흥겹고 또 다른 악절에서는 깊은 슬픔이 묻어난다는 식으로 말할 수 있다. 이러한 감정적 속성은 위대한 특이성을 지닌 음악에서 비롯된다. 이는 우리가 시에 관해 말할 때 볼 수 있는 특이성에 버금가는 것이 다. (예를 들어, 바그너의 『트리스탄과 이졸데』 '리베스토드Liebestod'에 구현 된 특정한 사랑의 유형에 관해 이야기할 수 있으며, 체루비노의 「그대여 아는

가 사랑이 무엇인지「Voi che sapete」에 구현된 완전히 다른 사랑의 유형과 비교해볼 수도 있다. 단지 텍스트뿐만 아니라 음악 자체에 대해서도 그렇게 할 수 있다.) 개인적으로 이것은 듣는 사람의 실제 감정적 경험에 대한 문제는 아니라고 생각한다. 듣는 사람이 주의가 산만할 수도, 음악적으로 무지할 수도 있는 노릇이다. 그러나 문학적 반응에 대한 웨인 부스의 명석한 분석을 따라가면 음악의 표현적 속성을 "암묵적 청취자"의 경험과 결부시킬 수 있다. 암묵적 청취자란 작품에 전개되는 음악적 경험을 충분히 인지한 채 귀 기울여 적절하게 듣고 있는 청취자를 의미한다.

나는 음악이 어떻게 감정과 같은 것을 구현할 수 있는지를 설명하는 데 철학자들이 어려움을 겪었음을 지적했다. 한편, 일부 이론가(에두아르트 한슬리크)는 감정이 평가적 사고를 구현한다(이 말은 옳다)고 말했으나, 언어가 아닌 음악이 어떻게 그러한 사고를 구현할 수 있는지 알 수 없었으므로, 결국 음악이 감정을 구현할 수 있다는 것을 부정하게 되었다. 한편, 다른 이론가들(쇼펜하우어, 수잔 랭거)은 음악이 실제로 감정을 구현한다는 관찰에서 출발했지만, 모든 사고는 본질적으로 언어적이라는 한슬리크의 말에 동의했다. 결국 그들은 감정이 사고를 수반할 수 없는, 의도성 또는 인지적 내용 없는 피의 움직임이나 동요로 봐야 한다는 결론을 내렸다.

양쪽 입장이 저지른 실수는 모든 사고가 본질적으로 언어적이라고 가정하는 것이다. 이 지점까지 나는 이미 인간이 아닌 동물과 어린아이들이 모두 각자의 행복에서 가장 중요한 것이 무엇인지 인식하면서 많은 비언어적 감정을 지니고 있다고 주장해왔다. 이제 덧붙여야 할 것은 이러한 비언어적 경험들이 과거의 것이거나 원시적일 필요는 없다는 점이다. 즉 언어는 인지적 성숙도를 독점하지 않는다. 일단 표현의 비언어적 형태(청각 또는 시각)가 언어만큼 풍부한 가능성을 포함할 수 있다는 것을 알게 되면, 비로소 음악 속의 감정에 대해 진지하게 생각할 준비가 된 것이다.

다음으로 말러의 편지, 프루스트의 음악에 관한 소견, 파울 힌데미트의 명저 『작곡가의 세계』를 길잡이로 삼아, 음악은 한 가지 중요한 방식에서 언어와 다르다고 주장한다. 즉 음악은 일상의 실용적 의사소통에 사용되는 진부한 도구가 아니기 때문에 개성의 깊이를 조명하는 강력한 힘을 가진 것처럼 보인다. 음악은 습관의 언어가 되지 않기 때문에 꿈과 공통되는 많은 속성을 지닌다.

나는 음악이 문화와 특정 음악 형태의 역사—더 구체적으로 말하면 특정 작곡가만의 고유한 표현 양식의 발달—에 의해 형성되면서 감정을 표현한다고 주장한다. 한 번도 들어본 적 없는 어떤 사회의 전통 음악을 들은 사람들은 그 음악의 감정적 내용을 완전하게 파악할 수 없다. 그렇다면 "암묵적 청취자"는 자신의 음악을 표현하는 작곡가의 고유한 방식을 포함하여 특정 음악적 전통에 대해 잘 알고 있어야 한다. 그러므로 말러 교향곡에서 그가 오보에, 하프 등을 어떻게 사용하는지 잘 알지 못한다면 어떤 악절을 정확하게 설명하는 것은 불가능하다.

마지막으로, 나는 음악과 텍스트 사이의 관계에 대한 골치 아픈 질문을 논의하면서, 비록 언어 텍스트가 음악에서는 결여된 것을 명확하게 표현할 수는 있지만 텍스트는 종종 음악의 감정적 궤적을 충분히 드러내지 못한다고 주장한다. 말러의 「죽은 아이를 위한 노래 Kindertotenlieder」 중 두 곡을 연구하면서 이 곡들이 두 아이의 죽음에 관한 것이라는 사실은 텍스트로 전달되지만, 이 곡들이 표현하는 슬픔의 정확한 성격(그 슬픔이 종교를 통해 위안을 받을 수 있는 것인지 아니면 완전히 절망적인지에 대한)은 뤼케르트의 텍스트만으로는 알 수가 없으며 말러의 음악으로만 설명될 수 있다. 이 논의는 이 책 2장에 나오는 모차르트와 다 폰테에 대한 설명과 분명히 관련이 있다.

감 사 의 말

이 책은 『감정의 격동Upheavals of Thought』(2001)을 비롯해 여러 책을 저와 함께 작업한 케임브리지대 출판부의 저명한 철학 편집자인 고故 테런스 무어가 아이디어를 낸 것입니다. 그는 『감정의 격동』을 발전시켜, 연민 속에 있는 도덕 심리와 규범적인 정치철학인 역량 중심 접근법을 접목해 책을 쓰도록 권했습니다. 여러 해 동안, 나는 이 책에 관해 곱씹어 생각하면서, 연민에만 국한되지 않고 폭넓은 감정에 대해 논할 수 있을 거라는 믿음이 생기자, 그제야 어느 정도 개괄적인 형태를 갖출 수 있었습니다. 2004년, 책을 계획하는 동안 애석하게도 테리 무어는 암을 이기지 못하고 고작 51세의 나이로 세상을 떠났습니다. 무어 씨는 업무 면에서 더할 나위 없이 훌륭했습니다. 그는 철학을 믿었고, 다른 사람들에게도 철학을 믿도록 설득할 줄 알았으며, 적극적으로 시장에 내놓을 줄 아는 사람이었습니다. 또한 작가들이 진실하게 시야를 넓혀 작업할 수 있도록 도움을 주면서 폭넓은 대중을 아우르던 사람이었습니다. 생각과 논쟁의 힘, 사실은 책 자체의 힘에 대한 신뢰가 쇠퇴해가는 현시대에, 그의 죽음은 특별히 애도되어야 합니다. 이 책을 그에게 바칩니다. (2004년 11월 10일자 『가디언』의 부고문을 통해 그의 생애와 인격을 잘 엿볼 수 있습니다.)

이 책을 준비하면서 관련 주제에 관한 논문을 연결해 쓰는 것이 유용하다고 생각했습니다. 이전 논문들을 출판해주신 여러 편집자의 격려가 큰 힘이 되었습니다. 「연민과 공포」 「세계적으로 민감한 애국심을 향하여」의 출판을 맡았던 『다이달로스』의 제임스 밀러, 프랑크푸르트로 초대해 애국심에 관한 새로운 견해를 논의하고 해당 논문의 장편을 펴낸 마티아스 루츠-바크먼과 필리프 싱크, 「로크주의 국가의 근본악」을 출판해준 『도덕철학저널』의 톰 브룩스, 편집본에 「로크주의 국가의 근본악」 장편을 실어준 조지타운대학의 토머스 밴초프, 2장에 나오는 『피가로의 결혼』에 관한 글을 준비해보라고 제안한 존 데이, 같은 논문의 예비판을 출판해준 사미 필스트룀과 헨리 리처드슨, 「연민: 인간과 동물」이라는 제목의 논문으로 출판되기 전에 쓴 소논문을 조너선 글러버를 위한 기념 논문집에 투고해보도록 권해준 제프 맥머핸, 앤 데이비스, 리처드 커산에게 감사를 전합니다.

여러 나라를 통해 다양한 관점을 갖게 된 것도 행운이었습니다. 애국심에 관한 자료를 발표하면서 독일, 핀란드, 인도의 관점, 「연민: 인간과 동물」을 발표하면서 인도와 한국의 관점, 「로크주의 국가의 근본악」을 발표하면서 그리스와 인도의 관점, 『피가로의 결혼』에 관한 에세이를 발표하면서 프랑스, 핀란드, 페루의 관점을 알게 되었습니다. 그래서 다양한(핀란드와 페루에서의 다국적 만남은 위에 열거한 리스트를 보고 예상할 수 있는 것보다 훨씬 다양했다) 관점에서 이러한 문제들에 대해 이야기해준 모든 나라의 청중에게 감사를 표합니다.

학생들을 가르치면서도 많은 도움을 받았습니다. 특히 2006년에 역사학자 다니카 사카와 함께 협동수업으로 진행했던 라빈드라나트 타고르에 관한 수업, 2007년에 맡았던 교육과 도덕심리에 관한 세미나, 2006년에 맡은 애국심과 세계주의에 관한 세미나, 2010년과 2012년 봄 학기에 맡았던 감정·이성·법에 관한 수업에서 큰 도움을 받았습니다. 상황을 이해하는 데 도움을 준 이 수업에 참여했던 모든 학생에게 감사를 전합니다.

마지막으로 스탠퍼드대학 정치 이론 워크숍 및 컬럼비아 로스쿨에서 워크숍 형태로 자료를 발표했을 때, 토론을 통해 원고의 질이 상당히 높아졌습니다. 무엇보다 시카고대학의 로스쿨 동료들에게 감사합니다. 그들은 진행 중이던 워크숍에서 책의 네 지점에 대하여 논하면서, 매우 유용한 도움을 주었습니다. 아지즈 후크, 앨리슨 라크루아, 사울 레브모어는 어느 순간 책의 거의 모든 부분을 읽어 통찰력 있는 비판을 해주었습니다.

그 외에도 여러 논평과 대화를 통해 이 책에 도움을 주신 분들께 감사를 전합니다. 대니얼 아베, 더글러스 베어드, 코리 브렛슈니커, 대니얼 브루드니, 에밀리 부스, 팀 카터, 조슈아 코언, 데이비드 에스트룬드, 릭 퍼탁, 크리스 하바시, 존 데이, 스티븐 다월, 리처드 엡스타인, 버나드 하코트, 제프리 이스라엘, 샤론 크라우제, 찰스 라모어, 브라이언 라이터, 크리스토퍼 멀로니, 더글러스 맥린, 조너선 마주어, 리처드 매캐덤스, 제프 맥머핸, 앨리슨 매퀸, 제니퍼 누, 찰스 누스바움, 조슈아 오버, 에릭 포스너, 핸리 리처드슨, 애덤 사마하, 제프리 세이어 매코드, 마르코 세갈라, 마이클 스타인버그, 니컬러스 스테퍼노펄러스, 매다비 선더, 카스 선스테인, 미라 투오미넨, 빌 왓슨, 로라 웨인리브, 수전 울프, 다이앤 우드 모두 감사합니다. 최종 수정 단계에서 익명의 독자들이 발견한 것들 또한 대단히 큰 도움이 되었습니다. 그리고 연구에 매우 유용한 지원을 해준 라이언 롱, 크리스 스케인, 빌 왓슨에게 감사를 전합니다.

주

1장

1. Locke([1698] 1990, pp. 27, 32).
2. Kant([1793] 1998). 나는 "Radical Evil in the Lockean State" Nussbaum(2006b)이라는 제목으로 출간된 작품의 요약판인 "Radical Evil in Liberal Democracies: The Neglect of the Political Emotions," Nussbaum(2007b)에서 칸트의 주장을 자세히 논의한다.
3. 하지만 루소는 이 용어를 사용하지 않는다. 칸트의 심리학은 루소의 심리학과 놀랄 만큼 유사하지만, 자신이 받은 경건한 교육에 영향을 받은 것 또한 분명한 사실이다.
4. Rousseau([1762] 1987).
5. Rawls(1986). 나는 이런 관점을 Nussbaum(2006a)에서 인정하고 Nussbaum(2011b)에서 상세히 옹호한다.
6. Rawls(1986, pp. 133–72).
7. Mill([1874] 1998).
8. Rawls(1971).
9. Rawls(1986, p. xlii and 등등)를 보라.
10. 감정에 대한 롤스의 세련된 설명은 매우 인상적이다. 왜냐하면 그가 이 책을 쓸 당시 영미 철학에선 이 주제에 관한 작업이 거의 진행되고 있지 않았기 때문이다. 다른 경우와 마찬가지로 이 경우에도 롤스는 분명 철학사에 관한 그의 심도 있는 연구로부터 배움을 얻었다.
11. Rawls(1986, pp. 81–88).

12. 이에 관한 나의 주장에 대해선 Nussbaum(2001, ch. 1)에 있는 간략한 개요를 보라.

13. 그가 번역을 했지만, 대부분의 그의 작품의 영어판과 마찬가지로 이는 상당히 형식적이고, 일반적으로 원작의 모든 아름다움을 전달하는 데 실패했다는 평가를 받고 있다.

14. 삶의 단순한 방식의 선택과 보편적 인류애 관점에서 불교와도 연관이 있다.

15. Tagore([1917] 1950).

16. "By Blue Ontario's Shore," 34-35행, in Whitman([1855] 1973).

17. 롤스와 마찬가지로 나는 한 국가 내의 한 인종 집단을 가리키는 것이 아닌 방법으로서의 '국가nation'라는 용어를 'nation-state' 혹은 'state'라는 용어와 혼용한다.

18. 인도에 관해서는 Nussbaum(2007a)를 보라.

19. Nussbaum(2001). 그리고 『감정의 격동Upheavals of Thought』의 첫 5개 장을 요약한 부록과 이론이 현재 책과 연관되는 방법에 관한 논의를 보라.

20. 내가 정치적 자유주의의 설명을 택하는 이유에 대한 좀더 자세한 설명에 관해서는 Nussbaum(2011b)를 보라.

2장

1. 그의 3막 아리아의 마지막 부분은 다음과 같다. "Già la speranza sola/ Delle vendette mie/ Quest'anima consola/ E giubilar mi fa/나의 불행이 웃고 복수하려는 소망/ 이것만이 나에게/ 위안 주리, 날 기쁘게 하리/ 아, 나는 그댈 가만두고." 이 책은 전적으로 Mozart([1786] 1993) 오페라 대본 판에 의존하고 있다.

2. 음악이 멈추는 시간은 서로 다른 지휘자들에 의해 다양하게 해석되지만, 솔티와 카라얀은 둘 다 이를 4초간 지속하는데 이것은 아주 길게 느껴진다. 악보에서 멈춤은 늘임표가 있는 4분 쉼표로 표시된다. Mozart([1786] 1979, p. 422)를 보라.

3. 'docile'이란 단어는 번역하기 어렵다. 이는 'gentler(좀더 상냥한)' 혹은 'kinder(좀더 다정한)'이란 의미로도 말할 수 있다. 나는 이것이 고귀한 도덕적 혹은 철학적 단어가 아닌 일상용어라는 사실을 전달하기 위해 'nicer(좀더 친절한)'란 단어를 선택했다. 이는(다 폰테 시대에는 어느 정도, 오늘날에는 훨씬 더 많이) 순종과 심지어 순종적 굴복을 암시하기도 한다. 하지만 백작 부인이 자신의 부차적 역할을 그냥 묵인한다고 말한 것으로 오페라 대본을 이해할 수는 없다. 왜냐하면 그녀는 온순하게 되는 것이 모두가 갖추어야 할 덕목이고 백작은 이를 제대로 갖추지 못하고 있다는 사실을 넌지시 내비치면서 "나는 온순합니다"라기보다는 오히려 "나는 좀더 온순합니다"라고 말하기 때문이다. 그래서 나는 이를 삶의 복잡성과 불완전성에 굴복하는 것, 즉 뻣뻣해지기보다는 유연해지는 것으로 생각하려 한다.

4. Joseph Kerman(1956, p. 87)의 "half hymn—like"도 보라. 두 번째 교향곡에서 말러가 바흐를 이용하는 능력에 관련된 논평을 확인하려면 Nussbaum(2001, ch. 15); Steinberg(2004); and Steinberg(2007)를 보라. 미카엘 P. 스타인버그는 여

러 방법으로 관심을 끌었는데, 이런 방법들을 통해 이 시기의 종교적 긴장이 음악적 문화 속에서 해결됐다. 이런 방법으로 신교도와 유대인이 자주 '우상숭배'와 위계질서를 표현하는 가톨릭 문화를 부인하는 데 뜻을 같이했던 것이다. 여기서 우리는 J. S. 바흐의 음악이 재발견된 것은 이후였기 때문에 그를 특별하게 생각할 필요가 없다. 왜냐하면 암시는 신교도 합창곡의 일반적인 문화를 위한 것이기 때문이다.

5. 이 시점에서 음조가 G 메이저에서 D 메이저로 바뀌고 박자는 매우 빠르게allegro assai로 표시된다.

6. Beaumarchais([1785] 1992).

7. 광범위한 주제를 포괄하는 오페라의 역사적 배경을 훌륭하게 다루고 있는 작품에 관해서는 Carter(1987)를 보라. Wye Jamison Allanbrook(1983, pp. 13-194)은 (비록 최종 검토 순간에서만 만날 수 있긴 하지만) 이 장의 의도에 특히 중요한 기여를 했다. 매우 다양한 출발점(당시 모차르트의 댄스 리듬 사용)에서 시작하는 그녀의 통찰력 있는 분석은 내 설명과 같이 많은 부분이 동일한 결론에 이른다.

8. 전해져 내려오는 이 이야기는 다 폰테의 회고록에 기초하는데, 이 회고록은 적어도 요제프 2세를 설득하기 위해 그가 했던 말을 우리에게 전해주고 있다. 하지만 이는 오페라 대본의 진정한 의도가 정치에 무관심했다는 사실을 보여준다고 하기 힘들고, 설사 다 폰테의 의도가 완전히 비정치적이었다 해도 오페라 대본에 생기를 불어넣어준 음악이 비정치적이라고 보기는 힘들다.

9. 특히 오페라 끝부분에 나타나는 모차르트의 소재의 변화를 강조하는 Kerman(1956, pp. 90-91)을 보라.

10. 나는 모차르트가 루소를 읽었다고 추정할 만한 이유를 찾지 못했지만, 시민 정서에 관한 이런 생각은 1780년대에 널리 퍼져 있었다.

11. 나는 새로운 정치 문화는 새로운 형태의 주관성을 필요로 한다는 사실에 대해 Steinberg(2004)에 동의해야겠지만, 오페라의 젠더 정치를 등한시했기 때문에 스타인버그는 우리에게 비록 혁명이 인간의 능력으로 가능한 것이라 할지라도 변화하는 데 필요한 것에 관한 절실하거나 정확한 충분한 설명을 하지 못했다고 주장할 수밖에 없다. 동시에 Charles O. Nussbaum(2007)와 마찬가지로 나는 오페라의 목적이 단지 인간성의 초월이 아니라 인간성의 즐거운 수용을 권장하는 것이라는 사실을 주장할 수밖에 없다.

12. 예를 들어 피가로 연기로 잘 알려진 브린 터펠은 백작 역할을 녹음하기도 했다.

13. 이 아리아의 Allanbrook(1983, p. 80)의 분석은 피가로의 세련됨, 그리고 이에 따라 백작과의 유사성을 강조하고 있다. 그는 "자신의 거만함을 미뉴에트의 고결한 정중함에 감추고 있는 것이다."

14. 백작 부인은 자신도 백작에게는 하나의 물건이라는 사실을 안다. 나중에 그가 그녀에게 '로시나Rosina'라고 말을 걸 때, 그녀는 "나는 더 이상 로시나가 아니라, 당신이 버린 형편없는 물건oggetto입니다"라고 대답한다. 율동적인 측면에 주목하면서 이 아리아에 관한 매우 유사한 설명에 관해서는 Allanbrook(1983, pp.

140-144)을 보라.

15. 나는 'audace'라는 단어를 이처럼 어색하게 번역했다. 왜냐하면 'man' 혹은 'person'이란 단어를 사용하면, 이는 피가로가 인간이라는 것—이는 백작이 부인해왔던 바다—을 시인하는 것이 되기 때문이다.

16. 문자 그대로 백작은 '복수들revenges'이라고 복수형으로 말한다. 이는 아마 백작이 피가로를 마르첼리나와 강제로 결혼을 시키고 그다음 수산나와 잠자리를 같이함으로써 피가로에게 좀더 굴욕감을 주려고 생각했기 때문인 듯하다.

17. 내가 여기서 의존하고 있는 음악에서의 감정적 표현에 관한 일반적 설명은 Nussbaum(2001, ch. 5)을 보라. 본문 이외의 음악 능력에 관한 좀더 많은 정보를 얻거나 애매한 본문의 감정적 의미를 좀더 정확하게 파악하려면 해당 장에 있는 말러의 '죽은 아이를 그리는 노래Kindertotenlieder'를 보라.

18. Steinberg(2004, p. 43).

19. Ibid.

20. "La vendetta, oh la vendetta è un piacer serbato ai saggi. L'obliar l'onte, gli oltraggi, è bassezza, è ognor viltà."

21. "Se tutto il codice dovessi volgere, se tutto l'indice dovessi leggere, Con unequivoco, con un sinonimo, qualche garbuglio si troverà. Tutta Siviglia conosce Bartolo: il birbo Figaro vinto sarà."

22. 이 아리아는 걸핏하면 잘려서 오페라 대본의 도버Dover판에 있지 않으며, 이에 따라 나는 1983년 솔티의 오페라 녹음때 쓴 대본의 텍스트를 사용한다.

23. "Cosi conoscere me fe'la sorte ch'onte, pericoli, vergogna e morte col cuoio d'asino fuggir si può."

24. Allanbrook(1983, pp. 145-148)은 두 노래 선율의 음악적 상호 엮임이 '일치감과 친밀감의 분위기'를 만들어냈음을 강조한다. Ibid., p. 147. 음악은 전원곡 장르에 속하고, "텍스트와 음악은 보통 처한 상황 때문에 헤어진 2명의 여인이 만나 함께 조용히 산책을 할 수 있는 계급 차별이 없고 세월이 흘러도 변치 않는 목초지를 묘사한다." Ibid., p. 145.

25. 말러의 두 번째 교향곡의 마지막 부분인 서로를 감싸는 콘트랄토contralto(테너와 소프라노의 중간—옮긴이)와 소프라노의 유사 부분에 대한 논의는 Nussbaum(2001, ch. 15)을 보라. 나는 지금 평생 오페라를 지휘했던 말러가 「피가로」에서 호혜의 음악적 묘사를 이끌어냈다고 생각한다. 그리고 이는 그가 분명히 밝히듯 자유 이미지다.

26. Allanbrook(1983, p. 148)은 이 음악에서 '거만한 자를 겸손하게 만들고 겸손한 자를 북돋우는 사랑의 힘'을 본다. 하지만 그녀는 정치적인 면을 인정하지 않은 채 완전히 개인적인 입장에서 사랑의 공헌을 생각한다.

27. 그렇더라도 오페라에서 남성들은 어느 부분에서 이처럼(각자 상대방을 따라가면서 서로 긴밀하게 조화를 만들어내며) 노래를 부르는가? 비제의 「진주조개잡이The Pearl Fishers」에서 듀엣은 한마음이 되지만, 혼합체로서의 성격은 거의 보여주지

않는다. 즉 이 남성들은 단지 긴밀한 하모니를 이루면서 함께 노래를 부를 뿐이다. 베르디의 「돈 카를로Don Carlo」의 카를로와 로드리고가 부르는 훌륭한 자유 듀엣 'Dio, che nell'alma infondere'도 이와 비슷하다. 즉 밀접한 하모니와 결속을 이루었다고 할 수 있지만, 상대방의 별개 동작에 대한 호응이 결여돼 있다. 따라서 오페라에서 남싱들은 가끔 결속과 일치에 이르긴 하나, 호응 혹은 동조attunement에 이를 수는 없는 듯하다.

28. Allanbrook(1983, pp. 100, 170)은 여성의 세계만이 보편적 휴머니티를 보여주고 지지한다는 점을 강조한다. 반면 남성의 세계는 보여주기 위한 인간 존엄과 평등을 위한 위계질서에 의해 너무 분명하게 한계가 주어져 있다.

29. 이 새로운 세계는 실제 여성 측의 변화 또한 보여준다. 왜냐하면 비록 여성의 세계가 독특한 병리 현상을 갖고 있다 할지라도 실제 여성의 세계는 질투와 경쟁에는 낯선 존재이기 때문이다.(우리는 마르첼리나에 대한 수산나의 비난 그리고 반대로 제1막 듀엣에서의 마르첼리나의 수산나에 대한 비난—비록 경쟁이 곧 원만하게 해결되긴 하지만—을 잊어서는 안 된다.) 이런 의미에서 우리는 모차르트의 남성과 여성을 우리가 그렇거나 그렇게 될 수 있는 인간의 형태를 위한 플레이스홀더placeholder(빠져 있는 다른 것을 대신하는 기호나 텍스트의 일부—옮긴이)로 봐야 한다. 그리고 마르첼리나의 제4막 아리아 "Il capro e la capretta(숫염소와 암염소)"는 바르톨로 아리아와 바실리오 아리아가 연주에서 종종 끊기는 것처럼 우리에게 새로운 세계가 실제 여성의 위치 변화를 요구하기도 한다는 사실을 말하고 있다. 즉 남성과 여성은 상대방에게 알려지지 않은 방법으로 서로 싸우고 있다고—왜냐하면 '우리 불쌍한 여성'은 가혹한 대접을 받고 온갖 의심을 받고 있기 때문이다—말한다.

30. 백작 부인은 자기 남편의 무시와 무관심을 분명하게 표현한다. 수산나의 처녀성에 관한 생각은 결혼할 당시 너무 지배적이어서 그녀와 피가로가 아직 잠자리—피가로는 오페라 첫 부분에서 이를 몹시 바라고 있다—를 같이하지 않았다고 생각하는 것이 타당하다고 생각됐다.

31. 여기서 다 폰테는 보마르셰를 재미있게 바꾸었다. 보마르셰에서 이 악절은 "마침내 누군가에게 '당신을 사랑합니다'라고 말해야만 할 상황이 내게 너무 급박해져 내가 혼자 있을 때, 내가 공원을 달릴 때, 나는 당신의 정부에게, 당신에게, 나무에, 구름에, 구름과 나의 잃어버린 단어들을 실어 나르는 바람에 사랑한다고 말합니다"로 된다. 익살스럽고도 분명치 않은 이 발언—그는 한 여성과 또 다른 여성, 혹은 한 여성과 나무의 차이를 거의 구분하지 못하고 있다—은 다 폰테에 의해 훨씬 더 정교한 것으로, 즉 음악적 생각이 좀더 생생하게 이끌어내는 분위기로 섬세하게 고쳐졌다. 아리아에 대해 기술하면서 Allanbrook(1983, pp. 84-88)은 전원의 움직임, 따라서 그녀의 분석에서 평등성과 확고한 계급의 부재가 나타나는 전원곡의 주제에 주목한다.

32. Allanbrook(1983, p. 96)은 케루비노를 에로스-큐피드의 상징으로 본다.

33. Allanbrook(1983, p. 97)을 보라.

34. 백작의 지혜와 덕을 찬양하는 여러 합창곡—"Giovani liete/아름다운 꽃처럼" "Ricevete, o padroncina," 그리고 "Amanti costanti"—은 아마 플롯 안에서 노래하는 현실로 생각해야 할 듯하다. 어느 순간 피가로는 "음악을 만드는 자들이 이미 여기 있네"라고 말한다. 나는 이미 논의된 수산나와 백작 부인의 듀엣 '포근한 산들바람Canzonetta sull'aria' 때문에 '솔로곡'이라고 말한다.

35. 보마르셰에서 그는 단지 전통 민요 멜로디만 취하고 여기에 자신의 가사를 쓴다. 이 가사는 다 폰테의 텍스트보다 훨씬 재미없긴 하지만 백작 부인을 향한 사랑을 표현한다. 하지만 음악은 지극히 평범하고, "Malbrough s'en va—t-en guerre/말브루는 전쟁터에 나갔네"의 선율은 활기차며 약간 공격적인 군가다.

36. Allanbrook(1983, pp. 104-111)의 음악적 분석과 텍스트 분석을 보라. 분명 그녀는 텍스트에서 단테의 "Donne ch'avete intelletto d'amore"의 메아리를 듣고 있다.

37. 실제로 이는 형식상 매우 다르다. 텍스트는 계속 반복되는 유절有節 가곡이며 각 절은 앞 절과 같고 단순한 민요 소곡小曲과 상당히 비슷하다. 대조적인 중간 부분에 열망, 두려움 그리고 기쁨의 좀더 복잡한 표현들을 제공하는 이는 모차르트다.

38. "……al concerto di tromboni, di bombarde, di cannoni, che le palle in tutti i tuoni all'orecchino fan fischiar."

39. Allanbrook(1983, p. 115)은 아리아의 목표가 '에로스의 힘'을 다루는 방법—즉 재치, 연기, 호혜 그리고 진정한 취약성을 통해—을 예시하는 것임을 암시한다.

40. 이 텍스트에서 가능한 암시는 크리스마스 캐럴 "Venite Adoremus" "모두 와서 경배하세"(이는 주로 무릎을 꿇기 위한 전주곡이 된다)에 대한 것이다. 여기서 수산나는 "와서 무릎을 꿇어라"라고 말하지만, 이는 초월자에 대한 경배가 아니라 장난과 연기다.

41. 여기서 다 폰테는 보마르셰의 많은 부분을 고쳤다. 지문地文은 케루비노가 무릎을 꿇지만 수산나는 이를 요구하지 않기 때문에 봉건적인 무릎 꿇는 동작의 반전이 강조되지 않는다고 말한다. 훨씬 더 중요한 것은 케루비노가 여자가 됐을 때 수산나가 그녀는 여성으로서 그를 질투한다고 말하는 것이다. 이는 단지 경쟁과 질투를 여성 세계의 것으로 표현하는 것이 아니며, 모차르트와 다폰테가 이 세계를 호혜의 세계로 표현하는 것이다. 왜냐하면 남자들은 우리가 지금까지 그 세계와 연관시켰던 방법으로 처신하는 탓에 남자로서 좀더 매력적이라고 얘기할 수도 없기 때문이다.

42. (내게 개인적으로 전달된) 오페라 대본의 지소사指小辭 사용에 관한 흥미로운 조사에서, 학자 마르코 세갈라는 다양한 종류의 지소사 사용에서 확실한 양식을 발견한다. 일반적으로 '-etto/a'로 끝나는 지소사는 다정함과 장난기를 암시한다. 그리고 '-ino/a'로 끝나는 지소사는 역설적이고 빈정대는 의미를 갖고 있다. (보통 'etto/a'로 끝나는) 지소사가 애정 혹은 장난의 의미를 내포할 때, 화자는 항상—여성의 언어를 말하는 방법을 배운 케루비노는 제외하고—여성이다. 오페라의 남자들은 ('ino/a'로 끝나는) 지소사를 주로 경멸과 비꼼을 표현하기 위해 사용한다.

43. Hunt(1993, p. 44). 18세기 외설물(그리고 특히 익명 소설 Thérèse Philosophe)

에 관한 Robert Darnton(1997)의 초기 연구는 약간 다른 결론에 이른다. 즉 새로운 생각은 육체의 상호대체성intersubstitutability 중 하나가 아니라 오히려 여성의 통제와 자율성에 관한 생각이다. 따라서 존중될 만한 관계는 개인적이고 오래 지속되는 것이지만 임신을 하지 않는다는 것을 포함하고 있다.

44. Barshack(2008, pp. 47–67).

45. Rousseau([1762] 1987). 인용된 작품들은 이 판본에 있다.

46. 마지막 단락에서 루소는 오늘날 배타적 국가 종교는 존재할 수 없기 때문에, 교리가 시민권의 의무에 반하는 것이 전혀 없는 한, 우리는 다른 종교를 용인하는 모든 종교를 용인해야 한다고 말한다. 언뜻 보기에 이는 단일 시민 종교에 관한 그의 제안에서 그가 갑자기 물러서는 것으로 해석될 수 있다. 하지만 이런 해석은 맞지 않다. 이 단락은 우리가 다른 신학적 신념을 갖고 있는 우리의 이웃 시민들은 저주받는다고 믿지 않기를 요구하면서, 시민 종교에서 결정적 요소인 신학적 관용 교리에 관한 중요한 논의로 갑자기 이어진다. 따라서 루소는, 우리는 국가를 편협하게 가톨릭 국가 혹은 개신교 국가로 만들고, 그런 다음 강압적으로 그 교리를 강요하며 반대자들을 추방하거나 처벌하기보다는 그 신학적 교리를 지지해야 한다는 점을 말하고 있다. 하지만 그 신학적 교리는 물론 당시의 그 어떤 종교도 받아들이지 않은 교리다. 그래서 모두는 (루소가 이해하는 것으로서의) 시민권 의무에 반하는 교리를 사실상 포함한다. 정치적 관용과 마찬가지로 신학적 관용을 요구하면서, 루소는 그들 모두를 추방하도록 한다.

47. 이 점에 관해 나는 대니얼 브루드니에게 신세를 지고 있는데, 그 역시 「Letter to d'Alembert on the Theater」가 사회적 상호작용의 우선적 형태의 약간 다른 모습을 포함하고 있다는 사실을 지적한다.

48. Allanbrook(1983)은 진지하게 또 다른 사람 베르나르댕 드 생피에르를 제시하는데, 그의 1787년 소설 *Paul et Virginie*는 유사한 감정을 분명하게 표현하고 있다.

49. Herder([1792] 2002, p. 378).

50. 여기서 헤르더는 1794년 이로쿼이족의 관습에 관한 방대한 저서를 출간한 모라비아파the United Brethren 신부인 G. H. 로스키엘(1740~1814)을 분명 부연 설명하고 있다.

51. 또다시 헤르더는 로스키엘의 설명을 따른다. 이로쿼이족의 민주적 관습이 지금껏 많은 주목을 받았지만 나는 이 점에 관한 설명이 정확한지 판단할 위치에 있지 않다. 이와 비슷하게 사상가이자 정치 지도자인 로저 윌리엄스는 내러갠셋 인디언에게서 귀중한 호혜와 환대의 규범을 발견했다. 물론 이 경우에 그는 그들의 문화와 언어를 심도 있게 연구하고 이 주제에 관한 책을 쓰긴 했지만 말이다.

52. Steinberg(2004, p. 45). 스타인버그는 수산나의 아리아 "Deh vieni, non tardar(어서 오세요 내 사랑)"에서 음악의 멈춤에 관해 쓰고 있는데, 그가 이를 매우 훌륭하게 논한 까닭에 나는 특별히 부연 설명을 하지 않는다.

53. Steinberg(2004, pp. 45–46)는 다음과 같이 쓰고 있다. "모차르트는 피가로의 감정적 성숙에 초기 규칙적인 소가곡小歌曲에서 출발하는 음악적 관능성을 부여

했다."

54. 여기서 나는 Barshack(2008, p. 51)이 통찰력 있다고 생각한다. (모차르트에게서) "감정적 강도는 일상생활을 형성하는 변화와 애매함의 연기에서 물러서는 결과를 야기하지 않는다. (…) 정열의 정점에서 모차르트는 자주 하찮은 것과 평범한 것을 환기시킨다."

55. Kerman(1956, p. 91)을 보라. 그리고 원문은 '극히 형식적'이고 음악적 배경은 '평온함과 투명함 속에서' 훌륭하다고 쓴 Tim Carter(1987, pp. 120 -121)도 보라.

56. 나는 이 점에 관해 귀중한 서신을 보낸 팀 카터에게 감사드린다. 그의 오페라 해석에 관해서는 Carter(1987)를 보라. 동일한 긴장감이 오페라 대본이 내내 냉소적이고 무심한 「여자는 다 그래Così Fan Tutte」에선 훨씬 더 분명해지지만, 음악은 매우 가슴 뭉클한 다정함과 호혜—이 모든 것은 오페라를 무대에 올리려는 시도를 매우 어렵게 한다—의 순간을 이루어낸다.

57. C. Nussbaum(2007, p. 286)은 "이 책에서 고려하고 있는 음악 양식에 속하는 음악적 표현들 중 우발적인 것에서 오는 공포의 완화는 직접적인 순기능 가운데 하나(비록 절대 하나뿐인 것은 아니지만)라는 사실을 주장하려 한다"고 말한다. 그는 이 장에서 음악적 감정의 '확실한 중요 사례들'을 다루면서 분석을 한다. Ibid., p. 295.

58. 사실 나는 C. 누스바움의 종교적 경험의 성격 묘사는 우리의 윤리적 의무의 세속적 성격을 강조한다는 점에서 유대교보다 기독교에 더 잘 부합한다고 말하고 싶다.

59. 그리고 만약 내가 「모두 와서 경배하세Venite Adoremus」(주석 40 참조)에 관해 언급한 것이 옳다면, 이 아리아는 초월 추구를 매우 직접적으로 조롱하는 것이다.

60. 여기서 시카고 어린이 합창단의 부지휘자 몰리 스톤이 한 논평은 교훈적이다. 2008년 6월 5일에 있었던 인터뷰에서 다양한 민족적·인종적 배경을 갖고 있는 어린이들의 정치적·사회적 발전을 조성하는 합창단의 공헌을 설명하면서, 그녀는 실제로 어린이들이 서로의 숨결, 즉 오케스트라 공연에 수반될 수 있는 그 어떤 것보다 훨씬 더 친근한 일종의 물리적 호혜를 공유하기 때문에 서로 가까워진다고 논평했다. 이 논평은 Higgins(1990, esp. pp. 150 -156)에 있는 음악과 우리의 신체적 관계에 대한 훌륭한 분석과 잘 맞는다.

61. 저자가 선택한 표지.

62. 이는 시카고에서 몇 년 전 고인이 된 에드워드 사이드와 함께 중동에서의 정치적 활동과 긴밀히 연결돼 다니엘 바렌보임이 지휘한 「피델리오Fidelio」의 주목할 만한 콘서트 연주에서도 마찬가지였다. 사이드가 추가한 텍스트는 「피델리오」가 비현실적이며(사이드는 품위 있는 이스라엘이라는 생각만큼 비현실적이라고 말한다) 우리 모두는 현실 세계에 대해 분노하고 비관적이어야 한다는 점을 표현했다.

63. 내가 얘기했듯이 결국 이 오페라에서의 여성의 호혜의 표현은 현실의 여성이 나르시시즘과 남을 지배하려는 욕구에서 자유롭다는 점을 전혀 시사하지 않고 있기 때문이다.

3장

1. 루소에게 더 초점을 맞추려면, 4권의 사부아 사제의 신앙 고백Profession of Faitn of the Savoyard Vicar에서 에밀을 가르쳤던 종교—이는 『사회계약론』의 '시민 종교'도, 콩트가 시지했던 자연 종교도 아니다—또한 논의해야 한다.
2. Fichte([1808] 2009).
3. 18세기 말에 있었던 새로운 박애 논의에 대한 또 다른 예리한 논의를 참조하려면 Kleingeld(1999)를 보라.
4. Mazzini([1846] 2001, p. 3).
5. Ibid., p. 8.
6. Ibid., p. 67.
7. Ibid., p. 72.
8. Mill([1865] 1891, p. 200).
9. Bagchi(2003, pp. 174-186).
10. 콩트와 식민주의에 관해서는 Bagchi(2003, pp. 176-177)를 보라. 콩트의 제자 리처드 콩그리브는 1856년 세포이의 항쟁이 있은 후 '인도의 독립과 좋은 정부의 이익'을 언급하면서 영국이 인도에서 철수할 것을 분명하게 충고했다. Congreve([1857] 1874, p. 76). 콩트의 인종적 관점은 이 절 뒷부분에서 더 논의될 것이다.
11. 콩트는 많은 작품을 썼지만 A General Theory of Positivism이 그의 장황한 학설의 개설서라 할 수 있다. J. S. 밀의 비판적이지만 상세한 설명이 곁들여진 이 작품은 우리 목적에 충분히 부합하는 세부 사항들을 제시한다.
12. 칸트가 보조적인 감정에 할당한 역할에 관해서는 Sherman(1997)을 보라.
13. Bernard Williams, "The Poverty of Humanism"(내가 1980년대에 영국 케임브리지 대학에서 들었던 강연).
14. 훌륭한 작품 "Vatican Rag"에서 톰 레흐러는 분명 Vatican II에 발표된 것처럼 개인적 선택에 관한 새로운 강조와 결합한 가톨릭의 동질성으로 희극을 만들었다.
15. Cohen(1999)을 보라.
16. Mill([1863] 1987, ch. 3). 인용된 작품들은 이 판에 있다.
17. Mill([1874] 1998).
18. Schultz(2004)를 보라.
19. 밀의 가족에 대한 언급은 Mill([1867] 1963, p. 31)을 보라.
20. 당시의 논쟁에 대해서는 West(1965)를 보라.
21. Mill([1859] 1956, p. 127). 인용된 작품들은 이 판에 있다. 전체 논의는 이 작품 5장에 있다.
22. 유사한 논의에 관해서는 Mill([1848] 1963)을 보라.
23. 나는 이 정보를 준 세인트앤드루스 대학의 스티븐 할리웰 그리스어 교수에게 감사드린다. 그는 대학 역사 기록에서 이런 결론을 이끌어냈다.

4장

1. Bagchi(2003, p. 177)를 보라. 반킴찬드라의 성은 가끔 차토파디아이Chattopad-hyay로 표기되기도 한다.
2. Tagore(1919)(수렌드라나스 타고르 번역). 타고르의 조카가 한 번역은 타고르의 승인을 받았지만, 일반적으로 원본에 비해 약간 형식에 치우쳤다고 할 수 있고, 타고르 역시 많은 삭제 부분을 승인했는데, 이로 인해 영국 독자들이 이 소설을 전체적으로 연구하는 것은 불가능해졌다.
3. Quayum(2007)을 보라.
4. 여기서 나는 Bagchi(2003)의 해석과 다른 입장을 취하고 있다. 그녀는 니킬 역시 콩트의 실증주의의 특징을 구현한다고 말하지만, 나는 그녀의 주장이 설득력 없다고 생각한다.
5. 타고르는 밀의 작품들을 알았던가? 몇몇 작품을 봤지만 나는 그가 밀의 작품들을 알고 있었다는 증거를 발견하지 못했다. 그의 산문 작품 어떤 것도 밀을 언급하지 않을 뿐더러 주요 전기 또한 *Dutta and Robinson*(1995)를 언급하고 있지 않다. 이 두 명의 사상가는 분명 서로 비슷한 사람들이고 콩트에게 공동으로, 또한 비판적인 관심으로 연결돼 있었다. 타고르는 영국 문학에서의 주요 인물들과 몇몇 주요 철학자(예를 들면 루소)를 알고 있었기 때문에 밀의 부재는 역사의 불행한 사고로 보인다.
6. Tagore([1931] 2004). "Man the Artist," Tagore([1932] 2012)라는 제목으로 1930년 바로다에서 있었던 타고르의 강연은 정신과 시간에서의 『인간의 종교The Religion of Man』와 긴밀히 연결돼 있다. 텍스트에 있는 인용 작품들은 타고르의 『인간의 종교』를 위한 것이다.
7. 2006년 사망할 때까지 산티니케탄에서 살았던 아미타 센은 1998년 노벨 경제학상을 수상한 아마르티아 센의 어머니다. '불멸의 존재'를 의미하는 아마르티아 센의 이름은 타고르가 지은 것이었다. 전쟁 중 그의 부모가 버마에 머물렀을 때 그의 외할아버지 K. M. 센이 아마르티아를 키웠다.
8. 바울에 관한 현대 학문의 대표적인 예는 Openshaw(2002); M. Sen(2009); Capwell(1986); Dalrymple(2004); Dalrymple([2009] 2011, ch. 9); Dimock(1959)을 보라. 위대한 바울 가수 랄란 파키르의 강렬한 초상화가 구탐 고세가 2010년 제작한 벵골어 영화 「모네르 마누쉬Moner Manush」에 등장한다.
9. 특히 Openshaw(2002)를 보라.
10. 성적 사랑을 아주 세부적으로 다룬 K. M. 센의 기사난을 타고르가 빠뜨렸다는 사실을 보여주는 Openshaw(2002, pp. 38-41)를 보라. Capwell(1986, pp. 24-25)은 타고르가 '내 마음의 남자man od my heart', 즉 모네르 마누쉬moner manush라는 용어의 육체적인 언급을 무시했다고 주장한다.
11. M. Sen(2009, p. 108).
12. Capwell(1986, p. 27). 바울 음악에 대한 내 논의는 Nussbaum(2012b)을 보라.

13. Capwell(1986, p. 27)을 인용 및 번역한 타고르의 1916년 Phalguni(Springtime).
14. 나는 Nussbaum(2007a, chs. 3 and 8)과 Nussbaum(2010c, chs. 4 and 6)에 있는 학교에 관해 광범위하게 썼다.
15. Amartya Sen([1997] 2005)을 보라.
16. 이 주제에 대해 더 알고 싶다면 Mishra(2012, ch. 5)를 보라.
17. 이 학교의 훌륭한 설명에 관해서는 O'Connell(2002)을 보라.
18. Amita Sen(1999, p. 35). 아미타 센(1912~2005)은 경제학자 아마르티아 센의 어머니이며 학자 바울에 관한 기사를 썼던 K. M. 센의 딸이었는데, 타고르는 이 기사를 『인간의 종교』에 첨부했다. (이처럼 그녀의 아버지와 남편은 '센'이라는 성을 갖고 있었다.)
19. 이 주제의 논평에 대해 나는 2006년 콜카타에서 있었던 아미타 센 추모 학회에 제출된 티스타 바그치의 미출간 논문에 신세를 졌다.
20. 프라티치는 여전히 센 가족의 고향이고, 초록 요정은 아미타의 가장 잘 알려진 춤 역할 가운데 하나다.
21. Hasan(2006)에 있는 산티니케탄에서 찍은 인드라의 사진을 보라. 영국 여자 기숙학교의 강압적인 분위기에서 인드라가 느끼는 불행에 관해서는 Frank(2002)를 보라.
22. Tagore(2008), trans. Bardhan.
23. 노래를 부르는 데 사용되는 발성 기법조차 서양의 고전적 관습에 맞지 않는다. 비브라토는 드물게 사용되고, 간격 접근을 부드럽게 하는 글리산도glissando(높이가 다른 두 음 사이를 급속한 음계에 의해 미끄러지듯이 연주하는 방법—옮긴이)가 자주 사용된다.
24. 나는 바단의 Tagore(2008, pp. 305-307) 번역을 인용한다. 리듬감을 부여하는 데 유용한 바단이 사용하는 간격 띄움과 들여쓰기 모두를 따르지는 않았지만, 그녀의 방식에 익숙한 경우에만 따랐다.
25. 두 나라의 시트 뮤직sheet music에 관해서는 Tagore(2008, Appendix to Part I)를 보라.
26. 명단에 없는 유일한 지역은 이전 왕자의 국가들이다. 왜냐하면 이런 국가들이 미래 국가에 포함될 것인지가 당시에는 분명치 않았기 때문이다. 신드Sindh가 지금 파키스탄의 일부이기 때문에 몇몇 정치인은 이 단어를 '카슈미르Kashmir'로 바꾸려 했지만, 대법원은 '신드'가 은유적으로 이해될 수 있다면서 그들에게 패소 판결을 내렸다.
27. 서양 고전과 인도의 뮤지컬이 혼합된 라만의 교육 역시 주목할 만하다. 이는 인상적인 인도 풍경 한가운데서 인도인들이 가끔 서양 고전 악기를 연주하는 모습을 보여주는 그의 「자나 가나 마나」 버전에서 드러난다. 이것이 종교 간 그리고 인종 간의 조화라는 메시지를 갖고 인도 정부가 국가 탄생 50주년 공식 기념 버전으로 추천한 것은 의미가 있다. (1997년 8월은 인도인민당이 지배했던 두 시대 사이에 있던 시기였다. 그들은 힘 있는 소수 집단이지만, 자나타 달이 이끄는 연립정부가

통치하고 있었다.)

5장

1. 이것은 내가 'you'와 'your'를 'thee'와 'thy'로 대체한 것을 제외하곤, 타고르가 그의 벵골어 원문을 직접 영어로 번역한 것이다. 칼파나 바단의 좀더 직역에 가까운 번역은 대체로 노래가 어떻게 작동하는지에 관해 더 잘 알려주지만, 이 노래만큼은 그녀의 번역이 약간 어색하다. 다행히 Bardhan(2008, p. 289) 역시 라빈드라나트 자신의 버전을 제시하고 있다.
2. Devlin([1959] 1965)을 보라. 나는 그의 주장을 Nussbaum(2004a)과 Nussbaum(2006c)에서 상세히 논의한다.
3. Tagore([1932] 2012).
4. 일단의 자유주의적 개념에 관한 롤스의 활용은 Rawls(1986, pp. xlvii, 6)를 보라. 내 접근법에 관해서는 Nussbaum(2000b); Nussbaum(2006a); Nussbaum(2011b)을 보라. 롤스는 심각한 인지 장애를 가진 사람들은 인간과 전적으로 동일하지 않다고 절대 말하지 않는다. 그래서 나는 이런 주장에 그를 포함시키는 것이 잘못된 것은 아니라고 생각한다. 비록 내가 보기엔 장애 문제를 다루기 위해 그가 개발한 원칙들은 부적절하지만 말이다.
5. 나의 능력 목록:

중요한 인간 능력

1. 생명. 인간 평균수명까지 살 수 있는 능력. 즉 조기 사망하지 않거나 생기가 너무 없어져 살 만한 가치가 없어지기 전에.
2. 신체 건강. 생식 건강, 적절한 영양 공급, 적절한 주거시설을 포함한 양호한 건강을 유지하는 능력.
3. 신체 완전성. 성폭행과 가정폭력을 포함한 폭행으로부터 안전해지기 위해 이곳저곳을 자유롭게 움직일 수 있는 능력을 갖추는 것과 성적 만족과 생식에 관한 선택을 위한 기회를 갖는 것.
4. 감각, 상상 그리고 생각. 감각을 이용하고 상상하고 생각하고 추론하는 능력을 갖추며, 이런 것들을 '진실로 인간적인' 방법으로, 즉 읽고 쓸 줄 아는 능력과 기본적인 수학적·과학적 훈련을 포함하면서 절대 이에 국한되지 않는 적절한 교육으로 알려지고 함양되는 방법으로 행하는 능력을 갖추는 것. 자신의 종교적, 문학적, 음악적 선택의 체험적이고 생산적인 작업과 일에 관련한 상상과 생각을 이용하는 능력을 갖추는 것. 정치적 연설과 예술적 연설 모두를 존중하는 표현의 자유 보장과 종교 의식의 자유 보장으로 어느 정도 보호를 받는 정신을 이용하는 능력을 갖추는 것. 즐거운 경험을 갖고 이롭지 않은 고통을 피할 능력을 갖추는 것.
5. 감정. 우리 자신 이외의 사물과 사람에게 애착을 갖는 능력을 갖추는 것. 우리를

사랑하고 돌보는 사람들을 사랑하는 것과 그들의 부재不在를 비통해하는 것. 일반적으로 사랑하고, 비통해하고, 갈망, 감사 그리고 정당한 분노를 경험하는 것. 공포와 불안으로 감정 발달이 망가지지 않게 하는 것. (이런 능력을 유지한다는 것은 인간의 발달에서 중요한 인간 유대 형태를 유지하는 것을 의미한다.)

6. 실천 이성. 좋은 것의 개념을 형성하고 인간 삶의 계획에 관한 비판적 사고에 관여하는 것. (이는 양심과 종교 의식의 자유를 수반한다.)

7. 연계.

A. 다른 사람들과 함께 그리고 다른 사람들을 위해 사는 능력, 다른 사람들을 위한 배려를 인식하고 보여주는 능력, 다양한 사회적 상호관계에 참여하는 능력, 즉 다른 사람의 상황을 생각하는 능력을 갖추는 것. (이런 능력을 보호하는 것은 이런 연계 형태들을 구성하고 배양하는 제도들을 보호하는 것을 의미한다.)

B. 자존심과 당당함의 사회적 기반을 갖는 것. 즉 자신의 가치가 다른 사람의 가치와 동등한 품위 있는 존재로 대접받을 능력을 갖추는 것. 이는 인종, 성, 성적 성향, 민족성, 사회 계급, 종교 그리고 출신 국가에 근거한 차별 금지 단서를 수반한다.

8. 다른 종. 동물, 식물 그리고 자연 세계를 위한 그리고 그들과 관련한 관심을 갖고 살아가는 능력을 갖추는 것.

9. 놀이. 웃고, 놀고, 여가활동을 즐기는 능력을 갖추는 것.

10. 자신의 환경 통제.

A. 정치적 통제. 자기 삶을 좌우하는 정치적 선택에 효과적으로 참여하는 능력을 갖추는 것. 즉 정치 참여, 언론 자유의 보호 그리고 조합에 대한 권리를 갖는 것.

B. 물질적 통제. 재산(토지와 동산 모두)을 소유하는 능력을 갖추는 것과 다른 사람들과 대등하게 재산권을 갖는 것, 다른 사람들과 대등하게 직업을 구할 권리를 갖는 것, 부당 수색 및 압류를 당하지 않을 권리를 갖는 것. 일을 하면서 타당한 이유를 행사하고 다른 작업자들과 상호 인정이라는 의미 있는 관계를 유지하면서 한 인간으로서 일할 능력을 갖추는 것.

6. Rawls(1971, p. 3).

7. 적응적 선호에 대한 논의는 Nussbaum(2000b, ch. 2)을 보라.

8. 이 말은, 즉 그들이 목적을 평가하고 지시하거나, 심지어 목적 그 자체를 위해 목적을 추구하는 것과 다른 것에 유용한 수단으로 목적을 추구하는 것을 구분할 능력이 없을 수도 있다는 말이다.

9. Rawls(1971, p. 586)는 비슷한 생각을 갖고 있다. 내 생각은 Nussbaum(2008a)를 참조하라.

10. Nussbaum(2006a)에서 나는 인간이 아닌 동물들에 관해 비슷한 얘기를 한다. 이런 동물들의 투쟁과 활동 능력 때문에 우리는 그들에 대한 공평성의 의무를 갖고 있다. 한편 나는 우리가 식물에 대한 공평성의 의무를 갖고 있다고는 생각지 않는다.

11. Nussbaum(2006a)을 보라.
12. 다른 원칙에 대한 그의 또 다른 표현에 관해서는 Philippe Van Parijs(2003)의 면밀한 연구를 보라.
13. Rawls(1986); Larmore(1996). 내 견해는 Nussbaum(2011a); Nussbaum(2011b)을 보라.
14. 내가 국가의 의미심장한 종속을 종교 제도의 한 형태로 논의하는 Nussbaum(2011b, p. 35)을 보라.
15. 세부 사항과 좀더 명확한 교리의 복잡한 발전에 관해서는 Nussbaum(2008b)을 보라.
16. Mill([1863] 1987, ch. 5).
17. Tocqueville([1835] 1966, vol. 2, part 2, ch. 4)을 보라.

6장

1. 이 주제에 관한 이전 생각은 나의 "Compassion: Human and Animal," Nussbaum(2010a)에서 논의됐다.
2. Telegraph(2010). 그리고 NDTV(2010)를 보라.
3. Bloom(2004, p. 189)에 인용된 John Updike, *Rabbit at Rest*.
4. 민감함과 주의에 대한 좋은 예에 관해서는 Bloom(2004)을 보라.
5. 종종 거리두기의 방법으로 부적당하게 사용되는데, 이제부터 나는 '동물'을 '다른 동물'의 약칭으로 쓸 것이다.
6. Nussbaum(2001, pp. 304-335)을 보라. 여기서 이 분석은 『감정의 격동』에서 제안한 것과 일치하지만, 이는 심리학 문헌, 특히 배스턴Baston의 중요 작품에 새로운 관심을 추가했다.
7. ibid., pp. 301-304를 보라. 존 데이에 응답하는 노작勞作에 관해서는 Nussbaum(2004b); Nussbaum(2003)을 보라. 동정심과 비슷한 말에 관해 나는 '연민pity'이라는 용어를 피하는데, 그 이유는 이 용어가 그리스 비극과 루소의 프랑스어 pitié를 번역하는 과정에서 '동정심compassion'과 같은 뜻으로 사용되긴 하지만, 현대 영어에서 이전에 이 용어에 없었던 겸손과 우월성의 함축적 의미를 얻었고, 나는 우월성이 항상 포함되진 않는 감정에 초점을 맞추고 있기 때문이다. 애덤 스미스는 'compassion'을 다른 사람의 고통에 대한 공감fellow-feeling으로만 사용하고 'sympathy'는 '그 어떤 모든 열정any passion whatever'을 공감하는 좀더 일반적인 경향으로 쓰지만, 'sympathy'는 종종 'compassion'과 서로 바꿔서 사용된다. 이런 차이는 우리가 고통스러운 사건에 초점을 맞추고 있는 현재 상황에서는 중요한 것이 아니다. 'empathy'에 관해서는 다음에 논의할 것이다.
8. 하지만 우리는 스토아학파가 '동의assent'라고 부르는 것을 인정한다. 주어진 감정을 경험하는 사람들은 단지 관련된 생각을 상상의 가능성으로 대접하는 것이 아니라 이를 받아들인다.

9. Adam Smith([1759] 1976)가 논의한 경우.

10. Nussbaum(2001, ch. 6)을 보라.

11. Clark(1997).

12. 그녀의 연구 결과에 대한 논의는 Nussbaum(2001, pp. 313-314)을 보라.

13. ibid., pp. 315-321을 보라.

14. ibid., ch. 1을 보라.

15. ibid., pp. 31-33을 보라.

16. Batson(1991); Batson(2011).

17. Smith([1759] 1976, p. 136). "중국 제국이 무수한 주민과 함께 지진으로 갑자기 사라져버린다고 가정하고, 중국과 아무 관계가 없던 유럽의 한 사람이 이런 끔찍한 재앙 정보를 듣고 어떤 영향을 받을지를 생각해보자. 나는 그가 우선 이 불행한 사람들의 불운에 대해 강한 유감을 표하고, 이처럼 한순간에 사라져버릴 수도 있는 인간 생명의 불안정성과 인간 세상사의 허망함에 대해 많이 우울해할 거라고 생각한다. 그리고 이런 모든 멋진 철학이 끝났을 때, 즉 이런 모든 인도적인 감정이 한 번 완전히 표현됐을 때, 그는 마치 이런 사고가 일어나지 않았다는 듯 평상시처럼 편안하고 조용히 자신의 일이나 즐거움을 추구하고, 휴식을 취하거나 오락을 즐길 것이다. 그에게 닥칠 수 있는 가장 하찮은 재난은 좀더 현실적인 폐해를 야기할 것이다. 만약 그가 내일 새끼손가락을 잃는다면, 그는 오늘밤 잠을 이루지 못할 것이다. 하지만 그가 한 번도 본 적 없는 형제들에 관한 일이라면, 그는 수많은 그의 형제의 폐허 위에서 좀더 안심한 채 코를 골 것이고, 이 엄청난 사람들의 파멸은 분명 그에게 그의 보잘것없는 불운보다 덜 흥미로운 것으로 보일 것이다."

18. Nussbaum(2001, pp. 327-334)을 보라. 공감에 관한 두 작품 Decety(2012); Decety and Ickes(2009)을 보라.

19. Batson(2009)을 보라. 뱃슨은 흔히 감정이입이라고 하는 것을 여덟 가지로 구별한다. (1) 다른 사람의 내적 상태를 아는 것 (2) 관찰되는 다른 사람의 태도를 취하거나 신경 반응에 부응하는 것 (3) 다른 사람이 느끼는 대로 느끼는 것 (4) 다른 사람의 상황을 직관하거나 자신을 거기에 투영하는 것 (5) 다른 사람은 어떻게 생각하고 느끼는가를 상상하는 것 (6) 사람은 다른 사람 입장에서 어떻게 생각하고 느끼는가를 상상하는 것 (7) 다른 사람의 고통에 고통을 느끼는 것 (8) 고통받는 사람을 동정하는 것. 내 경우 1번, 6번, 7번 혹은 8번은 분명 감정이입이 아니다. 2번도 감정이입에 해당되지 않는데, 이는 단지 전염에 의해 만족될 수 있는 것이기 때문이다. 3번도 이 경우에 해당된다고 할 수 있다. 따라서 4번과 5번이 적절한 감정이입이고, 이것들이 뚜렷이 구별되는지는 분명하지 않다.(구분에 관한 뱃슨의 추론은 그 자체가 잘못 이해될 수도 있는 몇몇 선행 연구들을 참조했다.)

20. 이와 비슷한 관점에 관해서는 de Waal(2006, pp. 26-27); Nussbaum(2001, pp. 327-28)을 보라. 그리고('자신과 타인에 의해 경험된 느낌에서의 유사 감각을 설명하는 개념'으로 여겨지는 감정이입을 고찰하는) Decety and Batson(2009, p. 109)을 보라.

21. 이와 유사한 주장에 관해서는 de Waal(1996, p. 41); Nussbaum(2001, p. 329)을 보라.

22. Batson(1991); Batson(2011)을 보라.

23. Nussbaum(2001, p. 333)을 보라. (여기서 나는 하인즈 코헛의 나치 당원들에 대한 의견을 논하고 다양한 사이코패스 유형을 고찰한다.)

24. 『감정의 격동』에서 나는 이를 인정하지 않았고, 이 때문에 John Deigh(2004)의 훌륭한 논문에서 당연히 비판을 받았다. Hatfield, Cacioppo, and Rapson(1994)도 보라.

25. Rousseau([1762] 1979, p. 224).

26. Ibid., p. 253. 루소는 과실 개념을 어린이들의 발전에 매우 늦게 집어넣는다. 에밀은 동정심을 경험하기도 전에 이미 사춘기를 겪는 중이고(그가 단지 깨어나는 성적 에너지 때문에 우선 다른 사람들을 향할 거라는 루소의 믿음을 고려해보면), 과실 개념은 이보다 상당히 늦게 나타난다. 그에 반해 나는 어린이들이 자신의 공격성에 대해 죄의식을 느낄 때부터 과실에 대해 질문을 던지기 시작한다고 보며, 그들의 동정심이 다양성으로 지속적으로 이루어진 것은 단지 그 전이다.

27. de Waal(1996, pp. 89-117)을 보라. Marc Hauser(2000, pp. 249-253)는 규칙 준수와 도덕적 기능 사이의 상당한 연관성을 부정하면서, 동물의 규칙 이해에 대한 설명이 빈약하다고 주장한다.

28. Bloom(2004); de Waal(1996).

29. Langford et al.(2006).

30. Moss(2000, p. 73). 그리고 Payne(2000)을 보라.

31. Pitcher(1995). 피처는 철학자다. (2004년에 87세의 나이로 사망한) 콘은 탁월한 작곡자이자 오랜 세월 피처의 배우자였다. 나는 Nussbaum(2001)과 Nussbaum(2004b)에서 피처의 작품을 논한다.

32. Poole(1987).

33. Plotnik, de Waal, and Reiss(2006)을 보라.

34. 약간의 번역 수정을 거친 Rousseau([1762] 1979, p. 222). 'Human beings'는 'Men'으로, 'rich people'은 'rich men'으로, 그리고 'the human being'은 'man'으로 대체됐다.

35. Bloom(2004, pp. 114-15). Hatfield, Cacioppo, and Rapson(1994)에 있는 광범위한 논의도 보라.

36. Bloom(2004, ch. 1); Bloom(2010)을 보라.

37. Bloom(2004, p. 119).

38. Ibid., p. 121.

39. 이 그룹에서의 몇몇 연구는 보는 시간, 즉 사물을 바라보는 데 소요되는 시간으로 선호를 측정한다. 개월 수가 좀더 많은 아기들에게는 인형 두 개를 가져와 어떤 것을 손을 뻗쳐 잡을 수 있는지를 봄으로써 선택이 이루어진다.

40. Bloom(2010).

41. Ibid.
42. Batson(2011, pp. 193–194).
43. Ibid., p. 194.
44. Ibid., p. 195.
45. Ibid., pp. 196–199.
46. 내 텍스트에서 구분을 지원하는 조사에 관해서는 Batson(2011)을 보라.
47. De Waal(1996).
48. Clark(1997)는 이런 태도를 미국에서 매우 흔한 것으로 생각한다.

7장

1. 이 장에서 나는 "Radical Evil in the Lockean State: The Neglect of the Political Emotions," Nussbaum(2006b)에서 다른 형식으로 처음 끄집어낸 생각들을 전개하는데, 이 작품의 연장 판은 "Radical Evil in Liberal Democracies: The Neglect of the Political Emotions," Nussbaum(2007b)으로 출판됐다.
2. 1964년 민권법Civil Right Act을 평가하고, 민권법이 단지 흑인 차별 정책(짐 크로) 체제에 의해 만들어진 무역에 대한 인위적 장벽 때문에 불가피한 것이었다고 주장하는 Epstein(1992)을 보라.
3. 인도의 상황에 관해서는 카스트 하에서의 인적 자본의 낭비를 고찰한 경제학자 Prabhat Patnaik(2012)를 보라.
4. 그는 미망인과 고아 구호를 제외하곤 상당 부분 물질적 재분배를 지지하지 않지만, 이것 때문에 우리 연구에 대한 원천으로서 그가 부적절하다고 보는 것은 아니다.
5. Kant([1793] 1998). 인용된 작품들은 학회 판을 위한 것인데, 이들은 번역이 거의 다 끝난 상태다.
6. 여기서 칸트의 관점은 루소의 심리학과 긴밀하게 연관돼 있지만, 칸트는 이를 강력하고 독창적인 방법으로 발전시킨다.
7. 실제로 칸트는 선한 경향성과 악한 경향성을 나타내는 데 두 가지 다른 용어를 사용한다. 칸트가 독일어 Hang과 라틴어 propensio를 사용해 나타내는 악한 '성향propensity'은 '경향 가능성의 주관적 근거'로 정의된다. 그리고 propensity는 아직 그렇지 않다고 주장되기는 해도 선천적인 것이 될 수 있다는 점에서 이는 칸트가 선한 경향성으로 사용하는 용어인 '경향성predisposition'(Anlage)과 구분된다. Kant([1793] 1998, 6:29)를 보라. 이런 구분과 칸트가 이를 사용하는 방법은 애매하지만, 그가 분명하게 성취하고자 하는 것은 우리는 자연스럽게 악으로 향하는 경향이 있고 그럼에도 우리는 진심으로 자유의지를 갖고 있다는 점을 제시하는 것이다. 이 점에 관한 논의에 대해 대니얼 브루드니에게 감사한다.
8. 나는 Nussbaum(2001, ch. 5)에서 이런 증거를 논한다.
9. Stern(1990, pp. 31–32). 스턴은 훌륭한 실험주의자이자 임상의이며, 그의 저서들은 정신분석학적 접근과 실험적 접근 사이의 간극을 성공적으로 메우고 있다.

10. Winnicott([1971] 2005a).
11. Lear(1990)를 보라.
12. Stern(1977)을 보라.
13. Nussbaum(2001, ch. 5)을 보라.
14. Winnicott(1965).
15. Adorno(1950)의 독일 가족 연구는 이런 특징들이 실제로 독일에서 특히 일상적인 것이라고 주장한다.
16. Ibid.
17. Thompson(1987, p. 136).
18. ibid., pp. 119, 137을 보라. 문헌에는 이런 현상들의 설명이 많이 나오고, 톰프슨의 방대한 참고문헌에 많은 사례가 보고돼 있다.
19. Winnicott([1971] 2005a, p. 7).
20. Nussbaum(2001, ch. 5)과 Nussbaum(2004a, ch. 4)에 있는 이 경우에 관한 나의 좀더 더 깊은 논의를 참조하라.
21. Winnicott([1971] 2005a, p. 18).
22. Winnicott([1971] 2005b, p. 144).
23. Ibid., p. 143.
24. Rozin and Fallon(1987, p. 24n1).
25. Ibid., p. 25. (비록 바퀴벌레가 제거되고, 잔이 비워지고, 주스가 다시 채워져도, 실험 참가자들은 이전에 바퀴벌레가 있던 잔의 주스를 마시길 싫어했다는 사실을 보고하는) ibid., p. 37도 보라.
26. 역겨운 물건들을 동물성에 연결시키는 연구 논의에 관해서는 ibid., pp. 28–29를 보라. (혐오의 핵심 영역은 모두 동물 삶의 기본적인 것들을 다루고 있음을 파악하는) Rozin, Haidt, and McCauley(1999, p. 431)도 보라.
27. (문화 전반에 걸친 혐오의 편재성과 문화 사이의 혐오의 다양성을 주목하는) Rozin, Haidt, and McCauley(1999, p. 437)를 보라.
28. Ibid., p. 438.
29. Rozin and Fallon(1987, p. 30)을 보라.
30. Mosse(1985)를 보라.
31. Inbar, Pizzaro, and Bloom(2009).
32. 5장을 보라.
33. 이런 경험을 한 한 여성의 미국 재건 시대 일기에서 이런 사실을 발견한 역사학자 제인 데일리와의 대화. 혐오에 대한 진정한 신체적 느낌은 혐오 체계와 광범위하게 연결돼 있다. 아프리카계 미국인과 함께 식사를 할 때 발생하는 남부 손님들의 유사한 혐오감에 관해서는 Durr(1986, pp. 56–58, 122)를 보라.
34. Lifton(1986, particularly ch. 19).
35. Tagore([1910] 2002, p. 17).
36. Ibid., p. 567.

37. Ibid., p. 570.
38. "By Blue Ontario's Shore," sec. 10, line 153, in Whitman ([1855] 1973).
39. Ibid., sec. 10, line 157.
40. "Song of Myself," sec. 6, line 1, in Whitman([1855] 1973).
41. 하지만 de Waal(1996)의 난생이 침팬지에 관한 저명한 저작은 그들의 사회는 침팬지 사회보다 훨씬 덜 계급적이고, 그들은 침팬지만큼이나 유전적으로나 역사적으로 인간에 가깝다는 사실을 규명하고 있다.
42. 아시는 자신의 최초 실험들을 스워스모어 칼리지에서 했지만, 이런 실험들은 여러 곳에서 재현됐다.
43. Asch(1955). 그가 언급하듯이 이 실험들은 사회적 피암시성被暗示性에 관한 긴 노력의 역사를 기반으로 한 것이다.
44. Ibid.
45. Milgram([1975] 2009)을 보라. Blass(2000a)는 밀그램의 업적을 재평가하는 훌륭한 논문집을 편집했다. 같은 책에 있는 그의 논문 "The Milgram Paradigm after 35 Years: Some Things We Now Know about Obedience to Authority" (2000b)는 특히 훌륭하다.
46. Milgram([1975] 2009, p. 16)을 보라.
47. Ibid., p. 3.
48. Ibid., p. 4.
49. Ibid., p. 21.
50. Ibid., p. 6.
51. Ibid., pp. 123-134.
52. Ibid., pp. 136-137.
53. Ibid., p. 137.
54. Adorno(1950).
55. 이 연구 전체에 관해서는 Blass(2000b)를 보라. 마지막 경우의 문제는 예상된 복종 연구에서 사용된 질문들이 종종 실험 내에서 설명되는 절차—우리가 '선생'은 '학생'이 해를 입지 않을 것이라고 확신했다는 것을 상기하는 절차—보다 심신을 더 약화시키고 위험한 절차를 설명했다는 것이다.
56. Browning(1992).
57. 주요 중요성을 비판 문화의 존재 혹은 부재로 돌리는 잔혹 행위를 매우 인상 깊게 연구한 Glover(1999)를 보라.
58. 또한 Glover(1999); Hilberg([1961] 1985, ch. 7)를 보라.
59. 스탠퍼드 감옥 실험 연구와 또 다른 관련 연구 요약에서 자신의 연구를 논의한 Zimbardo(2008)를 보라.

3부 서문

1. 이 점에서 한 유명한 이야기는 대부분의 남아프리카 공화국 흑인들에 대한 인종차별을 상징했던 럭비 국가 대표 팀 스프링박스와 한 넬슨 만델라의 약속에 관한 이야기다. 프랑수아 피에나르는 이 팀의 주장으로 있으면서 팀을 인종 통합의 상징으로 만들었다. 이 이야기는 칼린Carlin(2008)의 소설 Playing the Enemy: Nelson Mandela and the Game That Made a Nation에 나오는데, 이 소설을 바탕으로 모건 프리먼이 만델라로 나오는 클린트 이스트우드 감독의 영화 「인빅터스Invictus」가 만들어졌다.

8장

1. 꼬리표와 날짜에 따르면, 이 시는 내 나이 6년 6개월에 내가 '쓴' 시다. 이 시는 어머니가 타이프로 정서했고(나는 어머니의 종이와 폰트를 알아본다), 나는 가족 앨범에서 이를 발견했다. 이 시 작문에 내가 실제로 어떤 공헌을 했는지, 혹은 학교 배정에 어떤 관련이 있었는지는 확실치 않다. 하지만 이는 분명 공동 작업이었고, 내 어머니가 내가 무언가를 얻을 것이라고 생각했던 그것이었다. 혁명을 위한 일반적인 열정은 분명 나의 것이었다. 그때 나는 Ride for Freedom라는 어린이 책에 빠져 있었는데, 이는 시빌 러딩턴(1761~1839)이라는 소녀에 관한 이야기였다. 이 소녀는 1777년 4월 26일 영국 부대의 접근을 식민지 군대에 알리기 위해 폴 리비어(미국 독립혁명 당시의 우국지사—옮긴이)보다 훨씬 더 긴 거리를, 그것도 언덕이 많은 험한 지역 40마일을 말을 달렸는데, 당시 그녀의 나이는 16세밖에 되지 않았다. 나는 부모님께 지하층에서 그곳에 보관돼 있던 말과 같은 다양한 것을 이용해 이 이야기를 실연實演해볼 것을 요구했던 것을 기억한다.

2. 왜냐하면 이는 콜럼버스의 신세계 발견 400주년을 기념했기 때문이다. 이 박람회장은 1893년 대중에게 공개됐다.

3. 이 장은 이전에 출판된 다음과 같은 내 논문들을 이용한다. Nussbaum(2012b); Nussbaum(2010b); Nussbaum(2008d).

4. 이 모든 것은 매우 진지한 역사적 논제도 동시에 갖고 있는 대중 세미픽션 작품인 Erik Larson(2003)의 소설 The Devil in the White City에 매우 잘 묘사돼 있다.

5. Explore Chicago(2012)를 인용했다.

6. 맹세의 전체 역사는 Ellis(2005)의 훌륭한 책에 자세하게 기록돼 있다. '하느님 아래under God'라는 단어는 냉전시대인 1954년에 맹세에 추가됐다.

7. Minersville Sch. Dist. v. Gobitis, 310 U.S. 586(1940) overruled by W. Virginia State Bd. of Educ. v. Barnette, 319 U.S. 624(1943). 이 장의 3절에 있는 내 논의를 보라.

8. Rousseau([1762] 1987).

9. 나는 이 예를 대단히 충격적인 경험의 결과로서 언급한다. 1962년 학교 조회에서

피아노를 치던 어린이였던 나는 이틀 후 가봉 대사가 학교를 방문할 것이고, 그를 환영하는 의식에서 이 신생국가(1960년 건국)의 국가를 연주하는 법을 배워야 한다는 말을 들었다. 하지만 시트 뮤직은 없이 단지 녹음 레코드 1장과 가사 텍스만이 있었다. 나는 기분을 상하게 하지 않을까하는 두려움에 며칠을 피아노 연습을 하며 불안하게 보냈지만, 이 국가가 추상적이고 지루하고 짧다는 것은 다행스러운 일이었다.(유튜브에서 구글로 'Gabon national anthem'을 검색하면 다양한 버전을 쉽게 들을 수 있다.) 나는 사랑뿐만 아니라 공포도 생각을 형성하는 힘을 갖고 있다는 사실만을 보여주는 이 국가를 결코 잊지 않았다. 하지만 나는 이 국가의 낙관적인 가사는 좋은 곡과 함께하든 그렇지 않든 사실임이 증명됐다는 점에 주목한다. 가봉은 사하라 사막 이남의 아프리카에서 흔치 않은 정치적 안정성을 갖추었고 최고의 인간개발지수를 보여주고 있다. 또한 가봉은 2012년 7월 코끼리 엄니에서 채취한 불법 상아 5톤 이상을 불태움으로써 불법 상아 매매에 대항해 싸우는 데 있어 최근에 대표 국가 됐다. 그리고 이 국가는 인기 연예인들의 상당히 감동적인 해석에 영감을 주기에 충분하다(이는 유튜브에서 찾아볼 수 있다.)

10. Mazzini([1846] 2001).

11. Hobsbawm(1990)을 보라.

12. 르낭은 1882년 소르본느 대학에서 "What Is a Nation?"이란 강연을 했다. 영어 번역본은 Renan([1882] 1990)으로 출간됐다.

13. Ibid., p. 19.

14. Ibid.

15. Nussbaum(2006a, ch. 5)을 보라.

16. 더 자세한 설명은 Nussbaum(2008b, ch. 5)을 보라.

17. 이 시기의 여호와의 증인의 주요 역할의 탁월한 역사에 관해서는 Peters(2000)를 보라.

18. 이후 법원 기록에 'Gobitis'로 철자가 틀린 이름의 정확한 철자.

19. 릴리언은 숫자가 매겨진 목록으로 그녀의 관점을 적었고 숫자만으로 성서 텍스트를 언급했으며 종교적이면서도 헌법적인 주장을 강조했다. 윌리엄은 산만한 긴 구절을 썼고 관련된 성서 텍스트를 인용했으며 자신의 조국에 대한 사랑을 언급했다.

20. 이 사건의 배경과 자세한 설명에 관해서는 Nussbaum(2008b, ch. 5); Ellis(2005, pp. 92-101); Peters(2000, pp. 20-36);(성인이 된 릴리언과의 인터뷰를 포함하고 있는) Irons(1988, pp. 15-35)를 보라.

21. 310 U.S. 586(1940).

22. W. Virginia State Bd. of Educ. v. Barnette, 319 U.S. 624(1943).

23. Barnette, 319 U.S. at 646. 하지만 여기서 유대교에 대한 그의 언급에도 불구하고, 프랭크퍼터는 영향력 있는 시온주의자인 루이스 브랜다이스와 심지어 세파르디 Sephardi(스페인 및 포르투갈계 유대인—옮긴이)의 고향에 대해 뛰어난 관찰력을 갖고 있는 벤자민 카르도조와는 대조적으로 바로 그 확인된 유대인이 절대 아

니었다. 오랜 시간에 걸친 랍비 혈통임에도 불구하고, 프랭크퍼터의 자서전은 그의 유대인 교육 혹은 그가 접할 수도 있는 어떤 편견에 관해 언급하지 않고 있다.

24. 그는 법원 복도에서 '성조기여 영원하라The Stars and Stripes Forever'를 휘파람으로 분 것으로 갈려졌고, 임종 시 자신의 전기 작가에게 "사람들이 내가 얼마나 조국을 사랑하는지를 알 게 하라"고 말했다. Peters(2000, p. 52)를 인용했다.

25. Peters(2000, p. 53)를 인용했다.

26. Minersville, 310 U.S. at 595.

27. Ibid.

28. Ibid., at 596.

29. Ibid., at 607.

30. Nussbaum(2008b, ch. 5)을 보라.

31. 재판관 프랭크 머피, 휴고 블랙 그리고 윌리엄 O. 더글러스.

32. 찰스 휴즈와 제임스 맥레놀즈는 은퇴했고, 그 자리에 제임스 번스James Byrnes와 로버트 잭슨이 들어섰다. 잭슨은 이미 『미너스빌Minersville』 평론을 출간한 상태였다.

33. 319 U.S. 624(1943).

34. Ibid., at 642.

35. Ibid., at 641.

36. 505 U.S. 577(1992).

37. Ibid., at 577, 592, 595. 재판관 케네디는 강압이 국교금지조항Establishment Clause 위반의 필수 요소라고 말하지는 않았지만, 그가 너무 강압에만 초점을 맞추는 바람에 재판관 해리 블랙먼, 데이비드 수터, 산드라 데이 오코너 그리고 존 폴 스티븐스는 그럼에도 인간은 강압 없이 국교금지조항을 위반할 수 있다고 주장하는 보충의견을 직접 작성하거나 이 과정에 가담했다. 나는 Nussbaum(2008b, ch. 6)에서 그들의 견해를 지지한다. 맹세에서 가사 '하나님 아래'에 관련된 무산된 사건인(이는 원고가 당사자 적격 사유를 갖고 있지 않은 것으로 판명됐기 때문에 판결이 나지 않았다) Elk Grove Unified School District v. Newdow, 542 U.S. 1(2004)도 보라. 재판관 클래런스 토마스Clarence Thomas의 견해는 학교에서 비강제적인 맹세 홍보조차도 국교금지조항 결사를 부정하고, 따라서 이 조항과 다른 많은 선례들을 폐기하는 것만으로 옹호될 수 있다는 사실을 시사하고 있다..

38. Irons(1988, pp. 15-35)을 보라.

39. Rawls(1971, p. 503).

40. Ibid., p. 494.

41. Ibid., p. 490.

42. Ibid., p. 494.

43. Habermas(1992, pp. 1-19).

44. 그의 특별한 경우에 있어, 그는 비록 자신의 장애로 인해 다른 아이들로부터 조롱을 당하긴 했지만, 히틀러 유겐트(나치 청소년단원—옮긴이) 멤버로서 칸트의 작

품을 읽으면서 자신을 이 집단에서 자신을 분리하고 홀로 자신을 함양하는 것을 배우는 방법을 설명했다.

45. 1932년 자유와 평등의 상징물들 주위에서 대중적 감정을 동원하기 위해 바이마르 사회민주당원들이 한 때늦은 노력에 대한 설명에 관해서는 Evans(2003)를 보라. 그가 간결하게 지적하듯이, "그들은 훨씬 더 이전에 일을 시작했어야 했다."

46. 마르쿠스에 대한 최고의 설명에 관해서는 Hadot(1998)를 보라.

47. 이 문장은 Hadot(1998)에 있는 약간의 수정을 거친 마이클 체이스의 번역에 근거한다.

48. 영화 「글레디에이터」에서 볼 수 있듯이 이 양자養子가 제국을 경영하기 위해 원칙에 입각한 최고 인간의 인종적 선택을 하지 않았다는 것은 의미가 있다. 실제로 마르쿠스는 근친과의 사랑으로 한 번 더 실수를 하게 된 그의 별 볼일 없는 아들 코모두스를 선택했다.

49. Hadot(1998).

50. 정치적 감정이라는 맥락에서의 금욕에 대한 좀더 많은 논의에 관해서는 Nussbaum(2003)을 보라.

51. Miller(1995)에 있는 훌륭한 주장도 보라.

52. 논문의 이 부분은 Nussbaum(2007b)의 마지막 부분에 있는 주장과 긴밀하게 연결돼 있다. 하지만 이 부분은 국가 개념에 초점을 맞추지 않는다. 따라서 이 부분의 왕의 판단은 다른 점들을 강조한다.

53. Chernow(2010).

54. 보스턴 차사건 당시 쓰인 그녀의 희곡 The Adulateur에서 그녀는 영국인을 타락한 군주로 그리고 미국인을 공화주의 로마인으로 표현한다. 그리고 브루투스는 그녀의 영웅이다.

55. Chernow(2010, pp. 435-436).

56. Ibid.

57. Ibid., p. 549.

58. Ibid.

59. Ibid., p. 566.

60. Ibid., pp. 584-585.

61. Griswold(1986)를 보라. 헌정식에서 로버트 윈스럽의 연설은 다양성에서의 통합이라는 주제와 '자만심이 강한' 상징물들의 부재 모두를 언급했다. ibid., p. 716n9를 인용했다.

62. 훌륭한 논의에 관해서는 Rybczynski(2012)를 보라.

63. 아이젠하워의 아들 데이비드가 포함된 위원단은 디자인을 제출할 주요 건축가 4명을 선정했다. 국립예술위원회립신스키가 여기 회원이다)는 게리의 디자인을 자세히 살폈다.

64. 이 조각상은 리처드Richard J. 데일리Daley 시장의 후원으로 1967년 8월 15일 헌정됐고, 1963년 리처드 J. 데일리 센터의 조각가들이 이 조각상을 의뢰했다.

65. 나는 링컨의 최종 버전이라고 할 만한 충분한 이유가 있는 '지복(至福)의 텍스트'라고 알려진 연설을 인용한다. 다른 버전과 그들의 주장에 관련해선 Wills(1992, pp. 18, 191−203, 261−263)를 보라.

66. Wills(1992)는 링컨의 수사적 기교와 그의 수사적 학습에 관한 철저한 연구를 보여준다. Samuels(2012)에 있는 평론 또한 링컨의 수사를 잘 연구하고 있다.

67. Wills(1992, pp. 41−62, 148−175).

68. 이는 윌스 책의 전반적인 주제다. 링컨의 삶과 죽음의 형상화 패턴의 전개에 대한 논의에 관해서는(시인 로버트 로웰의 이런 이미지에 대한 강조를 언급하는) ibid., p. 62를 보라.

69. Cushman(2012, p. 62)을 보라.

70. Wills(1992, especially pp. 145−174); Cushman(2012, p. 63)을 보라.

71. Cushman(2012, pp. 61, 65).

72. Wills(1992, p. 145)를 보라.

73. Nussbaum(2012d)을 보라.

74. Cushman(2012, pp. 68−69)을 보라.

75. (특히 내가 위에서 인용하지 않았던 구절 "우리가 진실로 바라고/ 절실히 기도하는 것은/이 엄청난 전쟁의 재앙이/빨리 끝나는 것입니다"에 초점을 맞추는) ibid., p. 70을 보라.

76. Nussbaum(2007a, chs. 5−6)을 보라.

77. 명단에 없는 유일한 지역은 이전 왕자의 국가들이다. 왜냐하면 이런 국가들이 미래 국가에 포함될 것인지가 당시에는 분명하지 않았기 때문이다. 신드가 지금 파키스탄의 일부이기 때문에 몇몇 정치인들은 이 단어를 '카슈미르'로 바꾸려고 했지만, 대법원은 '신드'는 은유적으로 이해될 수 있다고 말하면서 그들에게 패소 판결을 내렸다.

78. Nussbaum(2007a, ch. 5)의 논의를 보라. 라리트 바차니의 기록 영화 『The Boy in a Branch』는 배타적이고 순종적인 애국심이 국가봉사단 지부shakha에서 어떻게 아이들에게 교육되고 있는지를 보여준다. 나는 다음 단락에서 이 주제를 다룬다.

79. Mohandas Gandhi(1976, pp. 12−13)와 Nussbaum(2007a, p. 105)를 인용한 이 주제에 관한 C. F. 앤드루스와의 대화를 보라.

80. Rajmohan Gandhi(2007, pp. 556−557).

81. Ibid., p. 557.

82. Erikson(1969, p. 122).

83. Amita Sen(1999). 이 시는 최초 벵골어 판에만 인용돼 있다.

84. Rajmohan Gandhi(2007, pp. 303−311)를 보라.

85. ibid., p. 303을 인용했다.

86. ibid., p. 308−309을 인용했다..

87. ibid., pp. 313−316을 보라.

88. Amita Sen(1999)을 보라.
89. 매우 짤막한 연설에서 6번의 박수갈채─그중 마지막 박수갈채는 "오랫동안 이어졌다"─를 언급하는 Wills(1992, p. 261)에 있는 의사록을 보라.
90. 이 연설은 네루 기념박물관과 도서관(Nehru Memorial Museum and Library)에서 이용할 수 있는 몇몇 CD 녹음으로 들을 수 있다.
91. Brown(2003, p. 191)을 보라.
92. Ibid.
93. Ibid., p. 192.
94. Nussbaum(1997); Nussbaum(2010c); Nussbaum(2012b)을 보라.
95. Nussbaum(2010c)을 보라.
96. "스미소니언 히로시마 전시 계획을 변경하다Smithsonian Alters Plans for Its Exhibit on Hiroshima," 『뉴욕타임스』. 1994년 8월 30일. 온라인 www.nytimes.com/1994/08/30/us/smithsonian-alters-plans-for-its-exhibit-on-hiroshima-bomb.html에서 이용할 수 있음.
97. Bird and Sherwin(1995).
98. Nanda(2003)를 보라. 캘리포니아 학교들의 논란에 관해서는 Nussbaum(2007a, ch. 9)을 보라.
99. Sarkar(2003, p. 159).

9장

1. 이 장에서 나는 이전에 출간된 다음과 같은 내 논문을 이용한다. "The 'Morality of Pity': Sophocles' Philoctetes," Nussbaum(2008c); "The Comic Soul: Or, This Phallus That Is Not One," Nussbaum(2005); "The Costs of Tragedy: Some Moral Limits of Cost─Benefi t Analysis," Nussbaum(2000a); "Bernard Williams: Tragedies, Hope, Justice," Nussbaum(2009a); 그리고 연장 버전이 "Radical Evil in Liberal Democracies: The Neglect of the Po litical Emotions," Nussbaum(2007b)으로 출간된 "Radical Evil in the Lockean State," Nussbaum(2006b).
2. 별개의 언급을 제외한 필로테테스와 아카르나이 사람들의 모든 번역은 내가 한 것이다.
3. (라마쿠스는 전투를 준비하는 반면, 디카이오폴리스는 축제를 준비하는) Acharnians, lines 1215–20. Cf. lines 1085 ff.
4. 이처럼 Erich Segal(2001)은 발기에 대한 재미있는 강조가 남자다운 공격성의 승리를 의미한다고 주장하면서 큰 실수를 한다. 내가 Nussbaum(2005)에서 주장하듯이, 그리스인들에게 눈에 보이는 발기는 자제력 결여와 기쁨의 탐닉을 상징한다. 남자다운 남자는 성적 억제와 방출에 대한 분명한 방침을 갖고 있는 것으로 여겨지기 때문에 절대 자신의 욕구에 휘둘리지 않는다.

5. 한 유명한 꽃병은 가면 속의 수염 없는 얼굴을 보여주기 위해 수염 있는 가면을 벗는 코러스 배우들을 보여준다.

6. 이를 볼 수 있는 한 작품은 아리스토파네스의 「개구리Frogs」인데, 여기서 이런 축제들을 주재하는 신 디오니소스는 이 도시에 충고를 해주기 위한 한 시인을 데리고 돌아오기 위해 하데스(저승의 신)에게로 간다. 비록 이것이 희극일지라도 충고를 얻는 다는 생각 자체가 중요하지 않다면, 이는 이와 같이 진행되지 않을 것이다.

7. 타고르는 열 살 때 셰익스피어의 『맥베스』를 벵골어로 번역했다. 나는 많은 개발도상국들에서 잘 알려진 그리스 비극들이 매우 친숙하다고 생각하고, 우리는 세계 문학의 수많은 작품들 속에서 그것들이 갖는 구조적 영향을 볼 수 있다.

8. Chapter 5을 보라.

9. Nussbaum(2008c)에서 나는 레싱과 또 다른 계몽주의 사상가들의 작품에 나타난 연극에 관한 이전의 철학적 생각을 논한다.

10. Clark(1997, p. 83); Nussbaum(2001, ch. 6)을 보라.

11. 이런 관찰은 라오콘Laocoon에서 연극을 훌륭하게 다루고 있는 Lessing([1766] 1962)에 의해 이루어진 것이었다.

12. 이와 유사한 생각에 관해서는 Rousseau([1762] 1979, p. 224)를 보라.

13. 따라서 비극이 공연하는 일반화의 형태는 이처럼 민족성, 종족, 젠더 혹은 장애를 이유로 집단을 비난하는 고정 관념을 다룰 가능성이 거의 없어 보인다. 비록 특별한 연극에서 이것이 물론 발생할 수도 있긴 하지만 말이다. 그럼에도 보편적 인간의 취약성에 대한 강조는 이런 잘못을 피하는 이런 작품들을 가장 잘 도와주고, 또한 주위 사회에서 이런 오류를 범하지 않는 데 도움을 준다.

14. 쇼펜하우어는 비극은 우리에게 존재의 공포를 보여줌으로써 삶의 의지의 형이상학적 체념을 만들어낸다고 생각한다. 놀랍게도 Bernard Williams([1996] 2006)는 이와 비슷한 입장을 취하고 있다. 내 논평에 관해서는 Nussbaum(2009a)을 보라.

15. 나는 Nussbaum(1986, chs. 2-3), Nussbaum(1989) 그리고 Nussbaum(1990, 특히 평론 "Flawed Crystals")에서 이런 곤경에 대해 광범위하게 썼다. 아이스킬로스의 『아가멤논』과 『테베 공략 7장군』 그리고 소포클레스의 『안티고네』에서의 비극적 딜레마에 관한 자세한 설명에 관해서는, 이런 작품에 관한 학문과 도덕적 딜레마에 관한 현대 철학 문헌 양쪽에 대한 참고문헌과 함께 Nussbaum(1986)을 보라. 내가 가장 도움이 된다고 생각하는 현대 문헌에 관해서는 Marcus(1980); Williams(1993a); Searle(1980); Stocker(1990); Walzer(1973)를 보라.

16. Mahabharata(c. 3rd century BCE). 이 구절은 차크라바르시 V. 나라심한(New York: Columbia University Press, 1965)의 번역에서 인용됐는데, 이는 이 작품의 선택된 부분만을 번역했지만, 선택된 부분을 완전히 이와 같은 구절로 만들고 있다(반면 많은 짧은 문장 번역 또한 재작업 중이다.) 아직 출간되지 않은 반 부이테넨의 최종 번역은 그가 사망함으로써 미완성인 채로 남아 있고, 이 구절까지 진척되진 않았다. 인용된 이 구절은 Book 6, ch. 23에서 온 것이다.

17. 이후 『바가바드기타』로 유명해진 이 구절에서 크리슈나는 아르주나에게 "그는 홀

로 행동할 권리가 있지만, 행동의 결과에 대한 권리는 없다"고 조언한다. 행동 방향을 선택하면서 결과를 고려해선 절대 안 되는 것이다. "인간은 결과에 집착하지 않고 일을 할 때 최고선最高善에 이른다."

18. 이와 관련해 비극적 맥락에서의 비용-편익 분석의 한계가 Nussbaum(2000a)에서 논의된다.

19. 실제로 우리는 배상의 주요 중요성 또한 의미가 있다고 말할 수 있다. 분명 내 시할머니는 독일 정부로부터 일정한 수입을 받았다는 사실이 홀로코스트 당시 사망한 가족들을 되살리는 데 아무런 도움이 되지 않았다. 재정적 지원이 무시할 정도는 아니었지만, 지원의 주된 의의는 악행에 대한 공적인 표현과 미래에는 다르게 일 처리를 할 거라는 결정에 있는 것이었다.

20. 내 번역은 Nussbaum(1986, ch. 3)에 있는 수많은 원문 세부 사항과 학문적 문헌의 전체 논의에 근거한 것이다.

21. Hegel(1975, pp. 68, 71).

22. 이런 경우들에 관한 내 논의에 관해서는 Nussbaum(2008b, ch. 4)을 보라.

23. 그리스 인들은 공공장소에 음식을 먹는 것을 강력하게 반대했다. '개같은 자들'이라는 뜻의 견유학파Cynics라는 이름은 이 학파의 철학자들에게 주어졌는데, 그 이유는 그들이 시장에서 음식물을 먹었기 때문이다. 이는 개나 할법한 행동이었다. 이 고대 전기 작가는 견유학파 철학자 디오게네스를 비난하면서 "그는 공공장소에서 데메테르와 아프로디테가 하는 모든 짓을 하곤 했다"고 말한다. 즉 공공장소에서 음식물을 먹고 성관계를 했다는 것이다. 견유학파에 관한 이야기에 나오는 공공장소에서 오줌을 누거나 용변을 보는 행위에 관해서는 전혀 언급되지 않았는데, 이는 실내 화장실이 없는 문화에서 이런 행동이 받아들여질 수 없는 것으로 여겨지지 않았기 때문인 듯하다.

24. Nussbaum(1986, ch. 6)에 있는 플라톤의 『향연』에 관한 내 논의를 보라.

25. Nussbaum(2005)에 있는 아리스토파네스에 관한 좀더 긴 내 논의를 보라.

26. 나는 미시간의 전문 레퍼토리 극장에서 작고한 버트 라르와 함께 아리스토파네스의 「새Birds」에서 한 차례 연기한 적이 있었다. 여성 포테이토칩 TV 광고 계약을 잃지 않을 까 걱정했던 라르는 대본의 충격적인 부분을 삭제했다.

27. 이 소설은 '비밀스런 목소리 재봉사secret sewers of voice'와 비교됐고, 이 소설의 이른바 역겨운 인물이 많이 만들어졌다. Nussbaum(2004a, ch. 3)을 보라.

28. 리시스트라타의 모든 번역은 내가 한 것이다.

29. 이 연극은 참혹한 시켈리아 원정이 끝난 지 2년 후 만들어졌다.

30. 이에 관해서는 Foucault(1984)에 잘 논의되어 있다.

31. 1289번째 줄에 관한 Jeffrey Henderson(1987)의 논평을 보라.

32. Lysistrata, line 1321. 아테네는 한 필사본 주석에 명명됐고, 완곡법 tan pammachon sian을 해석하는 논리적 방법이다.

33. 이 주제에 관해 나는 빌 왓슨Bill Watson의 미출간 논문에 감사한다.

34. Dauber(1999); Dauber(2003). 그리고 이 주제에 관한 그녀의 저서 The Sympa-

thetic

State: Disaster Relief and the Origins of the American Welfare State, Dauber(2013)도 보라.

35. Dauber(2013, pp. 90 ff.)를 보라.
36. Clark(1997)를 보라.
37. Dauber(2013, ch. 4)를 보라.
38. Dauber(2013, p. 90)("사진사들은 '조심스럽게 자기 검열'을 하는 중이었고 좀더 큰 권력에 의한 무고한 희생을 묘사하는 대상들과 원조 협회를 위한 진보적 사회정책 가능성에 초점을 맞췄다.")
39. Dauber(2013, p. 91)를 보라.
40. 달리 언급이 없는 모든 인용문은 Dauber(2003, ch. 4)에서 취한 것이다. 상당히 유사한 논의에 관해서는 Dauber(2013, ch. 4)를 보라.
41. 나는 이 주제에 관해 모런 사데Moran Sadeh의 미출간 작품에 감사한다.
42. 내 해석은 훌륭한 철학 평론인 Danto(1987)와 Griswold(1986)에 영향을 받았다.
43. 헌정식에서 로버트 윈스럽의 연설은 다양성에서 나오는 통합의 주제와 '자만심이 강한 단어들'의 부재 모두를 언급했다. Griswold(1986, p. 716n9)를 인용했다.
44. Danto(1987, p. 114)를 보라.
45. Griswold(1986, p. 718)를 인용한 U.S. News and World Report, November 21, 1983, p. 68.
46. Griswold(1986, p. 705)를 보라.
47. Danto(1987)를 보라.
48. 여기서 나는 Griswold(1986, p. 711)에 동의한다.
49. 그리즈 월드는 이 질문은 기본적으로 초연하고 비감정적이라고 말하는 데, 이는 잘못 된 듯하다.
50. Danto(1987, p. 117). 그의 논문은 그가 주목했지만 잘 알지 못하는 2명의 이름과 함께 적절하게 끝난다.
51. Griswold(1986)가 언급하듯이 보통 이런 명단은 군인들의 고향에 있는 기념비에 올라가지 국가 수도 중심에 있는 기념비에 올라가지 않는다.
52. 나는 레이첼 누스바움 위처트에게서 이런 것들에 관한 지식을 얻었다.
53. Wright([1940] 1991, pp. 79-80).
54. Tagore(1990)에 있는 벵골어를 번역.
55. Nussbaum(2009a)에 있는 그리스 비극에 관한 이 이야기에 대한 논의를 보라.
56. "When Lilacs Last in the Dooryard Bloom'd," sec. 12, lines 89-90, in Whitman([1855] 1973). 또 다른 위대한 뉴욕의 시詩적 모습은 '브로드웨이 행렬A Broadway Pageant'인데, 이는 미국과 일본 간의 조약을 축하하는 행렬을 묘사하고, 시인이 일본 방문객들을 보기 위해 몰려든 밀집된 다양한 군중들 속에 자신에 자신이 섞여있다고 상상하면, 뉴욕은 전 국민의 상징이 된다. "최고의 모습을 한 맨해튼!Superb—faced Manhattan!/ 미국인 친구들! 그리고 마침내 동양이 우리에

게로 왔다Comrade Americanos! To us, then at last the Orient came."
57. "Chicago," in Sandburg([1916] 1994).
58. 상당량의 건축 역사를 담고 있고 이를 이용해 멋진 효과를 내는 Larson(2003)의 The Devil in the White City를 보라.
59. 기부자들을 자극하기 위해 게리의 잠재적인 기여에 대한 호소를 이용하면서 데일 리는 공원 자금을 대기 위한 민관 협동관계를 만들었다.
60. 사실 2명의 힌두교 신자에 관한 것이다. 그의 리나 두타와의 첫 번째 결혼은 2002 년에 끝났고, 2005년에 키란 라오와 결혼했는데, 라오는 영화 「라가안Lagaan」의 조감독이었다.
61. 나는 이런 의견에 관해 디스페슈 차크라바르티Dispesh Chakrabarty의 도움을 받았다.
62. 제1차 세계대전에 관한 이런 멋진 자료 수집에 관해서는 Fussell(1975, 특히 1장) 을 보라.
63. 나는 제프리 이스라엘(비록 고대 희극 축제와 유사한 부분은 나 자신의 것이긴 하 지만, 나는 그의 생각에 감사하고 있다)의 미출간 세미나 논문을 통해 몰딘에 주목 했다.
64. 많은 만화에 관해서는 billmauldin.com과 www.loc.gov/rr/print/swann/maul-din에 있는 의회 도서관 헌사를 보라.
65. Mauldin(1972).
66. Mauldin(1944)을 보라.
67. Ibid., p. 209.
68. 온라인 www.spartacus.schoolnet.co.uk/ARTmauldin.htm에서 이용할 수 있는 몰딘의 간단한 전기를 보라.
69. Mauldin(1944, p. 303).
70. Ibid., p. 95.
71. Ibid., p. 133.
72. Ibid., p. 113.
73. Ibid., p. 114.
74. Ibid., p. 229.
75. Ibid., p. 232.
76. Ibid., p. 118.
77. Ibid., p. 376.
78. Ibid., p. 378.
79. Ibid., p. 374.
80. 온라인 www.oldhickory30th.com/Photo%20Page%203.htm에서 이용할 수 있 다. 이 만화는 구글의 이미지 검색 'Mauldin'을 이용해 찾을 수도 있다.
81. Cohen(1999).
82. 브루스는 제프 이스라엘의 미출간 논문에 있는 한 훌륭한 장의 주제다.

83. (드물게 남아 있어야 한다고 주장하는) Rybczynski(2012)을 보라.

10장

1. Arendt(1959)를 보라. 아렌트 저서에 대한 훌륭한 논의에 관해서는 Allen(2004, ch. 3)을 보라.
2. 6장에서 배슨에 관한 내 논의를 보라.
3. '가용성 편향(availability heuristic)'을 생각할 것. 심리학 문헌에 관련한 체험적이고 모험적인 평가에 관해서는 Sunstein(2002, pp. 33-35)을 보라.
4. 10장에 있는 내 논의를 보라.
5. 9장과 10장에 있는 이런 경우들에 관한 내 논의를 보라.
6. Sajo(2011, ch. 3)를 보라.
7. 공포 연구에 대한 좀더 자세한 설명과 아리스토텔레스의 분석에 관해서는 Nussbaum(2012a, ch. 2)을 보라.
8. 공포는 모든 척추동물에게 공통적인 것인가? 나는 단지 이는 모든 동물에게 공통적인 것이라고 좀더 정확한 주장을 했는데, 이에 대한 실험적 증거는 다음과 같다. 즉 어류, 파충류 그리고 양서류에서 이와 같은 증거가 약간 나타났고, 조류에서는 이보다 약간 더 심각한 증거가 나타났다.
9. LeDoux(1993); LeDoux(1994); LeDoux(1996)를 보라.
10. 아리스토텔레스는 『수사학Rhetoric』 II.5에서 공포에 관해 논의한다. 이는 새로운 인종 집단의 현대의 예를 추가한 그의 논의에 대한 나 자신의 분석적 개요다. 그 이상의 세부 사항에 관해서는 Nussbaum(2012a, ch. 2)을 보라.
11. 이 연설은 1933년 3월 4일에 있었고, 온라인 www.bartleby.com/124/pres49. html에서 이용할 수 있다.
12. Adiga(2008, p. 99). 거리 이름들은 실제하는 것이고, 이 이름들은 오랑제브Aurangzeb와 후마윤Humayoun의 이름을 따 거리에 이름을 붙임으로써 영국인들이 델리의 무굴 역사를 존경한다는 사실을 보여주려고 했다는 점을 보여주지만, 영국인들이 그들이 알고 있는 인도식 이름을 다 써버리자 그들은 단지 자신들이 우연히 알게 된 다른 이름을 사용하려 했다. 설사 그 이름이 인도와 아무 연관이 없어도 말이다.
13. Dalrymple(2006); Hasan(2011)을 보라. 델리에 대한 다수 작가들의 훌륭한 작품에 관해서는 Losty(2012)(자우크의 시는 89페이지에 번역돼 있다)를 보라.
14. Jacobs(1961). 그리고 Rybczynski(2010, ch. 3)를 보라.
15. Jacobs(1961, p. vii).
16. Losty(2012)에서 상당수 볼 수 있다.
17. Hasan(2011)을 인용 및 번역했다.
18. Losty(2012, p. 142)를 인용했다.
19. 또한 Dalrymple(2002)을 보라.

20. Losty(2012, p. 143)를 인용했다.
21. Irving(1981).
22. 여기서 나는 시카고 대학 법학박사 학위 과정 중인 빌 왓슨의 진행 중인 논문에서 경외감과 경이로움에 대한 분석을 참고했다.
23. Losty(2012, p. 203)를 인용했다.
24. ibid., p. 139을 인용했다.
25. Nussbaum(2009b)을 보라.
26. Wright([1940] 1991, p. 70). 그리고 10장의 원주민에 관한 내 논의도 보라.
27. Pridmore(2006, pp. x-xi)를 인용했다.
28. 『시카고 헤럴드』에서 인쇄했고, Goodspeed([1916] 1972, p. 421)를 인용했다.
29. Pridmore(2006, p. 2).
30. 데스프레스의 역할을 포함한 학교 통합에 대한 훌륭한 설명에 관해서는 Harms and DePencier(1996)를 보라.
31. Ibid.
32. Staples(1987).
33. University of Chicago Publications Office(1991, pp. 109-110).
34. 위스콘신 혹은 뒤 페이지 카운티 교외로의 이사 제안에 대한 논의에 관해서는 ibid를 보라. 아스펜으로의 이사 제안에 관해서는 McHeill(1991, pp. 166-167)을 보라. 이사를 언급한 이유는 1950년대 초에 있었던 지원 감소와 교수 채용의 어려움 때문이었다. University of Chicago Library(1992, p. 17)를 보라. 이사를 하지 말자는 결정도 부적절한 거만한 태도와 함께 표현되기도 했다. 로렌스 킴튼Lawrence Kimpton 총장은 대학의 임무는 "합리적으로 행동하고 대학이 속해 있는 공동체 사회를 교육하는 것"이라고 말했다. ibid를 인용했다.
35. 우드론 지도자들 또한 63번 도로를 따라 대학으로 가는 기차의 이전을 지지했다. 그 이유는 위로 올라간 선로가 그 아래 지역을 어둡게 한다는 것이었다. 그만큼 이 문제는 불분명한 것이었다. 코티지 그로브를 지나가는 케이블카 또한 이전됐다. 이런 개발에서의 대학의 역할은 불분명하고 터무니없는 문제로 남아 있다.
36. 원래 교가 가사를 지금 불리는 버전과 비교해 보면, 어떻게 달갑지 않은 여자들도 이런 수도원 구역에 있었는지를 알게 된다. 그녀들은 처음부터 학생으로 이곳에 있었던 것이긴 하지만 말이다. '그녀의 딸과 아들인 그녀' 대신 원래 버전은 '우리를 아들로 두고 있는 그녀'로 씌어 있다. University of Chicago Undergraduate Council(1921)을 보라.
37. 렌 페리스가 설계한 페리스 회전 관람차는 높이가 91.5미터였고, 당시 북아메리카에서 가장 큰 구조물이었다. 각 칸은 그 안에서 결혼식을 치를 만큼 컸다. 파리 만국박람회 하이라이트인 에펠탑에 대응할 만한 것으로 미국이 계획한 이 관람차는 이 전시회의 중요 부분이었다. 와일드 웨스트 쇼는 이 박람회의 공식적인 요소가 거의 없는 좀더 비공식적인 보조 행사였다. 허구적 형태를 취하고 있지만 정확한 역사적 세부 사항들을 포함하고 있는 책 Larson(2003)을 보라.

38. Kamin(2011).
39. Sennett(2004). 악명 높은 카브리니 그린 하우싱 프로젝트Cabrini Green housing project를 통해 성장한 리처드 세넷은 이 프로젝트의 기저를 이루는 복잡한 생각과 이 프로젝트가 실패한 이유를 동정어린 눈으로 설명한다.
40. University of Chicago Chronicle에 있는 보도에 관해서는 http://chronicle. uchicago.edu/040401/cityspace.shtml을 보라. Hyde Park Herald에 있는 보도에 관해서는 www.hydepark.org/hpkcc/comrenewconf.htm#herald를 보라.
41. 이 건물의 평가와 계획에 관해서는 Kent(2012)를 보라.
42. 나는 허친스와 듀이의 견해가 사실은 그들이 자주하는 열띤 수사적 제안보다 훨씬 덜 다르기 때문에 "연관돼 있다"고 말한다.
43. 이런 변화는 리카르도 레고레타가 벽돌과 밝은 파스텔을 사용해 만든 팔레브스키 서민 기숙사(2003), 고딕풍의 탑을 재미있게 나타내지만 우리가 균형을 잃은 '바울 Baul'이라고 부를 수도 있는, 균형이 잡히지 않은 모습을 하고 날아오르는 모습을 한 첨탑으로 이루어진 세자르 펠리의 새로운 라트너 체육관(2003), 근처 록펠러 채플과 인접한 프랭크 로이드 라이트의 로비 하우스—대학 측에서 확실하게 반대하지 않는 바람에 시카고 신학대학 주도로 두 번이나 철거될 뻔했던 이 건물은 거대하지만 완전히 고딕풍이지는 않다—의 고딕풍의 첨탑을 참고한 라파엘 비뇰리의 부스 스쿨 건물(2004)에서 볼 수 있다. 건물의 파괴는 국제적 항의와 시의 개입에 의해서만 저지됐다. 당시 90세였던 라이트는 "이는 성직자들에게 정신적인 어떤 것을 맡기는 것에 대한 위험성을 보여 준다"고 평했다. Hoffman(1984, p. 94)을 인용했다.
44. Kamin(2011)을 보라.
45. Kamin(2011)을 인용했다. 나는 카민의 검토가 하나의 비판을 만들어냈다는 점에 주목한다. 즉 세 번째 다리는 도체스터에 필요한 것이다. 이 다리는 지금 또 다른 대화의 표시로서 건설됐다.
46. Lazarus(2001, p. 254)를 보라.
47. 그리고 이는 종종 독점의 개념을 포함한다. Ortony, Clore, and Collins(1988, pp. 100-101)를 보라.
48. Lazarus(2001, pp. 254-255)를 보라.
49. Miceli and Castelfranchi(2007).
50. ibid., p. 456를 보라. 유용한 심리학 문헌 개요에 관해서는 Protasi(2012)를 보라.
51. 이런 차이는 Miceli and Castelfranchi(2007, pp. 461-465)를 포함한 많은 작품에서 설명됐지만, 이런 작품들이 추종하는 최고의 논의는 Rawls(1971, pp. 530-534)다.
52. Rawls(1971, p. 533).
53. Ibid.
54. Miceli and Castelfranchi(2007, p. 464)를 보라.
55. Rawls(1971, p. 532).

56. Ibid., pp. 534-537.
57. 시기에 관한 논의 바로 이전에 나오는 통렬한 구절에서 그는 불평등은 가족 제도의 자연적인 결과물이라는 사실을 인정한다. "그렇다면 가족은 없어서야 하는가? 스스로 취해지고 확실한 최고의 지위가 주어진다면, 평등한 기회에 대한 생각은 이런 방향으로 기운다." Ibid., p. 511.
58. Ibid., p. 536.
59. Ibid., p. 537.
60. 물론 우리는 일반적으로 우리들보다 덜 부유한 사람들이 갖고 있는 장점을 부러워할 수 있다. 만약 우리가 그런 장점들을 정부 정책을 위한 것이 아니라 우리 자신들의 것이 될 수 있는 것으로 생각한다면 말이다.
61. 10장에 있는 몰딘에 관한 내 논의를 보라. 아이젠하워는 군의 시기 문제를 완화하는 데 도움이 되는 몰딘의 일반 사병들의 작업에 대한 지지의 중요성을 알았다.
62. 이 연설, 연설의 배경 그리고 미국에서의 사회적·경제적 권리의 모든 문제의 훌륭한 논에 관해서는 Sunstein(2004)을 보라.
63. 이 문장과 루스벨트의 이 구절에 대한 강조에 대한 토론의 논의에 관해서는 ibid., p. 83을 보라.
64. ibid., pp. 90-91을 인용했다.
65. ibid., pp. 94-95을 인용했다.
66. 이런 관점은 미국에서도 완전히 새로운 것은 아니었다. 이 프로그램의 많은 요소는 자유 토지 운동Free Soil movement의 일부였고, 좌파의 루스벨트에 대한 저항 수단으로 사용되기도 했다. 루스벨트는 대통령답게 공감을 불러일으키는 미국 자유주의의 재확인과 함께 반대 프로그램의 주요 관점들을 책정했다.
67. 이 구절은 1762년 영국 재산 소송 버논 v. 베델Vernon v. Bethell, 28 Eng. Rep. 838(1762)을 인용했다.
68. Wood(2010)를 보라.
69. San Antonio In de pen dent School District v. 로드리게스Rodroguez, 411 U.S. 1(1973). 재판관 마셜은 유명한 반대 의견을 작성했다.
70. Sunstein(2004, p. 94)을 인용한 루스벨트의 성명.
71. Rajmohan Gandhi(2007, p. 191)을 인용한 The Gandhi papers, vol. 94, p. 148.
72. Nehru([1936] 1985, p. 20).
73. Ibid., p. 65. 의회는 간디와 네루 집안사람들이 지도자로 있던 정치운동 조직, 즉 오늘날의 국민 회의파Congress Party의 원형이다. Khadi는 '수직물手織物'을 뜻한다.
74. 간디는 카스트에 대한 태도에서보다 계급 특권에 대한 태도에서 좀더 변함없는 모습을 취했다. 그는 불가촉천민의 신분을 항상 부인했지만, 가끔 낙인을 찍는 데 필요한 것이 아닌 직업을 기반으로 한 유용한 노동의 분배로서 카스트 분리를 옹호했다. 그리고 그는 암베드카Ambedkar와 분명하게 의견을 달리했는데, 암베드카는 훨씬 더 급격한 힌두교의 변화를 요구했고 힌두교가 사라지는 것을 보고도 불

행해하지 않았을 인물이었다(이 장의 후반부에서 확인하라.) 간디와 카스트에 대한 훌륭한 논의에 관해서는 Lelyveld(2011)를 보라.

75. Brown(2003, p. 59).

76. Ibid., p. 60.

77. Nehru([1936] 1985, p. 52).

78. Brown(2003, p. 60).

79. Nehru([1936] 1985, pp. 510-511).

80. Brown(2003, p. 60)을 보라. 물론 이는 몇몇 지역—우트라페시에서 있었던 초기 농민운동—에서만 유용했다. 내가 알고 있는 한 네루는 간디의 모국어(구자라트어)를 배우지 않았다. 그가 인디라Indira를 교육이 주로 벵골어로 이루어지는 산티니케탄에 있는 학교로 보냈기 때문에 약간의 벵골어를 알 수도 있었음에도 말이다. 이 3개 언어 모두는 긴밀하게 연관이 있지만, 여러 로망스어(포르투갈·스페인·프랑스·이탈리아·루마니아의 말과 같이 라틴 어에서 유래하는 언어—옮긴이)들보다 더 서로 이해할 수 있는 것은 아니다.

81. Nehru([1936] 1985, p. 46).

82. 네루는 자신의 딸 인디라가 곧 있을 페로제 간디와의 결혼에 대해 간디와 상담할 것을—그의 공감 능력이 한 열정적인 젊은 여성의 결혼 생활에 대한 신중함에 까지 미칠 수 있다고 확신하면서—(감옥에서) 제안할 정도로 개인적인 문제에 있어 간디를 신뢰했다.(페로제 간디는 모한다스 간디와 아무런 연관이 없었다. 실제로 그는 뭄바이 출신 파시 교도Parsi(회교도의 박해로 8세기에 인도로 피신한 조로아스터 교도의 자손)였다. 이 결혼은 그가 사망한 1960년까지 이어졌지만 행복하진 않았다. 이에 관한 훌륭한 논의에 관해서는 Frank(2002)를 보라.)

83. 9장에 있는 내 논의를 보라.

84. 수많은 빈곤층에 쉽게 접근할 수 있도록 적절한 대중교통수단이 요구되긴 하지만, 우리는 사람들이 보통 하루에 얼마나 많은 거리를 걷는지를 잊어선 안 된다. 데이비드 카버필드는 코벤트 가든에서 8킬로미터 떨어진 하이게이트의 스티어포스에 있는 집까지 걸어가는 것을 문제 삼지 않고, 밥 크래힛은 캠든타운에서 시내에 있는 스크루지 사무실까지 약 6.5킬로미터를 매일 걸어서 왕복한다. 이는 평범한 산책이다. Bob would have reached Regent's Park in under one mile.(이 문장은 정말 이상합니다. 만약 'one mile'이 'one minute'라면, '밥은 1분도 안 돼 리젠트 파크에 도착할 수도 있었다'라고 번역이 될 수도 있는데… 정말 모르겠습니다.)

85. Rybczynski(1999, p. 93)를 인용한 Olmsted, "The People's Park at Birkenhead, near Liverpool," *The Horticulturalist*, May 1851, p. 225. 같은 기간에 옴스테드는 미국 남부에서 기사를 쓰며 시간을 보내고 있었는데, 이 기사들은 훗날 *The Cotton Kingdom*라는 책으로 출간됐다. 그는 노예제도와 공통적인 대중문화의 결핍으로 인해 미국 남부는 원시적이고 문명화가 덜 진행됐다고 생각했다.

86. Rybczynski(1999, p. 93)를 인용한 Olmsted, "The People's Park at Birkenhead, near Liverpool," *The Horticulturalist*, May 1851, p. 225.

87. Rybczynski(1999, p. 165).

88. Ibid.

89. Ibid., p. 167.

90. Rybczynski(1999, p. 174)를 인용한 1858년 5월 31일 행정위원회에 보낸 편지.

91. Ibid.

92. 수치심에 대한 좀더 자세한 논의에 관해서는 심리학적 논의와 철학적 논의를 모두 다루는 참고문헌과 함께 Nussbaum(2004a, ch. 6)을 보라.

93. Goffman(1963, p. 128). 그가 그의 경우를 좀더 한층 더 강하게 만들 수도 있었던 오명의 또 다른 원천인 수입을 생략한다는 점을 주목하라. 만약 '정규직' 대학 졸업자가 접시닦이로 근무한다면, 그는 부끄러움을 느낄 것이다.

94. Taylor(1985, ch. 4); Piers and Singer(1953, chs. 1-2)를 보라.

95. 이런 구분이 항상 분명한 것은 아니다. 나는 "나는 내가 한 일을 부끄러워한다"고 말할 수 있다. 하지만 이것이 단지 세심하지 않은 단어 사용이 아닌 경우, 이는 나는 내가 했던 것을 내 이상에 어울리지 않는 나약함을 저버리는 것으로 간주한다는 사실의 표현인 듯하다.

96. 이 주제에 대한 활발한 논쟁에 관해서는 Williams(1993b)를 보라.

97. 수치심과 당혹감(번역본엔 '치욕감embarrassment?'이라고 한 것 같은데, 당혹감이 좋을 듯합니다)의 관계에 관해서는 Nussbaum(2004a, pp. 204-206)을 보라. 나는 당혹감은 수치심과는 달리 항상 사회적이라고 주장한다. 당혹감은 수치심보다 더 가벼운 문제고, 무언가가 적절하지 않다는 이유로, 심지어 관련된 심각한 오류가 없을 때에도 느끼는(예를 들면 누군가가 자신이 입고 있는 옷의 꼬리표가 그대로 옷에 매달려 있는 것을 지적했을 때 당혹감을 느끼는 것과 같은) 감정이다. 그리고 이는 잘못된 부분을 지적하는 다른 사람에게 불편함을 느낄 경우, 무언가 좋은 것으로 느껴질 수도 있는 것이다.

98. Tomkins(1962-1963)를 보라.

99. 훌륭한 논의에 관해서는 Morrison(1989, pp. 48-49)를 보라.

100. 이는 루소의 Emile([1762] 1979)의 중심 주제다. 즉 귀족은 혼자서는 아무것도 하지 못하는 덩치 큰 아기와 같고, 따라서 다른 사람들을 노예로 만들어야만 한다는 것이다. 어린 에밀은 혼자 힘으로 생활하는 법을 배울 것이다.

101. 2012년 이 대학은 암베드카 조각상을 캠퍼스에 헌납하고, B. R. 암베드카 박사를 로스쿨 인도 헌법 의장으로 취임시켰다. 이에 관한 첫 강연은 2012년 라마찬드라 구하Ramachandra Guha가 했는데, 그는 분명 흥미로운 사상가였지만 틀림없는 카스트 상류층이었고, 이는 '말하고 행하는 것'에 관한 암베드카 자신의 견해에 비추어볼 때 문제가 있어 보이는 선택이다.

102. 비현실적인 평론이긴 하지만 흥미로운 Ambedkar(1993b)의 "Which Is Worse? Slavery or Untouchability?"를 보라. 이 평론에는 불가촉천민의 신분과 노예 제도 사이의 좀더 상세한 비교가 포함돼 있다.

103. Ambedkar(1993a).

104. Ibid., pp. 670-671.
105. 아주 많은 작품을 쓰는 이 작가의 가장 중요한 진술들의 훌륭한 수집 자료에 관해서는 Ambedkar(2008)를 보라. 이 책의 편집자들 중 한 명인 수카데오 소라트는 달리트dalit(인도의 전통 카스트 제도에서 최하 계급에 속하는 사람―옮긴이)로 그 자신이 고통받았던 오명과 배제를 감동적으로 썼으며, 이전 대학인가위원회University Grants Commission 회장이며 자와할랄 네루 대학교 경제학 교수다.
106. Ambedkar(2008, pp. 319-320)를 인용했다.
107. Ambedkar(2008, p. 217).
108. Ibid., p. 229.
109. Ibid., pp. 206-234.
110. Ibid., pp. 228-231.
111. 다음과 같은 1932년 한 보고서를 인용하는 ibid., p. 176를 보라. "불가촉천민 사람들은 누구인가라는 질문에 대해 돌아오는 대답은 누구에게든 충격을 주기에 충분하다. 증인들은 한 명씩 앞으로 나와 자신이 사는 주州에 있는 불가촉천민은 극히 적다고 말한다. 증인들은 주저 없이 불가촉천민은 절대 없다고 말했다. 힌두교 신자 증인들이 진실과는 상관없이 불가촉천민의 존재를 부정하거나 그들의 수를 무시해도 될 정도로 줄이면서 위증을 하는 모습은 매우 예외적인 장면이다. 주 참정권 위원회 회원들 또한 이런 방식에 관계했다."
112. 이는 공산당에도 해당된다. 서벵골 공산당원들은 카스트 최 상위 집단이 관리한다.
113. Parthasarathy(2012).
114. 나는 Nussbaum(2006a, chs. 2-3) and Nussbaum(2004a, ch. 5)에서 이런 질문들을 상세하게 다뤘다.
15. 몇몇 미국 도시는 이런 법을 갖고 있었다. '보기 흉하거나 역겨운 대상이 되기 위해 기형의 모습을 한' 사람들이 도시 공공 도로나 공공장소에 나타나는 것을 금지하는 1911년 시카고 시市 조례는 1974년까지 폐지되지 않았다.(각 위법행위에 주어진 최고 벌금은 50달러였다.)
116. TenBroek(1966).
117. Sunstein(2004, p. 93)을 인용했다.(이번에는 선스타인이 Schlesinger 2003, p. 406을 인용하고 있다.)
118. Martin(2009)을 보라.
119. Ibid.
120. 이 프로젝트는 처음에는 잘 실행되지 않았다. 브라유Braille 점자 일부는 평균 신장의 사람들의 손이 닿기에는 너무 높이 설치돼 있었다.
121. (1997년 NPR(National Public Radio: 내셔널 퍼블릭 라디오)의 햄프린과의 인터뷰를 인용하는) Martin(2009).
122. Sullivan(2009)을 인용했다.

11장

1. 5장에 있는 정치적 자유주의에 관한 내 논의를 보라. 그리고 Nussbaum(2011b)도 보라.
2. Thaler and Sunstein(2009)을 보라.
3. Murdoch(1970, pp. 17−23).

참 고 문 헌

Adiga, Aravind. 2008. *The White Tiger.* New York: Free Press.

Adorno, Theodor. 1950. *The Authoritarian Personality.* New York: Harper and Row.

Allanbrook, Wye Jamison. 1983. *Rhythmic Gesture in Mozart:* Le Nozze di Figaro *and* Don Giovanni. Chicago: University of Chicago Press.

Allen, Danielle. 2004. *Talking to Strangers: Anxieties of Citizenship since* Brown v. Board of Education. Chicago: University of Chicago Press.

Ambedkar, B. R. 1993a. "Waiting for a Visa." In *Dr. Babasaheb Ambedkar, Writings and Speeches,* vol. 12. Bombay: Education Department, Government of Maharashtra, 664–691.

————. 1993b. "Which Is Worse? Slavery or Untouchability?" In Ambedkar, *Writings and Speeches,* vol. 12, 741–759.

————. 2008. *Perspectives on Social Exclusion and Inclusive Policies.* Edited by Sukhadeo Thorat and Narender Kumar. Delhi: Oxford University Press.

Arendt, Hannah. 1959. "Refl ections on Little Rock." *Dissent,* Winter, 47–58.

Asch, Solomon. 1955. "Opinions and Social Pressure." Panarchy. Accessed October 2, 2012. http://panarchy.org/asch/social.pressure.1955.html.

Bagchi, Jasodhara. 2003. "*Anandamath* and *The Home and the World*: Positivism Reconfi gured." In *Rabindranath Tagore's* The Home and the World: *A Critical Companion,* edited by P. K. Datta. Delhi: Permanent Black, 174–186.

Bardhan, Kalpana, ed. and trans. 1990. *Of Women, Outcastes, Peasants, and Rebels: A Selection of Bengali Short Stories.* Berkeley: University of California

Press.

Barshack, Lior. 2008. "The Sovereignty of Plea sure: Sexual and Political Freedom in the Operas of Mozart and Da Ponte." *Law and Literature* 20, 47–67.

Batson, Daniel C. 1991. *The Altruism Question: Toward a Social- Psychological Answer.* Hillsdale, NJ: Lawrence Erlbaum.

———. 2009. "These Things Called Empathy." In *The Social Neuroscience of Empathy,* edited by Jean Decety and William Ickes. Cambridge, MA: MIT Press, 3–16.

———. 2011. *Altruism in Humans.* New York: Oxford University Press.

Beaumarchais, Pierre. (1785) 1992. *Le Mariage de Figaro.* Edited by Malcolm Cook. Reprint, Bristol: Bristol Classical Press.

Bird, Kai, and Martin Sherwin. 1995. "The Historians' Letter to the Smithsonian." www.doug-long .com .

Blass, Thomas, ed. 2000a. *Obedience to Authority: Current Perspectives on the Milgram Paradigm.* Mahwah, NJ: Lawrence Erlbaum Associates.

———. 2000b. "The Milgram Paradigm after 35 Years: Some Things We Now Know about Obedience to Authority." In *Obedience to Authority,* edited by Thomas Blass, 35–59.

Bloom, Paul. 2004. *Descartes' Baby: How the Science of Child Development Explains What Makes Us Human.* New York: Basic Books.

———. 2010. "The Moral Life of Babies." *New York Times Magazine.* May 5.

Brown, Judith. 2003. *Nehru: A Political Life.* New Haven, CT: Yale University Press.

Browning, Christopher. 1992. *Ordinary Men: Reserve Police Battalion 101 and the Final Solution in Poland.* New York: HarperPerennial.

Capwell, Charles. 1986. *The Music of the Bauls of West Bengal.* Kent, OH: Kent State University Press.

Carlin, John. 2008. *Playing the Enemy: Nelson Mandela and the Game That Made a Nation.* New York: Penguin.

Carter, Tim. 1987. *W. A. Mozart: Le Nozze di Figaro.* New York: Cambridge University Press.

Chernow, Ron. 2010. *Washington: A Life.* New York: Penguin.

Clark, Candace. 1997. *Misery and Company: Sympathy in Everyday Life.* Chicago: University of Chicago Press.

Cohen, Ted. 1999. *Jokes: Philosophical Thoughts on Joking Matters.* Chicago: University of Chicago Press.

Comte, Auguste. (1865) 1957. *A General View of Positivism.* Translated by J. H. Bridges. Reprint, New York: Robert Speller.

Congreve, Richard. (1857) 1874. "India." In *Essays: Political, Social, Religious*, vol. 1. London: Longmans, Green and Co., 67–106.

Cushman, Stephen. 2012. "Lincoln's Gettysburg Address and Second Inaugural Address." In *The Cambridge Companion to Abraham Lincoln*, edited by Shirley Samuels. New York: Cambridge University Press, 59–71.

Dalrymple, William. 2002. *White Mughals*. London: Penguin.

―――. 2004. "The Song of the Holy Fool." *Guardian*. February 7.

―――. 2006. *The Last Mughal: The Fall of a Dynasty, Delhi 1857*. London: Bloomsbury.

―――. (2009) 2011. *Nine Lives: In Search of the Sacred in Modern India*. Reprint, New York: Vintage.

Danto, Arthur. 1987. "The Vietnam Veterans Memorial." In *The State of the Art*. New York: Prentice Hall, 112–117.

Darnton, Robert. 1997. *The Forbidden Best-Sellers of Pre-Revolutionary France*. New York: Harper Collins.

Dauber, Michele Landis. 1999. "Fate, Responsibility, and 'Natural' Disaster Relief: Narrating the American Welfare State." *Law and Society Review* 33, 257–318.

―――. 2003. *Helping Ourselves: Disaster Relief and the Origins of the American Welfare State*. Ph.D. dissertation, Northwestern University.

―――. 2013. *The Sympathetic State: Disaster Relief and the Origins of the American Welfare State*. Chicago: University of Chicago Press.

Decety, Jean, ed. 2012. *Empathy: From Bench to Bedside*. Cambridge, MA: MIT Press.

Decety, Jean, and Daniel C. Batson. 2009. "Empathy and Morality: Integrating Social and Neuroscience Approaches." In *The Moral Brain: Essays on the Evolution and Neuroscientific Aspects of Morality*, edited by Jan Verplaetse, Jelle De Schrijver, Sven Vanneste, and Johan Braeckman. Berlin: Springer Verlag, 109–127.

Decety, Jean, and William Ickes, eds. 2009. *The Social Neuroscience of Empathy*. Cambridge, MA: MIT Press.

de Waal, F. B. M. 1996. *Good Natured: The Origins of Right and Wrong in Humans and Other Animals*. Cambridge, MA: Harvard University Press.

―――. 2006. *Primates and Philosophers: How Morality Evolved*. Prince ton, NJ: Princeton University Press.

Deigh, John. 2004. "Nussbaum's Account of Compassion." *Philosophy and Phenomenological Research* 68, 465–472.

Devlin, Patrick. (1959) 1965. *The Enforcement of Morals*. Reprint, London and New York:Oxford University Press.

Dimock, Edward C., Jr. 1959. "Rabindranath Tagore— 'The Greatest of the Bauls of Bengal.'" *Journal of Asian Studies* 19, 33- 51.

Durr, Virginia Foster. 1986. *Outside the Magic Circle: The Autobiography of Virginia Foster Durr.* Edited by Hollinger F. Barnard. Tuscaloosa: University of Alabama Press.

Dutta, Krishna, and Andrew Robinson. 1995. *Rabindranath Tagore: The Myriad- Minded Man.* London: Bloomsbury.

Ellis, Richard J. 2005. *To the Flag: The Unlikely History of the Pledge of Allegiance.* Lawrence: University Press of Kansas.

Epstein, Richard. 1992. *Forbidden Grounds: The Case against Employment Discrimination Laws.* Cambridge, MA: Harvard University Press.

———. 2010. "Rand Paul's Wrong Answer." *Forbes.* May 24.

Erikson, Erik H. 1969. *Gandhi's Truth: On the Origins of Militant Nonviolence.* New York: Norton.

Evans, Richard. 2003. *The Coming of the Third Reich.* London: Allen Lane.

Explore Chicago. 2012. "The Statue of the Republic." Accessed November 1, 2012. www.explorechicago.org/city/en/things_see_do/attractions/park_district/statue_of_the_republic.html.

Fichte, Johann Gottlieb. (1808) 2009. *Addresses to the German Nation.* Edited by Gregory Moore. Reprint, New York and Cambridge: Cambridge University Press.

Foucault, Michel. 1984. "The Use of Pleasures." In *History of Sexuality,* translated by Robert Hurley, vol. 2. New York: Pantheon.

Frank, Katherine. 2002. Indira: *The Life of Indira Nehru Gandhi.* Boston: HoughtonMifflin.

Fussell, Paul. 1975. *The Great War and Modern Memory.* New York and Oxford: Oxford University Press.

Gandhi, Mohandas. (1925) 1993. *An Autobiography: The Story of My Experiments with Truth.* Translated by Mahadev Desai. Reprint, Boston: Beacon Press.

———. 1956. *The Gandhi Reader: A Sourcebook of His Life and Writings,* edited by Homer A. Jack. New York: AMS Press. For "Mrs. Sanger's Version," see 306 – 307.

———. 1976. *Romain Rolland and Gandhi Correspondence.* New Delhi: Government of India.

Gandhi, Rajmohan. 2007. *Gandhi: The Man, His People, and the Empire.* Berkeley: University of California Press.

Glover, Jonathan. 1999. *Humanity: A Moral History of the Twentieth Century.* London: Jonathan Cape.

Goff man, Erving. 1963. *Stigma: Notes on the Management of Spoiled Identity.* New York: Simon and Schuster.

Goodspeed, Thomas Wakefield. (1916) 1972. *A History of the University of Chicago: The First Quarter-Century.* Reprint, Chicago: University of Chicago Press.

Griswold, Charles. 1986. "The Vietnam Veterans Memorial and the Washington Mall: Philosophical Reflections on Political Iconography." *Critical Inquiry* 12, 688–719.

Habermas, Jurgen. 1992. "Citizenship and National Identity: Some Reflections on the
Future of Eu rope." *Praxis International* 12, 1–19.

Hadot, Pierre. 1998. *The Inner Citadel.* Translated by Michael Chase. Cambridge, MA: Harvard University Press.

Harms, William, and Ida DePencier. 1996. *Experiencing Education: 100 Years of Learning at the University of Chicago Laboratory Schools.* Chicago: University of Chicago Laboratory Schools. Available online at www.ucls.uchicago.edu/about-lab/history/index.aspx .

Hasan, Mushirul, ed. 2006. *The Nehrus: Personal Histories.* London: Mercury Books.

———. 2011. "The Polyphony of the Past." *Tehelka.* Accessed October 4, 2012. www.tehelka.com/storymain51.asp?filename=hub311211Polyphony.asp.

Hatfi eld, Elaine, John T. Cacioppo, and Richard L. Rapson, eds. 1994. *Emotional Contagion.* Cambridge: Cambridge University Press.

Hauser, Marc. 2000. *Wild Minds: What Animals Really Think.* New York: Henry Holt.

Hegel, G. W. F. 1975. "The Philosophy of Fine Art." Translated by P. B. Osmaston. In *Hegel on Tragedy,* edited by Anne Paolucci and Henry Paolucci, vol. 4. New York: Dover.

Henderson, Jeffrey, ed. 1987. *Aristophanes: Lysistrata.* Oxford: Clarendon Press.

Herder, Johann Gottfried. (1792) 2002. "Letters for the Progress of Humanity." Reprinted in *Herder: Philosophical Writings,* edited and translated by Michael N. Forster. Cambridge: Cambridge University Press, 361–369.

Higgins, Kathleen M. 1990. *The Music of Our Lives.* Philadelphia, PA: Temple University Press.

Hilberg, Raul. (1961) 1985. *The Destruction of the European Jews.* New York: Holmes and Meier.

Hobsbawm, Eric. 1990. *Nations and Nationalism since 1780: Programme, Myth, Reality.* Cambridge: Cambridge University Press.

Hoff man, Donald. 1984. *Frank Lloyd Wright's Robie House: The Illustrated Story of an Architectural Masterpiece*. New York: Dover Publications.

Hunt, Lynn, ed. 1993. The Invention of Pornography: Obscenity and the Origins of Modernity, 1500–1800. Cambridge: Zone Books.

Inbar, Y., D. A. Pizarro, and P. Bloom. 2009. "Conservatives Are More Easily Disgusted than Liberals." *Cognition and Emotion* 23, 714–725.

Irons, Peter. 1988. *The Courage of Their Convictions*. New York: Free Press.

Irving, Robert Grant. 1981. *Indian Summer: Lutyens, Baker, and Imperial Delhi*. New Haven, CT: Yale University Press.

Jacobs, Jane. 1961. *The Death and Life of Great American Cities*. New York: Random House.

Kant, Immanuel. (1793) 1998. *Religion within the Boundaries of Mere Reason*. Translated by Allen Wood and George Di Giovanni. Reprint, New York and Cambridge: Cambridge University Press.

Kamin, Blair. 2011. "Right Out of 'Star Wars,' a New Way to Light a Path at U of C." *Chicago Tribune*. March 8.

Kent, Cheryl. 2012. "Logan Center for the Arts Serving Varied Uses with Ease." *Chicago Tribune*. October 17.

Kerman, Joseph. 1956. *Opera as Drama*. Berkeley and Los Angeles: University of California Press.

Kleingeld, Pauline. 1999. "Six Varieties of Cosmopolitanism in Late Eighteenth-Century Germany." *Journal of the History of Ideas* 60, 505–524.

Langford, Dale J., Sara E. Crager, Zarrar Shehzad, et al. 2006. "Social Modulation of Pain as Evidence for Empathy in Mice." *Science* 312, 1967–70.

Larmore, Charles E. 1996. *The Morals of Modernity*. New York: Cambridge University Press.

Larson, Erik. 2003. *The Devil in the White City*. New York: Crown Publishers.

Lazarus, Richard S. 2001. *Emotion and Adaptation*. New York: Oxford University Press.

Lear, Jonathan. 1990. *Love and Its Place in Nature: A Philosophical Interpretation of Freudian Psychoanalysis*. New Haven, CT: Yale University Press.

LeDoux, Joseph E. 1993. "Emotional Memory Systems in the Brain." *Behavioural Brain Research* 58, 69–79.

———. 1994. "Emotion, Memory, and the Brain." *Scientific American* 270, 50–57.

———. 1996. The Emotional Brain: *The Mysterious Underpinnings of Emotional Life*. New York: Simon and Schuster.

Lelyveld, Joseph. 2011. *Great Soul: Mahatma Gandhi and his Struggle with In-

dia. New York: Knopf.

Lessing, Gotthold Ephraim. (1766) 1962. *Laokoon: oder uber die grenzen der malerei und poesie*. Reprint, Paderborn: F. Schoeningh.

Lifton, Robert Jay. 1986. *The Nazi Doctors*. New York: Basic Books.

Locke, John. (1698) 1990. *A Letter Concerning Toleration*. Reprint, Amherst, NY: Prometheus Books.

Losty, J. P., ed. 2012. *Delhi: From Red Fort to Raisina*. Delhi: Roli Books.

Marcus, Ruth Barcan. 1980. "Moral Dilemmas and Consistency." *Journal of Philosophy* 77, 121-136.

Martin, Douglas. 2009. "Lawrence Halprin, Landscape Architect, Dies at 93." *New York Times*. October 28.

Mauldin, Bill. 1944. *Bill Mauldin's Army*. New York: Random House.

————. 1972. *The Brass Ring*. New York: Norton.

Mazzini, Giuseppe. (1846) 2001. *Thoughts upon Democracy in Europe*. Edited and translated by S. Mastellone. Reprint, Florence: Centro Editoriale Toscano.

McHeill, William H. 1991. *Hutchins's University: A Memoir of the University of Chicago, 1929-1950*. Chicago: University of Chicago Press.

Miceli, Maria, and Cristiano Castelfranchi. 2007. "The Envious Mind." *Cognition and Emotion* 21, 449-479.

Milgram, Stanley. (1975) 2009. *Obedience to Authority*. Reprint, New York: HarperPerennial.

Mill, John Stuart. (1848) 1963. "Principles of Political Economy." Reprinted in *The Collected Works of John Stuart Mill*, edited by J. M. Robson, vol. 21. Toronto:University of Toronto Press.

————. (1859) 1956. *On Liberty*. Reprint, Indianapolis: Library of Liberal Arts.

————. (1863) 1987. "Utilitarianism." Reprinted in *Utilitarianism and Other Essays*, edited by Alan Ryan. New York and London: Penguin.

————. (1865) 1891. *Auguste Comte and Positivism*. Reprint, London: Kegan Paul.

————. (1867) 1963. "Inaugural Address Delivered to the University of St. Andrews." Reprinted in Robson, *The Collected Works*, vol. 21. Also available online at http://oll.libertyfund.org/index/php?option=comstaticxt&staticfile=show.php%3Ftitle=255& chapter=21681 & layout=html.

————. (1869) 1988. *The Subjection of Women*. Edited by Susan Moller Okin. Reprint, Indianapolis, IN: Hackett.

————. (1874) 1998. "The Utility of Religion." Reprinted in *Three Essays on Religion:Nature, the Utility of Religion, Theism*. Amherst, NY: Prometheus Books.

Miller, David. 1995. *On Nationality*. Oxford: Clarendon Press.

Mishra, Pankaj. 2012. *From the Ruins of Empire: The Intellectuals Who Remade Asia*. New York: Farrar, Straus, and Giroux.

Morrison, Andrew. 1989. *Shame: The Underside of Narcissism*. Hillsdale, NJ: The Analytic Press.

Moss, Cynthia. 2000. *Elephant Memories: Thirteen Years in the Life of an Elephant Family*. 2nd ed. Chicago: University of Chicago Press.

Mosse, George L. 1985. *Nationalism and Sexuality: Middle- Class Morality and Sexual Norms in Modern Europe*. Madison: University of Wisconsin Press.

Mozart, Wolfgang Amadeus. (1786) 1979. The Marriage of Figaro (Le Nozze di Figaro) in *Full Score*. Reprint, New York: Dover.

————. (1786) 1993. "The Marriage of Figaro." Reprinted in *Three Mozart Libretti*: The Marriage of Figaro, Don Giovanni and Cosi Fan Tutte. Complete in Italian and English. New York: Dover Publications.

Murdoch, Iris. 1970. "The Idea of Perfection." In *The Sovereignty of Good*. London: Routledge.

Nanda, Meera. 2003. *Prophets Facing Backwards*. New Brunswick, NJ: Rutgers University Press.

NDTV. 2010. "West Bengal: Seven Elephants Killed by Speeding Train." September 23. Accessed October 2, 2012. www.ndtv.com/article/india/west-bengal-seven-elephants-killed-by-speeding-train-54181.

Nehru, Jawaharlal. (1936) 1985. *Autobiography*. Centenary edition. Reprint, Delhi: Oxford University Press.

Nussbaum, Charles O. 2007. *The Musical Representation: Meaning, Ontology, and Emotion*. Cambridge, MA: MIT Press.

Nussbaum, Martha C. 1986. *The Fragility of Goodness: Luck and Ethics in Greek Tragedy and Philosophy*. Cambridge: Cambridge University Press.

————. 1989. "Tragic Conflicts." *Radcliff e Quarterly*, March.

————. 1990. *Love's Knowledge: Essays on Philosophy and Literature*. New York: Oxford University Press.

————. 1997. *Cultivating Humanity: A Socratic Defense of Reform in Liberal Education*. Cambridge, MA: Harvard University Press.

————. 2000a. "The Costs of Tragedy: Some Moral Limits of Cost- Benefi t Analysis." In *Cost- Benefi t Analysis: Legal, Economic and Philosophical Perspectives*, edited by Matthew D. Adler and Eric A. Posner. Chicago: University of Chicago Press, 169–200.

————. 2000b. *Women and Human Development: The Capabilities Approach*. Cambridge and New York: Cambridge University Press.

————. 2001. *Upheavals of Thought: The Intelligence of Emotions*. New York and Cambridge: Cambridge University Press.

─────. 2003. "Compassion and Terror." *Daedalus* 132, 10–26.

─────. 2004a. *Hiding from Humanity: Disgust, Shame, and the Law.* Prince ton, NJ: Prince ton University Press.

─────. 2004b. "Responses." *Philosophy and Phenomenological Research* 68, 473–486.

─────. 2005. "The Comic Soul: Or, This Phallus That Is Not One." In *The Soul of Tragedy: Essays on Athenian Drama,* edited by Victoria Pedrick and Steven M. Oberhelman. Chicago: University of Chicago Press, 155–180.

─────. 2006a. *Frontiers of Justice: Disability, Nationality, Species Member-ship.* Cambridge, MA: Harvard University Press.

─────. 2006b. "Radical Evil in the Lockean State." *Journal of Moral Philoso-phy* 3, 159–178.

─────. 2006c. "Replies." *The Journal of Ethics* 10, 463–506.

─────. 2007a. *The Clash Within: Democracy, Religious Violence, and India's Future.* Cambridge, MA: Harvard University Press.

─────. 2007b. "Radical Evil in Liberal Democracies: The Neglect of the Po-litical Emotions." In *Democracy and the New Religious Pluralism,* edited by Thomas Banchoff . New York: Oxford University Press, 171–202.

─────. 2008a. "Human Dignity and Political Entitlements." In *Human Dig-nity and Bioethics: Essays Commissioned by the President's Council on Bioethics,* edited by Adam Schulman. Washington, DC: Government Printing Office, 351–380.

─────. 2008b. Liberty of Conscience: In *Defense of America's Tradition of Religious Equality.* New York: Basic Books.

─────. 2008c. "The 'Morality of Pity': Sophocles' *Philoctetes.*" In *Rethinking Tragedy,* edited by Rita Felski. Baltimore: Johns Hopkins University Press, 148–169.

─────. 2008d. "Toward a Globally Sensitive Patriotism." *Daedalus* 137, 78–93.

─────. 2009a. "Bernard Williams: Tragedies, Hope, Justice." In *Reading Ber-nard Williams,* edited by Daniel Callcut. New York: Routledge, 213–241.

─────. 2009b. "Land of My Dreams: Islamic Liberalism under Fire in India." *Boston Review* 34, 10–14.

─────. 2010a. "Compassion: Human and Animal." In *Ethics and Humanity: Themes from the Philosophy of Jonathan Glover,* edited by N. Ann Davis, Richard Keshen, and Jeff McMahan, 202–226. New York: Oxford University Press.

—————. 2010b. "Kann es einen 'gereinigten Patriotismus' geben? Ein Pladoyer fur globale Gerechtigkeit." In *Kosmopolitanismus: Zur Geschichte und Zukunft eines umstrittenen Ideals*, edited by Matthias Lutz- Bachmann, Andreas Niederberger, and Philipp Schink. Gottingen: Velbruck, 242–276.

—————. 2010c. *Not for Profit: Why Democracy Needs the Humanities*. Prince ton, NJ:Prince ton University Press.

—————. 2011a. *Creating Capabilities: The Human Development Approach*. Cambridge, MA: Harvard University Press.

—————. 2011b. "Perfectionist Liberalism and Political Liberalism." *Philosophy and Public Affairs* 39, 3–45.

—————. 2012a. *The New Religious Intolerance*. Cambridge, MA: Harvard University Press.

—————. 2012b. "Teaching Patriotism: Love and Critical Freedom." *University of Chicago Law Review* 79, 213–250.

—————. 2012c. "Rabindranath Tagore: Subversive Songs for a Transcultural 'Religion of Humanity.' " *Acta Musicologica* 84, 147–160.

—————. 2012d. "When Is Forgiveness Right?" *Indian Express*. October 9. www.indianexpress,com/news/when-is-forgiveness-right-/1013768/0/.

O'Connell, Kathleen M. 2002. *Rabindranath Tagore: The Poet as Educator*. Kolkata: Visva- Bharati.

Openshaw, Jeanne. 2002. *Seeking Bauls of Bengal*. Cambridge: Cambridge University Press.

Ortony, Andres, Gerald L. Clore, and Allan Collins. 1988. *The Cognitive Structure of Emotions*. Cambridge: Cambridge University Press. Parthasarathy, D. 2012. "After Reservations: Caste, Institutional Isomorphism, and Affirmative Acton in the IIT's." In *Equalizing Access: Affirmative Action in Higher Education in India, United States, and South Africa*, edited by Zoya Hasan and Martha C. Nussbaum. Delhi: Oxford University Press, 256–271.

Patnaik, Prabhat. 2012. "Affirmative Action and the 'Efficiency Argument.' " In Hasan and Nussbaum, *Equalizing Access*.

Payne, Katy. 2000. "Sources of Social Complexity in the Three Elephant Species." In *Animal Social Complexity: Intelligence, Culture, and Individualized Societies*, edited by F. B. M. de Waal and Peter L. Tyack. Cambridge, MA: Harvard University Press, 57–86.

Peters, Shawn Francis. 2000. *Judging Jehovah's Witnesses: Religious Persecution and the Dawn of the Rights Revolution*. Lawrence: University Press of Kansas. Piers, Gerhardt, and Milton B. Singer. 1953. *Shame and Guilt: A Psychoanalytic and a Cultural Study*. Springfield, IL: Charles C. Thomas.

정치적 감정 정의를 위해 왜 사랑이 중요한가

Pitcher, George. 1995. *The Dogs Who Came to Stay*. New York: Dutton.

Plotnik, Joshua, F. M. B. de Waal, and Diana Reiss. 2006. "Self-Recognition in an Asian Elephant." *Proceedings of the National Academy of Sciences*. September 13. Accessed October 2, 2012. www.pnas.org/content/103/45/17053. abstract.

Poole, Joyce. 1987. *Coming of Age with Elephants: A Memoir*. New York: Hyperion.

Pridmore, Jay. 2006. *The University of Chicago: The Campus Guide*. New York: Princeton Architectural Press.

Protasi, Sara. 2012. "Envy: Why It's Bad, Why It's (Potentially) Good, and Why We Care about It." Dissertation proposal, Philosophy Department, Yale University.

Quayum, Mohammad. 2007. "Review of Rabindranath Tagore: *Ghare Baire* [*The Home and the World*]." *Freethinker*. Accessed October 2, 2012. http://mukto-mona.net/Articles/rabindra probondho/Quayum on tagore.htm.

Rawls, John. 1971. *A Theory of Justice*. Cambridge, MA: Harvard University Press.

————. 1986. *Political Liberalism*. Expanded edition. New York: Columbia University Press.

Renan, Ernst. (1882) 1990. "What Is a Nation?" Translated by Martin Thom. In *Nation and Narration*, edited by Homi Bhabha. New York: Routledge, 8–21.

Rousseau, Jean-Jacques. (1762) 1979. *Emile: or, On Education*. Translated by Allan Bloom. Reprint, New York: Basic Books.

————. (1762) 1987. "On Civil Religion." Reprinted in *Basic Political Writings*, edited and translated by Donald A. Cress, vol. 4. Indianapolis, IN: Hackett, 220–227.

Rozin, Paul, and April E. Fallon. 1987. "A Perspective on Disgust." *Psychological Review* 94: 23–41.

Rozin, Paul, Jonathan Haidt, and Clark R. McCauley. 1999. "Disgust: The Body and Soul Emotion." In *Handbook of Cognition and Emotion*, edited by Tim Dalgleish and Mick J. Power. Hoboken, NJ: John Wiley and Sons, 429–445.

Rybczynski, Witold. 1999. *A Clearing in the Distance: Frederick Law Olmsted and America in the 19th Century*. New York: Scribner.

————. 2010. *Makeshift Metropolis: Ideas about Cities*. New York: Simon and Schuster.

————. 2012. "I Like Ike (and His Memorial)." *New York Times*. March 23.

Sajo, Andras. 2011. *Constitutional Sentiments*. New Haven: Yale University Press.

Samuels, Shirley, ed. 2012. *The Cambridge Companion to Abraham Lincoln*. New

York: Cambridge University Press.

Sandburg, Carl. (1916) 1994. *Chicago Poems*. Reprint, New York: Dover.

Sarkar, Tanika. 2003. "Semiotics of Terror: Muslim Children and Women in Hindu Rashtra." In *Fascism in India: Faces, Fangs, and Facts*, edited by Chaitanya Krishna. Delhi: Manak.

Schlesinger, Arthur M., Jr. 2003. *Crisis of the Old Order: 1919–1933, the Age of Roosevelt*. Boston: Mariner Books.

Schultz, Bart. 2004. *Henry Sidgwick: Eye of the Universe, An Intellectual Biography*. New York: Cambridge University Press.

Searle, John. 1980. "*Prima Facie* Obligations." In *Philosophical Subjects: Essays Presented to P. F. Strawson*, edited by Z. van Straaten. Oxford: Clarendon Press, 238–259.

Segal, Erich. 2001. *The Death of Comedy*. Cambridge, MA: Harvard University Press.

Sen, Amartya. (1997) 2005. "Tagore and His India." Original publication in *New York Review of Books*, June 26, 55–63. Reprinted in Sen, *The Argumentative Indian*, 3–33.

—————. 2005. *The Argumentative Indian: Writings on Indian History, Culture, and Identity*. New York: Farrar, Straus, and Giroux.

Sen, Amita. 1999. *Joy in All Work*. Kolkata: Bookfront Publications.

Sen, Mimlu. 2009. *The Honey Gatherers: Travels with the Bauls: The Wandering Minstrels of Rural India*. London: Rider. Originally published as *Baulsphere*. Uttar Pradesh, India: Random House India.

Sennett, Richard. 2004. *Respect in a World of Inequality*. New York: W. W. Norton.

Sherman, Nancy. 1997. *Making a Necessity of Virtue*. New York: Cambridge University Press.

Smith, Adam. (1759) 1976. *The Theory of Moral Sentiments*. Edited by D. D. Raphael and A. L. Macfi e. Reprint, Indianapolis: Liberty Classics.

Staples, Brent. 1987. "Just Walk on By: Black Men and Public Space." *Harper's Magazine*. Previously published, in a slightly different form, in 1986 in *Ms. Magazine*.

Steinberg, Michael P. 2004. *Listening to Reason: Culture, Subjectivity, and Nineteenth-Century Music*. Prince ton, NJ: Prince ton University Press.

—————. 2007. *Judaism: Musical and Unmusical*. Chicago: University of Chicago Press.

Stern, Daniel. 1977. *The First Relationship*. Cambridge, MA: Harvard University Press.

―――――――. 1985. *The Interpersonal World of the Infant.* New York: Basic Books.

―――――――. 1990. *Diary of a Baby.* New York: Basic Books.

Stocker, Michael. 1990. *Plural and Conflicting Values.* New York: Oxford University Press.

Sullivan, Patricia. 2009. "Landscape Architect Lawrence Halprin, 93." *Washington Post* October 27.

Sunstein, Cass R. 2002. *Risk and Reason: Safety, Law, and the Environment.* Cambridge: Cambridge University Press.

―――――――. 2004. *The Second Bill of Rights: FDR's Unfinished Revolution and Why We Need It More than Ever.* New York: Basic Books.

Tagore, Rabindranath. (1910) 2002. *Gora.* Translated by Surendranath Tagore. Reprint, Delhi: Rupa.

―――――――. (1917) 1950. *Nationalism.* Delhi: Macmillan.

―――――――. 1919 *The Home and the World.* Translated by Surendranath Tagore. New York and London: Penguin Books.

―――――――. (1931) 2004. *The Religion of Man.* Reprint, Rhinebeck, NY: Monkfi sh Press.

―――――――. (1932) 2012. "Man the Artist." Parabaas. Accessed October 2. Reprinted online at http://www.parabaas.com/rabindranath/articles/pRabindranath MantheArtist.html.

―――――――. 2008. *Of Love, Nature, and Devotion: Selected Songs of Rabindranath Tagore.* Trans. Kalpana Bardhan. Delhi: Oxford University Press.

Taylor, Gabriele. 1985. *Pride, Shame, and Guilt: Emotions of Self-Assessment.* Oxford: Clarendon Press.

Telegraph. 2010. "Seven Elephants Killed by Speeding Train in India." September 24.

tenBroek, Jacobus. 1966. "The Right to Live in the World: The Disabled in the Law of Torts." *California Law Review* 54, 841–919.

Tessman, Lisa. 2005. *Burdened Virtues: Virtue Ethics for Liberatory Struggles.* New York: Oxford University Press.

Thaler, Richard H., and Cass R. Sunstein. 2009. *Nudge: Improving Decisions about Health, Wealth, and Happiness.* Rev. ed. New York: Penguin.

Thompson, Ross A. 1987. "Empathy and Emotional Understanding." In *Empathy and Its Development,* edited by Nancy Eisenberg and Janet Strayer. Cambridge: Cambridge University Press, 119–145.

Tocqueville, Alexis de. (1835) 1966. *Democracy in America.* Edited by J. P. Mayer and Max Lerner, translated by George Lawrence. New York: Harper and Row.

Tomkins, Silvan. 1962–1963. *Affect/Imagery/Consciousness*. Vols. 1–2. New York: Springer.

University of Chicago Library. 1992. *The University and the City: A Centennial View of the University of Chicago*. Chicago: University of Chicago Press.

University of Chicago Publications Office. 1991. *One in Spirit*. Chicago: University of Chicago Press.

University of Chicago Undergraduate Council. 1921. *The University of Chicago Song Book*. Chicago: University of Chicago Press.

Van Parijs, Philippe. 2003. "Difference Principles." In *The Cambridge Companion to John Rawls*, edited by Samuel Freeman. New York and Cambridge: Cambridge University Press, 200–240.

Walzer, Michael. 1973. "Political Action: The Problem of Dirty Hands." *Philosophy and Public Affairs* 2, 160–180.

West, Edwin G. 1965. "Liberty and Education: John Stuart Mill's Dilemma." *Journal of the Royal Institute of Philosophy* 40, 129–142.

Whitman, Walt. (1855) 1973. *Leaves of Grass*. Edited by Sculley Bradley and Harold W. Blodgett. New York and London: W. W. Norton and Company.

Williams, Bernard. 1993a. "Ethical Consistency." In *Problems of the Self*. Cambridge: Cambridge University Press, 166–186.

—————————. 1993b. *Shame and Necessity*. Berkeley and Los Angeles: University of California Press.

—————————. (1996) 2006. "*The Women of Trachis*: Fictions, Pessimism, Ethics." Reprinted in *The Sense of the Past: Essays in the History of Philosophy*. Prince ton, NJ: Princeton University Press, 49–59.

Wills, Garry. 1992. *Lincoln at Gettysburg: The Words That Remade America*. New York: Simon and Schuster.

Winnicott, Donald. 1965. "The Capacity for Concern." In *The Maturational Processes and the Facilitating Environment*. Madison, CT: International Universities Press, 73–82.

—————————. (1971) 2005a. "Transitional Objects and Transitional Phenomena." In *Playing and Reality*. Abingdon: Routledge, 1–34.

—————————. (1971) 2005b. "The Place Where We Live." In *Playing and Reality*. Abingdon: Routledge, 140–148.

Wood, Diane P. 2010. "Constitutions and Capabilities: A (Necessarily) Pragmatic Approach." *Chicago Journal of International Law* 10, 415–429.

Wright, Richard. (1940) 1991. *Native Son*. Restored text edition, edited by Arnold

Rampersad. Reprint, New York: HarperPerennial.

Zimbardo, Philip. 2008. *The Lucifer Effect: Understanding How Good People Turn Evil.* New York: Random House.

정치적 감정

정의를 위해 왜 사랑이 중요한가

1판 1쇄 2019년 10월 21일
1판 6쇄 2022년 10월 6일

지은이 마사 누스바움
옮긴이 박용준
펴낸이 강성민
편집장 이은혜
마케팅 정민호 이숙재 김도윤 한민아 정진아 우상욱 정유선 김수인
브랜딩 함유지 함근아 김희숙 박민재 박진희 정승민
제작 강신은 김동욱 임현식

펴낸곳 (주)글항아리 | 출판등록 2009년 1월 19일 제406-2009-000002호

주소 10881 경기도 파주시 회동길 210
전자우편 bookpot@hanmail.net
전화번호 031-955-2696(마케팅) 031-955-1936(편집부)
팩스 031-955-2557

ISBN 978-89-6735-665-1 03100

geulhangari.com